February 4th. 1938.

Dear Mr. Furth,

I enclose copy of Chapter I 'A Long-expected Party' of possible sequel to The Hobbit.

I received safely 4 additional copies of The Hobbit.

I received a letter from a young reader in Boston (Lincs) enclosing a list of errata. I then put on my youngest son, lying in bed with a bad heart, to find any more at twopence a time. He did. I enclose the results — which added to those already submitted should (I hope) make an exhaustive list. I also hope they may one day be required.

Yours sincerely
JRR Tolkien.

J.R.R.TOLKIEN
Briefe

Herausgegeben von
Humphrey Carpenter
unter Mitwirkung von
Christopher Tolkien

Aus dem Englischen von
Wolfgang Krege

Hobbit Presse / Klett-Cotta

Inhalt

Einleitung

Gegen Ende seines Lebens konnte J. R. R. Tolkien einmal ein paar Wochen lang den rechten Arm nicht gebrauchen. Er schrieb darüber an seinen Verleger: »Keinen Stift oder Federhalter gebrauchen zu können, machte mich so hilflos wie ein Huhn ohne Schnabel.«

Tolkiens Zeit gehörte zu einem gewaltigen Teil dem geschriebenen Wort: nicht nur seinen akademischen Arbeiten und den Geschichten von »Mittelerde«, sondern auch der Korrespondenz. Vieles davon mußte ganz geschäftsmäßig erledigt werden, aber in jedem Fall war Briefeschreiben bei den meisten Anlässen eine seiner liebsten Beschäftigungen. Die Folge ist, daß eine gewaltige Menge Briefe von ihm erhalten sind, und als ich mit Hilfe Christopher Tolkiens an dieser Auswahl zu arbeiten anfing, wurde bald klar, daß ungeheuer vieles von diesem Material ausgelassen werden müßte und daß nur Passagen von besonderem Interesse aufgenommen werden könnten. Natürlich erhielten diejenigen Briefe Priorität, in denen Tolkien von seinen eigenen Büchern spricht; doch wurde bei der Auswahl auch daran gedacht, die mächtige Spannweite seiner Geistesart und seiner Interessen vorzuweisen und sein eigenwilliges, aber stets klares Weltbild deutlich werden zu lassen.

Ausgeschieden wurden die sehr zahlreichen Briefe, die Tolkien von 1913 bis 1918 an Edith Bratt schrieb, seine Verlobte und später seine Frau; sie sind von streng persönlichem Charakter, und aus ihnen habe ich nur einige wenige Stellen ausgewählt, in denen von Schriften die Rede ist, mit denen Tolkien sich damals beschäftigte. Von 1918 bis 1937 sind nur wenige Briefe erhalten, und auch in diesen steht (leider) nichts über Tolkiens Arbeit am *Silmarillion* und am *Hobbit,* die er in dieser Zeit schrieb. Aber von 1937 an bis zum Ende seines Lebens gibt es eine nicht abreißende Folge von Briefen, die oftmals in vielen Einzelheiten über die Entstehung des *Herrn der Ringe* und über die spätere Arbeit am *Silmarillion* berichten und mehrere längere Ausführungen über den Sinn seiner Schriften enthalten.

Innerhalb der zur Veröffentlichung ausgewählten Briefe wurden Auslassungen des Herausgebers durch *vier* Pünktchen (. . . .) gekennzeichnet; wo nur *drei* Pünktchen stehen, hat Tolkien selbst in dem Brief etwas offengelassen. In fast allen Fällen dienen die Auslassungen nur der Platzersparnis, und nur sehr selten war es nötig, eine Briefstelle aus Gründen der Diskretion zu unterdrücken.

Der ursprüngliche Brieftext blieb im übrigen unverändert, abgesehen von Adresse und Datum, die im ganzen Buch nach einem einheitlichen System angegeben werden, und abgesehen von der Zitierweise der Titel von Tolkiens Büchern. Tolkiens wechselnde Zitierweisen wurden auf die üblichen Formen hin vereinheitlicht. Wo die ursprüngliche Form von Interesse ist, wurde sie jedoch beibehalten.

Manche Briefe sind nach den von Tolkien aufbewahrten Durchschlägen abgedruckt. Er begann aber erst relativ spät in seinem Leben, von seinen Briefen Durchschläge zu machen, und dies erklärt auch, warum von den früheren Briefen, sofern das Original nicht aufzufinden ist, keine Spur existiert. Andere Briefe sind nach einem Entwurf (oder mehreren Entwürfen) abgedruckt, der sich vom Text des tatsächlich abgeschickten Briefes (sofern er überhaupt abgeschickt wurde) unterscheiden dürfte, und in manchen Fällen wurde ein fortlaufender Text aus mehreren fragmentarischen Entwürfen zusammengestellt; in diesen Fällen trägt der Briefkopf den Zusatz »Entwürfe«. Die Häufigkeit solcher Entwürfe und die Tatsache, daß viele von ihnen sehr lang sind, finden eine partielle Erklärung in einem Brief Tolkiens an seinen Sohn Michael:

> Ein Wort gibt das andere, und die Gedanken kommen auf Abwege. .... Das »Lakonische« gelingt mir als »Kunstform« nur manchmal, wenn ich ¾ oder mehr von dem Geschriebenen streiche, und ist daher natürlich in Wirklichkeit zeitraubender und mühsamer als die »unbegrenzte Länge«.

Wo von einem Brief nur ein Teil abgedruckt wurde, habe ich Adresse und Anrede weggelassen, ebenso wie Schlußfloskel und Unterschrift; in solchen Fällen trägt der Brief die Überschrift »Aus einem Brief an ——«. Alle Fußnoten zu den Briefen stammen von Tolkien selbst.

Wo es mir nötig schien, wurde den Briefen eine kleingedruckte Notiz in eckigen Klammern vorangestellt, die den Kontext dieser Korrespondenz angibt. Alle weiteren Anmerkungen des Herausgebers finden sich am Ende des Buches; im Text wird das Vorhandensein einer Anmerkung durch eine hochgestellte Zahl bezeichnet. Die Anmerkungen sind für jeden Brief gesondert durchnumeriert und werden am Ende des Buches auf die einzelnen Briefe (nicht nach Seitenzahlen) zurückverwiesen. Die Zusammenstellung der Anmerkungen geschah in der Absicht, alle zum Verständnis etwa nötigen Informationen zu geben; dabei aber wurde auch Kürze angestrebt, und es wird daher beim Leser eine recht gründliche Kenntnis des *Hobbit* und des *Herrn der Ringe* vorausgesetzt. Da besonders das letztere Buch in vielen, jeweils anders paginierten Ausgaben vorliegt, werden die in den Briefen auftretenden Seitenhinweise zu diesem Buch in den Anmerkungen erklärt, mit einem Zitat der bezeichneten Stelle.*

Drei Bücher werden in den Anmerkungen des Herausgebers mit Kurztiteln zitiert: *Pictures, Inklings* und *Biographie.* Die vollen Titel lauten: *Pictures by J. R. R. Tolkien,* mit einem Vorwort und Anmerkungen von Christopher Tolkien (1979); *The Inklings* von Humphrey Carpenter (1978) und *J. R. R. Tolkien: Eine Biographie* von Humphrey Carpenter [dt. 1979]. Alle drei Bücher sind in England bei George Allen & Unwin Ltd. und in Amerika bei Houghton Mifflin Company erschienen.

Die Arbeitsteilung zwischen Christopher Tolkien und mir war die folgende: Ich habe alle Briefe gesammelt und abgeschrieben und die erste Auswahl getroffen; er hat die Auswahl und die Abschriften begutachtet und mancherlei Veränderungen vorgeschlagen, die wir sodann weiter diskutiert und mit manchen Abänderungen angenommen haben. Dann erschien es uns notwendig, den Textumfang aus Platzgründen ziemlich einschneidend zu verringern. Wiederum machte ich die ersten Kürzungsvorschläge, er nahm dazu Stellung, und wir einigten uns auf eine endgültige Fassung. Auch zu den Anmerkungen schrieb ich die ersten Textentwürfe, und er nahm Stellung und steuerte manchmal ergänzende Informationen bei. In der vorliegenden Form entspricht dies Buch daher eher meinen Neigungen und Auffassungen als den seinen, doch ist es zugleich ein Produkt unserer gemeinsamen Arbeit, und ich bin ihm sehr dankbar für die vielen Stunden, die er sich Zeit nahm, um mich anzuleiten und zu ermutigen.

Schließlich bin ich natürlich auch all den vielen Personen sehr dankbar, die mir Briefe geliehen haben. Die meisten von ihnen werden in dem Buch insofern genannt, als ihre Namen als Empfänger der Briefe

---

* *Anmerkung des Übersetzers:*
Da es bei diesen Zitaten oft auf Einzelheiten des Wortlauts oder der Nomenklatur ankommt, werden immer zuerst die Stellen im englischen Original angegeben, dann meist auch die in den deutschen Ausgaben. *Der Herr der Ringe* wird meistens unter dem deutschen Titel zitiert, auch wenn die Stellenangaben sich zuerst auf die (dreibändige) englische Ausgabe beziehen; *The Hobbit* dagegen zumeist als *Hobbit.* Namen werden nach den englischen Ausgaben angegeben, mit gelegentlicher Hinzufügung in eckigen Klammern [...] der deutschen Namen, sofern sie abweichen. Der Wortlaut von Zitaten im Text oder in den Anmerkungen ist aus den deutschen Ausgaben übernommen, soweit sich dies nicht mit Rücksicht auf den Zusammenhang des jeweiligen Briefes verbietet.

erscheinen; in den wenigen Fällen, wo entliehene Briefe nicht aufgenommen wurden, muß ich den Entleihern danken und mich für den Umstand entschuldigen, daß ihre Briefe aus Platzmangel weggelassen wurden. Ich muß auch den verschiedenen Organisationen und Einzelpersonen danken, die mir behilflich gewesen sind: den Mitgliedern der Britischen Tolkien-Gesellschaft, der Amerikanischen Tolkien-Gesellschaft und der Mythopoetischen Gesellschaft, die unsere Bitte um Mitteilung vorhandener Tolkien-Briefe veröffentlichten und in manchen Fällen den Kontakt mit den Besitzern der Briefe vermittelten; ferner den Schriften-Archiven der BBC, der *Bodleian Library,* der *Oxford University Press* und ihrer Wörterbuch-Abteilung, dem *Humanities Research Center* der Universität von Texas in Austin und der *Wade Collection* am *Wheaton College* in Illinois, die uns manche Briefe zugänglich gemacht haben, mehreren Testamentsvollstreckern (besonders Herrn Pfarrer Walter Hooper) und anderen Menschen, die uns geholfen haben, Briefe an inzwischen verstorbene Empfänger aufzuspüren; und schließlich Douglas Anderson, der uns auf mancherlei Weise bei der Vorbereitung des Buches eine große und großzügige Hilfe gewährte. Ihm und Charles Noad danken wir auch für das Lesen der Korrekturfahnen.

So umfangreich dieser Band auch ist und so viele Briefe wir auch gesammelt haben, kann doch nicht bezweifelt werden, daß ein großer Teil von Tolkiens Korrespondenz noch unaufgespürt bleibt. Jeder Leser, der etwas von weiteren Briefen weiß, die ebenfalls veröffentlichenswert sein könnten, sei aufgefordert, sich mit dem Verlag Allen & Unwin in Verbindung zu setzen, in der Hoffnung, daß es möglich sein wird, sie in eine zweite Auflage dieses Buches mit aufzunehmen.

Humphrey Carpenter

Die Briefe

1 An Edith Bratt

[Tolkien hatte sich im Januar 1913, als er einundzwanzig war, mit Edith Bratt verlobt, die er während seiner Jugend in Birmingham kennengelernt hatte. Den folgenden Brief schrieb er in seinem letzten Jahr als Student in Oxford, wo er englische Sprache und Literatur studierte und zugleich den Drill bei einer Offiziersausbildung für Universitätsangehörige mitmachte, als Vorbereitung für den Eintritt ins Heer.]

[Undatiert; Oktober 1914]   Exeter College, Oxford
Mein liebstes Edithlein,
    ja, Deine Karte Sa. vormittag hat mich ziemlich überrascht, und es tat mir auch ziemlich leid, weil ich nun sehe, daß mein Brief Dir erst nachgeschickt werden müßte. So schöne Briefe schreibst Du mir, Kleines; und so ein Schwein bin ich zu Dir. Es scheint, ich hab Dir ewig nicht mehr geschrieben. Ich habe ein sehr betriebsames Wochenende hinter mir (und ein sehr nasses!).
    Der Freitag war völlig ereignislos und der Sa. auch, obwohl wir den ganzen Nachmittag Drill hatten und mehrere Male durchgeweicht wurden und unsere Gewehre ganz dreckig wurden, und es dauerte ewig, bis man die nachher wieder sauber hatte.
    Die übrige Zeit an diesen Tagen bin ich meist zuhause geblieben und habe gelesen. Ich schreibe einen Aufsatz, wie ich Dir schon sagte, bin aber nicht fertig geworden, weil Shakespeare vorbeikam und dann (Leutnant) Thompson[1] (sehr gesund und zufrieden in seiner neuen Uniform) und mich davon abhielten, am Feiertag zu arbeiten, wie ich es vorgehabt hatte . . . . . Ich bin zum Hochamt nach St. Aloysius gegangen – hat mir ziemlich gefallen – es ist ja schon ewig lange her, daß ich bei keinem mehr gewesen bin, denn P. Fr.[2] wollte mich nicht gehen lassen, als ich letzte Woche im Oratorium war.
    Am Nachmittag *mußte* ich einen Pflichtbesuch beim Rektor[3] machen, was sehr langweilig war. Eine Frau hat der – gräßlich! Ich ging so bald wie möglich wieder weg und flüchtete durch den Regen heim zu meinen Büchern. Dann bin ich zu Mr. Sisam[4] gegangen und habe ihm gesagt, ich würde mit dem Aufsatz vor M'woch nicht fertig, und habe noch ein ganzes Weilchen mit ihm geredet, und dann bin ich gegangen und hatte noch ein interessantes Gespräch mit Earp[5], diesem Kauz, von dem ich Dir erzählt habe, und den habe ich (zu seinem großen Vergnügen) mit dem »Kālevalā«, den finnischen Balladen, bekanntgemacht.
    Neben den anderen Arbeiten versuche ich jetzt, aus einer von den

13

Geschichten – in Wirklichkeit eine sehr große und höchst tragische Geschichte – eine kurze Erzählung zu machen, so etwa in der Art der Romanzen von Morris, mit eingestreuten Brocken Gedichte . . . . .[6]

Ich muß jetzt in die College-Bibliothek und mich zwischen den staubigen Büchern dreckig machen, dann noch etwas herumlaufen und mit dem Schatzmeister sprechen . . . . .

R.[7]

2 Aus einem Brief an Edith Bratt   27. November 1914

Am Vormittag so etwa vier Std. [gearbeitet] von 9 Uhr 20 bis 1, dann den ganzen Nachmittag Drill, Vorlesung von 5–6, und nach dem Abendessen (mit einem Mann namens Earp) mußte ich zu einer Versammlung des Essay-Clubs – inoffiziell so eine Art letztes Röcheln [?] Es gab einen schlechten Vortrag, aber eine interessante Diskussion. Es war zugleich eine literarische Sitzung, und ich las »Earendel« vor, der gut besprochen wurde.[1]

3 Aus einem Brief an Edith Bratt   26. November 1915

[Nachdem er sein Englisch-Studium in Oxford mit der Note des ersten Rangs abgeschlossen hatte, wurde Tolkien zu den *Lancashire Fusiliers* eingezogen. Diesen Brief schrieb er aus dem Ausbildungslager Rugeley in Staffordshire. Währenddessen schrieb er an einem Gedicht, »Kortirion among the Trees«, angeregt von dem Städtchen Warwick, wo Edith wohnte. Darin ist von einer »verblühenden Stadt auf einem kleinen Hügel« die Rede, wo noch »die einsamen Scharen weilen«, »die heiligen Feen und unsterblichen Elben«. Über den »T. C. B. S.« siehe Brief Nr. 5]

Das übliche morgendliche Herumstehen, dann ein Trab, um sich aufzuwärmen, damit man anschließend wieder frieren kann. Zum Schluß machten wir eine Stunde Bombenwerfen mit Blindmunition. Mittagessen, dann wieder hinaus und den Nachmittag durchfrieren. An allen heißen Sommertagen rannten wir im Laufschritt herum, daß uns der Schweiß floß, und jetzt stehen wir wie angefroren grüppchenweise im Freien und bekommen etwas vorgeredet. Nach dem Tee noch mal ein Gewühl – ich drängelte mich an den Ofen durch und röstete mir ein Stück Toast auf einer Messerspitze: was für Zeiten! Ich habe eine

Bleistiftabschrift von »Kortirion« gemacht. Hoffentlich hast Du nichts dagegen, wenn ich sie dem T. C. B. S. schicke. Ich muß denen etwas schicken; jedem von ihnen bin ich einen langen Brief schuldig. Ich werde anfangen, es ordentlich mit Tinte abzuschreiben, denn man kann nie wissen, und es Dir morgen abend schicken, denn ich glaube nicht, daß ich mehr als eine Kopie werde tippen können (es ist so lang). Nein, ich hab es mir überlegt und schicke Dir doch lieber die Bleistift-Abschrift (sie ist sehr sauber), und der T. C. B. S. soll noch etwas warten, bis ich es noch einmal abschreiben kann.

4 Aus einem Brief an Edith Bratt   2. März 1916

Bei diesem scheußlichen Geniesel habe ich am Nachmittag alte Notizen aus dem Heeresunterricht durchgelesen: – und nach anderthalb Stunden hat es mich gelangweilt. Ich habe ein paar Striche an meinem Unfug mit der Feiensprache getan – zu ihrer Verbesserung.[1]

Ich habe oft Lust, daran zu arbeiten, und erlaube mir's nicht, denn so sehr ich daran hänge, kommt es mir ja doch wie ein höchst verrücktes Hobby vor.

5 An G. B. Smith

[Mit seinen drei Freunden, Rob Gilson, Geoffrey Smith und Christopher Wiseman hatte Tolkien, als sie zusammen die König-Edward-Schule in Birmingham besuchten, 1911 eine inoffizielle und halb geheime Gesellschaft gegründet, die sie den »T. C. B. S.« nannten: »Tea Club and Barrovian Society« – in Anspielung auf ihren Hang zum unerlaubten Teetrinken in der Schulbibliothek und im benachbarten Kaufhaus Barrow. Seit ihrem Abgang von der Schule waren die Freunde in enger Verbindung geblieben, und im Dezember 1914 hatten sie sich in Wisemans Elternhaus in London zu einer »Ratssitzung« getroffen, nach der Tolkien angefangen hatte, viel Energie auf das Schreiben von Gedichten zu verwenden – eine Folge, so glaubte er, der gemeinsamen Ideale und der wechselseitigen Ermutigung im T. C. B. S. Wiseman diente nun bei der Marine, Gilson und Smith an der Somme, und auf dasselbe Schlachtfeld kam nun auch Tolkien, als Nachrichtenoffizier des 11. Bataillons der Lancashire Fusiliers, gerade zu Beginn der alliierten Offensive vom 1. Juli. An diesem Tag fiel Rob Gilson, aber die anderen Mitglieder des Clubs erhielten die Todesnachricht erst ein paar Wochen später. Geoffrey Smith gab sie an

Tolkien weiter und übermittelte ihm später noch einen Brief von Christopher Wiseman.]

12. August 1916   11th Lancashire Fusiliers, B. E. F., Frankreich
Mein lieber alter Geoffrey,
vielen Dank für Christophers Brief. Ich habe seither viel über alles nachgedacht – meist Gedanken, die sich nicht mitteilen lassen, wenn Gott uns nicht wieder einmal zusammenbringt, und sei es auch nur für ein Weilchen.
Mit Chris bin ich nicht einig – obwohl er natürlich gar nicht viel sagt. Von Herzen einig bin ich natürlich mit dem Teil, den Du unterstrichen hast – aber sonderbarerweise nicht im mindesten mit dem Teil, den ich angekreuzt und über den ich gesprochen habe. Ich bin in den Wald hinausgegangen – wir sind wieder im Lager nach unserm zweiten Gang in den Gräben, immer noch in derselben Gegend, wo wir uns gesehen haben – gestern abend, vorgestern abend, habe mich hingesetzt und nachgedacht.
Ich kann mich dem Schluß nicht entziehen, daß es falsch ist, die Größe, die Rob errungen hat, mit der Größe, an der er selbst gezweifelt hat, zu verwechseln. Er selbst wird es wissen, daß ich nur vollkommen aufrichtig und meiner Zuneigung zu ihm – die mir erst jetzt von Tag zu Tag klarer bewußt wird, wo er nicht mehr unter uns vieren ist – keineswegs untreu bin, wenn ich sage, daß, wenn die Größe, von der wir drei doch gewiß gemeint haben, daß sie wirklich das Los des TCBS sein werde (etwas, das mehr wäre als nur Heiligkeit oder Adel allein), dann der Tod eines der Mitglieder nur ein bitteres Aussondern derjenigen ist, denen es nicht bestimmt war, groß zu werden – zumindest nicht direkt. Gebe Gott, daß dies nicht arrogant klingt – tatsächlich fühle ich mich jetzt sehr viel bescheidener, unermeßlich viel schwächer und ärmer. Die Größe, die ich meinte, war die eines großen Werkzeugs in Gottes Hand – einer, der große Dinge vorantreibt, tut oder sogar vollendet, zu allermindest aber sie anfängt.
Die Größe, die Rob erlangt hat, ist nun keineswegs geringer – denn die Größe, die ich meinte und von der ich inbrünstig hoffte, daß sie uns zuteil wird, ist wertlos, wenn sie nicht mit der gleichen Heiligkeit des Mutes, Leidens und Sichopferns gesättigt ist – aber sie ist von anderer Art. Mit anderen Worten, seine Größe ist für uns nun eine persönliche Angelegenheit – dergestalt, daß der 1. Juli für all die Jahre, die Gott jedem von uns noch schenken mag, ein besonderer Tag bleiben sollte –, aber den TCBS geht sie nur von jener einen Seite her an, die vielleicht – es ist

möglich – die einzige ist, die Rob wahrhaft empfunden hat – »Freundschaft in der n-ten Potenz«. Was ich meinte, was vermutlich Chris meinte und was nahezu mit Sicherheit auch Du meintest, war, daß dem TCBS ein gewisser Funke verliehen sei – der Gemeinschaft jedenfalls, wenn schon nicht den Einzelnen –, der dazu ausersehen wäre, ein neues Licht zu entfachen oder, was dasselbe ist, ein altes Licht in der Welt wieder anzufachen; daß der TCBS ausersehen sei, für Gott und die Wahrheit auf einem noch direkteren Wege Zeugnis abzulegen als durch Opferung der vier Einzelnen in diesem Kriege (der bei all dem Bösen auch auf unserer Seite doch in groben Zügen ein Krieg Gut gegen Böse ist).

Mein stärkster Eindruck war bis jetzt, daß etwas kaputtgegangen ist. Gegen euch beide fühle ich mich noch als derselbe – vielleicht bin ich euch jetzt sogar noch näher und habe euch noch nötiger – ich bin natürlich ausgehungert und einsam –, aber ich fühle mich nun nicht mehr als Glied eines kleinen vollständigen Ganzen. Ich habe ehrlich das Gefühl, daß der TCBS zu Ende ist, bin aber keineswegs sicher, ob dies nicht ein unzuverlässiges Gefühl ist, das vielleicht wie mit einem Zauberschlag verschwinden wird, wenn wir wieder zusammenkommen. Zur Zeit jedenfalls fühle ich mich nur noch als ein Einzelner – mit heftigen Gefühlen, mehr als Gedanken, aber ganz machtlos.

Natürlich war der TCBS vielleicht alles, was wir erträumt haben – und sein Werk könnte am Ende auch von den drei, zwei oder einem Überlebenden ausgeführt werden, und der Anteil der anderen könnte nach Gottes Willen in der Inspiration liegen, die wir, wie wir alle wissen, einer vom andern empfangen haben und weiter empfangen. Darein setze ich nun meine Hoffnungen, und ich bete zu Gott, daß es nicht weniger als drei sein mögen, die dazu auserwählt sind, den TCBS weiterzuführen.....

Dennoch, ich fürchte mich davor und bedaure es – ganz abgesehen von meiner persönlichen Sehnsucht –, weil ich die Hoffnung und den (unreifen und nebelhaften, ich weiß es) Ehrgeiz noch nicht aufgeben kann, die mir bei unserer Ratssitzung in London das erste Mal bewußt wurden. Auf dieses Treffen folgte, wie Du weißt, in meinem Falle, daß ich allerlei angestauten Dingen eine Stimme verleihen konnte und daß alles mir mächtig aufging – ich habe das immer der Inspiration zugeschrieben, die jedem von uns vieren daraus erwuchs, wenn wir auch nur ein paar Stunden lang beisammen waren.

Da hast Du's – ich habe mich ganz feierlich hingesetzt und versucht, Dir in aller Trockenheit einfach zu sagen, was ich denke. Ich habe es sehr kalt und reserviert ausgedrückt – und wenn es unzusammenhängend ist, dann deshalb, weil es mit Unterbrechungen in dem Lärm eines sehr langweiligen Kasinos geschrieben wurde.

Schick es weiter an Chris, wenn Du meinst, daß es sich lohnt. Ich weiß nicht, wohin wir demnächst kommen oder was uns bevorsteht. Die Gerüchte sind so rührig, wie sie bei dieser allgemeinen Kriegsmüdigkeit nur sein können. Ich wollte, ich könnte erfahren, wo Du steckst. Natürlich versuche ich's zu erraten.

Ich könnte einen ellenlangen Brief schreiben, aber ich habe allerhand zu tun. Der Nachr.-Off. der Brigade läuft mir wegen einer Konfabulation hinterher, dann muß ich zweimal beim QM Krach schlagen, und um 6 Uhr 30 ist eine abscheuliche Parade – 6 Uhr 30 abends an einem sonnigen Feiertag!

Schreib mir, wenn Du eine Spur von einer Chance hast!

Dein
John Ronald

6 An Mrs. E. M. Wright

[1920 wurde Tolkien Lektor für Englische Sprachwissenschaft an der Universität Leeds, eine Stelle, die später in eine Professur umgewandelt wurde (einen Bericht über das Vorstellungsgespräch, das zu seiner Ernennung führte, siehe in Nr. 46). Inzwischen war Tolkien mit Edith Bratt verheiratet; 1923 hatte er schon zwei Söhne, John und Michael. 1922 hatte er das Glossar zu einem mittelenglischen Lesebuch veröffentlicht, das sein früherer Tutor Kenneth Sisam herausgegeben hatte. Außerdem begann er mit E. V. Gordon an einer Ausgabe des *Sir Gawain and the Green Knight* zu arbeiten. Der folgende Brief, in dem Tolkien sich für einen zugesandten Artikel über dieses Gedicht bedankt, ist an die Gattin Joseph Wrights gerichtet, des Herausgebers des *English Dialect Dictionary* (»E. D. D.«). Tolkien hatte bei Wright in Oxford Philologie studiert.]

13. Februar 1923   The University, Leeds
Liebe Mrs. Wright,

ich bin Ihnen sehr dankbar für den Sonderdruck – und ebenso für Ihre freundlichen Bemerkungen über das Glossar. Ich habe allerdings viel Zeit darauf verwendet, an die ich mich nur mit Schrecken erinnere, und manche Flüche auf mein Haupt geladen, weil ich das Erscheinen des Bandes verzögerte; aber lehrreich war es.

Ich muß wohl kaum eigens sagen, daß ich von Ihrem Artikel völlig überzeugt bin, und freue mich, mit einiger Gewißheit feststellen zu können, daß wieder eine unebene Stelle im »Sir G.« von Ihnen nun endgültig ausgebügelt worden ist.

Wir haben gerade ein etwas katastrophales Weihnachtsfest hinter uns, weil die Kinder ausgerechnet zu dieser Zeit die Masern bekamen – Anfang Januar war ich als einziger im Hause noch auf, denn meine Frau und das Kindermädchen waren auch krank geworden. Die Ferienarbeit ging in die Brüche, aber nun geht es ihnen allen wieder besser (nur nicht meiner Arbeit) und haben nicht allzuviel Schaden genommen. Ich bin ausgerissen. Ich hoffe, Sie sind wohlauf und Professor Wright ist wohlauf – ich habe in letzter Zeit nichts von ihm gehört, was ich als ein gutes Zeichen gedeutet habe.

Mittelenglisch ist ein aufregendes Gebiet – nahezu unausgemessen, so glaube ich allmählich, denn sobald man sich irgendeinem seiner kleinen Zipfel mit eingehender persönlicher Aufmerksamkeit zuwendet, scheinen die überkommenen Begriffe und Gedanken zu verwackeln und in Scherben zu gehen – zumindest soweit es die Sprache angeht. Das E. D. D. ist allerdings unerläßlich – oder »unentbehrlich«, denn dies [deutsche] Wort liegt dem Sinn des Philologen eigentlich näher –, und ich rege die Leute an, darin zu wühlen.

Meine Frau bittet mich, ihre Grüße an die meinen anzuschließen.

Ihr sehr ergebener
J. R. R. Tolkien

Die Philologie macht Fortschritte hier. Der Anteil der »Sprach«studenten ist sehr hoch, und noch keine Spur von der Journaille! JRRT.

7 An das Wahlgremium für die Rawlinson- und Bosworth- Professur für Angelsächsisch, Universität Oxford

[Im Sommer 1925 wurde die Professur für Angelsächsisch in Oxford ausgeschrieben, infolge des Rücktritts von W. A. Craigie. Tolkien beschloß, sich zu bewerben, obwohl er erst dreiunddreißig war. Dies ist sein förmliches Bewerbungsschreiben, mit dem Datum des 27. Juni 1925.]

Sehr geehrte Herren,
ich möchte mich als Kandidaten für die Rawlinson- und Bosworth- Professur für Angelsächsisch anbieten.

Ein Lehrstuhl, der so viel Gelegenheit bietet, eine unterrichtete Begeisterung für das Studium des Angelsächsischen und der anderen altgermanischen Sprachen zu äußern und mitzuteilen, ist für mich naturgemäß attraktiv, und außerdem könnte ich mir nichts Besseres wünschen, als auf diese Weise wiederum mit der *Oxford English School* verbunden zu werden. Ich habe dieser Schule sowohl als Student wie als Tutor angehört, und auch während meiner fünfjährigen Abwesenheit in Leeds hatte ich das Glück, mit ihr in Berührung zu bleiben, besonders während der letzten zwei Jahre als Prüfer bei den Abschlußexamen.

Ich kam 1911 als Stapledon-Stipendiat ans Exeter College. Nach Ablegung einer Prüfung in Klassischer Philologie im Jahr 1913 (mit Griechisch als Spezialfach) machte ich 1915 die Abschlußprüfung in Englisch mit dem ersten Rang, mit Altisländisch als Spezialfach. Bis Ende 1918 diente ich als Offizier bei den Lancashire Fusiliers; dann wurde ich Mitarbeiter des *Oxford English Dictionary*. Bis zum Frühjahr 1920, als meine eigene Arbeit und die zunehmende Beanspruchung als Tutor mir die Fortsetzung dieser Arbeit unmöglich machten, war ich einer der Assistenten von Dr. Bradley[1].

Im Oktober 1920 ging ich als Dozent für englische Sprachwissenschaft nach Leeds, mit einem allgemeinen Auftrag, die linguistische Seite einer großen und noch wachsenden Englisch-Fakultät aufzubauen, an der für ein sprachwissenschaftliches Spezialstudium noch keine regulären Vorkehrungen getroffen waren. Als ich anfing, hatte ich fünf unschlüssige Pioniere aus einer Fakultät mit etwa sechzig Mitgliedern (Studenten im ersten Jahr nicht mitgerechnet). Heute ist das Verhältnis 43 Literaturgegenüber 20 Sprachstudenten. Die Sprachwissenschaftler sind vom allgemeinen Treiben und Arbeiten an der Fakultät in keiner Weise isoliert oder abgeschnitten und nehmen auch an vielen der literarischen Kurse und Veranstaltungen teil; seit 1922 aber wird die rein linguistische Arbeit in gesonderten Kursen geleistet und durch gesonderte Arbeiten mit eigenen Normen und Akzenten examiniert. Der gebotene Unterricht ist allmählich ausgeweitet worden und erstreckt sich heute über einen großen Teil des gesamten Bereichs englischer und germanischer Philologie. Es werden Kurse über die altenglischen Heldenlieder gehalten, über die Geschichte des Englischen*, verschiedene alt- und mittelenglische Texte*, alt- und mittelenglische Philologie*, Einführungen in die germanische Philologie*, Gotisch, Altisländisch (Kurse für Studenten im zweiten* und im dritten Jahr) und mittelalterliches Walisisch*. Alle diese Kurse habe ich von Zeit zu Zeit selbst durchgeführt; die im letzten Jahr von mir durchgeführten sind mit einem Asterisk* gekennzeichnet. In diesem letzten Jahr hat ein freiwilliger Lektüre-Kurs zu Texten, die im gegenwärtigen Lehrplan nicht gesondert berücksichtigt wurden, mehr als fünfzehn Studenten angezogen, die nicht alle der sprachwissenschaftlichen Seite der Fakultät angehören.

Für diese Studenten hat Philologie anscheinend sogar die Attribute des Entsetzlichen, wenn nicht gar Mysteriösen, verloren. Ein Diskussions-Kurs in einer Form, wie er an literaturwissenschaftlichen Fakultäten eher als an sprachwissenschaftlichen geläufig ist, wurde durchgeführt und hat in freundschaftlicher Rivalität und offenem Meinungsaustausch mit der entsprechenden literarischen Veranstaltung Früchte getragen. Von früheren und gegenwärtigen Studenten des Altisländischen ist sogar ein Wikinger-Club gegründet worden, der eine gleichartige Aktivität unabhängig vom Lehrpersonal fortzusetzen verspricht. Das Altisländische ist besonders ausgebaut worden und erreicht gewöhnlich einen höheren Standard als die anderen Spezialfächer, weil es zwei Jahre lang und fast ebenso eingehend wie das Angelsächsische studiert wird . . . . .

Der große Umfang der Lehr- und Leitungsaufgaben, die meine Stellung bisher eingeschlossen hat, außerdem mein Anteil an der allgemeinen Verwaltung einer wachsenden Fakultät und in letzter Zeit auch noch die Pflichten eines Senatsmitglieds in einer Zeit besonderer Schwierigkeiten in der Universitätspolitik haben meine Publikationsvorhaben schwer beeinträchtigt; ich füge aber eine kurze Angabe derjenigen Arbeiten bei, zu denen mir Zeit blieb. Sollte ich für den Rawlinson- und Bosworth-Lehrstuhl gewählt werden, würde ich mich bemühen, von den Forschungsmöglichkeiten, die er bietet, einen produktiven Gebrauch zu machen, nach besten Kräften ein gutnachbarliches Verhältnis zwischen der linguistischen und der literarischen Studienrichtung zu fördern – die niemals verfeindet sein können, außer durch Mißverständnisse oder zum beiderseitigen Schaden – und in einem weiteren und fruchtbareren Gebiet die Förderung philologischer Begeisterung bei der Jugend fortzusetzen.

Meine Herren,
ich verbleibe
Ihr ergebener Diener
J. R. R. Tolkien

8 Aus einem Brief an den Vizekanzler der Universität Leeds
22. Juli 1925

Meine Wahl für die Rawlinson & Bosworth-Professur in Oxford ist mir soeben mitgeteilt worden, & ich habe angenommen – sie tritt am kommenden 1. Oktober in Kraft –, doch nur mit tiefem Bedauern über eine so plötzliche Trennung, trotz dieser für mich unverhofft glücklichen Fügung.

Nur der plötzliche Rücktritt meines Vorgängers hat dies so bald auf mich zukommen lassen – ich machte mir allenfalls vage Hoffnungen darauf für die fernere Zukunft, doch angesichts der Freundlichkeit und der großen Befriedigung, die ich während der kurzen Periode meiner Arbeit an Ihrer Universität erfahren habe, komme ich mir undankbar vor, wenn ich darum bitte, so bald schon von meiner Stellung entbunden zu werden. Ich hoffe, Sie werden mir verzeihen.

9 An Susan Dagnall, George Allen & Unwin Ltd.

[Tolkien schrieb den größten Teil des *Hobbit* während seiner ersten sieben Jahre als Professor für Angelsächsisch in Oxford. Ein Text existierte schon im Winter 1932, als ihn C. S. Lewis zu lesen bekam, doch fehlten dem Typoskript in diesem Stadium anscheinend noch die letzten Kapitel, und kurz vor dem Tod des Drachens Smaug brach es ab. Dieses Typoskript bekam schließlich Susan Dagnall zu sehen, die nach ihrem Studium in Oxford für den Londoner Verlag Allen & Unwin arbeitete; und sie ermutigte Tolkien, die Geschichte zu Ende zu führen und zur Veröffentlichung anzubieten. Vgl. Nr. 163, 257 und 294, wo Tolkien über ihre Beteiligung an dem Buch berichtet, wobei allerdings zwei dieser späteren Briefe insofern irren, als sie besagen, daß Susan Dagnall immer noch Studentin in Oxford gewesen sei, als sie das Manuskript las. Vgl. außerdem *Biographie*, S. 206 f. Am 3. Oktober 1936 schickte Tolkien das fertiggestellte Typoskript an Allen & Unwin. Stanley Unwin, der Gründer und Leiter des Verlags, antwortete am 5. Oktober, man werde das Buch einer »sofortigen und sorgfältigen Prüfung« unterziehen. Weitere Briefe bis zu dem folgenden sind nicht erhalten. Als Tolkien ihn schrieb, war das Buch inzwischen zur Veröffentlichung angenommen, und er war schon dabei, die Karten und Illustrationen vorzubereiten.]

4. Januar 1937   20 Northmoor Road, Oxford
Liebe Miss Dagnall,
    Karten &c. für den »*Hobbit*«.
    Entschuldigen Sie bitte die lange Verzögerung. Ich war einige Zeit nicht
auf dem Posten, und dann wurde auch noch meine Familie einer nach
dem andern von einer Grippe umgeworfen, die die Kinder aus der
Schule mitgebracht hatten, womit Weihnachten völlig verdorben war.
Mich selbst erwischte es Silvester. Es fiel mir schwer, etwas zu tun, und
was ich getan habe, ist, befürchte ich, kümmerlich genug. Zwei Sachen
habe ich neu gezeichnet: den Plan, der in Kapitel I eingeklebt werden
muß, und die Gesamtkarte. Ich kann nur hoffen – denn ich habe wenig
Geschick und gar keine Erfahrung darin, wie man solche Sachen für die
Reproduktion vorbereitet –, daß sie möglicherweise zu gebrauchen sein
werden. Die anderen Karten, so habe ich mir überlegt, sind nicht
erforderlich.
    Ein oder zwei von den Amateur-Illustrationen in meinem »Hausma-
nuskript« habe ich (so gut ich konnte) neu gezeichnet, mit der Vorstellung, daß sie vielleicht als Schluß- oder Titelbild oder etwas dergleichen
dienen könnten. Alles in allem meine ich, daß diese Sachen viel nützen
könnten, wenn sie besser wären. Aber in diesem Stadium ist eine
Verbesserung vielleicht nicht mehr möglich, und auf jeden Fall sind sie
nicht sehr gut und vielleicht auch technisch ungeeignet. Es wäre nett,
wenn Sie mir zurückschickten, was Sie nicht gebrauchen können.
                                    Ihr ergebener
                                    J. R. R. Tolkien

10 **An C. A. Furth, Allen & Unwin**

[Irgendwann zwischen 1932 und 1937 schrieb und illustrierte Tolkien ein kurzes
Kinderbuch mit dem Titel *Mr Bliss* (Angaben siehe in *Biographie*, S. 187; dt: *Herr
Glück*). Es wurde Allen & Unwin zur gleichen Zeit vorgelegt, als der *Hobbit*
geprüft wurde. Der Verlag wollte es mit Freuden nehmen, vorausgesetzt, daß
Tolkien die Zahl der Farben in den Zeichnungen verringern könnte.]

17. Januar 1937   20 Northmoor Road, Oxford
Sehr geehrter Herr,
    »Mr Bliss« wohlbehalten wieder zurückbekommen. Ich kann nur
sagen, ich war überrascht über Ihren freundlichen Brief am nächsten
Morgen. Ich hatte nicht gedacht, daß die Sache solcher Mühe wert sei.

Die meisten Bilder scheinen mir nur zu beweisen, daß der Autor nicht zeichnen kann. Wenn aber Ihr Verlag wirklich meint, daß die Veröffentlichung sich lohnt, will ich versuchen, die Illustrationen leichter reproduzierbar zu machen. Zweifellos wäre es eine große Hilfe, wenn Sie so freundlich wären, mich zu besuchen, wie Sie vorschlagen, und mir ein paar Ratschläge zu geben. Ich bin zur Zeit bemüht, zusätzlich zu meinen normalen Verpflichtungen etwas zu tun, womit ein »Forschungs«-Stipendium zu rechtfertigen wäre[1], aber vielleicht finde ich in nächster Zukunft doch hier und da ein bißchen Zeit, besonders weil mir die Belastung durch die Prüfungen für zwei Jahre abgenommen worden ist.

Ich bin auch dankbar und angenehm überrascht, daß die Zeichnungen für den »Hobbit« zu gebrauchen sind. Ich überlasse es Ihnen, wie sie am besten zu reproduzieren und zu verwenden sind. Eigentlich sollte die Skizze – die Karte mit den Runen – in Kapitel I eingeheftet werden (gefaltet), gegenüber der Stelle, wo sie zum ersten Mal erwähnt wird: »mehr ein Blatt Pergament als eine Karte« – gegen Ende des Kapitels. Die *andere Karte* im »Hausmanuskript« kam am Ende, und die längliche Zeichnung von *Mirkwood*[2] kam am Anfang. Das *Tor zum Palast des Elbenkönigs* kam am Ende von Kapitel VIII, *Seestadt* in Kapitel X, *Die Vordertür* in Kapitel XI nach der Stelle, als die Abenteurer sie zum erstenmal erblickten: »und [sie konnten] den düsteren Höhlenrachen in einer großen Klippenwand [erblicken].« Bei näherer Betrachtung sehe ich, daß sich damit alle Karten und Bilder nach Stellung oder Erwähnung zum Ende hin konzentrieren. Dies ist keine Absicht, sondern hat sich einfach so ergeben, weil ich es versäumt habe, die anderen Illustrationen auch nur auf ein mögliches Format zu verkleinern. Man hatte mir auch den Rat gegeben, die Zeichnungen zu geographischen oder landschaftlichen Gegenständen wären am geeignetsten – ganz abgesehen von meiner Unfähigkeit, etwas anderes zu zeichnen.

Ich füge jetzt noch 6 weitere bei.[3] Sie sind alle offenkundig mangelhaft, und ganz abgesehen davon könnte es bei einzelnen oder manchen von ihnen auch Reproduktionsschwierigkeiten geben. Außerdem haben Sie vielleicht keine Lust, so spät jetzt noch weitere Komplikationen und eine Änderung des Plans in Kauf zu nehmen. Ich werde also weder verärgert noch überrascht sein, wenn Sie die Bilder zurückschicken, allesamt oder einzelne . . . . .

Ich verbl. Ihr sehr ergebener
J. R. R. Tolkien

11 Aus einem Brief an Allen & Unwin   5. Februar 1937

[Betrifft die Reproduktion der Abbildungen im *Hobbit*]

Mit den Andrucken bin ich einverstanden. Alle sind durch die Verkleinerung besser geworden, ausgenommen »die Trolle«. Darin sind ein oder zwei Mängel, wahrscheinlich einfach durch den Druck bedingt. Ich habe sie angestrichen: Der dünne weiße Umriß eines der Bäume im Hintergrund ist ein wenig durchbrochen; ein paar von den winzigen Pünktchen, die eine Flamme umreißen, sind nicht herausgekommen, ebenso der Punkt hinter »Trolle.«

In der »Halle in Beutelsend« hatte ich mich verleiten lassen, einen Schatten einzulavieren, der bis zu dem seitlich einfallenden Lichtstrahl hinaufreichte. Er ist natürlich schwarz herausgekommen (so daß der Schlüssel verschwindet), reicht aber nicht bis zu dem Strahl hinauf. Der Druck ist aber, meine ich, so gut, wie es das Original nur zuläßt. Bitte beachten Sie – dies sind keine schweren Einwände. Ich bin immer noch überrascht, daß Sie diese belanglosen Bilder überhaupt angenommen und sich mit ihnen so viel Mühe gegeben haben – und noch dazu gegen ökonomische Rücksichten (ein Faktor, an den ich nicht gedacht hatte, und der Grund, warum ich anfangs den Illustrationen abgeschworen hatte).

12 An Allen & Unwin

[Mitte März schickte Tolkien die Korrekturfahnen zum *Hobbit* an Allen & Unwin zurück, mit sehr vielen Änderungen des ursprünglichen Textes. Man schrieb, die Folge könne sein, daß er einen Teil der Korrekturkosten werde tragen müssen, obwohl der Verlag anerkannte, daß seine Abänderungen genau nach der Länge des ursprünglichen Textes bemessen waren. Mit dem folgenden Brief schickte er eine Zeichnung für den Schutzumschlag, die auch eine Runeninschrift enthielt.]

13. April 1937   20 Northmoor Road, Oxford
Sehr geehrte Herren,

mit getrennter Post schicke ich Ihnen die korrigierten Revisionsseiten zum *Hobbit* vollständig zurück ..... Ich habe verstanden, was Sie freundlicherweise über die Korrekturkosten sagen. Wenn erforderlich, muß ich bezahlen, was recht und billig ist; aber natürlich wäre ich dankbar für Ihre Nachsicht. Vielen Dank für Ihre Mühe & Rücksicht-nahme . . . . .

Bei den Revisionsabzügen finden Sie einen *Entwurf für den Umschlag*, zu Ihrer Begutachtung. Ich habe (wie ich vorhersah) feststellen müssen, daß dies doch ein wenig über mein Geschick und meine Erfahrung ging. Aber vielleicht würde der allgemeine Umschlag auch genügen?

Die wichtigsten Einwände sehe ich voraus.

Es sind zu viele Farben: Blau, Grün, Rot und Schwarz. (Die 2 Rot sind Zufall, die zwei Grün unwesentlich.) Dem wäre bei möglicher Verbesse-rung durch Einsetzen von *Weiß* für *Rot* zu begegnen; die Sonne könnte man weglassen oder durch eine Linie ersetzen. Daß Sonne und Mond gleichzeitig am Himmel stehen, bezieht sich auf den Zauber, der mit der Tür verbunden ist.

Es ist zu kompliziert und bedarf der Vereinfachung: z. B. indem man die Berge auf nur eine Farbe beschränkt und die gezackten »Nadel-bäume« vereinfacht . . . . .

Beim Neuzeichnen könnte man die ganze Sache verkleinern – wenn Sie meinen, daß die Runen attraktiv sind. Obwohl dem Anschein nach sehr magisch, bedeuten Sie einfach: *Der Hobbit oder Hin und wieder zurück, nämlich Bericht von der einjährigen Reise des Bilbo Baggins; aus seinen Erinnerun-gen zusammengetragen von J. R. R. Tolkien und verlegt von George Allen & Unwin* . . . . .

Ihr erg.

J. R. R. Tolkien

13 An C. A. Furth, Allen & Unwin

[Am 11. Mai teilten Allen & Unwin Tolkien mit, daß es gelungen sei, eine der herausragenden amerikanischen Verlagsfirmen für den *Hobbit* zu interessieren. Dieser Verlag würde »eine Anzahl weiterer Illustrationen in Farbe« begrüßen und habe vorgeschlagen, sie von guten amerikanischen Zeichnern anfertigen zu lassen. Allen & Unwin waren jedoch der Ansicht, »es wäre besser, wenn alle Illustrationen von Ihrer Hand wären«.]

13. Mai 1937   20 Northmoor Road, Oxford
Lieber Mr. Furth,

vielen Dank für die Information über Aussichten auf eine amerikani-sche Veröffentlichung. Können Sie mir den Namen des Verlags nennen, und welches wären wahrscheinlich die finanziellen Abmachungen?

Zu den Illustrationen: Ich bin gespalten zwischen der Kenntnis der eigenen Unfähigkeit und der Furcht vor dem, was amerikanische Zeichner (auch solche von bewundernswertem Können) womöglich produzieren würden. Jedenfalls stimme ich Ihnen zu, daß alle Illustrationen von derselben Hand sein sollten: Neben vier professionellen Zeichnungen würden meine eigenen amateurhaften Produktionen sich recht albern ausnehmen. Ich habe noch ein paar »Bilder« in der Schublade, aber sie stellen Szenen aus der Mythologie dar, in deren Randbezirken der Hobbit seine Abenteuer erlebt; sie sind nicht eigentlich Illustrationen zu seiner Geschichte. Das einzig Mögliche wäre die ursprüngliche farbige Version von *Mirkwood*[1] (für den »Hobbit« in Schwarzweiß neu gezeichnet). Ich müßte sehen, ob ich nicht noch fünf oder sechs für diesen Zweck zeichnen könnte. Ich will es versuchen, soweit meine Zeit mitten im Semester das zuläßt, wenn Sie es für ratsam halten. Aber für die nächste Zeit könnte ich noch nichts versprechen. Vielleicht duldet die Sache nicht viel Aufschub? Vielleicht wäre es ratsam, ehe die Amerikaner das Interesse verlieren, sie machen zu lassen, was ihnen richtig scheint – solange es möglich bliebe (dies muß ich denn doch hinzusetzen), ein Veto gegen alles einzulegen, was aus den Disney-Studios kommt oder von ihnen beeinflußt ist (gegen deren sämtliche Werke ich einen tiefempfundenen Abscheu hege). Ich habe schon amerikanische Illustrationen gesehen, die dafür sprechen, daß dort ausgezeichnete Sachen produziert werden könnten – nur wären sie zu gut für das, was ich ihnen beigeselle. Aber vielleicht könnten Sie mir sagen, wie lange ich Zeit hätte, etwas zustande zu bringen, womit man hoffen könnte, dem Geschmack der transatlantischen Jugend (oder dessen kundigen Connoisseurs) zu entsprechen? . . . .

Ihr sehr ergebener
J. R. R. Tolkien

14 An Allen & Unwin

[Der Verlag hatte vorgeschlagen, daß *Der Hobbit* im Oktober 1937 erscheinen sollte, gleich nach Beginn des Herbstsemesters in Oxford. Außerdem teilte der Verlag mit, daß man seinen Brief betreffend die Illustrationen (Nr. 13) an die Houghton Mifflin Company in Boston weitergeleitet habe, die das Buch in Amerika veröffentlichen werde.]

28. Mai 1937   20 Northmoor Road, Oxford

Sehr geehrte Herren,

. . . . *Erscheinungsdatum.* Dies ist natürlich Ihre Sache und hängt von vielen Gesichtspunkten ab, von denen ich nichts weiß. Jedenfalls ist die letzte Entscheidung vermutlich schon getroffen; und Amerika muß auch berücksichtigt werden. Was aber Großbritannien angeht, so kann ich nicht umhin zu denken, daß es womöglich falsch ist, die Oxforder Universität und ihre Unterrichtsperioden zu berücksichtigen, oder aber, wenn Sie sie schon berücksichtigen, zu meinen, daß Anfang Oktober besser sei als Juni. Der größte Teil der Universität wird sich für eine solche Geschichte nicht interessieren; der interessierte Teil ist längst am Murren und fängt sogar schon an, den Hobbit auf die lange Liste meiner auf nie und nimmer vertagten Ankündigungen zu setzen. Was das »lokale Interesse« angeht, so ist es vermutlich schon auf dem Gipfel (doch kann ich mir nicht vorstellen, daß es selbst im besten Falle auf viel hinausliefe, das sich in den Absatzzahlen niederschlüge). Jedenfalls ist die zweite Junihälfte, zwischen den letzten Examensvorbereitungen und dem Ringen mit den schriftlichen Arbeiten (die nur eine Minderheit der älteren Studenten angehen) ein ruhiges Zwischenspiel, währenddessen leichtere Lektüre gefragt ist, zum unmittelbaren Gebrauch und für die Ferien. Der Oktober dagegen, mit dem Ansturm des neuen Studentenjahrgangs, ist äußerst hektisch.

Mr. Lewis vom Magdalen College[1], der für das *Times Literary Supplement* Besprechungen schreibt, sagt mir, daß er schon geschrieben hat, um auf eine Besprechung zu drängen und als Spezialist für Märchen das Buch für sich zu beanspruchen; und nun ist er verstimmt, weil er die »Jugendbücher« kriegen wird, die er nicht haben will, während der Hobbit erst nach den Ferien bei ihm ankommt und dann bis Dezember wird warten müssen, ehe er ihn lesen und angemessen besprechen kann. Außerdem, wenn das Buch schon dagewesen wäre, bevor die Universität auseinanderläuft, so hätte ich meinen Freund, den Herausgeber des *O. U. Magazine*[2], der vor kurzem erst eine tüchtige Dosis von meiner Drachenkunde gebracht hat, dazu bringen können, es rechtzeitig zu versenden, um bis Anfang des Herbstsemesters eine Besprechung zu bekommen. Aber ich nehme an, das alles sage ich jetzt zu spät. Auf jeden Fall glaube ich, daß es auf lange Sicht nicht allzuviel ausmacht. Nur aus einem einzigen persönlichen Grund bedaure ich diese Verzögerung: Ich war besorgt, daß es sobald wie möglich erscheinen sollte, weil ich seit letztem Oktober unter einem Forschungsvertrag stehe und mich nicht mit Examen abgeben oder meinen »Schrullen« nachhängen sollte. Je weiter wir in den Vertragszeitraum hineinkommen, desto mehr Schwierigkeiten werde ich haben (und ein paar habe ich schon gehabt), glaubhaft zu machen, daß diese Arbeit insgesamt der Periode vor dem Oktober 1936 angehört. Ich werde es nun sehr schwer haben, die Leute zu überzeugen, daß nicht dies der wichtigste Ertrag meiner »Forschung« 1936/37 ist.

Houghton Mifflin Co. Ich war bestürzt zu erfahren, daß mein Brief übers Wasser weitergeleitet worden ist. Er war nicht für amerikanische Augen bestimmt, zumindest nicht unredigiert; ich hätte mich sonst ganz anders ausgedrückt. Ich verspüre jetzt noch mehr Bedenken, mich weiterhin als Illustrator auszugeben . . . . . Ich lege aber trotzdem drei farbige »Bilder« bei.[3] Viel besser kann ich's nicht, und wenn ihre Qualität zu gering ist, soll die H. M. Co. es nur gleich sagen, ohne daß ich beleidigt wäre, solange sie die Bilder zurückschicken. Es sind Produkte eines beiläufigen und achtlosen Zeitvertreibs, Illustrationen zu anderen Geschichten. Im Hinblick auf die Veröffentlichung könnte ich die Qualität vielleicht noch ein bißchen verbessern, mit etwas stärkeren Farben & weniger Krimskrams an Details (und dafür alles etwas größer). Das *Mirkwood*-Bild ist etwa dasselbe wie die Tafel im *Hobbit*, illustriert aber ein anderes Abenteuer. Ich denke, wenn die H. M. Co. will, daß ich so weitermache, würde ich diese Schwarzweißtafel seinlassen und vier andere Szenen zeichnen. Ich werde es sobald wie möglich versuchen, aber wahrscheinlich komme ich nicht dazu, bevor ihr Urteil eintrifft, wenn sie es telegrafieren . . .

Ihr ergebener
J. R. R. Tolkien

15 An Allen & Unwin

[Diesem Brief lag eine farbige Version der Zeichnung »Der Berg: Hobbiton jenseits des Wassers« bei. Tolkien hatte schon vier neue Farbzeichnungen geschickt: »Rivendell«, »Bilbo wachte mit der frühen Sonne auf«, »Bilbo kommt zu den Hütten der Flößer-Elben« und »Unterhaltung mit Smaug«. Sie alle, außer den »Hütten der Flößer-Elben« wurden in der ersten amerikanischen Ausgabe verwendet, und alle, bis auf »Bilbo wachte . . .«, wurden zur 2. britischen Auflage hinzugefügt.]

31. August 1937   20 Northmoor Road, Oxford
Lieber Mr. Furth,

anliegend schicke ich Ihnen die farbige Version des Titelbilds. Wenn
Sie meinen, sie ist gut genug, könnten Sie sie an die Houghton Mifflin
Co. weiterleiten. Könnten Sie den Amerikanern zugleich ein für allemal
klarmachen (es scheint nicht leicht zu sein): daß die *drei* ersten Zeichnungen *keine* Illustrationen zum »Hobbit« waren, sondern nur Probeblätter:
Sie lassen sich also für dieses Buch nicht verwenden und könnten nun
zurückgeschickt werden. Ferner, daß die nächsten *fünf* Zeichnungen *(vier
und die eine jetzt)* eigens für die Houghton Mifflin Co. und für den
»Hobbit« angefertigt wurden. Es steht H. M. natürlich frei, diese *fünf*
einzeln oder insgesamt abzulehnen oder zu verwenden. Ich würde aber
darauf hinweisen, daß sie besonders dazu ausgewählt sind, die Illustrationen einigermaßen gleichmäßig über das ganze Buch zu verteilen (vor
allem im Zusammenhang mit den Schwarzweiß-Zeichnungen gesehen).

Ich vermute, die Frage nach der Vergütung stellt sich gar nicht? Ich bin
mir keines Verdienstes bewußt (obwohl es mich einige Mühe gekostet
hat) und denke, daß der »Gratis«-Charakter meiner Arbeiten für ihre
Mängel entschädigt. Soviel ich weiß, erstreckten sich aber die ursprünglichen Vereinbarungen mit der H. M. Co. nur auf den »Hobbit«, so wie er
bei Ihnen herausgebracht wird, und dann kamen H. M. mit dem Vorschlag, als ihre eigene Verkaufsattraktion farbige Abbildungen beizu-
steuern, mit Hilfe guter amerikanischer Zeichner. Diese hätten sie
gesondert bezahlen müssen. Im Augenblick bin ich in solchen Schwierigkeiten (hauptsächlich durch Arztkosten), daß auch ein sehr kleines
Honorar schon ein Segen wäre. Wäre es wohl möglich anzudeuten *(wenn
H. M. sich entschieden haben, ob sie irgend etwas von diesen Sachen
haben wollen)*, daß eine kleine finanzielle Vergütung nicht unbillig wäre?

Vielleicht können Sie mir einen Rat geben oder mir sagen, wo ich
fehlgehe? Ich muß wohl nicht eigens sagen, daß mir ein solcher Gedanke
nur gegenüber den Amerikanern kommt – die mir sehr viel unnötige
Mühe bereitet haben. Selbst wenn ich nicht wüßte, daß Ihre Herstellungskosten unmäßig hoch gewesen sind (und daß ich die Korrekturfahnen nicht geschont habe), stünde ich Ihnen doch mit Freuden jederzeit
zur Verfügung, wenn Sie denken, daß ich irgend etwas tun kann, was
Zeichnen oder Umzeichnen von Sachen angeht, die für den *Hobbit* zu
gebrauchen sind.

Ich hoffe, Mr. Baggins [Herr Beutlin] wird mich schließlich noch
retten – in bescheidenem Maße jedenfalls (mit Kesseln voller Trollgold
rechne ich nicht). Allmählich wächst in mir die Hoffnung, daß der Verlag

(siehe Klappentext) vielleicht doch recht behalten könnte.[1] Ich habe kürzlich zwei Zeugnisse bekommen, die halbwegs verheißungsvoll sind. Zum einen hat Professor Gordon[2] das Buch tatsächlich gelesen (was vermutlich selten einer tut); und er versichert mir, daß er es allgemein und auch an die Book Society empfehlen werde. Sie müssen freilich wissen, daß er mit Versprechungen meistens großzügig ist – aber sein Urteil ist jedenfalls ziemlich gut. Professor Chambers[3] schreibt mir ganz begeistert, aber er ist ein alter und gutmütiger Freund. Am wertvollsten ist das Dokument, das ich für den Fall, daß es Sie interessiert, beifüge: ein Brief von R. Meiggs (derzeit Herausgeber des *Oxford Magazine*). Er hat keinen Grund, meine Gefühle zu schonen, und nimmt gewöhnlich kein Blatt vor den Mund. Natürlich hat er keine Verbindung zu Rezensenten-cliquen und ist im Grunde einer aus dem Publikum der »Onkels«.

Ihr ergebener

J. R. R. Tolkien

P. S.: Ich füge auch noch einen Kommentar zum Klappentext bei, zu Ihrer gelegentlichen Kenntnisnahme – sofern Sie es lesen können.

[Als *Der Hobbit* am 21. September 1937 erschien, hatten Allen & Unwin die folgenden Bemerkungen auf den Klappentext setzen lassen: »J. R. R. Tolkien . . . . hat vier Kinder, und ihnen wurde *Der Hobbit* in ihrer Kinderstubenzeit laut vorgelesen . . . . . Das Manuskript . . . . wurde an Freunde in Oxford ausgeliehen und auch deren Kindern vorgelesen . . . . . Die Entstehung des *Hobbit* erinnert stark an die von *Alice im Wunderland*. Auch hier wieder macht ein Professor aus einem abstrusen Fachgebiet sich ans Spielen.« Zu diesen Bemerkungen schickte nun Tolkien den folgenden Kommentar.]

Nebenbei gesagt, ich wollte schon vor einiger Zeit etwas zu den anderen Sachen sagen, die mit auf dem Umschlag stehen. Ich glaube nicht, daß dies sehr wichtig ist, um den *Hobbit* herauszubringen (da dieses Buch für Ihre Bestrebungen ja nur eines von vielen ist); und daher hoffe ich, Sie werden die folgenden Ausführungen nachsichtig aufnehmen und mir das Vergnügen gönnen, Dinge zu erklären (der Professor kann's nicht lassen), auch wenn sie nicht nützlich erscheinen.

Sie haben mich in der Hand, wenn Sie denken, daß dies der richtige Ton ist. Die strenge Wahrheit ist vermutlich nicht nötig (und auch gar nicht erwünscht). Aber ich habe ein wenig Angst, daß sich die H. M. Co. auf diesen Text stürzen und das Ungenaue zum Falschen übertreiben könnte. Und auch Rezensenten verlassen sich gern auf Andeutungen. Zumindest mir geht es so, wenn ich diese Aufgabe erfülle.

Kinderstube: Eine solche hat es bei mir nie gegeben, und der Ort für solche Unterhaltungen war immer mein Arbeitszimmer. Jedenfalls, ist dieser Altersbezug richtig? Ich würde sagen, die »Kinderstubenzeit« wäre etwa mit 8 zu Ende, wenn die Kinder in die Schule kommen. Das aber ist zu jung. Mein Ältester war dreizehn, als er die Fortsetzungen hörte. Die Jüngeren hat es nicht angesprochen; sie mußten jeder erst dazu heranwachsen.

Ausgeliehen: Dies müssen wir hingehen lassen (doch genaugenommen wurde es den Freunden von mir aufgedrängt). Das MS. ist zwar herumgereicht worden, aber soviel ich weiß ist es niemals Kindern *vorgelesen,* sondern nur *von* einem Kind gelesen worden (einem Mädchen von 12–13), ehe Mr. Unwin es damit versucht hat.

Abstrus: Ich finde nicht, daß mein Fachgebiet »abstrus« ist – nicht wenn damit das »Angelsächsische« gemeint sein soll. Manche Leute mögen so denken, aber ich mag sie darin nicht bestärken. Die altenglische oder die isländische Literatur liegen den menschlichen Interessen nicht ferner oder sind nicht schwerer auf billige Art zu erwerben als (zum Beispiel) Wirtschaftsspanisch. Ich habe es mit beidem versucht. Jedenfalls – wenn man von den Runen (angelsächsisch) und den Zwergennamen (isländisch) absieht, die jedoch beide nicht mit antiquarischer Genauigkeit und nur mit Bedauern als Ersatz gebraucht werden, um die Abstrusität der echten Alphabete und Namen in der Mythologie, in die Herr Beutlin hineinstolpert, zu vermeiden – muß ich gestehen, daß mein Fachwissen gar nicht direkt ins Spiel kommt. Die Magie, Mythologie, die angenommene »Historie« und die meisten Namen (z. B. das Epos vom Fall Gondolins) stammen leider aus unveröffentlichten freien Erfindungen, die nur meinen Angehörigen, Miss Griffiths[1] und Mr. Lewis bekannt sind. Ich glaube, daß sie der Erzählung einen Anflug von »Realität« und eine nordische Atmosphäre verleihen. Ich frage mich aber, ob man in den Ahnungslosen die Vorstellung wecken sollte, das käme alles aus den »alten Büchern«, während man den Unterrichteten gleichzeitig zu der Feststellung herausfordert, daß dem nicht so ist?

Die »Philologie« – mein eigentliches fachliches Handwerk – ist vielleicht schon eher abstrus und mit Dodgsons Mathematik zu vergleichen. Also liegt die Parallele (sofern überhaupt eine da ist: Ich bin fest überzeugt, daß sie sich bei näherer Betrachtung auflöst)* eigentlich nur in

---

* Oder soll das Auftreten von scherzhaften Rechenaufgaben in der *Alice* eine Parallele zu den Anklängen an nordische Mythen im *Hobbit* sein?

der Tatsache, daß diese beiden Fachgebiete in keiner Form offen zur Geltung kommen. Die (glaube ich) einzige philologische Bemerkung im *Hobbit* steht auf p. 221 (Zeilen 6/7 von unten):[2] ein versprengter mythologischer Verweis auf die Sprachphilosophie, der (ohne daß es etwas schadet) jedem entgehen wird, der Barfield[3] nicht kennt, und vermutlich auch den sehr Wenigen, die ihn gelesen haben. Ich fürchte, mein Zeugs ist im Grunde eher mit Dodgsons Amateurfotografie oder mit seinem Lied von Hiawathas Scheitern vergleichbar als mit der *Alice*.

Professor: Ein Professor, der sich ans Spielen macht, gemahnt an einen Elefanten im Bade, wie Sir Walter Raleigh[4] scherzhaft bei einem *viva*[5] über Professor Jo Wright gesagt hat. Strenggenommen war Dodgson (glaube ich) nicht »Professor«, sondern Lektor an einem College – obwohl er gegen meinesgleichen die Freundlichkeit hatte, den »Professor« zum besten Charakter (wenn einem der verrückte Gärtner nicht lieber ist) in *Sylvie & Bruno* zu machen. Warum nicht lieber *»student«* [»Student«, aber auch »Gelehrter«]? Dieses Wort hätte den zusätzlichen Vorteil, daß Dodgsons offizieller Status der eines *student* am Christ Church College war. Wenn Sie es gut und richtig finden, den (für den *Hobbit* ziemlich schmeichelhaften) Vergleich aufrechtzuerhalten, so hätte *Alice hinter den Spiegeln* genannt werden sollen. Es steht der Sache in jeder Hinsicht näher . . . . .

J. R. R. Tolkien

16 An Michael Tolkien

[Tolkiens zweiter Sohn Michael, inzwischen sechzehn Jahre alt, war ebenso wie sein jüngerer Bruder Christopher Schüler der Oratoriums-Schule in Berkshire. Er machte sich Hoffnungen auf einen Platz in der Rugby-Mannschaft der Schule.]

3. Oktober 1937   20 Northmoor Road, Oxford

Mein lieber Mick,

es ist nett, daß du geschrieben hast. Ich hoffe, alles geht gut. Ich dachte, die neuen Studierzimmer könnten, wenn sie erst möbliert wären, ganz präsentabel aussehen. Es ist gut, wenn Du, soweit Du kannst, ein schützendes Auge auf Chris hältst. Ich nehme an, er wird sich anfangs schwer zurechtfinden, aber dann wird er bald wissen, wo es langgeht, und Dir und sich selbst keine Schwierigkeiten mehr machen.

Es tut mir leid und wundert mich, daß Du (noch) nicht in der Mannschaft bist. Aber so manch einer ist am Ende doch hineingekommen, sogar mit Auszeichnung, der zuerst abgelehnt wurde. Mir ist es so gegangen – und aus demselben Grund: zu leicht. Aber eines Tages habe ich dann beschlossen, das mangelnde Gewicht durch (legitime) Härte auszugleichen, und am Ende derselben Saison noch war ich Mannschaftskapitän & bekam in der nächsten Saison meine Auszeichnung. Aber dabei habe ich ziemlich viel abbekommen – unter anderem hätte ich mir beinah die Zunge abgebissen –, und da ich alles in allem mehr Glück habe als Du, wäre ich ganz zufrieden, wenn Du unverletzt bleibst, auch wenn Du nicht in die Mannschaft kommst. Aber, wie Du's auch machst, Gott sei mit Dir. Sonst gibt es nichts besonders Neues. Mummy scheint am Autofahren Gefallen zu finden. Wir waren viel zu zweit, seit ihr fort seid, und jetzt muß ich den Nachmittag über mit ihr, P. und J. B.[1] ausfahren, statt zu schreiben. Darum muß ich einstweilen Schluß machen. Mit vielen lieben Grüßen

Dein Vater

17 An Stanley Unwin, Leiter des Verlags Allen & Unwin

[Unwin hatte Tolkien einen Brief des Schriftstellers Richard Hughes zugesandt, der von Allen & Unwin ein Exemplar des *Hobbit* bekommen hatte. Hughes schrieb an Unwin: »Ich stimme Ihnen zu, es ist eine der besten Kindergeschichten, die mir seit sehr langer Zeit begegnet sind . . . . . Der einzige Haken, den ich sehe, ist der, daß viele Eltern . . . . vielleicht besorgt sein werden, daß manche Teile darin zu beängstigend wären, um sie vor dem Schlafengehn vorzulesen.« Unwin erwähnte auch, daß sein elfjähriger Sohn Rayner, der das Gutachten über das Manuskript geschrieben hatte, aufgrund dessen es veröffentlicht worden war (siehe *Biographie*, S. 207), das Buch noch einmal gelesen hatte, nachdem es nun gedruckt war. Zum Schluß bereitete Unwin seinen Autor darauf vor, daß »ein großes Publikum nächstes Jahr danach schreien« werde, »von Ihnen mehr über die Hobbits zu erfahren«.]

15. Oktober 1937   20 Northmoor Road, Oxford
Lieber Mr. Unwin,

vielen Dank für Ihren freundlichen Brief vom 11. Oktober und nun auch für die Kopie des Briefes von Richard Hughes. Dies hat mich besonders interessiert, weil wir einander gar nicht kennen. Die Besprechungen in der *Times* und in ihrem *Literary Supplement* waren gut – das heißt (über Gebühr) schmeichelhaft; allerdings kann ich aufgrund vertraulicher Hinweise erraten, daß sie beide von demselben Manne stammen[1], und zwar von einem, dessen Zustimmung mir sicher war: Wir haben von Anfang an denselben Geschmack gehabt und dieselben Bücher gelesen und sind seit Jahren eng verbündet. Aber das mindert ja keineswegs ihre öffentliche Wirkung. Auch muß ich seine Meinung achten, denn ich habe ihn selbst für den besten lebenden Kritiker gehalten, bis er seine Aufmerksamkeit mir zuwendete, und auch die engste Freundschaft könnte ihn nicht dazu bringen, etwas zu sagen, was er nicht meint: Er ist der bedingungslos ehrlichste Mensch, den ich kenne . . . . .

Kein Rezensent (soweit ich gesehen habe), obwohl sie alle ihrerseit gewissenhaft richtig *dwarfs* [Zwerge] geschrieben haben, hat sich zu der Tatsache geäußert (die mir erst durch die Rezensionen bewußt wurde), daß ich durchgängig den »falschen« Plural *dwarves* gebrauche. Ich fürchte, das ist einfach eine private grammatische Unart, einigermaßen befremdlich bei einem Philologen; aber ich werde dabei bleiben müssen. Vielleicht kann meinem *dwarf* – ebenso wie *gnome*[2] ja nur die annähernd gleichwertige Übersetzung für eine Kreatur, die in ihrer Welt einen anderen Namen und ganz andere Aufgaben hat – ein eigentümlicher Plural bewilligt werden. Der echte »historische« Plural zu *dwarf* (ähnlich wie *teeth* zu *tooth*) wäre jedenfalls *dwarrows*: ein ganz hübsches Wort, aber ein bißchen zu archaisch. Trotzdem, ich wollte, ich hätte *dwarrow* gebraucht.

Das Herz geht mir auf für Ihren Sohn. Das blasse und enge Typoskript zu lesen, war nobel; das Ganze so bald noch einmal zu lesen, war ein prächtiges Kompliment.

Ich habe eine Postkarte bekommen, die vermutlich auf die Rezension in der *Times* anspielt. Sie enthält nur die Worte:
sic hobbitur ad astra.[3]

Trotzdem bin ich ein wenig verstört. Ich wüßte nicht, was es über die Hobbits noch zu sagen gäbe. Herr Beutlin scheint mir die Tuksche wie die Beutlinsche Seite ihrer Wesensart erschöpfend dargestellt zu haben. Aber nur allzuviel habe ich über die Welt zu sagen, vieles davon schon aufgeschrieben, in die der Hobbit hineingeht. Sie können natürlich alles davon sehen und dazu sagen, was Sie wollen, wenn Sie wollen und wann Sie wollen. Ich würde gern einmal eine andere Meinung als die von Mr. C. S. Lewis und meinen Herren Söhnen darüber hören, ob es einen Wert an sich oder als marktgängige Ware hat, ganz abgesehen von den Hobbits. Wenn es aber stimmt, daß der *Hobbit* nicht mehr aus der Welt zu schaffen ist und man mehr von ihm wissen will, so werde ich einen Denkprozeß beginnen und versuchen, eine Vorstellung von einem

Thema zu gewinnen, das diesem Stoffgebiet angehört und in ähnlichem Stil und für ein ähnliches Publikum – womöglich auch für richtige Hobbits – behandelt werden könnte. Meine Tochter hätte gern etwas über die Familie Took. Andere Leser wollen mehr Einzelheiten über Gandalf und den Nekromanten wissen. Aber das wäre zu düster, zu viel für die besorgten Eltern, von denen Richard Hughes spricht. Ich fürchte, dieser »Haken« steckt in allem, wenn auch eigentlich die Gegenwart des Schrecklichen (obgleich nur am Rande) dasjenige ist, was, so glaube ich, dieser vorgestellten Welt ihre Glaubhaftigkeit gibt. Ein Märchenland ohne Schrecken ist nach allen Seiten hin unwahr. Im Augenblick bin ich wie Mr. Baggins ein wenig atemlos vor Verblüffung, und ich hoffe, ich nehme mich selbst nicht zu ernst. Aber ich muß gestehen, daß Ihr Brief eine blasse Hoffnung in mir entzündet hat. Ich meine, ich beginne mich zu fragen, ob nicht (vielleicht) in Zukunft Pflicht und Neigung enger zusammengehn könnten. Siebzehn Jahre lang habe ich fast die ganze Ferienzeit mit Prüfungen und dergleichen zugebracht, getrieben von der unmittelbaren finanziellen Notwendigkeit (hauptsächlich Arztkosten und Schulgelder). Geschichtenschreiben in Vers oder Prosa wurde oft mit schlechtem Gewissen von der bereits verpfändeten Zeit abgezweigt und blieb gebrochen und ergebnislos. Vielleicht kann ich jetzt tun, was ich sehr viel lieber täte, unbeschadet meiner finanziellen Verpflichtungen. Vielleicht!*

Ich denke, »Oxford« nimmt nun ein mildes Interesse. Andauernd werde ich gefragt, wie es meinem Hobbit geht. Es ist eine Haltung (wie ich voraussah) nicht ohne eine Spur Überraschung und ein bißchen Mitleid. Mein eigenes College ist gut für etwa sechs Exemplare, schon weil man darin Stoff finden kann, um mich aufzuziehen. Die Besprechung in der *Times* hat ein oder zwei der gesetzteren Kollegen davon überzeugt, daß sie die Kenntnis meiner »Phantasie« (d. h. Unbesonnenheit) ohne Verlust an akademischer Würde eingestehen könnten. Der Professor für byzantinisches Griechisch[4] hat sich ein Exemplar gekauft, »weil die Erstausgaben von *Alice* heute sehr wertvoll sind«. Und vom Regius-Professor für moderne Geschichte ist mir zu Ohren gekommen, er sei kürzlich dabei gesehen worden, wie er den *Hobbit* las. Bei Parker[5] steht das Buch im Schaufenster, aber anderswo nicht (soviel ich weiß).

Ich komme wahrscheinlich in die Stadt, um Professor Joseph Vendryes am Mittwoch, dem 27. Okt., in der Akademie zu hören. Ich frage mich,

---

* Nicht daß die Prüfertätigkeit sehr gewinnbringend wäre. Schon ein ganz bescheidener Absatz würde sie übertreffen. 100 Pfund zu verdienen erfordert fast soviel Arbeit wie ein vollausgewachsener Roman.

ob dies wohl ein geeigneter Tag für das Essen wäre, zu dem Sie im letzten Sommer so freundlich waren, mich einzuladen? Und auf jeden Fall könnte ich den *Mr. Bliss* [Herr Glück] ins Büro mitbringen, um die von Mr. Furth versprochenen letzten Ratschläge einzuholen, was zu tun wäre, damit er reproduzierbar wird.

Ihr ergebener
J. R. R. Tolkien

P. S.: Ich bestätige den Erhalt der nach Amerika geschickten Probebilder.

18 Aus einem Brief an Stanley Unwin   23. Oktober 1937

[Am 19. Oktober schrieb Unwin an Tolkien: »Ich denke, es gibt Grund zu Ihrer blassen Hoffnung..... Es ist selten, daß ein Kinderbuchautor schon nach einem Buch fest Fuß fassen kann, doch daß Ihnen dies sehr rasch gelingen wird..... Sie sind einer der seltenen Menschen mit Genie, und dies ist ein Wort, das ich im Gegensatz zu manchen anderen Verlegern in dreißig Jahren verlegerischer Tätigkeit kein halbes Dutzend mal gebraucht habe.«]

Vielen Dank meinerseits für Ihren ermutigenden Brief. Ich werde bald etwas anfangen & und es bei nächster Gelegenheit Ihrem Sohn unterbreiten.

19 An Stanley Unwin

[Am 15. November traf sich Tolkien mit Unwin in London zum Essen, und dabei erzählte er ihm von etlichen Schriften, die schon in einem Manuskript vorlagen: der Folge der *Father Christmas Letters* (Briefe vom Weihnachtsmann), die er seit 1920 jedes Jahr zu Weihnachten an seine Kinder geschrieben hatte, von etlichen kurzen Erzählungen und Gedichten und von dem *Silmarillion*. Nach diesem Treffen übergab er dem Verlag die »Quenta Silmarillion«, eine Prosafassung des letztgenannten Buches, zusammen mit dem langen, unvollendeten Gedicht »The Gest of Beren and Lúthien«. Beides wurde einem der externen Lektoren des Verlags anvertraut, Edward Crankshaw, der zu dem Gedicht nachteilig Stellung nahm, die Prosa-Erzählung aber wegen ihrer »Knappheit und Würde« lobte, obwohl ihm die, wie er sagte, »keltischen« Namen mißfielen, weil sie seinen Augen wehtäten. Weiter hieß es in seinem Gutachten, die Geschichte habe »etwas von jener verrückten, glanzäugigen Schönheit, die jeden Angelsachsen angesichts keltischer Kunst so betroffen macht«. Diese Bemerkungen wurden Tolkien weitergegeben.]

16. Dezember 1937 20 Northmoor Road, Oxford
Lieber Mr. Unwin,

ich war krank und bin immer noch etwas klapprig, und noch so mancherlei Allzumenschliches ist mir zugestoßen, so daß die Zeit mir durch die Hände geschlüpft ist: Ich habe so gut wie nichts von irgendeiner Art fertiggebracht, seit ich Sie gesehen habe. Der Brief vom Weihnachtsmann 1937 ist noch ungeschrieben.....

Meine größte Freude ist es zu erfahren, daß das *Silmarillion* nicht mit Verachtung abgewiesen wird. Ich habe unter einer ganz lächerlichen Furcht und Bekümmerung gelebt, seit ich diesen ganz privaten und mir teuren Unsinn aus dem Haus gegeben habe; und ich glaube, wenn es auch Ihnen als Unsinn erschienen wäre, dann hätte ich mich wohl ganz zermalmt gefühlt. Wegen der Versform, die trotz mancher rechtschaffener Passagen schwere Mängel hat, mache ich mir keine Sorgen, denn dies ist für mich nur der Rohstoff. Aber nun hoffe ich ganz bestimmt, daß ich eines Tages in der Lage sein werde oder es mir werde leisten können, das *Silmarillion* zu veröffentlichen. Was Ihr Lektor dazu sagt, bereitet mir Vergnügen. Es tut mir leid, daß die Namen seinen Augen weh tun – ich persönlich glaube (und hier traue ich mir ein gutes Urteil zu), daß sie gut sind und einen großen Teil der Wirkung ausmachen. Sie sind in sich stimmig und aus zwei miteinander verwandten Sprachstämmen gebildet, so daß sie einen Realitätsgrad erreichen, wie ihn andere Namenserfinder (z. B. Swift oder Dunsany) nicht ganz erreicht haben. Überflüssig zu sagen, daß sie nicht keltisch sind! Ebensowenig wie die Geschichten. Ich kenne keltische Sachen (viele davon im irischen oder walisischen Originaltext) und hege eine gewisse Abneigung gegen sie, in der Hauptsache, weil sie so von Grund auf unvernünftig sind. Leuchtende Farben haben sie zwar, aber nur so wie ein zerbrochenes Kirchenglasfenster, das man planlos wieder zusammengestückelt hätte. Sie sind tatsächlich, wie Ihr Lektor sagt, »verrückt« – aber ich glaube nicht, daß ich's auch bin. Dennoch bin ich für seine Bemerkungen sehr dankbar, und besonders ermutigt es mich, daß der Stil zweckmäßig ist und sogar über die Namenssysteme hinwegträgt.

Ich hatte nicht geglaubt, daß irgendeine von den dagelassenen Sachen ganz das Versprochene wäre. Was ich nur wissen wollte, war, ob irgend etwas davon einen äußeren, nicht nur privaten Wert hätte. Ich denke, es ist klar, daß ganz unabhängig davon eine Fortsetzung oder ein Anschluß zum *Hobbit* erwünscht ist. Ich verspreche, dies gewissenhaft bedenken zu wollen. Aber Sie werden sicherlich verstehen, daß der Aufbau einer vielschichtigen und in sich stimmigen Mythologie (und zweier Sprachen) die Gedanken ziemlich in Anspruch nimmt, und die Silmaril habe ich ins Herz geschlossen. Weiß der Himmel, was also weiter werden wird. Mr. Baggins begann als eine komische Erzählung unter herkömmlichen, aber nicht ganz stimmigen Grimmschen Märchenzwergen, und dann wurde er am Rande da hineingezogen – so daß sogar Sauron der Schreckliche über den Rand lugte. Und was können Hobbits mehr tun? Sie können komisch sein, aber ihre Komik ist zu bieder, wenn sie sich nicht gegen elementarere Dinge abhebt. Aber der echte Spaß (nach meinem Geschmack) mit Orks und Drachen, das war vor ihrer Zeit. Vielleicht eine neue (wenn auch ähnliche) Linie? Meinen Sie, Tom Bombadil, der Geist der (verschwindenden) Landschaft von Oxford- und Berkshire, wäre zum Helden einer Geschichte zu machen? Oder wird ihm, wie ich vermute, in den beiliegenden Versen[1] vollauf Genüge getan? Immerhin könnte ich das Porträt vergrößern.

Welches sind die vier farbigen Illustrationen, die Sie verwenden?[2] Ist vielleicht eine übrig, wo man den Drachen auf seinem Hort sieht? Ich muß einen Vortrag über Drachen halten (im Naturgeschichtlichen Museum!!!), und die brauchen eine Vorlage, um ein Lichtbild davon zu machen.[3]

Könnte ich noch vier Exemplare des *Hobbit* zum Autorenrabatt bekommen, als Weihnachtsgeschenke?

Darf ich Ihnen bon voyage wünschen – und gute Heimkehr![4] Am 14. Jan. soll ich in der BBC sprechen, aber ich nehme an, bis dahin sind Sie wieder zurück.[5] Ich freue mich, Sie bald wiederzusehen.

Ihr ergebener
J. R. R. Tolkien

P. S.: Ich habe von Kindern und Erwachsenen mehrere Anfragen wegen der *Runen* erhalten, ob sie echt sind und man sie lesen kann. Manche Kinder haben sie zu entziffern versucht. Ob es gut wäre, ein Runen-Alphabet beizufügen? Ich habe schon für mehrere Leute eines aufschreiben müssen. Bitte entschuldigen Sie diesen krakeligen und weitschweifigen Brief. Ich fühle mich erst wieder halb am Leben. JRRT.

Der *Geste* (in Versen), das *Silmarillion* und die dazugehörigen Fragmente sind mit späterer Post gut angekommen.

20 An C. A. Furth, Allen & Unwin

[Am 17. Dezember schrieb Furth an Tolkien: »Die Nachfrage nach dem *Hobbit* wurde mit Beginn der Weihnachtsbestellungen so dringend, daß wir die Neuauflage in größter Eile zum Druck geben mußten ..... In letzter Minute wurde die Krise so akut, daß wir einen Teil der Auflage mit einem Privatwagen von unserer Druckerei in Woking geholt haben.«]

19. Dezember 1937   20 Northmoor Road, Oxford
Lieber Mr. Furth,

danke für Ihren Bericht mit den letzten Neuigkeiten über den »Hobbit«. Er klingt ganz aufregend.

Ich habe *vier* Exemplare der neuen Auflage erhalten, die mir berechnet werden, wie ich sie in meinem Brief an Mr. Unwin bestellt hatte. Ich finde, die Farbbilder sind gut herausgekommen ... Es tut mir leid, daß das Adlerbild (gegenüber S. 118) nicht mit dabei ist – nur weil ich es gern reproduziert gesehen hätte. Erstaunlich, daß die vier aufgenommen werden konnten, ohne daß der Preis steigt. Vielleicht werden die Amerikaner es verwenden? Komische Leute ...

Ich habe das erste Kapitel einer neuen Geschichte über Hobbits geschrieben – »Ein langerwartetes Fest«[1]. Frohe Weihnachten!

Ihr erg.

J. R. R. Tolkien

[P. S.] .... Mr. Arthur Ransome[2] moniert *man* auf S. 27 (Zeile 7 von unten). Lies *fellow* wie in einer früheren Fassung? Er moniert auch *more men* auf S. 294, Z. 11. Lies *more of us*? *Men* mit großem Anfangsbuchstaben wird, glaube ich, im Text gebraucht, wo speziell *Menschen* gemeint sind; *man* und *men* mit kleinem Anfangsbuchstaben gelegentlich in losem Sprachgebrauch für *Mann* oder *Leute*. Obwohl dies aber mythologisch zu verteidigen wäre (und dem angelsächsischen Gebrauch entspricht!), wäre es vielleicht besser, mythologische Probleme ohne Bezug zur Erzählung zu vermeiden. Mr. Ransome scheint es auch nicht zu gefallen, daß Gandalf auf S. 112 (Z. 11, 13) die Orks mit *boys* anredet. Ich gebe zwar zu, daß diese Beschimpfung etwas albern und nicht sehr stilvoll ist, glaube aber nicht, daß jetzt noch etwas dran zu ändern ist. Es sei denn, *oaves* [Tölpel] ginge? JRRT.

21 Aus einem Brief an Allen & Unwin 1. Februar 1938

Würden Sie bitte Mr. Unwin fragen, ob sein Sohn, ein sehr zuverlässiger Kritiker, sich die Mühe machen könnte, das erste Kapitel des Anschlußbandes zum *Hobbit* zu lesen? Ich habe es getippt. Ich weiß nicht recht, was ich davon halten soll, aber wenn er meint, daß es ein vielversprechender Anfang ist, könnte ich die Geschichte hinzufügen, die sich zusammenbraut.

22 An C. A. Furth, Allen & Unwin

4. Februar 1938   20 Northmoor Road, Oxford
Lieber Mr. Furth,
anliegend eine Kopie von Kapitel I »Ein langerwartetes Fest« des möglichen Anschlußbandes zum *Hobbit* . . . . .
Von einem jungen Leser aus Boston (Lincs) habe ich einen Brief mit einer Liste von *errata* [im *Hobbit*] bekommen. Dann habe ich meinem Jüngsten, der mit einem Herzleiden zu Bett liegt[1], gesagt, er soll sehen, ob er weitere findet, für zwei Pence das Stück. Er hat welche gefunden. Die Ergebnisse füge ich bei. Zusammen mit den schon früher eingereichten sollten sie (hoffentlich) eine vollständige Liste ausmachen. Ich hoffe auch, daß sie eines Tages benötigt werden.
Ihr ergebener
J. R. R. Tolkien

23 An C. A. Furth, Allen & Unwin

[Der Verlag hatte abermals die Möglichkeit erwogen, *Mr. Bliss* zu veröffentlichen (siehe Vorbemerkung zu Nr. 10)].

17. Februar 1938   20 Northmoor Road, Oxford
Lieber Mr. Furth,
»Mr Bliss« kam wohlbehalten zurück. Es tut mir leid, daß er Ihnen so viel Mühe gemacht hat. Ich wollte, Sie könnten jemanden finden, der die Bilder richtig umzeichnet. Ich glaube nicht, daß ich dessen fähig bin. Ohnehin habe ich jetzt keine Zeit – es ist leichter, in freien Augenblicken an einer Geschichte zu schreiben, als zu zeichnen (obwohl beides nicht leicht ist) . . . . .

Man sagt, schwer sei der Anfang. Mir kommt es nicht so vor. Ich bin sicher, »erste Kapitel« könnte ich nach Belieben schreiben. Tatsächlich habe ich schon viele geschrieben. Die Hobbit-Fortsetzung ist immer noch da, wo sie war, und ich habe nur sehr vage Vorstellungen, wie es weitergehen könnte. Ich fürchte, ich habe alle meine Lieblings-»Motive« und Charaktere, ohne jeden Gedanken an eine Fortsetzung, schon an den ersten »Hobbit« verschwendet.

Ich werde Ihnen schreiben und Ihren Rat zum »Mr Bliss« einholen, ehe ich etwas daran tue. Das wird kaum vor den Langen Ferien oder dem Ablauf meines »Forschungsstipendiums« sein.[1]

Ihr ergebener

J. R. R. Tolkien

24 An Stanley Unwin

[Am 11. Februar schrieb Unwin, sein Sohn Rayner habe viel Freude am ersten Kapitel der neuen Geschichte gehabt.]

18. Februar 1938   20 Northmoor Road, Oxford

Lieber Mr. Unwin,

Ihrem Sohn Rayner bin ich sehr dankbar, und er macht mir Mut. Zugleich aber fällt es mir nur allzu leicht, Einleitungskapitel zu schreiben – und im Augenblick will die Geschichte sich nicht entfalten. Leider habe ich sehr wenig Zeit, und durch einen ziemlich schlimmen Verlauf der Weihnachtsferien wurde es noch weniger. Ich habe für den ersten »Hobbit« so viel verschwendet (der ja auch keine Fortsetzung haben sollte), daß es mir schwerfällt, jetzt etwas zu finden, das in jener Welt noch neu ist.

Mr. C. S. Lewis sagt mir, daß Sie ihm gestattet haben, Ihnen *Out of the Silent Planet* einzureichen. Ich habe es natürlich gelesen und seither auch noch gehört, wie es noch einer ganz anderen Probe standgehalten hat: einer Lesung in unserem lokalen Club (in dem wir uns gern längere oder kürzere Sachen laut vorlesen lassen). Es erwies sich als eine aufregende Lesungsreihe und fand viel Beifall. Aber wir sind natürlich auch alle ziemlich gleichgesinnt.

Es ist nur ein verrückter Zufall, daß der Held Philologe ist (ein Punkt, in dem er mir ähnelt) und Ihren Namen hat.[1] Diesen letzteren Zug könnte man sicherlich ändern; ich glaube, es hat weiter nichts zu bedeuten.

Anfangs hatten wir vor, jeder einen Reise-»Thriller« zu schreiben: eine Weltraumreise und eine Zeitreise (ich), die beide zur Entdeckung eines Mythos führen sollten.[2] Aber die Raumreise ist fertig geworden, und die Zeitreise ist wegen meiner Langsamkeit und Unschlüssigkeit, wie Sie wissen, ein Fragment geblieben.[3]

Ihr ergebener
J. R. R. Tolkien

25 An den Herausgeber des »Observer«

[Am 16. Januar 1938 veröffentlichte der *Observer* einen mit »Habit« unterzeichneten Leserbrief, in dem gefragt wurde, ob Tolkien auf seine Hobbits vielleicht durch Julian Huxleys Bericht über die »kleinen, dichtbehaarten Menschen« gekommen sei, »die in Afrika von Eingeborenen . . . . und zumindest einem Wissenschaftler gesehen wurden«. Der Briefschreiber erwähnte auch, eine Freundin habe ihm gesagt, sie erinnere sich an ein altes Märchen mit dem Titel »Der Hobbit«, das sie um 1904 in einer Sammlung gelesen habe und in dem das so bezeichnete Geschöpf ganz und gar entsetzlich war. Der Schreiber fragte, ob nicht Tolkien »uns etwas mehr über den Namen und die Herkunft seines merkwürdigen Helden sagen« könnte. »So vielen Forschern der künftigen Generationen würde damit so viel Mühe erspart. Und beruht übrigens der Becherdiebstahl des Hobbits aus dem Drachenhort auf der Becherdiebstahl-Episode im *Beowulf*? Ich hoffe doch, denn ein Reiz dieses Buches scheint mir in seiner Spenserschen Harmonisierung der glänzenden Fäden so vieler Stoffe aus Epen, Mythologie und viktorianischer Märchenliteratur zu liegen.« Obwohl Tolkiens Antwort nicht zur Veröffentlichung bestimmt war (siehe den Schluß von Nr. 26), wurde sie im *Observer* am 20. Februar 1938 abgedruckt.]

Sehr geehrter Herr: Es bedarf keiner Überredung; ich bin für Schmeicheleien ebenso empfänglich wie ein Drache. Mit Freuden würde ich meine Diamantenweste vorführen und mich sogar über ihre Herkunft äußern, da der Habit (der wißbegieriger ist als der Hobbit) nicht nur eingestanden hat, daß er sie bewundert, sondern auch gefragt, wo ich sie her habe. Doch wäre dies nicht unbillig gegen die künftigen Forscher? Ihnen Mühe ersparen heißt ihnen die Existenzberechtigung rauben.

Im Hinblick auf die Hauptfrage des Habit besteht eine solche Gefahr jedoch nicht: Ich erinnere mich an nichts, was den Namen und die Herkunft des Helden beträfe. Ich könnte natürlich Vermutungen anstellen, aber meine Vermutungen hätten nicht mehr Autorität als die der künftigen Forscher, und daher will ich das Vergnügen ihnen überlassen.

Ich bin in Afrika geboren und habe mehrere Bücher über Forschungsreisen in Afrika gelesen. Ich habe seit 1896 noch mehr Bücher mit Märchen von der unverfälschten Art gelesen. Die beiden Tatsachen, auf die der Habit hinweist, könnten daher als bedeutsam erscheinen.

Ob sie es aber sind? Ich habe keine bewußte Erinnerung an dichtbehaarte Pygmäen (in Büchern oder im Mondschein), auch nicht an irgendein 1904 im Buchhandel erhältliches Hobbitscheusal. Ich vermute, die beiden Hobbits sind zufällige Homophone, und begnüge mich* mit der Feststellung, daß sie (anscheinend) keine Synonyme sind. Und ich wende ein, daß mein Hobbit nicht in Afrika lebt und abgesehen von den Pelzfüßen nicht dichtbehaart ist. Überhaupt hat er nichts mit einem *rabbit*, einem Kaninchen, zu tun. Er ist ein wohlgenährter, behäbiger und finanziell unabhängiger Junggeselle. Daß er einmal ein »schmutziges kleines Kaninchen« genannt wird, ist vulgäre Trollerei, und der »Rattensprößling« ist Zwergenbosheit – beides gezielte Beleidigungen wegen seiner Größe und seiner Füße und daher von ihm zutiefst übelgenommen. Seine Füße sind zwar schon von Natur zweckmäßig beschuht und bestrumpft, im übrigen aber ebenso wohlgestalt wie seine langen, geschmeidigen Finger.

Was das übrige in der Erzählung angeht, so leitet es sich, wie der Habit sagt, aus (zuvor verdauten) Epen, Mythen und Märchen her – in der Regel jedoch nicht von viktorianischen Autoren, mit George Macdonald als der wichtigsten Ausnahme. *Beowulf* ist eine meiner liebsten Quellen; allerdings stand er mir beim Schreiben nicht bewußtermaßen vor Augen, sondern die Episode mit dem Diebstahl ergab sich ganz natürlich (und fast unvermeidlich) aus den Handlungsumständen. Es ist schwer vorstellbar, wie man die Geschichte an dieser Stelle anders hätte weiterführen sollen. Vermutlich würde der Autor des *Beowulf* ungefähr dasselbe sagen.

Meine Erzählung stützt sich nicht in bewußter Weise auf irgendein anderes Buch – außer auf eines, und das ist unveröffentlicht: das »Silmarillion«, eine Geschichte der Elben, auf das oft angespielt wird. An die künftigen Forscher hatte ich nicht gedacht; und da nur ein Manuskript existiert, scheinen einstweilen wenig Aussichten zu bestehen, daß dieser Hinweis ihnen viel nützen wird.

Aber diese Fragen sind nur Präliminarien. Nachdem man mir die

---

* Nicht ganz – wenn möglich, wüßte ich gern mehr über diese Märchensammlung von 1904.

Abenteuer des Mr. Baggins einmal als Gegenstände künftiger Untersuchungen vor Augen geführt hat, begreife ich, daß diese viel Arbeit erfordern werden. Da ist einmal die Frage der Namensgebung. Die Namen der Zwerge und des Zauberers stammen aus der Älteren Edda, die der Hobbits aus den ihrer Art gemäßen leichter zugänglichen Quellen. Die vollständige Liste der wohlhabenderen Hobbitfamilien ist: Baggins, Boffin, Bolger, Bracegirdle, Brandybuck, Burrowes, Chubb, Grubb, Hornblower, Proudfoot, Sackville und Took. Der Name des Drachens – ein Pseudonym – ist die Vergangenheitsform des urgermanischen Verbs *smugan*, durch ein Loch drücken: ein schlechter Philologenwitz. Die übrigen Namen gehören der Alten Welt der Elben an und wurden nicht modernisiert.

Und warum *dwarves*? Die Grammatik schreibt den Plural *dwarfs* vor: philologisch gesehen wäre *dwarrows* die historische Form. Die ehrliche Antwort ist, daß ich es auch nicht wußte. Aber *dwarves* paßt zu *elves*; und ohnehin sind *elf, gnome, goblin, dwarf* ja nur annähernde Übersetzungen der altelbischen Namen für Wesen von nicht ganz derselben Art und Bewandtnis.

Die Zwerge sind nicht ganz dieselben wie die Zwerge der bekannteren Überlieferungen. Zwar wurden ihnen skandinavische Namen gegeben, doch dies ist ein redaktionelles Zugeständnis. Zu viele Namen in den Sprachen jener Zeit wären vielleicht störend gewesen. Das Zwergische war eine komplizierte, zugleich aber mißtönende Sprache. Sogar von den elbischen Philologen der Frühzeit wurde es gemieden, und die Zwerge sahen sich genötigt, außer wenn sie völlig unter sich waren, andere Sprachen zu gebrauchen. Die Sprache der Hobbits war dem Englischen spürbar ähnlich, wie man ja auch erwarten kann, denn sie lebten nur am Rande der Wildnis, die sie meist gar nicht bemerkten. Ihre Familiennamen sind auf unserer Insel zumeist heute noch so bekannt und mit Recht angesehen wie damals in Hobbiton und Bywater.

Dann die Frage der Runen. Die von Thorin und Co. für besondere Zwecke verwendeten waren in einem Alphabet mit zweiunddreißig Buchstaben zusammengefaßt (vollständige Liste auf Anfrage), ähnlich, doch nicht identisch mit den Runen der angelsächsischen Inschriften. Zweifellos besteht zwischen beiden Arten eine historische Verbindung. Das feanorische Alphabet, das zu jener Zeit allgemein bevorzugt wurde, war von elbischer Herkunft. Es ist in dem auf den goldenen Becher eingravierten Fluch zu sehen, auf dem Bild von Smaugs Lager, im übrigen aber ist es transskribiert worden (ein Faksimile des auf dem Kaminsims zurückgelassenen Originalbriefes kann vorgelegt werden).

Und die Rätsel? Zu ihren Quellen und Analoga gäbe es einiges zu tun. Ich wäre keineswegs überrascht zu erfahren, daß sowohl der Hobbit als auch Gollum in ihrem Anspruch auf Urheberschaft jedes einzelnen dieser Rätsel widerlegt würden.

Zu guter Letzt darf ich den künftigen Forscher noch auf ein weiteres kleines Problem hinweisen. Der Erzähler wurde beim Erzählen an zwei verschiedenen Stellen jeweils für etwa ein Jahr unterbrochen: Wo sind diese Stellen? Aber dies wäre vermutlich ohnedies herausgefunden worden. Und plötzlich fällt mir ein, was der Hobbit dachte, als der Drache seinen Schmeicheleien erlag: »Alter Narr!« Ich fürchte, derselbe Gedanke wird nun auch schon dem Habit (und Ihnen) gekommen sein. Aber Sie müssen zugeben, daß es eine starke Versuchung war. – Ihr usw.

J. R. R. Tolkien

26 An Stanley Unwin

[Am 2. März schickte Unwin an Tolkien einen Auszug aus dem Gutachten eines Lektors über C. S. Lewis' *Out of the Silent Planet*. Der Lektor schrieb: »Es ist ganz wahrscheinlich, würde ich behaupten, daß Mr. Lewis eines Tages einen lesenswerten Roman schreiben wird. Dieser aber ist nicht gut genug – nicht ganz.« Die Geschöpfe auf dem Planeten Malacandra waren nach Meinung des Lektors »Quatsch«. Unwin fragte Tolkien nach seiner Ansicht über das Buch.]

4. März 1938   20 Northmoor Road, Oxford
Lieber Mr. Unwin,

den anliegenden Brief[1] schrieb ich Ihnen schon vor einiger Zeit, zögerte aber, ihn abzusenden, da ich wußte, daß Sie das Werk von Mr. Lewis Ihrem Lektor würden schicken wollen, und ich mich, abgesehen von der Empfehlung, es zu prüfen, nicht einmischen wollte. Lewis ist ein guter Freund von mir, und wir stehen in engem Einvernehmen (wie seine zwei Rezensionen meines Hobbit bezeugen): Dies mag das Verstehen fördern, es kann aber auch ein allzu rosiges Licht verbreiten. Da Sie meine Ansicht kennen wollen, hier ist sie.

Ich habe die Geschichte schon im ersten MS. gelesen und war so gefesselt, daß ich nichts anderes mehr tun konnte, ehe ich nicht damit fertig war. Meine erste Kritik war einfach die, daß sie zu kurz sei. Ich glaube immer noch, daß diese Kritik zutrifft, sowohl aus praktischen wie aus künstlerischen Gründen. Andere Einwände, betreffend den Erzählstil (bei Lewis findet man immer auch recht zähe, steifgefügte Passagen), unstimmige Details in der Handlung und die Philologie, wurden seither durch Korrekturen zu meiner Zufriedenheit ausgeräumt. Der Autor hält an einzelnen Worterfindungen fest, die mir nicht gefallen (Malacandra, Maleldil – eldila zumindest, vermute ich, ist von den *Eldar* im Silmarillion beeinflußt – und Pfifltriggi); aber das ist Geschmacksache. Schließlich fand Ihr Lektor bei meinen mit liebevoller Sorgfalt erfundenen Namen, daß sie ihm in den Augen wehtäten. Aber die Spracherfindungen und die Philologie sind insgesamt mehr als gut genug. Der ganze Teil über Sprache und Dichtung – die Eindrücke von deren malacandrischer Form und Wesensart – ist sehr gut gearbeitet und äußerst interessant, weit besser als das, was man gemeinhin von Reisenden aus unbereisten Regionen erfährt. Die Sprachschwierigkeit wird gemeinhin übergangen oder verharmlost. Hier hat sie nicht nur Glaubhaftigkeit, sondern auch Hintergründe im Denken.

Das Gutachten Ihres Lektors hat mich geärgert. Ich muß gestehen, daß ich in der ersten Erregung zu erwidern geneigt wäre, daß jemand, der fähig ist, das Wort »Quatsch« zu gebrauchen, unvermeidlich ebendies finden wird – Quatsch. Aber man muß vernünftig sein. Mir ist natürlich klar, daß eine solche Geschichte, um auch nur einigermaßen marktgängig zu sein, der Prüfung auf ihren Oberflächenwert standhalten muß, als eine *vera historia* der Reise in ein fremdes Land. Ich habe eine große Vorliebe für dieses Genre und habe sogar *Land under England*[2] mit Vergnügen gelesen (obwohl dies ein schwaches Beispiel war und mir in vieler Hinsicht mißfiel). Ich dachte, daß *Out of the Silent Planet* bei dieser Prüfung sehr gut abschneidet. Die Einleitungen und die speziellen Formen des Transports durch Raum oder Zeit sind immer die schwächsten Punkte in solchen Erzählungen. Beides ist hier ziemlich gut gemacht, aber um sie auszubalancieren und zu rechtfertigen, sollten die Abenteuer auf Malacandra in der Erzählung mehr Raum erhalten. Das Thema der dreierlei vernünftigen Gattungen *(hnau)* erfordert mehr Aufmerksamkeit für die dritte, *Pfifltriggi*. Auch zu der zentralen Episode des Besuchs in Eldilorn kommt es, künstlerisch gesehen, zu früh. Und wäre nicht auch das Buch eigentlich etwas kurz für eine Erzählung dieser Art?

Ich hätte aber sagen sollen, daß die Geschichte für den intelligenteren Leser eine große Zahl philosophischer und mythischer Bezüge hat, durch die sie mächtig gesteigert wird, ohne daß das äußere »Abenteuer« geschmälert würde. Ich fand diese Mischung von *vera historia* und Mythos unwiderstehlich. Sie enthält natürlich auch manche satirischen Elemente, wie in einer solchen Reiseerzählung unvermeidlich, und streut auch ein

Körnchen Salz auf andere, äußerlich ähnliche Werke der »wissenschaftlich« utopischen Literatur – zum Beispiel deren Vorstellung, daß die höhere Intelligenz unweigerlich mit Erbarmungslosigkeit gepaart sein werde. Der Mythos, der dem zugrunde liegt, ist natürlich der vom Sündenfall der Engel (und des Menschen auf diesem unserem stummen Planeten), und der entscheidende Punkt ist, daß die Modellierung der Planeten die Stelle erkennen läßt, wo das Zeichen des Engels dieser Welt getilgt ist. Ich kann nicht verstehen, wie jemand sagen kann, daß ihm dies im Hals stecken bleibt, es sei denn, er hält a) diesen besonderen Mythos für »Quatsch«, der von Erwachsenen nicht beachtet zu werden verdient (nicht einmal auf mythischer Ebene), oder b) seine Verwendung für nicht gerechtfertigt oder vielleicht mißlungen. Letzteres ließe sich vielleicht vertreten – obwohl ich nicht zustimmen würde –, aber in jedem Fall hätte die Kritik auf die Existenz des Mythos hinweisen sollen. Oyarsa ist natürlich kein »netter lieber wissenschaftlicher Gott«[3], sondern etwas so Grundverschiedenes, daß der Unterschied anscheinend nicht bemerkt worden ist, nämlich ein Engel. Aber selbst als netter lieber wissenschaftlicher Gott läßt er sich, glaube ich, nur zu seinem Vorteil mit den herrschenden Potentaten in anderen Geschichten dieser Art vergleichen. Sein Name ist nicht erfunden, sondern stammt von Bernardus Silvestris, wie, glaube ich, am Ende des Buches erklärt wird (nicht daß es mir auf dieses gelehrte Detail ankäme, aber es ist zumindest ebenso legitim wie pseudowissenschaftliche Gelehrsamkeit). Zum Schluß möchte ich noch sagen, daß Ihr Lektor die Sache mißversteht, wenn er die *Pfifltriggi* als die »Arbeiter« bezeichnet und sich von modernen Vorstellungen, die hier nicht anwendbar sind, irreführen läßt. Aber ich habe vielleicht schon mehr als genug gesagt. Ich jedenfalls hätte die Geschichte um nahezu jeden Preis gekauft, wenn ich sie in einer Buchhandlung gefunden hätte, und sie laut als einen »Thriller« empfohlen, obendrein noch und überraschenderweise von einem gescheiten Mann. Aber aus meinen Bemühungen, irgend etwas zum Lesen zu finden, und trotz einer Suchsubskription bei einer Bibliothek ist mir die traurige Wahrheit nur allzu bekannt, daß mein Geschmack nicht normal ist. Begierig habe ich *Voyage to Arcturus*[4] gelesen – das am ehesten vergleichbare Werk, obwohl es zugleich stärker und mythischer ist (aber auch weniger vernünftig und als Geschichte schwächer – niemand könnte es wohl einfach als Thriller lesen, ohne Interesse an Philosophie, Religion und Moral). Ich frage mich, was Ihr Lektor davon hält? Jedenfalls fände ich es für mein Teil tröstlich, wenn Ihr zweiter Lektor meinem Geschmack etwas näher käme.

Die Fortsetzung zum *Hobbit* ist nun bis zum Ende des dritten Kapitels gediehen. Aber Geschichten können einem aus der Hand geraten, und diese hat eine ungeahnte Wendung genommen. Mr. Lewis und mein Jüngster lesen sie stückchenweise in Fortsetzungen. Ich zögere, Ihren Sohn damit zu behelligen, obwohl ich seine Einwände schätzen würde. Jedenfalls, wenn er sie in Fortsetzungen lesen möchte, kann er's. Meinem Christopher und Mr. Lewis gefällt sie immerhin so gut, daß sie meinen, sie sei besser als der *Hobbit*; aber Rayner kann natürlich anderer Meinung sein.

Von der amerikanischen Ausgabe habe ich ein Exemplar erhalten. Nicht schlecht! Ich freue mich, daß sie das Adlerbild mit aufgenommen haben, aber ich kann mir nicht vorstellen, warum sie das Bild von Rivendell [Bruchtal] durch Abschneiden des Oberteils und Weglassen des Ornamentes unten verdorben haben. All die zahlreichen Druckfehler wurden natürlich auch übernommen. Ich hoffe, es wird doch eines Tages möglich sein, sie wieder loszuwerden.

Ich weiß nicht, ob Sie den langen, lächerlichen Brief im *Observer* vom 20. Feb. gesehen und gedacht haben, ich müsse plötzlich übergeschnappt sein. Ich meine, der Herausgeber war unfair. Das Blatt brachte im Januar einen Brief, unterzeichnet »Habit« (mit Fragen, ob der Hobbit von Julian Huxleys Vorträgen über pelzhäutige afrikanische Pygmäen beeinflußt sei, und anderem mehr). Ich schickte diese scherzhafte Antwort in einem frankierten Umschlag zur Weiterleitung an den Habit, zugleich mit einer kurzen und ganz nüchternen Antwort zur Veröffentlichung. Einen Monat lang passierte gar nichts, und dann eines Morgens plötzlich sah ich meinen unüberlegten Scherz in der Zeitung, wo er fast eine ganze Kolumne einnahm.

Mit besten Wünschen Ihr ergebener

J. R. R. Tolkien

27 An die Houghton Mifflin Company

[Auszug aus einem offenbar an Tolkiens amerikanischen Verlag gerichteten Brief, geschrieben wahrscheinlich im März oder April 1938. Anscheinend hatte der Verlag um Zeichnungen von Hobbits gebeten, um sie in künftigen Auflagen des *Hobbit* zu verwenden.]

Wenn Sie Zeichnungen von Hobbits in verschiedenen Haltungen brauchen, so werde ich das leider jemandem überlassen müssen, der zeichnen

kann. Meine eigenen Bilder geben nur unzuverlässige Hinweise – z. B.
das Bild von Mr. Baggins in Kapitel VI und XII. Das sehr schlecht
gezeichnete in Kapitel XIX gibt eine bessere Orientierung als diese
überall mit abgedruckten.

Ich stelle mir sein Äußeres als ziemlich menschlich vor, nicht als eine
Art Märchenhase, wie manche britischen Rezensenten offenbar meinen:
ein bißchen kurzbeinig und in der Mitte rundlich. Ein rundes biederes
Gesicht, die Ohren nur ein klein wenig spitz und »elbisch«, das Haar kurz
und kraus (braun). Die Füße von den Knöcheln abwärts mit einem
braunen Haarpelz bedeckt. Kleidung: Kniehosen von grünem Samt, rote
oder gelbe Weste, braune oder grüne Jacke, Gold- (oder Messing-)
Knöpfe, ein dunkelgrüner Mantel mit Kapuze (gehört einem Zwerg).

Ihre Lebensgröße – nur wichtig, wenn noch andere Gegenstände mit
im Bild sind – so etwa drei Fuß oder drei Fuß, sechs Zoll. Auf dem Bild
von dem Goldschatz in Kapitel XII ist der Hobbit natürlich bei weitem
zu groß (und außerdem auch zu dick an den falschen Stellen). Aber er ist
eigentlich (jedenfalls fassen meine Kinder es so auf) in einem Bild oder
auf einer »Ebene« für sich – weil er für den Drachen unsichtbar ist.

Im Text wird nichts davon gesagt, wie er zu Schuhen gekommen ist.
Es hätte gesagt werden müssen, ist aber bei den verschiedenen Revisio-
nen irgendwie untergegangen: Die Schuhe bekam er in Bruchtal, und auf
dem Heimweg, nachdem er Bruchtal hinter sich hat, geht er wieder ohne
Schuhe. Da aber lederige Fußsohlen und gut gebürstete Pelzfüße ein
Wesenszug seines Hobbittums sind, sollte er eigentlich unbeschuht
dargestellt werden, außer in den besonderen Illustrationen zu einzelnen
Episoden.

28 An Stanley Unwin

[Am 1. Juni schrieb Unwin an Tolkien, daß Houghton Mifflin nun annähernd
dreitausend Exemplare von der amerikanischen Ausgabe des *Hobbit* verkauft
habe. Im April hatte das Buch von der *New York Herald Tribune* einen Preis in
Höhe von 250 Dollar für das beste Jugendbuch des Jahres verliehen bekommen. Inzwischen hatte Rayner Unwin das zweite und dritte Kapitel der neuen
Geschichte gelesen, mit der Kritik, darin stehe »zu viel Hobbitgerede«.]

4. Juni 1938   Northmoor Road, Oxford
Lieber Mr. Unwin,
    vielen Dank für die erfreuliche Nachricht. Sie ist sogar sehr erfreulich,
denn trotz mancher glücklicher Zufälle wie dem amerikanischen Preis
bin ich in beträchtlichen Schwierigkeiten; und besser wird es erst wieder
im September, wenn ich mein Forschungsstipendium abgebe. Das wird
natürlich bedeuten, daß die Zeit zum Schreiben dann nicht mehr so
knapp sein wird, abgesehen davon, daß ich, soweit ich es jetzt schon
sagen kann, wieder in die Tretmühle der Prüfungen[1] werde gehen
müssen, um das Schiff über Wasser zu halten.
    Ich bedaure, daß ich Ihre vorigen Briefe vom 29. April und 3. Mai so
lange unbeantwortet liegengelassen habe. Ich hatte Rayner schon längst
für seine Mühe danken wollen, die Probekapitel zu lesen, und für seine
ausgezeichnete Kritik. Sie stimmt auffällig mit der von Mr. Lewis überein,
die damit Bestätigung findet. Meinen beiden wichtigsten (und wohlge-
sinntesten) Kritikern muß ich mich einfach beugen. Die Schwierigkeit ist
nur, daß »Hobbitgerede« mich persönlich (und in gewissem Maß auch
meinen Sohn Christopher) mehr amüsiert als die Abenteuer; aber ich
werde dies streng im Zaum halten müssen. So sehr ich Lust gehabt hätte,
zu schreiben, habe ich seit den Weihnachtsferien keinen Federstrich an der
Geschichte tun können. Bei drei Werken in Mittelenglisch und Altenglisch, die in Druck gehen oder schon angedruckt sind, und einem
weiteren in Altnordisch, in einer Reihe, deren Herausgeber ich bin und
wo ich für den Autor einspringen muß, der sich im Ausland aufhält[2], und
mit Studenten aus Belgien und Kanada, die im Juli unter meiner Leitung
arbeiten wollen, sehe ich auf Monate hin keine Atempause voraus.....
                            Ihr ergebener
                            J. R. R. Tolkien

P. S.: Meine Antwort wurde verzögert, weil Ihr Brief mitten in unserer
kleinen Lokalfehde eintraf. Es wird Ihnen entgangen sein, daß Pfarrer
Adam Fox[3] am 2. Juni zum Professor für Poesie gewählt worden ist,
wobei er einen Ritter und einen hochwohlgeborenen Lord aus dem
Felde schlug. Er war von Lewis und von mir selbst nominiert worden,
und wie durch ein Wunder wurde er auch gewählt: unser erster öffentlicher Sieg über verfestigte Privilegien. Denn Fox ist ein Mitglied unseres
literarischen Clubs *praktizierender Poeten*, vor dem der *Hobbit* und andere
Werke (wie *Out of the Silent Planet*) vorgelesen wurden. Allmählich
werden wir sogar gedruckt. Ein Werk von Fox ist *Old King Coel*, eine
gereimte Erzählung in vier Büchern (Oxford).

29 Aus einem Brief an Stanley Unwin

[Allen & Unwin hatten mit dem Verlag Rütten & Loening (Potsdam) die
Veröffentlichung einer deutschen Übersetzung des *Hobbit* ausgehandelt. Dieser Verlag schrieb nun an Tolkien, um zu fragen, ob er »arischer Abstammung«
sei.]

Ich muß sagen, daß der beiliegende Brief von Rütten und Loening ein
starkes Stück ist. Muß ich mir diese Unverschämtheit wegen meines
deutschen Namens bieten lassen, oder müssen nach ihren Wahnsinnsge-
setzen alle Menschen aus allen Ländern ein Zeugnis über ihre »arische«
Abstammung beibringen?

Meinerseits wäre ich geneigt, jede solche *»Bestätigung«* zu verweigern
(obwohl es sich zufällig so verhält, daß ich sie geben könnte) und auf die
deutsche Übersetzung zu pfeifen. In jedem Fall würde ich es strikt
ablehnen, eine solche Erklärung im Druck erscheinen zu lassen. Ich
betrachte das (wahrscheinliche) Nichtvorhandensein jüdischen Bluts
nicht unbedingt als eine Ehre; ich habe viele jüdische Freunde und würde
es bedauern, irgendeinen Grund zu der Auffassung zu geben, daß ich
dieser ganz und gar bösartigen und unwissenschaftlichen Rassenlehre
beipflichte.

In erster Linie geht es Sie an, und ich kann die Aussicht auf eine
deutsche Veröffentlichung nicht ohne Ihre Billigung aufs Spiel setzen.
Ich unterbreite Ihnen daher zwei Fassungen einer möglichen Antwort.

30 An den Verlag Rütten & Loening

[Dies ist eine der im vorigen Brief erwähnten »zwei Fassungen«, und zwar
diejenige, die bei Allen & Unwin zu den Akten gelegt und aufbewahrt wurde; es
ist daher sehr wahrscheinlich, daß der englische Verlag die andere nach
Deutschland schickte. Es ist klar, daß Tolkien in dem abgeschickten Brief jede
Erklärung über eine »arische« Abstammung verweigerte.]

25. Juli 1938   20 Northmoor Road, Oxford
Sehr geehrte Herren,
    ich danke Ihnen für Ihren Brief . . . . . Leider ist mir nicht deutlich, was
Sie mit »*arisch*« meinen. Ich bin nicht von *arischer,* nämlich indo-iranischer
Abkunft, denn soweit mir bekannt sprach keiner meiner Vorfahren

Hindustani, Persisch, die Zigeunersprache oder einen der verwandten Dialekte. Wenn ich Sie aber so verstehen darf, daß Sie wissen möchten, ob ich von *jüdischer* Abstammung bin, so kann ich nur erwidern, daß ich es bedaure, offenbar *keine* Vorfahren aus diesem begabten Volke zu haben. Mein Ur-Urgroßvater ist im achtzehnten Jahrhundert aus Deutschland nach England gekommen: Zum größten Teil ist meine Abstammung daher rein englisch, und ich bin englischer Staatsbürger – was Ihnen genügen sollte. Ich war es dennoch bisher gewohnt, meinen deutschen Namen mit Stolz zu tragen, sogar während der ganzen Periode des beklagenswerten letzten Krieges, in dem ich in der englischen Armee diente. Ich kann mir jedoch die Bemerkung nicht versagen, daß bei unverschämten und unnötigen Anfragen dieser Art, sollten sie in Belangen der Literatur zur Regel werden, die Zeit nicht mehr fern ist, wenn ein deutscher Name kein Grund zum Stolz mehr sein wird.

Ihre Anfrage verfolgt sicherlich den Zweck, den Gesetzen Ihres Landes zu genügen; daß diese aber auch für Bürger eines anderen Staates gelten sollen, wäre selbst dann ungehörig, wenn es (was nicht der Fall ist) irgendeinen Einfluß auf die Qualitäten meines Werkes oder seine Eignung für die Veröffentlichung hätte, von der Sie sich anscheinend ohne Rücksicht auf meine »*Abstammung*« überzeugt haben.

Ich hoffe, daß diese Antwort Sie befriedigt, und verbleibe

Ihr ergebener

J. R. R. Tolkien

31 An C. A. Furth, Allen & Unwin

[Unter den Geschichten, die Tolkien 1937 dem Verlag als mögliche Anschlußver-öffentlichungen zum *Hobbit* vorgelegt hatte, war auch eine kurze Fassung des *Farmer Giles of Ham*. Im Verlag fand man an der Geschichte Gefallen, meinte aber, daß sie erst zusammen mit anderen ein Buch von hinreichender Länge ergeben würde. Und natürlich forderte man Tolkien abermals auf, die Fortsetzung zum *Hobbit* zu schreiben.]

24. Juli 1938   Northmoor Road, Oxford
Lieber Mr. Furth,

der *Hobbit* hätte in diesem, statt im vorigen Jahr erscheinen sollen. Nächstes Jahr hätte ich dann voraussichtlich Zeit und Laune zu einer Fortsetzung. Aber der Druck der Arbeit als »Forschungsstipendiat«, die nach Möglichkeit bis September abgeschlossen sein sollte, hat all meine

Zeit verschlungen und auch den Erfindungsgeist verdorren lassen. Die Fortsetzung zum Hobbit ist nicht weitergekommen. Sie gefällt mir nicht mehr, und ich habe keine Ahnung, was ich daraus machen soll. Zum einen sollte ja der *Hobbit* ursprünglich überhaupt keine Fortsetzung haben – Bilbo lebte »sehr glücklich bis ans Ende seiner Tage, und bis dahin war es noch sehr, sehr lange«: ein Satz, der mir als fast unüberwindliches Hindernis für eine befriedigende Anknüpfung erscheint. Zum zweiten wurden fast alle brauchbaren Motive schon in das erste Buch hineingestopft, so daß eine Fortsetzung entweder »dünner« erscheinen oder nur Wiederholungen bringen wird. Zum dritten: Mich persönlich amüsieren die Hobbits als solche schon mehr als genug, und ich könnte beliebig lange zusehen, wie sie essen und trinken und ihre ziemlich albernen Späßchen treiben; dasselbe aber, so finde ich, gilt nicht einmal für meine getreuesten »Fans« (wie Mr. Lewis und ? Rayner Unwin). Mr. Lewis sagt, Hobbits sind nur amüsant, wenn sie in unhobbitgemäße Situationen geraten. Und zum letzten: Meine Gedanken sind in erzählerischer Hinsicht eigentlich mit den »reinen« Märchen- oder Mythenerzählungen des *Silmarillion* beschäftigt, in das sogar Mr. Baggins gegen meinen anfänglichen Willen hineingezogen wurde, und ich glaube nicht, daß ich mich davon sehr weit werde entfernen können – es sei denn, es wäre fertig (und womöglich veröffentlicht), so daß ich mich davon freimachen könnte. Das Einzige, was ich ganz unabhängig davon anbieten kann, sind der »Bauer Giles« und das Kleine Königreich (mit seiner Hauptstadt Thame). Das habe ich letzten Januar um 50 % verlängert umgeschrieben und der Lovelace Society[1] vorgelesen, als Ersatz für einen Vortrag »über« Märchen. Das Ergebnis hat mich sehr überrascht. Die Lesung dauerte beinah doppelt so lange wie ein richtiger »Vortrag«, und die Zuhörer haben sich offenbar nicht gelangweilt – allgemein bog man sich sogar vor Lachen. Aber ich fürchte, das bedeutet, daß die Geschichte einen eher erwachsenen und satirischen Beigeschmack angenommen hat. Ohnehin habe ich die zwei oder drei anderen Geschichten aus dem Königreich, die mit ihr zusammengehn müßten, noch nicht geschrieben.

Sie nimmt sich wie *Mr. Bliss* aus. Wenn Sie meinen, daß der veröffentlichenswert ist. Ich kann ihn Ihnen noch einmal schicken, wenn Sie wollen. Ich glaube, daß ich meinerseits daran nichts mehr verbessern kann.

Es tut mir wirklich sehr leid: Um meinetwillen wie um Ihretwillen würde ich gern etwas zustande bringen. Aber September dieses Jahres ist wohl ganz ausgeschlossen. Ich hoffe, Laune und Eingebung kommen wieder. Nicht weil ich sie nicht genug umworben hätte, halten sie sich jetzt von mir fern. Aber notgedrungen gab es zwischen meinen Werbungen in letzter Zeit lange Abstände. Solche Halbherzigkeit lieben die Musen nicht.

Ihr ergebener

J. R. R. Tolkien

32 An John Masefield

[Masefield, der damalige *Poeta laureatus*, veranstaltete gemeinsam mit Nevill Coghill in den Sommern 1938 und 1939 in Oxford eine Art Festspiele mit dem Titel *Summer Diversions*. 1938 lud er Tolkien ein, dabei als Chaucer aufzutreten und auswendig die *Nun's Priest Tale* zu rezitieren. Seinem Brief legte er ein paar Verse bei, mit denen er ihn vorstellen wollte.]

27. Juli 1938   20 Northmoor Road, Oxford
Lieber Mr. Masefield,

ich habe kein eigenes Präludium, das man bei dieser Gelegenheit abfeuern könnte, und als Darsteller keinen Einwand dagegen, daß Sie mir die mitgeteilten Zeilen vorausschicken. In jedem Falle sind Sie der Spielleiter, und ich unterstelle mich Ihrer sachkundigen Autorität.

Privat, unter Chaucer-Forschern, möchte ich vielleicht doch sagen, daß mir diese Verse auf die irrige Vorstellung anzuspielen scheinen, Chaucer sei der erste englische Dichter, und vor ihm und ohne ihn sei alles dumpf und barbarisch gewesen. Das ist natürlich nicht richtig und ist vielleicht, auch wenn es nur betonen soll, daß er einen eigentümlichen Genius besaß, der zu jeder Zeit Werke eines neuen Tons geschaffen hätte, ziemlich irreführend. Meinerseits bringe ich den Norden nicht mit Nacht oder Finsternis in Verbindung, schon gar nicht in England, in dessen langer, 1200jähriger literarischer Tradition Chaucer eher in der Mitte als am Anfang steht. Mir erscheint er nicht frühlingshaft, sondern herbstlich (oder sei es frühherbstlich) und nicht königlich, sondern mittelständisch. Aber, wie schon gesagt, dies sind fachliche Belange, über die wir bei diesem Anlaß wohl die Klingen nicht kreuzen müssen.

Ich bin gar nicht glücklich darüber, wie Chaucer allgemein oder die Nonnes Prestes Tale im besonderen in der vermutlichen Aussprache des 14. Jh. wirkt. Ich will mein Bestes tun, aber ich hoffe, es wird soweit verständlich sein, daß der Sinn wenigstens teilweise ankommt. Für mein

Teil halte ich eher eine gemäßigt moderne Aussprache (Wiederherstellung der Reime, aber im übrigen Vermeidung von Archaismen) für das beste – so wie ich sie einmal, vor etlichen Jahren schon, von Ihnen in der Monk's Tale gehört habe.

Ihr ergebener
J. R. R. Tolkien

33 An C. A. Furth, Allen & Unwin

31. August, 1938   20 Northmoor Road, Oxford
Lieber Mr. Furth,

ich bin nicht so sehr in Druck als bedrückt (oder niedergedrückt). Weitere Schwierigkeiten, auf die ich nicht näher eingehen muß, sind aufgetreten, und ich bin unter ihnen zusammengebrochen (oder doch eingeknickt). Ich war nicht wohlauf, seit wir uns gesehn haben – ja, ich war am Rand eines Zusammenbruchs, und der Arzt verordnete, ich müßte schleunigst Pause machen. Ich habe ein, zwei Wochen lang nichts getan – und war auch zu gar nichts imstande. Aber nun geht es mir schon wieder um einiges besser. Jetzt (morgen) fahre ich für vierzehn Tage in Urlaub. Das war nicht geplant, und ich kann es mir nicht leisten, aber meine Gesundheit und die meines Jüngsten scheint es zu erfordern . . . . .

Den »Farmer Giles« habe ich nicht ganz vergessen: Ich habe ihn tippen lassen. Ich lege ihn bei, damit Sie ihn in seinem ziemlich veränderten Ton und Umfang prüfen können. Eine ganze Reihe Leute fanden ihn sehr unterhaltsam (ich glaube, das ist das richtige Wort): Aber eben das soll er sein! Ich sehe, daß er vermutlich nicht lang genug ist, um allein zu stehen – zumindest als kommerzielles Angebot (wenn er überhaupt jemals etwas dergleichen sein könnte). Vermutlich müßte noch mehr von dieser Art hinzukommen. Ich habe mir eine Fortsetzung (obwohl er keine braucht) schon ausgedacht[1], und außerdem habe ich noch eine angefangene pseudokeltische Märchenerzählung von gemäßigt satirischer Art, den *King of the Green Dozen*.[2] Die könnte ich zu Ende bringen, wenn *Giles* Ihnen druckens- und begleitenswert erscheint.

In den letzten zwei, drei Tagen, nach Genuß der Untätigkeit, der frischen Luft und der verordneten Pflichtversäumnis, habe ich mich wieder an die Fortsetzung zum »Hobbit« gemacht – Der Herr des Rings. Er kommt nun gut voran und gerät mir ziemlich aus der Hand. Er ist etwa bei Kapitel VII angelangt und geht ganz unvorhergesehenen Zielen entgegen. Ich muß sagen, ich glaube, er ist stellenweise und in mancher

56

Hinsicht um einiges besser als der Vorgänger; aber das soll nicht heißen, ich glaubte, daß er für sein Publikum besser geeignet oder ihm gemäßer wäre. Er ist schon einmal merklich »älter«, wie meine eigenen Kinder (die das Erstlingsrecht auf die Fortsetzungen haben). Ich kann nur sagen, daß Mr. Lewis (mein beherzter Fürsprecher in der *Times* und im *T. L. S.*) sich als mehr denn zufrieden erklärt. Wenn das Wetter in den nächsten zwei Wochen naß bleibt, sind wir vielleicht schon weitergekommen. Aber es ist keine Gutenacht-Geschichte.....

Ihr ergebener

J. R. R. Tolkien

34 An Stanley Unwin

13. Oktober 1938   20 Northmoor Road, Oxford

Lieber Mr. Unwin,

.... Ich habe einen Monat lang (in der Zeit, wo ich mir auf Anraten der Ärzte etwas Zerstreuung gönnen muß!) sehr hart an einer Fortsetzung zum *Hobbit* gearbeitet. Sie ist bei Kapitel XI angelangt (allerdings in ziemlich unleserlichem Zustand); ich gehe nun ganz darin auf und habe alle Fäden in der Hand – und muß sie völlig beiseite schieben, bis weiß ich wann. Sogar die Weihnachtsferien werden verdunkelt von Neuseeländer Examensarbeiten, da mein Freund Gordon[1] mitten in den dortigen Prüfungen gestorben ist und ich die Arbeiten zu Ende durchsehen muß. Aber ich mache mir immer noch Hoffnungen, daß ich Ihnen die Geschichte bis Anfang nächsten Jahres vorlegen kann.

Wenn ich in einem früheren Brief an Mr. Furth davon gesprochen habe, daß mir diese Fortsetzung »aus der Hand gerät«, so war dies nicht als schmeichelhafte Aussage über den Fortgang gemeint. Ich meinte vielmehr, daß die Geschichte ihren eigenen Verlauf nimmt, daß die »Kinder« darin vergessen werden und daß sie beängstigender wird als der Hobbit. Es kann sein, daß sie sich als ganz ungeeignet erweist. Sie ist »erwachsener« – aber meine Kinder, die sie kritisieren, sobald sie da ist, sind nun auch älter. Aber Sie werden sich, so hoffe ich, eines Tages selbst Ihr Urteil bilden können. Die Finsternis der heutigen Zeiten hat etwas Einfluß darauf gehabt. Allerdings ist es keine »Allegorie«. (Ich habe schon einen Brief aus Amerika bekommen, in dem ich um eine autoritative Darlegung der Allegorie im *Hobbit* gebeten werde.)

Ihr ergebener

J. R. R. Tolkien

35 An C. A. Furth, Allen & Unwin

2. Februar 1939   20 Northmoor Road, Oxford
Lieber Mr. Furth,

Ende des letzten Semesters war die neue Geschichte – *Der Herr der Ringe* – bis Kapitel XII gekommen (und mehrfach abgeschrieben worden), auf über 300 Seiten MS. im Format dieses Blattes und allgemein ebenso eng beschrieben. Mindestens noch 200 Seiten werden nötig sein, um die Geschichte, die sich entwickelt hat, zu Ende zu führen. Könnten Sie mir ungefähr sagen, bis zu welchem Datum *spätestens* die fertigen MSS. bei Ihnen eingehen müßten? Ich habe unter Schwierigkeiten aller Art gearbeitet, einschließlich Krankheit. Seit Anfang Dezember habe ich nichts mehr daran tun können. Unter vielen anderen Nöten und Mühen, die mir beim plötzlichen Tod meines Freundes Professor Eric Gordon hinterlassen blieben, mußte ich auch die Neuseeländer Prüfungen zu Ende bringen, was beinah die ganzen letzten Ferien ausfüllte. Dann holte ich mir die Grippe, von der ich eben erst genesen bin. Aber ich habe noch andere schwere Arbeiten vor mir. Ich bin jetzt auf dem »Gipfelpunkt« der finanziellen Belastung durch Bildungsausgaben, mit einem zweiten Sohn, der auf eine Universität drängt, und dem jüngsten, der (nach einem Jahr unter den Herzspezialisten) nun auf eine Schule gehen will, und ich bin genötigt, Prüfungen und Vorträge und was nicht noch alles zu machen. Vielleicht sollten Sie mal an *Mr Bliss* denken. Und was ist mit *Farmer Giles*? Sie hatten doch die MSS. der erweiterten Fassung im September oder Oktober.

Ich glaube, *Der Herr der Ringe* ist an sich um einiges besser als der *Hobbit*, aber vielleicht erweist er sich als keine sehr passende Fortsetzung. Er ist erwachsener – aber das Publikum, für das der Hobbit geschrieben wurde, ist auch herangewachsen. Die jungen und alten Leser, die darauf gedrängt haben, »mehr über den Nekromanten« zu erfahren, sind selber schuld, denn der N. ist kein Kinderspiel.* Mein Ältester ist begeistert, aber es wäre mir doch eine Beruhigung zu wissen, ob mein Verlag auch zufrieden ist. Wenn Sie mit dem bisher geschriebenen Teil zufrieden

---

* Immerhin kommen in der neuen Geschichte wieder die Hobbits vor, viel mehr Hobbits als in der alten, und es steht auch mehr über sie drin. Gollum taucht wieder auf, Gandalf spielt eine große Rolle, Zwerge sind auch dabei; einen Drachen gibt es zwar nicht (bis jetzt), aber dafür kommt noch ein Riese, und die neuen (und sehr bedrohlichen) Ringgeister sind auch eine Attraktion. Das sollte schon etwas sein, woran Leute, denen die alte Mischung gefallen hat, wieder einen ähnlichen Geschmack finden.

wären, brauchte man für das Ganze auch nichts mehr zu befürchten. Ich frage mich, ob es nicht ratsam wäre, alles, was ich schon fertig habe, tippen zu lassen und es Ihnen zu schicken. Ich werde es auf jeden Fall irgendwann zu Ende bringen, gleichgültig, was Sie davon halten; sollte es aber so scheinen, als wenn es nicht das ist, was Sie im Anschluß an den *Hobbit* möchten, so wäre es nicht mehr so furchtbar dringend. Das Schreiben am *Herrn der Ringe* ist mühsam, weil ich es so gut gemacht habe, wie ich nur kann, und mir jedes Wort überlegt habe. Auch die Geschichte hat (wie ich gern glauben möchte) einiges zu bedeuten. In meiner freien Zeit ginge es leichter und schneller, die schon vorhandenen Entwürfe der leichtsinnigeren Geschichten aus dem Kleinen Königreich auszuführen, die mit dem *Farmer Giles* zusammengehn sollen. Aber ich würde lieber erst die lange Erzählung zu Ende bringen und sie nicht kaltwerden lassen.

Lassen Sie mich wissen, was Sie denken. Einen Teil der Osterferien kann ich mir freinehmen. Nicht die ganzen – ich muß ein paar Prüfungsarbeiten beurteilen, und dann habe ich etwas mit Vorbereitungen für einen möglichen »nationalen Notstand« zu tun (was etwa eine Woche Abwesenheit erfordern wird).[1] Entweder im März oder im April muß ich nach Schottland. Es ist denkbar, daß ich bis Juni fertigwerden könnte. Und die MSS. wären endgültig (kein Aufruhr mehr im Seitenumbruch). Aber für Illustrationen hätte ich weder Zeit noch Energie. Zeichnen konnte ich noch nie, und die unausgegorenen Anwandlungen dieser Art scheinen mich nun ganz verlassen zu haben. Eine Karte (sehr notwendig) wäre alles, was ich tun könnte.

Ihr ergebener
J. R. R. Tolkien

36 An C. A. Furth, Allen & Unwin

[Am 8. Februar schickte Furth einen Scheck für die Autorenanteile am *Hobbit* und schrieb Tolkien, Mitte Juni sei das Datum, zu dem Allen & Unwin die neue Geschichte spätestens haben müßten, wenn sie bis Weihnachten erscheinen solle.]

10. Februar 1939   20 Northmoor Road, Oxford
Lieber Mr. Furth,

vielen Dank für Ihren Brief – und den anliegenden Scheck: ein höchst willkommenes Tonikum. Die Grippe hat mir nicht viel geschadet, obwohl sie mich in einem Zustand der Examensmüdigkeit erwischt hatte; aber mein Hals scheint schlimmer zu werden, und ich fühle mich nicht eben munter . . . . .

Ich werde das Zeug tippen lassen und es Ihnen schicken; und, wenn es Zustimmung findet und nicht vollständig umgeschrieben werden muß, so denke ich, daß ich es mit einer besonderen Anstrengung, auf Kosten anderer Verpflichtungen, bis zum 15. Juni fix und fertig bekommen kann . . . . .

Hat der *Farmer Giles* in der erweiterten Fassung irgendeine Zustimmung gefunden? (Das Typoskript ist wohlbehalten angekommen.) Taugt die Sache etwas? Wären zwei weitere Geschichten oder überhaupt weitere Geschichten aus dem Kleinen Königreich erwägenswert? Zum Beispiel, in derselben Form ausgeführt, die Abenteuer des Prinzen Georg (Giles' Sohn) und des dicken Jungen Suovetaurilius (gemeinhin Suet) und die Schlacht von Otmoor? Ich frage mich doch, ob dieser lokale Familienzirkus, wie er im Lande rings um uns her gespielt wird, nicht einfach bloß albern ist.

Ihr ergebener
J. R. R. Tolkien

37 An Stanley Unwin

[Allen & Unwin brachten C. L. Wrenns Neubearbeitung der *Beowulf*-Übersetzung von Clark Hall heraus. Tolkien hatte sich bereit erklärt, ein Vorwort zu schreiben, und in der zweiten Hälfte des Jahres 1939 fragte der Verlag mehrmals bei ihm an, wie es damit stünde. Er ließ die Anfragen unbeantwortet, bis im Dezember Stanley Unwin selbst ihm schrieb, um zu erfahren, woran es liege.]

19. Dezember 1939   20 Northmoor Road, Oxford
Lieber Mr. Unwin,

ich war sehr beruhigt über Ihre freundliche Nachricht heute morgen, auch wenn Sie glühende Kohlen auf mein Haupt schütten. Trotz all meiner Sorgen habe ich eigentlich keine hinreichende Entschuldigung dafür, daß ich nicht wenigstens geschrieben oder auf die Anfragen und Erinnerungen geantwortet habe. Nach meinem Unfall kurz vor Kriegsausbruch[1] war ich lange Zeit nicht wohlauf, und dies im Verein mit den Sorgen und Nöten, an denen wir alle teilhaben, dem Ausfall aller Ferien und der faktischen Leitung einer Abteilung an dieser verstörten Universität hat mich unverzeihlich nachlässig gemacht. Ich wußte kaum mehr, wie ich dem nächsten Schlag standhalten sollte, einer Erkrankung meiner Frau, bei der sich den ganzen Sommer und Herbst über eine bedrohliche Krise anzubahnen schien.

Das Schlimmste scheint nun überstanden. Ich habe sie wieder, geschwächt, aber offenbar endlich auf dem Wege der Besserung, und die Angst, die zuerst bestand, daß es Krebs sei, offenbar zerstreut. Ich selbst bin noch nicht dienstverpflichtet und werde es nun wohl auch nicht mehr, denn hier gibt es (bis jetzt) noch mehr als genug zu tun, und ich habe sowohl meinen Hauptassistenten verloren als auch dessen Vertreter.

Ich will sehen, daß ich meinen müden Verstand sammeln und *sofort* ein hinlängliches Vorwort zur »Beowulf«-Übersetzung abfassen kann . . . . .

Darf ich nun auf den *Hobbit* und angrenzende Belange eingehen? Ich habe nie ganz aufgehört, an der Fortsetzung zu arbeiten. Sie ist bei Kapitel XVI angelangt. Ich fürchte, sie wächst zu sehr in die Breite. Ich bin gar nicht sicher, ob sie demselben Publikum (soweit es nicht ebenfalls herangewachsen ist) noch gefallen wird. Besteht Aussicht auf Veröffentlichung, wenn ich sie bis zum Frühjahr fertigbekomme? Wenn Sie die Wirkung bei irgend jemand in Fortsetzungen erproben wollen, schicke ich es Ihnen gern kapitelweise. Aber ich habe nur eine saubere Abschrift. Ich habe auf die Anfangskapitel zurückkommen und sie überarbeiten müssen, als Plan und Handlung festere Gestalt annahmen, und daher war bisher noch nichts so weit abgeschlossen, daß es getippt werden konnte.

Ich vermute, die deutsche Ausgabe des *Hobbit* wird nun wohl niemals erscheinen? Es war eine große Enttäuschung für meinen Sohn und mich. Wir hatten unter uns über den Wortlaut des ersten Satzes gewettet. Mein Sohn ist jetzt in Italien[2], wohin er den *Hobbit* mitgenommen hat, und fragt dann und wann nach weiteren Teilen von der Fortsetzung an, die ihm, soweit er sie noch lesen konnte, gefallen hat. Aber ich habe keine Zeit, oder nur sehr wenig, sogar wenn ich sie von anderen, pflichtschuldigeren Ansprüchen stehle.

Ich wollte, Sie würden in der Zwischenzeit den »Farmer Giles« veröffentlichen. Er ist wenigstens fertig, wenn auch sehr schmal im Umfang. Aber er amüsiert dieselben Leute, obwohl Mr. Furth zu denken schien, daß er kein klares Publikum hat. Er vergilbt nun in der Schublade, seit er die Kinder von H. S. Bennett[3] amüsiert hat, als ich letzten März in Cambridge war. Es sind allerdings auch sehr gescheite Kinder . . . . .

Ihr ergebener

J. R. R. Tolkien

38 An Stanley Unwin

[Tolkien hatte das Vorwort zu der *Beowulf*-Übersetzung von Clark Hall immer noch nicht abgeliefert, als Allen & Unwin ihm am 27. März einen verzweifelten Brief schrieben, mit der Frage, was daraus geworden sei, und einer Versicherung, daß »ein paar Sätze« genügen würden. Der Text des Vorworts, den Tolkien nun mit dem folgenden Brief schickte, wurde trotz seiner Länge in dem Buch vollständig abgedruckt.]

30. März 1940   Northmoor Road, Oxford
Lieber Mr. Unwin,

Entschuldigungen wären angesichts meines schikanösen und unhöflichen Verhaltens umsonst. Daher hatte ich schon vor langer Zeit das Gefühl, daß die einzig mögliche Antwort auf Ihre wiederholte Anfrage vom 5. März der Text sei. Ich habe mich in noch mehr Schwierigkeiten gebracht als nötig – trotz der vielen Unglücksfälle, die mich getroffen haben* –, weil ich törichterweise viel Zeit und Mühe in einem Mißverständnis vergeudet habe, das sich bei genauerem Ansehen der Umbruch-Paginierung hätte auflösen lassen.

Ich wußte, daß »ein paar Sätze« genügen würden (konnte allerdings nicht glauben, daß Sätze vor meinem Namen einen besonderen Wert hätten, es sei denn daß sie etwas Sagenswertes besagten – und das erfordert Platz). Aber ich war in dem Glauben, daß mehr von mir erwartet werde. Ich habe den entsprechenden Brief nicht zur Hand, und auf jeden Fall sehe ich nun ein, daß dafür ein früheres Stadium, vor den Umbruchkorrekturen, vorgesehen war. Ich kann nur bedauern, daß ich im früheren Stadium nichts fertig bekam. Denn ein recht ausführliches »Vorwort« ist hier tatsächlich erforderlich. Die sogenannte »Einleitung« existiert nicht, sie besteht nur in einem Resümee:[2] Nirgends ein Hinweis auf die Probleme des Übersetzers oder des Textkritikers. Ich hatte ursprünglich von jedem Versuch abgeraten, den Apparat der alten Ausgabe auf den neuesten Stand zu bringen – das können die Studenten anderswo finden. Aber ich hatte nicht erwartet, daß er auf 10 Zeilen

---

* Vielleicht mildert es Ihren gerechten Zorn, wenn ich sage, daß die Gesundheit meiner Frau sich sehr verschlechtert hat, seit ich Ihnen im Dezember geschrieben habe. Letztes Semester habe ich die meiste Zeit in der Dachkammer eines Hotels gewohnt, und mein Haus war beschädigt und unbewohnbar.[1] Ich selber war auch krank und wurde kaum mehr fertig mit den Arbeiten in der Universität, die sich für mich verdreifacht haben.

verkürzt würde, während das Resümee (der am wenigsten nützliche Teil) in aller Ausführlichkeit neu geschrieben wurde.

Da dem einmal so war, habe ich mich schwer und lange geplagt, um alles zu komprimieren (und zugleich zu verlebendigen), was an Bemerkungen zur *Übersetzung* sowohl für den Studenten nützlich als auch für denjenigen interessant sein könnte, der das Buch ohne Vergleich mit dem Originaltext benutzt. Aber das Ergebnis belief sich auf 17 von meinen MSS.-Seiten (mit jeweils rund 300 Worten) – nicht mitgerechnet den Anhang zur Metrik[3], der eigenständigste Teil, der noch einmal so lang ist.

In diesem Stadium war ich Anfang März und versuchte mich zu entschließen, was ich streichen könnte, als Ihr Brief vom 27. März eintraf (gestern). Alles sehr töricht! Denn aus der Paginierung geht klar hervor, daß mein Anteil nur sehr klein ist.

Mir bleibt nun nichts weiter übrig, als Ihnen zu schicken, was ich gemacht habe. Sie könnten es vielleicht für eine spätere Aufnahme in Erwägung ziehen (indem Sie Wrenn um Stellungnahme bitten), z. B. wenn eine weitere Auflage nötig wird. (Wenn man noch mal dranginge, könnte es eine sinnvolle Broschüre für Studenten geben. Die Ausführungen zur Metrik, die sich auf einer neuen Ebene bewegen und auf das Verhältnis zwischen Stil und Metrum eingehen, könnten attraktiv sein, denn in dieser Frage sind die Studenten meist ziemlich ratlos.)

Für den augenblicklichen Notfall schlage ich vor (voll Kummer, Reue und Bedenken), entweder die *rot* (? 1400 Worte) oder die *blau* (750–800?) angestrichenen Passagen zu verwenden. Wenn sie nicht zu lang sind.

Ihr ergebener

J. R. R. Tolkien

39 Aus einem Brief an Michael Tolkien 29. September 1940

[Im Spätsommer 1940 waren im Hause Tolkien für kurze Zeit zwei evakuierte Frauen einquartiert.]

Unsere Evakuierten sind heute vormittag wieder ausgezogen, heim nach Ashford (sie waren aus einer Eisenbahnerfamilie), nach komischen und rührenden Szenen. Zwei schlichtere, hilflosere, weichere und unglücklichere Gemüter (Mutter und Schwiegertochter) sind mir noch nie begegnet. Sie waren zum ersten Mal, seit sie verheiratet waren, von ihren Männern getrennt und meinten, sie würden sich lieber in Stücke reißen lassen.

40 Aus einem Brief an Michael Tolkien   6. Oktober 1940

[Im September 1939 meldete Tolkiens zweiter Sohn, der damals fast 19 Jahre alt war, sich freiwillig zum Heeresdienst, wurde jedoch angewiesen, zunächst ein Jahr an einer Universität zu verbringen und sich dann wieder zu melden. Er ging ans Trinity College in Oxford und verließ es wieder im nächsten Sommer, um sich zum Flugabwehr-Kanonier ausbilden zu lassen.]

Es tut mir schon sehr leid, mein lieber Junge, daß Deine Uni-Karriere nun in zwei Stücke zerschnitten wird. Besser, Du wärest der Ältere gewesen und hättest fertigwerden können, bevor die Armee Dich nahm. Aber ich hoffe immer noch, Du wirst imstande sein, weiterzumachen. Und ganz sicher wirst Du allerhand dabei lernen, zuerst einmal. In Friedenszeiten allerdings (und unter solchen Umständen ganz natürlich und richtig) gewöhnen wir uns vielleicht allzusehr an den Gedanken, daß alles nur Schulung, Vorbereitung oder Ausbildung wäre – aber für was? Was in jeder Minute zählt, ist was wir sind und tun, nicht was wir später einmal zu sein und zu tun gedenken. Ich kann aber nicht behaupten, daß ich selbst in diesem Gedanken gegen die Zeitvergeudung und den Militarismus beim Heer viel Trost gefunden hätte. Was daran stört, ist gar nicht einmal so sehr die Schinderei. Ich wurde da hineingestoßen, als ich den Kopf voller Zeugs hatte, das ich schreiben, und voller Sachen, die ich lernen wollte; und das habe ich nie wieder alles zusammenbekommen.

41 Aus einem Brief an Michael Tolkien   2. Januar 1941

Ich habe Korrespondenzrückstände aufgearbeitet und bin nun endlich soweit, daß ich meine Geschichte wieder hervorholen konnte; aber kaum daß ich richtig angefangen habe, wirft schon wieder das Semester seine Schatten voraus, und ich werde an die Vorlesungen und Komitees denken müssen.

42 An Michael Tolkien

[Nachdem er mit seiner Batterie in der Schlacht um England bei der Verteidigung von Flugplätzen zum Einsatz gekommen war, wurde Michael bei einem Unfall mit einem Armeefahrzeug während einer Nachtübung verletzt und wurde ins Krankenhaus von Worcester eingewiesen. Dies ist einer von mehreren Briefen, die sein Vater ihm dorthin schrieb.]

12. Januar 1941   20 Northmoor Road, Oxford
Mein liebster Mick,
    mir scheint, es ist lange her, seit ich geschrieben habe; und eine ziemlich trübe und unruhige Zeit ist es gewesen, mit einem widrigen Ostwind, der ständig, Tag für Tag hereinbläst, und mit Wetterumschlägen von schneidender Kälte zu naßkaltem Nebel..... Eine Abwechslung habe ich in letzter Zeit gehabt: Letzten Dienstag hat Dr. Havard[1] mich und die Lewis-Brüder[2] an einem schneeglatten Abend in einen Pub in Appleton eingeladen. J. B. hatte mir zum Geburtstag ein Döschen Schnupftabak geschenkt. Das habe ich aus der Tasche gezogen und das alte Etikett vorgelesen: »Hoflieferanten Ihrer Majestäten der Könige von Hannover & Belgien usw. des Herzogs von Cumberland und der Herzogin von Kent.« »Mag einer was davon?« hab ich gesagt. Und wie sie die Pfoten hingestreckt haben, die Trottel! Und mehrere Explosionen folgten, daß ihnen der Hut hochging. Sag bloß J. B. nichts davon, was ich mit dem kostbaren Zeug (einem kleinen Teil nur) von Fribourg und Treyer gemacht habe. Major Lewis – er wußte nicht, daß Blackwell[3] in Appleton wohnt und daß die Einheimischen ganz Ohr waren – erzählte sehr spaßig, wie er mit Hugo Dyson[4] in Blackwells Laden gegangen war. Als er dazu kam, wie der Verkäufer wieder zu Hugo zurückkam und sagte: *Tut mir leid, Sir, ein gebrauchtes Exemplar haben wir nicht, aber ein neues haben wir* (und H. hat geantwortet, *na, dann reiben Sie es ein bißchen auf dem Boden, damit es gebraucht wird – mir ist es eins*), gab es lauten Beifall. Abgesehen von diesem kurzen Zwischenspiel war das Leben hier ziemlich öde, viel zu ausgefüllt mit Komiteesitzungen und legislativen Sachen, derentwillen ich mehrere Male bis spät in die Nacht aufbleiben mußte.....
    Fliegeralarm haben wir hier oft, aber (bisher) blieb es immer beim Alarm..... Ich denke mir, daß dieses Jahr alles früher »hochgehen« wird als voriges Jahr – wenn es das Wetter zuläßt –, und in allen Winkeln unserer Insel wird es ganz schön hektisch zugehen. Es ist auch klar, daß unsere guten alten Freunde in der UdSSR einiges im Schilde führen.[5] Es

wird ein ziemlich knappes Wettrennen mit der Zeit . . . . . Ich glaube nicht, daß einfache »Bürger« noch wissen, was wirklich los ist. Aber schon die einfachste Überlegung scheint zu zeigen, daß Hitler unser Land direkt und s. stark angreifen muß, und zwar bald, noch vor dem Sommer. Unterdessen darf der »Daily Worker«[6] unbehelligt auf den Straßen ausgerufen werden. Nach dem Krieg werden wir muntere Zeiten erleben, sogar dann, wenn wir, soweit es Deutschland angeht, gewinnen.

Gott segne Dich, mein lieber Sohn! Ich bete für Dich beständig. Denk an mich! Brauchst Du irgend etwas Besonderes? Sehr viele liebe Grüße, Dein

Vater

43 Aus einem Brief an Michael Tolkien 6.–8. März 1941

[Zum Thema Ehe und Beziehungen zwischen den Geschlechtern.]

Der Umgang eines Mannes mit Frauen kann rein körperlich sein (natürlich, strenggenommen kann er das nicht: aber ich meine, er kann sich weigern, andere Dinge zu berücksichtigen, sehr zum Schaden seiner (und ihrer) Seele (und des Leibes)), oder »freundschaftlich«; oder er kann ein »Liebhaber« sein (der alle seine Affekte, Geistes- und Leibeskräfte in einer komplexen Emotion bindet und mischt, die stark von der »Sexualität« getönt und getrieben ist). Dies ist eine gefallene Welt. Die Dislokation des Geschlechtstriebs ist eines der wichtigsten Symptome des Sündenfalls. Durch alle Zeiten hindurch hat sich die Welt zum Schlimmen hin verwandelt. Die besonderen Gesellschaftsformen wechseln, und jede neue Form hat ihre eigenen Gefahren: Aber der »harte Geist der fleischlichen Begierde« ist seit Adams Sündenfall durch alle Straßen gegangen und hat sich schielend in allen Häusern niedergelassen. Die »unmoralischen« Folgen wollen wir beiseite lassen. In diese möchtest Du nicht hineingezogen werden. Zum Verzicht hast Du keine Berufung. Also »Freundschaft«? In dieser gefallenen Welt ist die Freundschaft, die eigentlich zwischen allen Menschen möglich sein sollte, nahezu unmöglich zwischen Mann und Frau. Der Teufel ist unendlich erfinderisch, und die Sexualität ist sein Lieblingsthema. Er kann einen ebensogut durch edle romantische oder zärtliche Motive fangen wie durch niedere oder animalische. Viele haben es schon mit dieser »Freundschaft« versucht, und fast immer versagt die eine oder die andere Seite. Im späteren Leben, wenn die Sexualität sich abkühlt, ist sie vielleicht möglich. Zwischen Heiligen kann es sie geben. Unter gewöhnlichen Menschen kann sie nur in seltenen Fällen auftreten: Zwei Geister, die sich tatsächlich in erster Linie innerlich und spirituell nah sind, können zufällig in einem männlichen und in einem weiblichen Körper beheimatet sein und dennoch eine vom Geschlecht ganz unabhängige »Freundschaft« ersehnen und erreichen. Aber keiner kann darauf zählen. Fast mit Sicherheit wird ihn (oder sie) der andere Partner enttäuschen, indem er sich »verliebt«. Aber ein junger Mann will (in der Regel) nicht wirklich »Freundschaft«, auch nicht, wenn er das behauptet. Junge Männer gibt es (in der Regel) mehr als genug. Er will *Liebe*: vielleicht unschuldige, aber doch unverantwortliche. *Allas! Allas! that ever love was sinne!* wie Chaucer sagt. Wenn er nun Christ ist und weiß, daß es so etwas wie Sünde gibt, möchte er wissen, was er tun soll.

In unserer westlichen Kultur ist die romantisch-ritterliche Tradition noch immer stark, obwohl ihr, als einer Hervorbringung des Christentums (doch keineswegs dasselbe wie die christliche Ethik), die Zeiten feindlich sind. Sie idealisiert die »Liebe« – und soweit sie reicht, kann sie sehr gut sein, denn sie umfaßt sehr viel mehr als nur die körperliche Lust und gebietet, wenn schon nicht Reinheit, so doch zumindest Treue, Selbstverleugnung, »Dienstbarkeit«, Mut, Anstand und Ehre. Ihre Schwäche ist natürlich, daß sie als ein künstliches höfisches Spiel angefangen hat, als eine Form, wie man die Liebe um ihrer selbst willen genießen konnte, ohne Rücksicht auf den Ehestand (und sogar im Gegensatz zu ihm). Ihre Mitte hatte sie nicht in Gott, sondern in imaginären Gottheiten, Amor und die Dame. Auch heute noch macht sie gern aus der Dame eine Art Leitstern oder ein angebetetes Wesen – im Sinne des altmodischen »seine Göttin« = die Frau, die er liebt –, den Grund oder Anlaß edlen Betragens. Natürlich ist dies falsch oder bestenfalls Vorspiegelung. Die Frau ist ebenfalls nur ein gefallener Mensch mit einer gefährdeten Seele. In Verbindung und Vereinbarung mit der Religion aber (in der sie sich vor langer Zeit einmal befand, woraus ein Gutteil jener schönen Andacht vor Unserer Lieben Frau hervorging, mit der Gott auf seine Weise so vieles an unserer rauhen Männerart und unseren Gefühlen verfeinert und unserer harten, bittren Religion Wärme und Farbe verliehen hat) kann diese Tradition sehr edel sein. Sie bringt dann etwas hervor, das, wie ich glaube, auch unter denjenigen, die sich nur noch ein rudimentäres Christentum bewahrt haben, noch immer als das höchste Ideal der Liebe zwischen Mann und Frau empfunden wird. Aber noch immer, denke ich, hat es seine Gefahren. Es ist nicht vollkommen wahr und nicht vollkommen »theozentrisch«. Es trübt den Blick des jungen Mannes – oder hat ihn zumindest in der Vergangenheit getrübt – für die Frauen, so wie sie sind, Leidensgefährtinnen im Schiffbruch, keine Leitsterne. (Eine Folge ist dann, daß die Beobachtung des Tatsächlichen den jungen Mann zynisch werden läßt.) Er vergißt *ihre* Wünsche, Bedürfnisse und Versuchungen. Das Ideal weckt eine übertriebene Vorstellung von der »wahren Liebe« als einem Feuer von draußen, einer permanenten Verzückung ohne Rücksicht auf Alter, Kindgeburt und gewöhnliche Lebensumstände, ohne Rücksicht auf Wille und Absicht. (Eine Folge ist, daß die jungen Leute bewogen werden, nach einer »Liebe« zu suchen, die sie in der kalten Welt immer schön warm halten soll; und die unheilbar Romantischen suchen weiter auch noch im Elend der Scheidungsgerichte.)

An all dem haben die Frauen eigentlich nur wenig Anteil, obwohl auch sie die Sprache der romantischen Liebe gebrauchen werden, die in unser aller Sprachgebrauch so tief eingelassen ist. Der Geschlechtstrieb macht die Frauen (die von Natur aus, sofern unverdorben, selbstloser sind) sehr einfühlsam und verständnisvoll – oder besonders begierig, es zu sein (oder zu scheinen) – und sehr bereitwillig, auf alle Interessen, soweit sie es von ihren religiösen Bindungen her nur können, des jungen Mannes einzugehen, zu dem sie sich hingezogen fühlen. Und dies nicht notwendig in der Absicht, zu täuschen, sondern aus reinem Instinkt: dem Instinkt der Dienstbarkeit und Hilfsbereitschaft, den Begehren und junges Blut großzügig erwärmen. Von diesem Trieb geleitet können sie tatsächlich manchmal sehr beträchtliche Einsichten und Kenntnisse erreichen, sogar in Dinge, die sonst außerhalb ihres natürlichen Gesichtskreises bleiben: Denn sie haben die Begabung der Empfänglichkeit, des Angeregt- und Befruchtetwerdens (noch in vielen anderen Hinsichten außer der körperlichen) vom Manne. Jeder Lehrer weiß dies. Wie schnell kann eine intelligente Frau belehrt werden, seine Gedanken erfassen und seine Argumente verstehen – und wie wenig ist sie (mit sehr seltenen Ausnahmen) fähig, allein weiterzukommen, wenn sie sich aus seiner Obhut entfernt oder wenn sie aufhört, ein *persönliches* Interesse an *ihm* zu nehmen! Doch dies ist der natürliche Zugang der Frauen zur Liebe. Ehe die junge Frau noch weiß, wo sie ist (und während der romantische Jüngling, sofern es ihn gibt, noch am Seufzen ist), kann sie schon tatsächlich »in Liebe verfallen«. Was für sie bedeutet, wenn sie eine unverdorben natürliche junge Frau ist, daß sie die Mutter seiner Kinder werden möchte, auch wenn ihr dieser Wunsch keineswegs klar oder aussprechbar sein mag. Und dann wird es passieren und kann sehr schmerzhaft und schädlich sein, wenn es schiefgeht. Besonders wenn der junge Mann nur ein Stück weit von diesem Stern und dieser Göttin geleitet sein wollte (bis er sich an eine noch strahlendere anhängt) und einfach nur die Schmeichelei des Verstandenwerdens genossen hat, mit einem prickelnden Beigeschmack von Sexualität – in aller Unschuld natürlich und fern von jeder »Verführung«.

Im Leben (wie auch in der Literatur*) können Dir Frauen begegnen, die launenhaft oder schlicht liederlich sind – ich spreche nicht von der bloßen Neigung zum Flirt, der nur ein Training für den Ernstfall ist, sondern von Frauen, die zu albern sind, um wenigstens die Liebe ernst zu nehmen, oder so von Grund auf verdorben, daß sie an »Eroberungen« oder gar an der Zufügung von Schmerz ihre Freude haben – doch dies sind Abnormitäten, wenngleich falsche Unterrichtung, schlechte Erziehung und verderbte Mode dazu ermutigen mögen. So sehr auch die modernen Lebensbedingungen die Lage der Frauen und die Einzelheiten dessen, was als anständig gilt, verändert haben, ist der natürliche Instinkt doch unverändert geblieben. Der Mann hat seine Lebensaufgabe, seinen Beruf (und männliche Freunde), und all dies kann (und wird, wenn er nur ein bißchen Mumm hat) den Schiffbruch der »Liebe« überdauern. Einer jungen Frau, sogar einer, wie man heute sagt, »ökonomisch selbständigen« (womit gewöhnlich nur die ökonomische Gefügigkeit gegen kommerzielle männliche Arbeitgeber statt gegen den Vater oder die Familie gemeint ist) kommen der Gedanke an die »Existenzgrundlage« und der Traum vom eigenen Heim nahezu gleichzeitig. Wenn sie wirklich verliebt ist, sitzt sie nach einem Schiffbruch wirklich auf den nackten Klippen. Immerhin sind die Frauen im allgemeinen sehr viel unromantischer und praktischer. Laß Dich nicht durch den Umstand täuschen, daß sie mit Worten »sentimentaler« sind, daß ihnen »Liebling« und dergleichen leichter über die Lippen geht! Sie wollen keinen Leitstern. Es kann sein, daß sie einen beliebigen jungen Mann zum Helden idealisieren, aber im Grunde bedarf es keiner solchen Illusionen,

---

* Die Literatur (bis zum modernen Roman) ist in der Hauptsache eine männliche Angelegenheit gewesen, und in ihr ist viel von den »trügerischen Schönen« die Rede. Das ist alles in allem Verleumdung. Frauen sind menschlich und daher des Verrats fähig. Aber innerhalb der Gattung gesehen, im Vergleich zu den Männern, ist dies bei ihnen weder allgemeiner verbreitet noch ausgeprägter. Ganz im Gegenteil! Abgesehen allerdings davon, daß Frauen eher versagen werden, wenn man von ihnen verlangt, daß sie allzu lange auf einen Mann »warten«, während ihre Jugend (so kostbar und notwendig für eine, die Mutter werden möchte) rasch dahingeht. Man dürfte eigentlich nicht von ihnen verlangen, daß sie warten.

um sie verliebt zu machen oder die Liebe zu bewahren. Wenn sie überhaupt in irgendeiner Hinsicht verblendet sind, dann in dem Glauben, einen Mann »bessern« zu können. Sie nehmen einen Lumpen sehenden Auges, und wenn die Illusion, ihn bessern zu können, schwindet, lieben sie ihn nach wie vor. Natürlich sehen sie das sexuelle Verhältnis viel realistischer. Wenn sie nicht durch schlechte moderne Sitten verdorben sind, gebrauchen sie in der Regel keine »zotigen« Ausdrücke – nicht weil sie reiner wären als die Männer (das nicht!), sondern weil sie daran nichts Komisches finden. Ich habe Frauen gekannt, die sich so gaben, aber sie gaben sich nur so. Dies mag für sie reizvoll, interessant und fesselnd sein (sogar viel fesselnder als ihnen lieb ist), aber es ist doch nur das plump Natürliche, ein ernsthaftes, naheliegendes Interesse – wo soll da der Witz sein?

Natürlich müssen sie trotz aller empfängnisverhütenden Mittel in sexuellen Beziehungen immer noch vorsichtiger sein. Fehler stiften körperlichen und gesellschaftlichen (und ehelichen) Schaden. Aber instinktiv, sofern unverdorben, sind die Frauen monogam. *Die Männer nicht* . . . . . Keinen Sinn, sich etwas vorzumachen! Die Männer sind's nun mal nicht, von ihrer animalischen Natur her nicht. Die Monogamie (obwohl sie schon lange zum Grundbestand unserer ererbten *Ideen* zählt) ist für uns Männer nur ein Stück »offenbarte« Ethik, das der Glaube und nicht das Fleisch gebietet. Jeder von uns könnte bei guter Gesundheit in unseren rund dreißig Jahren vollen Mannestums ein paar hundert Kinder zeugen und seine Freude daran haben. Brigham Young (so glaube ich) war ein gesunder und glücklicher Mann. Dies ist eine gefallene Welt, und zwischen Geist, Leib und Seele herrscht kein Einklang.

Das Wesen einer *gefallenen* Welt ist es nun aber, daß das *Beste* nicht durch freien Genuß erlangt werden kann, durch die »Selbstverwirklichung«, wie man das nennt (meist nur ein gefälliger Name für das Sichgehenlassen, das der Verwirklichung unseres Selbst ganz entgegengesetzt ist), sondern durch Leiden und Entsagung. Die Treue in der christlichen Ehe bringt dies mit sich: eine große Quälerei. Für den christlichen Mann gibt es *keinen Ausweg*. Die Ehe kann helfen, seine sexuellen Wünsche zu heiligen & zum rechten Ziel hinzulenken; ihre Gnade kann ihm im Kampfe helfen; aber es bleibt ein Kampf. Sie wird ihn nicht befriedigen – nur so, wie der Hunger durch regelmäßige Mahlzeiten ferngehalten wird. Sie wird der Reinheit, die diesem Stande gebührt, ebensoviele Schwierigkeiten machen, wie sie Linderungen bietet. Kein Mann, so aufrichtig er seine Verlobte und Braut als junger Mann auch geliebt hat, kann ihr, wenn sie einmal seine Frau ist, ohne bewußte Anstrengung des

70

Willens, ohne Selbstverleugnung, sein Leben lang geistig und körperlich treu bleiben. Allzu wenigen wird dies gesagt – nicht einmal denen, die »in der Kirche« aufwachsen. Die außerhalb der Kirche scheinen nur selten davon gehört zu haben. Wenn der Glanz dahin oder auch nur ein bißchen fadenscheinig geworden ist, glauben sie, einen Fehler gemacht zu haben und die echte Seelengefährtin erst noch suchen zu müssen. Sie finden sie nur allzu oft in der nächstbesten sexuell attraktiven Person, die ihnen begegnet. Eine, die sie tatsächlich sehr wohl hätten heiraten können, wenn nur ――――. Also Scheidung, um das »Wenn nur« zu erfüllen! Und natürlich haben sie in der Regel vollkommen recht: Sie haben einen Fehler gemacht. Nur ein Weiser könnte am *Ende* seines Lebens ein vernünftiges Urteil darüber abgeben, welche Frau aus der Gesamtheit aller, die in Frage kamen, er am besten hätte heiraten sollen. Fast alle Ehen, auch die glücklichen, sind Fehler: in dem Sinne, daß beide Partner nahezu mit Sicherheit (in einer vollkommeneren Welt oder auch nur mit einem bißchen mehr Sorgfalt in dieser höchst unvollkommenen) einen für sie besseren Gatten hätten finden können. Aber die »echte Seelengefährtin« ist die eine, mit der Du tatsächlich verheiratet bist. Wählen kannst Du eigentlich nur sehr wenig; das meiste daran ist durch die Lebensumstände bestimmt (wenn es aber einen Gott gibt, so müssen diese Seine Werkzeuge oder Seine äußeren Zeichen sein). Es ist notorisch, daß glückliche Ehen sogar häufiger dort sind, wo die »Wahl« der jungen Leute durch Eltern- oder Familienautorität noch enger beschränkt ist, solange eine soziale Ethik der schlichten, unromantischen Verantwortung und der Gattentreue besteht. Aber sogar in Ländern, wo die romantische Tradition solchen Einfluß auf die sozialen Einrichtungen gewonnen hat, daß sie die Menschen glauben macht, die Partnerwahl gehe nur die jungen Leute selbst an, führen nur die seltensten Glücksfälle den Mann und die Frau zusammen, die sozusagen füreinander »bestimmt« gewesen und einer sehr großen und edlen Liebe fähig sind. Die Vorstellung blendet uns noch immer, schnürt uns die Kehle zu: Die Gedichte und Erzählungen, die über dies Thema geschrieben wurden, sind vermutlich zahlreicher als die Summe der im wirklichen Leben aufgetretenen Fälle (und doch sprechen die größten dieser Erzählungen nicht von den glücklichen Ehen solcher großer Liebenden, sondern von ihrer tragischen Trennung; als würde auch in dieser Sphäre das wahrhaft Große und Edle in dieser gefallenen Welt eher im »Scheitern« und im Leiden erreicht). In einer solchen großen, unausweichlichen Liebe wird uns, so denke ich, ein Gesicht von der Ehe zuteil, so wie sie in einer nicht gefallenen Welt hätte sein sollen. In der gefallenen Welt haben wir nur die Klugheit zur Richtschnur, die Weisheit (selten in der Jugend, verspätet im Alter), ein reines Herz und die Treue des *Willens* .....

Meine eigene Geschichte ist so exzeptionell, so falsch und unklug in fast jeder Hinsicht, daß es schwer wird, zur Lebensklugheit raten zu wollen. Denn schwere Fälle ergeben schlechte Gesetze; und Ausnahmefälle sind nicht immer eine gute Richtschnur für andere. Aber hier hast du ein Stück Autobiographie, so wie es einmal ist – und bei dieser Gelegenheit hauptsächlich mit Bezug auf die Fragen des *Alters* und der *Finanzen.*

Ich habe mich mit knapp 18 in Deine Mutter verliebt. Ganz echt verliebt, wie sich dann zeigte – obwohl natürlich Charaktermängel und Temperament mich oft hinter dem Ideal, mit dem ich angefangen hatte, zurückbleiben ließen. Deine Mutter war älter als ich, und sie war nicht katholisch. Ein Unglück, in den Augen meines Vormunds.[1] Und in gewisser Hinsicht *war* es ein Unglück und sehr schlecht für mich. So etwas ist sehr aufreibend und zehrt an den Nerven. Ich war ein gescheiter Bursche, der sich zu einem (sehr notwendigen) Oxford-Stipendium durcharbeiten mußte. Die mehrfache Spannung führte beinah zu einem schweren Zusammenbruch. Ich verpfuschte mir die Examen, und obwohl ich (wie mein Schulleiter mir Jahre später erklärte) ein gutes Stipendium hätte bekommen müssen, landete ich nur um Haaresbreite gerade noch bei einer »Exhibition« von 60 Pfund für Exeter: Mit einem Abgangsstipendium meiner Schule in gleicher Höhe (und weiterer Unterstützung durch meinen guten alten Vormund) reichte das gerade, um an der Universität durchzukommen. Natürlich hatte die Sache auch ihr Gutes, das mein Vormund nicht so leicht sehen konnte. Ich war gescheit, aber nicht fleißig oder zielstrebig; zum großen Teil kam mein Mißerfolg einfach daher, daß ich nicht genug arbeitete (zumindest nicht in den alten Sprachen), aber nicht weil ich verliebt war, sondern weil ich andere Dinge lernte: Gotisch und was nicht noch alles.[2] Romantisch, wie ich von meiner Erziehung her war, machte ich aus einer Jugendliebschaft eine ernsthafte Affäre und eine Kraftquelle für Anstrengungen. Obwohl von Natur aus eher körperlich feige, brachte ich es binnen zwei Jahren vom verachteten Mäuschen in der zweiten Hausmannschaft bis in die Schulmannschaft. Und dergleichen mehr. Aber es gab Ärger, und ich hatte die Wahl, ob ich mich meinem Vormund widersetzen und ihn bekümmern (oder täuschen) wollte – er war wie ein Vater zu mir gewesen, mehr als die meisten leiblichen Väter, aber ohne jede Verpflichtung – oder aber die Liebesaffäre, bis ich 21 war, seinlassen. Meine Entscheidung bedaure ich nicht, obwohl sie für meine Geliebte sehr hart war. Aber das war nicht meine Schuld. Sie war völlig frei und hatte mir nichts versprochen, und ich hätte kein Recht gehabt, mich zu beklagen (außer nach einem unrealistisch romantischen Gesetz), hätte sie jemand anders geheiratet. Beinahe *drei* Jahre lang habe ich meine Geliebte nicht gesehen und ihr nicht geschrieben. Es war sehr schwer, schmerzlich und bitter, besonders anfangs. Die Auswirkungen waren nicht alle gut: Ich machte wieder Dummheiten, war faul und vertat ein Gutteil meines ersten Jahres auf dem College. Aber ich glaube, nichts anderes hätte auch die Heirat auf der Grundlage einer Jugendliebe gerechtfertigt; und nichts anderes hätte wohl den Willen hart genug gemacht, um einem solchen Verhältnis (so sehr es auch ein echter Fall von wahrer Liebe war) Dauer zu geben. In der Nacht meines 21. Geburtstags schrieb ich wieder an Deine Mutter – am 3. Jan. 1913. Am 8. Jan. fuhr ich wieder zu ihr, wir verlobten uns, und ich benachrichtigte die erstaunte Familie. Ich riß mich am Riemen und klotzte mächtig ran (zu spät, um bei den Honour Moderations[3] an der Katastrophe vorbeizukommen) – und dann brach im nächsten Jahr der Krieg aus, während ich immer noch ein Jahr aufs College gehn mußte. Damals meldete man sich freiwillig, oder man wurde öffentlich beschimpft. Es war eine üble Klemme, besonders für einen jungen Mann mit zu viel Phantasie und wenig physischem Mut. Kein Examen, kein Geld und verlobt. Ich ertrug, was man mir nachredete, und die allmählich unverhohlenen Bemerkungen von Verwandten, blieb nachts auf und machte eine Eins in den Abschlußprüfungen von 1915. Dann schleunigst in die Armee: Juli 1915. Ich fand die Situation unerträglich und heiratete am 22. März 1916. Im Mai war ich schon unterwegs über den Kanal (ich habe immer noch die Verse, die ich bei der Gelegenheit schrieb[4]) zu dem Gemetzel an der Somme.

Nun stell Dir Deine Mutter vor! Trotzdem glaube ich auch heute noch keine Sekunde lang, daß sie mehr tat, als man von ihr verlangen konnte – aber das schmälert nicht ihr Verdienst. Ich war ein junger Bursche mit einem bescheidenen Universitätsgrad, brauchbar, um Verse zu machen, mit ein paar dahinschwindenden Pfund pro Jahr (20–40)[5], ohne Aussichten, als Leutnant mit 7 sh., 6 p. am Tag bei der Infanterie, wo die Überlebenschancen (als Subalterner) so ziemlich gegen dich waren. 1916 hat sie mich geheiratet, und 1917 wurde John geboren (empfangen und ausgetragen im Hungerjahr 1917, während der großen U-Bootkampagne), um die Zeit der Schlacht von Cambrai, als das Ende des Krieges so weit zu sein schien, wie es heute ist. Ich verkaufte, was ich nur besaß, und gab, um die Entbindungsklinik zu bezahlen, meine letzten paar südafrikanischen Aktien her, »mein väterliches Erbteil«.

Aus der Dunkelheit meines Lebens, aus so vielen Enttäuschungen stelle ich die eine große Sache vor Dich hin, die es auf Erden zu lieben gibt: das Heilige Sakrament..... Hier findest Du Romantik, Ruhm, Ehre, Treue und das wahre Verhältnis zu allem, was Dir lieb ist auf Erden. Und mehr noch: den Tod: nach der göttlichen Paradoxie dasjenige, was das Leben beendet und alles aufzugeben gebietet, durch dessen Geschmack (oder Vorgeschmack) aber dasjenige, was Du in Deinen irdischen Beziehungen suchst (Liebe, Treue, Freude), allein gewahrt werden oder jenen Charakter der Realität, der ewigen Dauer annehmen kann, den das Herz jedes Menschen begehrt.

44 Aus einem Brief an Michael Tolkien   18. März 1941

[Tolkiens Vorfahren mütterlicherseits, die Suffields, stammten aus den westlichen Midlands und waren insbesondere mit Worcestershire verbunden.]

Obgleich dem Namen nach ein Tolkien, bin ich doch nach Neigungen, Talenten und Erziehung ein Suffield, und in jedem Winkel dieser Grafschaft [Worcestershire] bin ich auf unerklärliche Weise »zuhause« wie nirgendwo sonst auf der Welt. Deine Großmutter, der wir so viel verdanken – denn sie war eine Dame von Geist, Begabung und großer Schönheit, von Gott schwer mit Leid und Kummer geschlagen und in jungen Jahren (mit 34) an einer Krankheit gestorben, die durch Verfolgung wegen ihres Glaubens beschleunigt wurde[1] –, starb im Häuschen des Briefträgers in Rednal[2] und liegt in Bromsgrove begraben.

45 An Michael Tolkien

[Michael war nun Fähnrich am Royal Military College in Sandhurst.]

9. Juni 1941   20 Northmoor Road, Oxford
Mein liebster Michael,
    ich habe mich so gefreut, von Dir zu hören. Ich hätte Dir heute schon früher geschrieben, nur hatte Mummy Deinen Brief mitgenommen nach Birmingham, ehe ich Zeit hatte, mehr als einen Blick drauf zu werfen. Ich fürchte, als Briefschreiber mache ich eine schlechte Figur: Aber ich habe einfach das Schreiben satt. Seit Dienstag sind die Vorlesungen zu Ende, und ich hoffte, nun hätte ich ein Weilchen a) zum Ausruhen und b) um

den Garten ein bißchen in Ordnung zu bringen, bevor am Dienstag die »Schule«[1] anfängt (Corpus Christi). Aber draußen konnte ich wegen des ewigen Regens nichts tun, und die Ruhe wurde durch allerhand Extrageschäfte verhindert. Wie ich die Regierungsbeamten verstehn kann! Die meiste Zeit verbringe ich neuerdings mit dem Abfassen von Regeln und Vorschriften[2], nur um gleich allerlei Lücken zu finden, sobald sie gedruckt sind, und nur um die Flüche und die Kritik der Leute auf mich zu laden, die diese Arbeit nicht machen müssen und die gar nicht erst versuchen, den Sinn und Zweck zu verstehen! . . . .

Ein Krieg ist genug für einen Menschen. Ich hoffe, ein zweiter wird Dir erspart bleiben. Diese Bitterkeit, entweder in der Jugend oder im mittleren Alter, reicht fürs ganze Leben; beides ist zuviel. Ich habe einmal dasselbe durchgemacht wie Du jetzt, wenn auch in ganz anderer Weise: weil ich ganz unfähig und unmilitärisch war (und gemeinsam haben wir nur das tiefe Verständnis für den »Tommy«, besonders den einfachen Soldaten aus den landwirtschaftlichen Gegenden). Ich dachte damals nicht, daß die »alten Leute« viel zu leiden hätten. Jetzt weiß ich's. Ich kann Dir sagen, ich fühle mich wie ein lahmer Kanarienvogel im Käfig. Dieselbe Arbeit weiterzumachen wie vor dem Krieg – es ist einfach Gift. Wenn ich doch nur etwas Nützliches tun könnte! Aber es ist nun mal so: Ich bin »auf Dauer unabkömmlich«, und daher habe ich zu viel auf dem Hals, um auch nur in die Heimwehr eingezogen zu werden. Und ich kann nicht mal abends fort und mit einem Freund ein Glas trinken.

Immerhin bist Du mein Fleisch und Blut und trägst meinen Namen weiter. Es ist schon etwas, der Vater eines guten jungen Soldaten zu sein. Kannst Du denn nicht verstehn, warum ich mir so viel Sorgen um Dich mache und warum alles, was Du treibst, mich so nah angeht? Trotzdem sollten wir beide die Hoffnung und den Glauben nicht sinken lassen. Das Band zwischen Vater und Sohn ist nicht nur das vergängliche des Fleisches: Es muß auch etwas von der *aeternitas* daran sein. Es gibt einen Ort, der »Himmel« genannt, wo das hier unfertig gebliebene Gute vollendet wird, wo die ungeschriebenen Geschichten und die unerfüllten Hoffnungen fortgesetzt werden. Vielleicht haben wir zusammen noch manches zu lachen . . .

Hast Du den Bericht von Maxwell (dem »Tabak-Kontrolleur«)[3] über die Praktiken der Großhändler gelesen? Die gehören ins Kittchen . . . . .
Der Kommerzialismus ist von Herzen ein Schwein. Aber ich glaube, das größte englische Laster ist Trägheit. Und unserer Trägheit, ebensosehr oder mehr als einer natürlichen Tugend, verdanken wir es, daß wir den

offenen Gewaltakten anderer Länder entgehen. In dieser brutalen Welt von heute gewinnt die Trägheit allmählich sogar fast das Ansehen einer Tugend. Aber es ist schon beängstigend, auf Schritt und Tritt so viel davon zu sehen, wo wir es jetzt mit dem Furor Teutonicus aufnehmen müssen.

Die Menschen in unserem Land scheinen sich noch gar nicht darüber im klaren zu sein, daß wir in den Deutschen Feinde haben, bei denen die Tugenden des Gehorsams und des Patriotismus (und dies sind nun einmal Tugenden) in der Masse größer sind als bei uns. Deren tapfere Männer etwa ebenso tapfer sind wie unsere. Deren Industrie etwa zehnmal so groß ist. Und die – mit Gottes Fluch – nun von einem Mann geführt werden, in dem ein wahnwitziger, wirbelnder Teufel steckt: ein Orkan, eine Leidenschaft, daß sich der arme alte Kaiser dagegen ausnimmt wie ein altes Weib mit Strickstrumpf.

Ich habe den größten Teil meines Lebens, seit ich in Deinem Alter war, auf das Studium germanischer Belange verwendet (in jenem allgemeinen Sinne, der auch England und Skandinavien umfaßt). In dem »germanischen« Ideal steckt einiges mehr an Kraft (und Wahrheit), als die Unwissenden meinen. Ich war als Student sehr davon angetan (als Hitler, glaube ich, mit Farben herumkleckste und davon noch nie gehört hatte), in Reaktion gegen die »klassischen« Studien. Man muß erst das Gute an einer Sache verstanden haben, um das wirklich Böse in ihr zu erkennen. Aber mich fordert keiner auf, darüber eine »Sendung« zu machen oder einen Kommentar im Radio zu geben. Trotzdem glaube ich besser zu wissen als die meisten, was an diesem »nordischen« Unfug Wahres dran ist. Jedenfalls habe ich in diesem Krieg einen heißen persönlichen Groll – der vermutlich heute mit 49 einen besseren Soldaten aus mir machen würde als damals mit 22: gegen diesen verdammten kleinen Ignoranten von Adolf Hitler (denn das Komische an der dämonischen Besessenheit und Wucht ist ja, daß sie den geistigen Rang nicht im mindesten hebt – sie steigert in der Hauptsache nur den Willen). Weil er den edlen nordischen Geist, jenen vortrefflichen Beitrag zu Europa, den ich immer geliebt und in seinem wahren Lichte zu zeigen versucht habe, ruiniert, mißbraucht und verdorben hat, so daß er nun für immer verflucht ist. Nirgendwo war übrigens dieser Geist edler als in England, und nirgendwo ist er früher geheiligt und christianisiert worden . . . . .

Bete für mich! Ich habe es bitter nötig. In Liebe Dein
Vater

46 Aus einem Entwurf für R. W. Chapman 26. November 1941

[George S. Gordon, der Anfang 1942 starb, war zu Beginn der 20er Jahre Tolkiens Abteilungsleiter an der Universität Leeds gewesen; dann wurde er Professor für englische Literatur in Oxford und Präsident des Magdalen College. Dieser Entwurf scheint in Antwort auf eine Bitte Chapmans geschrieben zu sein, des Sekretärs der Bevollmächtigten gegenüber der Oxford University Press; diese Erinnerungen an Gordon sollten vielleicht in einen Nachruf aufgenommen werden, denn als der Brief geschrieben wurde, war schon bekannt, daß Gordon unheilbar krank war.]

An Daten kann ich mich nicht erinnern. Aber die wissen Sie vielleicht? Ich will ein paar Eindrücke festhalten, und Sie sehen dann gewiß besser als ich, welche Sätze oder Bemerkungen daraus passend sein mögen. Für mich bleibt Leeds mit Gordon verbunden, obwohl ich tatsächlich den größten Teil meiner sechs Jahre dort (1920–25 und noch ein Jahr als Gastdozent)[1] in Gesellschaft von Abercrombie zubrachte.[2]

Ich erinnere mich, daß (vor dem letzten Krieg) Gordons Weggang von Oxford[3] unter den Studenten an der Englisch-Fakultät mit einiger Bestürzung aufgenommen wurde; als hartgesottener junger Philologe hielt ich selbst die Sache damals für nicht so wichtig. Ich lernte Gordon erstmals bei dem Vorstellungsgespräch in Leeds (Juni 1920) für die »Dozentur« in englischer Sprachwissenschaft kennen; sie war eingerichtet worden, nachdem Moorman ertrunken war.[4] Ich vermute, der (in Leeds neue) Titel und das hohe Gehalt (wie so etwas zu gehn pflegt)[5] waren beide Gordon und seiner weitsichtigen Politik zu verdanken. Ich glaube, ich war nur eine Ersatzlösung für Sisam[6] (der mich, es war nicht die geringste seiner Freundlichkeiten, auf die Chance hingewiesen hatte). Aber Gordons Wohlwollen und seine Ermutigung begannen schon bei dieser ersten Begegnung. Er bewahrte mich vor dem kahlen Wartezimmer und nahm mich zu sich nach Hause mit. Ich weiß noch, wie wir in der Straßenbahn von Raleigh[7] gesprochen haben. Als (immer noch) hartgesottener junger Philologe hatte ich in Wahrheit keine hohe Meinung von Raleigh – er hielt natürlich keine guten Vorlesungen; doch irgendein wohlwollender Geist flüsterte mir ein, zu sagen, er sei »olympisch«. Das kam gut an; dabei hatte ich eigentlich nur sagen wollen, daß er würdevoll auf einem hohen Sockel oberhalb meiner Kritik stehe.

Ich hatte außerordentliches Glück. Und wenn ich so von mir spreche, statt direkt und unpersönlich von Gordon, dann deshalb, weil meine stärksten Empfindungen und ersten Gedanken die einer persönlichen

Dankbarkeit gegen ihn sind, als gegen einen Freund eher denn eine akademische Figur. Es kommt an den »Universitäten« nicht oft vor, daß sich ein Professor um die häuslichen Schwierigkeiten eines neuen, noch nicht einmal dreißigjährigen Untergebenen kümmert; aber G. hat das getan. Er suchte mir selbst eine Unterkunft und machte mir Platz in seinem Privatzimmer in der Universität. Ich glaube nicht, daß meine Erfahrungen mit ihm untypisch waren. *Er war ein echter Meister des Umgangs mit Menschen.* Jeder, der unter ihm arbeitete, konnte sehen (oder zumindest vermuten), daß er manche Seiten seiner eigenen Arbeit vernachlässigte: Insbesondere fand er gewisse halbgare »Forschungen« und die trübsinnige Dissertationsschreiberei der ernsthaften, aber halbgebildeten M. A.-Streber, von denen es nur allzu viele gab, so über alle Maßen ermüdend, daß er manchmal sein Heil in der Flucht suchte. Und doch stellte er nicht eine schäbige kleine »Abteilung« auf die Beine, sondern eine Mannschaft. Eine Mannschaft, die nicht nur vom Korpsgeist der Abteilung beflügelt wurde und entschlossen war, Englisch an die Spitze der schöngeistigen Fächer zu bringen, sondern die auch von einem missionarischen Eifer befeuert wurde . . . . .

Ein persönlicher Beitrag Gordons war seine Doktrin vom wohltätigen Leichtsinn: vielleicht gefährlich in Oxford, aber notwendig in Yorkshire. In Yorkshire bestand niemals die mindeste Gefahr, daß ein Student oder eine Studentin das Abschlußexamen als eine Belanglosigkeit ansehen könnte (sogar dann nicht, wenn es keinen lebenslangen Einfluß auf sein Gehalt als Lehrer hatte): Der angehende Dichter sitzt in den hinteren Reihen und grinst, aber für den Studenten aus Yorkshire gab es das nicht. Aber er konnte wohl, und wurde dazu ermutigt, das Studium etwas spielerischer angehen und ein wenig über den Lehrplan hinausblicken, damit er sein Fach als etwas Weiteres und Amüsanteres ansah und nicht nur als Prüfungsthema. Diesen Ton schlug Gordon an und hielt ihn durch; er ließ es sogar drucken, in einer kleinen Broschüre, die er zum Gebrauch seiner Studenten geschrieben hatte. Es gab wenig falsche Feierlichkeit, nur selten einmal und dann von seiten der Studenten.

Was mich anging, so waren die Fundamente für meine Arbeit schon fest gegründet und die Pläne für den weiteren Ausbau vorgezeichnet. Ansonsten aber hatte ich »freie Hand«, wenngleich immer unter seiner unauffälligen Lenkung. Der Ausbau der mediävistischen und sprachwissenschaftlichen Seite erhielt jederlei Förderung, und zwischen den beiden nahezu gleichgestellten Studienrichtungen entstand eine freundschaftliche Rivalität. Beide hatten ihre eigenen »Seminare«, und manchmal gab es gemeinsame Sitzungen. Es war wohl die zufriedenste und ausgewogenste »Schule«, die ich je gesehn habe. Ich glaube, eine »Schule« konnte man es nennen. Als Gordon nach Leeds kam, war »Englisch« ein Fach in einer Abteilung (ich glaube, man konnte nicht einmal darin allein einen Grad erwerben), und als er ging, war es (im Keim) eine »Schule« oder Fakultät. Als er kam, mußte er sich mit dem Professor für Französisch einen Kasten mit gekachelten Wänden, in der Hauptsache mit Heißwasserrohren möbliert, als Privatzimmer teilen. Schlichte Assistenten hatten vielleicht irgendwo einen Kleiderhaken. Als er ging, hatten wir das »English House«, wo es für jeden Dozenten einen eigenen Raum gab (um von der Toilette gar nicht zu reden!) und für die Studenten einen Gemeinschaftsraum: Und mit diesem Zentrum fand die wachsende Studentenschaft Einheit und Zusammenhalt und kam in den Genuß mancher jener Vorteile (oder deren entfernter Abbilder), die wir mit einer Universität im Vergleich zu einer städtischen Bildungsanstalt verbinden. Es wäre nicht schwer gewesen, auf dieser Grundlage aufzubauen. Aber ich glaube, daß nach seinem Weggang alles nur noch so »weiterlief« und nicht mehr von gleichwertiger Hand geleitet wurde. Jedenfalls sind seither die Zahlen gefallen, und die Finanzen haben sich geändert. Und die Vizekanzler auch. Sir Michael Sadler war, glaube ich, ein hilfsbereiter Vorgesetzter; und er ist etwa zur gleichen Zeit weggegangen.

47 An Stanley Unwin

[Unwin schrieb am 4. Dezember, um mitzuteilen, daß die Londoner Buchhandlung Foyle den *Hobbit* mit dem Signet ihres Kinderbuch-Klubs herausbringen würde; Allen & Unwin konnten deshalb eine neue Auflage drucken lassen. Dies war um so mehr erwünscht, als die bisherigen Lagerbestände bei einem Luftangriff auf London verbrannt waren.]

7. Dezember 1942   20 Northmoor Road, Oxford
Lieber Mr. Unwin,
    danke für Ihren Brief mit den zwei hoffnungsvollen Nachrichten. Ich wollte Ihnen schon seit einiger Zeit schreiben und fragen, ob es in der gegenwärtigen Situation überhaupt Sinn hat, abgesehen davon, daß es mich selbst und die Familie amüsiert, die Fortsetzung zum *Hobbit* fertigstellen zu wollen. Ich habe seit 1938 in Abständen daran gearbeitet, immer dann, wenn die verdreifachte berufliche Arbeit, die vervierfachte häusliche Arbeit und die »Zivilverteidigung«[1] noch eine Pause ließen. Sie

79

ist nun dem Abschluß nahe. Ich hoffe, ich bekomme in diesen Ferien ein bißchen Zeit frei, und könnte dann hoffentlich Anfang nächsten Jahres damit fertig werden. Trotzdem, mir ahnt nichts Gutes. Ich muß Sie darauf vorbereiten, daß die Sache sehr lang ist, stellenweise beängstigender als der *Hobbit* und im Grunde überhaupt kein »Jugendbuch«. Ich bin bei Kapitel XXXI[2] angelangt und brauche mindestens noch sechs bis zum Schluß (diese sind schon skizziert); und die Kapitel sind in der Regel länger als die im *Hobbit*. Ist ein solches »Epos« unter den heutigen Umständen überhaupt möglich? Möchten Sie warten, bis es ganz fertig ist, oder läge Ihnen daran, einen erheblichen Teil davon jetzt schon zu sehen? Als Typoskript (von verschiedenen Amateur-Schreibern gefertigt) habe ich es bis etwa Kap. xxiii. Ich glaube, von der Qualität der Sache werden Sie nicht enttäuscht sein. Sie hat bei dem ersten Hobbitpublikum, meinen Söhnen und Mr. C. S. Lewis, Beifall gefunden, die sie mehrmals gehört oder gelesen haben. Aber hier geht es um Papiermengen, Umfang und Marktchancen. Erforderlich wären zwei Landkarten.

Daß der *Hobbit* verbrannt ist, war ein schwerer Schlag. Ich muß mir Vorwürfe machen, weil ich nicht (wie beabsichtigt) geschrieben habe, um Ihnen mein Mitgefühl wegen des schweren Schadens auszusprechen, den Sie erlitten haben müssen und von dem ich nur zu einem sehr kleinen Teil mitbetroffen bin. Ist auf eine spätere »Entschädigung« zu hoffen? . . . .

Möchten Sie nicht auch einen Band mit zwei oder drei kürzeren »Märchen«-Erzählungen und ein paar Gedichten in Erwägung ziehen? Der »Farmer Giles«, den ich Ihnen schon einmal vorgelegt habe, hat sehr vielen Kindern und Erwachsenen gefallen. Wenn er zu kurz ist, könnte ich noch ein oder zwei ähnliche Geschichten hinzufügen, auch ein paar Gedichte über ähnliche Themen, darunter »Tom Bombadil« . . . .

Ihr ergebener

J. R. R. Tolkien

48 An C. S. Lewis

[Lewis bewahrte sehr selten Briefe auf, und nur zwei von Tolkien tatsächlich an ihn abgeschickte sind erhalten. (Den zweiten siehe unter Nr. 113.) »U. Q.« steht als Abkürzung für »Useless Quack« – wie Tolkiens und Lewis' Arzt R. E. Havard bei seinen Freunden von den Inklings genannt wurde. »Ridley« war M. R. Ridley vom Balliol College, der mit Tolkien und Lewis bei den Kurzlehrgängen für Kadetten der Streitkräfte an der Universität mitwirkte. Lewis reiste damals auch in England umher und hielt in Luftwaffen-Stützpunkten Vorträge über die christliche Religion.]

20. April 1943   [20 Northmoor Road, Oxford]
Mein lieber Jack,
    tut mir s. leid zu hören, daß Du flachliegst – und kein U. Q. weit und breit, der Dir sagte, daß diese Krankheit vielleicht Deine letzte ist! Es muß s. trostlos für Dich sein. Ich sehe allmählich eine Pflicht darin, daß wir uns mittwochs treffen: So viele Hindernisse und Teufelslisten scheinen dagegen zu stehen.
    Ich hoffe, ich höre von Dir bald wieder etwas Gutes. Aber streng Dich nicht an! Ridley war so erstaunt über die Unwissenheit aller 22 Kadetten, die sich ihm in der ersten Stunde offenbarte, daß er sich die Gelegenheit zu einer weiteren Stunde nicht entgehen läßt, bes. weil sonst in der nächsten Woche überhaupt keine Stunde zum »englischen Sprachgebrauch« mehr stattfindet. Du kannst (wenn Du willst) den »Artur«[1] ein andermal einschieben, wenn Du wieder ganz gesund bist. Die Tutorensitzungen sind nicht so wichtig.
    Ich befürchte, Du nimmst Dir zu viel vor. Du hast zwar bloß die Grippe bekommen, aber wahrscheinl. bist Du wegen der Überanstrengung besonders anfällig. Schon als »Direktor« muß ich s. hoffen, daß Du mit Deinen Reisen ein bißchen kürzer trittst und dieser Kadettengeschichte mehr Gewicht gibst. Mir macht diese Sache ein bißchen Sorge. Mein vereinzeltes Maschinengewehr scheint, seit es anfing, am Ziel vorbeigeschossen zu haben, und jetzt brauche ich wenigstens noch eines – auf das Verlaß ist –, abgesehen von dem sehr brauchbaren Ridley.
    Heute habe ich bei der Luftwaffenstaffel gegessen & einmal kurz die Atmosphäre geschnuppert, die Dir vermutlich jetzt nur allzu vertraut ist.
                            Herzlichen Gruß
                                    T[2]

P. S.: Ridleys erste Frage in dem Prüfungsbogen bestand aus einer Gruppe Wörter, die zu definieren waren (*apposite, reverend, venal, choric, secular* und noch ein paar andere). *Nicht einer* von den Kadetten hat auch nur *ein* Wort richtig bestimmt.

49 An C. S. Lewis (Entwurf)

[Eine Stellungnahme zu Lewis' Vorschlag in *Christian Behaviour* (1943), daß es »zwei gesonderte Formen der Ehe« geben sollte: die christliche Ehe, die bindend und lebenslang sei, und den nur mit staatlicher Weihe geschlossenen Ehekontrakt, der keine solchen Ansprüche erhebe. Dieser Entwurf, offenbar 1943 geschrieben, fand sich eingelegt in Tolkiens Exemplar von Lewis' Broschüre.]

Mein lieber L.,

ich habe Deine Broschüre *Christian Behaviour* gelesen.[1] Deine Auffassung von einer christlichen »Politik« hinsichtlich der *Scheidung* war mir noch nie geheuer. Bisher konnte ich nie sagen, warum – denn oberflächlich gesehen wirkt Deine Politik vernünftig; und ohnehin ist sie das System, nach dem die Katholiken heute schon leben. Ich will im Augenblick nicht darauf eingehen, ob Deine Politik tatsächlich (heutzutage) richtig oder gar unvermeidlich ist. Aber ich möchte gern zeigen, daß Deine Meinung in dieser Broschüre auf einem Argument beruht, das eine in der Broschüre selbst aufweisbare gedankliche Verwechslung erkennen läßt.

S. 34: »Ich wäre sehr wütend, wenn die Mohammedaner versuchen würden, die ganze übrige Menschheit am Genuß des Weines zu hindern.« Und mit Recht! Betrachten wir zunächst einmal dies Argument für sich allein. Warum? Nun, wenn wir geradewegs zu einer rationalen Ebene aufsteigen und den bloßen Ärger über jeden, der sich in unsere (guten oder schlechten) Gewohnheiten einmischt, beiseite lassen, so lautet die Antwort: weil die Mohammedaner sich einer Ungerechtigkeit schuldig machen würden. Sie bestünde darin, daß man uns gegen unseren Willen unseres Anteils an einem allgemeinen Menschenrecht beraubte, des Rechts zum mäßigen Genuß des Weines. Das hast Du in Deinen Bemerkungen über *Mäßigkeit* auf S. 13 ganz klar gesagt.

Aber siehe nun S. 26, 30, 31: Dort wirst Du feststellen, daß Du eigentlich (mit der christlichen Kirche insgesamt) auf die Ansicht festgelegt bist, daß die *christliche Ehe* – monogam, permanent[2] und im strengen Sinne »treu« – tatsächlich die Wahrheit über das sexuelle Verhalten für *die ganze Menschheit* ist: Dies ist der einzige Weg zur vollkommenen Gesundheit[3] (einschließlich[4] der Sexualität an ihrem gebührenden Ort) für *alle*[5] Männer und Frauen. Daß sie mit der Sexualpsychologie der Menschen von heute nicht zusammenstimmt, widerlegt das nicht, wie Du auch sagst: »Ich glaube, es ist der Instinkt, der sich verirrt hat.« Wäre dem nicht so, wäre es ja selbst gegen Christen eine unerträgliche

Ungerechtigkeit, ihnen die permanente[6] Monogamie aufzuzwingen. Wenn die christliche Ehe letztlich »unnatürlich« wäre (im gleichen Sinne wie zum Beispiel das Verbot, Fleisch zu essen, in manchen Mönchsregeln), so könnte sie nur einem bestimmten »Keuschheitsorden« der Kirche und nicht der Kirche allgemein auferlegt werden. Kein Gebot der christlichen Moral gilt nur für Christen. (Siehe II, Sozialmoral, zu Anfang.)[7] Darf ich da nicht mit Recht sagen, daß Dein Beispiel mit den Mohammedanern auf S. 34 eine höchst faule Ausflucht ist? Ich glaube, Du kannst unmöglich Deine »Politik« mit diesem Argument vertreten, denn damit gibst Du schon die Grundlage der christlichen Ehe preis. Diese Grundlage ist, daß dies die richtige Art ist, »die menschliche Maschine zu steuern«. In Deiner Argumentation bleibt davon bloß eine Art übrig, wie man (vielleicht?) aus ein paar ausgewählten Maschinen ein paar Meilen mehr herausholen kann.*

Das Grauen der Christen, mit denen Du Dich nicht einig weißt (der großen Mehrheit aller praktizierenden Christen), vor der legalen Scheidung ist letztlich ebendies: das Grauen, mit ansehen zu müssen, wie gute Maschinen durch Mißbrauch zuschanden gemacht werden. Ich könnte hoffen, daß Du, solltest Du einmal zu Änderungen Gelegenheit haben, diesen Punkt klarstellen würdest. Toleranz für die Scheidung – wo es ein Christ ist, der sie toleriert – ist Toleranz für einen Menschenmißbrauch, der nur unter besonderen örtlichen und zeitlichen Umständen gerechtfertigt werden kann (wie die Duldung des Wuchers) – wenn schon Scheidung oder echter Wucher überhaupt geduldet werden sollten –, nur aus Rücksichten politischer Zweckmäßigkeit.

Bei Deinem beschränkten Raum hast Du natürlich keine Möglichkeit gehabt, Deine »Politik« – die Duldung des Mißbrauchs – zu begründen[8]. Ich muß aber annehmen, Du hast darin eine in der heutigen Welt praktische Politik gesehen. Du sprichst nun von Deinem Zwei-Ehen-System nicht als von einer bloß zweckmäßigen Politik, sondern so, als ob es irgendwie mit der christlichen Tugend der Nächstenliebe zusammenhinge. Dennoch meine ich, daß Du es nur als praktischen Behelf verteidigen kannst; wie etwa bei einem Chirurgen, der eine Operation, von der er weiß, daß sie für die Gesundheit des Patienten notwendig ist, nicht ausführt, weil er nicht darf (der Patient und dessen törichte Ratgeber erlauben's nicht), oder der die Operation nicht einmal emp-

---

* Die christliche Ehe ist nicht ein Verbot des Geschlechtsverkehrs, sondern die richtige Form sexueller Mäßigung – im Grunde vermutlich die beste Form, die *sexuelle Lust* zu genießen, so wie auch beim Wein- oder Biertrinken Mäßigung die beste Form des Genusses ist.

fiehlt, weil die Liga gegen Chirurgie so lautstark und mächtig ist, daß er befürchten muß, verprügelt zu werden. Ein Christ in Deinem Sinne ist, wie wir gesehen haben, dem Glauben verpflichtet, daß alle Menschen, die eine »Scheidung« vornehmen – jedenfalls eine Scheidung, wie sie heute legalisiert ist –, die menschliche Maschine mißbrauchen (gleichgültig, wie sie dies philosophisch verteidigen mögen), ebenso jemand, der sich betrinkt (wofür er zweifellos auch eine philosophische Verteidigung bereithält). Sie schaden durch ihr Verhalten sich selbst, anderen Menschen und der Gesellschaft. Und ein falsches Verhalten (wenn es wirklich nach universalen Prinzipien falsch ist) ist immer progressiv: Es bleibt niemals dabei stehen, daß es »nicht sehr gut« ist oder das »zweitbeste«, sondern entweder bessert es sich, oder es schreitet fort zum drittbesten, schlechten und abscheulichen. Nirgendwo ist dies richtiger als im Geschlechtlichen – wie Du selbst so kräftig verdeutlicht hast, in dem Vergleich zwischen dem Teller Schinken und dem Striptease.[9] Du läßt auch erkennen, daß Du selbst den Verdacht hegst, daß der Niedergang der sexuellen Enthaltsamkeit in unserer Zeit die Dinge nicht besser, sondern schlimmer gemacht hat. Jeder kann jedenfalls sehen, daß die enorme Zunahme und Erleichterung der »Scheidungen« heutzutage, zum Beispiel im Vergleich zur Gesellschaft Trollopes, großen gesellschaftlichen Schaden gestiftet hat. Es ist ein schlüpfriger Hang, auf dem man schnell bis nach Reno[10] und noch weiter abgleitet – tatsächlich heute schon bis in eine von den Gesetzen kaum mehr gezügelte Promiskuität: Denn ein Paar kann sich nun scheiden lassen, ein Zwischenspiel mit neuen Partnern veranstalten und sich alsdann »wiederverheiraten«. Eine Situation wird, wurde geschaffen, in der gewöhnliche, unphilosophische und irreligiöse Menschen nicht nur durch die Gesetze von der Unbeständigkeit *nicht* abgehalten, sondern geradezu durch Recht und soziale Bräuche zu ihr ermutigt werden. Ich muß wohl kaum noch hinzufügen, daß damit eine Situation geschaffen wird, in der es unerträglich schwer ist, christliche Jugendliche in einer christlichen Sexualmoral aufzuziehen (die ex hypothesi die richtige Moral für alle ist und die zwar verlorengehen wird, zu ihrer Erhaltung aber auf die christliche Jugend angewiesen wäre).

Aus welchen Gründen also willst Du Dich von denjenigen Christen absetzen, die sich den Bestrebungen, die Scheidung auszuweiten und sie zu erleichtern, Schritt für Schritt widersetzen? (In einem Punkt nur würde ich Dir zustimmen. Ich sehe in der Ausweitung der rechtlichen Bestimmungen auf alle Klassen (ohne Rücksicht auf Rang oder Geld) *keine* Ausweitung der Scheidung – dies ist vielmehr gerecht, sofern es im

Bösen eine wahre Gerechtigkeit geben kann. Ich denke, daß in einem so verzweifelten Ringen (um eine so fundamentale und vitale Angelegenheit) sogar der Widerstand gegen die »Verbilligung« der Scheidung sich verteidigen ließe – warum nicht die Armen mit Hilfe ihrer Armut retten?; aber ich gebe zu, daß es als politischer Behelf vom Feinde bös ausgelegt werden könnte.)

Ich wüßte gern, auf welche Gründe Du Dein »Zwei-Ehen«-System stützen willst. Aus biologisch-soziologischer Sicht ist, soweit ich verstanden habe (nach Huxley und anderen), die Monogamie wahrscheinlich für ein Gemeinwesen überaus vorteilhaft. Auf dieser Ebene würden Dauerhaftigkeit und strenge Gattentreue auf den ersten Blick als nicht wesentlich erscheinen. Ein »Sozialdirigent« müßte offenbar ein hohes Maß an sexueller Beständigkeit fordern. Aber ist eine solche je erreicht worden, und kann sie überhaupt ohne »Sanktionen« erreicht werden, ohne einen religiös-juristischen Ritus, der dem Ehekontrakt etwas »Ehrfurchtgebietendes« verleiht? Es sieht nicht so aus. Der Kampf mag aussichtslos sein, aber ich kann nicht umhin zu vermuten, daß diejenigen, die in diesem Streit von Recht und Religion gegen die *Scheidung* kämpfen, im Recht sind. *Sentire cum ecclesia.*[11] Wie oft erweist sich dies doch als gute Richtlinie! Ich sage dies alles um so lieber, als ich in diesem Punkte selbst einmal im Gefühl *abgewichen* bin (nicht erklärtermaßen, denn ich stand unter einer schützenden Gehorsamspflicht). Aber ich lebte damals noch in dem Trug, die christliche Ehe wäre bloß eine kleine Verhaltenseigentümlichkeit meiner besonderen Sekte.

Die letzte christliche Hochzeit, bei der ich gewesen bin, wurde nach Deinem System geregelt: Das Brautpaar »heiratete« zweimal. Sie heirateten einmal vor dem kirchlichen Beauftragten (einem Pfarrer), unter Verwendung eines bestimmten Formelkanons und mit einem Gelöbnis lebenslanger Treue (und für die Frau auch des Gehorsams); dann heirateten sie ein zweites Mal vor dem Staatsbeauftragten (einer Standesbeamtin – daß es in diesem Fall eine Frau war, steigerte in meinen Augen noch die Ungehörigkeit), unter Verwendung eines anderen Formelkanons und ohne Treue- oder Gehorsamsgelöbnis. Ich empfand das Verfahren als abscheulich – und lächerlich war es auch, denn die Formeln und Eide beim ersten Male schlossen die beim zweiten Male als die geringeren mit ein. Im Grunde war es nur dann nicht lächerlich, wenn man annahm, daß der Staat damit im Grunde stillschweigend erklärte: Ich erkenne die Existenz eurer Kirche nicht an; mag sein, daß ihr an eurem Versammlungsort gewisse Gelöbnisse ausgesprochen habt, aber das sind Torheiten, private Tabus, eine Last, die ihr euch selbst aufbürdet: Ein begrenzter und widerruflicher Kontrakt ist in Wahrheit alles, was für Staatsbürger nötig ist. Mit anderen Worten, diese »scharfe Trennung« ist eine propagandistische Maßnahme, eine Wider-Predigt vor jungen Christen, die eben von der feierlichen Predigt des christlichen Geistlichen kommen.

[Ende des Entwurfs.]

50 Aus einem Brief an Christopher Tolkien   25. Oktober 1943

Die Pappeln sind nun entlaubt bis auf einen der obersten Zweige; trotzdem ist es hier für Ende Oktober noch grün und blättrig. Zu keiner Zeit im Jahr sind die Birken so schön: die Rinde schneeweiß in der blaßgelben Sonne und die letzten Blätter falbgolden leuchtend. Am Freitag muß ich im Bezirkshauptquartier[1] schlafen. Morgen abend geh ich zum Schwätzchen bei Lewis – mit Joad of Joad Hall!

51 Aus einem Brief an Christopher Tolkien   27. Oktober 1943

[C. E. M. Joad, der durch seine Rundfunksendungen im *BBC Brains Trust* bekanntgeworden war, hatte soeben ein Buch *The Recovery of Belief* veröffentlicht, wie der Titel andeutete ein Ausdruck seiner Umkehr vom Agnostizismus zum Christentum. Er war zu einem Essen mit C. S. Lewis im Magdalen College eingeladen.]

Um 9 bin ich ins Magdalen gegangen und habe den Joad gesehn. Er ist (außer im Gesicht) nicht nur einem Frosch sehr ähnlich, sondern auch im Charakter ganz wie Mr. Toad of Toad Hall [aus *Der Wind in den Weiden* von Kenneth Grahame], & ich sehe nun, daß der Verfasser dieses Späßchens sich mehr dabei gedacht hat, als ich ahnte. Trotzdem ist er gescheit und freundlich, und wir waren uns grundsätzlich in vielem einig. Er hat den Vorteil, Rußland zu kennen – und es zu hassen. Er sagt, die »neuen Städte« dort wachsen nie über die Größe von Willesden hinaus, und im Lande regt sich überhaupt nichts. Er hat gesagt, wenn man in einen Zug steigt und aus dem Fenster blickt, dann ein paar Stunden in einem Buch liest und wieder hinausblickt – gibt es draußen überhaupt nichts zu sehen, woran man erkennen könnte, ob der Zug inzwischen vom Fleck gekommen ist.

52 Aus einem Brief an Christopher Tolkien   29. November 1943

[Im Sommer 1943 wurde der damals achtzehnjährige Christopher zur Luftwaffe einberufen. Als dieser Brief geschrieben wurde, befand er sich in einem Ausbildungslager in Manchester.]

Meine politischen Meinungen neigen mehr und mehr zur Anarchie hin (philosophisch verstanden, als Abschaffung von Herrschaft – nicht Männer mit Bomben und Vollbärten) – oder aber zur »nichtkonstitutionellen« Monarchie. Ich würde jeden festnehmen, der das Wort »Staat« gebraucht (es sei denn für den unbelebten Bereich Englands und seiner Bewohner, eine Sache, die weder Macht noch Rechte oder Geist besitzt), und ihn hinrichten, wenn er sich hartnäckig weigert, zu widerrufen. Wenn wir nur wieder zum Gebrauch der Personennamen zurückfänden, wäre schon viel gewonnen. Regierung ist ein abstraktes Substantiv, das die Kunst und Tätigkeit, zu regieren, bezeichnet; es dürfte nur noch als Verb gebraucht werden, und jede Großschreibung oder jede Verwendung, bei der Personen gemeint sind, wären unter Strafe zu stellen. Wenn die Leute erst einmal gewöhnt wären, von »König Georgs Räten« oder »Winston und seiner Bande« zu sprechen, wären wir einer Klärung des Denkens ein gutes Stück näher gekommen, und der furchtbare Erdrutsch in eine anonyme *They-ocracy* wäre etwas aufgehalten. Jedenfalls ist der dem Menschen gemäße Gegenstand seines Forschens alles andere als der Mensch; und die am wenigsten gemäße Aufgabe für alle Menschen, sogar für die Heiligen (die ohnehin am wenigsten bereit waren, sie zu übernehmen), ist es, andere Menschen herumzukommandieren. Nicht einer von einer Million taugt dazu, am wenigsten aber all jene, welche die Gelegenheit beim Schopf packen. Und zumindest wird es nur einer kleinen Gruppe von Menschen angetan, die wissen, *wer* ihr Herr ist. Im Mittelalter hatte man nur allzu sehr recht, wenn man das *nolo episcopari*[1] eines Mannes für den besten Grund ansah, warum andere ihn zum Bischof machen sollten. Gib mir einen König, dessen größtes Interesse im Leben den Briefmarken, Eisenbahnen oder Pferderennen gilt, und der die Macht hat, seinen Wesir (oder wie immer Du den nennen willst) zu feuern, wenn ihm der Schnitt seiner Hosen mißfällt! Und so weiter im ganzen Volk! Aber die fatale Schwäche von all dem – letztlich nur die fatale Schwäche aller guten, natürlichen Dinge in einer schlechten, verderbten, unnatürlichen Welt – liegt darin, daß es so nur geht und gegangen ist, wenn die ganze Welt auf dieselbe gute alte schlampig-menschliche Weise dahinwurstelt. Die zänkischen, eingebildeten Griechen sind mit Xerxes fertiggeworden; aber nun haben diese widerlichen Chemiker und Ingenieure dem Xerxes und allen anderen Ameisenstaaten eine solche Macht in die Hand gegeben, daß anständige Leute wohl keine Chance mehr haben. Alle versuchen wir, wie Alexander den gordischen Knoten zu lösen – und die Geschichte lehrt, daß Alexander mitsamt seinen Generälen dabei orientalisiert wurde. Der arme Trottel bildete sich ein (oder wollte es anderen einreden), er wäre der Sohn des Dionysos, und starb im Suff. Das Griechenland, das verdient hatte, vor den Persern gerettet zu werden, verkam ohnehin zu einer Art Vichy-Hellas oder einem *Résistance*-Hellas (ohne zu kämpfen), redete viel von hellenischer Ehre und Kultur und lebte nicht schlecht vom Verkauf früher Vorläufer der pornographischen Postkarten. Aber das besonders Grauenhafte an unserer heutigen Welt ist, daß die ganze verdammte Geschichte in einem Sack steckt. Nirgendwohin kann man flüchten. Sogar die armen kleinen Samojeden haben vermutlich Konservennahrung und einen Dorflautsprecher, der ihnen Stalins Gutenachtgeschichten von der Demokratie erzählt und von den bösen Faschisten, die Babies fressen und Schlittenhunde stehlen. Der einzige Lichtblick ist, daß unter den verdrossenen Leuten die Gewohnheit wächst, Fabriken und Kraftwerke in die Luft zu sprengen; hoffentlich kann diese heute als »patriotisch« geförderte Gewohnheit sich halten. Aber sie wird nichts nützen, wenn sie nicht universal ist.

Nun ja, hoch sollst Du leben und so weiter, mein lieber Sohn! Wir sind zur falschen Zeit (falsch für uns) in einer finsteren Epoche geboren. Aber ein Trost ist dies: Andernfalls *wüßten* wir nicht, was wir lieben, oder würden es weniger lieben. Ich stelle mir vor, nur der Fisch auf dem Trockenen hat eine Ahnung davon, was Wasser ist. Auch haben wir noch unsre kleinen Schwerter, um uns zu wehren. »I will not bow before the Iron Crown, nor cast my own small golden sceptre down.«[2] Drauf auf die Orks mit geflügelten Worten, hildenæddran (Kriegszugaben), Pfeilen und Bolzen – aber vergiß nicht zu zielen!

53 An Christopher Tolkien

9. Dezember 1943   20 Northmoor Road, Oxford
Mein Bester,

ich glaube, eine Woche ist es her oder schon länger, seit ich Dir geschrieben habe? Ich weiß es wirklich nicht mehr; alles war so eine Hetze . . . . . C. S. L. und Williams[1] hab ich schon wochenlang nicht mehr gesehn . . . . . Die tägliche(n) Runde(n) und die gemeinsame Aufgabe, die so viel mehr bieten, als man eigentlich wollte. Nicht viel Spaß, keine Unterhaltung, keine glänzende neue Idee und nicht mal ein dünnes Witzchen! Nichts zu lesen – sogar in den Zeitungen nichts als der Schmus aus Teheran![2] Aber ich muß doch zugeben, ich habe schon so ein wenig säuerlich gegrinst und »mich fast auf dem Boden zusammenge-rollt, und alles weitere interessierte mich nicht mehr«, als ich hörte, wie dieser blutdurstige alte Mordbube Josef Stalin alle Nationen aufgefordert hat, sich zu einer glücklichen Völkerfamilie zusammenzuschließen, wel-che die Abschaffung von Tyrannei und Intoleranz zu ihrer Sache macht. Aber ich muß zugeben, auf dem Foto war unser kleiner Cherub W. S. C.[3] *dem Aussehen nach* von allen dort versammelten Halunken der größte. Hm, na ja! Ich frage mich, ob es (wenn wir diesen Krieg überleben) nachher für reaktionäre Fossilien wie mich (und Dich) noch irgendeine Nische geben wird, wenn auch nur ein Plätzchen zum Leiden. Je mehr sich die Dinge ins Große auswachsen, desto kleiner, öder und platter wird der Erdball. Alles wird so wie ein einziger verdammter kleiner Provinzvorort. Wenn einmal die amerikanische Hygiene, Moral-reklame, Frauenrechte und Massenproduktion in ganz Nah-, Fern- und Mittelost eingeführt sind, in der UdSSR, den Pampas, im Gran Chaco, im Donaubecken, Äquatorialafrika, in Obernichtswieweghier und der Inneren Tandaradei, Gondhwanaland, Lhasa und den Dörfern im finster-sten Berkshire, was werden wir dann erst froh sein! Immerhin wird es den Reiseverkehr vermindern, denn man wird nirgends mehr hin wollen. Daher werden die Leute (so deucht mich) nur um so schneller fahren. C. Knox[4] sagt, 1/8 der Weltbevölkerung spricht »Englisch«, und das sei die größte Sprachgruppe. Verfluchter Mist, wenn das stimmt, sage ich! Babels Fluch soll ihre Zungen treffen, bis sie nur noch »baa baa« sagen können. Bedeuten würd es eh alles eins. Ich denke, ich werde es noch ablehnen müssen, irgend etwas außer Altmercianisch zu sprechen.

Aber im Ernst: Ich finde diesen amerikanischen Kosmopolitismus sehr beängstigend. Was Geist und Seele angeht, einmal abgesehen von der lumpigen körperlichen Angst, erschossen oder von der brutalen, zügello-sen Soldateska zerhackt zu werden (ob von den Deutschen oder von anderen), bin ich gar nicht sicher, daß sein Sieg für die Welt insgesamt und auf lange Sicht viel besser sein wird als ein Sieg des ———.[5] Ich vermute, *ein*gehende Briefe werden bei Euch nicht zensiert. Aber wie dem auch sei, für Dich muß ich wohl kaum noch dazusagen, das sind so die Gefühle einer ganzen Menge Leute – und keine Spur von Mangel an Patriotismus. Denn ich liebe England (aber nicht Großbritannien, geschweige denn das britische Commonwealth (grr!)), und wenn ich jetzt im wehrpflichtigen Alter wäre, so würde ich jetzt bei irgendeiner Waffengattung vor mich hin fluchen, mit der Bereitschaft, durchzuhalten bis zum bittern Ende, und immer in der Hoffnung, daß alles für England noch besser ausgeht, als es jetzt den Anschein hat. Irgendwie kann ich mir nicht recht vorstellen, daß es mit dem phantastischen Glück (oder Segen, sollte man vielleicht sagen, wenn man nur im entferntesten begreifen könnte, warum wir gesegnet sein sollten, was ja etwas mit Gott zu tun hätte), von dem England bisher begleitet war, schon vorbei sein sollte. Chi vincerà? fragten sich die Italiener (bevor sie sich hineinziehen ließen, die armen Teufel) und gaben sich die Antwort: Stalin. Gar nicht gesagt, daß sie recht haben werden. Unserem oben genannten Cherub sind auch noch gerissene Züge zuzutrauen: Man vermutet, hofft, weiß nicht . . . . .

Dein Vater

54 Aus einem Brief an Christopher Tolkien   8. Januar 1944

Erinnere Dich an Deinen Schutzengel! Er ist keine rundliche Dame mit Schwanenfittichen. Aber – dies ist zumindest meine Vorstellung und mein Empfinden –: als Seelen mit freiem Willen sind wir gewissermaßen so gestellt, daß wir Gott ins Angesicht schauen (oder doch fähig sind, es zu tun). Aber Gott steht (sozusagen) auch hinter uns, gibt uns Rückhalt und Nahrung (als Kreaturen). Im Brennpunkt unserer Kraft, wo uns jene Lebenslinie, jene spirituelle Nabelschnur berührt: dort ist unser Schutzengel, der hin und her blickt, zu Gott hin, in die Richtung, in die wir nicht sehen können, und zu uns her. Aber natürlich darfst Du nicht müde werden, Gott aus freien Stücken und eigener Kraft ins Antlitz zu schauen (doch beides kommt, wie gesagt, von »hinter Dir«). Wenn Du keinen inneren Frieden finden kannst, und im Kummer vermögen dies nur wenige (am allerwenigsten ich), dann vergiß doch nicht, daß das Bemühen um ihn nichts Müßiges ist, sondern eine konkrete Handlung. Es tut mir leid, daß ich so rede, und so stotternd. Aber mehr kann ich für Dich, mein Bester, nicht tun . . . . .

Wenn Du es nicht schon tust, dann mach Dir die »Lobpreisungen« zur Gewohnheit. Ich gebrauche sie oft (auf Lateinisch): das Gloria Patri, das Gloria in Excelsis, das Laudate Dominum; das Laudate Pueri Dominum (das ich besonders liebe), einer der Sonntagspsalmen; das Magnificat; auch die Litanei von Loretto (mit dem Gebet Sub tuum praesidium). Wenn Du diese auswendig kannst, wird es Dir an Worten der Freude nie

90

fehlen. Gut und bewundernswert ist es auch, den Kanon der Messe auswendig zu können, denn Du kannst ihn Dir still vorsagen, wenn widrige Umstände Dich einmal hindern, die Messe zu hören. So endeth Fæder lár his suna.[1] Viele Grüße.

> Longað þonne þy læs þe him con léoþa worn,
> oþþe mid hondum con hearpan grétan;
> hafaþ him his glíwes giefe, þe him God sealde.

Aus dem Buch von Exeter. Weniger quält das Verlangen den, der viele Lieder kennt oder mit den Händen die Harfe zu rühren weiß: Sein Besitz ist die »Heiterkeit« (= Musik und/oder Verse), die Gott ihm gegeben.

Wie einen diese Worte aus dem dunklen Altertum treffen! »Longað«! Seit frühesten Zeiten haben Menschen es empfunden (am klarsten die von unserer Art): nicht notwendig hervorgerufen vom Leid oder der bitteren Welt, doch davon zugespitzt.

55 An Christopher Tolkien

[Christopher wurde nun zur Pilotenausbildung nach Südafrika geschickt. Dies ist der erste einer langen Reihe von Briefen an ihn, die aus Gründen, die Tolkien hier nennt, numeriert wurden.]

18. Januar 1944   20 Northmoor Road, Oxford
Fæder his þriddan suna(1)[1]
Mein Bester,

ich fürchte, es ist schon sehr lange her (oder kommt mir so vor: tatsächlich sind es 8 Tage), seit ich Dir geschrieben habe; aber ich wußte nicht recht, was ich machen sollte, bis wir gestern Deinen Brief bekamen ..... Ich bin froh, daß mein letzter langer Brief Dich noch vor der Abfahrt erreicht hat. Wir wissen natürlich noch nicht, wann das war oder wohin .....

Gestern habe ich 2 Vorlesungen gehalten und dann mit Gabriel Turville-Petre[2] über Cardiff beratschlagt ..... Mit meinem Cardiff-Papier habe ich gerade noch die letzte Post erwischt, dann mußte ich fort, zum Schlafen (???) ins G.-HauptQ.[3] Es wurde nichts – nicht viel. Ich war in dem kleinen C33-Zimmer: sehr kalt und feucht. Aber etwas ist passiert, das mich bewegt und den Tag denkwürdig gemacht hat. Mein Gefährte im Unglück war Cecil Roth (der gelehrte jüdische Historiker).[4] Ich fand ihn reizend, voller Freundlichkeit (in jedem Sinne); und wir sind bis nach 12 aufgeblieben und haben geredet. Er hat mir seine Uhr geliehen, weil es dort keine andere gab, die ging – und trotzdem ist er 10 vor 7 gekommen, um mich zu wecken: damit ich zur Kommunion gehen konnte! Es war wie ein kurzer Ausblick in eine Welt vor dem Sündenfall. Tatsächlich war ich schon wach und eben dabei (wie das so ist), eine Anzahl Gründe zu finden (abgesehen von der Müdigkeit und der fehlenden Gelegenheit zum Rasieren oder auch nur Waschen), z. B. wie gut es wäre, zeitig heimzukommen, aufzumachen, die Verdunkelung hochzuziehen und dergleichen, warum ich nicht hingehen sollte. Aber das Eingreifen dieses freundlichen Juden und sein trauriger Blick zu dem Rosenkranz an meinem Bett gaben den Ausschlag. Um 7 Uhr 15 war ich in St. Aloysius, gerade rechtzeitig, um zur Beichte vor der Messe zu gehn, und kurz vor Ende der Messe war ich zuhause . . . . . Um 11 hielt ich eine Vorlesung (nach dem Fischholen),[5] und irgendwie fand ich noch Zeit für ein Kolloquium mit den Brüdern Lewis und C. Williams (im White Horse[6]). Und das wären schon die wichtigsten Meldungen vom Tage, soweit es mich angeht. Abgesehen davon, daß die Hennen nicht legen wollen, aber trotzdem muß ich ihren Stall ausmisten . . . . .

Ich werde von heute an jeden Brief und *jede Seite* numerieren, damit Du es weißt, wenn etwas nicht ankommt – und die harten Tatsachen, auf die es ankam, kann man sich dann wohl zusammenreimen. Dies also ist (No. 1) Pater ad Filium Natu (sed haud alioquin) minimum:[7] Fæder suna his ágnum, þám gingstan nalles unléofestan.[8] (Ich hoffe, ein Professor für Altenglisch wird doch gegen einen früheren Schüler diese Sprache gebrauchen dürfen?: Anfrage an den Herrn Zensor, sofern vorhanden.) Russisch kann ich nicht schreiben, und Polnisch finde ich noch ein bißchen unhandlich. Ich glaube, der arme alte Poptawski[9] wird sich bald fragen, ob ich vorankomme. Es wird noch lange dauern, bis ich ihm bei der Aufstellung seines neuen Fachwörterbuchs irgendwie behilflich sein kann!!! Das Wörterb. wird sich schon irgendwie ergeben (wenn von den Polen und ihrem Land noch etwas übrig bleibt) . . . .

56 Aus einem Brief an Christopher Tolkien   1. März 1944 (FS 6)

[Zum »Unnützen Quacksalber« siehe die Vorbemerkung zu Nr. 48.]

Da ich in den letzten Wochen kaum jemanden gesehen habe, gibt es keinen Ulk, Witz oder sonst etwas Erheiterndes zu berichten. Der Unnütze Quacksalber ist wieder zurück in Oxford! Fast das einzige Mal, daß ich einen Faden gezogen und auch tatsächlich etwas bewegt habe. Aber da ist er leibhaftig, in Uniform, mit dem roten Bart, dem langsamen Lächeln und allem Drum und Dran, immer noch bei der Marine, aber jetzt wohnt er zuhause und arbeitet für sein Forschungsgremium (Malaria). Er scheint es zufrieden zu sein und das Gremium auch. Alles im Mitra passiert, wo ich eine dringende Anfrage nach seinem Aufenthalt bekam, weil er der Mann wäre, den man brauchte. Zu der Zeit war er auf der andern Seite des Globus. Lewis ist energisch und aufgeräumt wie immer, aber hat zu viel Publizität für seinen Geschmack und für unsern. »Peterborough«, der gewöhnlich ganz vernünftig ist, hat ihm die zweifelhafte Ehre erwiesen, ihm im *Daily Telegraph* vom letzten Dienstag einen besonders entstellenden und strohdummen Absatz zu widmen. Er fing an: »Der asketische Herr Lewis ──«!!! Ich kann Dir sagen! Heute vormittag, während unserer sehr kurzen Sitzung, hat er sich gleich drei Pinten Bier hineingegossen und gesagt, er müßte kurztreten wegen Fasten. Ich vermute, genauso akkurat wird auch alles andre sein, was man in der Zeitung liest. Es ist schade, daß die Zeitungen *die Leute* nicht in Ruhe lassen können und nicht einmal den Versuch machen, zu verstehen, was einer *sagt* (wenn sie schon davon reden müssen). Jedenfalls sollten sie ein paar Normen haben, die sie hindern könnten, über jemanden etwas zu sagen, das schlicht unwahr ist, auch wenn es nicht geradezu (wie so oft) peinlich, ärgerlich oder sogar beleidigend ist.....

Immer noch sehr kalt. Letzte Nacht Schnee. Aber die zunehmende Kraft der Märzsonne ist unverkennbar. Gruppen von gelben Krokussen sind schon da, und die malvenweißen kommen auch schon; grüne Knospen zeigen sich. Was Du wohl von der Jahreszeitverkehrung auf der Südhalbkugel hältst? So etwa wie Anfang September bei Euch, nehme ich an. In meiner frühesten Erinnerung ist Weihnachten ein strahlend heißer Tag.[1]

57 Aus einem Mikroluftpostbrief an Christopher Tolkien
30. März 1944 (FS 12)

Gestern habe ich die Br. Lewis gesehen & mit C. S. L. zu Mittag gegessen: ganz schöner Ausflug für meine Verhältnisse! Der unermüdliche Mann las mir einen Teil einer neuen Geschichte vor! Aber er nimmt mich in die Zange, daß ich mit meiner fertigwerde. Ich brauchte ein bißchen Druck & werde vermutlich drauf ansprechen; aber die »Fer.« sind schon halb vorbei & das Exam.-Gestrüpp grad erst gelichtet.

58 An Christopher Tolkien

[Beschreibung eines Besuchs in Birmingham (»Brum«), wo Tolkien an einem Essen teilnahm, das der neue Leiter seiner Schule, des König-Edwards-Gymnasiums, gab. Seit Tolkiens Schulzeit war die Schule in neue Gebäude in einem anderen Stadtteil umgezogen.]

3. April 1944 (FS 13)   20 Northmoor Road, Oxford

Mein Bester,

letzten Donnerstagabend habe ich Dir einen Mikroluftbrief[1] geschrieben, aber leider ging er am Freitag nicht ab, und am Sonnabend bin ich früh und in aller Eile nach Brum gefahren. Also ist er heute erst abgegangen. Von Dir ist nichts mehr gekommen, seit dem Brief vom 13. März (kam am 28.). Vom Freitag weiß ich nicht mehr viel, nur daß der Vormittag durch Einkaufen und Schlangestehen verdorben wurde – Ergebnis: eine Scheibe Schweinspastete; dann gab es ein entsetzliches Abendessen mit trübsinniger Gesellschaft im College, und ich war froh, vor 9 wieder zuhause zu sein. Aber ich habe angefangen, wieder am Hobbit zu knabbern. Ich habe mich an die (mühsame) Arbeit an dem Kapitel gemacht, in dem Frodos und Sams Abenteuer wieder aufgenommen werden; und um mich einzustimmen, habe ich das zuletzt geschriebene Kapitel (Orthanc-Stein) abgeschrieben und dran gefeilt. Sonnabend war ein denkwürdiger Tag. Trüb, feucht und unangenehm. Aber um 9 Uhr morgens bin ich losgefahren. Mit dem Rad nach Pembroke, und da habe ich das Rad und die Lampen gelassen. Bekam den Zug um 9 Uhr 30, der (vermutlich bloß, weil ich diesmal Zeit hatte) zum ersten Mal seit Menschengedenken in Oxford pünktlich (!!!) abfuhr, und hatte bei der Ankunft in Brum nur ein paar Minuten Verspätung. Ich saß in einem Abteil mit einem Luftwaffen-Offizier (in diesem Krieg hat alles Flügel – er ist in Südafrika gewesen, sah aber schon ein bißchen älter aus) und einem sehr netten jungen amerikanischen Offizier, einem Neu-Engländer. Ich hörte es mir mit an, so lange ich nur konnte, wie sie Dampf abgelassen haben; aber als ich den Yank etwas vom »Feudalismus« und seinen Folgen für die Klassenunterschiede und das Sozialverhalten in England quasseln hörte, da hab ich doch eine Breitseite abgefeuert. Der arme Trottel hatte natürlich nicht die blasseste Ahnung vom »Feudalismus« oder von der Geschichte überhaupt – denn er ist Chemie-Ingenieur. Aber die Vorstellung vom »Feudalismus« kann man einem Amerikaner nicht austreiben, ebensowenig wie die vom »Oxford-Akzent«. Ich glaube, es machte ihm Eindruck, als ich sagte, das Verhältnis

eines Engländers zu Pförtnern, Butlern und Verkäufern habe mit dem
»Feudalismus« etwa so viel zu tun wie die Wolkenkratzer mit den
Wigwams der Indianer oder das Hutabnehmen vor einer Dame mit den
modernen Methoden der Steuereintreibung; aber ich habe ihn sicherlich
nicht überzeugt. Immerhin konnte ich ihm eine Ahnung davon beibringen, daß der »Oxford-Akzent« (womit er meinen gemeint hat, wie er mir
höflicherweise sagte) nicht »gezwungen« und »aufgesetzt« sei, sondern
natürlich und schon in der Kinderstube erworben – und überdies
keineswegs feudal oder aristokratisch, sondern eine ganz mittelständisch-
bürgerliche Erfindung. Nachdem ich ihm gesagt hatte, daß sein »Akzent«
für mich wie Englisch klang, über das man mit einem schmutzigen
Schwamm hingewischt hat, und daß er, zusammen mit der amerikanischen
Lässigkeit, einem englischen Beobachter den (falschen) Eindruck machen
müsse, man habe es hier mit einem schlampigen, disziplinlosen Volk zu tun
– na, da wurden wir dann doch ganz gute Freunde. Wir tranken schlechten
Kaffee im Erfrischungsraum in Snow Hill, und dann gingen wir auseinander.

Anschließend bin ich ein bißchen in meiner »Heimatstadt« herum-
spaziert. Abgesehen von einem Stück, das übel zertrümmert war (gegenüber dem Platz, wo meine alte Schule stand), sieht sie nicht sehr
beschädigt aus – nicht vom Feinde. Den größten Schaden hat die
Zunahme der großen, glatten, gesichtslosen modernen Bauten angerichtet. Am schlimmsten von allen ist das scheußliche Hochhaus an der alten
Stelle. Zu viel davon konnte ich nicht vertragen, auch nicht die Geister,
die vom Pflaster aufstiegen; darum nahm ich die Straßenbahn, an
derselben Ecke wie früher, wenn ich zum Sportplatz fuhr. Die schäbige
(stark bombennarbige) Bristol Road entlang zur Edgbaston Park Road bis
12 Uhr 15 (halbe Stunde zu früh). Ich will dir meine Eindrücke von den
scheußlichen, ganz erbärmlichen neuen Schulgebäuden ersparen. Aber
wenn Du Dir ein Gebäude vorstellst, besser als die meisten Colleges in
Oxford, das man durch eine Art Mädchenschule ersetzt hat, dann weißt
Du wie's aussieht und kennst meine Gefühle. Und die Gefühle des neuen
Schulleiters offenbar auch. In einer Ansprache nach dem Essen hat er
angedeutet (oder nicht nur angedeutet), daß sie ziemlich widerlich seien
und daß die Schule sich von dem Schlag nicht mehr erholen werde, wenn
nicht etwas geschehe. Etwa 120 Ehemalige waren da (von 220 Gela-
denen) – viele aus meinem Jahrgang. Ich habe Gesichter wiederge-
sehn, die ich nicht mehr gesehn hatte, seit ich in Deinem Alter war –
und von vielen wußte ich nur noch die *Initialen*, nicht die Namen. Alle
alten Edwardianer erinnern sich an Initialen. Zu meiner größten

Überraschung stellte ich fest, daß man sich an mich hauptsächlich als Rugbyspieler (!!) und wegen meiner Vorliebe für bunte Socken erinnerte .....

59 Aus einem Mikroluftpostbrief an Christopher Tolkien
5. April 1944 (FS 14)

Ich habe richtig Anlauf genommen, mein Buch zu Ende zu bringen & bin ziemlich lange aufgeblieben: Viel Nachlesen und Nachforschen ist nötig. Und es ist so mühsam, wieder in Fahrt zu kommen. Ich bin wieder bei Sam und Frodo und überlege mir ihre Abenteuer. Ein paar Seiten für eine Menge Schweiß; aber im Augenblick begegnen sie gerade Gollum an einer Felswand. Was Du Dir für eine Mühe gegeben hast beim Tippen, und wie schön die Kapitel abgeschrieben sind! Ich wollte, ich hätte meinen Sekretär und Kritiker in der Nähe.

60 An Christopher Tolkien (Mikroluftpost)

[Christopher war nun in Südafrika in einem Lager in Transvaal.]

13. April 1944 (FS 15)   20 Northmoor Road, Oxford
Bester: Dein Luftbrief vom 25. März (?), Postst. 28., kam heute morgen an: höchst willkommen. Inzwischen müßtest Du Post von mir bekommen; habe etwa zweimal die Woche geschrieben. Zu Deinem Brief sag ich nichts, tut mir aber s. leid. Weiß, wie Dir zumute ist! Besonders wegen des gestrichenen Urlaubs. Übrigens war Dein Brief »deur Sensor oopgemak«[1]. Du scheinst seit September nichts sehr Nützliches mehr getan zu haben. Ich denke an Dich, jede Stunde, und bin einsam ohne Dich. Natürlich, ich habe meine Freunde, kann sie aber nur selten sehen. Wird nun aber alles ein bißchen leichter für mich. Heute bei der Neuaufnahme der Kadetten geholfen (wieder so ein großer Haufe wie immer), aber soweit ich sehe, brauch ich mich dieses Semester um sie nicht mehr zu kümmern. Eine Freude! Gestern war ich doch fast 2 Stunden mit C. S. L. & Charles Williams zusammen (mußte nur abgebrochen werden, weil ich auf 12 Uhr 20 mit M. & P.[2] zum Essen verabredet war; aber weil kein Essen zu haben war, mußten wir heimgehn). Ich habe ihnen mein letztes Kapitel vorgelesen: Es fand Zustimmung. Ich habe ein neues schon angefangen. Lasse wenn möglich Durchschläge machen & schicke Dir einen. Sonst gibt

es einstweilen nichts Neues . . . . . Gehe tatsächlich aus heute abend, ins Magdalen: C. S. L., Warnie[3] (schreibt ein Buch: ist ansteckend), C. W., David Cecil[4], und vermutl. der Unnütze Quacksalber (immer noch mit Bart und in Uniform): immerhin ein Ereignis für mich! . . . . Jetzt will ich noch auf ein Weilchen zurück zu Frodo & Gollum. Morgen mehr, bevor dies abgeht . . . . . Sonnabend, den 15. Tut mir leid, aber es ging noch nicht ab. Sehr erfreulicher Abend am Do. Alle bis auf Cecil sind gekommen, und wir blieben bis nach Mitternacht. Als die beste Unterhaltung erwies sich das Kapitel aus dem geplanten Buch von Major Lewis – über ein Thema, das mich nicht interessiert: den Hof Ludwigs XIV.; aber es war sehr witzig geschrieben (und gelehrt auch). Nicht so gut gefallen hat mir das Schlußkapitel von C. S. L.'s neuer moralischer Allegorie oder »Vision«, beruhend auf der mittelalterlichen Vorstellung vom Refrigerium, durch das die verlorenen Seelen gelegentlich einmal Urlaub im Paradies machen können. Gestern vormittag bin ich für eine Stunde oder zwei zum Schreiben gekommen & habe Frodo bis fast an die Tore von Mordor gebracht. Nachmittags Rasenmähen. Mrs. C.[5] aus Carmarthen am Do. gut angekommen; brachte eßbare Geschenke mit . . . . . Ich hatte eine ziemlich anstrengende »Übung« bis 10 abends, dann zuhause gegessen & zum »Schlafen« ins Bezirks-HQ. Mit Schlafen war es nichts: kaum ein Auge zugetan. Posten direkt an der Hauptstraße: sehr laut die ganze Nacht . . . . . M. & ich gehen heute zum Tee zu den Nichol Smiths[6], & abends esse ich mit Elaine[7] und noch ein paar Leuten bei einer kleinen Professoren-Party. Aufregende Woche für mich. Aber Semester beginnt nächste Woche, & Abzüge von den Wales-Papieren[8] sind angekommen. Trotzdem mache ich in jedem freien Augenblick mit dem »Ring« weiter . . . . .

61 Aus einem Brief an Christopher Tolkien   18. April 1944 (FS 17)

Das war ein Ereignis heute, wie der ganze Haufen Briefe von Dir angekommen ist; die Einnahme des Frühstücks wurde sehr verzögert . . . . . Deine Schilderungen, die nicht zensiert waren, haben mich bekümmert, aber nicht überrascht. Wie mich das an meine eigenen Erfahrungen erinnert! Nur in einer Hinsicht war ich besser dran: das Radio war noch nicht erfunden. Ich will nicht bestreiten, daß im Radio auch manche Anlagen zum Guten steckten, aber tatsächlich ist es zu einer Waffe geworden, mit der Narren, Schurken und Rohlinge die Minderheit unterdrücken und das Denken zerstören. Das Mithören ist der Tod des Zuhörens geworden. Ich kann nur hoffen, Du wirst nicht noch öfter eine Altmark[1] erleben. Ich war immer gegen die von Dir gewählte Waffengattung (weil es ein Krieg von hinten zu sein scheint), aber wenigstens solltest Du dann später nicht oft mit dem tierischen Grauen in Berührung kommen, das der Krieg für die Bodentruppen bedeutet – wie das Leben in den Schützengräben, das ich kenne. Sogar HP[2] war ein Paradies dagegen und die Altmark (wahrsch.) nicht viel schlimmer. Jedenfalls kommst du gegenwärtig ab und zu einmal zum Lesen. Ich bin froh darüber. Gott segne Dich. Ðys dógor þu geþyld hafa wéana gehwylces, swá ic þé wéne to.[3] Wenn der Zensor (und Du) mir erlaubt, einen alt-*englischen* Dichter zu zitieren – und ich kann mir nicht helfen, aber von Vater zu Sohn paßt es besser als vom jungen Béowulf – etwa Dein Alter – zum alten Graubart Hrothgar. Úre æghwylc sceal ende gebidan worolde lífes: wyrce se þe móte dómes áer déaþe.[4] Kalte, strenge Ratschläge; und es kommt ganz auf das »der es vermag« an und darauf, wie man *dóm* versteht.

Es erstaunt mich, daß Du trotz dieser mit Abneigung aufgenommenen Kostprobe seines blanken Gegenteils auch dem »Lebensstil« der Menschen vor 150 Jahren abgeneigt bist, (ungefähr) so wie er von Jane [Austen] geschildert wird. Von all dem ist nicht mehr viel übrig, bis auf ein paar Rudimente von Tischsitten (bei einer hinschwindenden Minderheit). Tatsächlich aber machten sie das Leben viel leichter, glatter, reibungsloser und weniger zweideutig; und die ewige Raubkatze, der Wolf oder Hund, die nicht sehr tief unter unserer sozialen Haut lauern, wurden verhüllt oder immerhin (wie es Tischsitten so an sich haben) in Schach gehalten.....

Morgen vormittag hoffe ich C. S. L. und Charles W. zu treffen und ihnen mein nächstes Kapitel vorzulesen – über die Durchquerung der Totensümpfe und den Weg zu den Toren von Mordor –, das ich nun praktisch fertig habe. Sonntag habe ich etwas Zeit damit vertan, einen Brief von der Achten Armee(!) zu beantworten. Ich kriege viele von der Art, aber dieser war recht lustig geschrieben. Der »Regius-Professor für Englisch« wurde gebeten, einen Streit zu schlichten, der in der Messe eines gewissen Leichten A. A.-Regiments der R. A. einen Fraktionskrieg auslöste: wie der Name des Dichters *Cowper* auszusprechen sei. Hängt viel Geld an der Frage. Der Brief war von einem Adjutanten (der den Dichter anscheinend »in seiner störrischen Jugend« gelesen hat, sogar *The Task*). Ich kann mir nicht helfen, aber die Armee läßt doch hier und da ein Fünkchen mehr Witz und Intelligenz erkennen – vielleicht begegnet Dir bei Deiner Waffengattung eines Tages auch noch ein bißchen davon

(mais je le doute). Da ich es unter der Würde eines »Regius-Professors«
fand, bei einer Geldwette den Schiedsrichter zu machen, schickte ich
eine Antwort, die einem delphischen Orakelspruch möglichst nahe kam;
ich glaube, ich habe dem Adjt. einiges mehr an Details mitgeteilt, als er
wissen wollte. Aber natürlich ist kein Zweifel, daß der Dichter selbst sich
Cooper nannte (was nur die ältere Schreibweise seines Namens ist): *oup*
oder *owp* spricht sich englisch wie *oop; aup* (in der lateinischen Wertig-
keit) gibt es nicht – vgl. *stoup, group, soup* und früher auch *droup, stoup*
(Verb), *troup, coup(er), whouping*-cough, *loup* usw. (ganz zu schweigen von
roum, toumb). Gestern bekam ich Besuch von F. Pakenham[5], der in
unserer Stadt, wie jetzt auch in 50 anderen, einen christlichen Ausschuß
aller Konfessionen bilden möchte. Ich bin beigetreten, habe den angetra-
genen Sekretärsposten aber abgelehnt (kannst Du Dir denken!). Das
Semester hat fast schon angefangen: Ich hatte eine Tutorenstunde mit
Miss Salu[6]. Der Nachmittag wurde mit Klempnern (Abfluß freimachen)
und Ausmisten der Hühner vertan – letzteres nicht so ungern, denn sie
legen freigebig (gestern wieder 9). Ein schöner Morgen grüßt uns heute
früh. Ein Nebel wie Anfang Sept. mit Perlmuttsonne (8 Uhr früh
eigentlich erst 6), die bald in heiteren blauen Himmel überging, mit dem
silbrigen Frühjahrslicht auf Laub und Blüten. Die Blätter kommen schon
heraus: das Weißgrau der Quitten, das Graugrün der jungen Apfelbäume,
das satte Grün des Weißdorns, die Blütenquasten sogar an den trägen
Pappeln. Die Narzissen sind ein herrlicher Anblick, aber das Gras wächst
so schnell, daß ich mir wie ein Barbier angesichts einer endlosen
Kundenschlange vorkomme (& keine Chinesen, bei denen man nur
einmal drüberwischen müßte).

Ich kann Dir gar nicht sagen, mein Bester, wie Du mir fehlst! Es würde
mir nichts ausmachen, wenn Du glücklicher wärst oder etwas Sinnvol-
leres zu tun hättest. Wie stupid ist das doch alles! Und im Krieg
multipliziert sich die Stupidität mit 3 und setzt sich ins Quadrat: Also
werden die kostbarsten Tage von $(3 x)^2$ beherrscht, wenn x = normale
menschliche Dummheit (die ja auch schon schlimm genug ist). Ich hoffe
aber, daß sich diese Erfahrungen mit Menschen und Dingen in späterer
Zeit einmal als nützlich erweisen werden. Für mich waren sie's. Und was
Du über die »lokalen« Zustände sagst oder andeutest: Ich wußte davon.
Ich glaube nicht, daß sich viel daran geändert hat (nicht einmal zum
schlechtern). Ich hörte früher schon meine Mutter darüber sprechen,
und seither habe ich an diesem Teil der Welt immer ein besonderes
Interesse genommen. Über die Behandlung der Farbigen ist fast jeder
entsetzt, der aus England kommt, & nicht nur in Südafrika. Leider

können nicht viele sich dieses großmütige Gefühl lange bewahren. Über die Zustände zuhause will ich nichts sagen. Du hörst (vermutlich) im Radio so viel, wie ich sagen könnte. Wir sind einstweilen alle wohlauf. Wir warten. Ich frage mich, wie lange noch. Nicht lange, glaub ich. In der Zeitung lese ich, daß die Ausbildung von Flugzeugbesatzungen in Kanada eingeschränkt wird: Es sollen weniger Besatzungen ausgebildet werden. Ich glaubte aus Deinem Brief erraten zu haben, daß Du nicht damit rechnest, jetzt zum Abschluß wieder nach G. B. zu kommen. Ich hoffe, es ist nicht so. Aber wer weiß? Wir sind in Gottes Hand. Unser Los hat uns in schlimme Zeiten versetzt: Aber das kann nicht *bloß* Pech sein. Paß auf Dich auf, in jeder Hinsicht (aequam serva mentem, comprime linguam[7]) . . . .

62 Aus einem Mikroluftbrief an Christopher Tolkien
23. April (FS 18)

Ich habe mein zweites Kapitel, Durchquerung der Sümpfe, Mi. vormittag Lewis und Williams vorgelesen. Es wurde gebilligt. Jetzt habe ich ein drittes fast fertig: Das Tor zum Land des Schattens. Aber diese Geschichte nimmt mich mit, und jetzt habe ich schon drei Kapitel, wo nur eines sein sollte! Und um schreiben zu können, habe ich zu vieles vernachlässigt. Ich bin jetzt ganz verfangen darin und muß mich losreißen, um mich an die Vorlesungen (fangen Dienstag an) und Abzüge von Examensarbeiten heranzumachen.

63 An Christopher Tolkien
24. April 1944 (FS 19)   20 Northmoor Road, Oxford
Mein bester Chris,
    Dein Luftpostbrief . . . . kam heute morgen beim Frühstück an. Ich gönnte mir den ungewohnten Luxus, im Bett zu frühstücken, mit Toast, hausgemachter Marmelade (gibt viele Orangen *und* Zitronen in letzter Zeit) und Deinem Brief. Der St. Georgstag verlief ereignislos; ich bin »im Dienst« bis 1 Uhr 30 heute früh aufgesessen, und dann habe ich beschlossen, mich hinzulegen: Es ist so warm, daß man bei offenem Fenster schlafen kann und den Alarm hört. Ich zog gerade die Vorhänge zu, als ich ein s. weißes Licht im SW bemerkte, und grad wollte ich mich zwischen die hochersehnten Laken strecken, als Odysseus' Feindin[1] ihr

Geheul losließ. Ins Bett bin ich dann erst nach 3 Uhr 30 gekommen, eingeschlafen um 4, aufgewacht um 8 Uhr 45 und aufgestanden um 9 Uhr 45..... Den restlichen Vormittag bin ich in der Stadt gewesen, allerlei Sachen erledigen, unter anderem meinen Kopfbewuchs abmähen zu lassen: reiche Ernte, offenbar immer noch fruchtbarer Boden. Das Mitre[2] war zu! Seit Dienstag keinen Schluck Bier mehr, weil unser Faß leer & noch nicht erneuert worden ist. Morgen muß ich eine Vorlesung halten und höre jetzt daher einstweilen auf.....

Mi., der 26. April..... Gestern die Nachwirkungen von Sonntagnacht gespürt. Bin früh in die Stadt gegangen und habe etwas Testamentarisches für Mrs. Wright[3] erledigt, eine schlechte Vorlesung gehalten, eine halbe Stunde mit den beiden Lewis und C. W. zusammengesessen (White Horse); dann drei Rasen gemäht, einen Brief an John geschrieben und mich mit einer widerspenstigen Passage im »Ring« abgemüht. Für den Augenblick muß ich wissen, wieviel später der Mond jede Nacht aufgeht, kurz bevor er voll wird, und wie man ein Kaninchen schmort! Kein Lewis da, heute morgen, weil er Clark Lecturer in Cambridge geworden ist und früh wegfährt, um dort seine Mittwochsvorlesung um 5 Uhr nachmittags zu halten.....

Mi., 3 Uhr 45. College-Versammlung in Rekordzeit (12 ½ Min.)! Als ich heimkam, hatte Biddy schon wieder ein Ei zerhackt (etwa das 7.); daher, weil keine Hoffnung mehr ist, daß sich die »Frau Henne« je darum kümmert, hatte ich das Vergnügen, sie (d. h. den Vogel) einzufangen, zu säubern, zu trimmen und zu desinfizieren – und dann mich selbst auch zu desinfizieren. Grr! Das vierte Rasenstück wird warten müssen. Es hat mich gefreut, daß Du Ende der Karwoche doch mal zur Kirche gekommen bist, wenn auch Deine *Even*-Christen (so nannte man die im A.- & M.-Engl.)[4] keine reine Freude sind. Aber da kann man nichts machen. Der einzige Trost liegt in der plötzlichen Überlegung, daß einer von ihnen wahrsch. ein abfälliges Urteil über einen selbst fällt, gar nicht unvernünftig, soweit man nach Aussehen und Gehabe urteilen kann, aber am inneren Selbst doch ebenso weit vorbei wie das eigene Urteil. *God ána wát.*[5] Aber die Predigten! Schlecht sind sie, nicht? Die meisten in jeder Hinsicht! Die Antwort auf dies Geheimnis ist wahrsch. nicht einfach; aber zum Teil liegt sie darin, daß die »Rhetorik« (von der Predigen ein Sondergebiet ist) eine Kunst ist, die a) ein wenig angeborenes Talent und b) Übung und Kenntnisse erfordert. Das gespielte Instrument ist s. viel komplexer als ein Klavier, und doch sind die meisten Ausübenden in der Lage eines Mannes, der sich ans Klavier setzt und seine Zuhörer zu bewegen hofft, ohne auch nur die Noten zu kennen.

Die Kunst kann erlernt werden (eine Spur von Begabung vorausgesetzt) und dann in gewisser Weise wirksam sein, ohne jede Verbindung mit Aufrichtigkeit, Frömmigkeit usw. Das Predigen aber wird noch komplizierter durch den Umstand, daß wir dabei nicht nur eine Darbietung erwarten, sondern auch Wahrhaftigkeit und Aufrichtigkeit, zumindest aber kein Wort, keinen Ton oder Anklang, der auf das Vorhandensein von Lastern (z. B. Heuchelei, Eitelkeit) oder Schwächen (Verrücktheit, Ignoranz) beim Prediger hindeutet.

Gute Predigten erfordern etwas Kunst, etwas Tugend, etwas Wissen. Echte Predigten erfordern eine besondere Gnade, die zwar die Kunst nicht übersteigt, aber instinktiv oder durch »Inspiration« zu ihr kommt; tatsächlich scheint der Heilige Geist manchmal durch den Mund eines Menschen zu sprechen, dem er eine Kunstfertigkeit, Tugend und Einsicht verleiht, die dieser selbst nicht besitzt: aber solche Fälle sind selten. Ich glaube, daß ein gebildeter Mensch auch bei anderen Gelegenheiten sein kritisches Vermögen nicht unterdrücken muß, aber er sollte es in Schranken halten durch ein ständiges Bemühen, die Wahrheit (sofern vorhanden), sei es auch in Form von Klischees, ausschließlich auf sich selbst anzuwenden. Eine schwierige Übung! . . . .

Sehr amüsiert hat mich Dein Bericht über Deine Reise nach Jo'burg am Gründonnerstag . . . . . Solltest Du nach Bloemfontein kommen, wäre ich neugierig, ob das kleine alte steinerne Bankhaus (Bank of South Africa), wo ich geboren bin, noch steht. Und ich wüßte gern, ob das Grab meines Vaters noch da ist. Ich habe nie etwas deswegen unternommen, glaube aber, meine Mutter hatte ein steinernes Kreuz dort aufstellen oder hinschicken lassen.[6] (A. R. Tolkien, gestorben 1896). Wenn nicht, wird es inzwischen verloren sein, wahrsch., es sei denn, es gibt irgendwelche Unterlagen . . . . .

64 An Christopher Tolkien

30. April 1944 (FS 20)   20 Northmoor Road, Oxford
Mein Bester,

ich habe beschlossen, Dir noch einen Luftpostbrief zu schicken, keinen Mikrobrief, in der Hoffnung, Dich damit ein bißchen aufzuheitern . . . . . Du fehlst mir doch wirklich, und ich finde dies alles um deinet- und meinetwillen ziemlich schwer erträglich. Die blanke, stupide Verschwendung im Krieg, nicht nur des Materials, sondern auch der moralischen und spirituellen Kräfte, ist so erschütternd für alle, die sie aushalten müssen. Und war es schon immer (den Dichtern zum Trotz), und wird es immer sein (den Propagandisten zum Trotz) – was nicht heißen soll, natürlich, daß es in einer schlechten Welt nicht notwendig gewesen wäre, noch ist und bleiben wird, ihm standzuhalten. Doch so kurz ist das menschliche Gedächtnis und so schnell schwinden seine Generationen dahin, daß es in rund 30 Jahren schon nicht mehr viele oder gar keine Menschen mehr mit dieser unmittelbaren Erfahrung geben wird, die allein zu Herzen geht. Wer sich die Finger verbrannt hat, weiß am meisten über das Feuer.

Ich fühle mich manchmal niedergeschmettert beim Gedanken an die Gesamtsumme menschlichen Elends in aller Welt zum gegenwärtigen Zeitpunkt: die Millionen von Getrennten, Verbitterten, die sich in unfruchtbaren Tagen verschleißen – ganz abgesehen von Folter, Schmerz, Tod, Trauer und Ungerechtigkeit. Wäre das Leid sichtbar, so wäre fast dieser ganze umnachtete Planet in einen dicken, dunklen Qualm gehüllt und dem staunenden Blick der Himmel entzogen. Und was dies alles hervorbringt, wird in der Hauptsache böse sein – historisch betrachtet. Aber die historische Auffassung ist natürlich nicht die einzige. Alle Dinge und Taten haben einen Wert an sich, unabhängig von ihren »Ursachen« und »Wirkungen«. Kein Mensch kann einschätzen, was wirklich sub specie aeternitatis in der Gegenwart geschieht. Alles, was wir wissen, und zwar zum großen Teil aus unmittelbarer Erfahrung, ist nur, daß das Böse mit gewaltigen Kräften und anhaltendem Erfolg sich vergebens abmüht: Immer bereitet es nur den Boden, aus dem unerwartet das Gute hervorsprießt. So ist es im allgemeinen, und so im einzelnen Leben . . . . . Aber noch ist etwas Hoffnung, daß es für uns besser werden wird, sogar im Zeitlichen, dank Gottes Gnade. Und obwohl wir all unseren natürlichen Mut und Mumm (die Riesensumme dessen, was Menschen wagen und aushalten, ist doch verblüffend, nicht?) und all unseren religiösen Glauben werden zusammennehmen müssen, um dem Bösen standzuhalten, das uns befallen kann (wie es andere befällt, wenn Gott so will), können wir dennoch beten und hoffen. Ich tu es. Und Du bist ein so einziges Geschenk für mich gewesen, in einer Zeit voller Kummer und innerem Leiden, und Deine Liebe, die fast sofort aufbrach, als Du geboren warst, hat mir vorausgesagt, gewissermaßen in gesprochenen Worten, daß mich immer die Gewißheit trösten wird, daß dies kein Ende hat. Wahrscheinlich bei Gott, daß wir uns in nicht allzu langer Zeit wiedersehn, »in alter Frische und Eintracht«, mein Bester, und gewiß, daß ein besonderes Band zwischen uns dieses Leben überdauern wird – aber natürlich immer dem Rätsel des freien Willens unterworfen, nach dem jeder von uns die »Erlösung« wegwerfen könnte. In welchem Falle Gott alles anders einrichten würde! . . . .

Am Donnerstag habe ich 2 Vorlesungen gehalten; dann hatte ich etwas Lästiges in der Stadt zu erledigen und war zu müde, um zu der Lewis-Séance zu gehen. Ich hoffe, ich seh ihn morgen und kann ihm noch etwas aus »dem Ring« vorlesen. Er wächst und gedeiht nun wieder (gestern hab ich den ganzen Tag daran geschrieben, unter Hintansetzung vieler anderer Dinge) und schlägt in unerwartete Richtungen aus. Soweit haben Frodo und Sam in den neuen Kapiteln Sarn Gebir durchquert, sind die Felswand hinuntergeklettert, sind Gollum begegnet und haben ihn vorübergehend gezähmt. Unter seiner Führung sind sie durch die Totensümpfe und die Schlackenhaufen um Mordor gekommen, haben vor dem Haupttor im Versteck gelegen und es unpassierbar gefunden, dann haben sie sich aufgemacht zu einem geheimeren Eingang bei Minas Morghul (früher M. Ithil). Er wird sich als der tödliche Kirith Ungol erweisen, und Gollum treibt falsches Spiel. Im Augenblick aber sind sie in Ihtilien (ein schönes Land, wie sich herausstellt); es hat einigen Umtrieb wegen Kaninchenpfeffer gegeben; sie sind von Gondorern gefangengenommen worden und haben mit angesehen, wie sie einer Armee von Swertingern (dunkelhäutigen Menschen aus dem Süden), die Mordor zu Hilfe eilt, einen Hinterhalt legen. Ein großer Elefant von prähistorischen Dimensionen, ein Kriegselefant der Swertinger, bricht los, und Sam findet seinen Kindheitswunsch erfüllt, einen Olifanten zu sehen, ein Tier, über das es bei den Hobbits einen Kinderreim gab (obwohl es im übrigen ins Reich der Sage verwiesen wurde). Im nächsten Kapitel, das zu schreiben ist, werden sie nach Kirith Ungol kommen, und Frodo wird gefangen. Hier ist der Reim, wie ihn Sam aufsagt: Grey as a mouse, / Big as a house, / Nose like a snake, / I make the earth quake, / As I tramp through the grass; / Trees crack as I pass. / With horns in my mouth / I walk in the South / Flapping big ears. / Beyond count of years / I've stumped round and round, / Never lie on the ground, / Not even to die. / Oliphaunt am I, / Biggest of All, / Huge, old, and tall. / If ever you'd met me, / You wouldn't forget me. / If you never do, / You won't think I'm true; / But old Oliphaunt am I, / And I never lie.[1] Ich hoffe, das hat etwas vom Klang eines »Kinderreims«. Insgesamt beträgt Sam sich tapfer und hält, was man sich von ihm versprochen hat. Gollum behandelt er so ähnlich wie Ariel den Caliban . . . . .

Gras und Bäume sind schon so weit wie Mitte Mai. Aber die Himmel sind voller Dröhnen und Toben. Ein Gespräch im Garten ist nicht einmal möglich, wenn Du brüllst, außer um 1 Uhr nachts und 7 Uhr abends – es sei denn, das Wetter ist zu schlecht, als daß man draußen sein wollte. Wie sehr ich mir wünsche, daß dieser »infernalische Verbrennungs«-Motor niemals erfunden worden wäre! Oder (was noch schwieriger wäre, da die Menschheit allgemein und die Ingenieure im besonderen in der Regel zugleich unfähig und heimtückisch sind), daß man, wenn es ihn schon gibt, einen vernünftigen Gebrauch davon gemacht hätte . . . . .

Jetzt können wir dies nur diesem dünnen Blättchen Papier anvertrauen. Aber es kann Dich eilends und wohlbehalten erreichen. Ich wollte, ich könnte es in Runen schreiben, die selbst die Kunst Celebrimbors von Hollin [Hulsten] überträfen, schimmernd wie Silber und mit den Gesichten und Horizonten, die in mir aufgehen, erfüllt. Aber ohne Dich habe ich niemanden, gegen den ich meine Gedanken aussprechen könnte. Die »H. of the Gnomes«[2] habe ich in Heeresbaracken angefangen, im Gedränge und im Lärm der Grammophone – und da steckst Du nun in demselben Gefängnis! Mögest auch Du entkommen – und gestärkt sein! Paß auf Dich auf, an Leib und Seele und in jeder nötigen und möglichen Hinsicht, um der Liebe willen zu Deinem Vater.

65 Aus einem Mikroluftpostbrief an Christopher Tolkien
4. Mai 1944 (FS 21)

Am Montag Lewis (solo) getroffen und ihm noch ein Kapitel vorgelesen: Ich habe jetzt viel mit dem Text zu tun; nicht mehr lange, und wir sind endlich in den Schatten von Mordor. Ich schicke Dir Durchschläge, sobald ich es tippen lassen kann.

66 Aus einem Brief an Christopher Tolkien 6. Mai 1944 (FS 22)

Gestern habe ich ein Luftmikro abgeschickt, FS 21 (geschrieben Donnerstag), und hatte keinen Platz, Dir zu sagen, daß an dem Morg. (Freitag) Dein Luftpostbrief (Z) angekommen war; jetzt ist Dein Luftpostbrief (Y) angekommen, und ich habe 2 zu beantworten. Dein Geschimpf stört uns überhaupt nicht – Du hast ja sonst niemanden, und ich denke, es dämpft die Spannung. Ich weiß noch, wie ich genauso oder noch schlimmer an den armen alten Fr. Vincent Reade[1] geschrieben habe. Das Lagerleben scheint sich überhaupt nicht geändert zu haben, und was einen daran so wütend macht, ist die Tatsache, daß seine schlimmsten Eigenheiten unnötig und nur durch menschliche Dummheit bedingt sind, die (was kein »Planer« je einsehen wird) durch »Organisation« immer ins Unendliche vergrößert wird. Aber England war 1917/18 arm dran, und daß Ihr nun in einem relativ gutversorgten Land solche Zustände haben müßt, ist noch ein bißchen verrückter. Und die Steuerzahler würden sicher gern wissen, wo all die Millionen hinfließen, wenn die Lese ihrer Söhne so behandelt wird. Aber da die Menschen nun einmal sind, wie sie sind, ist dies alles ganz unvermeidlich, und die einzige Heilung (abgesehen von der allgemeinen Bekehrung) wäre die, keine Kriege mehr zu machen – und auch keine Planung, keine Organisation und keine Reglementierung. Deine Waffengattung ist natürlich, wie jeder weiß, der Augen und Ohren und ein bißchen Verstand hat, eine sehr schlechte, die vom Ruf einiger weniger tapferer Männer lebt, und wahrscheinlich steckst Du in einem ihrer übelsten Winkel. Aber alle großartig geplanten großen Dinge sehen aus der Froschperspektive so aus, obwohl sie in allgemeiner Hinsicht doch etwas leisten und ihren Zweck erfüllen – einen bösen Zweck, letzten Endes! Denn wir versuchen, Sauron mit dem Ring zu besiegen. Und (wie es scheint) wird uns das auch gelingen. Aber die Strafe ist, wie Du ja weißt, daß wir neue Saurons heranziehen und die Elben und Menschen langsam in Orks verwandeln. Nicht daß im wirklichen Leben alles so klar umrissen wäre wie in einer Erzählung, und wir haben ja auch von Anfang an nicht wenige Orks auf unserer Seite gehabt . . . . . Jedenfalls, das ist Deine Lage: ein Hobbit unter den Urukhai! Bleib im Herzen ein Hobbit, und denk daran, daß einem alle *Geschichten* so vorkommen, wenn man *darinnen* ist. Du befindest Dich in einer sehr großen Geschichte! Ich glaube auch, Du leidest daran, daß Du das »Schreiben« unterdrückst. Vielleicht ist das meine Schuld. Du hast ein bißchen zu viel von mir und meinem absonderlichen Denk- und Reaktionsmodus mitbekommen. Und weil wir so ähnlich sind, hat das einen ziemlich starken Einfluß gewonnen. Hat Dich möglicherweise gehemmt. Ich glaube, wenn Du anfangen könntest zu *schreiben* und Deinen eigenen Modus zu finden oder auch nur (für den Anfang) meinen nachzuahmen, würdest Du darin eine große Erleichterung finden. In all Deinen Leiden (von denen manche bloß körperlich sind) spüre ich ein Verlangen, Dein *Gefühl* für Gut und Böse, Schön und Scheußlich irgendwie zu äußern: es zu rationalisieren und nicht einfach vor sich hin schwären zu lassen. In meinem Falle sind daraus Morgoth und die History of the Gnomes er- wachsen. Große Teile von den ersten Stücken dazu (und die Sprachen) – später aufgegeben oder absorbiert – wurden in schmutzigen Kantinen geschrieben, beim Unterricht im kalten Nebel, in Kasernen voller Flüche und Zoten, bei Kerzenlicht in den Rundzelten und manchmal sogar in den Gräben unter Beschuß. Natürlich war das nicht gut für Geistesgegenwart und praktischen Sinn, und ich war kein guter Offizier . . . . .

Seit ich Dir Donnerstag schrieb, ist hier nicht viel passiert. Ein übles Wetter. Kalt, windig; Straßen besät mit abgerissenen Blättern, Blüte zerhagelt. Es hat sich von SW > W> NW > NO gedreht. Buchan ist am Zug (wie üblich).[2] Ich habe am Vormittag geschrieben, den Nachmittag mit Gequassel in Ausschußsitzungen vertan, dann wieder geschrieben. P. und Mummy sind um 6 ins Theater gegangen; später als sonst mit ihnen zu abend gegessen (etwa 9). Eine neue Figur ist auf der Szene erschienen (ich bin sicher, ich habe ihn nicht erfunden, ich wollte ihn gar nicht haben, obwohl er mir gefällt, aber da kam er in die Wälder von Ithilien spaziert): Faramir, Boromirs Bruder – und er hält die »Katastrophe« auf mit einer Menge Zeugs über die Geschichte von Gondor und Rohan (mit manchen zweifellos wohlbegründeten Gedanken über kriegerischen Ruhm und wahren Ruhm): Aber wenn er noch lange so weitermacht, wird das meiste davon in die Anhänge verschwinden müssen, wohin schon manches faszinierende Material über die Tabakindustrie der Hobbits und die Sprachen des Westens gewandert ist. Es hat eine Schlacht gegeben – unter Teilnahme eines ungeheuren Olifanten (des Mâmuk von Harad) –, und nach einer kurzen Pause in einer Höhle unter einem Wasserfall werde ich Sam und Frodo wohl endlich nach *Kirith Ungol* und in die Spinnennetze schicken. Dann wird die Großoffensive losbrechen. Und wenn dann Theoden gefallen ist (durch einen Nazgûl) und die Heere des Weißen Reiters vor den Toren von Mordor erscheinen, kommen wir zum Höhepunkt und zur raschen Auflösung des Knotens. Sobald ich die neuen Sachen lesbar abgeschrieben bekomme, laß ich sie tippen und schicke sie Dir.

67 Aus einem Mikroluftpostbrief an Christopher Tolkien
11. Mai 1944 (FS 23)

Ich habe das vierte neue Kapitel fertig (»Faramir«), das am Montagvormittag bei C. S. L. und C. W. höchste Zustimmung fand. Ich bin um deinetwillen zur Kirche gegangen. Mittags mit Mummy in der Stadt gegessen. Dienstagvormittag C. S. L. getroffen. Dinner im Pembroke (Rice-Oxley[1] als Gast): langweilig. McCallum scheint über Michaels Arbeit eine gute Meinung zu haben.[2] Übrige Zeit ausgefüllt mit Vorlesungen, Hausarbeit, Garten (macht grad jetzt viel Mühe: Rasen, Hecken,

Kürbisbeete, Jäten), und was noch bleibt, ist für den »Ring«. Nächstes Kapitel kommt voran, führt zu dem Unglück in Kirith Ungol, wo Frodo gefangengenommen wird. Geschichte kehrt dann zurück nach Gondor & und läuft ziemlich rasch (hoffe ich) auf den Höhepunkt zu. Ithilien (Du weißt vielleicht noch, wo es auf der Karte liegt, die Du gezeichnet hast) erweist sich als ein ganz schönes Land. Ich wollte, Du wärest hier und tätest etwas Nützliches und Erfreuliches, die Karten vervollständigen und Tippen.

68 Aus einem Mikroluftpostbrief an Christopher Tolkien
12. Mai 1944 (FS 24)

Habe den Vormittag über geschrieben, und nun haben wir Minas Morghul in Sicht. Nachmittags im Garten gearbeitet bei schwüler (eher mittäglicher) Hitze . . . . . Ich bin nicht dazu gekommen, von den neuen Kapiteln Abschriften für Dich tippen zu lassen, weil ich weiterschreiben will, solange noch Zeit ist, und nicht anhalten, um die Reinschrift zu machen . . . . . Alles Gute für Dich, und all meine Gedanken und Gebete! Wie vieles ich gern erfahren möchte! »Wenn Ihr je in die Lande der Lebenden zurückkehrt und wir unsere Geschichten nochmals erzählen, in der Sonne an einer Mauer sitzend und lachend über den alten Kummer, dann sollt Ihr es mir erzählen« (Faramir zu Frodo).

69 An Christopher Tolkien

14. Mai 1944 (FS 25)   20 Northmoor Road, Oxford
So, mein Bester, nun kommt mal wieder ein richtiger Brief . . . Gestern habe ich ein Stück weit geschrieben, wurde aber durch zwei Dinge aufgehalten: durch die Notwendigkeit, mein Zimmer aufzuräumen (es war ein Chaos, was immer ein Anzeichen literarischer oder philosophischer Produktivität ist), ehe ich zur Sache kommen konnte, und durch den Ärger mit dem Mond. Womit ich sagen will, ich habe gemerkt, daß meine Monde in den kritischen Tagen zwischen Frodos Flucht und der gegenwärtigen Situation (Ankunft in Minas Morghul) Unmögliches gemacht haben; im einen Teil des Landes gehen sie auf und gleichzeitig anderswo unter. Umschreiben der Stellen aus den zurückliegenden Kapiteln dauerte den ganzen Nachmittag! . . . . Pater C.[1] hat eine ziemlich aufrüttelnde kleine Predigt gehalten, für die *Rogate*-Tage (nächste Mo.–

Mi.), in der er angedeutet hat, daß wir alle ein Haufen ungesteuerter Roboter seien, weil wir nicht danksagen wollten; und dann hat er nicht angedeutet, sondern kategorisch behauptet, daß Oxford mit Blut und Feuer in Gottes Zorn ausgelöscht zu werden verdiene wegen all der hier verübten Greuel und Gemeinheiten. Wir sind alle ganz wach geworden. Ich fürchte, er hat gräßlicherweise nur allzu recht. Aber ich frage mich, hat er jetzt *im besonderen* recht? Wenn man nur ein wenig von der Geschichte weiß, ist man niedergedrückt von dem ungeheuren Gewicht und der Massivität menschlicher Niedertracht: ewig dieselbe alte trübsinnige, unveränderte, unheilbare und sich endlos wiederholende Bosheit. Alle Städte, alle Dörfer, alle Wohnsitze von Menschen – Kloaken! Und zugleich weiß man doch, daß es immer etwas Gutes gibt: sehr viel versteckter, sehr viel weniger klar umrissen, nur selten in die sichtbare, erkennbare Schönheit von Worten, Handlungen oder Gesichtern durchbrechend – nicht einmal dann, wenn etwas Geheiligtes, das viel größer ist als das sichtbar angepriesene Böse, tatsächlich da ist. Aber ich befürchte, daß, ganz wenige ausgenommen, im Leben jedes Einzelnen die Summe ein Debet ausmacht: Wir tun so wenig, das im positiven Sinne gut wäre, obwohl wir im negativen das aktiv Böse vermeiden. Es muß schrecklich sein, wenn man Geistlicher ist! . . . .

Montag, 4 Uhr nachmittags . . . . . Heute vormittag von 10 Uhr 45 bis 12 Uhr 30 mit C. S. L. zusammengewesen: 2 Kapitel von seinem »Who Goes Home?«[2] angehört – wieder eine Allegorie über Himmel und Hölle; und mein 6. neues Kapitel »Wanderung zum Scheideweg« vorgelesen, mit voller Zustimmung. Soweit ist es gutgegangen, aber jetzt komme ich zu dem Knoten, wo die Fäden zusammengezogen, die Zeiten synchronisiert und die Erzählung verwoben werden müssen; unterdessen ist die ganze Sache in ihrer Bedeutung so angewachsen, daß die Skizzen der Schlußkapitel (vor ewigen Zeiten geschrieben) ganz unzulänglich sind, weil sie sich auf einer viel »jugendgemäßeren« Stufe bewegen . . . . .

Mir ist plötzlich ein Gedanke zu einer neuen Geschichte gekommen (etwa so lang wie Niggle[3]) – gestern, ausgerechnet in der Kirche. Ein Mann sitzt an einem hochgelegenen Fenster und sieht vor sich nicht die Schicksale eines oder mehrerer Menschen, sondern eines kleinen Stückchens Land (etwa so groß wie ein Garten) seit frühesten Zeiten. Er sieht es so ein wenig illuminiert, von Nebeln umgrenzt, und die Dinge, Tiere und Menschen kommen und gehen, und die Pflanzen und Bäume wachsen, sterben und ändern sich. Ein Zug wäre, daß sich die Pflanzen und Tiere verändern, von einer phantastischen Gestalt zur nächsten, während die Menschen, trotz der wechselnden Kleidung, sich überhaupt nicht ändern. In Abständen kommen seit frühesten Zeiten, vom Paläolithikum bis heute, immer wieder ein paar Frauen (oder Männer) dahergeschlendert und sagen immer wieder haargenau dasselbe (z. B. Das dürfte nicht erlaubt werden. Die sollten damit aufhören. Nun ja, hab ich zu ihr gesagt, ich will ja keinen Krach, hab ich gesagt, aber ...) ....

In Liebe, Dein Vater

70 An Christopher Tolkien

21. Mai 1944 (FS 26)   20 Northmoor Road, Oxford
Mein Bester,

es tut mir leid, aber ich habe Dir wohl schon ein ganze Weile nicht mehr geschrieben ..... Ich habe eine bitterkalte, trübe Woche (in der, trotz einem bißchen Regen, der Rasen nicht gewachsen ist) zum Schreiben ausgenutzt, bin aber auf schwierigen Boden geraten. Alles, was ich vorher skizziert oder geschrieben hatte, erwies sich als nicht sehr nützlich, weil sich die Zeiten, Motive usw. alle geändert haben. Aber unter s. großer Anstrengung und Vernachlässigung anderer Pflichten habe ich nun doch alles oder fast alles zusammengeschrieben bis zu Frodos Gefangennahme auf dem Gebirgspaß, auf der Schwelle nach Mordor. Jetzt muß ich zu den anderen Leuten zurück und sehen, daß ich die Dinge mit etwas Tempo zum letzten Zusammenstoß bringe. Findest Du, daß *Shelob* [Kankra] ein guter Name für ein ungeheures Spinnenwesen ist? Natürlich ist das bloß »She + lob« (= Spinne), aber zusammengeschrieben wirkt es doch recht widerlich.

Montag, den 22. Mai ..... Gestern (Sonntag) war ein elend kalter Tag. Ich habe mich an meinem Kapitel abgemüht – es ist Schwerarbeit; besonders, weil die Klimax näher kommt und man die Spannung hochhalten muß: Alles Legere geht nun nicht mehr; und dann tauchen allerlei kleinere Probleme der Handlung und des Ineinandergreifens auf. Das meiste habe ich etliche Male geschrieben, zerrissen und neu geschrieben; aber heute vormittag wurde ich belohnt, denn sowohl C. S. L. als auch C. W. fanden, es sei eine prächtige Leistung, und die letzten Kapitel seien die bisher besten. Gollum entwickelt sich immer noch weiter und wird eine höchst interessante Figur. Letzte Nacht hatte ich »Alarmbereitschaft« und sollte nicht schlafen gehn, tat es aber doch um 3 Uhr 30. Heute morgen ein bißchen müde. Und heute abend muß ich für die ganze Nacht ins HQ .....

Dein Vater

71 An Christopher Tolkien (Mikroluftpostbrief)

25. Mai 1944 (FS 27)   20 Northmoor Road, Oxford
Bester Chris, gleich mehrere Briefe, sehr willkommen, sind ins Haus
geflattert..... Endlich einmal sah ich Grund, Dich zu beneiden; oder
vielmehr, ich wäre gern mit Dir »in den Hügeln« gewesen. Es hat doch
etwas auf sich mit dem Geburtsort, und obwohl ich kaum noch bildhafte
Erinnerungen habe, kommen mir alle Geschichten über Afrika, die mich
immer tief bewegen, immer in sonderbarer Weise bekannt vor. Merkwürdig, daß nun Du, mein Bester, dorthin zurückkehren mußtest.....
Über mich gibt es seit Montag nicht viel zu berichten. In der Nacht habe
ich überhaupt nicht geschlafen (ganz buchstäblich nicht), zum Teil
wegen des ohrenbetäubenden Verkehrs (on moldan ɔ on úprodore[1]): und
morgens um sechs habe ich auch den Versuch aufgegeben. In der
Vorlesung am Dienstag war ich infolgedessen nicht allzu munter. Hauptgrund ist jedoch Frodo, in den ich jetzt ganz vertieft bin. Nimmt mich
sehr mit: Kapitel über Shelob und die Katastrophe in Kirith Ungol wurde
mehrere Male geschrieben. Ganze Sache kommt jetzt ganz anders heraus
als in allen vorläufigen Skizzen. Abgesehen vom Bau eines Käfigs und
eines Auslaufs für die Hühner (ich habe mich schließlich doch gebeugt;
konnte den unsauberen Kasten und das verhedderte Netz nicht mehr
sehen, die wir statt dessen auf dem Rasen hatten) habe ich die meiste
Energie auf diese Arbeit verwendet. Heute vormittag zwei Vorlesungen,
und heute abend nehm ich mir »frei« und gehe ins Magdalen, wo eine
vollzählige Versammlung, auch mit Dyson, sein soll..... Ich hoffe, Du
bekommst in nicht zu langer Zeit noch ein bißchen mehr Urlaub, fürs
echte Afrika. Fern von den »niederen Knechten Mordors«. Ja, ich glaube,
die Orks sind eine ebenso reale Schöpfung wie nur irgendwas in
»realistischen« Erzählungen: Mit Deinen Kraftworten beschreibst Du die
ganze Horde vortrefflich; aber natürlich stehen sie in Wirklichkeit
immer auf beiden Seiten. Denn die »Romanze« ist aus der »Allegorie«
hervorgegangen, und ihre Kriege leiten sich noch immer vom »inneren
Krieg« der Allegorie her, in dem das Gute auf der einen Seite steht und
die verschiedenen Formen des Bösen auf der andern. Im wirklichen
(äußeren) Leben hast Du Menschen auf beiden Seiten: also eine zusam-
mengewürfelte Allianz von Orks, Bestien, Dämonen, schlichten und von
Natur ehrlichen Menschen und Engeln. Aber es macht schon einen
Unterschied, wer Deine Hauptleute sind und ob sie per se ork-ähnlich
sind. Und um was es geht (vermeintlich oder wirklich). Sogar in dieser
Welt ist es möglich (mehr oder weniger) im Recht oder Unrecht zu sein.

Gaudy Night[2] fand ich unausstehlich. Ich bin P. Wimsey durch seine attraktiven Anfänge soweit gefolgt, bis ich einen Abscheu vor ihm bekam (und gegen seine creatrix) wie gegen keinen anderen Charakter in der mir bekannten Literatur, es sei denn seine Harriet. Die Flitterwochensache (Busman's Honeymoon?) war noch schlimmer. Mir wurde schlecht..... Gott segne Dich, Dein Vater. Beendet um 3 Uhr 45 nachmittags, 25. Mai 1944.

72 An Christopher Tolkien

31. Mai 1944 (FS 28)   20 Northmoor Road, Oxford
Bester Chris,
    wird Zeit, daß ich mal wieder schreibe ... Am Donnerstagabend habe ich im College gegessen, ich und noch drei alte Herren (Drake, Ramsden und der Schatzmeister)[1], alle sehr gut aufgelegt. Die Inklings-Versammlung.... war sehr erfreulich. Hugo[2] war da: sah recht müde aus, war aber laut wie immer. Hauptunterhaltung waren ein Kapitel aus Warnie Lewis' Buch über die Zeit Ludwigs XIV. (sehr gut, fand ich) und ein paar Auszüge aus C. S. L.'s »Who Goes Home« – ein Buch über die Hölle; ich meinte, man sollte es lieber »Hugo's Home« [Hugo ist wieder da] nennen. Ich war erst nach Mitternacht wieder zuhause. Die übrige Zeit, abgesehen von Arbeiten im Haus und draußen, verging über einer Riesenanstrengung, den »Ring« bis zu einer günstigen Pause zu bringen, Frodos Gefangennahme durch die Orks auf den Pässen nach Mordor, bevor ich wegen der Prüfungen unterbrechen muß. Durch endloses Aufbleiben habe ich es geschafft und die letzten 2 Kapitel (*Kankras Lauer* und *Die Entscheidungen von Meister Samweis*) am Montagvormittag C. S. L. vorgelesen. Er lobte es ungewöhnlich stürmisch und war vom letzten Kapitel richtig zu Tränen gerührt; es scheint also nicht abzufallen. Sam ist übrigens keine Kurzform für *Samuel*, sondern für *Samwise* (altengl. für »Einfaltspinsel«), ebenso wie der Name seines Vaters, des *Gaffer*, (Ham) für altengl. *Hamfast* oder »Bleibzuhaus«. Hobbits dieser Klasse haben in der Regel sehr sächsische Namen – und ich bin mit dem Nachnamen Gamgee nicht recht zufrieden und würde ihn gern in Goodchild ändern, wenn ich dächte, daß Du mir's erlaubst. Ich will diese acht neuen Kapitel, XXXIII–XL, die Du noch nicht gelesen hast, fast auf einmal getippt bekommen, und schicke sie Dir, eins nach dem andern in kurzen Abständen..... Seit Montag bin ich nicht mehr richtig zum Schreiben gekommen. Bis heute mittag habe ich über den Sektionspapieren[3]

geschwitzt & heute nachmittag um 2 habe ich meine MSS. zum Druck gebracht – am letztmöglichen Tag..... Gestern: Vorlesung, Reifenpanne nach dem Fischholen; also mußte ich zu Fuß in die Stadt und wieder zurück, und weil Rad-Reparaturen unmögl. sind, denn Denis[4] ist krank und arbeitet zu langsam, mußte ich den ganzen Nachmittag mit dieser dreckigen Plackerei vertun; endete schließlich damit, daß ich den Reifen abbekam, 1 Loch im Schlauch und 1 Schnitt im Mantel flickte und das Ding wieder draufbekam. Io! triumphum.[5] Aber es ist sauer verdientes Geld!....

Sonntag, den 3. Juni..... Ein Grund für diese zweite Lücke seit Mittwoch ist der, daß ich inzwischen die Arbeiten zu Ende korrigiert habe, und bevor die Skripten kamen, habe ich versucht, noch ein paar Kapitel fertigzutippen, damit Duplikate gemacht und an Dich geschickt werden können. Zwei hab ich geschafft. Zuerst sehr mühsam, weil ich so lange nicht mehr getippt habe. Von mir gibt es, davon abgesehen, nicht viel Neues zu sagen..... Prisca und Mummy sind Anna Neagle in *Emma* ansehen gegangen, in dem Stück nach Jane Austen, und es hat ihnen gefallen. Ich bin mit ihnen heimgegangen, nach dem Abendessen im Pembroke. Eine kümmerliche Sache! Aber es wird immer herzzerreißender, jetzt, wo die Armeen auf Rom vorrücken, die gemeinen Bemerkungen mancher stupider alter Herren mit anzuhören. Ich finde, die Lage der Dinge wird immer jämmerlicher. Ich bin gespannt, ob Du von dem, was der Papst gesagt hat, überhaupt irgend etwas hast hören können. Übrigens dazu, aber bei einer anderen Gelegenheit: Hier kannst Du mal sehen, was an meinem schönen College für eine Atmosphäre des Takts und der Höflichkeit herrscht! Ich hatte Rice-Oxley am zweiten Dienstag im Semester zum Abendessen eingeladen. Das Wahlergebnis für das Rektorat am Lincoln College war gerade bekanntgegeben worden: Das College hatte K. Murray gewählt, den jungen Schotten, der als Schatzmeister für die Greueltat in der Turl Street verantwortlich war.[6] Am einleuchtendsten (und meiner Ansicht nach der richtige Mann) wäre V. J. Brooker (Zensor bei St. Cath.[7]) gewesen, aber auch Hanbury[8] hatte kandidiert. Unser Rektor, der *neben mir* saß, sagte mit lauter Stimme: »Gottseidank haben sie wenigstens keinen Katholiken ins Rektorat gewählt: wäre katastrophal, katastrophal für ihr College.« Dr. Ramsden pflichtete ihm bei: »Ja, allerdings, katastrophal!« Mein Gast blickte mich an, lächelte und flüsterte: »Vorbildlich, dieser Takt, diese Höflichkeit!«....

Dein lieber Vater.

[Geschrieben vier Tage nach der Landung der Alliierten in der Normandie.]

Deinen Luftpostbrief bekam ich gestern nachmittag..... An unserem Ende der Welt passiert einiges. Aber darüber will ich mich nicht verbreiten, denn zweifellos kriegst Du dieselben Nachrichten wie wir und ebenso schnell; und wenn man darüber hinaus etwas wüßte, wäre es »indiskret«, davon zu sprechen. Tatsache ist, ich weiß auch nicht mehr. Aber Gott sei Dank sieht es nun wirklich so aus, als ob es sich heute abend ein bißchen aufheitern wird. Es ist stiller und wärmer, und ab und zu sieht man ein bißchen Sonne und blauen Himmel. Ich denke mir, das Wetter ist von größter Bedeutung.....

Zuletzt habe ich am Invasionstag, dem 6. Juni, geschrieben. Am Mi. habe ich mich besonders viel zu tippen bemüht. Im übrigen weiß ich nur noch von einem todtraurigen Abendessen am Donnerstag im Pembroke; dann bin ich ins Magdalen gegangen, wo die beiden Lewis, C. Williams und Edison (Autor von Ouroboros)[1] versammelt waren. Von 9 bis nach 12 Uhr 30 verging die Zeit mit Vorlesen. Ein langes Kapitel vom Hauptmann[2], hauptsächlich über das Regierungssystem des Ancien régime in Frankreich, das er sehr amüsant hingekriegt hat (allerdings sehr lang), anschließend Edison mit einem neuen Kapitel aus einer unabgeschlossenen Erzählung[3] – von unverminderter Kraft und Gediegenheit im Ausdruck –; dann ich und C. S. L. Erfreulich, aber inmitten von Examen und Kriegen kann man es nicht mehr so leicht nehmen wie früher – besonders, weil ich schon um 5 Uhr früh aufgestanden war (oder um 7 nach Eurer Zeit), um nach Corpus Christi zur Messe zu gehn.....

Heute verging der Vormittag.... mit Examen, der Nachmittag mit einer Massenversammlung im Rhodes-Haus zur Unterstützung eines christlichen Ortsausschusses..... Ein Mann.... stand auf und sagte, er sei für den christl. Ausschuß, denn er sei in einem früheren Leben Lord Nelson gewesen und einen Teil seines jetzigen Lebens habe er sehr gern in Oxford zugebracht; aber niemand lachte, obwohl er einer von der freundlichen Art war, der es nett gefunden hätte. Das sagte er auch. Aber offenbar hatte er diese Rede schon so oft gehalten, daß sich niemand mehr wunderte. Kannst Du mal sehn, wie wenig man von seiner Heimatstadt weiß, denn ich hatte noch nie etwas von ihm gesehen oder gehört.....

[11. Juni.] Alle Deine Schilderungen haben mich sehr interessiert:

sowohl Deines Aufenthaltsorts wie des Landes. Dein geschärftes Gedächtnis erklärt sich wohl aus zweierlei Dingen, 1. einem geschärften Verlangen und 2. den neuen Bildern, die den alten nicht entsprechen und sie daher nicht überlagern und verwischen. Von den Bewohnern einer Stadt, die nie fort gewesen sind, können die wenigsten sich auch nur an die größeren Veränderungen in einer Straße während des letzten Jahres erinnern. Daß ich selbst ein ziemlich scharfes Gedächtnis habe, erklärt sich wahrscheinlich daraus, daß alle meine Kindheits-»Bilder« verschoben wurden, als ich zwischen 3 und 4 war und wir aus Afrika weggingen: Ich lebte in ständiger Aufmerksamkeit und Neuanpassung. In manchen meiner eigentlich visuellen Erinnerungen erkenne ich jetzt eine schöne Mischung afrikanischer mit englischen Details . . . . . Was man versuchen sollte, zu schreiben? Ich weiß nicht. Ich habe mal ein Tagebuch zu schreiben versucht, mit Porträts (manche sarkastisch, manche komisch, manche lobend) von Leuten und Ereignissen, die ich kannte; aber ich fand, das war nichts für mich. Also habe ich mich auf den »Eskapismus« verlegt – oder eigentlich die Umwandlung von Erfahrungen in andere Formen und Symbole, mit Morgoth, den Orks und den Eldaliё (welche die Anmut und Schönheit des Lebens und seiner Artefakte darstellen) und so weiter; und das hat mir in vielen schweren Jahren gute Dienste geleistet, und ich lebe immer noch von dem, was ich mir damals ausdachte. Aber natürlich, ich hatte nicht viel Zeit, außer im Urlaub oder im Krankenhaus . . . . .

Jetzt allerdings lebe ich von Deinen Briefen, obwohl die Umstände für mich doch so viel leichter sind. In meinem Falle ist Überdruß, schieres Gelangweiltsein durch das Immergleiche, der Feind. Wenn ich jünger wäre, würde ich gern mit Dir tauschen, schon um der Abwechslung willen. Ich hoffe, Du kannst manches hiervon lesen. Die Quantität ist sicher ihre sechs Pennies wert (die Qualität wohl leider nicht). Mehr in Kürze.

74 Aus einem Brief an Stanley Unwin   29. Juni 1944

[Unwin schrieb am 22. Juni, fügte einen weiteren ansehnlichen Scheck über Autorenanteile am Verkauf des *Hobbit* bei und teilte mit, daß sein Sohn Rayner nun als Seekadett in Oxford Englisch höre: »Nächste Woche hat er Urlaub und wird nicht da sein, aber es würde mich sehr freuen, wenn er Sie nach seiner Rückkehr einmal sehen könnte.«]

Zuerst einmal Rayner: ich war zugleich erfreut und bekümmert über Ihre Nachricht. Erfreut, weil ich so eine Gelegenheit haben werde, ihn zu sehen. Ich hoffe doch, er wird mich ganz unprofessoral behandeln; und sobald er wieder da ist, soll er mich einfach wissen lassen, wo wir uns treffen können: ob ich einfach da, wo er wohnt, hereinschneien kann, oder ob er irgendwann Lust hat, zu meinem Haus hier herauszustiefeln zu einem (mageren) Tee-Imbiß in meinem (unordentlichen) Garten. Bekümmert, weil es mir ein Greuel ist, daran zu denken, wieviel Zeit vergangen ist und wie dieses Elend sich in die Länge zieht, so daß nun auch er in den Strudel gezogen wird. Mein Jüngster, auch auf dem Trinity, wurde letzten Juli weggeholt – als er gerade beim Tippen und Durchsehen der Hobbit-Fortsetzung war und mir eine hübsche Karte zeichnete –, und jetzt ist er weit weg und sehr übel dran, im Oranje-Freistaat[1]: Die Tatsache, daß dies mein Geburtsland ist, scheint ihn nicht damit zu versöhnen. Noch einer meiner Söhne, ein schwer mitgenommener Soldat, geht zur Zeit aufs Trinity, versucht ein wenig zu arbeiten und einen Schatten seiner früheren Gesundheit wiederzuerlangen.[2] . . . .

Ich fürchte, ich habe Sie schlecht behandelt. Das Schicksal hat mich ganz schön hart angefaßt, seit ich Ihnen zuletzt schrieb – aber auch nicht härter als leider so viele andere –, und ich hatte kaum mehr Zeit oder Energie für die alltäglichsten Dinge. Aber ich hätte Ihnen für die Nachricht betreffend Foyles[3] danken sollen und für die zwei Exemplare von dieser Ausgabe. Und ich hätte Sie wissen lassen können, was aus der Fortsetzung zum Hobbit geworden ist. Ein Jahr lang habe ich keine Zeile mehr daran schreiben können. Eine Folge (bis ich wieder in einen Strudel von Examen gestürzt wurde) meiner Freistellung von der Arbeit für die Marine und Luftwaffe war es, daß es mir gelang, dieses (große) Werk bis auf Sichtweite an den Schluß heranzubringen, und nun bin ich im Begriff, es zu beenden, soweit wie möglich ohne Rücksicht auf andere Verpflichtungen.

Ich hoffe, Sie nehmen immer noch ein gelindes Interesse daran, trotz der Papierknappheit – zumindest als einer Möglichkeit für die Zukunft. Es ist furchtbar schwierig und/oder teuer, in dieser Stadt etwas getippt zu bekommen, und als meine eigene Schreibmaschine ausfiel, wollte niemand sie reparieren. Ich habe noch immer nur eine Abschrift, und die muß überarbeitet werden, wenn die Dinge zum Schluß kommen. Aber ich hoffe, ich werde Ihnen bald einen Brocken schicken können. Schade, daß Rayner jetzt anderes und Wichtigeres zu tun hat! Ich befürchte jedenfalls, die Geschichte ist zu lang geworden und ist nichts mehr für Kinder.

Vielen Dank für den Scheck. Auch halbiert wird er noch sehr nützlich sein. Ich kämpfe immer noch mit Schulden, hauptsächlich weil die ganze Familie eine vollständige Ausbildung haben muß, nachdem einem der Krieg die meisten Mittel genommen hat: eine nicht ungewöhnliche Erfahrung.

75 An Christopher Tolkien

7. Juli 1944 (FS 36)   20 Northmoor Road, Oxford
Mein Bester: ich dachte, ich versuche doch mal, einen Luftpostbrief mit meiner Zwergentype[1] zu schreiben. Sie ist jedenfalls so klein, wie ich nur schreiben könnte, und sehr viel klarer. Ich habe dir vor zwei Tagen erst geschrieben, aber ich habe große Lust, mit Dir zu reden. Nicht daß es viele Neuigkeiten gäbe, nur Belangloses. Ich habe noch keine Gelegenheit gehabt, weiterzuschreiben. Heute vormittag mußte ich einkaufen und zu den Kadetten; und als ich das zweite Mal in die Stadt fuhr, ist der hintere Reifen mit lautem Knall geplatzt; der Schlauch war durch einen Riß im Außenmantel hinausgedrückt worden. Zum Glück war dies nicht weit von Denis, und ich konnte mich in den Gardeners' Arms trösten, das die Amerikaner[2] noch nicht entdeckt haben und wo eine Mischung von College Ale und Bitterem ausgeschenkt wird. Aber nach dem Mittagessen mußte ich noch ein drittes Mal losfahren, und von 5 bis 8 war ich damit beschäftigt, mit ein paar alten Brettern und geradegeklopften Nägeln den Stall für die neuen Hühner zu erweitern – hol sie der Teufel! Jetzt habe ich eben die Nachrichten gehört, und so geht der Tag herum. Eine Familie Dompfaffen, die in unserm Garten oder in der Nähe ihr Nest haben muß und sehr zahm ist, hat uns in letzter Zeit durch ihre Possen beim Füttern der Jungen unterhalten, oft dicht vor dem Eßzimmerfenster. Insekten von den Bäumen und Saudisteln scheinen sie am liebsten zu mögen. Ich hatte keine Ahnung, daß sie sich ganz so wie Distelfinken betragen. Der dicke Papa, mit rosa Weste und allem Drum und Dran, hängt vollkommen verkehrt herum an einem Distelzweig und fiept die ganze Zeit. Auch ein paar Zaunkönige schwirren umher. Ansonsten nichts Bemerkenswertes, nur daß alle Vögel nach den milden Wintern und in dieser relativ katzenlosen Zeit zahlenmäßig stark vermehrt sind. Der Garten ist verwildert wie eh und je, alles wieder tiefgrün, aber immer noch mit Rosen in Hülle und Fülle. Der klare Sommertag hat sich gegen Abend wieder mit Regen bezogen, und dann kam noch viel mehr herunter, doch nicht ohne Pausen . . . . .

[9. Juli.] *A propos* Dompfaffen, hast Du gewußt, daß sie etwas mit der edlen Kunst des Bierbrauens zu tun hatten? Ich schaute neulich ins Kalevala hinein – ein Buch, das Du, glaub ich, noch nicht gelesen hast. Oder doch? – und stieß auf den Runo XX, der mir früher schon gefallen hat: Er handelt hauptsächlich von der Erfindung des Bieres. Als die Gärung zum ersten Mal bewerkstelligt wurde, war das Bier nur in Birkenfässern und schäumte durch den ganzen Raum, und natürlich kamen dann die Helden, leckten es auf und wurden mächtig betrunken. *Drunk was Ahti, drunk was Kauko, drunken was the ruddy rascal, with the ale of Osmo's daughter* – Kirbys Übersetzung[3] ist lustiger als das Original. Jedenfalls, es war der Dompfaff, der Osmos Tochter auf die Idee gebracht hatte, das Gebräu in Eichenfässer mit Kupferreifen zu füllen und es im Keller zu lagern. *Thus was ale at first created … best of drinks for prudent people; Women soon it brings to laughter, Men it warms into good humour, but it brings the fools to raving.* Sehr wahr! Die armen alten Finnen mit ihrer sonderbaren Sprache, es sieht so aus, als ob sie erledigt sind! Hätte ich doch bloß das Land der Tausend Seen vor diesem Kriege besucht! Das Finnische hätte mir beinahe mein Examen in Altphilologie verdorben, und es war der erste Keim zum Silmarillion . . . . .

Ich bin gespannt, wie Du mit dem Fliegen zurechtgekommen bist, seit du das erste Mal solo hochgegangen bist – die letzte Nachricht, die wir darüber bekamen. Besonders gemerkt habe ich mir, was Du über die Strandschwalben sagst. Das trifft den Kern der Dinge, nicht? Da hast Du die Tragik und das blanke Elend aller Maschinerie. Anders als die Kunst, die sich damit begnügt, eine Sekundärwelt im Geiste zu schaffen, versucht sie, Wünsche zu erfüllen und damit Macht in dieser Welt hervorzubringen; und das kann nie wirklich zur vollen Zufriedenheit gelingen. Die arbeitsersparende Maschinerie erzeugt nur eine endlose und noch schlimmere Arbeit. Und zu dieser fundamentalen schöpferischen Unfähigkeit kommt noch der Sündenfall hinzu, der unsere Kniffe nicht nur hinter den Wünschen zurückbleiben, sondern sie sich auch einem neuen und grauenvollen Übel zuwenden läßt. So kommen wir unvermeidlich von Daedalus und Ikarus zum Riesenbomber. Dies ist kein Fortschritt der Weisheit! Diese furchtbare Wahrheit, die Sam Butler schon vor langer Zeit geahnt hatte, tritt in unserer Zeit mit ihren noch schlimmeren Drohungen für die Zukunft so klar hervor und wird so grauenhaft demonstriert, daß es fast als eine weltweite Geisteskrankheit erscheint, daß sie nur von einer winzigen Minderheit wahrgenommen wird. Sogar Leute, welche die Sagen einmal gehört haben (was immer seltener wird), ahnen nichts von ihrer Vorbedeutung. Wie konnte ein

Motorrad-Fabrikant seine Produkte Ixion-Räder nennen? Nach Ixion, der in der Hölle für die Ewigkeit auf ein sich ständig drehendes Rad geflochten wurde! Also, nun habe ich über 2000 Worte auf diesen dünnen kleinen Luftpostbrief bekommen, und ich will den Mordor-Spielzeugen einige ihrer Sünden vergeben, wenn sie ihn schnell zu Dir bringen.....

76 Aus einem Brief an Christopher Tolkien   28. Juli 1944 (FS 39)

Nun zu Sam Gamgee. Ich bin ganz einig mit dem, was Du sagst, und denke nicht im Traum daran, seinen Namen ohne Dein Einverständnis zu ändern; aber der Zweck der Änderung wäre gerade, das Komische, Bäuerliche und, wenn Du so willst, Englische an dieser Perle unter den Hobbits herauszustreichen. Hätte ich es mir gleich zu Anfang recht überlegt, hätte ich allen Hobbits sehr englische Namen geben müssen, wie es sich für die Bewohner eines *Shire* gehört. Zuerst hatte ich den *Gaffer*, und dann kam *Gamgee* als ein Nachklang zu den alten Späßen aus Lamorna.[1] Ich bezweifle, daß der Name englisch ist. Ich kannte ihn nur durch das Gamgeetuch, wie man Baumwolle nannte, nach dem Namen eines Erfinders aus dem vorigen Jahrhundert. Ich würde aber sagen, daß inzwischen Deine ganze Vorstellung von dieser Figur sich mit diesem Namen verknüpft hat. Reine Neuigkeiten stehen in dem Luftmikro; das einzig Erwähnenswerte war aber die Hamlet-Aufführung[2], die ich gesehen hatte, kurz bevor ich zuletzt schrieb. Neulich war ich noch ganz erfüllt davon, aber die alltäglichen Belange haben den Eindruck bald wieder ausgelöscht. Aber dabei wurde mir noch stärker als bei allem, was ich je gesehen habe, deutlich, was es für ein Wahnsinn ist, Shakespeare zu lesen (und vom Studierzimmer aus zu kommentieren), außer in Zusammenhang mit dem Besuch der Aufführungen. Die Inszenierung war sehr gut, mit einem jungen, ziemlich heftigen Hamlet; es wurde schnell und ohne Streichungen gespielt und ergab ein sehr aufregendes Stück. Hätte man es nur sehen können, ohne es je gelesen zu haben oder die Handlung zu kennen, so wäre es ganz prächtig gewesen. Abgesehen von einem bißchen Pfusch bei der Tötung des Polonius war es gut gespielt. Aber zu meiner Überraschung wirkte der Teil am bewegendsten, als fast unerträglich aufwühlend, der mich beim Lesen immer angeödet hat: die Szene, wie die wahnsinnige Ophelia ihre Liedchen singt.

Unter Vernachlässigung anderer Pflichten habe ich etliche Stunden tippen können und bin jetzt mit den neuen Sachen im Ring fast fertig; also kann ich bald weitermachen und zum Schluß kommen; und ich hoffe Dir in Kürze wieder einen Stoß schicken zu können..... Am Sa. war Binney zum Tee da, in sehr aufgeräumter Laune; P. wurde aufgemuntert, weil sie sonst auch s. allein ist, immer nur mit zwei brummigen alten Leuten und nichts zu tun als Lesen. Sie hat gerade *Out of the S. Planet* und *Perelandra* gelesen, und mit gutem Geschmack gibt sie letzterem den Vorzug. Aber sie findet es schwer begreiflich, daß Ransom kein Porträt von mir sein soll (obwohl etwas von mir als Philologen vielleicht in ihm steckt und ich manche meiner Ideen und Meinungen lewisifiziert in ihm wiedererkenne)..... Die Nachrichten sind heute einmal gut. Vielleicht geht von nun an alles schneller, wenn auch nicht so schnell, wie manche meinen. Ich bin gespannt, wie lange von Papen sich noch über Wasser halten kann.[1] Aber wenn es in Frankreich zum Knall kommt, dann wird es Zeit sein, sich aufzuregen. Wie lange noch? Und was ist mit der roten Chrysantheme im Osten? Und wenn alles vorüber ist, werden gewöhnliche Menschen dann noch einen Rest von Freiheit (oder Recht) haben, oder werden sie darum kämpfen müssen, oder werden sie zu müde sein, um sich zu wehren? Das Letzte scheint so etwa die Vorstellung von manchen unter den Großen zu sein. Die zumeist diesen Krieg aus dem Blickwinkel ihrer großen Automobile erlebt haben. Allzu viele sind kinderlos. Aber ich glaube, wenn eine Folge all dessen gewiß ist, dann ein weiterer Zuwachs in den großen genormten Amalgamierungen mit ihren massenproduzierten Ideen und Emotionen. Die Musik wird dem Jazz Platz machen: Und das bedeutet, soweit ich es beurteilen kann, daß man sich zu einer »Jam Session« um ein Klavier versammelt (ein Instrument, das eigentlich dazu bestimmt ist, Töne hervorzubringen, wie sie zum Beispiel ein Chopin gesetzt hat), und so hart darauf loszuschlagen, daß es bricht. Diese feinsinnige Unterhaltung soll in den USA wie ein »Fieber« grassieren. O Gott! O Montreal! O Minnesota! O Michigan! Welcherlei Massenmanien die Sowjets hervorbringen können, wird man erst sehen können, wenn wieder Friede und Wohlstand eingekehrt sind und die Kriegshypnose aufgehoben ist. Vielleicht gar keine so finsteren wie der Westen (hoffe ich). Aber man kann sich gar nicht wundern, daß ein paar kleinere Staaten immer noch »neutral« bleiben wollen; sie befinden sich ganz wohl zwischen dem Teufel und Beelzebub (und man kann sich dann aussuchen, welchen T. man auf welche Seite verweisen will). Aber weitergegangen ist es schon immer ganz anders, und Du und ich, wir gehören zu der Seite der ewig Besiegten und nie ganz Unterworfenen. Das römische Reich hätte ich seinerzeit gehaßt (ich hasse es jetzt noch) und wäre doch ein patriotischer römischer Bürger geblieben, obwohl mir ein freies Gallien lieber gewesen wäre und ich auch an Karthagern Gutes gefunden hätte. *Delenda est Carthago.*[2] Dergleichen hören wir heutzutage viel. Im Schulunterricht wurde mir tatsächlich versichert, daß dies ein schöner Ausspruch sei; und ich »reagierte« (ein Wort, das in diesem Falle einmal weniger mißbräuchlich als üblich ist) sofort. Es besteht noch ein wenig Hoffnung, daß zumindest in unserem schönen England die Propaganda sich selbst zunichte macht und sogar das Gegenteil des Beabsichtigten erreicht. Das soll sogar in Rußland so sein, und ich will wetten, so ist es in Deutschland.....

[1. August.] Ich habe gehört, gerade seien die *First Whispers of the Wind in the Willows* erschienen; und die Besprechungen scheinen positiv zu sein. Sie sind von Kenneth Grahames Witwe herausgegeben, sind aber, soviel ich höre, keine Notizen zu dem Buch, sondern Geschichten (über Toad und Mole usw.), die er in Briefen an seinen Sohn geschrieben hat. Ich muß mir, wenn mögl., ein Exemplar verschaffen. Ich befürchte, es war ein großer Fehler, daß ich meine Fortsetzung zu lang und verwickelt gemacht habe, und daß es so lange dauert, bis ich sie herausbringe. Das epische Temperament ist ein Fluch in einem überfüllten Zeitalter, das für fixe, kurze Sachen schwärmt!

78 Aus einem Brief an Christopher Tolkien
12. August 1944 (FS 43)

Es ist länger her, als ich seit meinem Luftmikro vom 8. Aug. hatte aussetzen wollen ... Ich habe Deine Briefe genau gelesen, und natürlich ist es ganz richtig, daß Du uns Dein ziemlich mitgenommenes Herz ausschüttest; denke aber nicht, daß Einzelheiten aus Deinem täglichen Leben, Deine Freunde, Bekanntschaften oder ganz kleine Vorfälle nicht mitteilenswert oder interessant wären. Ich bin froh, daß Du es (zeitweise) leichter findest, sich durchzuwursteln. Ich würde mir nicht zuviel Gedanken machen, wenn das Ganze manchmal den höchsten Ansprüchen (geistigen und ästhetischen, moralischen schon gar nicht) nicht zu genügen scheint. Ich glaube nicht im mindesten, daß Du in Gefahr bist, auf die Dauer zu verkommen; und ich würde sagen, daß Du ein etwas dickeres Fell bekommen mußt, wenn auch nur als Schutz für Dein empfindlicheres Inneres; wenn Du Dir das jetzt aneignest, wird es auf Deinem späteren Lebensweg in dieser harten Welt (und nichts spricht dafür, daß sie sanfter werden könnte) von bleibendem Wert sein. Und natürlich, wie Du schon gemerkt hast, was einem dabei aufgeht, ist die Einsicht, wieviel Wertvolles sich oft unter einer gräßlichen Oberfläche verbirgt. Urukhai ist nur eine Redefigur. Es gibt keine echten Uruks, das heißt, Leute, die von ihrem Schöpfer mit Absicht als schlecht geschaffen sind; und nicht viele sind so verdorben, daß sie unverbesserlich wären (obwohl ich leider zugeben muß, daß es menschliche Geschöpfe gibt, die anscheinend nur durch ein besonderes Wunder gebessert werden könnten; und abnorm viele solcher Geschöpfe gibt es wahrscheinlich in Deutschland und Japan – aber mit Sicherheit haben diese unglückseligen Länder darauf kein Monopol: Ich habe solche Leute auch im grünen, freundlichen England gesehen oder glaubte sie zu erkennen). Alles, was Du über die Trockenheit, den Staub und den Geruch dieses vom Satan ausgespuckten Landes sagst, erinnert mich an meine Mutter; sie haßte es (als ein Land) und war sehr beunruhigt, als mein Vater Symptome dafür erkennen ließ, daß er anfing, daran Gefallen zu finden. Man sagte damals, keine in England geborene Frau könnte diese Abneigung jemals überwinden und sich dort anders denn im Exil fühlen, aber die englischen Männer könnten und würden gewöhnlich (unter den freieren Bedingungen des Friedens) daran Gefallen finden (an dem Land – ich sage nicht, an irgendeinem seiner Bewohner). Alles, was Du schreibst, auch das Nachteilige, steigert merkwürdigerweise nur die Sehnsucht, die ich schon immer spürte, es wiederzusehen. So sehr ich Gartenwege, Hecken, das Rauschen der Bäume und die weichen, geschwungenen Konturen einer fruchtbaren Landschaft liebe, ist es doch der freie Raum, der mich am meisten berührt und am ehesten von Herzen zufrieden macht; und dafür würde ich sogar die Kargheit in Kauf nehmen. Ja, ich glaube, das Karge als solches gefällt mir, wo immer ich es gesehen habe. Mein Herz streift noch durch die hohen, steinigen Einöden zwischen den Moränen und den Felstrümmern, wo es so still ist trotz dem Geräusch der dünnen, kalten Wasserläufe. Natürlich nur intellektuell und ästhetisch, denn von Sand und Stein kann der Mensch nicht leben, aber ich zumindest kann auch nicht vom Brot allein leben; und gäbe es keinen kahlen Fels, keinen weglosen Sand und kein undurchpflügtes Meer, so würde ich einen Abscheu vor allem Grünzeug als einer fungoiden Wucherung fassen......

Alle Eingebungen für den Ring sind vollkommen ausgetrocknet, und ich stehe wieder da, wo ich schon im Frühjahr war, und muß noch einmal die ganze Trägheit überwinden. Wäre das eine Erleichterung, wenn ich es fertig hätte! Wie Du mir fehlst, allein schon deshalb! Ich habe vergessen mir zu notieren, wann ich die MSS. abgeschickt habe, glaube aber, es muß etwa einen Monat her sein, und Du müßtest sie bald bekommen. Ich werde keine mehr schicken, bis ich Deine neue Adresse weiß, aber die folgenden Kapitel sind besser. Ich bin sehr gespannt zu hören, was Du von ihnen hältst. Dies Buch ist mit der Zeit immer mehr für Dich geschrieben worden, und Deine Meinung ist daher wichtiger als jede andere.

79 Aus einem Brief an Christopher Tolkien
22. August 1944 (FS 45)

[Antwort auf Christophers Bemerkungen über Kroonstad, wo er stationiert war, und über Johannesburg.]

Kroonstad ist ein echtes Produkt unserer Kultur, so wie sie geht und steht; Jo'burg (an seinen guten Stellen) ist so, wie es gern sein möchte, aber nur unter besonderen, ziemlich instabilen und wechselhaften ökonomischen Bedingungen sein kann. In England, und hier noch weniger als in den meisten andern Länder Europas, ist sie bisher durch die Relikte einer früheren Zeit (nicht nur durch verfallene Bauwerke) gemildert und verhüllt worden. In zehn bis zwanzig Jahren wird es in unserem Land architektonisch, moralisch und geistig eine ganze Menge Kroonstads geben, wenn die Prachtbauten »vorübergehend« aussätzig und krumm werden wie verfaulte Büchsenpilze, aber nichts anderes mehr entsteht. Wie in früheren dunklen Zeiten wird die christliche Kirche allein größere (doch nicht unveränderte und vielleicht auch nicht unbeschädigte) Traditionsbestände einer höheren geistigen Zivilisation retten können, allerdings nur, wenn sie nicht abermals in die Katakomben getrieben wird. Das sind trübe Gedanken über Dinge, von denen man nicht wirklich etwas wissen kann; die Zukunft ist besonders für die Weisen undurchdringlich; denn das wirklich Bedeutsame ist den Zeitgenossen immer verborgen, und die Saat dessen, was sein wird, keimt in irgendeinem dunklen Winkel still vor sich hin, während alles auf Stalin oder Hitler schaut oder Illustriertenartikel über Beveridge liest (»Der Rektor des University College daheim« in der *Picture Post*) . . . . .
  Heute vormittag habe ich Vorlesung gehalten; dann fand ich das Bird and Baby[1] geschlossen, wurde aber mit einer Stimme angerufen, die über

den tobenden Verkehrsstrom, der früher einmal St. Giles war, hinweg-
drang, und entdeckte die beiden Lewis und C. Williams, verloren und
ganz auf dem Trockenen auf der andern Seite. Schließlich bekamen wir
4 Pinten trinkbares Ale im King's Arms – für 5 Shilling, 8 Pence . . . . . Ich
hoffe, morgen seh ich die Jungens; sonst ist das Leben klar wie Spülwas-
ser . . . . .

Da bin ich wieder, zur besten Zeit des Tages. Der herrlichste Sonnenuntergang, den ich seit Jahren gesehn hab: ein fernes, blasses blaugrünes
Meer dicht über dem Horizont, und darüber aufgetürmt eine Küste von
Wällen über Wällen voll flammender Cherubim von Gold und Feuer,
hier und da von zarten Schleiern wie von Purpurregen gekreuzt. Vielleicht ein Vorzeichen himmlischer Lustbarkeiten am Morgen, denn das
Barometer steigt.

80 Aus einem Luftpostmikro an Christopher Tolkien
3. September 1944 (FS 46)

[Über G. K. Chesterton.]

P[riscilla] . . . . hat sich gerade viele Abende lang durch die *Ballad of the
White Horse* hindurchgequält; und die Mühe, die es mich kostete, ihr die
dunkleren Teile zu erklären, überzeugt mich davon, daß die Ballade
nicht so gut ist, wie ich gedacht hatte. Der Schluß ist absurd. Das
Feuerwerk der Worte und Wendungen (wo sie treffen und nicht bloß
Klangkolorit sind) kann die Tatsache nicht verhüllen, daß G. K. C. keine
Ahnung vom »Norden« hatte, weder vom heidnischen noch vom christ-
lichen.

81 An Christopher Tolkien

[Christopher war in ein Lager bei Standerton in Transvaal verlegt worden.]

23.–25. September 1944 (FS 51)   20 Northmoor Road, Oxford
Mein Bester,
heute morgen kam wieder ein Luftmikro von Dir, kurz vor Deiner
Abreise nach Standerton . . . . . Es freut mich, daß die Kapitel bei Dir
Zustimmung finden. Sobald ich sie wiederbekomme, schicke ich Dir die
nächsten paar, die ich besser finde (*Kräuter und Kaninchenpfeffer; Faramir;*

Der verbotene Weiher; Wanderung zum Scheideweg; Die Treppen von Kirith
Ungol; Kankras Lauer; Die Entscheidungen von Meister Samweis) . . . . . Zuhause
gibt es nicht viel mehr Neues. Die Lichter nehmen in Oxford stetig zu.
Immer mehr Fenster sind nicht mehr verdunkelt; und die Banbury Road
hat nun eine doppelte Reihe Laternen, während manche Seitenstraßen
die gewöhnlichen Laternen haben. Ich bin am Donnerstagabend zu den
»Inklings« gegangen und konnte doch tatsächlich zum ersten Mal seit
5 Jahren den ganzen Weg bis zum Magdalen fast wie in Friedenszeiten
bei Licht fahren. Die beiden Lewis und C. Williams waren da; und
abgesehen von dem erfreulichen Gespräch, wie ich seit Monden keines
mehr gehabt habe, hörten wir das letzte Kapitel von Warnies Buch an,
einen Aufsatz von CSL und eine lange Probe aus seiner Vergil-Übersetzung.[1] Ich bin erst nach Mitternacht wieder aufgebrochen und mit C. W.
ein Stück des Weges gelaufen. Dabei kamen wir im Gespräch auf die
Schwierigkeiten, herauszufinden, welche gemeinsamen Faktoren, sofern
überhaupt welche, in den Vorstellungen von *Freiheit* nach heutigem
Sprachgebrauch vorhanden wären. Ich glaube, es gibt überhaupt keine,
denn das Wort ist von der Propaganda so mißbraucht worden, daß es für
die Vernunft jede Bedeutung verloren hat und bloß noch eine Droge ist,
um emotionale Hitze zu erzeugen. Allenfalls scheint es zu besagen, daß
diejenigen, die einen beherrschen, die gleiche (Mutter-)Sprache sprechen
sollten – und das ist letztlich schon alles, worauf die konfusen Ideen von
der Rasse oder dem Volk hinauslaufen, oder, so gesehen, in England auch
der Klasse . . . . . Die Meldungen von der Westfront beschäftigen uns
natürlich sehr, aber darüber weißt Du soviel wie wir. Aufregende Tage,
trotz des etwas voreiligen Gebrülls. Die Burschen in den Panzern sind
mitten im dicksten Getümmel, und (nach allem, was ich weiß) glaube
ich, es kommt noch ein bißchen dicker. Ich verstehe den Tenor der BBC
nicht (der Zeitungen auch, daher vermutlich vom M[inistry] O[f] I[nfor-
mation] ausgehend), wonach die deutschen Truppen ein zusammenge-
würfelter Haufen von Plünderern und gebrochenen Männern wären,
während zugleich doch von der erbittertsten Verteidigung gegen die
prächtigsten und bestausgerüsteten (dies sind sie in der Tat) Heere, die je
ins Feld gerückt sind, berichtet wird. Die Engländer sind stolz – oder
waren es früher – auf ihren »Sportsgeist« (wozu gehörte, daß man auch
»dem Teufel sein Recht werden läßt«); doch genügte wohl schon immer
der Besuch eines Fußball-Matchs, um die Illusion zu zerstreuen, daß der
»Sportsgeist« unter den Bewohnern unserer Insel weit verbreitet wäre.
Es ist aber doch ein Jammer, zu sehen, daß unsere Presse ebenso tief in
der Gosse wühlt wie Goebbels in seinen besten Tagen; wie sie einen

deutschen Kommandanten angeifert, der in einer verzweifelten Lage aushält (wenn es auch militärisch für seine Seite eindeutig von Nutzen ist) und daher natürlich ein Säufer oder umnachteter Fanatiker sein muß. Ich sehe keinen großen Unterschied zwischen diesen populären Tönen und dem geflügelten Wort von den »militärischen Idioten«. Wir wußten schon, daß Hitler ein vulgärer und unwissender kleiner Halunke sei, abgesehen von allen anderen Fehlern (oder vielleicht deren Ursache); es scheint aber noch viele vulg. u. unw. kl. Halunken zu geben, die nicht Deutsch sprechen und die, gäbe man ihnen dieselbe Gelegenheit, auch die meisten anderen Hitlerschen Eigenschaften beweisen würden. In der Lokalzeitung stand ein feierlicher Artikel, der ernsthaft die systematische Ausrottung des ganzen deutschen Volkes als einzig sinnvolle Maßnahme nach dem militärischen Sieg empfahl: Denn, bittschön, das ist eine Schlangenbrut und kennt keinen Unterschied zwischen Gut und Böse! (Dagegen der Verfasser?) Die Deutschen haben ebensoviel Recht, die Polen und Juden für ausrottbares Ungeziefer, für Untermenschen zu erklären, wie wir ein Recht haben, dies mit ihnen zu tun: mit anderen Worten, wir haben keines, was sie auch getan haben mögen. Natürlich gibt es hier schon noch einen Unterschied. Der Artikel fand eine Erwiderung, und die Erwiderung wurde abgedruckt. Der Vulgäre Unwissende Halunke ist noch nicht der Chef, der etwas zu sagen hätte; aber auf dem Wege dahin, einer zu werden, ist er auch auf dieser grünen und freundlichen Insel heute sehr viel weiter als früher. Und das alles weißt Du doch. Jedenfalls bist Du nicht der einzige, der manchmal Dampf ablassen oder um sich schlagen möchte; und ich könnte einen Dampf ablassen, wenn ich das Ventil aufschraube, gegen den (wie die Königin zu Alice sagte) das hier nur wie ein Hauch aus einer Sprühdose wäre. Es ist nicht zu ändern. Man kann den Feind nicht mit seinem eigenen Ring bekämpfen, ohne sich selber in einen Feind zu verwandeln; doch leider scheint Gandalfs Weisheit längst mit ihm in den Wahren Westen hingeschieden zu sein.....

Der NW-Sturm in der »Straße von Dover« ist vorüber, und wir haben wieder einen milden Septembertag mit silbriger Sonne, die durch sehr hohe gesprenkelte, immer noch ziemlich schnell aus NW heranziehende Wolken hindurchscheint. Ich muß sehen, daß ich mit der *Pearl* vorankomme, um sie Basil Blackwell in den hungrigen Rachen zu stopfen.[2] Aber die herbstliche Wanderlust hat mich gepackt, und am liebsten würde ich mit einem Rucksack losgehen, ohne ein anderes Ziel als eine Reihe ruhiger Gasthäuser. Eine der allzu lange verschobenen Freuden, die wir uns versprechen müssen, wenn es Gott gefällt, uns die Zeit zu

gönnen und uns wieder zusammenzuführen, wäre eine solche perambu-
latio, gemeinsam, am besten in einer bergigen Gegend nicht zu weit vom
Meer, wo die Wunden des Krieges, die abgeholzten Wälder und plattge-
walzten Felder nicht allzu deutlich zu sehn sind. Die Inklings haben
schon vereinbart, daß ihre Siegesfeier, sofern sie bis dahin verschont
bleiben, darin bestehen soll, einen ganzen Gasthof auf dem Lande für
mindestens eine Woche zu mieten und die Zeit dort ganz mit Bier und
Gesprächen hingehen zu lassen, ohne jede Rücksicht auf die Uhrzei-
ten! . . . Gott sei mit Dir und geleite Dich auf allen Wegen. Alles Gute von
Deinem

Vater

82 Aus einem Luftpostmikro an Christopher Tolkien
30. September 1944 (FS 52)

Wir drei sind gerade durch das verregnete Ende eines goldenen Tages
aus dem Theater nachhause gekommen, von einer sehr schlechten
Aufführung von »Arms and the Man«, das sich nicht gut gehalten hat. Ich
habe die gute Frau getroffen (im Theater mit C. Williams), die den Ring
abtippt, und habe die Hoffnung, Dir bald mehr schicken zu können. Ich
glaube nicht, daß ich noch weiterschreiben würde ohne die Hoffnung,
daß Du es liest. Im Moment bin ich am Überarbeiten, weil ich nicht
weitermachen kann, ohne das Zurückliegende frisch im Kopf zu haben.
Erinnerst Du Dich an das Kapitel »Der König der goldenen Halle«?
Scheint mir ziemlich gut, jetzt, wo es alt genug ist, um es mit Abstand zu
sehen.

83 Aus einem Brief an Christopher Tolkien
6. Oktober 1944 (FS 54)

Es war eine ungewöhnlich interessante Woche. Du weißt doch, wie
sonderbar reich man sich fühlt, sogar wenn man nicht knapp bei Kasse
war, wenn man in einer alten Hosentasche einen vergessenen Shilling
findet. Ich meine jetzt nicht die Tatsache, daß ich rund 51 Pfund für die
Ferienplackerei mit den Kadetten eingestrichen habe, obwohl das auch
nicht so schlecht war. Sondern die Tatsache, daß ich eine *Woche* zu früh
dran bin. Das Semester fängt noch nicht heute an, sondern erst nächste
Woche! Das hat mir ein wundervolles (wenn auch trügerisches und

später zu bezahlendes) Gefühl der Muße gegeben . . . . . Dienstagmittag habe ich mit C. Williams im Bird and B. hereingeschaut. Dort fand ich zu meiner Überraschung Jack und Warnie[1] schon behaglich niedergelassen. (Die Bierknappheit ist einstweilen vorbei, und die Gasthäuser sind fast wieder gastlich.) Die Unterhaltung war ziemlich lebhaft – obwohl ich mich jetzt an nichts mehr erinnern kann als an C. S. L.'s Geschichte von einer älteren Dame, die er kennt. (Sie hat in den verflossenen Tagen Sir Walter Raleighs Englisch studiert. Bei der Mündlichen wurde sie gefragt: *In welcher Periode hätten Sie gern gelebt, Miss B.? Im 15. Jahrh.*, sagte sie. *Aber, Miss. B., hätten Sie nicht gern die Dichter vom Genfer See kennengelernt? Nein, Sir, der Umgang mit Gentlemen ist mir lieber.* Scheitern der Prüfung.) – & dabei fällt mir ein sonderbarer, großer hagerer Mann auf, halb in Uniform, halb in Zivil, mit einem großen Schlapphut, glänzenden Augen und Hakennase, der in der Ecke sitzt. Die anderen hatten ihm den Rücken zugekehrt, aber ich konnte ihm an den Augen ansehn, daß er an unserem Gespräch Interesse nahm, ganz anders als das übliche gequälte Erstaunen des britischen (und amerikanischen) Publikums, die beiden Lewis (und mich) in einer Kneipe zu sehen. Er wirkte ganz so wie Trotter[2] im Tänzelnden Pony, genauso! Ganz plötzlich mischte er sich ins Gespräch ein, mit einem eigenartigen, nicht lokalisierbaren Akzent, und griff eine Bemerkung über Wordsworth auf. Binnen weniger Sekunden war er als Roy Campbell erkannt (der die *Flowering Rifle* und den *Flaming Terrapin* geschrieben hat). Tableau! Um so mehr, als er unlängst erst von C. S. L. im *Oxford Magazine* heftig verrissen worden war und ihm kein Zeitungausschnitt entgeht! In C. S. L. steckt immer noch viel von Ulster, auch wenn er es selbst nicht weiß. Danach ging alles sehr schnell und stürmisch zu, und ich kam zu spät zum Mittagessen. Es war (vielleicht) tröstlich zu erfahren, daß dieser kraftvolle Dichter und Soldat in Oxford hauptsächlich Lewis (und mich) hatte sehen wollen. Wir verabredeten uns für Donnerstag (d. h. gestern) abends. Wenn ich mich an alles erinnern könnte, was ich gestern abend B. C. S. L.'s Zimmer hörte, so würde das mehrere Luftpostbriefe füllen. C. S. L. hatte eine ganze Menge Port getrunken und war etwas streitlustig (er ließ es sich nicht nehmen, seinen Verriß noch einmal vorzulesen, während R. C. ihn auslachte), doch die meiste Zeit über waren wir froh, unserem Gast zuhören zu können. Ein Ausblick in eine wilde Welt, und doch ist der Mann an sich freundlich, bescheiden und mitfühlend. Am meisten interessierte es mich zu erfahren, daß dieser alt aussehende, vom Krieg gezeichnete Trotter, der noch humpelt nach seinen letzten Verwundungen, 9 Jahre jünger ist als ich, und wahrsch. haben wir uns schon gekannt, als er noch ein Junge war, denn er lebte in O[xford] zu der Zeit, als wir in der Pusey Street wohnten (er wohnte mit Walton, dem Komponisten[3], zusammen, war mit T. W. Earp, dem Urbild des *twerp*, befreundet und mit *Wilfried Childe*[4], Deinem Paten – von dessen Werken er viel hält). Was er seither getrieben hat, spottet der Beschreibung. Er ist Sproß einer protestant. Familie aus Ulster, die sich in S.-Afrika niedergelassen hat. Die meisten seiner Angehörigen haben an beiden Kriegen teilgenommen. Er ist katholisch geworden, nachdem er in Barcelona die Karmeliter-Patres versteckt hatte – vergebens, sie wurden gefaßt und abgeschlachtet, und R. C. wäre beinah auch umgekommen. Aber er holte die Archive der Karmeliter aus der brennenden Bibliothek heraus und brachte sie durch das rote Land. Er spricht fließend Spanisch (ist professioneller Stierkämpfer gewesen). Wie man weiß, hat er dann den ganzen Krieg hindurch auf seiten Francos gekämpft und ist unter anderem in der Vorhut der Truppen gewesen, die die Roten aus Malaga verjagt haben, wobei die es so eilig hatten, daß ihr General (Villalba, glaub ich) seine Beute nicht mitnehmen konnte – und die Hand der Hl. Teresa mit all ihren Juwelen blieb auf seinem Tisch liegen. Sehr interessante Dinge hatte er über die Lage in Gibraltar seit dem Krieg (in Spanien) zu sagen. Aber er ist Patriot und kämpft seither für die Br. Armee. Nun ja! Martin d'Arcy[5] verbürgt sich für ihn und hat ihm gesagt, wo er uns findet. Ich wünschte, ich könnte die Hälfte von seinen pikaresken Geschichten über Dichter, Musiker usw. behalten, von Peter Warlock bis zu Aldous Huxley. Am besten gefallen hat mir eine über den schmierigen Epstein (den Bildhauer), wie er sich mit dem geschlagen und ihn für eine Woche ins Krankenhaus gebracht hat. Es ist aber gar nicht möglich, von einem so ungewöhnlichen Charakter einen Eindruck zu geben, Soldat und Dichter und bekehrter Christ. Ganz anders als die Linken – die »Kordsamt-Panzer«, die nach Amerika getürmt sind (Auden unter ihnen, der mit seinen Freunden erreicht hat, das R. C.'s Werke in Birmingham vom Stadtrat »verbannt« wurden!). Ich treffe diesen Mann hoffentlich nächste Woche noch einmal. Wir sind bis nach Mitternacht im Magdalen geblieben, und dann bin ich mit ihm zusammen noch bis zur Beaumont Street gegangen. C. S. L.'s Reaktionen waren eigenartig. Nichts ist schmeichelhafter für die rote Propaganda als die Tatsache, daß er (der doch weiß, daß sie in allen andern Dingen Lügner und Verleumder sind) alles glaubt, was gegen Franco gesagt wird, und nichts glaubt, was für ihn gesagt wird. Sogar Churchills offene Rede im Parlament hat ihm keinen Eindruck gemacht. Aber der Haß gegen unsere Kirche ist eben die einzige echte und tiefste Grundlage der Kirche von England – so tief

eingewurzelt, daß er selbst dann noch bewahrt bleibt, wenn alle Über-
bauten offenbar weggeräumt sind (C. S. L. achtet zum Beispiel das
Heilige Sakrament und bewundert die Nonnen!). Und doch – wird ein
Lutheraner ins Gefängnis gesteckt, gerät er in Harnisch, werden aber
katholische Priester abgeschlachtet – so glaubt er's nicht (und denkt
vermutlich im Grunde, sie hätten's nicht anders gewollt). Aber R. C. hat
ihn ein bißchen erschüttert.....

»Klöne« Du nur weiter! Briefe müssen nicht nur von äußeren Vorfällen berichten (obwohl alle Einzelheiten willkommen sind). Was Du
denkst, ist ebenso wichtig: Weihnachten, Bienensummen und dergleichen. Und ich wüßte nicht, warum Deine Begegnung mit dem Chemi-
ker-Botaniker.... nicht berichtenswert sein sollte. Ich fand sie sehr
interessant..... Nicht das *Nichtmenschliche* (z. B. das Wetter) und auch
nicht der *Mensch* (sogar auf einer niedrigen Stufe), sondern das *vom
Menschen Gemachte* ist das letztlich Entmutigende und Unerträgliche.
Würde ein ragnarök[6] alle Slums, Gaswerke, die schäbigen Garagen und
die langen Vororte mit ihren Bogenlampen niederbrennen, so könnten
von mir aus auch alle Kunstwerke mit verbrennen – und ich würde
wieder zu den Bäumen zurückkehren.

84 Aus einem Luftpostmikro an Christopher Tolkien
12. Oktober 1944 (FS 55)

Ich habe am Dienstag wieder einen Anfang gemacht und zu schreiben
versucht (ich wollte, auf der Schwelle zum Semester!), bin aber auf einen
sehr störenden Fehler (ein, zwei Tage) in der Synchronisation der
Handlungen – s. wichtig in diesem Stadium – zwischen Frodo und den
andern gestoßen. Das hat viel Mühe und Nachdenken gekostet und
erfordert ermüdende kleine Änderungen in vielen Kapiteln; aber immerhin habe ich nun tatsächlich das Buch Fünf angefangen (das letzte: etwa
10 Kapitel pro »Buch«). Heute habe ich »Leaf by Niggle« an die Dublin
Review geschickt, weil mich der Herausgeber um Gedichte oder etwas
Erzählerisches gebeten hat.

85 Aus einem Luftpostmikro an Christopher Tolkien
16. Oktober 1944 (FS 56)

Ich habe mit Verschiebungen in der Chronologie des Rings zu kämpfen gehabt, die sich als sehr vertrackt erwiesen, wodurch nicht andere und ödere Geschäfte aufgehalten wurden, sondern ich auch nicht weitermachen konnte. Ich glaube, ich habe schließlich doch alles aufgelöst, durch kleine Abänderungen auf der Karte und durch Einfügung eines weiteren Tages für das Ent-Thing, und mehrerer Tage in Trotters Jagd und Frodos Marsch (eine kleine Änderung im ersten Kapitel, das ich Dir gerade geschickt habe: 2 Tage vom Morannon nach Ithilien). Aber jetzt kommen wieder Vorlesungen und auch die Pearl.

86 Aus einem Brief an Christopher Tolkien
23. Oktober 1944 (FS 57)

Ich bin eben draußen gewesen, um hochzuschauen: Der Lärm ist furchtbar, der größte seit langer Zeit, eine Himmelsarmada. Ich nehme an, es geht in Ordnung, daß ich dies schreibe, denn bis es Dich erreicht, wird irgendwo etwas nicht mehr existieren, und alle Welt wird davon gewußt und es schon wieder vergessen haben . . . . .

Anscheinend ist keine Zeit, irgend etwas ordentlich zu machen; und ich bin immerzu müde oder vielmehr gelangweilt. Ich glaube, wenn ein Dschinn käme und wollte mir einen Wunsch erfüllen – *was hättest Du wirklich gern?* – würde ich antworten: *Nichts. Fort mit Dir!* . . . .

Was die Flüche und Lästerungen angeht, so kann man sich nur (wo angebracht) an die Worte erinnern: *Vater, vergib ihnen, denn sie wissen nicht, was sie tun* – oder reden. Und irgendwie denke ich mir, daß Unsern Herrn die Sünden, die wir gegeneinander verüben, mehr quälen als die gegen ihn, insbes. gegen seine leibhaftige Person verübten. Und sprachlich besteht kein großer Unterschied zwischen einem *verdammt!*, das unbedacht oder überhaupt ohne Wissen von der Schrecklichkeit und Majestät des Einzigen Richters dahergesagt wird, und den Dingen, von denen Du schreibst. Die sexuellen wie die sakralen Wörter haben jeden Inhalt eingebüßt, bis auf den Schatten einer früheren Emotion. Ich sage nicht, daß dies nichts Schlechtes wäre, und gewiß kann man sehr davon angewidert, traurig und wütend werden, aber eine *Lästerung* im vollen Sinne ist es jedenfalls nicht.

25. Oktober 1944   20 Northmoor Road, Oxford
Bester, hier ist noch ein Stückchen vom »Ring«, mit der Hoffnung, daß es
Dich ergötzt, und der Bitte um Deine Kritik. Zurückschicken mußt Du
es nicht. Noch zwei Kapitel um das »vierte Buch« abzuschließen, & dann
hoffe ich mit dem fünften und letzten fertigzuwerden. Heute habe ich
einen langen Luftpostbrief geschrieben, & schreibe (natürlich) noch
einmal vor Deinem Geburtstag. Ich fürchte, dies Päckchen wird dazu
nicht rechtzeitig ankommen.

»Lieber Mr. Tolkien, ich habe Ihr Buch *Der kleine Hobbit* gerade zum
11. Mal ausgelesen und möchte Ihnen schreiben, wie ich es finde. Ich
finde, es ist das herrlichste Buch, das ich je gelesen habe. Unbeschreib-
lich . . . Potz Blitz, ich wundre mich, daß es nicht bekannter ist . . . Wenn
Sie noch mehr Bücher geschrieben haben, könnten Sie mir bitte schreiben, wie sie heißen?«
                    John Barrow, 12 J.
                West town School, West town, Pa.

Ich dachte, dieser Auszug aus einem Brief, der gestern ankam, würde
Dich amüsieren. Ich finde, diese Briefe, wie sie immer noch ab und zu
kommen, machen mich eher traurig (abgesehen vom Weihrauchduft,
den man als sündiger Mensch auch nicht ungern hat). Wieviel tausend
gute menschliche Kerne müssen auf kargen, steinigen Boden fallen,
wenn so ein winziges Tröpfchen Wasser so berauschend wirken kann!
Aber ich meine, man muß dankbar sein für das Glück und die Gnade, die
es mir erlaubt haben, wenigstens dies Tröpfchen zu stiften. Gott segne
Dich, mein Lieber! Meinst Du, der »Ring« wird bei den Durstigen
ankommen?
                    Dein Vater

Es ist doch nett, daß kleine Jungen in Amerika immer noch »Potz Blitz!«
sagen.

88 Aus einem Brief an Christopher Tolkien

28. Oktober 1944 (FS 58)

Dieses leere Jahr entschwindet in ein ödes graues leidvolles Dunkel; so schwerfüßig und doch so schnell und flüchtig! Was wird das neue Jahr bringen und der Frühling? Ich bin gespannt.

89 An Christopher Tolkien

7.–8. November 1944 (FS 60)   20 Northmoor Road, Oxford

. . . . Daß Du von der Obhut Deines Schutzengels sprichst, macht mich befürchten, daß Du »ihn« besonders nötig hast. Ich vermute, so wird es sein. . . . . Es erinnerte mich auch an ein plötzliches Gesicht (oder vielleicht war es eine Erkenntnis, die in meinem Sinn sofort eine bildhafte Form annahm), das ich vor nicht langer Zeit hatte, als ich eine halbe Stunde in St. Gregory vor dem Heiligen Sakrament verbrachte, während dort die Vierzig Stunden[1] gehalten wurden. Ich erkannte oder dachte mir das Licht Gottes, und darin schwebte ein Stäubchen (oder Millionen Stäubchen, doch nur zu einem war mein kleiner Geist hingewendet), das weiß schimmerte in einem einzelnen Strahl des Lichtes, von dem es zugleich getragen und erleuchtet wurde. (Nicht daß von dem Licht einzelne Strahlen ausgegangen wären, aber schon die bloße Existenz des Stäubchens und seine Position zum Licht waren eine Linie, und die Linie war Licht.) Und der Strahl war der Schutzengel des Stäubchens: nicht etwas, das zwischen Gott und sein Geschöpf gerückt worden wäre, sondern Gottes personifizierte Aufmerksamkeit höchstselbst. Und »personifiziert« meine ich nicht als bloße Redensart, nach den Neigungen der menschlichen Sprache, sondern ich meine eine echte (endliche) Person. Als ich später daran dachte – denn die ganze Sache war sehr unvermittelt und nicht festzuhalten in plumpen Worten, jedenfalls nicht das Gefühl einer großen Freude, das sie begleitete, und die Einsicht, daß das schimmernd schwebende Stäubchen ich selbst sei (oder ein anderer Mensch, dessen ich in Liebe gedenken mochte) –, ist mir eingefallen (ich getraue mich kaum, es zu sagen, und habe keine Ahnung, ob eine solche Idee legitim ist: immerhin ist sie klar getrennt von dem Gesicht des Lichtes und des darin schwebenden Stäubchens), daß dies eine endliche Parallele zum Unendlichen ist. So wie die Liebe des Vaters und des Sohnes (die unendlich sind und sich gleichen) eine Person ist, so ist die Liebe und Aufmerksamkeit des Lichtes für das Stäubchen eine Person (die sowohl unter uns als auch im Himmel ist): eine zwar endliche, aber göttliche, d. h. engelhafte Person. Jedenfalls, mein Bester, ich empfing Trost, zum Teil in dieser merkwürdigen Form, die ich wohl (fürchte ich) nicht habe deutlich machen können: nur soviel, daß ich nun eine klare Vorstellung von Dir habe, wie Du glänzend im Lichte schwebst – wobei allerdings Dein Gesicht (wie unser aller Gesichter) vom Licht abgewandt ist. Aber vielleicht können wir den Schimmer in den Gesichtern (und liebevoll aufgefaßten Personen) von anderen sehen.

Am Sonntag sind Prisca und ich bei Wind und Regen nach St. Gregory geradelt. P. hatte mit einer Erkältung und anderen Beschwerden zu tun, und zunächst mal hat es ihr nicht eben geholfen, obwohl ihr's inzwischen wieder besser geht; aber wir hörten eine der besten (und längsten) Predigten von Pater C. Ein herrlicher Kommentar zum Sonntagsevangelium (Heilung eines kranken Weibes und der Tochter des Jairus), eindringlich verlebendigt durch einen Vergleich der drei Evangelisten. (P. amüsierte sich vor allem über seine Bemerkung, daß der hl. Lukas, weil er selbst Arzt war, etwas gegen die Andeutung hatte, daß es dem armen Weib nach der Behandlung durch die Ärzte nur um so schlechter ging, und darum habe er dies heruntergespielt). Und durch seine anschaulichen Beispiele neuerer Wunder. Ein ganz ähnlicher Fall: eine Frau mit ähnlichem Leiden (verursacht durch ein großes Gebärmutter-Geschwür), die in Lourdes augenblicklich geheilt wurde, so daß von dem Geschwür nichts mehr zu sehen war und der Gürtel ihr viel zu weit war. Am rührendsten die Geschichte von dem kleinen Jungen mit tuberkulöser Peritonitis, der *nicht* geheilt worden war und von seinen traurigen Eltern im Zug fortgebracht wurde, mit 2 Krankenschwestern, die ihn pflegten, und schon so gut wie im Sterben. Als der Zug abfuhr, kam die Grotte in Sicht. Der kleine Junge setzte sich auf. »Ich möchte zu dem kleinen Mädchen gehn und mit ihm reden« – im gleichen Zug war ein kleines Mädchen, das geheilt worden war. Und er stand auf, ging hin und spielte mit der Kleinen; und dann kam er zurück und sagte, »jetzt hab ich Hunger«. Und dann gab man ihm Kuchen und zwei Tassen Schokolade und riesige Sandwiches mit corned beef, und er aß alles auf! (Das war 1927.) So hat auch unser Herr gesagt, daß man der kleinen Tochter des Jairus etwas zu essen geben solle. Ganz schlicht und sachlich, denn so geht es zu bei einem Wunder. Wunder sind Störungen (wie wir fälschlich sagen) des wirklichen oder normalen Lebens, aber sie dringen tatsächlich darin ein und erfordern daher gewöhnliche Mahlzeiten und andere Ergebnisse. (Natürlich konnte Pater C. es nicht lassen, noch eine Geschichte anzufügen: Es gab auch einen Kapuzinermönch, der war sterbenskrank & hatte seit Jahren nichts mehr gegessen, und er wurde geheilt und war so froh darüber, daß er gleich losrannte und zwei Mahlzeiten verzehrte, und an dem Abend hatte er nicht mehr seine alten Schmerzen, sondern eine ganz gewöhnliche Magenverstimmung.) Aber bei der Geschichte von dem kleinen Jungen (die natürlich eine vollständig bezeugte *Tatsache* ist) mit ihrem scheinbar traurigen Ende und dann plötzlich dem unverhofft glücklichen Ausgang war ich tief gerührt und spürte diese eigenartige Bewegung, die wir alle manchmal spüren – wenn auch nicht oft. Sie ist ganz anders als jede andere Empfindung. Und ganz plötzlich begriff ich, was es war: ebendas, worüber ich geschrieben habe und das ich zu erklären versuchte – in dem Märchen-Aufsatz, von dem ich so gern möchte, Du hättest ihn gelesen, daß ich ihn dir wohl schicken werde. Dafür habe ich das Wort »Eukatastrophe« geprägt: die plötzliche glückliche Wendung in einer Geschichte, bei der einen Freude durchdringt, daß die Tränen kommen (wie ich behauptet habe, das Höchste, was ein Märchen leisten kann). Und dort kam ich zu der Ansicht, daß sie ihre eigentümliche Wirkung deshalb erzielt, weil wir darin einen Blick auf die Wahrheit erhaschen und unsere ganze Natur, die an der Kette von Ursache und Wirkung liegt, der Todeskette, eine jähe Erleichterung spürt, so wie wenn ein verrenktes Glied plötzlich wieder eingerenkt worden wäre. Wir erkennen – wenn die Geschichte eine literarische »Wahrheit« auf der sekundären Ebene hat (siehe dazu den Aufsatz) –, daß es in der großen Welt, für die unsere Natur geschaffen ist, tatsächlich so zugeht. Und abschließend sagte ich, die Auferstehung sei die größtmögliche »Eukatastrophe« in dem größten aller Märchen – und sie wecke ebendieses Gefühl: die christliche Freude, die Tränen hervorruft, weil sie qualitativ wie das Leid ist, weil sie von jenen Orten herkommt, wo Freude und Leid eins sind, versöhnt, so wie Selbstsucht und Altruismus sich in der Liebe verlieren. Natürlich meine ich nicht, daß die Evangelien etwas, das *nur* ein Märchen wäre, erzählen; aber daß sie ein Märchen erzählen, und zwar das größte, dies meine ich sehr wohl. Der Mensch als Geschichtenerzähler müßte auf eine Weise erlöst werden, die sich mit seiner Natur im Einklang befände: durch eine bewegende Geschichte. *Aber* weil ihr Autor der allerhöchste Künstler und der Urheber der Wirklichkeit ist, wurde diese Geschichte auch zum *Sein* erschaffen, zum Wahrsein auf der primären Ebene. Darum haben wir in diesem primären Wunder (der Auferstehung) und ebenso, obgleich weniger, in den kleineren christlichen Wundern nicht nur dieses kurze Aufblitzen der Wahrheit hinter der scheinbaren Ananke[2] unserer Welt, sondern ein Aufblitzen, das tatsächlich ein Lichtstrahl ist, der durch die Ritzen dieser Welt um uns hindurchfällt. Einmal radelte ich eben, es ist noch nicht lange her, am Radcliffe-Spital vorüber, als ich einen dieser Augenblicke plötzlicher Klarheit hatte, wie sie einem manchmal im Traum kommen (sogar wenn der Traum durch Anästhesie erzeugt wird). Ich weiß noch, wie ich laut und mit unbedingter Überzeugung sagte: »Aber natürlich! So geht das in Wirklichkeit zu.« Aber ich konnte keine Argumente wiederholen, die mich dahin gebracht hätten, obwohl das Gefühl dasselbe war, wie wenn man durch die *Vernunft* (allerdings ohne Argumentation) überzeugt worden wäre. Und seither denke ich, daß man dieses wunderbare Argument oder Geheimnis nach dem Aufwachen unter anderem einfach deshalb nicht mehr fassen kann, weil keines dagewesen ist: was aber stattgefunden hat, war (vielleicht oftmals) eine direkte Auffassung durch den Geist (oder die Vernunft), doch ohne die Verkettung von Argumenten, die wir aus dem zeitlichen Nacheinander unseres Lebens kennen. Aber wie dem auch sei. Um auf Geringeres zurückzukommen: Ich merkte, daß ich mit dem »Hobbit« eine Geschichte von Rang geschrieben hatte, als ich ihn las (nachdem er alt genug war, um sich von mir abgelöst zu haben) und plötzlich bei Bilbos Ausruf: »Die Adler! Die Adler kommen!« in ziemlich starkem Maße das »eukatastrophische« Gefühl hatte . . . . . Und im bisher letzten Kapitel des Rings, das ich geschrieben habe, wirst Du hoffentlich, wenn Du es bekommen hast (es wird bald abgeschickt), bemerken, daß Frodos Gesicht grad in dem Moment fahl wird und Sam als tot erscheint, in dem Sam die *Hoffnung* aufgibt.

Und weil wir sozusagen noch am Portal von St. Gregor sind, am Sonntag, dem 5. November, habe ich da etwas sehr Rührendes gesehen. Als wir aus der Kirche kamen, lehnte ein alter zerlumpter Landstreicher an der Mauer, mit etwas wie Sandalen an den Füßen, die mit einer Schnur zusammengebunden waren, in der einen Hand eine alte Blechbüchse, in der andern einen derben Stock. Er hatte einen braunen Bart und ein sonderbar »reines« Gesicht mit blauen Augen und schaute gedankenverloren ins Weite, ohne auf irgendwen zu achten, jedenf. ohne zu betteln. Ich konnte der Eingebung nicht widerstehen, ihm eine kleine Spende zu geben, und er nahm sie mit freundlichem Ernst, dankte mir höflich und verfiel dann wieder in seine Betrachtungen. Pater C. konnte ich diesmal ziemlich verblüffen, als ich ihm sagte, der alte Mann sehe dem hl. Joseph viel ähnlicher als das Standbild in der Kirche – zumindest dem hl. Joseph auf dem Weg nach Ägypten. Der Alte sah aus (und was für ein beglückender Gedanke ist das in dieser schäbigen Zeit, wo die Armut nur Sünde und Elend zu bringen scheint) wie ein heiliger

Landstreicher! Ich hätte in jedem Fall drauf schwören können, aber P. sagt, Betty[3] habe ihr erzählt, er sei bei der Frühmesse gewesen und zur Kommunion, und seine Andacht war leicht zu sehen, so leicht, daß viele davon erbaut waren. Ich weiß nicht genau warum, aber ich finde das ungemein tröstlich und erfreulich. Pater C. sagte, der Mann taucht ungefähr einmal im Jahr auf.

Dieser Brief wird allmählich ganz verschroben. Ich hoffe nur, es ist nicht alles ganz unverständlich; denn die Ereignisse haben mich auf Themen gebracht, die man eigentlich ohne Radieren und Umformulieren nicht behandeln kann, was ja in Luftpostbriefen unmöglich ist!....

Kommen wir zum Ende des Tagebuchs..... Am Montag (glaube ich) starb uns eine Henne – eine von den Bantam-Schwestern; jedenf. wurde sie an dem Tag begraben. Von 10.40 bis 12.50 war ich mit C. S. L. und C. W. zusammen, weiß aber nicht mehr viel von diesem Gelage der Vernunft und der sich ergießenden Seelen, zum Teil, weil wir uns alle so einig sind. Es war ein klarer Vormittag, und der Maulbeerbaum im Wäldchen draußen vor C. S. L.'s Fenster leuchtete goldgelb gegen den kobaltblauen Himmel. Aber das Wetter wurde wieder schlechter, und am Nachmittag erledigte ich eine der schmutzigsten Arbeiten. Ich umwickelte alle (Apfel-)Bäume mit Schmierbändern, insgesamt 16 drekkige kleine Panteletten. Es dauerte 2 Stunden und nachher noch mal fast ebenso lange, bis ich das verdammte Zeug von den Händen und den Werkzeugen abgekriegt hatte. Voriges Jahr hatte ich das versäumt, und darum verlor ich ½ einer prächtigen Ernte an die »Motten«. Dieser »kakokatastrophischen« Welt sähe es ähnlich, wenn nächstes Jahr die Blüte draufgeht. Dienstag: Vorlesungen und im »Bird« kurz die Gebr. Lewis und Williams gesehn. Das Bird ist nun herrlich leer, sogar das Bier wird besser, und der Wirt überschlug sich vor Begrüßungsfreude. Er macht sogar eigens für uns ein Feuer an!....

A propos »Lord Nelson«, an den Du erinnert hast: das war in der Vorversammlung zur Bildung eines Rats der vereinigten Christen – es gibt ihn immer noch. Ich hab vergessen, Dir zu erzählen, wie er sich in Gielguds »Hamlet« einen ruhigen Moment zunutze machte, um vom ersten Rang herab zu brüllen: »Sehr schön die Aufführung, gefällt mir sehr gut, aber lassen Sie doch die Schimpfworte weg!« Dasselbe hat er auch im Playhouse gemacht. Im New Theatre wäre er beinah gelyncht worden. Aber er läßt sich von seinen Schrullen nicht abbringen.....

Dein Vater

24. November 1944 (FS 64)   20 Northmoor Road, Oxford
Mein Bester, ein herrlicher Stapel Briefe von Dir ist gekommen, seit ich
das letzte Mal geschrieben habe . . . . . Aufs höchste amüsiert hat uns Dein
Bericht über die Geschwaderfeier. Ich frage mich, wie es der »Eingebore-
nen-Band« gefallen hat, durch die Luft sausen zu müssen. Ich frage mich
auch, wie Du das Zitat aus den Exeter-Book-Sprüchen gekannt und
behalten haben kannst: Es gibt jedenf. (obwohl ich daran noch nie
gedacht hatte) eine wunderbar triftige Rechtfertigung für das Singen im
Bade. Es hat mich sehr aufgemuntert, mal wieder ein Stück Angelsächsisch zu lesen, und ich hoffe nur, Du wirst bald heimkehren und Deine
Kenntnis dieses noblen Idioms vervollkommnen können. Wie der Vater
zu seinem Sohn sagte: »Is nu fela folca þætte fyrngewritu healdan wille,
ac him hyge brosnað.« Könnte eine Aussage über den Massenbetrieb an
den Universitäten und den Schwund des Geistes sein. »Es gibt nun eine
Menge Leute, die sich der alten Schriften bemächtigen wollen, aber ihr
Geist verrottet!« Ich muß Altenglisch unterrichten oder drüber reden vor
einem Haufen junger Leute, die einfach nicht das Talent oder den
Charakter haben, es zu begreifen oder einen Gewinn daraus zu zie-
hen . . . . . Gestern 2 Vorlesungen, Neufassen der Ergebnisse des Aus-
schusses über Notexamen . . . . und dann ein großes Ereignis: ein
Inklings-Abend. Um 8 kam ich ins Mitre, wo ich C. W. und den Roten
Admiral (Havard) traf; beschlossen, einen zu tanken, ehe wir uns mit
C. S. L. und Owen Barfield trafen, die ebenfalls mit wohlgeschmierter
Kehle von der Tafel des Magdalen College kamen. C. S. L. war in
Hochform, aber auch wir waren gut in Schuß; allerdings ist O. B. der
einzige Mensch, der C. S. L. in Verlegenheit bringen kann, indem er ihn
alles definieren läßt und ihn in seinen dogmatischsten Sprüchen mit
einem behutsamen *distinguo* unterbricht. Das Ergebnis war ein höchst
amüsanter und kämpferischer Abend, der einem Außenstehenden, wenn
uns einer belauscht hätte, wie eine Versammlung von Erzfeinden vorgekommen wäre, die sich tödliche Beleidigungen ins Gesicht schleudern,
ehe sie die Pistolen ziehen. Warnie war majorsmäßig gut in Form. Bei
einer Gelegenheit, als die Zuhörer sich schlankweg geweigert hatten,
Jacks Erörterung und Definition von »Zufall« anzuhören, sagte Jack: »Na
schön, ein andermal, aber wenn ihr heute nacht sterbt, dann werdet ihr
einiges, was ihr über den Zufall hättet wissen können, nie mehr erfahren.« Und Warnie: »Das zeigt nur, was ich schon immer gesagt habe: Jede
Wolke hat einen silbernen Rand.« Aber es gab noch ein paar ganz

interessante Sachen. Ein kurzes Stück über Jason und Medea von Barfield, 2 vortreffliche Sonette, die ein junger Dichter an C. S. L. geschickt hatte; und einige erhellende Ausführungen über »Gespenster« und über die Besonderheiten des Kirchenliedes (CSL hat in dem Ausschuß gesessen, der hier Altes und Neues überprüft hat). Ich bin erst um 12 Uhr 30 gegangen und war etwa um 1 heute morgen im Bett.....

Dein Vater

91 An Christopher Tolkien

29. November 1944   20 Northmoor Road, Oxford

Mein Bester,

hier ist eine kleine Lieferung vom »Ring«: die beiden letzten der bisher geschriebenen Kapitel und das Ende des vierten Buches dieses großen Abenteuerromans, worin Du nur allzu leicht sehen kannst, daß ich den Helden in eine solche Klemme gebracht habe, daß selbst der Autor ihm nicht ohne viel Mühe und Kopfzerbrechen wieder heraushelfen kann. Lewis wurde durch das letzte Kapitel fast zu Tränen gerührt. Trotzdem möchte ich vor allem hören, was Du meinst, denn seit langer Zeit nun habe ich beim Schreiben meistens an Dich gedacht.

Aus meinem Register ersehe ich, daß ich 3 Kapitel am 14. Oktober abgeschickt habe und zwei weitere am 25. Oktober. Das müssen gewesen sein: Kräuter und Kaninchenpfeffer, Faramir und Der verbotene Weiher; dann Wanderung zum Scheideweg und Die Treppen von Kirith Ungol. Die ersten müßten inzwischen bei Dir angekommen sein, hoffentlich ungefähr zu Deinem Geburtstag; die nächsten müßten bald kommen; und dieses Bündel nun wirst Du hoffentlich zu Anfang des neuen Jahres erhalten. Ich warte gespannt auf Dein Urteil. Sehr ermüdend, seinen wichtigsten Leser zehntausend Meilen weit weg zu wissen, und das bei dem Rauf und Runter mit der klappernden Jalousie. Noch ermüdender ist das sicherlich für den Leser, aber Autoren sind als Autoren nun mal ein hoffnungslos egoistisches Volk. Das fünfte und letzte Buch beginnt mit Gandalfs Ritt nach Minas Tirith, wo Der Palantir, das letzte Kapitel des dritten Buchs, aufgehört hatte. Manches davon ist schon aufgeschrieben oder skizziert. Folgen sollte dann die Aufhebung der Belagerung von Minas Tirith durch den Angriff der Reiter von Rohan, bei dem König Theoden fällt; die Zurücktreibung des Feindes durch Gandalf und Aragorn bis ans Schwarze Tor; die Unterhandlung, bei der Sauron mancherlei Beutestücke (z. B. den Mithril-Panzer) vorweist, um zu zeigen, daß er Frodo gefangengenommen hat, aber Gandalf lehnt jede Vereinbarung ab (ein furchtbares Dilemma, trotzdem, sogar für einen Zauberer). Dann wenden wir uns wieder Frodo zu und seiner Rettung durch Sam. Von einem hochgelegenen Punkt aus sehen sie, wie die gesamten mächtigen Reserven Saurons durchs Schwarze Tor losgeschickt werden, und eilen dann weiter zum Schicksalsberg durch das verödete Mordor. Mit der Zerstörung des Ringes, deren genauer Hergang ungewiß ist – alle diese letzten Stücke wurden vor ewigen Zeiten aufgeschrieben, passen aber in den Einzelheiten nicht mehr zusammen und auch nicht in der Tonhöhe (denn die ganze Sache ist nun viel größer und gehobener geworden) – stürzt Baraddur zusammen, und Gandalfs Streitmacht dringt nach Mordor ein. Frodo und Sam, die auf einer Felseninsel inmitten der Feuer des ausbrechenden Schicksalsberges mit den letzten Nazgul kämpfen, werden von Gandalfs Adler gerettet; und dann muß mit allen losen Enden aufgeräumt werden, bis hin zu Lutz Farnings Pony. Vieles davon wird in einem letzten Kapitel zu machen sein, wo man Sam findet, wie er seinen Kindern aus einem riesigen Buch vorliest und alle ihre Fragen beantwortet, was aus dem und dem geworden ist (das knüpft an seine Rede über das Wesen von Geschichten auf den Treppen von Kirith Ungol an).[1] Aber die Schlußszene wird sein, wie Bilbo, Elrond und Galadriel auf ihrem Weg zu den Grauen Anfurten durch die Wälder des Auenlands gehen. Frodo wird sich ihnen anschließen und übers Meer fahren (anknüpfend an seine Vision in Tom Bombadils Haus von einem grünen Land in der Ferne). Damit endet das Mittlere Zeitalter, und das Reich der Menschen beginnt, und auf dem Thron des fernen Gondor bemüht sich Aragorn, in dem Menschengewimmel, das unter Sauron nach Westen gestömt ist, ein wenig Ordnung zu schaffen und ein Andenken an die alten Zeiten zu wahren. Aber Elrond ist nun fort, und mit ihm alle Hochelben. Was aus den Ents wird, weiß ich noch nicht. Wahrscheinlich geht alles, wenn es wirklich geschrieben wird, ganz anders aus als nach diesem Plan, denn die Sache scheint sich von selber zu schreiben, sobald ich einmal in Fahrt bin, als ob dann die Wahrheit herauskäme, die im Vorentwurf noch nicht richtig zu sehen war . . . . .

Alles Liebe, Dein Vater

92 Aus einem Brief an Christopher Tolkien
18. Dezember 1944 (FS 68)

Was Du von Dir selbst schreibst, trägt in mancher Hinsicht nicht gerade
dazu bei, mich gleichmütiger zu stimmen: ein gefährlicher Beruf, aber
Gott behüt Dich, mein lieber Junge; aber daß manches daran Dir besser
zu gefallen scheint als alles andre bisher, ist mir ein Trost. Mir wäre
wohler, wenn Deine Zeit besser eingeteilt wäre, so daß Du auch mal
leidlich ausruhen könntest: dieses Training durch Belastung kommt mir
unvernünftig vor. Aber leider ist eine Luftwaffe *per se* eine von Grund auf
unvernünftige Sache. Ich gäbe viel dafür, wenn Du mit etwas so Mon-
strösem nichts zu tun hättest. Es ist sogar ein harte Prüfung für mich, daß
von meinen Söhnen einer diesem modernen Moloch dienen muß. Aber
solche Wünsche sind müßig, und wie mir völlig klar ist, hast Du die
Pflicht, einen solchen Dienst nach besten Kräften und Fähigkeiten zu
leisten. Auf jeden Fall ist es nur eine Art Zimperlichkeit, vielleicht, so wie
wenn einer Steak- und Nierenpudding mag (oder mochte), aber mit dem
Schlachten nichts zu tun haben wollte. Solange mit solchen Waffen Krieg
geführt wird und man die Gewinne hinnimmt, die daraus erwachsen
mögen (wie z. B. die Rettung der eigenen Haut oder auch der »Sieg«),
drückt man sich nur um das Problem herum, wenn man Kriegsflugzeuge
mit besonderem Abscheu bedenkt. Trotzdem, das tu ich . . . . .

Heute vormittag . . . . war ich eine Weile mit C. S. L. zusammen. Sein
vierter (oder fünfter?) Roman braut sich zusammen und wird sich
wahrscheinlich mit meinem treffen (meinem vag projektierten dritten).[1]
Mir sind in letzter Zeit allerhand neue Ideen über die Vorgeschichte
gekommen (durch den Beowulf und andere Quellen, von denen ich Dir
vielleicht geschrieben habe), und ich möchte sie in die längst in der
Schublade vergrabene Zeitreise-Geschichte einarbeiten, die ich einmal
angefangen habe. C. S. L. plant eine Geschichte über die Abkömmlinge
von Seth und Kain. Allmählich denken wir auch daran, gemeinsam ein
Buch über »die Sprache« zu schreiben (Wesen, Ursprünge, Funktionen).[2] Wenn man für all diese Projekte nur Zeit hätte!

93 Aus einem Brief an Christopher Tolkien
24. Dezember 1944 (FS 70)

Ich bin s. froh, daß die nächsten drei Kap. des Ring Dir gefallen haben. Die 3. Sendung müßte um den 10. Dez. bei Dir ankommen und die letzte am 14. Jan. Ich bin gespannt auf Deine weiteren Kommentare, wenn Du Zeit hast. Sicherl. ist Sam der am genauesten gezeichnete Charakter, der Nachfolger Bilbos aus dem ersten Buch, der echte Hobbit. Frodo ist nicht so interessant, weil er so hochgesinnt sein muß und (gewissermaßen) eine Berufung hat. Das Buch wird wahrscheinl. mit Sam enden. Frodo wird natürlich durch sein großes Wagnis zu hoch erhoben und entrückt und entschwindet mit allen großen Gestalten gen Westen; aber Sam kommt im Auenland mit seinen Gärten und Gasthäusern zur Ruhe. C. Williams, der es alles liest, sagt, das Großartige daran ist, daß nicht Streit und Krieg und Heldentum im Mittelpunkt stehen (obwohl sie auch erfaßt und geschildert werden), sondern Freiheit, Friede, Wohlwollen und gewöhnliche Lebensverhältnisse. Aber er stimmt zu, daß ebendies alles die Existenz einer großen Welt außerhalb des Auenlandes erfordert – sonst würde es schal durch die Gewöhnung und ins Einerlei verwandelt.....

Übrigens, Du hast *Harebell* geschrieben und dann zu *Hairbell* korrigiert. Ich weiß nicht, ob es Dich interessiert, aber ich habe die ganze Sache mit diesem Namen einmal nachgeschlagen – nach einem Streit mit einem rechthaberischen Wissenschaftler. Es ist klar, daß (a) der alte Name *harebell* ist (ein Tiername wie so viele alte Blumennamen) und daß (b) damit die Hyazinthe und nicht die Glockenblume gemeint war. *Bluebell*, kein so alter Name, wurde für die Glockenblume geprägt, und die schottischen *bluebells* sind natürlich keine Hyazinthen, sondern Glockenblumen. Die Übertragung des Namens (in England, nicht in Schottland und auch nicht in der unverderbten ländlichen Sprache mancher Gegenden Englands) und seine vorgespiegelte Abwandlung *hairbell* scheint auf ignorante (in bezug auf Etymologie) und wichtigtuerische Schreibtischbotaniker neuerer Zeit zurückzugehen, Leute, die es auch mit *folk'sglove* für *foxglove*! [Fingerhut] versucht haben und von denen wir uns in die Irre führen ließen. Was das letztere angeht, ist der einzig zweifelhafte Teil des Namens der *glove*, nicht der *fox*. *Foxes glófa* tritt im Angelsächsischen auf, aber auch in der Form *-clófa*: in alten Pflanzenbüchern, wo es anscheinend ziemlich unbedacht für Pflanzen mit großen, breiten Blättern gebraucht wird wie z. B. für *burdock*, Klette (auch als *foxes clife* bezeichnet, vgl. *clifwyrt** = *foxglove*). Die Gründe für diese alten Verbindungen mit Tiernamen sind wenig bekannt oder begriffen. Vielleicht beruhen sie manchmal auf verlorengegangenen Tierfabeln. Reizvoll wäre der Versuch, sich ein paar zu den Namen passende Fabeln auszudenken.

Erfindest Du immer noch Namen für die namenlosen Blumen, die Du siehst? Wenn ja, dann denk dran, daß die alten Namen nicht immer deskriptiv, sondern oft rätselhaft sind! Meine besten Erfindungen (im Elbischen der gnomischen Mundart) waren *elanor* und *nifredil*; allerdings gefällt mir auch angelsächs. *symbelmyne* oder *evermind*, das auf dem großen Hügelgrab von Rohan wächst. Ich denke, ich werde für Sams Garten am Ende noch einiges mehr erfinden müssen.

94 An Christopher Tolkien

28. Dezember 1944 (FS 71)   20 Northmoor Road, Oxford
Mein Bester:

Du hast es nicht nötig, Dir Vorwürfe zu machen! Wir kriegen massenhaft Briefe von Dir, und s. schnell . . . . . Ich bin froh, daß das dritte Bündel vom Ring pünktlich angekommen ist und daß es Dir gefallen hat – auch wenn es anscheinend Dein Heimweh vermehrt hat. Da sieht man doch den Unterschied zwischen dem Leben und der Literatur: Wer sich tatsächlich auf den Treppen von Kirith Ungol befände, würde statt dessen lieber an jedem andern Ort der Welt sein wollen, nur nicht in Mordor selbst. Aber wenn Lit. uns irgendwas lehrt, dann dies: daß wir in uns ein ewiges Element tragen, das uns ohne Furcht und Besorgnis gelassen die Dinge betrachten läßt, die wir im »Leben« böse nennen (d. h. nicht ohne ihre Eigenart zu erkennen, doch ohne Störung unseres inneren Gleichgewichts). Nicht genauso, aber irgendwie so ähnlich werden wir alle zweifellos unsere eigene Geschichte betrachten, wenn wir sie kennen (und noch vieles mehr von der Ganzen Geschichte). Es tut mir leid, aber die nächsten beiden Kapitel werden in nächster Zeit noch nicht kommen (erst Mitte Januar), was schade ist, denn sie sind nicht nur (glaube ich) sehr bewegend und spannend, sondern Sam hat auch einiges Interessante über die Bez. zwischen Geschichten und wirklichen »Abenteuern« zu sagen. Aber ich werte es als Triumph, daß diese zwei Kapitel, die ich nicht so gut fand wie die übrigen von Buch IV, Dich von dem Lärm im Besatzungsraum ablenken konnten! . . . .

---

* Da *clifian* = *cleave, stick*, ist klar, daß *foxes clife* und *clifwyrt* ursprünglich = *burdock*. *clófa* ist wahrsch. ein MS-Fehler für *glófa* durch Vermischung der Namen.

Das Wetter war für mich eines der Hauptereignisse zu Weihnachten. Es gab scharfen Frost mit dickem Nebel, und darum bekamen wir einen Rauhreif geboten, wie ich ihn in Oxford erst einmal vorher erlebt habe (in dem andern Haus[1], glaube ich) und in meinem ganzen Leben erst zweimal. Eines der reizvollsten Ereignisse der nördlichen Natur. Als wir am St. Stephanstag (spät) aufwachten, fanden wir alle Fenster opak, mit Eisblumen übermalt, und draußen war trüb eine stille, neblige Welt, ganz in Weiß, aber mit einem Überzug von Reifjuwelen; jede Spinnwebe ein kleines Spitzennetz, sogar das alte Hühnerzelt ein diamantenbesetzter Pavillon. Ich verbrachte den Tag (nach den Arbeiten im Haus, d. h. etwa von 11 Uhr 30 an, weil ich spät aufgestanden war) im Freien, gut eingepackt in alte Sachen, zerhackte alte Brombeersträucher und machte ein Feuer, von dem der Rauch in einer ruhigen, unbewegten Säule grad zu dem Nebeldach aufstieg..... Gestern war der Reif noch dicker und phantastischer. Als (gegen 11) ein Sonnenstrahl durchkam, war es atemberaubend schön: die Bäume wie regungslose Fontänen aus weißen, sich verzweigenden Strahlen gegen das goldene Licht, und, hoch oben, ein blasses, durchscheinendes Blau. Es hat nicht getaut. Um 11 abends lichtete sich der Nebel, und ein hoher, runder Mond erhellte die ganze Szene mit einem tödlich weißen Licht: eine Vision einer anderen Welt oder Zeit. Es war so still, daß ich ohne Hut und Mantel im Garten stand und doch nicht bibberte, obwohl es viele Grade unter Null gewesen sein muß.....

Mr. Eden hat im Parlament[2] neulich seinen Kummer über die Vorfälle in Griechenland, »der Heimat der Demokratie«, geäußert. Ist er ein Ignorant, oder ist er unehrlich? δημοκρατία war im Griechischen kein Wort der Zustimmung, sondern beinah gleichbedeutend mit »Pöbelherrschaft«; und er unterließ es, anzumerken, daß die griechischen Philosophen – und die Heimat der Philosophie ist Griechenland schon eher – sie nicht billigten. Und die großen griechischen Staaten, bes. Athen zur Zeit seiner Macht und seiner künstlerischen Blüte, waren eher Diktaturen, wenn nicht Heeresmonarchien wie Sparta! Und das Griechenland von heute hat mit dem alten Hellas so wenig Verbindung wie wir mit Britannien vor Julius Agricola.....

Dein Vater

95 Aus einem Brief an Christopher Tolkien
18. Januar 1945 (FS 76)

Ich habe bis 11 Uhr 50 in den vollgepackten und für mich fesselnden Seiten von Stentons *Anglo-Saxon England* geschmökert. Eine Periode voller höchst interessanter Fragezeichen. Ich gäbe einiges für eine Zeitmaschine. Aber so wie es in meinem Kopf nun mal aussieht (ganz anders als bei Stenton), sind es natürlich die Dinge von rassischer und sprachlicher Bedeutung, die mich anziehen und mir im Gedächtnis haften. Ich hoffe immer noch, Du wirst eines Tages imstande sein (wenn Du willst), Dich in diese faszinierende Geschichte von den Ursprüngen unseres merkwürdigen Volkes zu vertiefen. Und auch von uns im besonderen. Denn wenn wir die Tolkiens einmal beiseite lassen (die ja schon längst eine ziemlich dünne Strähne geworden sein müssen), bist du von beiden Seiten her ein Mercian oder Hwiccian (von Wychwood).

96 An Christopher Tolkien

30. Januar 1945 (FS 78)   Northmoor Road, Oxford
Mein bester Chris,

.... Der Unterkobold aus Slubgobs Brut, der speziell dafür zuständig ist, Verabredungen zwischen C. S. L. und mir zu vereiteln, hat sich diesen Morgen etwas Neues einfallen lassen: Der Wasserhahn am Spülbecken tropfte, bei gleichzeitiger Verstopfung des Abflusses! Es wurde fast 11, ehe ich das in Ordnung gebracht hatte. Aber ich kam doch noch ins Magdalen, wo wir nach kurzem Gebibber über zwei deprimierenden Ulmenscheiten (Ulme brennt nicht) beschlossen, Wärme und Bier im Mitre aufzusuchen. Beides bekamen wir (Kneipiers verstehen ihr Geschäft besser als College-Verwalter: auf mein Wort, letztere Herrschaften wären bei der R. A. F. nicht mal als Küchenhelfer zu gebrauchen!). Dann passierte so einiges. Meine Ruhe wurde rücksichtslos durch einen dienstlichen Telefonanruf gestört, aus dem ich ganz nebenbei die überraschende Neuigkeit erfuhr, daß Professor H. C. Wyld[1] am Sonnabend gestorben ist. Gott gebe ihm Frieden. Aber er hinterläßt mir ein Erbteil irdischer Unruhe. Zum einen muß ich nun beschließen, was wegen der Nachfolge zu tun ist. Vor fünf Jahren noch hätte ich überlegt, wie ich den Merton-Lehrstuhl für mich selbst bekommen könnte: mein Ehrgeiz war, C. S. L. und mich auf die 2 Merton-Stühle zu bringen.[2] Es wäre herrlich, zusammen im gleichen College zu sein – und für mich, in ein richtiges College zu kommen und den Staub des elenden Pembroke abschütteln zu können. Aber ich denke, wahrsch. nicht – nicht mal, wenn es eine Chance gäbe... Weiter in der Geschichte. Abends, etwa zur Essenszeit, fiel das Barometer und das Therm. stieg, und starker Schneefall mit Wind (W bis SW) setzte ein. Bis Mitternacht waren die Türen schon hoch eingeschneit, aber darunter taute es schon wieder, so daß es in der ganzen Nacht, obwohl es so weiterging, nie mehr wurde als ein halber Fuß, außer in den knietiefen Wehen. Trotzdem waren Koks, Kohlen und Geflügel verschwunden, und am Morgen mußte ich mit viel Mühe alles wieder ausgraben, ehe ich zur Vorlesung fuhr. Dort kam ich zu spät (nach einer unangenehm akrobatischen Fahrt), in einem Aufzug wie ein »Skegness«-Fischer[3], und meine Entschuldigung für das verspätete Eintreffen auf der Kanzel (Taylor-Saal), ich käme vom Sardinenfang, wurde sehr gut aufgenommen, wesentlich besser als meine anschließenden Ausführungen über *Offa of Angel* oder den Weg der Israeliten von Ägypten ans Rote Meer. Bei der anschließenden Sitzung im Bird and B. (dem Himmel sei Dank, ohne Sardinen im Port) kam der UQ (alias Honest Humphrey) in Bergsteigerkluft. Auf die Frage, warum er nicht in Uniform sei, antwortete er: »Ich bin nicht bei der Schweizer Marine. Die britische Flotte läuft bei Schnee nicht aus.« Leider wird er bald nach Liverpool versetzt. Eine unbeschreibliche Mischung von Eis und Matsch. Ich bin dreimal vom Rad gefallen und wurde natürlich von den liebenswerten Menschen, die »Privatwagen« fahren, an den Rinnstein gedrängt und mit Fontänen von dreckigem Matsch überschüttet. Ich brauchte fast bis halb vier, um den Schnee wegzuschippen und die Abflüsse freizukriegen, und dann kam ich endlich zu Deinen wunderbaren Briefen. Während des Frühstücks, als sie ankamen, hatte ich keinen Augenblick für sie Zeit. Aber ihr Eintreffen hatte allein schon seine Wirkung, wie Du an meiner Aufgekratztheit auf der Kanzel sehn kannst und an C. S. L.'s Bemerkung im B & B: »Was ist denn mit ihm los heute morgen, er trägt die Nase ziemlich hoch?«....

Nun zu Eden. Ich glaube, die meisten Christen, bis auf die s. einfachen und ungebildeten oder die auf andere Weise geschützten, sind nun seit mehreren Generationen von den angeblichen Wissenschaftlern ganz schön herumgeschubst worden, und sie haben die Schöpfungsgeschichte irgendwie in die geistige Rumpelkammer gesteckt, wie ein nicht mehr ganz schickes Möbel, für das man sich ein bißchen schämt, daß es immer noch im Haus ist, Du weißt doch, wenn so schlaue junge Leute zu Besuch kamen: Ich meine natürlich, sogar die *fideles*, die nicht gleich die ganze Sache verramscht oder verbrannt haben, sobald der Zeitgeschmack darüber zu witzeln begann. Infolgedessen haben sie (ich ebenso wie alle andern), wie Du sagtest, sogar das Schöne an der Sache »als einer Geschichte« vergessen. Lewis hat vor kurzem einen sehr interessanten Aufsatz geschrieben (ich weiß nicht, ob schon veröffentlicht)[4], der zeigt, wie groß der »Erzählwert« – als geistige Nahrung – der ganzen chr. Geschichte (besonders des NT) gewesen ist. Es war eine Verteidigung einer Haltung von jener Art, die wir gern verhöhnen: die der Kleinmütigen, die den Glauben verlieren, sich aber wenigstens noch an die Schönheit »der Erzählung« klammern, die von bleibendem Wert sein soll. Sein Argument war, daß sie auf diese Weise immer noch etwas Nahrhaftes bekommen und nicht ganz vom Saft des Lebens abgeschnitten werden: Denn die Schönheit einer Erzählung gewährleistet zwar nicht unbedingt ihre Wahrheit, tritt aber doch in ihrer Begleitung auf, und ein *fidelis* soll sich sowohl an der Schönheit als auch an der Wahrheit stärken. Darum bekommt der kleinmütige »Bewunderer« eigentlich immer noch etwas, woran es sogar einem (dummen, gefühllosen, schamhaften) Gläubigen vielleicht fehlt. Aber teils in Weiterführung meiner eigenen Gedanken über meine Interessen und meine Arbeit (fachlich wie literarisch), teils dank der Verbindung zu C. S. L. und in mancherlei Hinsicht nicht zuletzt dank der festen leitenden Hand der Alma Mater Ecclesia empfinde ich wegen des Eden-»Mythos« weder Scham noch Zweifel. Natürlich eignet ihm nicht die gleiche Art von Historizität wie dem NT, in dem wir nahezu zeitgenössische Urkunden finden, während die Schöpfungsgeschichte vom Sündenfall durch wer weiß wie viele traurige Generationen von Verbannten getrennt ist, aber gewiß hat es Eden auf dieser höchst unglücklichen Erde einmal gegeben. Wir alle sehnen uns danach, und immerzu gewahren wir etwas davon: Unser ganzes Wesen in seinen besten und am wenigsten verderbten, seinen feinsten und freundlichsten Zügen ist noch immer durchdrungen von dem Gefühl des »Verbanntseins«. Wenn Du's einmal recht bedenkst, dann sind Dein (sehr berechtigter) Abscheu vor der stupiden Abschlachtung des Falken und Deine beharrliche Erinnerung an diese Deine »Heimat« in einer idyllischen Stunde (wenn oft die Illusion eines Stillstands der Zeit und des Verfalls herrscht und ein Gefühl von Ruhe und Frieden) – εἴθε γενοίμην [5], »*stands the clock at ten to three, and is there honey still for tea*« – Abkömmlinge Edens. Soweit wir zurückblicken können, ist der edlere Teil des menschlichen Geistes erfüllt vom Gedanken an die *sibb*, Frieden und Wohlwollen, und vom Gedanken an ihren *Verlust*. Wir werden sie nie wiedererlangen, denn dahin führt die Reue nicht, die nur Spiralen, aber keinen geschlossenen Kreis kennt; vielleicht werden wir etwas dergleichen wiedererlangen, aber auf einer höheren Ebene. Ebenso wie (um nur eine Kleinigkeit zum Vergleich heranzuziehen) der bekehrte Großstädter am Landleben mehr findet als der reine Ackerknecht, aber ein echter Landmann kann er dennoch nicht werden, er ist zugleich mehr und in gewisser Hinsicht weniger (jedenfalls nicht so wahrhaft erdverbunden). Gewiß, ich vermute, daß, wenn Gott es zuläßt, es dem ganzen Menschengeschlecht (wie auch jedem Einzelnen) freisteht, zwar nicht wieder aufzusteigen, sondern ins Verderben zu laufen und den Sündenfall bis zum bittern Ende zu bringen (wie es auch jeder Einzelne singulariter[6] tun kann). Und in gewissen Perioden, zu denen augenfällig auch die Gegenwart gehört, scheint dieser Fall nicht wahrscheinlich zu sein, sondern auch unmittelbar bevorzustehen. Trotzdem glaube ich an ein »Millennium«, das prophezeite Tausendjährige Reich der Heiligen, d. h. derjenigen, die sich bei all ihren Unvollkommenheiten am Ende doch niemals mit Herz und Willen der Welt oder dem bösen Geist gebeugt haben (in modernen, aber nicht universellen Bezügen: die Mechanik, der »wissenschaftliche« Materialismus, der Sozialismus in seinen beiden sich heute bekriegenden Fraktionen).

Ich bin so froh, daß Du den Eindruck hattest, »der Ring« hält sein Niveau und bringt (anscheinend) dies in einer langen Erzählung so Schwierige zustande: in Ereignissen, die leicht eins wie das andere sein könnten, eine Differenz von Qualität und Atmosphäre zu wahren. Meinerseits wurde ich wahrsch. am meisten bewegt durch Sams Ausführungen über das nahtlose Gewebe der Geschichten und durch die Szene, wenn Frodo an seiner Brust einschläft, und durch die Tragödie Gollums, der in diesem Augenblick um ein Haar zur Reue gefunden hätte – wäre das eine grobe Wort von Sam nicht gefallen. Aber das »Bewegende« hier liegt auf einer anderen Ebene als bei *Celebrimbor* etc. Da sind zwei ganz versch. Emotionen: eine, die mich zuhöchst bewegt und die zu erwecken mir wenig Mühe macht: die Herzensfolter des Gedenkens an die verschwundene Vergangenheit (am besten ausgesprochen in Gandalfs Worten über den Palantir); und als zweite die eher »gewöhnliche« Emotion, Triumph, Erschütterung, Charaktertragödie. Das gelingt mir allmählich, wenn ich meine Leute kennenlerne, aber es liegt mir eigentlich nicht so am Herzen und wird mir aufgezwungen durch das fundamentale literarische Dilemma. Eine Geschichte muß erzählt werden, oder es ist keine Geschichte; am bewegendsten aber sind die nicht erzählten Geschichten. Ich glaube, *Celebrimbor* bewegt Dich so, weil man darin plötzlich einen Ausblick auf endlose *nicht erzählte* Geschichten erhält: auf Berge, von weitem gesehen, die man nie besteigen wird, und ferne Bäume (wie bei Niggle), denen man niemals näherkommt – und wenn, dann werden sie eben zu »nahen Bäumen« (es sei denn, sie stünden im Paradies oder in Niggle's Parish).

Nun geht mir bald der Platz aus, und außerdem ist es schon 9 Uhr abends, und ich muß noch ein paar dringende Briefe schreiben und habe morgen 2 Vorlesungen, also muß ich allmählich zum Schluß kommen. Ich lese begierig von allen Einzelheiten aus Deinem Leben, von allem, was Du siehst, tust – und erleidest, mitsamt Jive und Boogie-Woogie. Es wird Dir nicht das Herz zerreißen, darauf verzichten zu müssen (denn es ist von Grund auf vulgär, durch die Mechanik verdorbene Musik, widerhallend in trüben, schlechtgenährten Köpfen), aber an die andern Dinge, sogar die Stürme und das trockene Veld und sogar die Lagergerüche wirst Du Dich erinnern, wenn Du in dies andere Land zurückkehrst. Ich sehe jetzt vor meinem innern Auge deutlich die alten Schützengräben, die schäbigen Häuser und die langen Straßen des Artois, und ich würde sie gern noch einmal besuchen, wenn ich könnte .....

Ich habe eben die Nachrichten gehört .....Die Russen 60 Meilen vor Berlin. Es sieht nun doch so aus, als ob bald etwas Entscheidendes passieren könnte. Die entsetzliche Vernichtung und das Elend in diesem Krieg nehmen stündlich zu: die Vernichtung dessen, was der gemeinsame Reichtum Europas und der Welt sein sollte (oder vielmehr ist), wenn die Menschheit nicht so töricht wäre, ein Reichtum, dessen Verlust uns alle treffen wird, ob wir nun zu den Siegern gehören oder nicht. Und doch weiden sich die Leute an den Nachrichten von den endlosen Reihen, 40 Meilen lang, von elenden Flüchtlingen, Frauen und Kindern, die nach Westen strömen und am Weg umkommen. Es scheint kein Mitgefühl oder Erbarmen mehr zu geben, keine Vorstellungskraft für das Elend in dieser dunklen, diabolischen Stunde. Womit ich nicht sagen will, daß nicht alles in der gegenwärtigen, hauptsächlich (nicht ausschließlich) durch Deutschland geschaffenen Situation notwendig und unvermeidlich wäre. Aber warum sich daran weiden! Angeblich hatten wir doch eine Stufe der Zivilisation erreicht, auf der es zwar immer noch nötig sein mochte, einen Verbrecher hinzurichten, nicht aber, sich daran zu weiden oder seine Frau und sein Kind mit aufzuhängen, während die Ork-Menge johlte. Deutschlands Vernichtung, und wäre sie 100fach verdient, ist eine der entsetzlichsten Weltkatastrophen. Nun ja – Du und ich, wir können nichts daran ändern. Und das sollte ein Maß der Schuld sein, die mit Recht jedem Bewohner eines Landes zugewiesen werden kann, der nicht Mitglied der jeweiligen Landesregierung ist. Jedenfalls scheint der erste Krieg der Maschinen seinem unschlüssigen letzten Kapitel entgegenzugehen – wonach leider jedermann nur ärmer ist, viele in Trauer oder verstümmelt und Millionen tot, und nur eines triumphiert: die Maschinen. Da die Knechte der Maschinen zur privilegierten Klasse werden, vermehrt die Macht der Maschinen sich ungeheuer. Welches ist ihr nächster Schritt? . . . . Alles Liebe, Dein Vater.

97 Aus einem Brief an Christopher Tolkien
11. Februar 1945 (FS 80)

Dieses Wochenende hab ich kostbare Zeit auf einen Leserbrief an den Catholic Herald verschwendet. Einer von ihren gefühlsduseligen Korrespondenten hat etwas über die Etymologie des Namens *Coventry* geschrieben und schien zu glauben, daß man sich »nicht in Übereinstimmung mit der katholischen Lehre« befinde, wenn man nicht sage, daß es von *Convent* käme. »Soviel ich weiß, ist das Kloster *(convent)* von St. Osburg bedeutungslos geblieben«, schrieb er – der Trottel! Weil *convent* erst nach 1200 A. D. ins Englische gelangt ist (und zwar nur mit der Bedeutung »Versammlung«) und die Bedeutung »Nonnenkloster« vor 1795 gar nicht belegt ist, habe ich mich geärgert. Darum habe ich gefragt, ob er wohl den Namen Oxford gern zu Doncaster verändern möchte; aber vermutlich ist er zu blöd, um auch nur diesen harmlosen Scherz zu begreifen.

98 An Stanley Unwin

[Unwins älterer Sohn David – der Kinderbuchautor »David Severn« – hatte Tolkiens Erzählung *Leaf by Niggle* in der *Dublin Review* gelesen, wo sie im Januar 1945 erschienen war. Er empfahl sie seinem Vater als eine »vorzügliche Arbeit« und schlug vor, sie zusammen mit anderen kurzen Erzählungen von Tolkien in einem Band herauszubringen. Stanley Unwin hatte diesen Vorschlag an Tolkien weitergegeben.]

[Undatiert, etwa 18. März 1945]   20 Northmoor Road, Oxford
Lieber Unwin,
    in den letzten Monaten, bevor ich Ihre Nachricht vom 24. Februar bekam, habe ich mehrere imaginäre Briefe an Sie geschrieben und auch einen halben wirklichen. Besonders hatte ich mich nach Rayner erkundigen wollen. Hoffentlich haben Sie gute Nachrichten von ihm. Die

R. A. F.-Kadetten aus seinem Kurs haben anscheinend seither alle Übles mitgemacht, aber die Marine ist nicht ganz so unvernünftig und verschwenderisch; darum ist ihm manches vom Widerwärtigsten und Bedrückendsten, das man jungen Männern heute zufügt (allzu oft ganz unnötigerweise), vielleicht erspart geblieben.

Außerdem ist mein dritter Sohn Christopher lange Zeit in Standerton in Transvaal gewesen, und einer seiner besten Freunde dort war Chris Unwin.[1] .... Mein Junge ist, wie ich heute erfuhr, im »Transit« nach England, nach eineinviertel Jahren Abwesenheit, und darum hoffe ich, Unwin ist es auch. Jedenfalls waren sie am 3. März noch zusammen. Aber einer aus der Gruppe ist schon umgekommen, bei seinem ersten Flug in einer Hurricane, ein Stallgefährte von meinem Jungen, derjenige, der bei dem Kurs am besten abgeschnitten hatte. Und da haben Sie schon einen der Gründe für meine Unproduktivität und (scheinbare) Nachlässigkeit. Die Sorge nagt mir am Herzen. Und obendrein war mein Christopher für mich das eigentliche Kernpublikum: er hat von dem neuen Hobbit oder dem Ring alles, was bis jetzt fertig ist, gelesen, durchkorrigiert und abgetippt. Er wurde mir mitten im Kartenzeichnen weggerissen. Fast alle Zeit, die mir zum Schreiben noch blieb, ist für die Fortsetzung unserer unterbrochenen Gespräche durch Briefe draufgegangen: Er war mir gleichzeitig Publikum, Kritiker, Sohn, Student in meiner Abteilung und Tutoriatsschüler.[2] Aber er hat Kopien von allen Kapiteln bekommen, die ich letztes Jahr in einem kurzen Zeitraum niedergeschrieben habe. Seither bin ich stärker belastet gewesen denn je, oder das Verhältnis zwischen Pflichterfüllung und Ermüdung ist ungünstiger geworden . . . . .

Da Sie »Leaf by Niggle« schon gesehen haben – ich hätte sonst von mir aus darauf hingewiesen, teils als Apologie, teils Beichte –, muß ich dazu nichts mehr sagen. Außer daß die Geschichte von allem, was ich je gemacht habe, das einzige gewesen ist, was mich überhaupt keine Anstrengung gekostet hat. Gewöhnlich schreibe ich nur mit großer Mühe und endlosem Umarbeiten. Eines Morgens (vor über 2 Jahren) wachte ich auf und hatte diese Absonderlichkeit so gut wie fertig im Kopf. Es dauerte nur ein paar Stunden, sie zu Papier zu bringen, und dann wurde eine Reinschrift gemacht. Es ist mir nicht bewußt, je an die Geschichte »gedacht« oder sie im üblichen Sinne abgefaßt zu haben. Trotzdem stehe ich ihr nicht so fern, daß mich der Kommentar Ihres Sohnes nicht freute – oder, richtiger, er haut mich um, denn es ist die einzige Bemerkung oder Beachtung, die »Leaf« außerhalb meines eigenen Kreises je gezollt worden ist.

Also! »Niggle« ist so ganz anders als alle anderen kurzen Geschichten, die ich je geschrieben oder angefangen habe, daß ich mich frage, ob er mit ihnen zusammenpaßte. Zwei andere im gleichen Ton und Stil sind bisher in der Knospe steckengeblieben wie so viele Blätter meines dußligen Niggle.[3] Würde es etwas nützen, wenn ich alles, was ich finden kann, zu einem Bündel zusammenschnüre und Sie dann sagen lasse, ob, wenn man dies umschreibt, das wegläßt oder jenes hinzufügte, möglicherweise ein Band daraus werden könnte? Ich habe noch ein oder zwei kurze Verserzählungen (einiges davon schon gedruckt im Oxford Magazine erschienen), die vielleicht mit durchgehen könnten, wenn man sie taktvoll zwischen den andern versteckte. Hatten Sie den »Farmer Giles« als Möglichkeit in Betracht gezogen? Er ist ziemlich lang für eine kurze Sache. Die korrigierte und anständig getippte Abschrift ist wie gewöhnlich im Moment »unterwegs«, aber ich habe noch eine passable selbstgemachte Abschrift, die ich Ihnen schicke, damit »David Severn« sie lesen kann. (Die Fortsetzung ist skizziert, doch ungeschrieben, und wahrscheinlich bleibt sie das auch. Das Herz des Kleinen Königreiches ist dahin, und die Wälder und Ebenen sind nun Flugplätze und Ziele für Bombenabwurf-Übungen.) Aber noch ein anderes komisches Märchen ähnlicher Art, »The King of the Green Dozen«, ist zur Hälfte geschrieben und könnte ohne viel Mühe fertiggestellt werden, wenn der »Farmer Giles« Zustimmung findet.

Nun zu den größeren Arbeiten. Natürlich ist mein einziger Wunsch in Wirklichkeit, »The Silmarillion«* zu veröffentlichen, dem Ihr Lektor, wie Sie sich vielleicht erinnern werden, eine gewisse Schönheit konzedierte, aber eine von der »keltischen« Art, die für Angelsachsen ärgerlich ist. Außerdem ist da noch die große »Hobbit«-Fortsetzung – daß sie »groß« ist, kann ich leider nur in quantitativem Sinne behaupten. Sie ist viel zu »groß« für die gegenwärtige Lage, quantitativ. Aber sie läßt sich nicht abmagern oder kürzen. Besser machen, als ich es hier getan habe, kann ich es nicht, es sei denn (was aber gut möglich ist), ich hätte darin kein Urteil. Aber sie ist noch nicht fertig. Letztes Jahr habe ich einen Versuch gemacht, sie zu Ende zu bringen, und es ist nicht gelungen. Drei Wochen, ohne etwas anderes zu tun – und vorher vielleicht noch ein bißchen Ruhe und Ausschlafen –, würden wahrscheinlich genügen. Aber ich sehe keine Hoffnung, sie zu bekommen; und der Stoff ist einfach nicht von der Art, daß ein paar freie Minuten genügten. Ebenso wie

---

* Besonders, weil ich feststelle, daß sich Anspielungen und Verweise darauf in die Arbeiten von Mr. Lewis einschleichen, zum Beispiel in seinen letzten Roman.[4]

Niggle brauche ich eine »Staatspension« und habe ebensowenig Aussicht, eine zu kriegen. Natürlich bekommen Sie die Sache zur Prüfung, sobald sie fertig ist, wenn sie's je wird. Ich sagte, glaube ich, daß ich Ihnen einen Teil schicken würde, damit Sie sich ein Urteil bilden können. Aber die Sache ist so eng gestrickt und wächst weiter an allen Ecken und Enden, daß ich meine, alle Kapitel bei mir haben zu müssen – immer in der Hoffnung, wie Sie sehn, daß ich dazu komme. Und obendrein gibt es nur eine Abschrift (hausgemacht, mit der Maschine oder handgeschrieben von meinen Söhnen oder mir selbst), die für andere leserlich wäre, und ich scheute mich, sie aus der Hand zu geben; und die Kosten für professionelles Abtippen mochte ich in dieser schweren Zeit nicht auf mich nehmen, oder doch erst am Ende, wenn das Ganze korrigiert ist. Aber würden Sie nun wirklich etwas davon sehen wollen? Es ist in fünf Teile gegliedert, jeder zu 10–12 Kapiteln (!). Vier sind fertig, der letzte angefangen. Ich könnte es Ihnen schicken, einen Teil nach dem andern, mit allen derzeitigen Unvollkommenheiten – Zusatzbemerkungen, Alternativen, wechselnde Eigennamen –, bis Sie schreien: »Halt, das reicht mir! Das gehört auf die Halde der großen Unpublizierbarkeiten, wie ›Das Silmarillion‹.«

Ich muß Schluß machen, oder Sie werden denken, ich verschwende Zeit und Papier, um über die Sache zu reden, statt sie zu schreiben. Ich habe »Sonderexamen« bis Ostern, außerdem Schwierigkeiten mit der Universität von Wales. Und auch all die Schwierigkeiten, die der Tod meines Kollegen H. C. K. Wyld verursacht, dessen Nachfolger zu suchen in diesen Ferien hauptsächlich meine Aufgabe sein wird. Ich habe Schwierigkeiten mit Blackwell, der meine Übersetzung der *Pearl* schon hat setzen lassen und auf die Korrekturen und die Einleitung wartet. Ich bin in Schwierigkeiten wegen der Witwe von Professor E. V. Gordon aus Manchester, dessen nachgelassene Arbeit über die *Pearl* ich in Ordnung bringen wollte, als Pflicht gegen einen verstorbenen Freund und Schüler; und diese Pflicht habe ich nicht erfüllt. Aber ich denke, vielleicht bekomme ich noch ein paar Wochen im Jahr für mich selbst. Allerdings bin ich auch in ernsten Schwierigkeiten mit der Clarendon Press und mit meiner verschollenen Freundin Mlle. Simonne d'Ardenne, die plötzlich wiederaufgetaucht ist, nachdem sie die deutsche Besetzung und die Rundstedt-Offensive (die über sie weggerollt ist) wunderbarerweise überlebt hat, und nun das MSS. eines umfangreichen Werkes schwenkt, das wir zusammen angefangen und der Ges. für frühenglische Textausgaben versprochen hatten.[5] Und die hat es nicht vergessen – ebensowenig wie mein Buch über *The Ancrene Riwle*[6], das schon vollständig getippt ist.

Wenn man statt der B. D. S. T.[7] einen Weg fände, den Tag zu verdoppeln (und mir meine Hausdiener-Pflichten abzunehmen), dann könnte ich Sie mit Sachen zudecken, wie Hinz und Kunz. Aber ich bleibe Ihnen zutiefst dankbar für Ihre Freundlichkeit und Anteilnahme.

Ihr sehr ergebener
J. R. R. Tolkien

99 An »Michal« Williams, Charles Williams' Witwe

[Geschrieben am gleichen Tag, an dem Williams nach einer Operation gestorben war.]

15. Mai 1945   20 Northmoor Road, Oxford
Liebe Mrs. Williams,

von Herzen fühle ich mit Ihnen, mehr kann ich nicht sagen. An Ihrem Verlust habe ich ein wenig teil, denn in den (viel zu kurzen) Jahren, seit denen ich Ihren Gatten kannte, hatte ich eine tiefe Bewunderung und Zuneigung zu ihm gefaßt, und mein Schmerz ist größer, als ich es ausdrücken kann.

Sollten Sie später feststellen, daß ich Ihnen und Ihrem Sohn in irgendeiner Hinsicht gefällig sein kann, so sagen Sie es mir bitte. Pater Gervase Mathew liest Sonnabend um 8 Uhr früh in Blackfriars die Messe, und ich werde dabei sein Gehilfe sein; aber natürlich schließe ich Sie sogleich und fortwährend in meine Gebete ein: was immer das wert ist. Verzeihen Sie diese unbeholfene Mitteilung.

Ihr zutiefst ergebener
J. R. R. Tolkien

100 Aus einem Brief an Christopher Tolkien   29. Mai 1945

[Nach seiner Rückkehr aus Südafrika war Christopher bei der R. A. F. in Shropshire stationiert. Er hoffte, seine Versetzung zur Marine-Luftwaffe erreichen zu können.]

Es wäre immerhin ein Trost für mich, wenn Du der R. A. F. entkämest. Und hoffentlich bedeutet die Versetzung, wenn sie durchgeht, eine echte Versetzung mit Reaktivierung. Es würde mir nicht leichtfallen, Dir in vollem Maß meinen Abscheu vor der Dritten Waffengattung auszusprechen – der sich dennoch verbinden kann und für mich auch verbindet mit Bewunderung, Dank und vor allem Mitleid für die jungen Männer, die da drinstecken. Aber wirklich schuld ist das Kampfflugzeug. Und nichts kann wirklich meinen Kummer darüber lindern, daß Du, mein liebster Sohn, etwas damit zu tun hast. Ungefähr so wäre es Frodo zumute gewesen, wenn er entdeckt hätte, daß manche Hobbits auf den Nazgûl-Vögeln reiten lernten, »zur Befreiung des Auenlands«. Obendrein bringe ich in diesem Falle, in diesem restlichen Krieg, keine Spur von Patriotismus auf, denn über den britischen oder amerikanischen Imperialismus im Fernen Osten weiß ich nichts, das mich nicht mit Bedauern und Ekel erfüllte. Keinen Penny würde ich dafür hergeben, geschweige denn einen Sohn, wenn ich ein freier Mann wäre. Das kann nur Amerika oder Rußland nützen: wahrsch. letzterem. Aber wenigstens wird der amerikanisch-russische Krieg nun ein Jahr lang noch nicht ausbrechen.

101 Aus einem Brief an Christopher Tolkien 3. Juni 1945

In den Parks ist am Nachmittag zur Dienstentlassung bei der Zivilverteidigung eine Parade, zu der ich mich wahrsch. hinschleppen muß. Aber leider kommt mir das alles mehr wie ein Hohn vor, denn der Krieg ist noch nicht vorbei (und soweit er vorbei ist, ist er weitgehend verloren). Aber natürlich ist es falsch, in eine solche Stimmung zu geraten, denn Kriege werden immer verloren, und *der Krieg* geht immer weiter; und man darf den Mut nicht verlieren!

102 Aus einem Brief an Christopher Tolkien 9. August 1945

Die Meldung heute über »Atombomben« machen einen benommen vor Entsetzen. Was für ein Wahnsinn, daß diese Physiker zu Kriegszwecken solche Arbeiten auszuführen bereit sind: in aller Ruhe die Vernichtung der Welt auszuhecken! Solche Sprengstoffe den Menschen anzuvertrauen, während deren moralischer und geistiger Zustand sich verschlimmert, ist etwa so nützlich, wie wenn man an alle Insassen eines Zuchthauses Schußwaffen verteilte und dann sagen würde, man hoffe damit »den Frieden zu sichern«. Aber ein Gutes könnte daraus entstehen, meine ich, wenn die Presseberichte nicht überhitzt sind: Japan müßte aufgeben. Jedenfalls, Gott hat uns in der Hand. Doch ER blickt nicht freundlich auf die Erbauer von Babel.

103 Aus einem Brief an Christopher Tolkien   11. Oktober 1945

[Nach seiner Wahl auf den Merton-Lehrstuhl für englische Sprache und Literatur verließ Tolkien das Pembroke College und wurde *Professorial Fellow* des Merton College. Seine ersten Eindrücke dort beschreibt dieser Brief.]

Ich wurde gestern um 10 Uhr vormittags offiziell aufgenommen und mußte gleich die gewaltigste College-Versammlung aushalten, die ich je gesehen habe – dauerte bis halb zwei ohne Unterbrechung und löste sich dann in Unordnung auf. Der Leiter redete fast unaufhörlich. Ich aß dort zu Mittag und erledigte ein paar Dinge: schrieb mich bei der Grundstücksverwaltung in die Wohnungsliste[1] ein und ließ mir einen Hauptschlüssel für alle Pforten und Türen geben. Unglaublich, mal zu einem richtigen College zu gehören (obendrein einem sehr großen und reichen)! Ich freu mich drauf, Dich herumzuführen. Heute nachmittag machte ich einen Rundgang mit Dyson[2], der gestern gewählt worden ist und sich nun in den Räumen eingerichtet hat, die ich gern gehabt hätte, weil man von da auf die Wiesen hinausblickt. Heute abend geh ich zu den Inklings. Wir werden an Dich denken.

104 Aus einem Brief an Christopher Tolkien   22. Oktober 1945

Zum ersten Mal habe ich am Donnerstag an der Dozententafel in Merton zu Abend gegessen und fand es sehr angenehm, wenngleich sonderbar. Um Brennstoff zu sparen, läßt man den Aufenthaltsraum ungeheizt, und die Dons kommen auf dem Podium zusammen und plaudern, bis irgendwer meint, daß genug da sind für das Tischgebet. Danach setzen sie sich hin und essen, kriegen ihren Port und Kaffee, rauchen, lesen die Abendzeitungen, alles an der erhöhten Tafel, auf eine Weise, die zwar angenehm formlos ist, aber ziemlich schockierend für jemanden, der in die strengeren Zeremonien und Vortrittsregeln des mittelalterlichen Pembroke College eingeübt ist. Etwa viertel vor neun schlenderte ich mit Dyson über »unser Gelände« zum Magdalen, wo wir Warnie und Havard besuchten – Jack war nicht da. Um halb elf gingen wir nach Hause.

105 An Sir Stanley Unwin

[Unwin, inzwischen geadelt, hatte geschrieben, um sich nach den Fortschritten des *Herrn der Ringe* zu erkundigen.]

21. Juli 1946   20 Northmoor Road, Oxford
Lieber Sir Stanley,

ich habe Sie sehr schlecht behandelt. Ich glaube, Sie wären bereit, mir zu verzeihen, wenn Sie die wahre Geschichte meiner Nöte, der häuslichen und der akademischen, kennen würden. Aber die will ich Ihnen ersparen und lieber versuchen, es besser zu machen.

Ich bin krank gewesen, in der Hauptsache Sorgen und Überarbeitung, aber wieder einigermaßen erholt; und ich bin endlich in der Lage gewesen, ein paar Schritte zu unternehmen, um dafür zu sorgen, daß wenigstens die Überarbeitung, soweit sie akademisch ist, gelindert wird. Zum ersten Mal seit 25 Jahren, abgesehen von dem Jahr, wo ich auf Krücken ging (ich glaube, das war kurz bevor der Hobbit herauskam), bin ich frei von Prüfungspflichten, und obwohl ich mich immer noch mit einem Berg von unerledigten Dingen herumschlage, aus dem ich einen ganzen Stapel Briefe von George Allen und Unwin hervorgewühlt habe, und trotz all der Scherereien in dieser Zeit des Chaos und des »Wiederaufbaus« hoffe ich doch, mich nächste Woche wirklich hinsetzen zu können und zu – schreiben. Ich werde nun nicht mehr ganz allein versuchen müssen, unsere English School in Betrieb zu halten. Ich bin nun nicht mehr der Professor für Angelsächsisch. Ich bin umgezogen nach Merton, als Merton-Professor für englische Sprache und Literatur: Professor Wrenn vom Londoner King's College kommt im Oktober, um mir das Angelsächsische vom Buckel zu nehmen; und wir sind dabei, noch einen weiteren Merton-Professor (für moderne Literatur) zu wählen. Es müßte C. S. Lewis sein oder vielleicht auch Lord David Cecil, aber man kann nie wissen.

Aber in diesem Brief wollte ich nicht in erster Linie von mir erzählen. Ich wollte zuerst einmal sagen, wie leid es mir tut, daß ich Ihnen nicht gleich, wie ich beabsichtigte, als ich davon hörte, geschrieben habe, um Ihnen zu Ihrer Ehrung zu gratulieren, die mir eine sehr große Freude bereitet hat. Außerdem möchte ich unbedingt wissen, was es für Nachrichten von Rayner gibt. Ich hoffe aufrichtig, daß sie gut sind, obwohl man ja immer noch zögert, sich nach Söhnen zu erkundigen. Aber mein Christopher, der sich zur Marine-Luftwaffe hat versetzen lassen und offiziell immer noch zur Marine gehört, ist dieses Trimester wieder ans

Trinity zurückgekehrt; und ich fragte mich, ob Aussicht besteht, daß Rayner bald wiederkommt. Ich würde mich sehr freuen, ihn wiederzusehen . . . . .

Ich weiß nicht, ob David Severn immer noch den Farmer Giles anschauen möchte. Für diesen Fall schicke ich es ihm jetzt, über ein Jahr verspätet. Wenn ich ein bißchen Zeit hätte, könnte ich noch ein paar Sachen von gleicher Art, die aber noch nicht fertig sind, dazutun. Aber der *Niggle* hat nie etwas anderes ausgebrütet, das sich mit ihm irgend verträgt.

Ich weiß nicht, ob weitere Meldungen von einem so buchstäblich »vielversprechenden«, aber nicht schreibenden Autor Sie überhaupt noch interessieren. Aber ich habe mich mächtig angestrengt, die Hobbit-Fortsetzung abzuschließen, und die Kapitel gingen nach Afrika hin und zurück, an meinen wichtigsten Kritiker und Mitarbeiter, Christopher, der auch die Karten zeichnet. Aber es ist mir nicht gelungen. Zu viele Störungen und Erkrankungen kamen dazwischen. Nun muß ich mein eigenes Werk erst einmal genau lesen, um wieder hineinzufinden. Aber ich hoffe doch, es vor dem Herbsttrimester hinter mich zu bringen, auf jeden Fall aber bis Ende des Jahres. Allerdings frage ich mich, ob Sie das Papier auftreiben könnten, selbst wenn man annimmt, daß das Werk sich empfiehlt.

Ich habe übrigens in der Welsh Review vom Dez. 1945 eine Erzählung in Versen[1] veröffentlicht; werde in Kürze eine stark erweiterte Fassung eines Aufsatzes über Märchen, ursprünglich ein in St. Andrews gehaltener Vortrag, in einem Gedenkband für den verstorbenen Charles Williams veröffentlichen; und in den zwei vergleichsweise ruhigen Wochen um letzte Weihnachten habe ich drei Teile eines anderen Buches[2] geschrieben, das unter völlig verschiedenen Rahmenbedingungen das bißchen wieder aufnimmt, was in der unausgegorenen *Lost Road* irgend etwas taugte (ich hatte einmal die Unverschämtheit, es Ihnen zu zeigen: hoffentlich ist es vergessen), und noch anderes daneben. Ich hoffte in einem Zuge damit fertig zu werden, aber nach Weihnachten ließ meine Gesundheit nach. Eher töricht, jetzt davon zu sprechen, solange es nicht fertig ist. Aber der *Herr der Ringe*, die *Hobbit*-Fortsetzung, kommt vor allem andern, abgesehen von den Verpflichtungen, denen ich mich nicht entwinden kann.

Mit den besten Wünschen
Ihr ergebener
J. R. R. Tolkien

106 Aus einem Brief an Sir Stanley Unwin   30. September 1946

[Allen & Unwin äußerten sich begeistert über den *Farmer Giles of Ham*, fragten aber, ob Tolkien noch weitere Geschichten beibringen könnte, damit der Umfang für ein Buch ausreichte.]

Ich wäre natürlich froh, wenn Sie eine Möglichkeit sähen, den »Farmer Giles of Ham« zu veröffentlichen ... Wenn ich Zeit hätte, könnte ich ihm etwas beigesellen, aber ich bin akademisch stark eingespannt und sehe keine Hoffnung auf Ruhe, bevor die verschiedenen neuen Professoren nicht da sind. Ich könnte nicht versprechen, so bald irgend etwas fertigzubekommen. Zumindest vermute ich, ich könnte, aber das wäre schwierig – und eigentlich ist doch die Hobbit-Fortsetzung so viel besser (denke ich) als diese Sachen, daß ich den Wunsch hätte, alle freien Stunden darauf zu verwenden. Letzte Woche habe ich sie wieder vorgenommen und ein Kapitel geschrieben (ein gutes), und dann ging ich unter in Amtspflichten – in denen ich wate, seit Ihr freundlicher Brief vor 10 Tagen ankam.

Ich habe nie versucht, den »Farmer Giles« selbst zu illustrieren, und weiß auch niemanden.

107 Aus einem Brief an Sir Stanley Unwin   7. Dezember 1946

[Zum Thema einer deutschen Ausgabe des *Hobbit*.]

Ich bekomme weiterhin Briefe von dem armen Horus Engels[1] wegen einer deutschen Übersetzung. Er scheint sich nicht unbedingt selbst als Übersetzer anbieten zu wollen. Er hat mir ein paar Illustrationen geschickt (die Trolle und Gollum), denen trotz mancher Vorzüge, wie man sie von einem Deutschen erwarten kann, leider für meinen Geschmack zuviel »Disnität« eignet: Bilbo mit Triefnase und Gandalf als ordinäre Witzfigur, statt als der odinhafte Wanderer, an den ich denke.....

Ich ziehe demnächst in ein kleines Haus um (3 Manor Road)[2] und hoffe damit die unerträglichen häuslichen Probleme zu lösen, die mir soviel von dem bißchen Zeit stehlen, das mir übrig bleibt. Ich hoffe immer noch, demnächst mein »magnum opus« zu beenden, den Herrn der Ringe, und binnen kurzem – oder noch vor Januar – bekommen Sie es zu sehen. Ich bin an den letzten Kapiteln.

[Allen & Unwin hatten beschlossen, den *Farmer Giles of Ham* als einen gesonderten Band zu veröffentlichen.]

Ich schicke Ihnen nun (mit einer Woche Verspätung) mit getrennter Post das MS. des *Farmer Giles of Ham* zurück, für den Druck überarbeitet. Wie Sie sehen werden, bin ich es genau durchgegangen und habe ein Gutteil geändert, zum Vorteil (denke und hoffe ich) des Stils wie der Erzählung.....
   Sie werden bemerken, daß diese Geschichte, egal, wer sie kaufen mag, *nicht* für Kinder geschrieben wurde; was freilich wie im Falle anderer Bücher die Kinder nicht unbedingt hindern muß, sich darüber zu amüsieren. Ich denke, man könnte ebensogut die Tatsache hervorheben, daß dies eine Geschichte ist, die eigens zum lauten Vorlesen geschrieben wurde: sie macht sich dabei sehr gut, für Leute, die dergleichen überhaupt mögen. Sie wurde tatsächlich auf Bestellung geschrieben, für eine Lesung bei der Lovelace Society am Worcester College, und dort wurde sie in einer Sitzung vorgelesen.
   Aus diesem Grund möchte ich auf eine Vorsatzseite gern eine Widmung für C. H. Wilkinson[1] setzen, denn es war Col. Wilkinson, der mich dazu drängte und der mir seither ständig wegen einer Veröffentlichung zusetzt.

109 An Sir Stanley Unwin

[Tolkien traf sich am 9. Juli in London mit Unwin zum Essen. Dort hatte er eingewilligt, daß Rayner Unwin das Buch I des *Herrn der Ringe* zu lesen bekäme, das schon in einem »schönen« Typoskript vorlag. Am 28. Juli erhielt Tolkien Rayners Bemerkungen. Rayner schrieb: »Die gewundenen und miteinander konkurrierenden Ereignisströme in dieser Welt in einer Welt überwältigen einen beinahe .... Das Ringen zwischen Licht und Finsternis (manchmal, wie man argwöhnen könnte, von der eigentlichen Erzählung in die reine Allegorie abhebend) ist makaber und über das im ›Hobbit‹ hinaus intensiviert .... Damit der anfängliche Ring in dieses neue und mächtige Werkzeug verwandelt werden kann, muß manches wegerklärt werden, und Gandalf hat einige Mühe, für viele von den Taten des ersten Hobbits Gründe zu finden, aber alles in allem ist die Verknüpfung der beiden Bücher gut gemacht .... Ehrlich, ich weiß nicht, wer das lesen soll ... Wenn's Erwachsene nicht unter ihrer Würde finden, das zu lesen, werden viele zweifellos Freude dran haben . . . . Der Korrektor wird eine Anzahl versäumter Änderungen von ›Hamilcar‹ zu ›Belisarius‹ nachholen müssen.« Trotz dieser Einwände und Bedenken kam Rayner zu dem Urteil, das Buch sei »eine prächtige und packende Geschichte«. Die folgende Antwort schrieb Tolkien am 31. Juli, schickte sie aber erst am 21. September ab, aus Gründen, die in dem Brief mit jenem Datum genannt werden.]

31. Juli 1947   Merton College, Oxford
Lieber Unwin,

gewiß werde ich Sie so anreden, cum permissu, obwohl mir das als ein kaum verdienter Ausgleich für den Verlust des »Herr Professor« erscheint, eines Titels, den man ja eher vergessen als darauf insistieren sollte.

Ich war überrascht, die Lieferung vom Ring so schnell zurückzubekommen. Es ist wohl zwar ein dickes Buch, aber offenbar wird die Lektüre denjenigen, die den Appetit darauf haben, nicht zu lang werden. Und es war sehr freundlich von Ihnen, mir Rayners Eindrücke zu schicken. Jede Kritik von außerhalb des kleinen Kreises, der die Sache hat heranwachsen sehen (und schon lange nicht mehr davon überwältigt wird, weil er sich an diese Welt gewöhnt hat) wäre willkommen; aber diese Kritik ist anhörenswert.

Ich muß nun geduldig warten, bis er mehr gelesen hat. Ende August schicke ich die nächste Lieferung. Ich habe nun einen weiteren dringenden Grund, abgesehen von dem Geschrei unseres Zirkels, die Sache zu Ende zu bringen, so daß man zu einem abschließenden Urteil darüber kommen kann.

Rayners Bemerkungen anliegend mit Dank an Sie beide zurück. Es tut mir leid, daß er sich überwältigt fühlte. Ich vermisse besonders jeden Hinweis auf die Komik, mit der das erste »Buch«, wie ich mir dachte, gut versehen war. Vielleicht hat sie nicht gezündet. Ich selbst kann lustige Bücher oder Stücke nicht ausstehen, ich meine solche, die bloß komisch sein wollen; aber mir scheint, daß es im wirklichen Leben, so wie hier, gerade die Finsternis der Welt ist, gegen die das Komische aufkommt, und am besten ist es, wenn dies nicht verborgen wird. Offenbar ist es mir gelungen, das Grauen wirklich grauenhaft zu machen, und das ist ein starker Trost; denn jede Abenteuergeschichte, die die Dinge ernst nimmt, muß einen Einschlag von Furcht und Grauen haben, wenn sie auch nur entfernt oder stellvertretend der Wirklichkeit ähnlich sehen und nicht bloß Eskapismus sein soll. Aber die Sache ist mir mißlungen, wenn es nicht als möglich erscheint, daß ganz irdische Hobbits mit solchen Dingen fertigwerden könnten. Ich glaube, nichts Grauenhaftes ist denkbar, das solche Geschöpfe nicht überwinden könnten, dank der Gnade (die hier in mythologischen Formen erscheint) im Verein mit einer Weigerung ihrer Natur und ihrer Vernunft, in der letzten Zwangslage Kompromisse zu machen oder sich zu fügen.

Aber trotzdem sollte Rayner keine »Allegorie« argwöhnen. Eine »Moral«, nehme ich an, gibt es in jeder erzählenswerten Geschichte. Aber das ist nicht dasselbe. Sogar das Ringen zwischen Licht und Finsternis (wie er es nennt, nicht ich) ist für mich nur eine besondere Phase der Geschichte, vielleicht ein Beispiel für ihren Verlauf, aber nicht das Verlaufsschema; und die Handelnden sind Individuen – die natürlich jeweils etwas Universelles enthalten, sonst hätten sie überhaupt kein Leben, aber sie repräsentieren es niemals als solches.

Gewiß, die Allegorie konvergiert mit der Geschichte, begegnet ihr irgendwo in der Wahrheit. Darum ist die einzige vollkommen stimmige Allegorie das wirkliche Leben; und die einzige vollkommen verständliche Geschichte ist eine Allegorie. Und man bemerkt, sogar in unvollkommen menschlicher »Literatur«, daß eine Allegorie um so besser und stimmiger ist, je leichter sie sich »einfach so als Geschichte« lesen läßt; und je besser und dichter eine Geschichte ist, desto leichter kann jemand, dem der Sinn danach steht, eine Allegorie in ihr finden. Aber jedes von beiden beginnt am entgegengesetzten Ende. Man kann aus dem Ring eine Allegorie unserer Zeit machen, wenn man will: eine Allegorie für das unausweichliche Schicksal aller Versuche, die Macht des Bösen durch Macht zu besiegen. Aber das kommt nur daher, daß alle Macht, ob magisch oder mechanisch, immer so wirkt. Auch eine Geschichte über einen scheinbar simplen Zauberring kann man nicht schreiben, ohne daß dies hereinbricht – wenn man den Ring wirklich ernst nimmt und etwas passieren läßt, das passieren würde, wenn es so ein Ding gäbe.

Gewiß, Rayner hat eine (unvermeidliche) Schwäche ausgemacht: die Verknüpfung. Es freut mich, daß er meint, die Verknüpfung sei alles in allem gut gemacht. Das ist das beste, was zu hoffen war. Ich habe es so gut gemacht, wie ich konnte, denn die Hobbits (an denen ich hänge) mußten nun mal sein, und auch Bilbo mußte kurz auftreten, zum Gedenken an alte Zeiten. Aber die Entdeckung, daß der Ring eine ernsthaftere Angelegenheit war, als es zuerst den Anschein hatte, beunruhigt mich nicht; so ist das immer mit einem bequemen Ausweg. Es sind auch gar nicht Bilbos Handlungen, denke ich, die der Erklärung bedürfen. Die Schwäche ist

Gollum und daß er den Ring als Geschenk anbietet.[1] Später aber wird Gollum einer der Hauptcharaktere, und um seine Psychologie verständlich zu machen, verlasse ich mich nicht auf Gandalf. Ich hoffe, es wird aufgehen, und am Ende wird man Gandalfs Scharfsinn und nicht nur seine »Mühe« mit den Erklärungen erkennen. Trotzdem muß ich daran denken, wenn ich Kapitel II für den Druck überarbeite: Ich habe ohnehin vor, es zu kürzen. Das Richtige, um an der Schwierigkeit vorbeizukommen, wäre eine leichte Umbildung der älteren Geschichte in deren Kapitel V. Das kommt praktisch nicht in Frage; doch hoffe ich natürlich, die ganze Sache einmal zu überarbeiten und sie in einer endgültigen Form zu hinterlassen, in der die Nachwelt sie dann in den Papierkorb werfen kann. Dorthin kommen alle Bücher am Ende, jedenfalls auf dieser Welt.

Und wer das nun lesen soll? Die Welt scheint sich immer undurchdringlicher in Parteien abzuteilen, in Morlocks und Eloi und andere. Aber diejenigen, denen so was überhaupt gefällt, denen gefällt es sehr, und sie können nicht im entferntesten genug davon kriegen, oder in ausreichender Länge, um ihren Hunger zu stillen. Dieser ist wohl (leider!) numerisch begrenzt, obwohl er, wie ich vermute, zunimmt und vor allem Nahrung braucht, um weiter zu wachsen. Aber wo es diesen Geschmack gibt, da ist er nicht auf ein Alter oder nach Berufsgruppen beschränkt (es sei denn, daß man die ganz und gar Maschinengläubigen ausscheidet). Zu dem Publikum, das bisher den Ring Kapitel für Kapitel verfolgt, ihn wiedergelesen hat und nach mehr schreit, gehören ein paar Sonderlinge mit ähnlichem literarischen Geschmack wie C. S. Lewis, der verstorbene Charles Williams und mein Sohn Christopher; dies ist wohl eine sehr kleine und unergiebige Minderheit. Aber manchmal kamen noch andere hinzu: ein Anwalt, ein Arzt (von Berufs wegen an Krebs interessiert), ein älterer Heeresoffizier, eine Elementarschullehrerin, eine Künstlerin und ein Bauer.[2] Eine ziemlich breite Auswahl, auch wenn man Leute ausschließt, die sich professionell mit Literatur befassen und deren eigene Interessen, wie etwa bei David Cecil, ganz woanders liegen.

Jedenfalls wird der Korrektor, wenn es soweit kommen sollte, hoffentlich nur noch sehr wenig zu tun haben. Ich war eingespannt in andere Arbeiten und hatte keine Zeit, die eingesandten Kapitel noch einmal durchzusehen. Belisarius muß wohl ein paarmal handschriftlich als Vorschlag über dem Namen Hamilcar[3] gestanden sein. Das macht nicht viel aus, obwohl die Änderung ihren Sinn hatte; aber jedenfalls hoffe ich, daß diese äußerste Schlamperei, nicht einmal den Namen einer Nebenfigur festhalten zu können, die endgültige Fassung nicht entstellen wird.

Außerdem: es ist unvermeidlich, daß die Kenntnis des früheren Buches vorausgesetzt wird; es existiert aber ein Vorwort oder Einleitungskapitel »Über Hobbits«. Es enthält den Kern des Kapitels V, »Rätsel in der Finsternis«, und wiederholt die Auskünfte, die auf den ersten zwei, drei Seiten des anderen Buches gegeben wurden; außerden wird vieles erklärt, wonach manche »Fans« sich erkundigt hatten: zum Beispiel Tabak, die Erwähnung von Polizisten und dem König (p. 43)[4] und das Vorhandensein von Häusern im Bild von Hobbingen. Der Hobbit war also doch nicht so einfach, wie er zu sein schien, und war ein wenig willkürlich aus einer Welt herausgerissen, in der er schon damals existierte und die nicht erst um der Fortsetzung willen neu erfunden worden ist. Die einzige Freiheit, wenn dies eine ist, bestand darin, Bilbos Ring zu dem *einen* Ring zu machen: Alle Ringe hatten denselben Ursprung, bevor er je im Dunkeln die Hand darauf legte. Die Schrecknisse lagen schon auf der Lauer, siehe p. 36 und 303[5], und Elrond sah schon, daß kein Weißer Rat sie bannen konnte.

Na, nun habe ich ziemlich lange von meinen Schrullen geredet. Die Sache ist die, daß die Sache so wie vorgesehen fertigwerden muß, und dann soll man drüber urteilen. Aber verzeihen Sie mir! Sie ist mit meinem Herzblut geschrieben, dick oder dünn, wie das nun mal ist, und anders kann ich nicht. Ich fürchte, sie muß stehen oder fallen, so wie sie im Kern ist. Es wäre müßig zu behaupten, daß mir an der Veröffentlichung nicht viel läge, denn eine einsame Kunst ist keine Kunst; oder daß ich am Lob keine Freude hätte, mit so wenig Eitelkeit, wie dem gefallenen Menschen nur möglich ist (er hat an seinen Schriften nicht viel mehr Anteil als an seinen leiblichen Kindern, aber es ist schon etwas, eine Aufgabe zu haben); aber die Hauptsache ist, man wird mit seinem Werk fertig, soweit das Fertigwerden einen echten Sinn hat.

Ich bin überaus dankbar, ernstgenommen zu werden von einem vielbeschäftigten Mann, der mit vielen gelehrteren und begabteren Menschen zu tun hatte und noch zu tun hat. Ich wünsche Ihnen und Rayner eine gute Reise, gute Geschäfte und dann herrliche Tage in den Bergen.[6] Wie gern ich die Schneehänge und die hohen Gipfel auch einmal wiedersähe!

Ihr sehr ergebener
J. R. R. Tolkien

Was die Überarbeitung des *Hobbit* angeht: Jede radikale Änderung ist natürlich ausgeschlossen und nicht nötig. Aber es stehen immer noch eine ganze Menge Druckfehler darin. Ich glaube, ich habe schon zweimal eine Liste dieser Fehler eingereicht, und hoffe, diesmal sind sie korrigiert worden. Außerdem gibt es kleinere Irrtümer, die durch die Nachforschungen von Fans aufgezeigt wurden, und manche, die ich selbst bei näherem Hinsehen bemerkt habe. Ich hätte gern eine Chance, sie zu berichtigen. Ich füge noch mal eine Liste bei.

110 Aus einem Brief an Allen & Unwin   20. September 1947

[Tolkiens amerikanischer Verlag, Houghton Mifflin Co., hatte bei Allen & Unwin um die Genehmigung zum Abdruck mehrerer Rätsel aus dem *Hobbit* in einer Lyrik-Anthologie angefragt. Allen & Unwin hatten Tolkien dazu nahegelegt, daß »die Rätsel aus volkstümlicher Überlieferung stammen und nicht von Ihnen erfunden wurden«.]

Was die Rätsel angeht: sie sind alle »mein Werk«, bis auf »Thirty White Horses«, das aus der Überlieferung stammt, und »No-legs« (»Einbein«). Für die übrigen, obwohl nach Stil und Methode alte literarische (aber nicht »volkstümliche«) Rätsel, gibt es, soviel ich weiß, kein Vorbild, ausgenommen nur das Eierrätsel, in dem ein längeres literarisches Rätsel, das in manchen Kinderreim-Büchern, besonders in amerikanischen, steht, auf ein einziges Reimpaar (das von mir ist) verkürzt wurde. Darum meine ich, wenn jemand versuchen sollte, sie ohne Gebühr zu verwenden, dann wäre das so, wie wenn man jemand seinen Stuhl wegnimmt, weil es nachgemachter Chippendale ist, oder ihm seinen Wein austrinkt, weil auf dem Etikett »portweinartig« steht. Ich muß auch bemerken, daß »Sun on the Daisies« nicht in Versen ist (ebensowenig wie »No-legs«), sondern nur in Rätselform die Etymologie des Wortes »daisy« angibt.

111 Aus einem Brief an Sir Stanley Unwin   21. September 1947

Ich hatte Ihnen schon am letzten Julitag geschrieben, den Brief aber dann beiseite gelegt, weil er mir zuviel Aufhebens um meine Werke zu machen schien .....

Hyde (oder Jekyll) hat seinen Willen haben müssen, und ich wurde genötigt, mich in der Hauptsache der Philologie zu widmen, besonders weil meine Kollegin aus Lüttich[1], mit der ich vor dem Krieg ein »Forschungs«-Vorhaben begonnen hatte, sich hier aufgehalten hat, um unsere Arbeit druckfertig machen zu helfen.

Jetzt muß ich gleich wieder in College-Angelegenheiten für ein paar Tage fort. Ich bin an der Reihe, mit dem Rektor und dem Schatzmeister nach Cambridge und Lincolnshire zu fahren, um die dortigen Anwesen zu inspizieren. Um also Ihren Brief vom 28. Juli nicht noch länger unbeantwortet zu lassen, schicke ich Ihnen anliegend meine ursprüngliche und inzwischen ziemlich verdrückte Antwort. Dazu füge ich Rayners Bemerkungen bei, außerdem ein paar Anmerkungen zum *Hobbit* und (was Sie und Rayner vielleicht amüsieren wird) ein Beispiel für die Umarbeitung des Kapitels V von jenem Buch, durch das meine jetzige Arbeit vereinfacht, obgleich nicht unbedingt verbessert würde.

Ich habe ohne Erfolg versucht, in die Zeiten zwischen der »Forschung« und den Reisen eine neue Durchsicht des Buches II des *Herrn der Ringe* hineinzuzwängen. Aber, weil ich mir sehr gern Rayners Lektüre (und auch Ihre, wenn Sie etwas Zeit haben) zunutze machen würde, schicke ich es Ihnen gleichzeitig mit getrennter Post, mit allen Mängeln in den Details. Rayner soll aber beachten, wenn er Zeit hat, sich mit diesem Paket zu befassen, daß Kapitel XIV umgearbeitet worden ist, gemäß der Umarbeitung des Kapitels II, »Alte Geschichte«, das er gelesen hat. Kapitel II heißt nun »Der Schatten der Vergangenheit«, und der größte Teil des »historischen« Stoffes ist herausgeschnitten worden, wohingegen Gollum etwas mehr Aufmerksamkeit geschenkt wird. Wenn also in XIV etwas wiederholt zu werden scheint, ist es nicht wirklich so; praktisch nichts von dem, was nun in XIV steht, kommt auch in II.

Ich schicke Ihnen außerdem das einleitende Vorwort-Kapitel zu dem Ganzen: »Über Hobbits«, das als Bindeglied zu dem früheren Buch dient und zugleich einige Fragen beantwortet, die mir gestellt wurden.

112 An Katherine Farrer

[Eine Postkarte, offenbar am 30. November 1947 geschrieben, in Verwendung der Runenschrift aus dem *Hobbit*; eine Transskription (mit Übersetzung) findet sich auf Seite 573 f. Mrs. Farrer, Verfasserin von Detektivgeschichten, war verheiratet mit dem Theologen Austin Farrer, dem damaligen Kaplan des Oxforder Trinity College. Sie hatte Tolkien offenbar um eine Widmung für ihr Exemplar des *Hobbit* gebeten.]

PROFESSOR TOLKIEN
MERTON COLLEGE
OXFORD

3, MANOR ROAD
OXFORD
Telephone: 47106

113 An C. S. Lewis

[Die Umstände dieses Briefes sind im einzelnen nicht klar, aber es scheint, daß Tolkien und Lewis über Einwände korrespondiert hatten, die Tolkien gegen ein von Lewis bei den Inklings vorgelesenes Werk erhoben hatte. Vielleicht war dies ein Teil von Lewis' *English Literature in the Sixteenth Century*, in der Reihe der Oxford History of English Literature (»OHEL«), die in dem Brief erwähnt wird.]

Septuagesima 1948
Mein lieber Jack,

es war gut, daß Du mir Deinerseits geschrieben hast. Aber Du schreibst hauptsächlich von einer Kränkung; dabei hatte ich doch sicher in meinem Brief »kränkend« zu »schmerzlich« verbessert? Daß uns das Schmerzhafte schmerzt, ist nicht zu vermeiden. Ich wußte zur Genüge, daß Du den Schmerz nicht würdest zur Gekränktheit anwachsen lassen, auch nicht (oder erst recht nicht), wenn dies ein Hang deines Wesens sein mag. Weh dem aber, von dem die Versuchungen ausgehen! Ich bedaure, Dir Schmerz zugefügt zu haben, auch wenn und insofern ich ein Recht dazu hatte; und besonders leid tut es mir, ihn Dir unnötigerweise und im Übermaß zugefügt zu haben. Meine Verse und mein Brief kamen aus einem plötzlichen und sehr scharfen Gewahrwerden des Schmerzes, der in die Autorschaft eindringen kann, sowohl ins Schaffen wie ins »Veröffentlichen«, das ein wesentlicher Teil des Gesamtvorgangs ist. Die Lebhaftigkeit des Eindrucks war natürlich bedingt durch den Umstand, daß Du, für den ich tiefe Neigung und Sympathie empfinde, das Opfer warst und ich selber der Bösewicht. Aber mir schwirrte selbst der Kopf unter den halb gönnerhaften, halb spöttischen Angriffen, und manche Kleinigkeiten, die mir am Herzen liegen, wurden zu reinen Vorwänden für ein verbales Gemetzel.

Bei manchen (zum Glück wenigen) Gelegenheiten war ich besessen von einem *furor scribendi*, in dem die Feder und nicht der Kopf oder das Herz die Worte findet; und dies war eine davon. Aber nichts in Deinen Worten oder Deinem Gebaren gab mir Grund zu vermuten, daß Du Dich »gekränkt« fühltest. Und doch konnte ich sehen, daß Du Dich so fühltest – sonst wärest Du kaum mehr menschlich gewesen –, und Dein Brief zeigt, wie sehr. Ich darf wohl sagen, unter der Gnade wird dies mehr Gutes als Schaden tun, aber das liegt zwischen Dir und Gott. Eines von den Geheimnissen des Schmerzes ist es, daß er dem Leidenden eine Gelegenheit zum Guten bietet, einen Pfad des Aufstiegs, wie mühsam er auch sei. Aber er bleibt doch ein »Übel«, und jedes Gewissen muß erschrocken sein, ihn fahrlässig, übermäßig oder gar noch mutwillig hervorgerufen zu haben. Und selbst in einer Notlage oder mit dem Vorrecht des Vaters oder Erziehers, ja, sogar wenn ein Mann einen Hund schlägt, ist er doch die Geißel Gottes, die nur mit Erschauern gebraucht werden darf. Ein oder zwei Bemerkungen von mir mögen berechtigt oder zutreffend gewesen sein, aber ich hätte mich auf diese beschränken und sie anders ausdrücken sollen. Ein grausamer Arzt, wer eine nicht völlig ungenießbare Pille mit einer Galleschicht überzieht!

Doch nun zu Deinen Gefühlen über mich als »Kritiker«, ob ich mich in diesem Amt verständig oder töricht aufführe. Ich *bin* kein Kritiker. Ich will keiner sein.* Ich bin gelegentlich (nach langem Bedenken) der »Kritik« fähig, bin aber von Natur aus kein kritischer Mensch. Ich bin teilweise und gewissermaßen unnatürlicherweise mit hineingezogen worden durch die starke »kritische« Strömung in der Bruderschaft. Ich bin nicht wirklich »hyperkritisch«. Denn ich versuche für gewöhnlich nur meine Neigung auszudrücken, nicht eine allgemeingültige Kritik. Tatsächlich bin ich in der Regel einfach verirrt auf einem fremden, unvermessenen Meer. Ich brauche bestimmte Arten von *Nahrung*, keine Übung meines analytischen Verstandes (der sich normalerweise auf anderen Gebieten betätigt). Denn für mich gibt es etwas, das ich unbedingt *erschaffen* möchte, und dies erschaffen zu wollen, ist der (großenteils frustrierte) Hang meiner Natur. Ohne jede Eitelkeit und ohne daß ich dies in seiner allgemeinen Bedeutung überschätze, bleibt es doch Tatsache, daß andere Dinge *für mich* weniger wichtig sind. Ich bin sicher, daß die meisten davon für die Welt sehr viel wichtiger sind. Aber in meiner Lage hilft mir das nichts. Ich glaube, dies verhindert, daß ich ein beachtenswerter Kritiker sein kann – in der Regel; und es sorgt wohl dafür, daß ich am *schlimmsten* dann bin, wenn der andere Schriftsteller mir auf seinen Bahnen zu nahe kommt (wie Du manchmal): dann gibt es womöglich einen Kurzschluß, einen Blitz, eine Explosion – und sogar einen üblen Geruch, mit einer Beimischung von schierer Eifersucht. Dennoch wäre es gerechter, von mir zu sagen, nicht daß ich in meinem eigenen Geschmack befangen bin, sondern daß ich meinerseits an meiner kleinen, aber eigenartigen »Botschaft« zu tragen habe. Tatsächlich leide ich (aus verschiedenen, nicht durchweg verwerflichen Gründen) an »Schreibverhinderung«. Eigentlich bin ich ein wildes Tier, ein Brumm-bär (wenn ich mich mit etwas so Großem vergleichen darf), ein peinli-cher Freund. Aber Gott segne Dich für Deine Güte. Und statt das natürliche und unvermeidliche Gefühl des Schmerzes und dessen Reak-tionen (von denen ich sicher bin, daß sie ohne Widerstreben und

---

* Ich denke, daß Kritik – egal wie treffend oder intellektuell beachtenswert – einem Schriftsteller, der etwas Persönliches zu sagen hat, gemeinhin nur hinderlich sein wird. Ein Seiltänzer braucht wohl Übung, aber wenn er anfängt, sich eine Theorie des Gleichgewichts zu bilden, verliert er die Sicherheit (und fällt vermutlich herunter). Ich möchte sogar sagen (wenn ich schon wieder eine Kritik wagen darf), daß sie für Dich *als Schriftsteller* hinderlich ist. Du liest zu viel, und zu viel davon analytisch. Aber schließlich bist Du auch der geborene Kritiker. Ich bin es nicht. Du bist auch der geborene Leser.

unmittelbar erfolgen) als Sünde einzubekennen, erweise mir die große Gunst, mir die Schmerzen, die ich hervorgerufen habe, zum Geschenk zu machen, damit ich an dem Guten Anteil nehmen kann, das Du daraus gemacht hast.

Ich weiß nicht, ob ich mich verständlich mache. Aber ich nehme an, daß es in unserer Macht steht als Mitglieder der Gemeinde Christi, solche Geschenke geltend zu machen. Im einfachsten Falle: Wenn ein Mensch mir etwas gestohlen hat, erkläre ich es vor Gott zu einem Geschenk. Das ist natürlich eine simple Art, sich ein Unrecht zunutze zu machen und ihm den Stachel zu nehmen, aber das ist nicht der direkte Zweck (oder es wäre nicht wirksam); denn ich finde es wahrscheinlich, daß ein solches Geschenk auf die Stellung des Schuldigen vor Gott Einfluß hat, und jedenfalls muß in jedem echten Wunsch, zu »verzeihen«, der Wunsch, daß dem so sein möge, enthalten sein. Es wäre wunderbar, zum Urteil aufgerufen zu werden, um unzählige Missetaten gegen seine Mitmenschen zu verantworten, und dann unerwartet festzustellen, daß viele Vorwürfe gar nicht erhoben werden! Und daß man vielmehr sogar an dem Guten, das aus dem eigenen Bösen gemacht wurde, einen Anteil hätte. Und nicht weniger wunderbar für den Geber. Eine ewige Wechselwirkung von Straferlaß und Dankbarkeit. (Aber dem Schuldigen muß es leid tun. Andernfalls würden, vermute ich, die Kohlen des Feuers in den furchtbaren Sphären des Jüngsten Gerichts unerträglich brennen.)

(Was ist, wenn der Schuldige ehrlich bereut, der Geschädigte aber tief gekränkt und zu keiner »Vergebung« bereit ist? Das ist ein furchtbarer Gedanke, der jeden davon abschrecken sollte, das Risiko einzugehen, unnötigerweise etwas so »Böses« zu verursachen. Natürlich ist die Macht, zu begnadigen, nur von der höheren Instanz delegiert und wird immer ausgeübt, ob mit oder ohne Kooperation. Aber müssen die Freuden und die Heilkraft der Kooperation denn verlorengehen?)

Während ich über dies alles nachdachte, stieß ich auf eine Passage, die sich mit dem entzückenden Verhältnis zwischen G. M. Hopkins und seinem »Brieffreund« Canon Dixon befaßt. Zwei Männer voll Hunger nach »Anerkennung«. Der arme Dixon, dessen *History of the Church of England* (und dessen Gedichte) nur flüchtig beachtet worden waren, und Hopkins, den sein eigener Orden nicht zu würdigen wußte. H. scheint klar gesehen zu haben, daß »Anerkennung« mit etwas Verständnis in dieser Welt ein wesentlicher Teil der Autorschaft und daß ihr Fehlen ein Leiden ist, das man vom bloßen Verlangen nach den Freuden des Ruhms und der Bewunderung (auch wenn es damit vermischt sein mag) unterscheiden muß. Dixon war ganz verblüfft, daß Hopkins ihn schätzte, und sehr gerührt über Burne-Jones' Worte (zu H., der sie zitierte), daß »man eigentlich für den einen Menschen schafft, der sich vielleicht dazu aufraffen kann, einen zu verstehen«. Aber dann hatte H. ein Bedenken, nämlich daß Burne-Jones' Hoffnung in dieser Welt auch enttäuscht werden kann, ebenso leicht wie die auf allgemeinen Ruhm: ein Maler (wie Niggle) arbeitet vielleicht für etwas, das völlig vernichtet wird, wenn sein Bild verbrennt oder sein Bewunderer einem tödlichen Unfall erliegt. Er faßte zusammen: Der einzige gerechte Literaturkritiker ist Christus, der mehr als jeder Mensch die von IHM SELBST verliehenen Gaben bewundert. Laß uns also »bekenne either other to Crist«. Gott behüte Dich.

Ich schreibe nur, weil es mir auf diese Weise leichter fällt, Dinge zu sagen, die ich wirklich sagen will. Wenn sie dumm sind oder zu sein scheinen, bin ich nicht dabei, wenn sie durchfallen. (Meine geflüsterten Seitenbemerkungen kommen meistens aus reiner Zaghaftigkeit und aus der Furcht, von der ganzen Versammlung ausgelacht zu werden.)

Dies erfordert keine Antwort. Doch was Dich selbst angeht: Ruhe in Frieden, jedenfalls vor mir als »Kritiker« Deines Verhaltens. Zumindest bist Du der *fautlest freke*[1], den ich kenne. »Lautstärke«[2], hast Du gesagt? Nimmer! Das ist großenteils ein von Hugo zum Selbstschutz ausgestreutes Gerücht. Sofern es (für ihn) eine Grundlage hat, dann nur, daß Lärm auf Lärm antwortet. In Deiner Anwesenheit und unter Deinem Vorsitz sind wir sicher vor Gezänk, Böswilligkeit, Herabsetzung und Beschuldigungen ohne Beweis. Zweifellos habe ich, wie Du sagst, als Mitglied der Bruderschaft ein Recht zu kritisieren, wenn es mir so beliebt. Aber ich werde die Wunden, die ich gesehen habe, nicht leichtfertig vergessen und werde mich, für mein Teil, von einer übereilten Mißbilligung abschrecken lassen. Eigentlich glaube ich nicht wirklich, daß für irgend jemanden eine wertvolle »Kritik« gewöhnlich aus der Hitze des Augenblicks zu erlangen sein wird: sie ist dann zu sehr vermischt mit dem bloßen Reagieren. Laß uns wieder geduldiger *zuhören*. Und laß mich von Dir erbitten, daß Du die OHEL herausbringst, ohne Zimperlichkeit.

Aber sei gewarnt, wenn Du mich anödest, werde ich mich rächen. (Ein Inkling hat die Pflicht, sich bereitwillig anöden zu lassen. Er hat das Recht, gelegentlich auch der Anöder zu sein.) Ich denke und schreibe manchmal auch anderes als Verse und Geschichten. Und ich könnte es Dir noch einmal heimzahlen. Ja, wenn unser beliebter und geschätzter Arzt uns mit Problemen von der Erde als Dynamo behelligt, dann wüßte ich ihm noch andere, ebenso verwickelte, aber gemeinere Probleme zu unterbreiten – wenn auch nur um des boshaften Vergnügens willen, Hugo (wenn er da ist) zu sehen, wie er, vom Alkohol leicht erhitzt, den Klassenprimus spielt. Aber Gott schütze Euch alle! Ich finde mich nicht genötigt, gegen irgendeinen von Euch *Nachsicht* zu üben – es sei denn bei den sehr seltenen Gelegenheiten, wenn ich selbst müd und erschöpft bin: dann finde ich den schieren *Lärm* anstrengend und die Vulgarität. Aber ich bin noch nicht so ehrwürdig (oder so feinsinnig), daß dies ein Dauerzustand geworden wäre. Oft genug will ich den Lärm. Ich kenne kein angenehmeres Geräusch als das Getöse, wenn ich ins B. and B.[3] komme und weiß, daß man sich da hineinstürzen kann.

Dein

J. R. R. T.

Wie Du siehst, habe ich fast eine Woche vergehen lassen, ehe ich dies abschickte. Nach dem erneuten Durchlesen finde ich, es kann nichts schaden. Jedenfalls schicke ich's ab, damit Du nicht denkst, daß die letzten Male, die ich nicht bei den Inklings war, irgendwas miteinander zu tun hätten. Ich bin dreimal nicht gekommen: einmal, weil ich entsetzlich müde war, die andern Male aus häuslichen Rücksichten – zuletzt wegen meiner Tochter (die Gute, immer denkt sie an die Donnerstage!), die an diesem Abend ausgehen mußte.

114 **Aus einem Brief an Hugh Brogan** 7. April 1948

[Brogan, der damals noch zur Schule ging, hatte an Tolkien geschrieben, mit Beifall für den *Hobbit* und einer Bitte um weitere Mitteilungen über die darin geschilderte Welt.]

Es freut mich, daß Ihnen »der Hobbit« gefallen hat. Ich bin in der Tat seit zehn Jahren damit beschäftigt, über die gleiche Welt und Geschichtsepoche ein zweites (längeres) Buch zu schreiben, aus dem jedenfalls alles über den Nekromanten und die Minen von Moria zu erfahren ist. Nur die Schwierigkeit, die letzten Kapitel zu schreiben, und die Papierknappheit haben den Druck bisher verhindert. Ich hoffe wenigstens in diesem Jahr damit fertig zu werden und werde Ihnen gern im voraus Informationen geben. Ich habe vor langer Zeit (und vor einem Jahr habe ich die Fahnen durchgesehen) ein anderes (kurzes) Buch über eine ganz andere Periode geschrieben: *Farmer Giles of Ham*. Ich weiß nicht, wodurch es, abgesehen vom Papier, aufgehalten wird, aber es müßte in diesem Herbst oder Winter erscheinen. Aber die Wißbegier über die ältere Welt wird es nicht befriedigen. Ich fürchte, über diese würden Sie in den gewöhnlichen Nachschlagewerken keine Auskunft finden, denn alle Urkunden sind in meinem Besitz, und die Verleger werden sie nicht herausbringen. Was Sie eigentlich haben müßten, ist *Das Silmarillion*, was soviel wie eine Geschichte der Eldalië ist (oder der Elben, nach einer nicht sehr genauen Übersetzung), von ihren Anfängen bis zum letzten Bündnis und der ersten vorläufigen Überwindung Saurons (des Nekromanten): damit kämen Sie fast bis zu der Epoche des »Hobbit«. Wünschenswert wären auch einige Karten, Zeittafeln und ein paar elementare Auskünfte über die Eldarin- (oder Elben-)Sprachen. Natürlich habe ich das alles, und man kennt es in einem kleinen Kreis, zu dem auch meine Söhne gehören (die alle einmal auf die Dragon School gegangen sind[1]). Wenn ich mal Zeit und eine Möglichkeit finde, alles oder einen Teil davon zu reproduzieren, etwa als Typoskript, und wenn Ihr Interesse an diesem wenig erforschten Gebiet der Frühgeschichte anhält, werde ich Ihnen einige dieser Urkunden zukommen lassen.

15 An Katherine Farrer

[Anscheinend hatte Mrs. Farrer den Wunsch geäußert, das *Silmarillion* und die damit verbundenen Manuskripte zu lesen.]

15. Juni [Jahr nicht angegeben, möglicherweise 1948]
Merton College, M. C., Oxford
Liebe Mrs. Farrer,
es tut mir leid, daß ich so lange nicht geantwortet habe, was vielleicht undankbar aussieht, wo mich doch Ihr freundlicher Brief in Wirklichkeit sehr berührt hat – und in Erregung versetzt. Denn obwohl ich mich (in müßigen Augenblicken!) etwa seit 1914 mit diesen Dingen beschäftigt habe, hat sich doch außer C. S. L. und meinem Christopher nie jemand gefunden, der sie lesen wollte; und niemand wird sie veröffentlichen. Seit Sie mir schrieben, habe ich alle Zeit, die ich erübrigen konnte, darauf verwendet, aus der unfertigen Masse die mehr oder minder fertigen und lesbaren (ich meine leserlichen) Sachen herauszusuchen. Sie werden diesen »historischen Leitfaden« oder *Das Silmarillion* vielleicht erträglich finden – obwohl er eigentlich erst zur Hälfte durchgesehen ist.
Die langen Erzählungen, aus denen es (von »Pengolod«[1]) entnommen ist, sind entweder unvollständig oder nicht auf dem neuesten Stand.

Der Fall von Gondolin
Das Lied von Beren und Lúthien (in Versen)
Húrins Kinder
Ich ärgere mich (über mich selbst), daß ich die »Ringe der Macht«
nicht finden kann, die mit dem »Fall von Númenor« die Verbindung
zwischen dem *Silmarillion* und der Welt des Hobbits herstellen. Dieses
Buch wäre natürlich leichter zu schreiben, wenn das *Silmarillion* zuerst
veröffentlicht würde!

Irgendwann heute bringe ich Ihnen ein paar *einzige MSS.* vorbei.

Danke für Ihr Gedenken im Gebet.

Ihr sehr ergebener
Ronald Tolkien

116 Aus einem Brief an Allen & Unwin 5. August 1948

[Die Graphikerin Milein Cosman war als Illustratorin für den *Farmer Giles of Ham* ausgewählt worden, und der Verlag hatte Tolkiens Meinung zu einigen Probezeichnungen erbeten, die Miss Cosman erst nach vielen Aufschüben vorgelegt hatte.]

Ich bin für mein Teil am modischen Reiz dieser Zeichnungen oder an
ihrer Ähnlichkeit mit Topolski oder Ardizzone nicht sehr interessiert.
Ihre mangelnde Ähnlichkeit mit dem Text erscheint mir ausgeprägter.
Dies ist eine eindeutig lokalisierte Geschichte (einer ihrer Vorzüge,
sofern sie welche hat): Oxfordshire und Bucks, mit einem kurzen
Abstecher nach Wales. Die Orte darin sind zumeist genannt oder doch
ziemlich klar gekennzeichnet. Die Illustratorin macht keinen Versuch,
davon etwas wiederzugeben. Der Vorfall mit dem Hund und dem
Drachen hat übrigens seinen Ort bei Rollright, und wenn das auch nicht
klar angegeben wird, so findet er doch eindeutig in Oxfordshire statt.

Der Riese ist passabel – allerdings versteht sich die Zeichnerin schlecht
auf Bäume. Der Drache ist absurd. Lächerlich schüchtern und völlig
unfähig, eine der ihm vom Autor übertragenen Aufgaben zu erfüllen. Ich
muß mich doch wundern, warum er so töricht über die rechte Schulter
nach SO schaut, wenn doch ein unverkennbarer, obgleich schemenhafter
Hund nach NW abhaut. Und das trotz des Umstandes, daß der Hund
glücklicherweise zuerst nicht auf das Kopfende des Drachens stieß,
sondern seinerseits beim Anblick des Drachenschwanzes schwanzum
machte. Der Bauer, ein lauter, vierschrötiger Bursche, größer als seines-

gleichen, erscheint wie ein Bub, den die Bahnbeamten beim Schwarzfahren erwischt haben. Den wackligen Schuppen, wo der Müller und der Pfarrer anklopfen, hätte er nicht mal als Kuhstall benutzt. Er war ein wohlhabender Freisasse oder kleiner Grundbesitzer.
Ich kann mir denken, daß Sie das anders empfinden. Na ja, wenn Sie meinen, daß Illustrationen dieser Art, die mit dem Stil oder Charakter des Textes überhaupt nichts zu tun haben, ausreichend oder aus Gründen, des Zeitgeschmacks von Vorteil sind, dann bin ich soweit in Ihrer Hand. Aber werden Sie denn je Miss C. veranlassen, der Sache den letzten Schliff zu geben, sofern sie sich dabei nicht überanstrengt oder unglücklich macht – das heißt, die Arbeit abzuschließen? Und wann gedenken Sie dieses Buch herauszubringen?

117 Aus einem Brief an Hugh Brogan   31. Oktober 1948

Im Sommer habe ich mich »zurückziehen« können und kann nun freudig versichern, daß es mir endlich gelungen ist, den »Herrn der Ringe« glücklich zu Ende zu bringen. Er ist auch schon gelesen und empfohlen worden, von Rayner Unwin (dem ersten Leser des »Hobbit«), der inzwischen, während die Fortsetzung geschrieben wurde, herangewachsen ist und nun hier am Trinity studiert. Ich glaube, die Sache hat eine Chance, veröffentlicht zu werden, obwohl es ein massiges Buch sein wird, viel zu dick, um für den Verleger (geschweige denn den Autor) Geld einspielen zu können: es muß auf 1200 Seiten hinauslaufen. Aber für einen, der so etwas mag, ist Länge kein Hindernis. Wenn mir nicht das Semester dazwischengekommen wäre, hätte ich die ganze Sache überarbeitet – es ist erstaunlich schwierig, in einem langen Werk Fehler und Namensänderungen und jederlei Unstimmigkeiten der Details zu vermeiden, was die Kritiker vergessen, die niemals versucht haben, so etwas zu schreiben – und zum Abtippen geschickt. Ich hoffe, ich komme bald dazu, und kann nur sagen, sobald ich eine Kopie übrig habe, bekommen Sie eine geliehen, mitsamt einem Stapel erklärender Beigaben: Alphabete, Historisches, Kalender und Genealogien, die den echten »Fans« vorbehalten bleiben. Ich hoffe, dies wird bald möglich sein, so daß Sie es über die Weihnachtsferien haben könnten; aber ich kann nichts versprechen. Dieses Universitätsgeschäft, mit Unterricht, philologischen Vorlesungen und täglicher Anwesenheit in »Ausschuß«- und anderen Rede-Sitzungen seinen Unterhalt zu verdienen, stört bedauerlicherweise die ernsthafte Arbeit.

118 An Hugh Brogan

[Ein Weihnachtsgruß, undatiert, aber möglicherweise zu Weihnachten 1948 geschrieben. Die Schriften sind eine Form der *Angerthas* oder Zwergenrunen, ähnlich, aber nicht gleich den im »Herrn der Ringe« verwendeten, und zwei Versionen der Feanorischen Schrift, wobei die Vokale in der ersten durch *tehtar* (Zeichen über den Konsonanten) und in der zweiten durch eigene Buchstaben bezeichnet werden. Zur Transskription siehe S. 574.]

119 Aus einem Brief an Allen & Unwin   28. Februar 1949

Ich habe keine Zeit, [*Farmer Giles*] noch einmal zu tippen, und ich glaube, es ist eigentlich nicht nötig. Ich finde die Mühe, den »Herrn der Ringe« ins Reine zu tippen, s. groß und die Alternative, ihn professionell abschreiben zu lassen, prohibitiv teuer..... Ich glaube, daß mir nach

176

25 Jahren Dienst nun in Kürze ein Urlaubssemester gewährt werden wird, zum Teil aus medizinischen Gründen. In diesem Fall kann ich wirklich ein paar Dinge zu Ende bringen.

120 Aus einem Brief an Allen & Unwin 16. März 1949

[Auf die Mitarbeit von Milein Cosman hatte man nun verzichtet, und als Illustratorin für den Farmer Giles of Ham war Pauline Baynes unter Vertrag genommen.]

Die Bilder von Miss Baynes müssen schon Sonnabend im Merton angekommen sein; aber aus verschiedenen Gründen habe ich sie erst gestern gesehen. Ich schreibe nur, um zu sagen, daß sie mir sogar noch besser gefallen, als ich nach den ersten Beispielen schon erwartet hatte. Es sind mehr als Illustrationen, es ist ein Thema für sich. Ich habe sie meinen Freunden gezeigt, die höflich bemerkten, mein Text würde dadurch zu einem Kommentar der Zeichnungen reduziert.

121 Aus einem Brief an Allen & Unwin 13. Juli 1949

[Zum Thema einer Fortsetzung des Farmer Giles of Ham.]

Was weitere »Legenden aus dem Kleinen Königreich« angeht: auf eine habe ich im Vorwort einen Hinweis gebracht, für den Fall, daß mal etwas daraus wird oder ein Manuskript der fragmentarischen Legende ans Licht kommt. Aber Georgius und Suet ist bisher nur eine Skizze, und es ist schwer, heute den Geist der alten Zeiten wieder herbeizuzwingen, als wir in einem uralten Auto die Grenzen des K. K. auskundschafteten. Die »Kinder« sind nun zwischen 20 und 32. Aber wenn ich endlich mit dem »Herrn der Ringe« fertig bin, von dem ich eine endgültige Reinschrift fast vollständig habe, könnte das freigebliebene Frühjahr etwas nützen.

[Mrs. Mitchison hatte lobend über den *Farmer Giles of Ham* geschrieben, der im August 1949 erschienen war.]

18. Dezember 1949   3 Manor Road, Oxford
Liebe Mrs. Mitchison,
    es war überaus freundlich von Ihnen, mir zu schreiben . . . . . Was den »Farmer Giles« angeht, so wurde er leider sehr leichtsinnig hingeschrieben, ursprünglich aus einem Nirgendwann, in dem Donnerbüchsen ebenso möglich waren wie alles andere. Die ein bißchen professorale Ausführung, so wie sie vor der Lovelace-Gesellschaft vorgelesen und auch veröffentlicht wurde, macht die Donnerbüchse ziemlich augenfällig – aber eigentlich nicht schlimmer als in allen mittelalterlichen Behandlungen des Artus-Stoffes. Sie war zu gut eingebettet, um abgeändert zu werden, und manche Leute finden die Anachronismen amüsant. Meinerseits konnte ich einfach auf das (so ganz und gar murrayeske) Zitat aus dem Oxford Dictionary nicht verzichten. Das griechische Feuer muß mehr wie ein Flammenwerfer gewesen sein: So wie es auf ihren Schiffen verwendet wurde, scheint es ganz tödlich gewesen zu sein. Aber auf der britischen Insel kann es nach den archäologischen Fakten nichts einer Feuerwaffe im entferntesten Ähnliches gegeben haben. Aber die Rüstungen des vierzehnten Jahrhunderts gab es ebensowenig.
    Ich halte »Drachen« für ein faszinierendes Produkt der Phantasie. Aber ich glaube nicht, daß der aus dem Beowulf so furchtbar gut ist. Aber über das ganze Problem, wie der »Drache« in die nordische Phantasiewelt eingedrungen ist und wie er dort umgebildet wurde, weiß ich nicht genug. Fáfnir in den späten nordischen Versionen der Sigurd-Erzählung ist besser; und Smaug und seine Gespräche sind ihm natürlich verpflichtet.
    Ich kann ganz gut Isländisch (muß ich ja wohl) und ein bißchen Walisisch, aber mit dem Altirischen, und sogar mit seinen modernen Abkömmlingen, bin ich trotz aller Anstrengungen immer schwer gescheitert. Die Vermischung war politisch und kulturell groß und vielfältig – aber sprachlich hat sie im Isländischen wenig Spuren hinterlassen, abgesehen von manchen entlehnten Namen wie besonders Brian und Nial, die in Island gebräuchlich wurden. Auf das Irische war der Einfluß beträchtlicher. Aber jedenfalls wurden Namen, die im Klang ganz ähnlich waren, gewöhnlich gleichgesetzt oder verwechselt . . . . .
    Ich hoffe, Ihnen bald zwei Bücher geben zu können, gegen die mindestens ein Einwand möglich ist: daß sie übermäßig lang sind! Das ist

eine Fortsetzung zum »Hobbit«, die ich gerade nach 12 Jahren Arbeit (mit Unterbrechungen) beendigt habe. Leider ist sie 3 mal so lang, nicht *für* Kinder (was nicht heißt, völlig ungeeignet) und stellenweise ziemlich finster. *Ich finde,* sie ist sehr viel besser (auf eine andere Weise). Das andere ist purer Mythos und Legende aus Zeiten, die schon für Bilbo weit zurückliegen.

Nochmals danke für Ihren Brief. Hoffentlich ist diese Antwort stellenweise leserlich. Mit besten Wünschen.

Ihr sehr ergebener

J. R. R. Tolkien

123 Aus dem Entwurf eines Briefes an Milton Waldman
5. Februar 1950

[Etwa zu der Zeit, als er den *Herrn der Ringe* beendete, wurde Tolkien mit Milton Waldman bekanntgemacht, einem Lektor des Londoner Verlags Collins. Waldman äußerte großes Interesse an dem neuen Buch, und ebenso an dem *Silmarillion*, von dem Tolkien hoffte, daß es in Verbindung mit dem *Herrn der Ringe* veröffentlicht würde. Weil Allen & Unwin das *Silmarillion* nicht angenommen hatten, als Tolkien es 1937 anbot, glaubte er nun, daß er versuchen sollte, den Verlag zu wechseln; demgemäß zeigte er Waldman diejenigen Teile des *Silmarillion*, von denen es Reinschriften gab. Waldman sagte, er würde es gern veröffentlichen, wenn Tolkien es fertigstellte. Darauf legte ihm Tolkien den *Herrn der Ringe* vor. Waldman war wieder begeistert und bot an, das Buch zu veröffentlichen, vorausgesetzt, Tolkien habe »weder eine moralische noch eine rechtliche Verpflichtung gegenüber Allen & Unwin«. Die Antwort, die Tolkien darauf abschickte, ist nicht aufzuspüren, aber das Folgende ist Teil eines Entwurfs dazu.]

Es tut mir leid, daß so viele Tage hingegangen sind, seit ich Ihre Nachricht bekam . . . . . Sobald ich Ihnen das MS. [des *Herrn der Ringe*] hingewuchtet hatte, kam ich mir deswegen schlecht vor: Ihren Urlaub mit einer Plackerei zu belasten, wie sie nur der Egoismus eines Autors zu solcher Zeit jemandem zumuten kann! Und wenn ich mein Gewissen prüfte, mußte ich gestehen, daß ich – als einer, der allein in einem Winkel vor sich hin gearbeitet hat, nur mit der Kritik von ein paar gleichgesinnten Freunden – stark von dem Wunsch geleitet war, von einem unbefangenen Geist zu hören, ob meine Arbeit irgendeinen weiteren Wert habe oder bloß ein fruchtloses privates Hobby sei.

Trotzdem meine ich, daß ich Ihnen dies jedenfalls nicht unter falschen Vorspiegelungen aufgebürdet habe..... Ich glaube meinerseits keine rechtliche Verpflichtung gegenüber Allen & Unwin zu haben, weil die Klausel im Vertrag über den *Hobbit* im Hinblick auf das Anbieten des nächsten Buches erfüllt zu sein scheint, entweder a) durch ihre Ablehnung des *Silmarillion* oder b) durch ihre schließliche Annahme und Veröffentlichung des *Farmer Giles*. Ich sollte mich (wie Sie bemerken) mit Freuden von ihnen trennen, da ich in mancherlei Hinsicht mit ihnen nicht zufrieden bin. Aber ich habe ein freundschaftliches persönliches Verhältnis zu Stanley (den ich trotzdem nicht sonderlich mag) und zu seinem zweiten Sohn Rayner (den ich sehr mag). Es wurde immer angenommen, daß ich eine Fortsetzung zum *Hobbit* schreibe. Rayner hat das meiste vom *Herrn der Ringe* gelesen, und es gefällt ihm – als kleiner Junge hat er das MS. des *Hobbit* gelesen. Sir Stanley ist schon lange klar, daß der *Herr der Ringe* über seinen Zweck hinausgewachsen ist, und das mißfällt ihm, weil er für niemanden ein Geschäft darin sieht (so hat er gesagt); aber trotzdem ist er erpicht darauf, das Endergebnis zu sehen. Wenn dies eine moralische Verpflichtung ausmacht, dann habe ich eine: zumindest, den Sachverhalt zu erklären. Habe ich von all dem in meinem Brief vom 13. Dez. etwas gesagt? Ich hatte es jedenfalls vor. Aber ich werde auf jeden Fall versuchen, mich, oder wenigstens das *Silmarillion* und seine ganze Sippschaft, aus den dilatorischen Schlingen von A. und U. herauszuwinden, wenn ich kann – möglichst im Guten.

124 An Sir Stanley Unwin

[Allen & Unwin hatten die Anfrage eines Lesers an ihn weitergeleitet, ob Tolkien eine »Authentische Geschichte der Feerie« geschrieben habe.]

24. Februar 1950   Merton College, Oxford
Lieber Unwin,
     ich bin leider ein ganz unzulänglicher Mensch. Zur Zeit bin ich »in Urlaub« und ab und zu fort; aber die Anstrengung, die Masse meiner literarischen und »gelehrten« Schulden abzutragen, war zuviel für mich, besonders, weil ich auch noch mit dem Hals zu tun hatte und es mir oft gar nicht gut ging.
     Aber trotzdem hätte ich schon längst Ihre Anfrage beantworten müssen, die Sie von Mr. Selby an mich weiterleiteten. Sie ist zwar auf den 31. Jan. datiert, wurde aber tatsächlich schon am 31. Dez. an mich adressiert.

Ich kann mir nicht vorstellen und habe nicht herausgefunden, was Mr. Selby meinte. Eine »Authentische Geschichte der Feerie« habe ich natürlich nicht geschrieben (und hätte auf keinen Fall einen solchen Titel gewählt); auch habe ich keinerlei Prophezeiungen oder Gerüchte bezüglich eines solchen Werkes in Umlauf gesetzt. Ich muß annehmen, daß Mr. Selby mich mit »Feerie« assoziiert und meinen Namen mit einer Arbeit von jemand anderem verbunden hat. Es ist unwahrscheinlich, daß er irgendwelchen literarischen Klatsch gehört hat (von dem ich jedenfalls nichts weiß), in dem jemand von meinem *Silmarillion* gesprochen hätte (das ja schon vor langer Zeit abgelehnt und beiseite gelegt worden ist). Der Titel ist nicht besonders passend, und das Werk ist im MS. nur von etwa fünf Personen gelesen worden, darunter zwei meiner Kinder und Ihr Lektor.

Das jedoch bringt mich auf ein wichtigeres Thema (für mich jedenfalls). In einem Ihrer letzten Briefe äußerten Sie den Wunsch, Sie wollten immer noch das MS. meines angekündigten Werkes *Der Herr der Ringe* sehen, das ursprünglich eine Fortsetzung des *Hobbit* sein sollte. Seit achtzehn Monaten hoffe ich nun auf den Tag, wo ich sagen könnte, es ist fertig. Aber erst nach Weihnachten war dieses Ziel endlich erreicht. Es ist fertig, wenn auch teilweise noch nicht überarbeitet, und in einem Zustand, denke ich, in dem jemand es lesen könnte, wenn ihn nicht schon der Anblick entmutigte.

Da die Kostenschätzung für eine Reinschrift bei £ 100 lag (die ich nicht übrig habe), war ich gezwungen, fast alles selbst abzutippen. Und wenn ich es jetzt ansehe, wird das Ausmaß der Katastrophe mir deutlich. Das Werk ist mir außer Kontrolle geraten, und ich habe ein Monstrum geschaffen: ein unmäßig langes, komplexes, ziemlich bitteres und sehr beängstigendes Abenteuer, nichts für Kinder (wenn überhaupt für jemanden), und es ist auch nicht wirklich eine Fortsetzung zum *Hobbit*, sondern zum *Silmarillion*. Meiner Schätzung nach umfaßt es, noch ohne gewisse notwendige Beigaben, etwa 600 000 Wörter. Die eine Stenotypistin hat mehr geschätzt. Ich sehe nur allzu deutlich, wie unmöglich das ist. Aber ich bin müde. Ich habe die Sache vom Hals und glaube nicht, daß ich noch mehr daran tun kann, bis auf ein paar Berichtigungen. Und was noch schlimmer ist: Ich meine, es ist mit dem *Silmarillion* verbunden.

An diese Arbeit werden Sie sich vielleicht noch erinnern: ein langes Sagenbuch aus imaginären Zeiten, in »hohem Stil« und voller Elben (gewissermaßen). Es wurde vor vielen Jahren auf Anraten Ihres Lektors abgelehnt. Soweit ich mich erinnere, billigte er ihm eine Art keltische Schönheit zu, die für Angelsachsen in größerer Dosis unerträglich ist. Er hatte wahrscheinlich vollkommen recht. Und Sie bemerkten dazu, es sei ein Werk, aus dem man schöpfen, das man aber besser nicht veröffentlichen sollte.

Nun bin ich leider kein Angelsachse, und das *Silmarillion*, obwohl beiseite gelegt (bis vor einem Jahr), und all das haben sich einfach nicht unterdrücken lassen. Es ist übergeschäumt und ist in alles eingesickert (das auch nur entfernt etwas mit »Feerie« zu tun hatte) und hat wohl alles verdorben, das ich seither zu schreiben versucht habe. Aus dem *Farmer Giles* habe ich es mit Mühe herausgehalten, aber dadurch wurde die Fortsetzung verhindert. Sein Schatten lag tief auf den späteren Teilen des *Hobbit*. Der *Herr der Ringe* ist darin verfangen, so daß er dazu einfach die Fortsetzung und der Abschluß geworden ist und nur mit Hilfe des *Silmarillion* völlig verständlich ist – ohne eine Menge Verweise und Erklärungen, mit denen er an ein oder zwei Stellen überlastet ist.

So lächerlich und ermüdend Sie mich finden mögen, ich möchte beides veröffentlichen, *Das Silmarillion* und den *Herrn der Ringe*, zusammen oder in Verbindung miteinander. »Ich möchte« – aber klüger wäre es wohl zu sagen, »ich würde gern«, denn ein Päckchen von rund einer Million Wörtern[1], in denen eine Sache in extenso behandelt wird, die für Angelsachsen (oder das englischsprachige Publikum) nur in kleinen Mengen erträglich ist, wird höchstwahrscheinlich niemals das Licht der Welt erblicken, auch wenn Papier nicht mehr knapp sein sollte.

Trotzdem, das ist, was ich gern hätte. Oder ich laß es alles sein. An drastisches Umschreiben oder Zusammenstreichen ist nicht zu denken. Natürlich möchte ich meine Worte gern gedruckt sehen, weil ich ein Schriftsteller bin; aber so viele sind es nun mal. Für mich ist die Hauptsache, daß ich das Gefühl habe, die ganze Geschichte nun »ausgetrieben« zu haben und nicht mehr davon »geritten« zu sein. Ich kann mich nun anderen Dingen zuwenden, so vielleicht dem kleinen Königreich der Wurmlinger[2], oder auch ganz anderen Themen und Geschichten.

Es tut mir leid, daß dieser Brief so lang ist, und so erfüllt von mir selbst. Ich bilde mir auf meine absurden Steckenpferde nicht wirklich so viel ein. Aber Sie waren sehr geduldig – haben lange Jahre hindurch auf eine Fortsetzung zum *Hobbit* gewartet, die für ein ähnliches Publikum geeignet wäre, obwohl Sie doch, das weiß ich, bemerkt haben, daß ich von diesem Gleis abgekommen bin. Ich schulde Ihnen eine Art Erklärung.

Sie werden mich wissen lassen, was Sie denken. Sie können den ganzen Berg von diesem Zeug haben, wenn Sie wollen. Es wird einen Lektor erfordern, fürchte ich, der wirklich lange Zeit liest; aber vielleicht kann er sich schon nach einer Probe entscheiden. Ich jedenfalls werde keine berechtigten Klagen haben (und auch nicht furchtbar erschrocken sein), wenn Sie ein so augenscheinlich unprofitables Angebot ablehnen und mich auffordern, schleunigst und sobald wie möglich ein vernünftigeres Buch vorzulegen.

Ihr sehr ergebener
J. R. R. Tolkien

P. S.: Rayner, der arme Kerl, hat natürlich einen großen Teil des *Herrn der Ringe* gelesen, allerdings nicht bis zum bittern Ende: Das letzte »Buch« habe ich erst vor kurzem abgeschlossen. Ich hoffe, es geht ihm gut. Wie sich wohl der kleine *Farmer Giles* macht, frage ich mich?

JRRT.

125 An Sir Stanley Unwin

[Unwin antwortete am 6. März, mit der Frage, ob man das Problem, daß die beiden Bücher zusammen so lang seien, nicht durch eine Aufteilung in »drei oder vier bis zu einem gewissen Grad selbständige Bände« lösen könne. Auf Tolkiens Erkundigung wegen des *Farmer Giles of Ham* antwortete er, daß von der ersten Auflage von 5000 Exemplaren 2000 verkauft seien. Das Buch sei »noch nicht so gut gegangen, wie wir gehofft hatten«, aber zweifellos werde es sich weiterhin verkaufen.]

10. März 1950   3 Manor Road, Oxford
Lieber Unwin,
     danke für Ihren Brief vom 6. März. Ich sehe darin Ihren guten Willen, aber leider auch Ihre Meinung, daß dieser Haufen Zeug eigentlich gar nichts für einen Verleger ist, sondern einen Zuschuß erfordert. Es überrascht mich nicht.
     Zu Ihrer Anfrage nach der Aufteilbarkeit. Ein Werk von großer Länge läßt sich natürlich künstlich in handlichere Pakete aufteilen: etwa nach dem Verfahren, das aus dem großen Oxford Dictionary Abschnitte mit der Aufschrift »ONOMASTICAL – OUTING« und »SIMPLE bis SLEEP« macht. Aber die gesamte Saga von den drei Edelsteinen und den Ringen der Macht hat eine natürliche Untergliederung in nur zwei Teile (jede von ungefähr 600 000 Wörtern): *Das Silmarillion* und andere

Legenden; und *Der Herr der Ringe*. Der letztere ist so unteilbar und einheitlich, wie ich ihn nur machen konnte.

Er ist natürlich aus erzählerischen Gründen in Abschnitte gegliedert (nämlich sechs), und zwei oder drei von diesen, die mehr oder weniger gleich lang sind, könnten für sich zusammengebunden werden, aber selbständig sind sie in keinem Sinne.

Ich frage mich jetzt (muß ich gestehen, obwohl ich als der »Verkäufer« eigentlich mehr Zuversicht zeigen sollte), ob wohl außer meinen Freunden, die auch nicht alle bis zum Ende durchgehalten haben, viele Leute etwas so Langes würden lesen wollen, sogar dann, wenn sie dergleichen in gemäßigter Form mögen. Ich frage mich noch mehr, ob sie es in Fortsetzungen lesen würden, um vom Kaufen gar nicht zu reden, und ob dabei nicht gewissermaßen die Suppe kalt würde. Das müssen Sie viel besser wissen als ich.

Die finanziellen Schwierigkeiten und die geringe Chance, die hohen Kosten zu decken, sind mir klar. Ich habe kein Geld zu verschenken und kann kaum erwarten, daß Sie Ihres verschenken. Bitte glauben Sie nicht, daß ich Grund zu klagen hätte, wenn Sie es ablehnen, sich darauf einzulassen, ohne viel zu zögern. Unsere Absprache besagte doch schließlich, daß Sie eine Fortsetzung des *Hobbit* begrüßen würden, und dieses Werk nun kann nicht in irgendeinem praktischen Sinne als eine solche betrachtet werden, auch nicht im Hinblick auf Atmosphäre, Ton oder angesprochenes Publikum.

Es tut mir leid, daß ich Sie vor ein solches Problem gestellt habe. Mutwillig, könnte es scheinen, denn ich wußte ja schon längst, daß ich Ärger heraufbeschwöre und etwas Unpublizierbares und Unverkäufliches erzeuge, höchstwahrscheinlich. Ich habe im Augenblick nichts anderes fertig, das ich Ihnen anbieten könnte, aber ich bin gern bereit, bald etwas Einfacheres und Kürzeres zu schreiben. Ich spüre jetzt, gegen Ende meines Urlaubs, etwas wiedergekehrte Energie, und wenn die gegenwärtigen Plagen vorüber sind (das Ausziehen aller meiner Zähne hat gestern begonnen, und der Auszug aus meinem Haus beginnt in Kürze), dann werde ich hoffentlich noch mehr davon spüren. Ich glaube, ich werde Ihnen bald andere Dinge, die ich schon lange *in petto* habe, in die Hand geben können.

Trotzdem wäre es ermutigender, wenn der *Farmer Giles* ein besseres Schicksal zu vermelden hätte. Letztlich doch nur eine kleine Professorenschrulle? Ich kann nicht feststellen, daß man weit und breit von ihm gehört hat. Es scheint nicht, daß mit sehr viel Nachdruck auf ihn hingewiesen worden wäre.

Ich dachte immer, daß sein Wert, sofern er einen hat, durch andere Geschichten aus demselben Königreich und Stil gesteigert würde; aber die Herrschaft der ferneren Welt war so stark, daß ich keine schreiben konnte. Vielleicht wird das nun anders sein.

Mit besten Wünschen
Ihr sehr ergebener
J. R. R. Tolkien

126 An Milton Waldman (Entwurf)

10. März 1950   3 Manor Road, Oxford
Lieber Waldman,
Sir Stanley hat nun schließlich persönlich geantwortet. Der einschlägige Absatz lautet:

»Ihr Brief hat uns in der Tat vor ein Problem gestellt! Es wäre schon vor dem Krieg nicht leicht zu lösen gewesen; noch schwieriger ist es jetzt, wo die Herstellungskosten etwa dreimal so hoch sind wie damals. Damit wir genauer sehen können, um was es geht, würden Sie uns bitte sagen, ob die Möglichkeit besteht, die Million Wörter in, sagen wir, drei oder vier bis zu einem gewissen Grad selbständige Bände aufzuteilen. Sie erinnern sich vielleicht, als wir Murasakis großes Werk *Die Geschichte vom Prinzen Genji* herausbrachten, da gaben wir sie zunächst in sechs separaten Bänden heraus, jeder mit einem anderen Titel, obwohl die ersten vier natürlich alle die Geschichte von Genji waren und die letzten beiden mehr von seinem Sohn handelten.«

Ich habe in dem Sinne geantwortet, daß ich in dem Brief seinen guten Willen sehe, aber auch seine Meinung erkenne, daß dieser Haufen Zeug für eine normale Publikation nicht geeignet ist und einen Zuschuß erfordert. (Ich hatte in meinem Brief stark hervorgehoben, daß das *Silmarillion* etc. und *Der Herr der Ringe* zusammengehören, als eine einzige lange Saga von den Edelsteinen und den Ringen, und daß ich entschlossen sei, sie als eine solche zu behandeln, unabhängig von der Form der Veröffentlichung.) Ich habe angemerkt, daß sich das Ganze auf natürliche Weise nur zwischen dem *Silmarillion* und dem *Herrn* aufteilen läßt (je etwa 600 000 Wörter), daß aber der letztere nicht aufteilbar ist, außer in künstliche Fragmente. Ich fügte hinzu, daß ich nicht überrascht sein werde, wenn er es ablehnt, sich auf diese monströse Saga einzulassen, und daß ich jetzt, nachdem ich dies vom Hals habe, gern bereit bin, mich an etwas Einfacheres und Kürzeres (und auch wirklich »Jugendgemäßes«) für ihn zu machen.

So steht die Sache im Augenblick. Ich hoffe sehr, daß er es dabei bewenden lassen wird, ohne das MS. und zwei Monate zum »Lesen« zu verlangen. Aber ich bin nicht sehr optimistisch. Die Zeit wird knapp. Bald muß ich mich wieder in die Geschäfte stürzen – oder bin schon drin, weil ich merke, daß mir die Dinge in meiner Abwesenheit zu sehr aus der Hand geraten; und zum Schreiben werde ich erst wieder Zeit haben, wenn ich Anfang Juli aus Irland zurückkomme.

Unwin schreibt mir, daß vom *Farmer Giles* nur 2000 Stück abgesetzt worden sind. Ich habe geantwortet, daß ich auch keine Anzeigen gesehen habe . . . . .

Mit besten Wünschen
Ihr sehr ergebener
J. R. R. Tolkien

Ich ziehe um nach 99 Holywell[1], aber das Datum steht noch nicht fest, weil das Haus noch allerlei Reparaturen erfordert. Ich hoffe, kann aber kaum damit rechnen, daß ich es bis zum St. Georgs-Tag hinter mir habe. Bei Merton weiß immer jemand, wo ich stecke. JRRT.

127 An Sir Stanley Unwin

[Am 3. April, gerade als Tolkien ihn noch einmal gebeten hatte, seinen Brief vom 10. März zu beantworten, schrieb Unwin, daß er die Meinung seines Sohnes Rayner eingeholt habe, der nun in Amerika an der Harvard-Universität studierte. Er fügte Rayners Bemerkungen bei, obgleich sie eigentlich nicht für Tolkien bestimmt waren. Rayner Unwin schrieb: »*Der Herr der Ringe* ist auf seine eigene, sonderbare Weise ein sehr großes Buch und verdient auf irgendeine Weise herausgebracht zu werden. *Ich* vermißte nie ein *Silmarillion*, als ich ihn las . . . . . Sicher ist dies eine Angelegenheit für einen Redakteur, der alles *wirklich* wichtige Material aus dem *Silmarillion* in den *Herrn der Ringe* mit einfügen müßte . . . . . Wenn das so nicht durchführbar ist, dann würde ich sagen, bringe den *Herrn der Ringe* als ein Prestige-Buch heraus und, nachdem du es ein zweites Mal angeschaut hast, verzichte auf das *Silmarillion*.«]

14. April 1950   3 Manor Road, Oxford
Lieber Unwin,

merkwürdig, daß unsere Briefe sich gekreuzt haben. Ich hätte einen
Tag länger warten können, aber die Sache wird für mich dringlich. Die
Wochen sind kostbar geworden. Ich möchte eine Entscheidung, ja oder
nein: zu dem Angebot, das ich gemacht habe, und nicht zu vorgestellten
Möglichkeiten.

Ihre Briefe[1] waren, wie immer, sehr freundlich; aber der erste, mit
dem beigefügten Auszug aus einem Brief von Rayner, gab mir zu
denken. Dieser war nicht, wie Sie anmerkten, für mich bestimmt; was
ihn aber für mich um so interessanter machte (ich meine nicht, wegen
des Kompliments, das er enthielt). Was mir zu denken gab, war, daß er
(aus Ihrer Sicht) anscheinend nicht geeignet war, mir zu Gesicht zu
kommen; und nun frage ich mich gerade, warum Sie ihn mir dann
geschickt haben.

Für den Augenblick entnehme ich daraus, daß Sie mit Rayner allgemein übereinstimmen, und dachte, daß Sie mich seinen Rat sehen lassen,
sei eine gute Art, mir zu sagen, was ich höchstens erhoffen kann – denn
einen günstigeren Kritiker werde ich ja wahrscheinlich nicht finden.
Aber ich hätte gern Gewißheit.

Der Haken steckt offenbar im letzten Satz des Auszuges (vor den
Grüßen an mich): »Wenn das so nicht durchführbar ist, etc.« Darin
kommt die Grundhaltung doch ein wenig nackt zum Ausdruck. Außerdem verrät es ein erstaunliches Unverständnis für die Situation oder für
meinen Brief. Aber mehr will ich nicht sagen, ehe ich nicht von Ihnen
gehört habe . . . . .[2]

Ihr sehr ergebener
J. R. R. Tolkien

128 Aus einem Brief an Allen & Unwin 1. August 1950

[Auf Tolkiens Ultimatum antwortete Sir Stanley Unwin: »Da Sie ein sofortiges
›Ja‹ oder ›Nein‹ verlangen, ist die Antwort ›nein‹; aber sie hätte auch ›ja‹ sein
können, vorausgesetzt, wir hätten ausreichend Zeit gehabt und Ihr vollständiges
Typoskript gesehen.« Dabei blieb es einstweilen. Im Juli schickte der Verlag
Tolkien die Korrekturfahnen zu einer neuen Ausgabe des *Hobbit*, wobei kleine
Berichtigungen in den Text aufgenommen worden waren und – sehr zu Tolkiens
Überraschung – anstelle der ursprünglichen die neue Fassung von Kapitel V,
»Rätsel in der Finsternis«, die er dem Verlag 1947 nur »als Beispiel für eine

Umarbeitung« (vgl. No. 111) geschickt hatte, ohne daß sie unbedingt für eine Veröffentlichung bestimmt gewesen wäre.]

Der Hobbit: Hiermit schicke ich die Fahnen zurück. Viele Korrekturen erforderten sie nicht, aber etwas Überlegung. Die Sache kam mir sehr überraschend. Es ist nun schon lange Zeit her, daß ich die vorgeschlagene Änderung des Kapitels V schickte und versuchsweise eine leichte Umgestaltung des ursprünglichen *Hobbit*[1] anregte. Ich war damals immer noch mit der Abstimmung auf die Fortsetzung beschäftigt, die mit dieser Änderung eine leichtere Aufgabe gewesen wäre, abgesehen davon, daß der größte Teil eines Kapitels in diesem überlangen Buch sich dadurch erübrigt hätte. Ich habe jedoch nie wieder etwas davon gehört und nahm an, die Änderung der ersten Fassung sei ausgeschlossen. Die Fortsetzung geht nun von der ersten Fassung aus, und wenn die Umarbeitung wirklich gedruckt wird, müssen daraus einige größere Änderungen in der Fortsetzung folgen.

Ich muß sagen, ich hätte mir einen Hinweis darauf gewünscht, daß (unter bestimmten Umständen) diese Änderung ausgeführt werden könnte, bevor ich in den Umbruch-Korrekturen damit überfallen werde. Aber nun habe ich mich entschlossen, die Änderung mitsamt ihren Konsequenzen zu übernehmen. Die Sache ist nun alt genug, daß ich sie ziemlich unparteiisch ansehen kann, und die überarbeitete Fassung scheint mir in sich besser zu sein, im Motiv und im Erzählerischen – und würde mit Sicherheit die Fortsetzung (sofern sie je veröffentlicht wird) viel natürlicher machen.

Ich hatte nicht beabsichtigt, daß die eingereichte Neufassung gleich so gedruckt werden sollte; aber anscheinend macht sie sich ganz gut.

129 Aus einem Brief an Sir Stanley Unwin   10. September 1950

[Allen & Unwin hatten Tolkien um den »genauen Wortlaut« eines Vermerks in der neuen Ausgabe des *Hobbit* gebeten, der die Änderungen im Text erklären sollte.]

Also, das wär's: die Änderung ist einmal gemacht und kann wohl nicht mehr rückgängig gemacht werden. Die Leute, die ich um Rat gefragt habe, meinen, daß die Änderung an und für sich schon eine Verbesserung ist (abgesehen von der Frage einer Fortsetzung). Das ist schon mal etwas. Aber als ich versuchte, mir »einen genauen Wortlaut« für einen Vermerk über die Änderung in einer englischen Ausgabe zu überlegen, fand ich die Sache nicht mehr so einfach, wie ich gedacht hatte.

Ich habe jetzt zwei gedruckte Fassungen über einen entscheidenden Vorfall in der Hand. Entweder muß die erste als ausgemerzt betrachtet werden, ein bloßer Schreibfehler, der gar nicht erst hätte ans Licht kommen sollen; oder aber die Geschichte insgesamt muß der Existenz zweier Versionen Rechnung tragen und sie sich zunutze machen. Ersteres war anfangs meine einfältige Absicht, obwohl es ein bißchen peinlich ist (denn der Hobbit ist in der älteren Fassung ziemlich weithin bekannt), wenn man den literarischen Vorwand der Historizität und der Abhängigkeit von Aufzeichnungen beibehalten will. Das zweite läßt sich überzeugend machen (denke ich), aber nicht in einem kurzen Vermerk erklären.

Im ersten Falle oder im Zweifelsfalle wäre das einzige, was man tun könnte, meine ich, einfach gar nichts zu sagen. Nun bin ich im Zweifel, also schlage ich für den Augenblick vor, nichts zu sagen; aber es gefällt mir gar nicht. Jedenfalls geht es, soweit ich verstehe, nicht darum, daß ein Vermerk in die amerikanische Neuauflage aufgenommen werden sollte. Und Sie werden mich ohne Zweifel rechtzeitig darauf hinweisen, wenn eine englische notwendig wird.

Einstweilen schicke ich Ihnen ein Beispiel für die Art Dinge, die ich in eine veränderte Neuauflage gern einfügen würde – wenn ich mich entschließe, zwei Versionen der Ringfindung als Teile der echten Überlieferung anzuerkennen. Dies ist nicht für den Abdruck bestimmt; aber wenn Sie es mir zurückschicken würden, mit allem, was Sie dazu sagen möchten, wäre das hilfreich.

30 Aus einem Brief an Sir Stanley Unwin 14. September 1950

[Weitere Überlegungen brachten Tolkien zu dem Ergebnis, daß ein erklärender Vermerk in der neuen Ausgabe letztlich doch nötig sei.]

Ich habe mich entschlossen, die Existenz beider Fassungen des Kapitels fünf hinzunehmen, soweit es die Fortsetzung betrifft – allerdings habe ich im Moment nicht die Zeit, dies an den Stellen, wo es nötig wäre, umzuschreiben. Ich lege daher einen Durchschlag der kürzesten Form der Vorbemerkung bei: sie ist zum Druck bestimmt, wenn Sie es für richtig halten, sie für die Neuauflage zu verwenden.[1]

131 An Milton Waldman

[Nachdem Allen & Unwin auf Tolkiens Drängen, sich zu entscheiden, es mit Bedauern abgelehnt hatten, den *Herrn der Ringe* zusammen mit dem *Silmarillion* zu veröffentlichen, vertraute Tolkien darauf, daß Milton Waldman vom Verlag Collins die beiden Bücher binnen kurzem mit dem Signet seiner Firma herausbringen werde. Im Frühjahr 1950 hatte Waldman ihm erklärt, er hoffe schon im nächsten Herbst mit dem Satz beginnen zu können. Aber es gab Verzögerungen, in der Hauptsache durch Waldmans häufige Aufenthalte in Italien und seinen schlechten Gesundheitszustand bedingt. In der zweiten Jahreshälfte 1951 waren noch immer keine verbindlichen Abmachungen mit dem Verlag getroffen, und Collins begann sich wegen des Gesamtumfangs der beiden Bücher Sorgen zu machen. Den folgenden Brief – dessen vollständiger Text etwas über zehntausend Worte lang ist – schrieb Tolkien offenbar auf Waldmans Anraten, mit der Absicht, zu zeigen, daß der *Herr der Ringe* und das *Silmarillion* untrennbar zusammenhingen. Der Brief, der Waldman so sehr interessierte, daß er eine Maschinenabschrift machen ließ (vgl. Ende von Nr. 137), ist undatiert, wurde aber wahrscheinlich in der zweiten Jahreshälfte 1951 geschrieben.]

Mein lieber Milton,

Sie haben um einen kurzen Überblick über das ganze Zeug gebeten, das mit meiner imaginären Welt zusammenhängt. Es ist schwer, etwas darüber zu sagen, ohne gleich zu viel zu sagen: Beim Versuch, es in ein paar Worte zu fassen, geht ein Stauwehr der Erregung auf; der Egoist und Künstler möchte gleich erzählen, wie die Sache gewachsen und wie sie heute ist und was er (seiner Ansicht nach) mit all dem sagen oder darstellen will. Manches dergleichen kann ich Ihnen nicht ersparen, aber daran hänge ich dann ein schlichtes Resümee des Inhalts an, und das ist (vielleicht) alles, was Sie wollen und wofür Sie Zeit und Verwendung haben.

Hinsichtlich Zeit, Entstehung und Niederschrift gibt es diese Sache, seit es mich gibt – womit ich nicht sagen will, daß sie für irgendwen außer mir sehr interessant wäre. Soll heißen, ich kann mich an keine Zeit erinnern, wo ich nicht mit ihr beschäftigt gewesen wäre. Viele Kinder denken sich, zumindest in Ansätzen, eine imaginäre Sprache aus. Ich habe mich damit abgegeben, seit ich schreiben konnte. Aber ich habe nie wieder aufgehört, und natürlich, als Fachphilologe (mit besonderen Interessen an sprachlicher Ästhetik), habe ich dann einen anderen Geschmack entwickelt, mich im Theoretischen und vermutlich auch im

Handwerklichen verbessert. Hinter meinen Geschichten steht heute ein Nexus von Sprachen (die meisten davon nur in den Grundzügen umrissen). Aber denjenigen Geschöpfen, die ich auf englisch irreführenderweise *Elves** nenne, sind zwei verwandte Sprachen zugeordnet, die vollständiger durchgebildet sind, deren Geschichte geschrieben wird und deren (zwei verschiedene Seiten meines eigenen Sprachgeschmacks verkörpernde) Formen wissenschaftlich von einem gemeinsamen Ursprung hergeleitet werden. Aus diesen Sprachen sind fast alle in meinen Legenden auftretenden *Namen* gebildet. Dies gibt der Nomenklatur, oder wenigstens glaube ich's, einen gewissen Charakter (Zusammenhalt, Stimmigkeit des Sprachstils, eine Illusion von Historizität), etwas, woran es anderen, vergleichbaren Sachen merklich fehlt. Nicht alle werden das so wichtig finden wie ich, denn ich bin nun einmal mit einer akuten Empfindlichkeit in diesen Dingen geschlagen.

Aber eine ebenso grundsätzliche Leidenschaft hatte ich *ab initio* für Mythen (nicht Allegorien!) und Märchen, vor allem, auf dem schmalen Grat zwischen Mär und Historie, für Heldensagen, von denen es auf der Welt für meinen Appetit viel zu wenig (mir Zugängliches) gibt. Erst als ich schon Student war, wurde mir durch Erfahrung und Überlegung deutlich, daß dies keine divergierenden Interessen waren – etwa die Gegenpole von Wissenschaft und Romantizismus –, sondern unauflöslich verbundene. Ich bin jedoch, was Mythen und Märchen angeht, kein »Gelehrter«**, denn in solchen Dingen (soweit ich sie kenne) habe ich immer Stoffe gesucht, Dinge von einem gewissen Ton und Atem, und nicht bloß Wissen. Außerdem – und ich hoffe, das hört sich jetzt nicht abstrus an – schmerzte mich von Kindheit an die Armut des eigenen lieben Vaterlandes: Es hatte keinen Eigenbesitz an (auf seinem Boden und in seiner Sprache heimischen) Geschichten, zumindest keine von dem Charakter, den ich suchte und den ich (als Beimischung) in den Sagen anderer Länder auch fand. Es gab Griechisches, Keltisches, Romanisches, Germanisches, Skandinavisches und Finnisches (das mich tief berührte), aber nichts Englisches, bis auf heruntergekommenes Zeug in den Volksbüchern. Natürlich gab es und gibt es die ganze Welt der Artussage, aber sie, so stark sie auch ist, ist doch nur unvollkommen eingebürgert; sie hat auf britischem Boden, doch nicht im Englischen Fuß gefaßt und kann nicht ersetzen, was ich vermißte. Zum einen ist in ihr die

---

* Wobei dies Wort in seinen alten Bedeutungen verstanden werden sollte, die sich bis zu Spenser hin noch gehalten hatten – die Pest über den Will Shakespeare mit seinen verdammten Spinnweben!

** Obwohl ich mir *über* sie einige Gedanken gemacht habe.

»Mär« zu üppig und phantastisch, zu inkohärent und repetitiv. Zum andern, und dies ist noch wichtiger, hat sie mit der christlichen Religion zu tun, die sogar ausdrücklich in ihr enthalten ist.

Aus Gründen, die ich hier nicht ausführen will, erscheint mir das ganz fatal. Mythos und Märchen müssen wie jede Kunst in aufgelöster Form Elemente der ethischen und religiösen Wahrheit (oder des Irrtums) enthalten, aber nicht ausdrücklichermaßen, nicht in der bekannten Form der primär »wirklichen« Welt. (Ich spreche natürlich von unseren heutigen Verhältnissen, nicht von denen in heidnisch-vorchristlicher Zeit. Und ich will nicht wiederholen, was ich schon in dem Essay zu sagen versucht habe, den Sie kennen.)

Lachen Sie nicht! Es gab aber eine Zeit (seither bin ich längst kleinlauter geworden), da hatte ich vor, eine Sammlung von mehr oder weniger zusammenhängenden Sagen zu schaffen, die von den großen, kosmogonischen bis hin zum romantischen Märchen reichen sollten – die größeren auf den kleineren aufruhend, den Boden berührend, die kleineren um den Glanz des weiten Hintergrundes bereichert –, ein Werk, das ich einfach meinem Lande, England, widmen könnte. Es sollte im Ton und Charakter so sein, wie ich es mir wünschte, ein wenig kühl und klar, mit einem heimischen Anhauch (vom Himmel und der Erde des Nordwestens, das heißt Englands und der hiesigen Teile Europas, nicht Italiens oder der Ägäis und schon gar nicht des Ostens); und zwar sollte es (wenn mir dies gelänge) die helle, ungreifbare Schönheit besitzen, die manchmal »keltisch« genannt wird, obwohl sie sich in echten altkeltischen Dingen nur selten findet, aber doch »erhaben« sein, vom Niedrigen gereinigt und dem erwachseneren Geiste eines lange in Poesie gewiegten Landes gemäß. Ich wollte manche der großen Erzählungen ganz ausführen, für viele andere aber nur ihren Platz im Zusammenhang bestimmen und es bei Skizzen belassen. Die Zyklen sollten zu einem majestätischen Ganzen verbunden sein und doch für andere Geister und Hände Raum lassen, die Farbe, Musik und Bewegung hinzutun könnten. Absurd!

Natürlich faßte ich einen so großspurigen Vorsatz nicht mit einem Male. Die Hauptsache waren die Geschichten selbst. Sie kamen mir in den Sinn wie vorgegebene Stoffe, und so wie sie kamen, jede für sich, wuchsen auch die Verknüpfungen. Eine Arbeit, in der man ganz aufgehen konnte, obwohl sie immer wieder unterbrochen wurde (besonders deshalb, weil, von den Notwendigkeiten des Lebens ganz abgesehen, der Verstand immer wieder zum andern Pol hinflatterte und sich am Sprachlichen verausgabte); und doch behielt ich immer das

Gefühl, etwas, das irgendwo schon »da« war, aufzuzeichnen – nicht zu »erfinden«.

Natürlich dachte ich mir noch allerhand anderes aus und schrieb sogar manches (besonders für meine Kinder). Manche Dinge blieben unberührt von den Verzweigungen und Umtrieben dieses wuchernden Themas, weil sie letztlich und von Grund auf nichts damit zu tun hatten: *Leaf by Niggle* und der *Farmer Giles* zum Beispiel, die beiden einzigen, die gedruckt wurden. Der *Hobbit*, der sehr viel mehr eigenes Leben in sich hat, war zuerst eine Sache für sich: Als ich damit anfing, wußte ich noch nicht, daß er dazugehörte. Aber er erwies sich dann als eine Entdeckung, die zeigte, wie das Ganze zu vervollständigen wäre, wie es Bodenberührung finden und mit dem »Historischen« verschmelzen könnte. So wie die hohen Legenden des Anfangs die Dinge mit Elbenaugen ansehen sollen, so ist die mittlere Geschichte vom Hobbit aus einem annähernd menschlichen Blickwinkel erzählt, während die letzte Geschichte beides verschmilzt.

Ich verabscheue die Allegorie – die bewußte und beabsichtigte Allegorie –, und doch muß sich jeder Versuch, den Sinn von Mythen oder Märchen zu erklären, einer allegorischen Sprache bedienen. (Und natürlich wird sich eine Geschichte, je mehr »Leben« sie hat, als desto zugänglicher für allegorische Deutungen erweisen – während eine beabsichtigte Allegorie desto besser gelungen sein wird, je eher man sie einfach als eine Geschichte für sich gelten lasssen kann.) Jedenfalls geht es bei diesem ganzen Zeug* hauptsächlich um den Sündenfall, die Sterblichkeit und die Maschine. Um den Sündenfall ganz unvermeidlich, und dieses Motiv tritt in mehreren Formen auf. Um die Sterblichkeit insofern, als sie die Kunst und das schöpferische (oder, wie ich sagen würde, zweitschöpferische) Verlangen berührt, das biologisch anscheinend funktionslos und von den Befriedigungen des schlicht gewöhnlichen biologischen Daseins geschieden ist, mit denen es in unserer Welt sogar meistens im Streit liegt. Dieses Verlangen ist zugleich mit leidenschaftlicher Liebe zu der wirklichen Primärwelt vermählt – und daher erfüllt vom Vorgefühl des Sterbenmüssens – und doch mit ihr nicht zufrieden. Es hat mancherlei Möglichkeiten zum »Sündenfall«. Es kann besitzgierig werden, sich an die geschaffenen Dinge als ein »Eigentum« anklammern; der Zweitschöpfer möchte der Herr und Gott in seiner Privatschöpfung sein. Er wird sich gegen die Gesetze des Schöpfers auflehnen – besonders gegen die Sterblichkeit. Dies beides (je für sich oder zusammen) führt

* Letztlich geht es, glaube ich, um das Problem des Verhältnisses zwischen Kunst (und Zweitschöpfung) und primärer Wirklichkeit.

zum Verlangen nach Macht, damit der Wille schneller in die Tat umgesetzt werden kann – und damit zur Maschine (oder Magie). Mit der letzteren meine ich jeden Gebrauch äußerer Kunstgriffe oder Hilfsmittel (Apparate), anstelle der Ausbildung eingeborener innerer Kräfte oder Talente – oder sogar den Gebrauch dieser Talente aus dem korrupten Motiv, herrschen zu wollen: die wirkliche Welt plattzuwalzen oder den Willen anderer zu brechen. Dafür ist die Maschine das moderne, uns geläufigere Mittel, obwohl sie mit der Magie näher, als meist angenommen, verwandt ist.

»Magie« habe ich nicht in gleichbleibendem Sinne verwendet, und die Elbenkönigin Galadriel muß den Hobbits sogar Vorhaltungen machen, weil sie dies Wort mißverständlich sowohl für die Machenschaften und Maßnahmen des Feindes wie für die der Elben gebrauchen. Ich konnte nicht anders, weil es für die zweite Art kein Wort gibt (weil alle menschlichen Geschichten dem gleichen Mißverständnis unterliegen). Aber die Elben sind dazu da (in meinen Geschichten), den Unterschied zu demonstrieren. Ihre »Magie« ist Kunst, aber von vielen menschlichen Beschränktheiten entbunden: müheloser, schneller, vollständiger (Ergebnis und Vorstellung in makelloser Entsprechung). Und ihr Zweck ist Kunst und nicht Macht, Zweitschöpfung und nicht Bezwingen und tyrannisches Re-Formieren der Schöpfung. Die »Elben« sind »unsterblich«, zumindest soweit diese Welt reicht; und daher sind sie weniger mit dem Tod als mit den Bürden und Beschwerden der Todlosigkeit in der Zeit und im Wandel beschäftigt. Dem Feinde in der Folge seiner wechselnden Erscheinungen geht es ganz »naturgemäß« immer um die pure Herrschaft, und darum ist er der Herr der Magie und der Maschinen; das Problem aber: daß dies furchtbar Böse aus einer augenscheinlich guten Wurzel erwachsen kann und erwächst, nämlich dem Wunsch, der Welt und den anderen zu nützen* – und zwar schleunigst und nur so, wie es der Wohltäter sich vorstellt – bleibt ein wiederkehrendes Motiv.

Die Zyklen beginnen mit einem kosmogonischen Mythos: der *Musik der Ainur*. Gott und die Valar (oder Mächte – in unserer Sprache Götter) treten auf. Die letzteren sind, wie wir sagen würden, engelhafte Mächte,

---

* Doch nicht bei dem Anstifter alles Bösen: Sein Sündenfall war der eines Zweitschöpfers, und daher waren die Elben (die Repräsentanten des Zweitschöpfertums par excellence) seine besonderen Feinde, das Ziel seiner Begehrlichkeit und seines Hasses – und daher auch waren sie anfällig für seine Täuschungen. Ihr Sündenfall führt in die Besitzgier und (in schwächerem Maß) in eine Verkehrung ihrer Kunst in Macht.

194

mit der Aufgabe, in ihrer jeweiligen Sphäre eine delegierte Autorität auszuüben (eine Ordnungs- oder Regierungsgewalt, *nicht* Schöpfertum, Bilden oder Umbilden). Sie sind »göttlich«, das heißt, befanden sich ursprünglich »außerhalb« der Welt und existierten schon, »bevor« sie erschaffen wurde. Ihre Macht und Weisheit gründen in ihrem *Wissen* von dem kosmogonischen Drama, das sie zuerst als ein Drama mit angesehen (das heißt, so wie wir ein Schauspiel ansehen, das jemand anders verfaßt hat) und später als eine »Realität« erlebt haben. Hinsichtlich des rein erzählerischen Plans sollen damit natürlich Wesen eingeführt werden, die ebenso schön, mächtig und hoheitsvoll sind, wie die »Götter« der höheren Mythologie, aber dennoch akzeptabel für – na, sagen wir's unverblümt – für jemanden, der an die Heilige Dreifaltigkeit glaubt.

Es geht dann schnell weiter mit der *Geschichte der Elben* oder dem eigentlichen *Silmarillion*. Damit kommen wir in die Welt, so wie wir sie sehen, aber natürlich transfiguriert in einem noch immer halb mythischen Modus: Das heißt, die Geschichte handelt von leibhaftigen und vernünftigen Wesen, an Gestalt mehr oder weniger vergleichbar mit uns selbst. Das Wissen aus dem Schöpfungsdrama war unvollständig: Unvollständig für jeden einzelnen »Gott«, aber unvollständig auch, wenn man das Wissen des ganzen Pantheons zusammenfaßte. Denn der Schöpfer (teils um das Übel des Empörers Melkor wiedergutzumachen, teils um das Ganze in höchster Verfeinerung der Details zu vollenden) hat nicht alles offenbart. Die Erschaffung und Wesensart der Kinder Gottes sind die zwei größten Geheimnisse. Die Götter haben nur gewußt, daß sie zu einer vorbestimmten Zeit kommen würden. Die Kinder Gottes sind also vom Ursprung her artverwandt und zugleich auch verschieden. Da sie außerdem etwas vollkommen »anderes« sind als die Götter, die an ihrer Erschaffung keinen Anteil gehabt haben, sind sie für die Götter Gegenstand einer besonderen Sehnsucht und Liebe. Sie sind die *Erstgeborenen*, die Elben, und die *Nachkömmlinge* die Menschen. Den Elben ist es beschieden, unsterblich zu sein, die Schönheit der Welt zu lieben, sie mit ihren Gaben des Verfeinerns und Vervollkommnens zur höchsten Blüte zu bringen, zu dauern, solange sie dauert, und sie niemals zu verlassen, nicht einmal, wenn sie »erschlagen« werden, sondern wiederzukehren – und dennoch, wenn die Nachkömmlinge erscheinen, diese zu belehren und ihnen Platz zu machen, zu »schwinden«, während die Nachkömmlinge anwachsen und das Leben an sich reißen, aus dem beide Arten hervorgehen. Das Schicksal (oder die Gabe) der Menschen ist die Sterblichkeit, die Freiheit von den Kreisen der Welt. Da der ganze Zyklus aus der Sicht der Elben erzählt wird, findet die Sterblichkeit keine mythische Erklärung: Sie ist ein Geheimnis Gottes, worüber nur soviel bekannt ist, daß »verborgen ist, was Gott den Menschen zugedacht hat« – zum Kummer und zum Neid der unsterblichen Elben.

Wie ich schon sagte, ihre Eigenart und Besonderheit gegenüber allem Ähnlichen, das ich kenne, haben die Legenden des *Silmarillion* darin, daß sie nicht anthropozentrisch sind. Im Zentrum des Blickfeldes und des Interesses stehen nicht die Menschen, sondern die »Elben«. Menschen kommen unvermeidlich auch vor: Schließlich ist ja der Verfasser ein Mensch, und sein Publikum, wenn er eines hat, werden Menschen sein. Menschen müssen also in unsere Erzählungen mit hinein, und zwar als solche, nicht nur transfiguriert oder partiell dargestellt als Elben, Zwerge, Hobbits usw. Aber sie bleiben peripher – die verspäteten Nachkömmlinge, und so sehr sie auch an Bedeutung gewinnen, werden sie doch nicht zu Hauptfiguren.

In der Kosmogonie gibt es einen Sündenfall, einen Fall der Engel, könnten wir sagen. Aber natürlich in der Form ganz anders als im christlichen Mythos. Diese Geschichten sind »neu«, sie sind nicht direkt von anderen Mythen und Sagen abgeleitet, aber unvermeidlich müssen sie ein großes Maß altertümlicher, weitverbreiteter Motive und Elemente enthalten. Schließlich glaube ich, daß Sagen und Mythen großenteils aus »Wahrheit« bestehen, ja, daß sie Aspekte der Wahrheit vorweisen, die sich nur in diesem Modus darstellen lassen; und manche Wahrheiten und Darstellungsmodi dieser Art wurden schon vor langer Zeit entdeckt und müssen immer wieder auftreten. Eine »Geschichte« ohne einen Sündenfall kann es nicht geben – alle Geschichten handeln letztlich vom Sündenfall –, zumindest für menschliche Geister, so wie wir sie kennen und selber besitzen.

Also, um fortzufahren, die Elben erleben einen Sündenfall, ehe ihre »Historie« zur Geschichte werden kann. (Der erste Sündenfall des Menschen wird aus unerklärten Gründen nirgendwo behandelt – die Menschen betreten die Bühne erst, wenn all dies längst vorüber ist, und es gibt nur ein Gerücht, sie seien eine Zeitlang unter die Herrschaft des Feindes gefallen, und manche hätten dies bereut.) Der Hauptteil der Erzählung, das eigentliche *Silmarillion*, handelt vom Sündenfall des begabtesten unter den Elbenvölkern, seinem Auszug aus Valinor (eine Art Paradies, die Heimstatt der Götter) im fernsten Westen, von der Rückkehr nach Mittelerde, dem Geburtsland der Elben, das lange vom Feind beherrscht wurde, und von ihrem Hader mit ihm, der damals noch sichtbaren Inkarnation des Bösen. Seinen Namen hat das Buch von den *Silmarilli* (»Strahlen des reinen Lichts«) oder Urjuwelen, mit deren

Schicksal und Bedeutung alle Ereignisse verknüpft sind. Die Fertigung von Edelsteinen symbolisiert hauptsächlich die zweitschöpferische Wesensart der Elben, aber die Silmarilli waren nicht bloß schöne Dinge als solche. Sie waren das Licht. Das Licht von Valinor wurde sichtbar gemacht in den Zwei Bäumen, einem silbernen und einem goldenen.* Diese wurden vom Feind aus Bosheit getötet, und in Valinor wurde es dunkel, doch ehe sie ganz abgestorben waren, wurde von ihnen das Licht für die Sonne und den Mond entnommen. (Ein deutlicher Unterschied zwischen diesen Legenden und den meisten anderen ist hier, daß die Sonne kein göttliches Symbol ist, sondern nur etwas Zweitbestes, und das »Sonnenlicht« (die Welt unter der Sonne) wird zum Ausdruck für eine gefallene Welt und eine gestörte, unvollkommene Sichtweise.)

Aber der größte Künstler unter den Elben (Feanor) hatte das Licht von Valinor in den drei edelsten Steinen, den Silmarilli, eingefangen, bevor noch die Bäume besudelt oder getötet wurden. Dieses Licht lebt also hernach nur noch in diesen Steinen. Sie fallen dem Feind in die Hände, werden in seine Eisenkrone gefaßt und in seiner uneinnehmbaren Festung bewacht. Feanors Söhne schwören einen furchtbaren und blasphemischen Eid auf Feindschaft und Rache gegen alle und jeden, sogar die Götter, wenn sie es wagen, irgendeinen Anspruch auf die Silmarilli zu erheben. Sie verführen den größten Teil ihres Volkes, der sich gegen die Götter auflehnt und aus dem Paradies auszieht in einen hoffnungslosen Krieg gegen den Feind. Die erste Frucht ihres Falles ist ein Krieg im Paradies, wo Elben von Elben erschlagen werden. Dies und ihr böser Eid verfolgt sie bei all ihren späteren Heldentaten, ruft Verrat hervor und macht alle Siege zunichte. *Das Silmarillion* ist die Geschichte des Krieges, den die aus dem Paradies verbannten Elben gegen den Feind führen; alles spielt sich im Nordwesten der Welt ab (in Mittelerde). Mehrere Erzählungen von Siegen und Tragödien sind darin eingebunden; aber alles endet mit einer Katastrophe und mit dem Hinscheiden der Alten Welt, der Welt des langen *Ersten Zeitalters*. Die Edelsteine werden am Ende (durch Eingreifen der Götter) zurückgewonnen, aber nur um den Elben

---

* Sofern all dies eine symbolische oder allegorische Bedeutung hat, ist das Licht ein so urtümliches Symbol in der Natur des Weltalls, daß es sich kaum analysieren läßt. Das Licht von Valinor (das von dem Licht vor jedem Sündenfall stammt) ist das Licht der Kunst, das vom Licht der Vernunft noch nicht geschieden ist, ein Licht, das alle Dinge sowohl wissenschaftlich (oder philosophisch) als auch imaginativ (oder zweitschöpferisch) ansieht und sagt, »daß sie gut sind« – nämlich schön. Das Licht der Sonne (oder des Mondes) wird von dem der Bäume erst abgezweigt, nachdem sie vom Bösen besudelt worden sind.

für immer verloren zu gehen, der eine im Meer, der zweite in den Tiefen der Erde und der dritte als ein Stern am Himmel. Dieses Legendarium endet mit einem Gesicht vom Untergang der Welt, wobei sie zertrümmert und umgebaut wird, und mit dem Rückgewinn der Silmarilli und des »Lichtes vor dem Sonnenschein« – nach einer letzten Schlacht, die, glaube ich, mehr als allem anderen der nordischen Vorstellung von Ragnarök verpflichtet, ihr aber gar nicht sehr ähnlich ist.

Wenn die Erzählungen weniger mythisch werden und mehr den Charakter von Romanzen und Abenteuergeschichten gewinnen, treten auch Menschen auf. Zum größten Teil sind dies »gute Menschen«: Familien mit ihren Oberhäuptern, die gerüchtweise von den Göttern im Westen und den Hochelben gehört haben und dem Bösen den Dienst verweigern; sie fliehen westwärts und kommen mit den verbannten Elben in Berührung, die sich mitten in ihrem Kriege befinden. Die Menschen, die auftreten, gehören zumeist den Drei Häusern der Menschenväter an, deren Oberhäupter sich mit den Elbenfürsten verbinden. Die Bekanntschaft zwischen Menschen und Elben deutet schon auf die Geschichte der späteren Zeitalter voraus, und ein wiederkehrendes Thema ist der Gedanke, daß in den Menschen (so wie sie heute sind) ein Tropfen jenes »Blutes« steckt, das von den Elben ererbt ist, daß Kunst und Poesie der Menschen weitgehend von diesem Erbe zehren oder davon abhängig sind.* Es werden daher zwei Ehen zwischen Elben und Sterblichen geschlossen – und beide führen später im Geschlecht Earendils zusammen, repräsentiert durch Elrond, den Halbelben, der in allen Geschichten auftritt, sogar im *Hobbit*. Die wichtigste Geschichte im *Silmarillion* und die am ausführlichsten behandelte ist die *Geschichte von Beren und Lúthien, dem Elbenfräulein.*** Hier begegnet uns unter anderem das erste Beispiel für das (mit den Hobbits dann beherrschend werdende) Motiv, daß bei den großen Entscheidungen der Weltgeschichte, »im Räderwerk der Welt« oft nicht die Großen und Mächtigen, nicht einmal die Götter den Ausschlag geben, sondern die scheinbar Schwachen und Unberühmten – aufgrund des geheimen Lebens in der Schöpfung und desjenigen Teils in ihr, das allem Wissen außer dem des Einen unzugänglich bleibt und durch das auch schon der Eintritt der Kinder Gottes in das Drama bewirkt wurde. Gerade Beren, ein geächteter Sterblicher, erreicht

---

* Natürlich heißt das in Wirklichkeit bloß, daß meine »Elben« nur eine Deutung oder Darstellung eines Teils der menschlichen Natur sind, aber das wäre nicht die Ausdrucksweise der Legende.
** Sie liegt sogar in einem Gedicht von beträchtlicher Länge vor, das in der Prosafassung des *Silmarillion* nur gekürzt wiedergegeben wird.[1]

(mit Hilfe Lúthiens, die bloß ein Mädchen ist, wenn auch eine Elbin von königlicher Abstammung), was all den Heeren und Kriegern mißlungen ist: Er dringt ein in die Burg des Feindes und raubt ihm einen der Silmarilli aus der Eisenkrone. Damit gewinnt er Lúthiens Hand, und erstmals wird Sterbliches mit Unsterblichem vermählt.

Als solche ist die Geschichte eine (wie ich finde, starke und schöne) heroisch-märchenhafte Abenteuergeschichte, für sich allein aufnehmbar, bei nur ganz allgemeiner und vager Kenntnis des Hintergrundes. Aber zugleich ist sie ein Bindeglied, tief eingelassen in den Zyklus, in dem sie erst ihre volle Bedeutung erhält. Denn der Raub des Silmaril, ein strahlender Sieg, führt zur Katastrophe. Der Eid, den die Söhne Feanors geschworen haben, tritt wieder in Geltung, und die Gier nach dem Silmaril stürzt alle Elbenkönigreiche ins Verderben.

Es gibt noch andere Geschichten, die ebenso ausführlich erzählt werden, die ebenso selbständig und doch mit der Gesamthandlung verbunden sind. Eine sind die *Kinder Húrins*, die tragische Erzählung von Túrin Turambar und seiner Schwester Níniel, deren Held, Túrin, eine Gestalt ist, von der man sagen könnte (wenn man dergleichen unnütze Bemerkungen nun mal nicht lassen kann), daß sie sich teilweise von Sigurd dem Völsungen, von Ödipus und dem finnischen Helden Kullervo herleitet. Eine andere ist der *Fall von Gondolin*, der wichtigsten Elbenfestung. Außerdem die Erzählung oder Erzählungen von *Earendil dem Wanderer*.[*] Er ist wichtig als derjenige, der das *Silmarillion* zum Ende bringt und der durch seine Nachkommen die Hauptverbindungen zu den Erzählungen der späteren Zeitalter und den Personen in ihnen herstellt. Als Vertreter und Abgesandter beider Geschlechter, der Elben wie der Menschen, hat er die Aufgabe, einen Seeweg zurück ins Land der Götter zu suchen und diese zu erneutem Nachdenken über das Schicksal der Verbannten zu bewegen, sie um Erbarmen und um Rettung vor dem Feinde zu bitten. Seine Gemahlin Elwing stammt von Lúthien ab und besitzt noch immer den Silmaril. Aber der Fluch wirkt fort, und Earendils Haus wird von Feanors Söhnen vernichtet. Daraus aber erwächst die Lösung: Elwing, die sich ins Meer stürzt, um den Edelstein zu retten, kommt zu Earendil, und mit der Kraft des großen Steines gelangen sie schließlich nach Valinor und erfüllen ihren Auftrag – um den Preis, daß

---

[*] Sein Name ist eigentlich angelsächsischen Ursprungs: *earendel*, »Lichtstrahl«, gelegentlich als Bezeichnung für den Morgenstern, ein Name mit weitverzweigten mythologischen Bezügen (die heute zumeist obskur sind). Aber das nur als »gelehrte Anmerkung«. Tatsächlich ist sein Name elbisch und bedeutet Großer Seefahrer oder Freund des Meeres.

sie nie wieder zurückkehren und nie mehr unter Elben oder Menschen wohnen dürfen. Nun greifen die Götter wieder ein, eine große Heeresmacht zieht aus Westen heran, und die Burg des Feindes wird zerstört, er selbst aus der Welt in die Leere verstoßen, von wo er nie wieder in leibhaftiger Gestalt zurückkehren darf. Die beiden restlichen Silmaril werden aus der Eisenkrone genommen – nur um gleich wieder verloren zu gehen. Die beiden letzten Söhne Feanors, ihrem Eide gehorchend, stehlen sie und werden von ihnen vernichtet: Einer stürzt sich mit dem seinen ins Meer, der andere in die Tiefen der Erde. Der letzte Silmaril schmückt Earendils Schiff und wird mit diesem als hellster Stern an den Himmel gesetzt. So enden *Das Silmarillion* und die Erzählungen aus dem Ersten Zeitalter.

Der nächste Zyklus handelt (oder würde handeln) vom Zweiten Zeitalter. Aber dies ist auf Erden ein dunkles Zeitalter, und über seine Geschichte wird nicht viel gesagt (oder ist nicht viel zu sagen). In den großen Schlachten mit dem Ersten Feind wurden die Länder zerbrochen und zertrümmert, und der Westen von Mittelerde ist verwüstet. Wir erfahren, daß die verbannten Elben nicht geradezu den Befehl, aber doch die dringende Aufforderung erhalten haben, in den Westen zurückzukehren und dort in Frieden zu leben. Sie sollen ihre dauernde Bleibe nun nicht mehr in Valinor finden, sondern auf der Einsamen Insel Eressea, in Sichtweite des Segensreiches. Die Menschen aus den Drei Häusern werden für ihre Tapferkeit und Bündnistreue mit der Erlaubnis belohnt, von allen Sterblichen am weitesten im Westen zu wohnen, auf der großen »Atlantis«-Insel *Númenóre*[*]. Das Schicksal oder die Gottesgabe der Sterblichkeit können die Götter natürlich nicht widerrufen, aber die Númenórer haben eine lange Lebensspanne. Sie setzen Segel, verlassen Mittelerde und errichten ein großes Seefahrer-Reich, eben noch in Fernsichtweite von Eressea (aber nicht von Valinor). Die meisten Hochelben kehren ebenfalls in den Westen zurück. Aber nicht alle. Manche mit den Númenórern verwandte Menschen bleiben im Lande, nicht weit von den Meeresküsten. Von den Verbannten wollen manche nicht zurückkehren oder zögern den Aufbruch hinaus (denn der Weg nach Westen steht den Unsterblichen nun immer offen, und in den Grauen Anfurten stehen immer Schiffe zu ihrer letzten Ausfahrt bereit). Auch die

[*] Ein Name, den Lewis von mir entlehnt und an dessen Verwendung ich ihn nicht hindern kann; wobei er ihn fälschlich »Numinor« schreibt. Númenóre bedeutet im »Elbischen« einfach Westernis oder Land im Westen. Mit *numen*, »numinos« oder νούμενον[2] hat es nichts zu tun.

Orks (»goblins«, »Kobolde« im *Hobbit*) und andere Ungeheuer, die der Erste Feind herangezüchtet hat, sind nicht alle vernichtet. Und *Sauron* bleibt da. Im *Silmarillion* und den Erzählungen vom Ersten Zeitalter war Sauron ein Wesen aus Valinor, das sich hatte verführen lassen, dem Feinde zu dienen, und sein oberster Knecht und Feldhauptmann wurde. Nach der vernichtenden Niederlage des Ersten Feindes bereut er aus Angst, tut aber am Ende doch nicht, wie ihm befohlen wird, nämlich zurückzukehren und sich dem Urteil der Götter zu unterwerfen. Er kann sich von Mittelerde nicht trennen. Ganz allmählich, zunächst mit edlen Motiven, nämlich das »von den Göttern vernachlässigte« Mittelerde aus den Trümmern wieder aufzubauen und neu zu ordnen, wird er zu einer neuen Inkarnation des Bösen und zu einem Geschöpf voll Begierde nach der unumschränkten Macht – und so verzehrt er sich in immer wilderem Haß (besonders auf die Götter und die Elben). Während dieser ganzen Dämmerzeit des Zweiten Zeitalters wächst im Osten von Mittelerde ein Schatten heran und weitet seine Macht über die Menschen aus – die sich vermehren, während die Elben zu schwinden beginnen. Die drei Hauptthemen sind also *die säumigen Elben,* die sich von Mittelerde noch nicht trennen mögen; Saurons Entfaltung zu einem neuen Dunklen Herrn, dem Gott und Führer der Menschen; und Númenor-Atlantis. Sie werden chronikartig behandelt, in zwei Erzählungen oder Berichten, *Die Ringe der Macht* und *Der Untergang von Númenor.* Beide sind unerläßlich als Hintergrund zum *Hobbit* und seiner Fortsetzung.

In der ersten Geschichte erleben wir eine Art zweiten Sündenfall oder zumindest einen »Fehler« der Elben. Es war zwar nicht unentschuldbar, daß sie sich, entgegen der an sie ergangenen Aufforderung, noch wehmütig in (...[3]) den sterblichen Landen ihrer alten Heldentaten nicht trennen konnten. Aber sie wollten den Spatzen in der Hand und die Taube auf dem Dach zugleich. Sie wollten den Frieden, die Glückseligkeit und die ungetrübte Erinnerung an »den Westen«, zugleich aber auf ihrem gewohnten Boden bleiben, wo sie als die Edelsten über den wilden Elben, den Zwergen und den Menschen ein höheres Ansehen genossen als auf der untersten Stufe der Hierarchie von Valinor. Daher läßt sie die Sorge um das »Schwinden« nicht mehr los, als das sie die Wandlungen der Zeit auffassen (das Gesetz dieser Welt unter der Sonne). Sie werden ein wehmütiges Volk, ihre Kunst (könnten wir sagen) wird antiquarisch, und all ihr Trachten geht nun im Grunde auf eine Art Einbalsamierung – wobei sie aber auch das alte Motiv ihrer Art bewahren, nämlich die Erde zu schmücken und ihre Wunden zu heilen. Wir hören von einem Königreich der Säumigen unter Gilgalad, im mehr oder weniger äußersten Nordwesten dessen, was von den alten Landen des *Silmarillion* noch übrig bleibt; von anderen Siedlungen wie zum Beispiel Imladris (Bruchtal) unter Elrond; und von einer großen Niederlassung in Eregion am westlichen Fuß des Nebelgebirges, in unmittelbarer Nähe der Minen von Moria, dem Hauptsitz der Zwerge im Zweiten Zeitalter. Dort entstand zum ersten und einzigen Mal Freundschaft zwischen den gewöhnlich verfeindeten Völkern (der Elben und Zwerge), und die Schmiedekunst erreichte ihre höchste Blüte. Aber unter den Elben hörten viele auf Sauron. In jener frühen Zeit war er noch von gefälliger Erscheinung, und seine Absichten schienen mit denen der Elben teilweise übereinzustimmen: die verwüsteten Lande wieder aufzurichten. Er traf die schwache Seite der Elben, indem er ihnen vorstellte, durch gegenseitige Hilfe könnten sie den Westen von Mittelerde ebenso schön aufbauen wie Valinor. Das war eigentlich ein verhüllter Angriff auf die Götter, eine Aufstachelung zu dem Versuch, ein unabhängiges Separatparadies zu schaffen. Gilgalad wies alle derartigen Ansinnen zurück, ebenso Elrond. Aber in Eregion begannen nun große Werke – und noch nie waren die Elben so nahe daran gewesen, der Magie und Maschinerie zu verfallen. Mit Hilfe von Saurons Geheimwissen schufen sie die *Ringe der Macht* (»Macht« ist ein ominöses, finsteres Wort in allen diesen Erzählungen, außer wenn die Macht der Götter gemeint ist).

Die größte Macht (die all diese Dinge gleichermaßen besaßen) lag darin, den *Verfall* (d. h. »Wandel«, als etwas Beklagenswertes betrachtet) verhindern oder aufhalten zu können, das Ersehnte oder Geliebte oder sein Ebenbild zu bewahren – ein mehr oder weniger elbisches Motiv. Aber die Ringe steigerten auch die natürlichen Kräfte ihrer Besitzer – was der »Magie« nahekommt, ein Motiv, das leicht ins Böse verkehrt werden kann, in Machtgier. Und schließlich hatten sie noch andere Eigenschaften, die unmittelbarer von Sauron bestimmt sind (dem »Nekromanten« – so heißt sein flüchtiger Schatten, der als ein Vorzeichen in die Seiten des *Hobbit* fällt): zum Beispiel, die leibliche Erscheinung unsichtbar und die Dinge der unsichtbaren Welt sichtbar zu machen.

Die Elben von Eregion schufen fast nur aus eigener Kraft *drei* Ringe, die schöner und mächtiger waren als die andern und allein der Bewahrung des Schönen dienten: Sie verliehen keine Unsichtbarkeit. Insgeheim aber schmiedete Sauron im unterirdischen Feuer in seinem Schwarzen Lande den Einen Ring, den Herrscherring, der die Macht aller andern in sich schloß und über sie wachte, so daß er die Gedanken all derer, welche die schwächeren Ringe trugen, zu sehen, und alles, was sie taten, zu lenken vermochte, bis er sie am Ende völlig versklavte. Sauron hatte jedoch nicht mit der Weisheit und dem feinen Gespür der Elben gerechnet. Sobald er den Einen aufsteckte, bemerkten sie es, erkannten seine geheime Absicht und fürchteten sich. Sie versteckten die Drei Ringe, so daß selbst Sauron niemals erfuhr, wo sie sich befanden. Die Drei blieben unbesudelt, und die anderen suchten die Elben zu vernichten.

In dem Kriege zwischen Sauron und den Elben, der daraus erwuchs, wurde Mittelerde, besonders der Westen, weiter verwüstet. Eregion wurde erobert und zerstört, und von den Ringen der Macht brachte Sauron viele in seinen Besitz. Diese gab er denjenigen, auf deren spätere Verderbnis und Versklavung er es abgesehen hatte und die (aus Ehrgeiz oder Habgier) bereit waren, sie anzunehmen. Daher das »alte Gereim«, das als Leitmotiv im *Herrn der Ringe* erscheint:

Drei Ringe den Elbenkönigen hoch im Licht,
Sieben den Zwergenherrschern in ihren Hallen aus Stein,
Den Sterblichen, ewig dem Tode verfallen, neun,
Einer dem Dunklen Herrn auf dunklem Thron
Im Lande Mordor, wo die Schatten drohn.

So wurde Sauron der fast unumschränkte Herr von Mittelerde. Nur an geheimen (noch nicht verratenen) Orten konnten die Elben sich halten. Mit Mühe verteidigt sich Gilgalads Elbenkönigreich an der entlegensten Westküste, wo die Häfen der Schiffe sind. Elrond der Halbelb, Eärendils Sohn, bewahrt eine Art verzauberte Zufluchtsstätte in *Imladris* (Bruchtal) am äußersten Ostrande der westlichen Länder.* Sauron aber herrscht über all die sich vermehrenden Horden der Menschen, die mit den Elben und – mittelbar durch sie – mit den echten und ungestürzten Valar und Göttern nie in Berührung gekommen sind. Von seinem großen dunklen

---

* Elrond symbolisiert durchgängig die alte Weisheit, und sein Haus steht für die Überlieferung – die alles, was über das Gute, Weise und Schöne je bekannt geworden ist, in ehrfürchtigem Angedenken bewahrt. Es ist kein Schauplatz der *Handlung*, sondern der *Reflexion*. Daher wird es auf dem Wege zu einer Tat oder einem »Abenteuer« immer besucht. Es kann sein, daß es grad am Wege liegt (wie im *Hobbit*); es kann aber auch nötig werden, von dort aus einen vollkommen unerwarteten Weg einzuschlagen. So im *Herrn der Ringe*, wo der Held, nachdem er sich vor der Verfolgung durch das augenblicklich drohende Böse zu Elrond gerettet hat, notwendig dann in einer ganz neuen Richtung aufbricht: dem Bösen entgegen und zu seiner Quelle.

Turm aus, in Mordor, nahe beim Feuerberg, regiert er mit Hilfe des Einen Ringes sein wachsendes Reich.

Um aber dies zu erreichen, hatte er einen großen Teil der ihm selbst innewohnenden Macht (ein häufiges und sehr bedeutsames Motiv in Mythen und Märchen) in den Einen Ring übertragen müssen. Solange er den Ring trug, war seine Macht auf Erden wirksam gesteigert. Aber sogar wenn er ihn nicht trug, existierte diese Macht und blieb zu ihm in Beziehung: Er wurde nicht »gemindert«. Es sei denn, jemand anders nähme den Ring an sich und käme in seinen Besitz. In diesem Falle könnte der neue Inhaber (wenn er von Charakter stark und heroisch genug wäre) Sauron zum Kampf stellen, sich in allem, was er seit der Herstellung des Einen Ringes getan oder dazugelernt hätte, ihm überlegen erweisen und ihn so stürzen und seinen Platz usurpieren. Dies war die größte Schwäche, die er sich bei seinem (weitgehend mißlungenen) Versuch, die Elben zu versklaven, und in seinem Wunsch, Herrschaft über Geist und Willen seiner Knechte zu erlangen, zugezogen hatte. Es gab noch eine andere Schwäche: Wenn man den Einen Ring tatsächlich vernichtete, so würde seine Macht aufgelöst, Saurons Wesen würde gemindert bis an die Grenze des Verschwindens, und von ihm bliebe nur noch ein Schatten, ein bloßes Angedenken des bösen Willens. Das aber hatte er nie erwogen oder befürchtet. Keine Schmiedekunst, die der seinen nicht gleichkäme, konnte den Ring zerbrechen. Kein Feuer konnte ihn schmelzen außer dem nie erlöschenden unterirdischen, in dem er geschaffen worden war – und das war unnahbar abgeschirmt in Mordor. Und so groß war auch die Gier, die der Ring weckte, daß jeder, der sich seiner bediente, davon übermannt wurde; es überstieg jede Willenskraft (sogar die seine), den Ring zu beschädigen, wegzuwerfen oder achtlos damit umzugehen. So dachte er. Und schließlich trug er den Ring ja am Finger.

Also sehen wir, während das Zweite Zeitalter vorrückt, ein großes Königreich und eine üble Theokratie (denn Sauron ist zugleich auch der Gott seiner Sklaven) in Mittelerde anwachsen. Im Westen – eigentlich im Nordwesten, der einzigen Gegend, die in diesen Erzählungen näher ins Auge gefaßt wird – liegen die prekären Zufluchtsstätten der Elben, während die Menschen in dieser Gegend mehr oder weniger unverdorben, aber auch unwissend bleiben. Die Menschen des besseren und edleren Schlages sind, wie zu erwarten, die Stammverwandten derjenigen, die nach Númenor abgefahren sind; doch sie leben nach schlichter »homerischer« Art in patriarchalischen Stammesgemeinschaften.

Unterdessen hat *Númenor* unter seinen großen, langlebigen Königen, die in direkter Linie von Elros, Earendils Sohn und Elronds Bruder, abstammen, immer mehr Reichtum, Pracht und Wissen erlangt. *Der Untergang von Númenor*, der zweite Sündenfall des Menschen (des begnadigten, aber noch immer sterblichen Menschen), bringt das katastrophale Ende nicht nur des Zweiten Zeitalters, sondern der ganzen Alten Welt, in ihrer sagenhaften Urgestalt (in der sie flach und umgrenzt gewesen sein soll). Danach beginnt das Dritte Zeitalter, ein Zeitalter des Zwielichts, ein Medium Aevum, das erste der zertrümmerten und verwandelten Welt, das letzte eines säumigen Reiches der noch vollkommen leibhaftig sichtbaren Elben und das letzte auch, in dem das Böse in Gestalt eines leibhaftigen Herrschers erscheint.

Der *Untergang* ist teilweise die Folge einer inneren Schwäche der Menschen – eine Konsequenz, wenn man so will, des ersten Sündenfalls (von dem in diesen Geschichten nicht erzählt wird), der zwar bereut, aber nicht ein für allemal gutgemacht wird. Lohn ist auf Erden für die Menschen gefährlicher als Strafe! Der Untergang wird durch Sauron bewerkstelligt, der diese Schwäche listig ausnützt. Zentrales Thema ist (unvermeidlich, denke ich, in einer Erzählung von Menschen) ein Bann oder Verbot.

Die Númenórer wohnen in Fernsichtweite von Eressea, dem östlichsten der »unsterblichen« Lande; und als die einzigen Menschen, die eine Elbensprache beherrschen (die sie in der Zeit ihres Bündnisses erlernt haben), unterhalten sie einen ständigen Verkehr mit ihren alten Freunden und Bundesgenossen, sowohl denen im seligen Eressea als auch denen im Reiche Gilgalads an den Küsten von Mittelerde. Dadurch sind sie im Äußeren und sogar in den Geisteskräften von den Elben fast ununterscheidbar geworden – bleiben aber sterblich, obwohl mit einer dreifachen oder mehr als dreifachen Lebensspanne belohnt. Dieser Lohn wird ihr Untergang – oder das Mittel zu ihrer Versuchung. Ihr langes Leben fördert ihre Leistungen in den Künsten und Wissenschaften, weckt aber auch eine habgierige Einstellung zu diesen Dingen und den Wunsch nach mehr *Zeit*, sie zu genießen. Die Götter haben dies teilweise vorausgesehen und daher von Anfang an den Númenórern einen Bann auferlegt: Niemals dürfen sie nach Eressea oder außer Sichtweite des eigenen Landes nach Westen segeln. In alle andern Richtungen können sie fahren, wie es ihnen beliebt. Sie dürfen den Fuß nicht auf die »unsterblichen« Lande setzen, denn dort würden sie vom Verlangen nach einer Unsterblichkeit (innerhalb dieser Welt) überwältigt, die ihrem Lebensgesetz widerspräche, ihrem Sonderschicksal oder

der Gabe Ilúvatars (Gottes), und die ihre Natur nicht wirklich ertragen könnte.*

Über drei Phasen hin fallen sie in Ungnade. Zuerst fügen sie sich in freiwilligem Gehorsam, doch ohne volles Verständnis. Dann gehorchen sie lange Zeit widerwillig, immer offener murrend. Zuletzt empören sie sich – und eine Kluft zwischen den rebellischen Gefolgsleuten des Königs und der kleinen Minderheit der Getreuen reißt auf.

In der ersten Phase, als sie noch friedliebende Männer sind, wenden sie ihren Mut an Seereisen. Als Abkömmlinge Earendils werden sie unübertreffliche Seefahrer, und da ihnen nach Westen der Weg verwehrt ist, fahren sie bis in den fernsten Norden, Süden und Osten. Am meisten besuchen sie die Westküsten von Mittelerde, wo sie die Elben und Menschen gegen Sauron unterstützen und seinen unsterblichen Haß auf sich ziehen. In dieser Zeit erscheinen sie unter den Menschen der Wildnis als nahezu göttliche Wohltäter: Sie bringen Gaben an Künsten und Kenntnissen mit und fahren wieder davon – und zurück bleiben vielerlei Sagen von Göttern und Königen aus dem Sonnenuntergang.

In der zweiten Phase, in der Zeit ihres Stolzes und Glanzes, als sie gegen den Bann murren, streben sie allmählich mehr nach Reichtum als nach Segen. Ihr Wunsch, dem Tode zu entgehen, bringt einen Totenkult hervor, und mit großem Aufwand an Kunst und Reichtum bauen sie Grabstätten und Denkmäler. Sie gründen nun Siedlungen an den Westküsten, aber diese werden eher zu Stützpunkten und »Faktoreien«, die der eigenen Bereicherung dienen; die Númenórer verwandeln sich in Steuereintreiber und schaffen immer mehr Güter auf ihren großen Schiffen übers Meer davon. Bei den Númenórern beginnt das Waffenschmieden und Maschinenbauen.

Diese Phase endet, und die nächste beginnt mit der Thronbesteigung des dreizehnten[4] Königs von Elros' Geblüt, Tar-Calions des Goldenen, des mächtigsten und stolzesten aller Könige. Als er hört, daß Sauron sich König der Könige und Herr der Welt nennen läßt, beschließt er, den Herausforderer niederzuschlagen. Mit Macht und Majestät zieht er nach Mittelerde; und seine Rüstung ist so gewaltig, und die Númenórer in

---

* Es besteht die Ansicht (wie später noch einmal im Falle der Hobbits, die eine Zeitlang den Ring tragen, deutlich wird), daß jede »Gattung« eine natürliche Lebensspanne hat, die ihrem biologischen und spirituellen Charakter gemäß ist. Diese kann nicht wirklich qualitativ oder quantitativ vergrößert werden; so daß zeitliche Verlängerung nur wie das immer straffere Anspannen eines Drahtes oder immer dünneres Verstreichen von Butter wirkt – sie wird zu einer unerträglichen Qual.

ihrer Glanzzeit sind so furchtbar, daß Saurons Knechte es mit ihnen nicht aufnehmen wollen. Sauron demütigt sich, huldigt dem Tar-Calion und wird als Geisel nach Númenór gebracht. Dort aber steigt er durch seine List und sein Wissen vom Knecht schnell bis zum obersten Berater des Königs auf; mit seinen Lügen verführt er den König und die meisten, ob hoch, ob niedrig, aus seinem Volke. Er leugnet die Existenz Gottes und sagt, der Eine sei nur von den eifersüchtigen Valar im Westen erfunden, ein Orakel nach ihren Wünschen. Der höchste der Götter sei jener, der in der Leere wohnt, und er werde am Ende siegen und im leeren Raum seinen Dienern unermeßliche Reiche schaffen. Der Bann sei nur eine Lüge, mit der die Menschenkönige durch Einschüchterung davon abgehalten werden sollten, sich des ewigen Lebens zu bemächtigen und mit den Valar zu wetteifern.

Eine neue Religion kommt auf, mit einem Sauron unterstehenden Tempel, wo das Dunkel angebetet wird. Die Getreuen werden verfolgt und geopfert. Die Númenórer tragen das Übel auch nach Mittelerde, werden dort zu bösen und grausamen Oberpriestern der Nekromantie, töten und quälen die Menschen; und die alten Sagen überlagern sich mit dunklen Greuelgeschichten. Dies geschieht jedoch nicht im Nordwesten, denn dorthin kommen, um der Elben willen, nur die Getreuen, die Elbenfreunde geblieben sind. Der Haupthafen der guten Númenórer liegt an der Mündung des Stromes Anduin. Von dort verbreitet sich der noch immer wohltätige Einfluß Númenors stromaufwärts und die Küsten entlang nach Norden bis in Gilgalads Reich; und zugleich entsteht eine gemeinsame Sprache.

Aber schließlich gelangt Saurons Plan zur Erfüllung. Tar-Calion spürt, wie Alter und Tod sich ihm nahen, und hört auf Saurons letzte Einflüsterungen. Nachdem er die größte Flotte aller Zeiten gebaut hat, setzt er Segel und fährt nach Westen, bricht den Bann, um die Götter mit Krieg zu überziehen und ihnen »das ewige Leben in den Kreisen der Welt« zu entreißen. Angesichts dieses Aufstandes, der ein bestürzender, blasphemischer Wahnsinn ist, zugleich aber auch echte Gefahr bringt (denn unter Saurons Anleitung hätten die Númenórer sogar in Valinor Schaden anrichten können), legen die Valar die ihnen übertragene Macht nieder und rufen Gott an. Sie erhalten Vollmacht und Erlaubnis, das Erforderliche zu tun, und die alte Welt wird zerbrochen und verwandelt. Im Meer öffnet sich ein Abgrund, der Tar-Calion mitsamt seiner Flotte verschlingt. Númenor selbst kippt vom Rande des Erdspaltes und verschwindet für immer mit all seiner Pracht in der Tiefe. Nachher haben die Göttlichen oder Unsterblichen keine sichtbare Wohnstatt mehr auf Erden. Valinor (oder das Paradies) und sogar Eressea werden entrückt und bleiben nur im Angedenken der Menschen. Nun können die Menschen so weit sie wollen nach Westen fahren, ohne Valinor oder dem Segensreich dadurch näherzukommen; sie gelangen nur wieder in den Osten und zurück, denn die Welt ist rund und endlich – ein Kreis, aus dem es außer durch den Tod kein Entrinnen gibt. Nur die »Unsterblichen«, die säumigen Elben, können noch immer, wenn sie wollen, weil sie des Weltkreises müde werden, das Schiff besteigen und den »geraden Weg« einschlagen, auf dem sie in den alten oder Wahren Westen gelangen, wo sie ihren Frieden finden.

So rückt das Ende des Zweiten Zeitalters in einer gewaltigen Katastrophe nahe; aber es ist noch nicht ganz abgeschlossen. Bei dem Kataklysmus gibt es Überlebende: *Elendil* der Blonde, der Anführer der Getreuen (*Elbenfreund* bedeutet sein Name), und seine Söhne *Isildur* und *Anárion*. Elendil, eine Noah-Gestalt, hat an der Rebellion keinen Anteil genommen und seine Schiffe gerüstet und bemannt an der Ostküste von Númenor in Bereitschaft gehalten; er flüchtet vor dem überwältigenden Zornessturm aus Westen und wird von den aufgetürmten Wellen, die den Westen von Mittelerde verwüsten, davongetragen. Er und die Seinen werden als Heimatlose an die Küsten geschleudert. Dort begründen sie die númenórischen Königreiche von Arnor im Norden, nahe beim Reiche Gilgalads, und Gondor, um die Mündungen des Anduin weiter im Süden. Sauron, obwohl er doch unsterblich ist, entgeht nur mit Mühe dem Verderben und kehrt zurück nach Mordor, wo er nach einiger Zeit wieder stark genug wird, um die Flüchtlinge aus Númenor zu bedrohen.

Das Zweite Zeitalter endet mit dem *Letzten Bündnis* (zwischen Elben und Menschen) und der großen Belagerung von Mordor. Es endet mit Saurons Niederwerfung und der Vernichtung der zweiten sichtbaren Inkarnation des Bösen. Aber um einen Preis und mit einem verhängnisvollen Fehler. Gilgalad und Elendil werden erschlagen, während sie ihrerseits Sauron erschlagen. Isildur, Elendils Sohn, schneidet den Ring von Saurons Hand, Saurons Kraft entweicht, und sein Geist flüchtet in die Schatten. Aber das Böse beginnt nun zu wirken. Isildur will den Ring für sich behalten, als »Wergeld« für seinen Vater, und weigert sich, ihn in das nahe Feuer zu werfen. Auf dem Rückmarsch ertrinkt er im Großen Strom, und der Ring geht verloren, so daß niemand mehr seinen Verbleib kennt. Aber er wird nicht vernichtet, und der mit seiner Hilfe erbaute Dunkle Turm steht noch, leer zwar, aber unzerstört. So endet das Zweite

Zeitalter mit der Entstehung der númenórischen Reiche und mit dem Hinscheiden des letzten Königtums der Hochelben.

Im Dritten Zeitalter geht es vor allem um den Ring. Der Dunkle Herr sitzt nicht mehr auf seinem Thron, aber seine Ungeheuer sind nicht sämtlich vernichtet, und seine furchtbaren Diener, die Sklaven des Ringes, hausen noch als Schatten unter den Schatten. Mordor ist verlassen und der Dunkle Turm leer, und an den Grenzen des üblen Landes wird Wache gehalten. Die Elben haben noch ihre geheimen Zufluchtstätten: in den Grauen Anfurten, wo ihre Schiffe liegen, in Elronds Haus und anderswo. Im Norden wird das Königreich Arnor von Isildurs Nachkommen regiert. Im Süden, auf der andern Seite des Anduin-Stromes, liegen die Städte und Festungen des númenórischen Reiches Gondor, unter Königen aus Anárions Linie. Weiter im (für diese Geschichten) unbekannten Osten und Süden liegen die Länder und Reiche wilder oder übler Menschen, die sich nur in dem von ihrem Herrn und Meister Sauron angenommenen Haß auf den Westen einig sind: Gondor aber mit seiner Macht versperrt ihnen den Weg. Der Ring, so wird gehofft, ist für immer verloren; und die Drei Ringe der Elben, in der Verfügung geheimer Hüter, sorgen dafür, daß das Andenken alter Schönheit gewahrt wird und verzauberte Enklaven des Friedens erhalten bleiben, wo die Zeit stille zu stehn scheint und der Verfall gehemmt wird, ein Abbild der Seligkeit im Wahren Westen.

Aber im Norden geht Arnor in die Brüche, zerfällt in kleine Fürstentümer, und schließlich verschwindet es ganz. Die Überreste der Númenórer werden ein verborgenes Wandervolk, und obgleich die echte Linie ihrer Könige in Isildurs Erbfolge nie abreißt, ist dies doch nur in Elronds Hause bekannt. Im Süden erreicht Gondor einen Gipfel seiner Macht, auf dem es beinah an Númenor erinnert, aber dann ermüdet es allmählich zu einem hinfälligen Mittelalter – sozusagen ein stolzes, ehrwürdiges, aber zunehmend ohnmächtiges Byzanz. Die Wache über Mordor wird gelockert. Der Druck der Ostlinge und Südmenschen wächst. Die Erbfolge der Könige reißt ab, und Gondors letzte Stadt Minas Tirith (»Wachtturm«) wird von Erbstatthaltern regiert. Die Reiter aus dem Norden, die Rohirrim oder Reiter von Rohan, werden als ständige Bundesgenossen gewonnen und lassen sich in den nun unbevölkerten grünen Ebenen nieder, die einstmals der nördliche Teil des gondorischen Reiches waren. Auf das große Urwaldgebiet östlich vom Oberlauf des Anduin, den Großen Grünwald, fällt ein Schatten und greift um sich; der Wald wird nun Düsterwald genannt. Die Weisen finden heraus, daß der Schatten von einem

Hexenmeister ausgeht (dem »Nekromanten« im *Hobbit*), der im Süden des Waldes eine geheime Burg hat.*

Inmitten dieses Zeitalters treten die Hobbits auf. Ihre Herkunft ist unbekannt (sogar ihnen selbst)**, denn von den großen oder zivilisierten Völkern mit geschichtlichen Aufzeichnungen wurden sie gar nicht bemerkt; und sie selbst kannten keine Aufzeichnungen, sondern nur vage mündliche Überlieferungen, bis sie auf der Flucht vor dem Schatten nach Westen gewandert und mit den letzten Überbleibseln des Königreichs Arnor in Berührung gekommen waren.

Ihr Hauptsiedlungsgebiet, wo alle Bewohner Hobbits sind, die ein geordnetes, zivilisiertes, allerdings einfaches und ländliches Leben führen, ist das *Auenland*, ursprünglich das Wald- und Ackerland der königlichen Domäne von Arnor, das man ihnen zu Lehen gegeben hat; der »König« aber, der die Gesetze erlassen hat, ist längst nur noch eine blasse Erinnerung, wenn wir vom *Auenland* allmählich etwas erfahren. Erst im Jahre 1341 des Auenlandes (oder im Jahre 2941 des Dritten Zeitalters – also in seinem letzten Jahrhundert) bricht Bilbo – der *Hobbit* und Held jener Geschichte – zu seinem »Abenteuer« auf.

In dieser Geschichte, die hier nicht rekapituliert werden muß, werden das Hobbittum und seine Lebensverhältnisse nicht erklärt, sondern einfach hingenommen, und das wenige, was über die Geschichte der Hobbits gesagt wird, hat die Form beiläufiger Erwähnung, wie wenn die Sachverhalte bekannt wären. Die ganze eben skizzierte »weltpolitische Lage« muß natürlich mit hinzugedacht werden, und gelegentlich wird auch darauf angespielt als auf etwas, das anderswo ausführlicher berichtet

---

* Erst in der Zeit zwischen dem *Hobbit* und seiner Fortsetzung stellt sich heraus, daß der Nekromant *Sauron Redivivus* ist, der wieder schnell zu sichtbarer Gestalt und Macht heranwächst. Er entgeht der Bewachung und betritt wieder Mordor und den Dunklen Turm.

** Die Hobbits sollen natürlich eine besondere *Menschen*-Art sein (nicht Elben oder Zwerge) – daher können sie auch mit anderen Menschen zusammenleben (wie in Bree) und werden dann einfach die Kleinen genannt, im Unterschied zu den Großen. Sie besitzen keinerlei nichtmenschliche Kräfte, werden aber als »der Natur« näher dargestellt (d. h. der Erde und dem, was auf ihr lebt, den Pflanzen und Tieren) und sind in einem für menschliche Wesen abnormen Maße frei von Ehrgeiz oder Besitzstreben. *Klein* sind sie (von kaum mehr als der halben menschlichen Größe, aber noch schrumpfend im Lauf der Jahre) teils, um den Menschen in seiner Beschränktheit vorzustellen – schlichte, wenig phantasiebegabte Provinzbewohner, aber weder so klein noch so bösartig wie Swifts Liliputaner –, und vor allem, um an Geschöpfen von sehr geringer Körperkraft den erstaunlichen, unerwarteten Heldenmut gewöhnlicher Menschen zu zeigen, die »in der Klemme« sind.

wird. Elrond ist eine wichtige Figur, obwohl seine Ehrwürdigkeit, seine hohe Macht und Abkunft heruntergespielt und nicht vollständig aufgedeckt werden. Es gibt Anspielungen auf die Geschichte der Elben, den Fall von Gondolin und so weiter. Im verkleinernden »Märchen«-Ton bilden die Schatten und Übel des Düsterwaldes einen der Hauptteile des Abenteuers. Nur an einer Stelle wirkt die »Weltpolitik« in die Mechanik der Handlung hinein. Der Zauberer* Gandalf hat anderswo etwas Wichtiges zu erledigen; er versucht sich mit dem Nekromanten auseinanderzusetzen, und darum muß er den Hobbit mitten in seinem Abenteuer allein lassen, so daß der gezwungen ist, ohne Rat oder Hilfe auf den eigenen Füßen zu stehen und auf seine Weise ein Held zu werden. (Viele Leser haben dies bemerkt und sich gedacht, daß der Nekromant in einer Fortsetzung oder in anderen Geschichten aus dieser Zeit eine große Rolle spielen muß.)

Der im großen und ganzen andere Ton und Stil des *Hobbit* ist, was die Entstehung angeht, daraus zu erklären, daß ich ihn aus dem gesamten Zyklus als einen für die »märchenhafte« Behandlung geeigneten Stoff herausgenommen habe – als etwas für Kinder. Manche Einzelheiten des Tones und der Behandlung finde ich heute selbst unter dieser Voraussetzung verfehlt. Aber ich würde nicht viel daran ändern wollen. Denn letztlich ist dies eine Studie über einen schlichten, gewöhnlichen Menschen, weder kunstbegabt, noch edel oder heroisch (doch nicht ohne die unentfalteten Keime all dessen) vor einem großen Hintergrund – und tatsächlich wechseln auch (wie ein Kritiker bemerkt hat) der Ton und Stil mit der Entwicklung des Hobbits, gehen vom Märchenhaften ins Edle und Erhabene über und fallen bei der Heimkehr wieder zurück.

Die »Fahrt« nach dem Drachengold, das Hauptthema der eigentlichen Geschichte vom *Hobbit*, ist im Gesamtzyklus ziemlich peripher und

---

* Stellung und Wesensart der »Zauberer« werden nirgendwo ausführlich erklärt. Diese Bezeichnung, im Englischen »Wizards« wegen der Verwandtschaft mit »wise«, »weise«, ist die Übersetzung ihres elbischen Titels und wird durchgängig als grundverschieden von »Hexenmeister« oder »Magier« gebraucht. Es wird schließlich deutlich, daß sie im Charakter dieser Geschichten sozusagen dem nahe kommen, was wir sonst Engel oder Schutzengel nennen. Sie verwenden ihre Kräfte in erster Linie darauf, den Feinden des Bösen Rückhalt zu geben, sie zum Gebrauch des eigenen Verstandes und Mutes, zur Einigkeit und zum Ausharren zu bewegen. Sie erscheinen immer als weise alte Männer, und obwohl sie (als Abgesandte der Mächte im Wahren Westen) auf der Welt selber manches zu leiden haben, altern und ergrauen sie nur langsam. Gandalf, der die Aufgabe hat, sich besonders um die Belange der Menschen (mitsamt Hobbits) zu kümmern, kommt in allen Geschichten vor.

nebensächlich – sie hängt damit hauptsächlich durch die Geschichte der Zwerge zusammen, die in diesen Erzählungen oft wichtig ist, aber nirgendwo im Mittelpunkt steht.* Aber im Verlauf seines Abenteuers kommt der Hobbit scheinbar durch »Zufall« in den Besitz eines »Zauberrings«, dessen wichtigste und einzig sofort wirksame Kraft darin besteht, seinen Träger unsichtbar zu machen. Obwohl das in der Erzählung ein Zufall ist, etwas Unvorhergesehenes ohne allen Bezug zu den Plänen für die Eroberung des Drachengoldes, erweist sich der Ring doch als unerläßlich für das Gelingen. Als der Hobbit zurückkehrt, mit mächtig erweitertem Wissen und Horizont, aber unveränderter Redeweise, bewahrt er den Ring als ein persönliches Geheimnis.

Die Fortsetzung, *Der Herr der Ringe*, bei weitem der umfangreichste und, hoffe ich, dementsprechend auch der beste Teil des ganzen Zyklus, bringt alles zum Abschluß; es wird versucht, alle Elemente und Motive des Vorausgegangenen noch einmal darin zusammenzufassen und zu Ende zu führen: Elben, Zwerge, die Könige der Menschen, ein heldenhaftes »homerisches« Reitervolk, Orks und Dämonen, die Schrecknisse der Ringknechte und der Nekromantie und das weit hingelagerte Grauen um den Dunklen Thron – und sogar der Stil soll von der umgänglichen Gewöhnlichkeit der Hobbits bis hin zur Poesie und zum erhabenen Prosastil reichen. Wir erleben, wie die letzte Inkarnation des Bösen niedergeworfen und der Ring vernichtet wird, wie die Elben zu ihrer letzten Fahrt aufbrechen und wie der wahre König in aller Majestät zurückkehrt, um das Reich der Menschen zu regieren: der Erbe alles dessen, was sich vom Elbentum weitergeben läßt, denn er vermählt sich mit Elronds Tochter Arwen, und zugleich in ungebrochener Ahnenreihe der Nachfolger des Königshauses von Númenór. Während aber die frühesten Geschichten sozusagen aus der Sicht der Elben erzählt sind, ist diese letzte große Erzählung, die aus dem Reich des Mythos und der Sage zur Erde niedersteigt, mit den Augen der Hobbits gesehen: Sie wird damit im Grunde anthropozentrisch. Aber, wohlgemerkt, mit den Augen der Hobbits, nicht der sogenannten Menschen, denn diese letzte Geschichte soll auf das deutlichste ein wiederkehrendes Thema exemplifizieren: den Platz, den in der »Weltpolitik« die unvorhergesehenen und unvorhersehbaren Willensakte und mutigen Taten der scheinbar Kleinen und Unbeträchtlichen einnehmen, was an den Sitzen der Weisen

---

* Die Feindschaft (sogar der guten) Zwerge mit den Elben, ein vielfach auftretendes Motiv, leitet sich aus den Legenden des Ersten Zeitalters her; die Minen von Moria, die Kriege der Zwerge gegen die Orks (oder »Kobolde«, das Fußvolk des Dunklen Herrn) gehören dem Zweiten und frühen Dritten Zeitalter an.

und Großen (der guten wie der bösen) vergessen wird. Eine Moral des Ganzen (nach der primären Symbolik des Ringes als Wille zu schierer Macht, die sich durch physische Gewalt und Mechanik und damit unvermeidlich auch durch Lügen objektivieren möchte) ist naheliegend: Ohne das Hohe und Edle ist das Schlichte und Gewöhnliche einfach bloß gemein, und ohne das Schlichte und Gewöhnliche ist das Edle und Heroische sinnlos.

Es ist unmöglich, den *Herrn der Ringe* in ein, zwei Absätzen zusammenzufassen, nicht einmal, wenn sie sehr lang wären..... Er wurde 1936[5] begonnen, und jeder Teil wurde viele Male umgeschrieben. Kaum eines von den 600 000 oder mehr Wörtern, das nicht noch einmal angesehen worden wäre. Und für alle Einzelzüge, Vorfälle und Kapitel wurden Stellung, Umfang, Stil und ihr Beitrag zum Ganzen gewissenhaft abgewogen. Ich sage dies nicht zur Empfehlung. Es kommt mir nur allzu wahrscheinlich vor, daß ich mich verrannt habe, verfangen in einem Netz von Hirngespinsten, die anderen Menschen nicht viel bedeuten können – trotz der Tatsache, daß ein paar Leser die Geschichte alles in allem für gut befunden haben.* Was ich sagen will, ist dies: Ich kann an der Sache nichts mehr wesentlich ändern. Ich bin damit fertig, ich habe sie nicht mehr »im Kopf«: Es war eine kolossale Plackerei, und jetzt muß sie stehn oder fallen, praktisch so wie sie ist.

[In dem Brief folgt nun eine (kommentarlose) Handlungsskizze zum *Herrn der Ringe*. Daran anschließend schreibt Tolkien:]

Das ist ein langes und trotzdem kahles Resümee. Viele in der Erzählung wichtige Charaktere sind nicht einmal erwähnt. Sogar ein paar vollständige Erfindungen wie die erstaunlichen *Ents*, die ältesten vernünftigen Geschöpfe auf Erden, die *Baumhirten*, habe ich weggelassen. Da wir nun das »gewöhnliche Leben« behandeln wollen, das unzertretbar immer wieder unter dem Gestampf der weltpolitischen Ereignisse aufsprießt, sind auch Liebesgeschichten eingefügt – von Liebe in verschiedenen Formen –, etwas, das im *Hobbit* vollkommen fehlt. Aber auf die erhabenste Liebesgeschichte, die von Aragorn und Elronds Tochter Arwen, wird nur angespielt wie auf etwas schon Bekanntes. Sie wird anderswo in einer

---

* Da aber jedem von ihnen auch dies oder das mißfallen hat, bliebe (wenn ich alle Kritiken zusammennähme und mich danach richten wollte) vom Ganzen nicht viel übrig, und ich sehe mich zu dem Schluß gezwungen, daß ein (dem Umfang nach) so großes Werk nicht vollkommen sein kann; und selbst wenn es vollkommen wäre, würde es doch nicht einem einzigen Leser in allen Punkten gefallen.

kurzen Erzählung *Von Aragorn und Arwen Undómiel* berichtet. Ich finde, die schlichte »rustikale« Liebesgeschichte von Sam und seiner Rosie (die nirgendwo näher ausgeführt wird) ist *absolut notwendig* für das Charakterbild des Haupthelden und für das Thema des Verhältnisses zwischen gewöhnlichem Leben (Atmen, Essen, Arbeiten, Sichfortpflanzen) und den Fahrten, Abenteuern, Opfern und Kämpfen, der »Sehnsucht nach den Elben« und der reichen Schönheit. Aber mehr will ich dazu nicht sagen, auch nicht, um das Thema einer fehlgeleiteten Liebe zu verteidigen, wie bei Eowyn mit ihrer ersten Leidenschaft für Aragorn. Ich glaube nicht, daß sich jetzt noch viel tun läßt, um diese weitläufige und so vieles umgreifende Geschichte von ihren Fehlern zu heilen – oder um sie »publizierbar« zu machen, wenn sie es jetzt noch nicht ist. Eine kleine (inzwischen fertige) Änderung einer wichtigen Stelle im *Hobbit*, um den Charakter Gollums und sein Verhältnis zum Ring zu klären, wird mir erlauben, das 2. Kapitel von Buch I, »Der Schatten der Vergangenheit«, zu kürzen, zu vereinfachen und zu beschleunigen – und auch den anfechtbaren Beginn des Buches II ein bißchen zu vereinfachen. Wenn *das übrige Material*, »Das Silmarillion« und ein paar andere Geschichten oder Bindeglieder wie *Der Untergang von Númenor* veröffentlicht oder bald zu erwarten wären, würden viele Hintergrunderklärungen, besonders die in *Der Rat von Elrond* (Buch II), entbehrlich werden. Aber alles in allem beliefe sich der Umfang der Streichungen kaum auch nur auf ein einziges langes Kapitel (von den etwa 72).

Ich frage mich, ob Sie dies (selbst wenn es leserlich ist) jemals lesen werden??

132 Aus einem Brief an John Tolkien 10. Februar 1952

[Dieser Brief an Tolkiens ältesten Sohn, der inzwischen katholischer Geistlicher war, beschreibt ein Essen, wie es gelegentlich von den Inklings veranstaltet wurde.]

Wir hielten mit C. S. Lewis am Donnerstag ein »Schinken-Mahl« ab (ein amerikanischer Schinken von Dr. Firor von der John Hopkins-Universität), und es war wie ein Augenblick aus der guten alten Zeit: ruhig und vernünftig (weil Hugo nicht eingeladen war!). C. S. L. hatte Wrenn[1] eingeladen, und das war ein großer Erfolg, denn es gefiel ihm, und er war sehr nett: ein guter Schritt zu seiner Entwöhnung von der (akademischen) »Politik«.

133 An Rayner Unwin

[Im Frühjahr 1952 verlor Tolkien die Geduld mit den Verzögerungen bei Collins für das Erscheinen seiner Bücher und teilte der Firma mit, sie müßte den *Herrn der Ringe* sofort veröffentlichen, oder er würde sein Manuskript zurückziehen. Collins, verschreckt durch die Länge des Buches, beschloß es abzulehnen, ebenso wie das *Silmarillion*, und der Verlag zog sich von den Verhandlungen zurück. Im Juni schrieb Rayner Unwin an Tolkien, um sich nach seinem Gedicht »Errantry« zu erkundigen, auf das Allen & Unwin hingewiesen worden waren; er fragte auch, wie es mit der Veröffentlichung des *Herrn der Ringe* und des *Silmarillion* stehe.]

22. Juni 1952   99 Holywell, Oxford

Mein lieber Rayner,

wie freundlich von Ihnen, wieder zu schreiben! Ich habe mich übel benommen. Sie haben mir am 19. November[1] geschrieben, und darauf habe ich noch immer nicht geantwortet. Jetzt hat mich eine Katastrophe ereilt, aber ich kann die Antwort nicht noch einmal verschieben – die Katastrophe: Ich bin wieder Vorsitzender der Englisch-Prüfer und mitten in einer 7-Tage-Woche und einem 12-Stunden-Tag, mit Arbeiten, die bis zum 31. Juli dauern werden, wenn ich dann erschöpft an die Gestade des Augusts gespült werde.

Betreffend »Errantry«: ein sehr merkwürdiges Zusammentreffen, daß Sie danach fragen. Vor ein paar Wochen bekam ich von einer mir unbekannten Dame einen Brief mit einer ähnlichen Erkundigung. Sie sagte, ein Freund habe ihr kürzlich aus dem Gedächtnis einige Verse aufgeschrieben, und die hätten ihr solchen Eindruck gemacht, daß sie entschlossen sei, ihre Herkunft ausfindig zu machen. Er hatte sie von seinem Schwiegersohn gehört, der sie in Washington D. C. (!) gelernt habe; aber über die Quelle wußte man nichts, abgesehen von einer vagen Idee, daß sie etwas mit englischen Universitäten zu tun hätten. Entschlossen, wie sie war, wandte sie sich anscheinend an verschiedene Vize-Kanzler, und Bowra[2] schickte sie dann zu meiner Tür. Ich muß sagen, daß es mich interessierte, wie man zu »Folklore« wird. Es war auch spannend, eine mündlich überlieferte Version zu bekommen – die meine Ansichten über mündliche Überlieferung bestätigte (jedenfalls in den frühen Stadien): z. B. daß die »schwierigen Worte« gut beibehalten[3] und die geläufigeren verändert werden, aber das Metrum oft gestört wird.

Es gab einmal einen literarischen Klub von Dons und Studenten (Tangye Lean von der Univ. war einer der führenden Junioren: wir trafen uns oft in seinen Räumen)[4], und »Errantry« ist zuerst in dessen Veröffentlichungen erschienen und hat seine mündlichen Wanderungen wohl dort begonnen. Obwohl ich glaube, daß die Linie, die zu Sir John Burnett-Stuart[5] und seinem Schwiegersohn führt, wahrscheinlich (nach persönlichen Anhaltspunkten) bis zu einer gedruckten Fassung zurückreicht, die später im *Oxford Magazine* vom 9. November 1933 erschienen ist. Vermutlich auch die Ihres Korrespondenten. Dies könnte man als die A. V. bezeichnen. Ich habe der Dame eine Kopie davon und eine von der R. V.[6] geschickt, und ich höre, daß die Erstellung eines »kritischen Textes« einen Tag lang eine Hausgesellschaft amüsiert hat, während die Gastgeberin (Mrs. Roberts von Lightwater Manor) mit einem gebrochenen Arm darniederlag.

Sie sagt, sie kann nicht »verstehen, wie die Verse so lange unveröffentlicht bleiben konnten«, ohne das O. M. zu berücksichtigen. »Ich fürchte, Ihr Publicity Manager muß inkompetent sein.« Die Antwort ist natürlich, daß ich von Amts wegen zu viel zu tun habe, um solchen Dingen die nötige Beachtung zu schenken. Aber auch, daß ich oft *versucht* habe, »Errantry« und solche Sachen veröffentlicht zu bekommen, aber vergebens. Das O. M. hat früher eine Zeitlang Platz für mich gehabt (besonders unter Nowell Smith[7]), aber niemand sonst. Natürlich würde ich Ihnen sehr gern eine ganze Sammlung vorlegen, wenn ich ein bißchen Zeit habe. Aber »Errantry« ist am attraktivsten. Es ist zum Beispiel in einem von mir erfundenen Versmaß (das auf dreisilbigen Assonanzen oder Beinah-Assonanzen beruht und so schwierig ist, daß ich es außer in diesem einen Beispiel nie wieder verwenden konnte – es ist einfach in einem einzigen Impuls herausgekommen).[8]

Was den *Herrn der Ringe* und *Das Silmarillion* angeht, so sind sie immer noch da, wo sie waren. Der eine ist fertig (und der Schluß überarbeitet) und das andere noch nicht fertig (oder noch nicht überarbeitet), und beide setzen Staub an. Ich war bald nicht auf dem Posten, bald zu belastet, um viel für sie zu tun, und auch zu niedergeschlagen. Habe zugeschaut, wie sich Papierknappheit und Kosten gegen mich auftürmten. Aber meine Ansichten sind ziemlich verändert. Lieber etwas als gar nichts! Obwohl sie für mich eines sind und der »H. der Ringe« als Teil des Ganzen viel besser (und leichter) wäre, würde ich gern auch für jeden Teil von diesem Zeug an eine Veröffentlichung denken. Die Jahre werden kostbar. Und die Pensionierung (nicht mehr fern) wird, soweit ich sehen kann, nicht Muße bringen, sondern eine Armut, die es nötig machen wird, den Lebensunterhalt mit »Prüfungen« und dergleichen zusammenzukratzen.

Wenn ich einen Moment die Hände frei habe, werde ich die in Fertigstellung begriffenen *Silmarillion*-Fragmente zusammensuchen – oder besser den ursprünglichen Entwurf, der mehr oder weniger vollständig ist, und Sie können es lesen. Die Schwierigkeit für mich ist natürlich die, daß ich wegen der Kosten für das Abtippen und dem Mangel an Zeit, es selber zu machen (ich habe fast den ganzen *Herrn der Ringe* selbst getippt), keine Kopien übrig habe. Aber was ist es mit dem *Herrn der Ringe*? Läßt sich da etwas tun, um die Türen wieder zu öffnen, die ich selbst zugeschlagen habe?

Ich habe ein sehr schlechtes Gewissen Ihretwegen. Ich weiß, daß Sie geheiratet haben. Ich wußte auch das Datum. Doch obwohl ich Ihnen wirklich alles Gute wünschte und Ihnen schreiben wollte, habe ich es nicht getan. Ich habe mich nie von der Verwirrung meiner Angelegenheiten erholt, nachdem ich letzten Oktober einen fürchterlichen Anfall von Fibrositis und Neuritis am Arm hatte und einen Monat lang nicht schreiben (oder mich selbst ausstehen) konnte. Seitdem hetze ich hinter den verlorenen Tagen her. Und irgendwie habe ich es dann immer verschoben, weil ich (glaube ich) auf meine elenden literarischen Angelegenheiten ebenso wie auf Ihre persönlichen eingehen wollte. Es ist ein Segen, entschlossene und zudringliche Freunde zu haben, die nicht zulassen, daß man in anhaltendes Schweigen verfällt. Ich bin Ihnen sehr dankbar, daß Sie wieder geschrieben haben.

Herzliche Grüße von meiner Frau und von Priscilla. Melden Sie sich wieder! Ich werde Zeit haben, egal, was ich gerade mache.

Ihr sehr ergebener

J. R. R. Tolkien

Ich lege die R. V. von »Errantry« bei, die einzige Kopie, die ich finden kann.

134 Aus einem Brief an Rayner Unwin   29. August 1952

[Rayner Unwin antwortete am 1. Juli, lobte »Errantry« und fragte, ob Tolkien ihm eine seiner Kopien des Typoskripts zum *Herrn der Ringe* per Einschreiben schicken könne. Er schrieb: »Wir *wollen* schon für Sie publizieren – nur die Mittel und Wege haben uns aufgehalten.« Er bat auch das *Silmarillion* sehen zu dürfen, ebenso wie alles andere, das Tolkien geschrieben habe, und schlug vor, daß Tolkien und er sich einmal treffen sollten.]

Ich komme nun endlich zu meinen eigenen Angelegenheiten. Die Lage ist die: Ich bin begierig, den *Herrn der Ringe* so bald wie möglich zu veröffentlichen. Ich halte ihn für ein großes (obgleich nicht makelloses) Werk. Die andern Sachen können nach Belieben folgen. Weil aber die Kosten für das Abtippen prohibitiv waren, mußte ich alles selber machen, und es existiert nur noch eine (mehr oder weniger) saubere Kopie. Diese möchte ich nicht gern der Post anvertrauen, und in jedem Fall werde ich nun noch ein paar Tage brauchen, um sie ein letztes Mal durchzukorrigieren. Dazu werde ich morgen aus dem Lärm und Gestank von Holywell in das Häuschen meines Sohnes auf dem Chilterntop flüchten, während er mit seinen Kindern verreist ist.[1] . . . . Ich werde am 10. September zurückkommen. Danach könnte ich zu irgendeiner Zeit, die Ihnen paßt, mit meiner Bürde in der Museum Street[2] vorsprechen . . . . oder, wenn das nicht zuviel verlangt ist, Sie könnten mich besuchen (wie Sie freundlicherweise in Betracht gezogen haben) . . . . .

Ich habe neulich manche Teile des Hobbit und des Herrn auf Tonband aufgenommen (vornehmlich die Gollum-Passagen und ein paar Stücke »Elbisch«) und habe zu meiner großen Überraschung bemerkt, daß es gelungene Rezitationen und (wenn ich das sagen darf), daß ich selbst ein ganz brauchbarer Sprecher bin – Gollum und Baumbart mache ich ganz schön. Könnte das nicht die BBC interessieren? Das Tonband ist im Besitz von George Sayer (Englisch-Professor in Malvern), und ich bin sicher, er würde es Ihnen schicken, oder auch jemand anders, der es sich anhören wollte. Es ist ohne Proben improvisiert und ließe sich verbessern.[3]

Ich würde sehr gern nach London kommen, und wäre es auch nur, um Sie zu sehen und Ihre Frau kennenzulernen. Aber ich schwänze sogar schon den »siebenten Internationalen Kongreß der Linguisten«, bei dem ich ein Amt habe – die Zeit ist so elend kurz, und ich bin müde. Ich habe nicht nur die »großen Werke« noch auf dem Teller, sondern auch die überfällige fachliche Arbeit, die ich in Cambridge fertigbringen wollte (Ausgabe der *Ancrene Wisse*), die W. P. Ker-Vorlesung in Glasgow, den *Sir Gawain* und dann noch neue Vorlesungen! Aber Ihr beharrliches Interesse muntert mich auf. Ich bekomme ständig »Fan«-Post von überall aus der englischsprachigen Welt, in der nach »mehr« verlangt wird – merkwürdigerweise nicht selten nach »mehr über den Nekromanten«, und diesen Wunsch erfüllt der Herr ja gewiß.

135 Aus einem Brief an Rayner Unwin 24. Oktober 1952

[Rayner Unwin besuchte Tolkien in Oxford am 19. September, und wenig später wurde ihm von Tolkien das Manuskript des *Herrn der Ringe* übergeben. Am 23. Oktober berichtete Rayner Unwin, daß nach Schätzung eines Druckers das Buch (mindestens) einen Preis von 3 Pfund, 10 Shilling haben müßte, um die Kosten einzubringen, und daß der Preis noch höher wäre, wenn man es in zwei Bände aufteilte. Er habe das Manuskript nun einem anderen Drucker geschickt und warte noch ab, ob eine niedrigere Schätzung herauskäme.]

Ich bedaure es sehr (in mancher Hinsicht), in so widrigen Zeiten ein solches Ungetüm geschaffen zu haben; und ich bin Ihnen sehr dankbar für die Mühe, die Sie sich geben. Aber ich hoffe sehr, daß Sie in nicht allzu langer Zeit imstande sein werden, ja oder nein zu sagen. Ungewißheit drückt schwer aufs Herz. Die Sache belastet meinen Geist, denn ich kann sie weder als ein Mißgeschick beiseite schieben und mich anderen Dingen zuwenden, noch kann ich daran und an den Dingen, die damit zusammenhängen (zum Beispiel den Karten), weiterarbeiten.

3 Pfund, 10 Shilling wäre allerdings ein sehr hoher Preis für jedes Buch, sogar heute. Sollten Sie die Veröffentlichung eines solchen Ungetüms zu einem solchen Preis in Erwägung ziehen, welche Anzahl würden Sie dann drucken? Und wieviele müßten Sie verkaufen, um sich wenigstens schadlos zu halten? Es gibt natürlich eine größere Anzahl Leute, als man denken sollte, die auf einen solchen Handel begierig eingehen würden; diese sind gewöhnlich entzückt über die Länge und können sie manchmal auch bezahlen – ihres Erachtens ist ein großes Buch besser als vier kleine, und es überrascht sie auch nicht, wenn es viermal so teuer ist wie ein kleines. Aber wieviele das nun insgesamt sind, und wie gute Aussichten man hätte, an sie heranzukommen, würde ich mich nicht getrauen zu schätzen.

Ich komme nun endlich, nach drei Wochen anstrengendster und stupidester Arbeit, in etwas ruhigeres Wasser. Den Vorsitz in dem Gremium habe ich von mir abgewälzt und noch eine Reihe anderer Dinge erledigt, und abgesehen von den Lehr- und Vorlesungsverpflichtungen habe ich jetzt (bis zum Beginn der Vorbereitungen auf die Schulen im Februar) nur noch die Begutachtung einer öden Dissertation (über Märchen!) vor mir, Lesen und Redigieren einer Monographie für eine Reihe, Schreiben eines Beitrages zu den »Essays and Studies« bis zum 2. Dezember,[1] Fertigstellung meiner Ausgabe der *Ancrene Wisse* und Schreiben der W. P. Ker-Vorlesung für Glasgow.[2] Und außerdem (wenn ich kann), eine andere Wohnung zu finden und umzuziehen! Dieses hübsche Haus hier ist unbewohnbar geworden – unmöglich, darin zu schlafen, unmöglich, zu arbeiten, durchgeschüttelt, gefoltert vom Lärm, durchstunken von Gasen. Das moderne Leben, Mordor mitten unter uns! Und ich muß leider anmerken, daß die aufgetürmte Wolke, die neulich abgebildet wurde, nicht den Fall von Barad-dûr kennzeichnete, sondern von seinen Verbündeten erzeugt war – oder jedenfalls von Menschen, die beschlossen haben, den Ring für ihre eigenen (natürlich ganz vortrefflichen) Zwecke zu gebrauchen.[3]

136 An Rayner Unwin

[Allen & Unwin beschloß, den *Herrn der Ringe* in drei Bänden herauszubringen, jeden Band zu einundzwanzig Shilling. Tolkiens Vertrag sah vor, daß das Manuskript bis zum 25. März druckfertig abgeliefert werden müsse. Der Verlag hatte ihn außerdem zu Werbezwecken um eine Beschreibung des Buches in nicht mehr als hundert Worten gebeten.]

24. März 1953   99 Holywell, Oxford
Lieber Rayner,

ich habe schon seit einiger Zeit vor, Ihnen zu schreiben, weil der »Stichtag«, der 25. März, immer näher rückte und ich immer noch Scherereien hatte, die über mich hereingebrochen waren, kaum daß ich unterschrieben hatte. Nun endlich, einen Tag vorher, komme ich dazu.

Kurz, was mir passiert ist, ist vor allem die zunehmende Verschlechterung in der Gesundheit meiner Frau, wodurch ich seit November in mancherlei Nöte geraten bin. Das Ultimatum eines Arztes zwang mich, die meiste Zeit, die ich erübrigen konnte, mit der Suche und dem Verhandeln zum Erwerb eines Hauses auf hochgelegenem, trockenem Boden und in ruhiger Umgebung zu verbringen. Jetzt bin ich wirklich in »articulo mortis«, oder fast kommt es mir so vor, nämlich mitten im Umzug mit dem Haushalt. Nichts könnte schlimmer sein. Obendrein hat der böse Wille von Mordor auch noch verfügt, daß ich von den für mich so wichtigen Weihnachtsferien den größten Teil durch eine Krankheit einbüßen sollte. Schon im letzten Trimester war kein bißchen Luft im Programm; und jetzt bin ich als Vorsitzender noch damit beschäftigt, den Satz aller ausgezeichneten Englisch-Arbeiten für Juni zu überwachen, und bin damit eine Woche in Rückstand.

Es tut mir leid, daß ich Sie in bezug auf den Termin um Nachsicht bitten muß. Aber ich sehe in Ihrem Brief etwas Hoffnung, denn es scheint, daß die *ersten zwei* Bücher ausreichen würden, um am Ball zu bleiben. Ich war so gut wie fertig mit der detaillierten Überarbeitung dieser beiden, bevor die Katastrophen mich ereilten; und bis Ende dieses Monats kann ich sie Ihnen schicken.

Würde es etwas nützen, wenn ich jetzt gleich das *erste Buch* abschicke (das längste von allen), das so ziemlich fertig ist und von dem ich auch noch eine korrigierte Kopie übrig habe? Wenn Sie so gut wären, zu telegraphieren oder anzurufen, könnte ich das Buch I morgen abschikken.

Es tut mir s. leid, soviel Umstände zu machen; aber Sie können sich denken, wie es mich schmerzt, daß etwas, das ich mit Freuden tun müßte, sich in einen Albtraum verwandelt, weil damit 1953 so viele Sorgen und Verpflichtungen zusammenkommen.

Zwischen dem 23. April und dem 17. Juni werde ich hoffentlich genug Ruhe finden, um das meiste an den späteren Büchern (bei denen nicht viel Überarbeitung nötig ist) in Ordnung zu bringen, damit die Angelegenheit, wenn sie einmal begonnen ist, nicht mehr aufgehalten wird. Aber vom 17. Juni bis zum 27. Juli steige ich in einen Tunnel von Prüfungen, mit 12 Stunden Arbeit pro Tag. Danach kann ich hoffentlich wieder Luft holen. Ich trete von den Prüfungen sowieso zurück; aber dieses Jahr konnte ich mich noch nicht hinauswinden.

Wenn Sie mir ein paar Tips geben könnten, was Ihre Werbeabteilung gebrauchen kann, würde das meinem beschädigten Verstand auf die Sprünge helfen. Wie kann ich das Buch in hundert Worten klar beschreiben und das besonders Interessante daran hervorheben? Vielleicht könnte ich jemand anders, der es gelesen hat, wie C. S. L., um Hilfe bitten? . . . .

Ihr getreuer
J. R. R. Tolkien

P. S. Ich habe ein wenig über die Frage der Untertitel für die einzelnen Bände nachgedacht, die Sie wünschenswert fanden. Aber es fällt mir nicht leicht, weil die »Bücher«, obwohl sie paarweise angeordnet werden müssen, keine echten Paare sind; und die mittleren beiden (III/IV) hängen nicht wirklich zusammen.

Würde es nicht genügen, die »Buchtitel« zu verwenden, z. B. *Der Herr der Ringe:* Bd. I, *Der Ring macht sich auf den Weg* und *Der Ring geht nach Süden;* Bd. II, *Der Verrat von Isengard* und *Der Ring geht nach Osten;* Bd. III, *Der Ringkrieg* und *Das Ende des Dritten Zeitalters?*[1]

Wenn nicht, dann fällt mir im Moment nichts besseres ein als: I *Der Schatten wächst*, II *Der Ring im Schatten*, III *Der Ringkrieg* oder *Die Rückkehr des Königs*. JRRT.

137 An Rayner Unwin

11. April 1953   76 Sandfield Road, Headington, Oxford
Lieber Rayner,
es tut mir überaus leid, daß seit Ende des Monats (März) nun schon elf Tage verstrichen sind. Aber ich habe eine sehr schlechte Zeit hinter mir, viel schlimmer noch, als ich befürchtet hatte. Trotz aller Vorsorge bewirkte der Umzug ein heilloses Durcheinander, und statt zwei Tagen brauchte ich zehn für die endlose Plackerei; und an viele Papiere und Notizen, die ich brauchte, komme ich immer noch nicht heran. Obendrein ist auch noch bei der Geschichte mit den Prüfungen, die unter meiner unglückseligen Aufsicht stehen, einiges schiefgegangen; und am Montagmorgen muß ich nach Glasgow fahren, um eine bisher erst halb vorbereitete W. P. Ker-Vorlesung zu halten.

Die Revision für den Druck habe ich endlich fertig – ich hoffe, bis aufs letzte Komma –, für Teil I: *Die Rückkehr des Schattens* von *Der Herr der Ringe*, Buch I und II. Heute habe ich leider die Post verpaßt; aber ich werde die MSS in zwei Päckchen am Montag abschicken.

Ich schicke auch das ursprüngliche Vorwort, das natürlich noch nicht gedruckt werden sollte, weil ich meine Notiz mit den Ergänzungen und Änderungen nicht finde, die, wie Sie meinten, im Hinblick auf das Erscheinen des Werkes in drei Bänden erforderlich wären. Auch die Frage der »Anhänge« am Ende von Band III, nach dem abschließenden und ziemlich kurzen sechsten »Buch«, ist noch nicht entschieden. Es wäre nicht gut, etwas zu versprechen, was dann nicht wirklich erscheint; aber ich hoffe sehr, daß eben das, was hier versprochen wird, sich in einer wenn auch noch so reduzierten Form als tatsächlich möglich erweisen wird.[1]

Ich schicke diesmal noch nicht die neu gezeichnete Abbildung für Buch II, Kap. iv[2], weil ich noch nicht dazu gekommen bin, sie neu zu zeichnen. Aber ich werde mich darum kümmern, sobald sie gebraucht wird.*

---

* Das heißt, ich werde sie, soweit das bei meinen geringen Fähigkeiten möglich ist, verbessert in Schwarz zeichnen. Aber eigentlich sollte sie natürlich in weißen Linien auf schwarzem Grund erscheinen, weil sie silberne Linien im Dunkeln darstellt. Was sagt Ihre Herstellungs-Abteilung dazu?

Die »Faksimiles« der angesengten und zerrissenen Seiten aus dem Runenbuch, die ursprünglich am Anfang des Kap. v von Buch II[3] erscheinen sollten, behalte ich einstweilen. Ich finde ihre Weglassung bedauerlich; aber trotz dem, was Sie sagten, finde ich Zeilenblöcke für diesen Zweck ungeeignet. Für jedes Blatt ist eine Seite erforderlich, oder die Sachen werden zu schwer leserlich, um interessant zu sein (oder zu unglaubwürdig, um die Wiedergabe zu verdienen). Ich hoffe ernsthaft, daß es möglich sein wird, sie in den »Anhang« mit aufzunehmen. Bei dem Rest des Werkes werde ich nicht solche Schwierigkeiten machen. Die beiden ersten Bücher wurden erstmals vor sehr langer Zeit geschrieben und dann oft abgeändert; eine genaue Abstimmung mit dem Ganzen war nötig, um sie ins Gleis zu bringen. Infolgedessen sind die späteren Teile fast fertig; und zwei weitere Bücher können folgen, sobald Sie wollen (d. h. Bd. II). Können Sie mir ungefähr sagen, wann ich mich wahrscheinlich um etwas werde kümmern müssen, z. B. Korrekturlesen oder sonst etwas? Nach so langen Verzögerungen wünsche ich mir natürlich nichts sehnlicher, als zügig weiterzumachen, wenn die Veröffentlichung einmal begonnen hat. Aber ich bin furchtbar eingespannt dieses Jahr. Ein bißchen Ellbogenfreiheit habe ich noch bis um den 20. Juni; danach, bis etwa 1. August, ist außer für Examensarbeiten für gar nichts mehr Zeit. Dann werde ich müde sein, habe aber im August und September die Zeit (mehr oder weniger) frei.

Die Landkarten machen mir Sorgen. Eine wenigstens (die dann aber ziemlich groß sein müßte) ist unbedingt erforderlich. Ich meine aber, drei sind nötig: 1. vom Auenland, 2. von Gondor und 3. eine Generalkarte in kleinem Maßstab vom ganzen Handlungsgebiet. Es gibt sie selbstverständlich schon, allerdings nicht in reproduzierbarer Form – denn natürlich macht man bei einer solchen Geschichte die Karte nicht nach der Erzählung, sondern vorher, und dann muß die Erzählung darauf abgestimmt werden. 3 ist durchweg nötig. 1 ist nötig im ersten Band und im letzten. 2 ist wichtig in den Bänden II und III. Soll ich versuchen, die Zeichnungen in geeignete Form zu bringen, sobald ich kann, und sie Ihnen schicken, damit die Herstellungs-Abteilung sie berücksichtigen kann?

Jedenfalls, ich muß nun, wie üblich, die Konzentration gezwungenermaßen für eine Weile unterbrechen und mich mit etwas anderem befassen: in diesem Falle mit der *moralitas* von *Sir Gawain und dem Grünen Ritter*.[4]

Aber ich sehe, ich habe die Sache mit der Werbung vergessen. Um mir einen gesonderten Brief zu ersparen, können Sie mich bitte bei der

Abteilung entschuldigen, wenn es unhöflich gewirkt haben sollte. Ich war sehr geplagt, als ich ihren Brief bekam. Ich habe versucht, etwas zu machen, aber ohne viel Erfolg, obwohl ich 300 Worte brauchte. Das Ergebnis schicke ich nun, so wie es ist. Wenn es leserlich ist, kann man es vielleicht irgendwie verwenden.

Ich habe mich außerdem an meinen Freund George Sayer, den Englischprofessor in Malvern, gewandt, als den normalsten Leser und Liebhaber des Werkes, der mir einfiel; und er hat mir einen Werbetext von 95 Worten geschickt. Ich schicke Ihnen seinen Brief und den Text – nicht, daß es so gehen wird, aber ein oder zwei Wendungen daraus könnten vielleicht nützlich sein, und vielleicht bekommt man einen Hinweis darauf, was es ist, das Leuten, die sowas mögen, am *Herrn der Ringe* gefällt. Mich hat er überrascht. Ich hätte nicht gedacht, daß er so überkochen würde! Aber wenn der »größte lebende Dichter« auch Unsinn ist, tröstet mich doch wenigstens der Gedanke, daß die Verse passabel sind und (denke ich) angemessen und angebracht; C. S. Lewis allerdings hält sie insgesamt für schlecht, ärgerlich und unangebracht. Als ich einmal versuchte, einem Freund in aller Kürze zu erklären, um was es ginge, stellte ich fest, daß ich bei strengster Ökonomie 41 Seiten oder 10 000 Worte gebraucht hatte.[5] Er war soweit interessiert, daß er die Sache tippen ließ. Vielleicht möchten Sie's irgendwann mal sehen; aber klar, müssen Sie nicht.

Mit vielem Dank und herzlichen Grüßen
Ihr ergebener
J. R. R. Tolkien

138 Aus einem Brief an Christopher Tolkien 4. August 1953.

[Mitte Juli hatte Tolkien die Korrekturfahnen zum ersten Band des *Herrn der Ringe* bekommen.]

Die Korrekturfahnen erweisen sich als ganz schön lästig. Es scheinen so endlos viele zu sein; und sie haben mir über Teile des großen Meisterwerks alle Illusionen geraubt, denn ich muß gestehen, daß es mir im Druck nun stellenweise sehr langatmig vorkommt. Aber der Druck ist sehr gut, wie er nach einer fast fehlerlosen Kopie ja auch sein sollte; abgesehen davon, daß die unverschämten Setzer es sich angelegen sein lassen, meine Orthographie und Grammatik, wie sie meinen, zu verbessern: durchgehend ändern sie *dwarves* zu *dwarfs*, *elvish* zu *elfish*, *further* zu *farther* und, das Schlimmste, *elven-* zu *elfin.* Ich habe meinem Ärger in einem Brief an A. und U. Luft gemacht, der mit Kniefällen beantwortet wurde.

139 Aus einem Brief an Rayner Unwin 8. August 1953

[Rayner Unwin schrieb Tolkien, daß ein gesonderter Titel für jeden der drei Bände des *Herrn der Ringe* erwünscht wäre, und verwies auf Tolkiens Brief vom 24. März, in dem Untertitel für die verschiedenen Teile vorgeschlagen wurden.]

Ich habe im Frühling ziemlich in Eile geschrieben und von meinem Brief vom 24. März keinen Durchschlag gemacht. Wenn ich ihn zurückbekäme, oder eine Kopie davon, würde mir das helfen. Ich bin jedoch dagegen, daß es einen gesonderten Titel für jeden Band und keinen Gesamttitel geben soll. *Der Herr der Ringe* ist ein guter Gesamttitel, meine ich, aber für Band I im besonderen ist er nicht brauchbar; er paßt sogar am wenigsten wohl zu diesem Band. Außer Kostenbedenken vielleicht sehe ich keinen Einwand gegen:

> *Der Herr der Ringe.*   I Die Rückkehr des Schattens.
> „   „   „   „   II Der Schatten wird länger.
> „   „   „   „   III Die Rückkehr des Königs.

Gewiß kann nur durch Verwendung eines einzigen Gesamttitels die Verwirrung, von der Sie sprechen, mit Sicherheit vermieden werden.

Mit allen vorgeschlagenen Untertiteln bin ich nicht verheiratet, und ich wünschte, sie ließen sich vermeiden. Denn eigentlich ist es unmöglich, Titel zu machen, die dem Inhalt entsprechen, weil nämlich die zwei »Bücher« pro Band eine rein praktische Einteilung hinsichtlich der Länge sind und mit dem Rhythmus oder der Anordnung der Erzählung nichts zu tun haben . . . . .

Wie steht es mit der Abbildung der angesengten Seiten aus dem »Buch von Mazarbul«, die an den Eingang des Kapitels V im zweiten Buch gehören? Der Text, so wie er jetzt ist, hat ohne sie nicht viel Sinn. Ich habe hier immer noch die Original-»Faksimiles«. Ich habe auch noch die Zeichnung an der geheimen Tür, die dem Text entweder gegenübergestellt oder in ihn eingefügt werden muß, entsprechend Fahne 98 unten, gegen Ende von Kapitel IV des zweiten Buches. Ich werde versuchen, sie neu zu zeichnen und zu verbessern, und sie dann sobald wie möglich schicken, weil ich mit der Korrektur der Fahnen auf den Rohbogen jetzt fertig bin.

Es tut mir leid, daß ich mit den neuen Zeichnungen der wichtigsten Landkarten in Verzug bin; aber ich habe wirklich keinen Tag dafür frei gehabt. Ich werde mich gleich darum kümmern.

140 Aus einem Brief an Rayner Unwin   17. August 1953

[Dieser Brief, mit einem roten Farbband getippt, wurde abgeschickt, kurz nach einem Besuch Rayner Unwins bei Tolkien.]

Es war überaus freundlich von Ihnen, mich zu besuchen und die Dinge zu klären. Erst nachdem ich Sie zum Bus gebracht hatte, fiel mir ein, daß ich Ihnen bis zuletzt nicht mal ein Bier oder eine andere Erfrischung angeboten habe. Es tut mir leid. Ganz und gar unhobbitgemäß, mein Verhalten, muß ich leider sagen.

Als Titel für die *Bände*, unter dem Gesamttitel *Der Herr der Ringe*, schlage ich nun vor: Bd. I Die Gefährten [The Fellowship of the Ring], Bd. II Die zwei Türme [The Two Towers], Bd. III Der Ringkrieg [The War of the Ring] oder, wenn Ihnen das immer noch lieber ist, Die Rückkehr des Königs [The Return of the King].

Die Gefährten [The Fellowship of the Ring] wird gehen, meine ich, und paßt gut, weil das letzte Kapitel des Bandes »Die Auflösung des Bundes« heißt. Die zwei Türme kommt einem Titel für die beiden weit auseinandergehenden Bücher 3 und 4 so nahe wie nur möglich; es kann mehrdeutig bleiben – Isengard und Barad-dûr könnten gemeint sein, oder Minas Tirith und B., oder Isengard und Cirith Ungol.[1] Nach einigem Überlegen ziehe ich für Bd. III Der Ringkrieg vor, weil darin der Ring wieder vorkommt; außerdem ist das unverbindlicher und gibt weniger Hinweise auf den Ausgang der Geschichte: auch die Kapitelüberschriften sind so gewählt worden, daß sie möglichst wenig vorher verraten. Aber meine Entscheidung muß nicht das letzte Wort sein.

Um auf unser Gespräch zurückzukommen: Ich bezweifle, ob *rote* Buchstaben für die Feuerschrift auf dem Ring in Buch I, Kap. 2 (Fahne 15) nun wichtig genug sind, um die Kosten einer Änderung wert zu sein. Ich meine, es wäre eine gute Sache, die letzte Runenseite aus dem Buch von Mazarbul (Buch II, Kap. 5) zu reproduzieren, etwa als Frontispiz (?). Die letzte Seite, obwohl sie vielleicht nicht so echt aussieht, aber dafür betrifft sie genau das, was in der Erzählung gerade geschieht.

Ich werde die Kopie für den Bd. II am 1. September selbst bringen. Sie scheint jetzt schon ziemlich in Ordnung zu sein. Ich mache mich nun an die Karten – und das Vorwort.

Entschuldigen Sie das Rot: es bedeutet keine hitzige Emotion. Reine Sparsamkeit. Ich muß meiner Hand wegen jetzt soviel tippen, daß die Farbbänder eine Rolle spielen; und auf diesem hier ist die rote Seite noch kaum benutzt.

141 Aus einem Brief an Allen & Unwin   9. Oktober 1953

Die Karten. Ich bin ratlos. Sogar in Panik. Sie sind sehr wichtig, dringend auch, und ich kriege sie einfach nicht fertig. Ich habe eine Unmenge Zeit darauf verwendet, ohne lohnendes Ergebnis. Mangelndes Können, dazu noch die Störungen. Auch lassen sich Gestalt und Proportionen des »Auenlandes«, so wie es in der Geschichte beschrieben wird, nicht (von mir) auf einer einzigen Seite unterbringen, jedenfalls nicht so, daß es in dieser Größe noch informativ wäre.....

Ich meine, die Karten müßten anständig gezeichnet werden. Die »angesengten Manuskripte«, die manche Leser so hinreißend fanden, sind verschwunden – was den Text von Buch ii, Kap. 5 zu Anfang ziemlich absurd aussehen läßt; und damit fehlen auch die Runen, die anscheinend auf Leser jeden Alters einen großen Reiz ausüben (auf Leute, die närrisch genug sind, um so eine Sache überhaupt zu lesen). Sogar wenn es ein bißchen was kostet, sollte es malerische Landkarten geben, die mehr leisten als bloß Fingerzeige zu dem im Text Gesagten. Ich könnte Karten zeichnen, die zum Text passen. Was mich ratlos gemacht hat, ist der Versuch, sie zusammenzustreichen und jede Farbe (verbal und anderweitig) wegzulassen, bis nur noch das kahle Schwarz-weiß übrigbleibt, und das in einem so kleinen Maßstab, daß kaum mehr Namen hineinpassen.

142 An Robert Murray, S. J.

[Pater Robert Murray, der Enkel von Sir James Murray (dem Begründer des *Oxford English Dictionary*) und ein enger Freund der Familie Tolkien, hatte Teile des *Herrn der Ringe* in den Korrekturfahnen und im Typoskript gelesen und, auf Tolkiens Ersuchen, Kommentare und Kritik geliefert. Er schrieb, das Buch habe in ihm einen starken Eindruck von »positiver Vereinbarkeit mit der Gnadenordnung« hinterlassen, und verglich die Gestalt der Galadriel mit der Jungfrau

Maria. Er bezweifelte, ob viele Kritiker mit dem Buch etwas würden anfangen können – »sie werden keine säuberlich rubrizierte Schublade dafür parat haben«.]

2. Dezember 1953   76 Sandfield Road, Headington, Oxford

Mein lieber Rob,

Es war wundervoll, heute morgen so einen langen Brief von Dir zu bekommen . . . . . Es tut mir leid, wenn Du Dir wegen ein paar beiläufiger Worte von mir so viel Mühe gemacht hast, mein Werk zu kritisieren. Aber, um Dir die Wahrheit zu sagen, obwohl Lob (oder, was nicht ganz dasselbe, sondern etwas Besseres ist, nämlich Ausdruck des Gefallens) mir schmeichelt, bin ich doch besonders durch das, was Du sagtest, aufgemuntert worden, diesmal wie auch schon früher, denn Du bist scharfsichtiger, besonders in manchen Richtungen, als irgendwer sonst, und hast sogar mir manche Dinge über mein Werk deutlicher gemacht. Ich denke, ich weiß genau, was Du mit der Gnadenordnung meinst, und natürlich auch mit Deinen Hinweisen auf Unsere Liebe Frau, auf die meine ganze kleine Wahrnehmung des Schönen, hinsichtlich Majestät sowohl wie Schlichtheit, sich gründet. *Der Herr der Ringe* ist natürlich ein von Grund auf religiöses und katholisches Werk; unbewußtermaßen zuerst, aber bewußt im Rückblick. Deshalb auch habe ich so gut wie nichts hineingebracht, oder vielmehr alles weggelassen, was auf irgend etwas wie »Religion« hinweisen könnte, auf Kulte oder Bräuche in der imaginären Welt. Denn das religiöse Element ist in die Geschichte und ihre Symbolik eingelassen. Das ist aber sehr schwerfällig ausgedrückt und klingt dünkelhafter, als mir zumute ist. Denn tatsächlich habe ich nur sehr wenig bewußt geplant und muß in der Hauptsache dafür dankbar sein, daß ich (seit ich acht war) in einem Glauben aufgezogen worden bin, der mich gestärkt und mich all das bißchen, das ich weiß, gelehrt hat; und den verdanke ich meiner Mutter, die zu ihrer Konversion gestanden und jung gestorben ist, im wesentlichen an den Nöten der daraus erwachsenden Armut.

Ganz gewiß bin ich nicht durch die englische Literatur bestärkt worden, in der ich wohl kaum belesener bin als Du; aus dem schlichten Grund, daß ich nie viel darin gefunden habe, woran ich mein Herz (oder das Herz und den Kopf) hängen könnte. Ich bin in den klassischen Studien aufgezogen worden, und die Empfindung eines literarischen Vergnügens habe ich zuerst bei Homer kennengelernt. Außerdem, weil ich Philologe bin und einen großen Teil des ästhetischen Vergnügens, dessen ich fähig bin, aus der *Form* der Wörter (und besonders aus der *frischen* Verbindung der Wortform mit dem Wortsinn) gewinne, haben mir am besten immer Sachen in einer fremden Sprache gefallen, oder doch in einer, die soweit ferngerückt ist, daß sie einem fremd vorkommt (wie das Angelsächsische). Aber damit genug von mir.

Ich fürchte, es ist nur allzu wahrscheinlich und wird wohl stimmen: was Du über die Kritiker und das Publikum sagst. Mir graut vor dem Erscheinen, denn es wird unmöglich sein, sich nichts draus zu machen, was gesagt wird. Ich habe mein Herz bloßgelegt, und nun kann man danach schießen. Ich glaube, auch im Verlag ist man sehr besorgt und sehr darauf bedacht, daß so viele Leute wie möglich ein Voraus-Exemplar gelesen haben, um so etwas wie eine Meinung zu bilden, noch ehe die besoldeten Kritiker sich an die Arbeit machen . . . . .

Mit Bedauern höre ich, daß Du nun kein Cello mehr hast, nachdem Du (sagt man mir) mit diesem wundervollen und schwierigen Instrument ein Stück weit gekommen bist. Jeder, der ein Streichinstrument spielen kann, erscheint mir als ein Zauberer, der hohe Achtung verdient. Ich liebe die Musik, habe aber keine Begabung für sie; und die Mühen, unter denen man in meiner Jugend versucht hat, mir das Geigenspiel beizubringen, haben in mir nur ein Gefühl der Ehrfurcht angesichts von Geigenspielern hinterlassen. Die slawischen Sprachen gehören für mich fast in die gleiche Kategorie. Ich habe es in meinem Leben schon mit vielen Sprachen versucht, bin aber kein »Linguist« im gewöhnlichen Sinne; und die Zeit, die ich einmal auf das Erlernen des Russischen und Serbischen verwendet habe, hat nicht zu einem praktischen Ergebnis geführt, nur zu einem starken Eindruck von der Struktur und Wort-Ästhetik . . . . .

Bitte verzeih die augenfällige Unfreundlichkeit der Maschinenschrift. Mit dem Tippen wird es bei mir auch nicht besser. Außer an Geschwindigkeit. Ich bin jetzt viel schneller als mit meiner schwerfälligen Hand, die ich schonen muß, weil sie rasch müde wird und zu schmerzen beginnt. Ich bin sicher, daß Du in Kürze auch von Edith hören wirst.

Mit vielen herzlichen Grüßen an Dich
Ronald Tolkien

143 Aus einem Brief an Rayner Unwin   22. Januar 1954

Ich schicke Ihnen nun Buch III, die erste Hälfte von Bd. II, sorgfältig korrigiert. Buch IV ist fast fertig und folgt am Montag.

Auch den Bd. III habe ich schon durchgesehen und kann Ihnen das

MS. (bis zum Ende der Geschichte) schicken, sobald Sie wollen. Den Stoff für die restlichen 50 Seiten[1] kann ich noch nicht gleich vornehmen. Über den Titel »die zwei Türme« bin ich gar nicht glücklich. Er muß sich, wenn irgend etwas Bestimmtes in Bd. II damit gemeint ist, auf *Orthanc* und den *Turm von Cirith Ungol* beziehen. Weil aber von dem Grundgegensatz zwischen dem dunklen Turm und Minas Tirith so viel hergemacht wird, erscheint das als höchst irreführend. Natürlich gibt es eigentlich gar kein echtes Bindeglied zwischen den Büchern III und IV, wenn man sie herauslöst und als einen Band für sich präsentiert.

144 An Naomi Mitchison

[Mrs. Mitchison hatte die ersten zwei Bände des *Herrn der Ringe* im Seitenumbruch gelesen und daraufhin an Tolkien geschrieben, mit einer Anzahl Fragen zu dem Buch.]

25. April 1954   76 Sandfield Road, Headington, Oxford
Liebe Mrs. Mitchison,
    es war sowohl unhöflich als auch undankbar von mir, Ihre früheren Briefe, Geschenke und Grüße unbestätigt und unbedankt zu lassen – um so mehr, als Ihr Interesse tatsächlich ein mächtiger Trost und eine Ermutigung für mich gewesen ist in der Niedergeschlagenheit, die wohl nicht unnatürlicherweise als Begleitumstand der Mühseligkeiten auftritt, die ein Werk wie der *Herr der Ringe* macht, wenn man es wirklich herausbringt. Aber höchst unglücklicherweise traf sich dies mit einer Periode außergewöhnlich schwerer Anstrengungen und Pflichten in anderen Tätigkeiten, so daß ich zeitweise fast ganz durcheinander war.
    Ich will versuchen, Ihre Fragen zu beantworten. Ich darf wohl sagen, daß sie mir sehr willkommen sind. Ich habe es selbst gern, wenn Dinge im Detail ausgeführt sind und alle vernünftigen Fragen beantwortet werden können. Ihr Brief wird mir hoffentlich Hinweise geben, welcherlei Informationen ich (wie versprochen) für einen Anhang auswählen soll, und mir gegenüber dem Verlag den Rücken stärken. Weil der dritte Band um einiges dünner wird als der zweite (schnellerer Ablauf der Ereignisse, weniger Erklärungen nötig), glaube ich, daß für dergleichen in einem gewissen Umfang Platz sein wird. Mein Problem ist nicht die Schwierigkeit, Material zu beschaffen, sondern aus der Masse des schon Zusammengestellten eine Auswahl zu treffen.
    Natürlich gibt es einen Zusammenstoß zwischen der »literarischen«

Technik und der Faszination durch die detaillierte Ausführung eines imaginären mythischen Zeitalters (mythisch, nicht allegorisch: ich denke nun mal nicht in Allegorien). Als Geschichte, denke ich, ist es gut, wenn vieles unerklärt bleibt (besonders, wenn es tatsächlich eine Erklärung gibt); und so gesehen habe ich vielleicht den Fehler gemacht, zu viel erklären und zu viel aus der Vorgeschichte anbringen zu wollen. Viele Leser haben sich zum Beispiel durch die Ratsversammlung bei Elrond eher aufgehalten gefühlt. Und ein paar Rätsel muß es immer geben, sogar in einem mythischen Zeitalter. Tom Bombadil ist eines (absichtsgemäß).

Aber an weiterer (zurückreichender) Geschichte ist so viel, als man irgend wünschen kann, ja schon im *Silmarillion* und den damit verknüpften Erzählungen und Gedichten vorhanden, aus denen die *Geschichte der Eldar* (Elben) besteht. Ich glaube, daß in dem (nicht sehr wahrscheinlichen) Falle, daß hinreichend viele Leute sich für den *Herrn der Ringe* interessieren, um die Kosten seiner Veröffentlichung zu tragen, die wackeren Verleger vielleicht in Erwägung ziehen werden, etwas davon zu drucken. Es wurde eigentlich zuerst geschrieben, und ich wollte die Sache in der historischen Abfolge herausbringen, womit sich in dem jetzigen Buch eine Menge Anspielungen und Erklärungen erübrigt hätten. Aber das konnte ich nicht durchsetzen.

Der dritte Band wurde natürlich schon vor Jahren abgeschlossen, so weit die Erzählung reicht. Auch mit der Überarbeitung, soweit sie nötig war, bin ich fertig, und der Band kann fast sofort in Satz gehen. Unterdessen verwende ich alle noch verfügbaren Zeitfragmente auf die Verfertigung kurzer Abhandlungen über diejenigen historischen, ethnographischen und sprachlichen Themen, die in den Anhang kommen können. Wenn es Sie interessiert, schicke ich Ihnen eine (ziemlich unsaubere) Kopie des Stücks, das sich mit Sprachen (und Schriften), Völkern und Übersetzungen beschäftigt.

Die letzteren haben mir viel zu denken gegeben. Sie scheinen selten von anderen Schöpfern imaginärer Welten, so begabt sie als Erzähler auch gewesen sein mögen (wie Eddison), beachtet worden zu sein. Aber ich bin nun mal Philologe, und so gern ich über andere kulturelle Aspekte und Merkmale auch Genaueres sagen würde, liegt das doch nicht in meiner Kompetenz. Jedenfalls ist »Sprache« das Wichtigste, denn in einer Sprache muß die Geschichte erzählt und der Dialog geführt werden; Englisch kann aber nicht die Sprache eines Volkes zu jener Zeit gewesen sein. Was ich nun gemacht habe, ist, das Westron oder die weithin geläufige gemeinsame Sprache des Dritten Zeitalters mit Englisch gleichzusetzen und alles, einschließlich von Namen wie *the Shire* [das Auenland], was Westron war, in englische Ausdrücke zu übersetzen, mit gewissen stilistischen Differenzierungen, um die Dialekt-Unterschiede anzudeuten. Sprachen, die der gem. Spr. völlig fremd sind, wurden unverändert gelassen. Diese sind fast sämtlich Elbisch *(Eldarin)*, bis auf ein paar Brocken in der Schwarzen Sprache von Mordor und einigen Namen und einem Schlachtruf im Zwergischen.

Die mit dem Westron verwandten Sprachen jedoch stellten ein besonderes Problem dar. Ich machte daraus Sprachformen, die mit dem Englischen verwandt sind. Da die *Rohirrim* als spät aus dem Norden gekommen dargestellt werden und sich einer archaischen, vom Einfluß des Eldarin relativ unberührten Menschensprache bedienen, habe ich ihren Namen Formen ähnlich wie im Altenglischen (aber nicht damit identisch) gegeben. Die Sprache von Dal und vom Langen See, wenn sie hier vorkäme, würde als mehr oder weniger skandinavischen Charakters dargestellt; aber sie ist nur durch ein paar Namen vertreten, besonders die der Zwerge, die aus jener Gegend gekommen sind. Dies sind alles altnordische Zwergennamen.

(Die Zwerge, so wie sie dargestellt werden, halten ihre eigene Sprache mehr oder weniger geheim und bedienen sich zu allen »äußeren« Zwecken der Sprache des benachbart wohnenden Volkes; ihre »richtigen« Personennamen in der eigenen Sprache verraten sie niemals.)

Das Westron oder die g. S. soll sich von der *adûnaischen* Menschensprache der Númenórer herleiten; es wurde verbreitet von den númenórischen Reichen in den Zeiten der Könige und besonders von *Gondor*, wo es weiterhin gesprochen wird, in einer edleren und altertümlicheren Form (die gewöhnlich auch von den Elben übernommen wird, wenn sie sich dieser Sprache bedienen). Aber alle Namen in *Gondor*, bis auf einige wenige, die prähistorischen Ursprungs sein sollen, sind von elbischer Form, weil der númenórische Adel noch immer eine Elbensprache gebrauchte oder gebrauchen konnte. Das war so, weil sie im Ersten Zeitalter Verbündete der Elben gewesen waren und deshalb die Atlantis-Insel Númenor bekommen hatten.

Von den Elbensprachen kommen zwei in diesem Buch vor. Sie haben ein gewisses Eigendasein, weil ich sie einigermaßen vollständig ausgeführt habe, mitsamt ihrer Geschichte und Erklärung ihrer Verwandtschaft. Sie sollen (a) nach Stil und Struktur (nicht im Detail) von eindeutig europäischer Art und (b) besonders wohlgefällig sein. Das erstere ist nicht schwer zu bewerkstelligen, das letztere ist schon schwieriger, weil die persönlichen Vorlieben der Einzelnen, besonders hinsichtlich der

232

phonetischen Struktur, weit auseinandergehen, auch dann noch, wenn sie schon durch die aufgedrängten Sprachen (zu denen auch die sogenannte »Muttersprache« gehört) modifiziert sind.

Ich bin daher nach dem eigenen Wohlgefallen gegangen. Die archaische Sprache der Überlieferung soll eine Art »Elben-Latein« sein, und durch Transskription in eine Orthographie, die der des Lateins sehr nahe kommt (bis auf das Y, das nur als Konsonant gebraucht wird, wie in engl. *yes*), wird die Ähnlichkeit mit Latein für das Auge noch gesteigert. Im Grunde könnte man sagen, daß es auf einer lateinischen Basis komponiert ist, mit noch zwei anderen (Haupt-)Ingredienzen, die mir nun einmal ein »phonästhetisches« Vergnügen bereiten: Finnisch und Griechisch. Es ist jedoch weniger konsonantisch als jede dieser drei. Diese Sprache ist das Hochelbische oder, in der Eigenbezeichnung, *Quenya* (Elbisch).

Die lebende Sprache der westlichen Elben (*Sindarin* oder Grauelbisch) ist die zumeist vorkommende, besonders in Namen. Sie hat einen mit dem Quenya gemeinsamen Ursprung; aber die Veränderungen sind bewußt darauf angelegt, ihr einen Sprachcharakter ähnlich dem Britisch-Walisischen (doch nicht damit identisch) zu geben: weil dies ein Charakter ist, den ich in manchen Aussageweisen sehr attraktiv finde; und weil er dem ziemlich »keltischen« Typ der Sagen und Geschichten, die von seinen Sprechern erzählt werden, gemäß zu sein scheint.

»Elben« ist eine Übersetzung, vielleicht keine sehr günstige, von *Quendi*. Sie werden als eine Rasse dargestellt, die den Menschen im Äußeren ähnlich (um so mehr, je weiter in der Vergangenheit) und in früheren Zeiten auch von gleichem Wuchs ist. Auf ihre Unterschiede zu den Menschen will ich hier nicht eingehen! Ich nehme aber an, daß die *Quendi* dieser Geschichten mit den Elfen und Feen Europas tatsächlich sehr wenig verwandt sind; und wenn man mich zu einer Rationalisierung drängte, würde ich sagen, daß sie eigentlich Menschen mit stark erhöhten ästhetischen und schöpferischen Fähigkeiten darstellen, schöner, langlebiger und vornehmer – die Älteren Kinder, deren Schicksal es ist, vor den Nachkömmlingen (Menschen) dahinzuschwinden und schließlich nur noch in der dünnen Linie ihres Blutes fortzuleben, das sich mit dem von Menschen vermischt hat, unter denen es den einzigen echten Anspruch auf »Adel« begründete.

Sie werden dargestellt in zwei – oder drei – Unterarten, in die sie sich in früher Zeit aufgespalten haben: 1. Die *Eldar*, die den Aufruf der Valar oder der Mächte hörten, nach Westen über das Meer aus Mittelerde fortzuziehen, und 2. die Niederelben, die nicht Folge leisteten. Die meisten *Eldar* erreichten nach einem langen Marsch die westlichen Küsten und zogen übers Meer; dies waren die Hochelben, deren Macht und Wissen ungemein vergrößert wurden. Ein Teil von ihnen blieb aber in den Küstenlanden des Nordwestens: dies waren die *Sindar* oder Grauelben. Die niederen Elben treten kaum in Erscheinung, außer als Teil des Volkes im Elbenreich vom nördlichen Düsterwald und von Lórien, das von *Eldar* regiert wird; ihre Sprachen kommen nicht vor.

Die Hochelben, denen man in diesem Buch begegnet, sind Verbannte, die nach Ereignissen, die den Hauptinhalt des *Silmarillion* bilden, übers Meer nach Mittelerde zurückgekehrt sind, Angehörige einer Hauptsippe der Eldar: der Noldor* (Herren des Wissens). Oder besser, ein letzter Rest von ihnen. Denn das eigentliche *Silmarillion* und das Erste Zeitalter endete mit der Vernichtung der urzeitlichen Dunklen Macht (von der Sauron nur ein Untergebener war) und der Rehabilitation der Verbannten, die abermals übers Meer zurückkehren. Diejenigen, die noch nicht fort wollten, liebten Mittelerde über alles und sehnten sich doch nach der unveränderlichen Schönheit des Landes der Valar. So kam es zur Schaffung der Ringe; denn den drei Ringen war gerade die Kraft der Erhaltung, nicht der Geburt, verliehen. Obwohl unbesudelt geblieben, weil Sauron sie weder geschaffen noch berührt hatte, waren sie doch teilweise das Ergebnis seiner Unterweisung und standen letztlich unter der Herrschaft des Einen. Wenn also, wie Sie sehen werden, der Eine nicht mehr da ist, werden auch die letzten Verteidiger hochelbischer Wissenschaft und Schönheit ihrer Macht entkleidet, die Zeit aufzuhalten, und fahren ab.

Ich entschuldige mich für die Geographie. Ohne Karte oder Karten muß es entsetzlich schwierig gewesen sein. In Band I wird eine Karte von einem Teil des Auenlandes kommen und, in kleinem Maßstab, eine Generalkarte des Schauplatzes, mit allen Gegenden, die in der Handlung vorkommen oder erwähnt werden (wovon die Karte am Ende des *Hobbit* die NO-Ecke ist). Sie wurden nach meinen weniger eleganten Karten von meinem Sohn Christopher gezeichnet, der in dieser Kunde bewandert ist. Aber ich bekam nur ein Fahnenexemplar, und das mußte ich zurückschicken. Ich fing wohlweislich mit einer Karte an und legte die Geschichte so an, daß sie hineinpaßte (im allgemeinen mit penibler Beachtung der Entfernungen). Wenn man es umgekehrt macht, landet man in Durcheinander und Unmöglichkeiten, und auf jeden Fall ist es sehr mühsam, eine Karte nach einer Geschichte zu zeichnen – wie Sie wohl, fürchte ich, gemerkt haben werden.

* N = ng wie in »Ding«.

Meine eigenen Orientierungskarten kann ich Ihnen nicht schicken; aber vielleicht können Ihnen diese sehr groben und nicht völlig richtigen Skizzen, die ich verschiedentlich in aller Eile für Leser gezeichnet habe, ein bißchen behilflich sein ..... Wenn Sie mit diesen MS-Karten fertig sind oder sich ein paar Notizen gemacht haben, könnten Sie sie mir vielleicht wieder zurückschicken. Mir werden sie nützlich sein, um noch ein paar weitere zu machen; aber dazu komme ich jetzt noch nicht. Ich darf sagen, daß die Karten von meinem Sohn wundervoll klar sind, soweit die verkleinerte Abbildung es zuläßt; aber leider, leider enthalten sie nicht alles.

Vereinzelt noch ein paar Antworten. *Drachen.* Sie hatten nicht aufgehört; weil sie ja viel später, fast bis in unsere Zeit, noch aktiv waren. Habe ich etwas gesagt, was auf das Ende der Drachen hindeuten könnte? Wenn ja, dann sollte es geändert werden. Die einzige Stelle, die mir einfällt, ist Bd. I, S. 84: »jetzt gibt es auf der Welt keinen Drachen mehr, in dem das alte Feuer heiß genug wäre«. Aber das heißt doch, meine ich, daß es immer noch Drachen gibt, wenn auch nicht mehr vom vollen, urtümlichen Wuchs. Ich habe eine lange historische Tafel der Ereignisse vom Anfang bis zum Ende des Dritten Zeitalters. Sie ist ziemlich voll; aber ich stimme zu, daß eine Kurzform mit den für diese Erzählung wichtigen Ereignissen nützlich wäre. Wenn Sie von manchen dieser Sachen gern getippte Kopien haben möchten: z. B. Die Ringe der Macht; Der Untergang von Númenor; die Listen von Elendils Erben; Das Haus Eorl (Genealogie); Genealogie Durins und der Zwergenfürsten von *Moria*; und Die Zählung der Jahre (bes. der des Zweiten und Dritten Zeitalters), dann will ich versuchen, Ihnen bald Kopien machen zu lassen .....

Von den Orks (das Wort, soweit es mich angeht, leitet sich eigentlich von altenglisch *orc*, »Dämon«, her, aber nur wegen seiner phonetischen Eignung) wird nirgends klar gesagt, daß sie von einer besonderen Herkunft sind. Aber weil sie Diener der Dunklen Macht und später Saurons sind, die beide keine Lebewesen erschaffen konnten oder wollten, müssen sie »Fälschungen« sein. Sie beruhen auf keiner unmittelbar persönlichen Erfahrung, aber ich glaube, einiges verdanke ich den Kobolden der Tradition (Kobold, »goblin«, wird als Übersetzung im *Hobbit* verwendet, wo Ork, glaube ich, nur einmal auftaucht), wie sie besonders bei George MacDonald erscheinen, bis auf die Leichtfüßigkeit, an die ich nie geglaubt habe. Der Name hat die Form *orch* (Pl. *yrch*) im Sindarin und *uruk* in der Schwarzen Sprache.

Die Schwarze Sprache wurde nur in Mordor gebraucht; sie kommt nur in der Inschrift auf dem Ring vor, in einem Satz, den die Orks von

Barad-dûr sagen (Bd. II, S. 51), und in dem Wort *Nazgûl* (vgl. *nazg* in der Ring-Inschrift).[1] Sie wurde niemals freiwillig von einem anderen Volk gebraucht, und folglich sind sogar die Ortsnamen in Mordor englisch (für die gem. Spr.) oder elbisch. *Morannon* ist einfach der elbische Ausdruck für das Schwarze Tor; vgl. *Mordor*, Schwarzes Land; *Mor-ia*, Schwarzer Abgrund; *Mor-thond*, Schwarz-Wurzel (Flußname). *Rohir-rim* ist der elbische (gondorische) Name für das Volk, das sich selbst die Reiter der Mark oder Eorlinge nannte. Die Wortbildung soll nicht an Hebräisch erinnern. Die Eldarin-Sprachen unterscheiden in den Formen und der Verwendungsart zwischen einem »partitiven« oder »partikularen« und dem generellen oder totalen Plural. So kommt in Bd. I, S. 416 und 465 *yrch* vor: »Orks, einige Orks, des orques«; die Orks als Rasse oder als Gesamtheit einer zuvor erwähnten Gruppe hätten *orchoth* geheißen. Im Grauelbischen wurde der generelle Plural sehr oft durch Anfügung eines Wortes mit der Bedeutung »Stamm, Heer, Horde, Volk« zu einem Namen (oder Ortsnamen) gebildet. So in *Haradrim*, die »Süd-Menschen«: Q. *rimbe*, S. *rim*, »Heer«; Ono-rim, die Ents. *Rohirrim* leitet sich ab von *roch* (Q. rokko), Pferd, und dem elbischen Stamm *kher-*, »besitzen«; daraus Sindarin *Rochir*, »Pferdeherr«, und *Rochir-rim*, »das Heer der Pferdeherren«. In der Aussprache von Gondor war das *ch* (wie im Deutschen, Walisischen etc.) zu einem behauchten *h* erweicht worden; so in *Rochann*, »Hippia«, zu *Rohan*.

Beorn ist tot; vgl. Bd. I, S. 278. Er kam im *Hobbit* vor. Das war im Jahre 2940 (1340 nach dem Auenland-Kalender) des Dritten Zeitalters. Jetzt haben wir die Jahre 3018–19 (1418–19). Obwohl er die Haut wechseln kann und zweifellos ein bißchen so was wie ein Zauberer ist, war Beorn doch ein Mensch.

Tom Bombadil ist keine wichtige Person – für die Erzählung. Ich glaube, etwas Bedeutung hat er als »Kommentar«. Ich meine, ich schreibe nicht wirklich so: Er ist einfach so eine Erfindung (zuerst erschienen im *Oxford Magazine*, um 1933), aber er steht für etwas ein, das ich wichtig finde, obwohl ich nicht bereit wäre, dies Gefühl genau zu analysieren. Ich hätte ihn jedoch nicht dringelassen, wenn er nicht irgendeine Funktion hätte. Ich könnte so sagen: So, wie die Geschichte angelegt ist, gibt es eine gute Seite und eine böse Seite, Schönheit gegen gnadenlose Abscheulichkeit, Tyrannei gegen Königtum, maßvolle Freiheit mit Zustimmung gegen einen Zwang, der längst jeden Zweck außer dem bloßen Machtstreben verloren hat, und so weiter; aber beide Seiten, die konservative wie die destruktive, erfordern ein gewisses Maß an Herrschaft. Wenn man aber sozusagen ein »Armutsgelübde« abgelegt hat, auf Herrschaft verzichtet und sich an den Dingen um ihrer selbst willen, ohne Bezug auf uns selbst, erfreut, sie beobachtet, ihnen zusieht und sie bis zu einem gewissen Maß kennt, dann könnte einem die Frage nach dem Recht und Unrecht von Macht und Herrschaft völlig sinnlos werden, und die Machtmittel würden ziemlich wertlos. Dies ist eine von Natur pazifistische Auffassung, die einem immer dann in den Sinn kommt, wenn Krieg ist. Aber die Auffassung von Bruchtal scheint zu sein, daß es für eine ausgezeichnete Sache einsteht, daß es aber doch manche Dinge gibt, mit denen es nicht fertig werden kann; und von denen seine Existenz nichtsdestoweniger abhängt. Letztlich wird nur der Sieg des Westens dafür sorgen, daß Bombadil sich halten oder auch nur überleben kann. Nichts bliebe in Saurons Welt für ihn übrig.

So wie ich es verstehe, hat er keinerlei Verbindung mit den Entfrauen. Was aus ihnen geworden ist, wird in diesem Buch nicht aufgelöst. Er ist in gewisser Weise die Antwort auf sie, insofern er fast ihr Gegenteil ist, denn er ist, sozusagen, Botanik und Zoologie (als Wissenschaften) und Poesie im Gegensatz zu Viehzucht und Ackerbau und praktischem Sinn.

Ich denke, daß die Entfrauen tatsächlich für immer verschwunden waren; sie sind mitsamt ihren Gärten im Krieg des Letzten Bündnisses (Zweites Zeitalter 3429–3441) vernichtet worden, als Sauron eine Politik der verbrannten Erde verfolgte und ihr Land niederbrannte, gegen den Vormarsch der Verbündeten, den Anduin abwärts (Bd. II, S. 88[2] bezieht sich darauf). Überlebt haben sie nur in der an die Menschen (und Hobbits) weitergegebenen »Agrikultur«. Manche könnten natürlich nach Osten geflüchtet oder auch versklavt worden sein: sogar in solchen Erzählungen müssen die Tyrannen für ihre Soldaten und Metallarbeiter einen ökonomischen und landwirtschaftlichen Hintergrund haben. Sollten welche auf diese Weise überlebt haben, wären sie freilich den Ents sehr weit entfremdet, und jede Wiederannäherung wäre schwierig – es sei denn, die Bekanntschaft mit der industrialisierten und militarisierten Landwirtschaft hätte sie ein wenig anarchischer werden lassen. Hoffentlich war es so. Ich weiß nicht.

Hobbits hatten entzückende Kinder, aber leider bekommt man sie nur zu Anfang des Bandes I kurz zu Gesicht. Ein Epilog, der einen weiteren Einblick geben würde (allerdings in eine eher exzeptionelle Familie), wurde so allgemein verdammt, daß ich ihn nicht einfügen werde. Irgendwo muß man aufhören.

Ja, Sam Gamgee [dt. Ausgabe: Gamdschie] ist gewissermaßen ein Verwandter von *Dr. Gamgee*, insofern sein Name nicht diese Form erhalten hätte, wenn ich nicht von »Gamgee-Tuch« gehört hätte; es gab, glaube ich, einen Dr. Gamgee (zweifellos ein Anverwandter) in Birmingham, als ich ein Kind war. Der Name war mir jedenfalls immer vertraut. Gaffer Gamgee [dt. »der Ohm«] entstand zuerst: Er war eine legendäre Figur für meine Kinder (nach einem lebendigen Urbild, das aber nicht so hieß). Aber, wie Sie erklärt finden werden, ist der Name in dieser Erzählung eine »Übersetzung« des echten Hobbit-Namens, abgeleitet von einem Dorf (wo man Seile machte), anglisiert zu Gamwich (Ausspr: Gammidge), bei Tighfield [dt. »Reepfeld«, vgl. Bd. II, S. 249].[3] Weil Sam eng befreundet war mit der Familie Cotton (auch ein Dorfname), wurde ich zu dem hobbitgemäßen Witz verführt, Gamwichy Gamgee zu schreiben, wobei ich nicht glaube, daß sich der Witz auch im eigentlichen Hobbit-Dialekt machen ließe.

Genaue Gegenfiguren zu den Zauberern gibt es nicht – eine Übersetzung (vielleicht nicht passend, aber durchgängig unterschieden von anderen Ausdrücken für »Magier«) für Q.-Elbisch *Istari*. Ihre Herkunft war nur einigen wenigen (wie Elrond und Galadriel) im Dritten Zeitalter bekannt. Sie sollen zuerst um das Jahr 1000 des Dritten Zeitalters aufgetaucht sein, als Saurons Schatten zu einer neuen Gestalt anzuwachsen begann. Sie schienen schon immer alt gewesen zu sein, wurden aber mit ihren Taten langsam noch älter und verschwanden mit dem Ende der Ringe. Man hielt sie für Sendboten (innerhalb dieser Geschichte aus dem Fernen Westen jenseits des Meeres), und ihre eigentliche Aufgabe, die von Gandalf erfüllt und von Saruman verdreht wurde, war es, Saurons Feinden Mut zu machen und ihre angeborenen Kräfte zur Geltung zu bringen. Gandalfs Gegenteil war, strenggenommen, Sauron in einem Teil von Saurons Maßnahmen; ebenso wie Aragorn in anderer Hinsicht.

Der *Balrog* ist ein Überlebender aus dem *Silmarillion* und den Sagen des Ersten Zeitalters. So auch *Shelob* [dt. Kankra]. Die *Balrogs*, deren Hauptwaffe die Peitsche war, waren urzeitliche Geister des vernichtenden Feuers, die wichtigsten Diener der urzeitlichen Dunklen Macht des Ersten Zeitalters. Es wurde angenommen, daß sie sämtlich bei der Niederwerfung von *Thangorodrim*, der Festung des Dunklen Herrschers im Norden, vernichtet worden seien. Aber hier stellt sich heraus (es gibt gewöhnlich einen Überhang, besonders im Bösen, von einem Zeitalter zum andern), daß einer entkommen war und unter den Bergen der Hithaeglin (dem Nebelgebirge) Zuflucht gefunden hatte. Es ist zu bemerken, daß nur der Elb weiß, was das für einer ist – und zweifellos auch Gandalf.

Shelob (englisch, als Wiedergabe der gem. Spr., »she-lob« = weibliche Spinne) ist eine Übersetzung von elbisch *Ungol*, »Spinne«. Sie wird in

Bd. II, S. 384, als Nachkommin der Riesenspinnen aus den Schluchten von *Nandungorthin* dargestellt, die in den Sagen des Ersten Zeitalters vorkommen, besonders in der wichtigsten von ihnen, der Erzählung von Beren und Lúthien. Diese wird immer wieder erwähnt, denn, wie Sam erklärt (Bd. II, S. 370)[4], diese Geschichte ist in gewissem Sinne nur eine neue Fortsetzung von ihr. Sowohl Elrond (als auch seine Tochter Arwen Undómiel, die Lúthien im Aussehen und im Schicksal sehr ähnlich ist) stammen von Beren und Lúthien ab, und so auch Aragorn, doch um viele Grade weiter entfernt. Die Riesenspinnen waren ihrerseits nur die Nachkommen von Ungoliante, der urzeitlichen Lichtverschlingerin, die in Spinnengestalt dem Dunklen Herrscher Beistand leistete, zuletzt aber mit ihm stritt. Darum gibt es kein Bündnis zwischen Shelob und Sauron, dem Statthalter der Dunklen Macht, nur einen gemeinsamen Haß.

Galadriel ist so alt wie Shelob, oder noch älter. Sie ist als letzte von den Großen unter den Hochelben noch verblieben, und sie ist in Eldamar jenseits des Meeres »erwacht«, lange bevor Ungoliante nach Mittelerde kam und dort ihre Brut hervorbrachte.....

Na, da haben Sie mir nach dem langen Schweigen nun eine ziemlich lange Antwort entlockt. Nicht zu lang, hoffentlich, auch für ein so schmeichelhaftes und ermutigendes Interesse. Ich bin zutiefst dankbar dafür; und ich hoffe, alle, die in Carradale[5] wohnen, werden meinen Dank annehmen.

Ihr ergebener
J. R. R. Tolkien

145 Aus einem Brief an Rayner Unwin   13. Mai 1954

[Tolkien hatte von Houghton Mifflin die Entwürfe zu den Klappentexten auf dem Umschlag der amerikanischen Ausgabe des *Herrn der Ringe* erhalten. Außerdem hatte er eine Reihe von Meinungsäußerungen über das Buch zu sehen bekommen, die Allen & Unwin auf dem Umschlag der britischen Ausgabe zu zitieren gedachten. Darin stellte C. S. Lewis einen für das Buch vorteilhaften Vergleich mit Ariost an, Richard Hughes bemerkte, daß seit der *Faerie Queene* nichts von gleicher Größenordnung mehr versucht worden sei, und Naomi Mitchison bezeichnete Tolkiens Geschichte als »super Science fiction«. Rayner Unwin meldete Tolkien außerdem die Geburt seines Sohnes: Merlin – ein Name, der, wie er meinte, für ein Kind doch passender wäre als »Gandalf«.]

239

Danke für die vorgesehenen Klappentexte, die ich Ihnen zurückschicke. Die Amerikaner sind in der Regel für Kritik oder Korrekturen überhaupt nicht zugänglich; aber ich finde ihren Versuch so schlecht, daß ich mich gezwungen sehe, etwas zu tun, um ihn zu verbessern, allerdings ohne viel mehr Hoffnung auf Erfolg als im Falle des abscheulichen Umschlags, den sie für den Hobbit zustande gebracht haben. Ich lege eine Seite mit Vorschlägen bei, die Sie vielleicht an Houghton Mifflin weiterleiten könnten.....

Darf ich Sie darum bitten, alles zu versuchen, damit das Buch im Juli erscheinen kann? Ich denke, es wäre schade, die Begeisterung sich erst wieder abkühlen zu lassen. Ich denke auch, daß Juli für viele das weitaus bessere Datum ist, besonders für Leute an den Schulen und Universitäten, die im Juli die Köpfe zu heben beginnen und sie im September unter der Last ihrer Pflichten wieder senken. Aber ich habe noch ein paar zwingende private Gründe. Einer davon ist, daß mir ganz *besonders daran liegt*, daß Bd. I in der Öffentlichkeit vorhanden ist, bevor ich nach Dublin komme, um dort am 20. Juli bei den Centenarfeiern den Doktor des D. Litt. zum empfangen. (Obwohl die Iren für so teure Bücher nicht viel Geld haben, könnten Sie Dublin vielleicht doch wegen der Feiern zur Abnahme von ein oder zwei Exemplaren bewegen!)

Wenn es schon mal regnet, dann gießt es gleich (wie sicherlich Mr. Butterbur gesagt haben muß), und am 2. Oktober bekomme ich noch einen Doktor in Liège; aber ich nehme an, wenigstens bis dahin wird Bd. I fertig sein.....

Ich freue mich, daß die Voraus-Urteile so günstig sind, wenn ich auch das Gefühl habe, daß Vergleiche mit Spenser, Malory und Ariost (um von super Science fiction gar nicht erst zu reden) für meine Eitelkeit zuviel sind! Ich habe Ihren Entwurf Geoffrey Mure (Rektor) gezeigt, der heute vormittag sehr unangenehm war und mich zugunsten eines kümmerlichen Tutors aus meinem Zimmer zu vertreiben drohte. Er war sichtlich betroffen und hatte offenbar vorher nicht gewußt, wen das College da beherbergte. Er ging so weit zu sagen, daß Merton sich ja gut zu machen scheine, obwohl er denn doch bezweifelte, daß ich ganz so hoch kommen würde wie Roger Bannister[1]. Jedenfalls sind meine Aktien soweit gestiegen, daß ich sogar ein besseres Zimmer bekam, aus dem jemand so Erlauchtes wie der Hausverwalter sogar meinetwegen vertrieben wird. Wenn Sie also noch mehr anerkennende Urteile haben, die ich noch nicht gesehen habe, bitte lassen Sie mich einen Blick darauf werfen. Ich verspreche, ich werde nicht wie Mr. Toad.....

Ich freue mich zu hören, daß alles gut geht. Das ist nun der zweite

Merlin, den ich kenne. Professor Turville Petres zweiter Sohn trägt die Namen Merlin Oswald (keine anglo-walisische Annäherung; ich glaube, der Oswald kommt von den Eltern und Großeltern). Sie haben sicherlich recht: Gandalf war natürlich immer schon alt. Er war ein Sendbote, der von Anfang an diese Gestalt hatte; aber alles nutzt sich ab in Mittelerde, und darum wurde er noch älter, bevor seine Aufgabe erfüllt war. Kein Name für ein Menschenkind!

146 Aus einem Brief an Allen & Unwin 3. Juni 1954

[Die Herstellungs-Abteilung hatte Tolkien um seine Zustimmung zu dem Entwurf für den Schutzumschlag des *Herrn der Ringe* gebeten.]

Ich wollte, ich könnte sagen, daß ich mit den Andrucken zu dem Umschlag, die ich hiermit zurücksende, einverstanden bin. Ich bin es nicht. Ich finde sie sogar sehr häßlich. Aber um etwas zu bewirken, hätte man mir die Möglichkeit zur Kritik in einem früheren Stadium geben müssen.

Wie der Umschlag aussieht, denke ich, ist jetzt sehr viel weniger wichtig, als daß das Buch so bald wie möglich herauskommt; und wenn ich nichts damit zu tun hätte, würde es mir nicht viel ausmachen. Da aber das Ringmotiv offensichtlich von mir stammt (wenn es auch ziemlich vergröbert ist), werde ich bei den wenigen, an denen mir liegt, wahrscheinlich in den Verdacht geraten, das Ganze so beabsichtigt zu haben . . . . .

Ich sage Ihnen, was ich denke, da ich gefragt werde: geschmacklos und deprimierend. Aber sicher ist es eine Formalität, daß Sie nach meiner Meinung fragen. Ich glaube nicht, daß einer meiner Einwände ohne große Verzögerung berücksichtigt werden könnte. *Ich würde lieber alles so lassen, wie es ist, als weitere Verzögerungen zu bewirken.* Aber *wenn es ohne Verzögerung zu machen ist,* dann hätte ich gern eine andere Schrift zumindest für die Titel-Lettern (auf der Seite; der Rücken ist passabel).

147 Aus einem Brief an Allen & Unwin   15. Juni 1954

[Der Umschlag des *Herrn der Ringe* wurde vom Verlag im Sinne von Tolkiens Bemerkungen im vorigen Brief abgeändert.]

Es war ein großer Augenblick gestern, als ich das Voraus-Exemplar der *Fellowship of the Ring* erhielt. Das Buch selbst ist doch sehr präsentabel. Ich finde, der Umschlug ist nun sehr viel besser und ziemlich auffällig. Das verwendete graue Papier gefällt mir, und es ist mir viel lieber als die anderen Farben. Aber die Andrucke der Umschläge für II und III zeigen mir jetzt doch eines, das ich mir nicht völlig klargemacht hatte: das Erfordernis der Differenzierung. Weil der Kosten halber durchgängig dasselbe Muster verwendet wird, sehen sie sich doch allzu ähnlich; und die Wahl der Farbe ist vielleicht nicht so wichtig wie die Unterscheidung. Aber diese wäre vielleicht besser durch wechselnde Farben der Hauptschrift zu erzielen? Titel und Autor in Rot?

Eigentlich ist es mir überhaupt nicht wichtig, und ich überlasse es Ihnen.

148 Aus einem Brief an Katherine Farrer   7. August 1954

[Der erste Band des *Herrn der Ringe* war am 29. Juli 1954 erschienen.]

Leider gibt es immer noch eine Anzahl »Druckfehler« in Bd. I! Darunter auch den auf S. 166. Aber *nasturtians* ist Absicht und stellt einen letztendlichen Triumph über die Willkür der Drucker dar. Der oberste Korrektor bei Jarrold's scheint ein hochgebildeter Pedant zu sein, und dort fingen sie an, mein Englisch zu korrigieren, ohne mich zu fragen: *elfin* statt *elven*; *farther* statt *further*, *try to say* statt *try and say*, und so weiter. Ich mußte mir die Mühe machen, ihm seine Unwissenheit zu beweisen und seine Unverschämtheit in die Schranken zu weisen. Darum, obwohl mir nicht viel daran liegt, versteifte ich mich auf *nasturtians*. Ich habe immer so gesagt. Es scheint eine natürliche Anglisierung zu sein, die aufkam, bald nachdem die »Indianerkresse« (ich glaube aus Peru) im 18. Jahrhundert eingebürgert war; aber es bleibt ein minoritärer Sprachgebrauch. Ich ziehe ihn vor, weil *nasturtium* sozusagen pseudobotanisch und scheingebildet ist.

Ich befragte den College-Gärtner, mit diesem Ergebnis: »Wie sagen Sie zu dem hier, Gärtner?«

»Ich sag *tropaeolum, Sir.*«
»Aber wenn Sie einfach so mit Dons reden?«
»Ich sag *nasturtians, Sir.*«
»Nicht *nasturtium?*«
»Nee, Sir, das ist Wasserkresse.«
Und das scheint faktisch die botanische Nomenklatur zu sein . . . . .
Es ist ein erdrückendes Arbeitsjahr gewesen (und geht so weiter)! So
viele Dinge auf einmal, und jedes erfordert ungeteilte Aufmerksamkeit.
Man schreit nach dem *Gawain*.[1] (Er wird nächsten Monat wiederholt.)
Und ich mühe mich ab, aus der ganzen Masse von privatem Zeug über
die Sprachen, Schriften, Kalender und die Geschichte des Dritten Zeital-
ters auszuwählen, was für Leute, die so was mögen, interessant sein
könnte und in etwa 40 Seiten unterzubringen ist. Die Zeit steht nicht
still; denn Mitte Sept. muß ich wieder nach Irland und dann weiter nach
Belgien, und dann ist das Trimester . . . . .

149 Aus einem Brief an Rayner Unwin   9. September 1954

[Im August begannen Besprechungen zu *The Fellowship of the Ring* zu erscheinen.]

Was die Besprechungen angeht, so waren sie um einiges besser, als ich
befürchtet hatte, und ich denke, sie wären vielleicht noch besser gewesen, wenn wir die Ariost-Bemerkung nicht zitiert oder überhaupt all die
außerordentliche Gehässigkeit nicht auf uns gezogen hätten, die C. S. L.
mancherorts zu erregen scheint. Er hat mich schon vor langer Zeit
gewarnt, daß sein Beistand mir vielleicht mehr schaden als nützen werde.
Ich nahm das nicht ernst, da ich mir ohnehin nichts anderes gewünscht
hätte, als mit ihm assoziiert zu werden – denn nur dank seinem Beistand
und seiner Freundschaft habe ich es geschafft, bis zu Ende durchzuhalten.
Trotzdem haben anscheinend viele Kommentatoren, statt das Buch zu
lesen, lieber seine Bemerkungen oder seine Besprechung zerpflückt.
Der (unvermeidliche) Nachteil einer Ausgabe in drei Teilen hat sich in
der von mehreren Lesern festgestellten »Formlosigkeit« gezeigt, denn
das ist richtig, wenn man den einen Band für sich nimmt. Die »Trilogie«,
die nicht wirklich stimmt, ist teilweise schuld. In Bd. I, für sich genommen, steht zuviel »Hobbitterei«; und etliche Kritiker sind offenbar über
das erste Kapitel nicht weit hinaus gekommen.
Ich muß sagen, daß ich Pech hatte, daß ich dem D. Telegraph während

Betjemans Abwesenheit in die Hände gefallen bin. Mein Werk liegt nicht auf seiner Linie, aber immerhin ist er weder ein Ignorant noch ein Rotzbengel. Peter Green scheint beides zu sein. Ich kenne ihn nicht und weiß nichts über ihn, aber er ist so grob, daß man Böswilligkeit vermuten muß.[1] Wobei ich eigentlich glaube, daß die »Erkältung in seinem Kopf« es für ihn bequemer gemacht hat, Edwin Muir im Observer[2] und Lambert in der S. Times[3] zu benutzen, mit leichter Aufwärmung des obigen.

Am meisten wundern mich die Bemerkungen über den Stil. Ich erwarte nicht – und hatte nicht erwartet –, daß viele von den Hobbits belustigt würden oder sich für die Geschichte allgemein und ihre Erzählweisen interessieren würden, aber die Diskrepanzen in den Urteilen über den Stil (in denen man doch denken sollte, daß vom persönlichen Geschmack unabhängige Maßstäbe angelegt würden) sind sehr merkwürdig – von lobender Zitierung bis zu »Boys Own Paper« (das gar keinen bestimmten Stil hat)!

Wie mir scheint, sind Sie nicht völlig unzufrieden. Aber es hat noch ein paar sehr anerkennende Notizen gegeben, außer C. S. L. (der den Vorteil hatte, das Ganze zu kennen), wenn auch gewöhnlich nicht höheren Ortes. Cherryman in *Truth*[4] und Howard Spring in *C. Life*[5] waren einem schon schmeichelhaft für die Eitelkeit, und auch Cherrymans Schluß: daß er begierig den zweiten und dritten Band vornehmen werde! Mögen andere ebenso empfinden!

Fawcett im *M. Guardian*[6] war freundlich in Kürze; und mich interessierte besonders eine lange Notiz in der *Oxford Times* (vom Redakteur selbst[7]), weil sie von einem kommt, der ganz außerhalb des Rings steht, und ihm schien es gefallen zu haben. Er schickte einen Interviewer vorbei, aber was er diese Woche für die *O. Mail* ausschwitzt, weiß ich nicht . . . . .

Na, dieser Brief wird wieder ungebührlich lang. Mittendrin ist Professor d'Ardenne aus Liège angekommen, um mich mit philologischen Arbeiten, die wir jetzt eigentlich machen müßten, zu plagen.

150 **Aus einem Brief an Allen & Unwin** 18. September 1954

Es tut mir leid, daß ich Ihnen noch keinen Text für die Anhänge schicken kann. Ich kann nur sagen, daß ich mein Bestes tun werde, um ihn bis Ende des Monats fertigzubekommen. Die Schwierigkeit ist meine Unentschlossenheit (und widerstreitende Ratschläge) bei der Auswahl aus der Überfülle des Stoffes. Ich habe viel unnütze Zeit mit dem Versuch hingebracht, die unglückseligen Versprechungen von Bd. I, S. 8[1] zu erfüllen.

Mit dem Register bin ich in der Rohform bis zur Mitte von Bd. II gekommen.

Für die auf die einfachste Form beschränkten »Alphabete« werden Klischees nötig sein . . . . . Eine Karte von Gondor ist vielleicht am dringendsten. Ich hoffe, ich kann meinen Sohn Christopher dazu kriegen, daß er aus meinen Entwürfen so bald wie möglich eine macht.

151 Aus einem Brief an Hugh Brogan 18. September 1954

Wenn Sie meine Meinung wissen wollen, dann geht die »Faszination« [des *Herrn der Ringe*] teilweise von den Ausblicken auf noch mehr Sagen und Geschichte aus, über die das Werk keinen vollständigen Aufschluß gibt. Einstweilen lassen wir es lieber dabei. Wenn das Werk einen Fehler hat, den ich selbst klar erkenne, dann vielleicht, daß ich Teil I zu sehr mit Versuchen überlastet habe, Schauplätze und historischen Hintergrund im Lauf der Erzählung zu schildern. Natürlich »existiert« dieser Hintergrund tatsächlich schon, das heißt, er ist aufgeschrieben, und zwar wurde er zuerst geschrieben. Aber ich konnte ihn nicht zur Veröffentlichung bekommen, in chronologischer Folge, wenn und solange kein Publikum zu finden wäre für die Mischung der elbischen und númenórischen Sagen mit den Hobbits . . . . .

Daß Sie *goblins* vor *orcs* den Vorzug geben, berührt eine weitreichende Frage und ist Geschmackssache, vielleicht auch historische Pedanterie meinerseits. Persönlich ziehe ich Orcs vor (denn diese Kreaturen sind keine »Kobolde«, auch nicht die Kobolde George MacDonalds, mit denen sie eine gewisse Ähnlichkeit haben). Auch bedaure ich es jetzt zutiefst, von *Elves* gesprochen zu haben, obwohl dieses Wort nach Abstammung und ursprünglicher Bedeutung passend genug ist. Aber die katastrophale Entwertung dieses Wortes, bei der Shakespeare eine unverzeihliche Rolle spielte, hat es eigentlich mit unangenehmen Tönen überladen, gegen die man nicht aufkommt. Ich hoffe in die Anhänge zu Bd. III eine Anmerkung »zur Übersetzung« aufnehmen zu können, in der die Frage der Äquivalente und mein Sprachgebrauch deutlich gemacht würden. Die Schwierigkeit für mich war, weil ich ja eine Art Sagen- und Geschichtsbuch einer »vergessenen Epoche« zu geben versuchte, daß alle spezifischen Ausdrücke einer fremden Sprache angehörten, und *genaue* Äquivalente gibt es im Englischen nicht.....

Mehr als dankbar bin ich Ihnen für eines: abgesehen von einer Zeile im Manchester Guardian hat niemand sonst bisher auch nur erwähnt, daß es in dem Buch *Verse* gibt – oder ich glaube nicht.....

Frodo soll kein zweiter Bilbo sein. Obwohl sein Stil in der Eröffnung nicht ganz ohne Familienähnlichkeit ist. Aber er ist eher eine Studie von einem durch eine Bürde von Furcht und Schrecken zerbrochenen Hobbit – aufgebrochen und am Ende in etwas ganz anderes verwandelt. Keiner von den Hobbits geht ganz nach der reinen Auenlandart daraus hervor. Das ginge nicht. Aber Sie haben ja Samwise Gamwichy (oder Gamgee).

Mittelerde ist einfach archaisches Englisch für ἡ οἰκουμένη, die bewohnte Welt der Menschen. Es lag, wo es immer noch liegt. Ja, genau wie jetzt, rund und unentrinnbar. Das ist es zum Teil, worum es geht. Die neue Situation, zu Beginn des Dritten Zeitalters entstanden, führt schließlich und unvermeidlich weiter bis zur gewöhnlichen Geschichte, und wir sehen hier den Prozeß kulminieren. Wenn Sie oder irgendeiner von den sterblichen Menschen (oder Hobbits) in Frodos Zeit sich übers Meer nach Westen aufgemacht hätte, wären wir, genau wie jetzt, schließlich wieder (wie jetzt) zum Ausgangspunkt zurückgekehrt. Vorbei war die »mythologische« Zeit, als Valinor (oder Valimar), das Land der Valar (Götter, wenn Sie wollen), im Äußersten Westen noch physisch vorhanden war, oder die eldaische (elbische) Unsterblichen-Insel Eressea, oder die große Insel Westernis (Númenor-Atlantis). Nach dem Untergang von Númenor und seiner Vernichtung wurde all dies aus der »physischen« Welt entrückt und ist mit materiellen Mitteln nicht mehr erreichbar. Nur die Eldar (oder Hochelben) konnten dorthin noch fahren, sich von Zeit und Sterblichkeit lossagen, aber nie mehr zurückkehren.

Vielen herzlichen Dank, daß Sie sich des alternden Professors erinnern und ihm mit Ihrem Brief den Rücken stärken. Ich weiß, 21 Shilling sind ein fürchterlicher Preis, aber vergessen Sie nicht, daß ich eine Unmenge verkaufen muß, ehe die gräßlichen Kosten abgezahlt sind. Die Tatsache, daß ich keinen Halfpenny bekomme, bis das erreicht ist, macht nicht soviel aus wie dies: wenn genug verkauft werden, kann ich vielleicht *noch mehr veröffentlichen*. Wenn Sie mir darum noch eine weitere Freundlichkeit erweisen wollen, dann halten Sie alle, die Sie können, dazu an, sich lieber eine Guinee als ein Exemplar zu erbetteln, zu pumpen oder zu stehlen!

Bilder sind viel zu teuer, selbst wenn mein Können ausreichte, sie selbst zu machen und das Honorar für den Zeichner zu sparen. Ich habe es versucht, kann aber leider, leider nur s. unvollkommen zeichnen, was ich kann, und nicht, was ich sehe. Der Umschlag ist alles, was von drei verschiedenen Zeichnungen übrig geblieben ist, die ich gemacht habe, eine für jeden Teil. Teil I sollte ganz in Schwarz sein, mit roter und goldener Schrift und den drei gegnerischen Ringen: Narya (rot), Vilya (blau), Nenya (weiß) . . . . .[1] Aber das wurde verkleinert; und die hübschen (fand ich) Faksimiles der 3 angebrannten Seiten aus dem Buch von Mazarbul verschwanden auch – damit die Leute die Sache zu dem Spottpreis von 21 Shilling bekommen konnten!

152 Aus einem Brief an Rayner Heppenstall, BBC
22. September 1954

[Tolkiens dramatischer Dialog The Homecoming of Beorhtnoth wurde am 3. Dezember 1954 im Dritten Programm der BBC gesendet. Rayner Heppenstall, der Produzent, hatte Tolkien gefragt, welchen »Dialekt« die Sprecher annehmen sollten.]

Was den englischen Dialog angeht, so ist ein »Dialekt«-Ton oder eine ländliche Färbung überhaupt nicht nötig. Ein Unterschied der gesellschaftlichen Stellung, wie wir sagen würden, zwischen den beiden Sprechern ist nicht beabsichtigt. Der eine braucht eine jüngere und hellere Stimme, der andere eine ältere und tiefere. Der Unterschied zwischen beiden liegt eher im Temperament und in der Sache als in der »Klasse«. Der junge Sänger bricht in richtige Verse aus und bedient sich eines archaischen Stils – wie es jeder damals getan hätte, wenn er des Verses mächtig wäre, und wie Tidwald selbst auch, wenn er Torhthelm verspottet.

Es ist nicht angezeigt, aus welchen Teilen des Landes die beiden kommen. Tatsächlich ist es für Torhthelm wahrscheinlicher, daß er aus den West Midlands kommt, wie viele der bei Maldon Gefallenen. Aber in einer Periode, als der »Dialekt« nur den Ort kennzeichnete und nicht den Rang oder die Tätigkeit, als jedenfalls die Details der Grammatik und der Vokale keine soziale Bedeutung hatten, wäre es am besten, jede moderne Rustikalität zu vermeiden. Auf jeden Fall wären moderne ostenglische Merkmale anachronistisch, denn die gab es damals nicht – die Verschmelzung der dänischen und englischen Elemente, aus der sie schließlich hervorgingen, war noch nicht vollzogen. Und das Essex der Ostsachsen war (und ist) etwas ganz anderes als das Northfolk und Southfolk.

153 An Peter Hastings (Entwurf)

[Peter Hastings, Leiter des Newman Bookshop (einer katholischen Buchhandlung in Oxford), schrieb einen Brief, in dem er Begeisterung für den *Herrn der Ringe* äußerte, aber fragte, ob Tolkien »in metaphysischen Dingen nicht übers Ziel hinausgeschossen« sei. Er nannte mehrere Beispiele: erstens »Baumbarts Aussage, daß der Dunkle Herrscher die Trolle und die Orks geschaffen habe«. Hastings meinte, daß der Böse unfähig sei, irgend etwas zu erschaffen, und selbst wenn er es könnte, so könnten seine Geschöpfe »keinen Hang zum Guten haben, nicht mal einen ganz kleinen«; während doch, behauptete er, einer der Trolle im *Hobbit*, nämlich William, immerhin ein wenig Mitleid für Bilbo empfinde. Er erwähnte auch, wie Bombadil von Goldbeere gekennzeichnet wird: »Er ist.« Dies, meinte Hastings, scheine zu besagen, daß Bombadil Gott sei. Am meisten gab ihm die Wiedergeburt der Elben zu denken, von der Tolkien ihm im Gespräch erzählt hatte. Dazu schrieb Hastings: »Gott hat dieses Verfahren in keiner seiner Schöpfungen, von denen wir Kenntnis haben, angewendet, und mir scheint die Position eines Nebenschöpfers überschritten zu werden, wenn man es als eine tatsächlich wirksame Sache hervorbringt, denn wenn ein Nebenschöpfer die Beziehungen zwischen Schöpfer und Geschaffenem behandelt, sollte er diejenigen Kanäle benutzen, von denen er weiß, daß auch der Schöpfer sie schon benutzt hat ... ›Der Ring‹ ist so gut, daß es schade ist, wenn er seiner Realität entkleidet wird, weil der Schriftsteller die Grenzen seines Handwerks überschreitet.« Er fragte auch, ob die Wiedergeburt der Elben keine praktischen Probleme aufwerfe: »Was wird aus den Nachkommen, wenn ein Mensch und ein Elb heiraten?« Und, zu einem anderen Thema, fragte er, wie Sauron, seine extreme Bosheit vorausgesetzt, »sich die Kooperation der Elben erhalten konnte«, bis zu der Zeit, als die Ringe der Macht geschmiedet wurden.]

September 1954
Lieber Mr. Hastings,
    danke vielmals für Ihren langen Brief. Es tut mir leid, daß ich keine Zeit habe, ihn so ausführlich zu beantworten, wie er es verdient. Jedenfalls haben Sie mir das Kompliment gemacht, mich ernst zu nehmen; wobei ich nicht umhin kann, mich zu fragen, ob das nicht »zu

ernst« ist oder in die falschen Richtungen führt. Die Erzählung ist schließlich letzten Endes doch eine Erzählung, ein Stück Literatur, das einen literarischen Effekt haben soll, keine reale Geschichte. Daß das benutzte Verfahren, nämlich den Hintergrund so anzulegen, daß er historisch anmutet, mit (einer Illusion von ?) drei Dimensionen, wirksam ist, scheint die Tatsache zu bezeugen, daß mehrere Leute, die mir schrieben, ihn genauso aufgefaßt haben, je nach ihren verschiedenen Interessen oder Kenntnissen: d. h. als ob es ein Bericht über »wirkliche« Orte und Zeiten wäre, die nur meine Unwissenheit oder Unachtsamkeit an manchen Stellen falsch dargestellt oder an anderen nicht ordentlich beschrieben hätte. Seine Ökonomie, Wissenschaft, Artefakte, Religion und Philosophie werden vermißt oder sind allenfalls angedeutet.

Ich habe natürlich all die Punkte, die Sie ansprechen, schon bedacht. Aber Ihnen meine Überlegungen (in anderer Form) vorzutragen, würde ein Buch erfordern*, und jederlei echte Antwort auf Ihre tieferen Bedenken muß zumindest so lange warten, bis Sie mehr in der Hand haben: Bd. III zum Beispiel, um von den mehr mythischen Geschichten der Kosmogonie, des Ersten und Zweiten Zeitalters ganz zu schweigen. Da es in der Sache von Anfang bis Ende vornehmlich um die Beziehung der Schöpfung zum Schaffen und zum Nebenschöpfertum geht (und nebenbei um das verwandte Thema der »Sterblichkeit«), muß klar sein, daß die Hinweise auf diese Dinge nicht zufällig, sondern fundamental sind: gut möglich, daß sie fundamental »falsch« sind, von der (äußeren) Realität her gesehen. Aber sie können nicht falsch sein innerhalb dieser imaginären Welt, denn die ist nun einmal so beschaffen.

Die Natur der Beziehung zwischen Nebenschöpfung und Schöpfung sehen wir ganz verschieden. Ich hätte sagen sollen, daß die Befreiung »von den Kanälen, die der Schöpfer bekanntlich schon benutzt hat«, die fundamentale Aufgabe der »Nebenschöpfung« ist, ein Tribut an die Unendlichkeit Seiner potentiellen Vielfalt, eine der Formen, in denen sie sich doch zur Schau stellt, wie ich in dem Essay schon sagte. Ich bin kein Metaphysiker; aber ich würde meinen, es wäre eine sonderbare Metaphysik – es gibt ja nicht nur eine, sondern viele, eigentlich potentiell unzählige –, die besagte, daß die bekanntlich (in einem so kleinen Winkel wie dem, von dem wir einen blassen Schimmer haben) benutzten Kanäle die einzig möglichen seien, oder die einzig wirksamen oder womöglich die für Ihn und von Ihm einzig annehmbaren!

Die »Wiedergeburt« mag schlechte *Theologie* sein (das sicherlich, eher als Metaphysik) in bezug auf die Menschheit; und mein *Legendarium*,

* Hat es beinah, sogar im hastigen Entwurf.

besonders der »Untergang von Númenor«, der unmittelbar hinter dem *Herrn der Ringe* steht, beruht auf meiner Ansicht: daß die Menschen wesentlich sterblich sind und nicht versuchen dürfen, im Fleische »unsterblich« zu werden.* Aber ich sehe nicht, wie selbst in der Primärwelt ein Theologe oder Philosoph, sofern er nicht über das Verhältnis zwischen Leib und Seele sehr viel besser unterrichtet wäre, als es, wie ich glaube, irgendwer sein kann, die *Möglichkeit* der Wiedergeburt leugnen könnte, als eine Art der Existenz, die für bestimmte vernünftige und leibliche Geschöpfe geboten sein könnte.

Ich nehme an, daß die Hauptschwierigkeiten, auf die ich mich eingelassen habe, eigentlich naturwissenschaftlicher und biologischer Art sind – und diese machen mir genausoviel Sorgen wie die theologischen und metaphysischen (obwohl sie Ihnen nicht so viel auszumachen scheinen). Elben und Menschen sind in biologischer Hinsicht offenbar eine Art, sonst könnten sie nicht zusammen fruchtbare Nachkommen erzeugen – nicht mal in seltenen Fällen: nur 2 solche Vereinigungen kommen in meinen Sagen vor, und sie sind verschmolzen in der Nachkommenschaft von *Earendil*[1]. Weil aber manche behauptet haben, daß der Grad der Langlebigkeit ein biologisches Merkmal ist, von begrenzter Variation, konnte man die Elben nicht gewissermaßen »unsterblich« sein lassen – sie sind nicht ewig, sterben aber nicht einfach vor »Alter« – und die Menschen sterblich, mehr oder weniger so, wie sie heute in der Primärwelt zu sein scheinen, und doch beide hinlänglich miteinander verwandt. Ich könnte erwidern, daß diese »Biologie« nur eine Theorie ist, daß die moderne »Gerontologie«, oder wie immer man das nennt, das »Altern« wesentlich mysteriöser und in Körpern von menschlicher Struktur nicht so eindeutig unvermeidlich findet. Aber eigentlich sollte ich erwidern: es ist mir egal. Dies ist ein biologisches Diktum in meiner imaginären Welt. Es ist (bisher) erst eine unvollständig vorgestellte, eine rudimentäre »Sekundär«-Welt; doch wenn es dem Schöpfer beliebte, ihr (in berichtigter Form) auf irgendeiner Ebene Realität zu verleihen, dann müßte man einfach in sie eintreten und ihre andersartige Biologie zu untersuchen beginnen, das ist alles.

Aber so wie sie ist – obwohl sie aus der Hand geraten scheint, so daß manche Teile (für mich) so wirken, als ob sie eher durch mich als von mir

---

* Da »Sterblichkeit« so als eine besondere Gabe Gottes für die Zweite Rasse der Kinder (der Eruhíni, Kinder des Einen Gottes) dargestellt wird und nicht als Strafe für einen Sündenfall, können Sie das »schlechte Theologie« nennen. Vielleicht ist es das in der Primärwelt, aber es ist eine Vorstellung, die Wahrheit erhellen kann, und eine legitime Basis für Legenden.

bekanntgemacht werden –, ist ihr Zweck immer noch weitgehend ein literarischer (und, wenn Sie der Ausdruck nicht schreckt, didaktischer). Elben und Menschen erscheinen in dieser »Geschichte« als biologisch verwandt, weil die Elben bestimmte Aspekte der Menschen, ihrer Talente und Sehnsüchte sind, verkörpert in meiner kleinen Welt. Sie haben gewisse Freiheiten und Kräfte, die wir auch gern hätten, und die Schönheit, die Gefahr und das Leid dieses Besitzes wird in ihnen zur Schau gestellt.....

Sauron war natürlich zu Anfang nicht »böse«. Er war ein »Geist«, den der Dunkle Urherrscher (der nebenschöpferische Ur-Rebell) Morgoth korrumpierte. Als Morgoth überwunden wurde, gab man ihm eine Chance, zu bereuen, aber er konnte die Demütigung, widerrufen und um Gnade bitten zu müssen, nicht ertragen; und darum endete seine zeitweilige Wendung zum Guten und »Wohltätigen« in einem um so stärkeren Rückfall, bis er der wichtigste Vertreter des Bösen in den späteren Zeitaltern wurde. Aber zu Beginn des Zweiten Zeitalters war er noch schön anzusehen oder konnte eine schöne sichtbare Gestalt annehmen – und war auch tatsächlich nicht ganz und gar böse, es sei denn, alle »Reformer«, die es mit dem »Wiederaufbau« und der »Neuorganisation« so eilig haben, wären ganz und gar böse, schon bevor der Hochmut und die Begierde, ihren Willen durchzusetzen, sie auffressen. Der besondere Zweig der Hochelben, um den es hier geht, die Noldor oder Meister des Wissens, standen immer auf der Seite von »Wissenschaft und Technologie«, wie wir heute sagen würden: Sie wollten die Kenntnisse haben, die Sauron wirklich hatte, und die von Eregion schlugen Gilgalads und Elronds Warnungen in den Wind. Die besondere Sehnsucht der Elben von Eregion – eine »Allegorie«, wenn Sie so wollen, für die Liebe zu Maschinen und technischen Verfahren – wird auch symbolisiert durch ihre enge Freundschaft mit den Zwergen von Moria.

Ich würde sie als nicht bösartiger oder törichter betrachten (aber so ziemlich in derselben Gefahr) als Katholiken, die bestimmte Arten physikalischer Forschung betreiben (z. B. solche, bei denen, wenn auch nur als Nebenprodukte, Giftgase und Explosivstoffe abfallen): Dinge, die nicht notwendig böse sind, die aber, so wie die Dinge einmal liegen und wie die Natur und die Motive der ökonomischen Herren, die alle Mittel für ihre Arbeit bereitstellen, nun einmal sind, mit einiger Sicherheit üblen Zwecken dienen werden. Für die man ihnen nicht unbedingt die Schuld wird geben können, auch wenn sie ihnen bekannt gewesen sind.

Zu einigen anderen Punkten. Ich glaube, in bezug auf die »Schöpfung durch das Böse« stimme ich zu. Allerdings gebrauchen Sie das Wort

»Schöpfung« großzügiger als ich.* Baumbart sagt nicht, der Dunkle Herrscher habe die Trolle und Orks »erschaffen«. Er sagt, er habe sie »gemacht«, als *Fälschung* bestimmter vorher existierender Geschöpfe. Es liegt, für mich, eine tiefe Kluft zwischen den beiden Aussagen, so tief, daß Baumbarts Behauptung möglicherweise (in meiner Welt) zutreffend gewesen sein könnte. Sie trifft *nicht* wirklich zu für die Orks – die grundsätzlich eine Rasse von »vernünftigen leiblichen Geschöpfen« sind, allerdings entsetzlich verderbt, wenn auch nicht mehr als viele Menschen, denen man heute begegnet. Baumbart ist eine *Figur* in meiner Erzählung, er ist nicht ich; und obwohl er ein gewaltiges Gedächtnis und mancherlei bodenständige Weisheit besitzt, gehört er doch nicht zu den Weisen, und es gibt allerhand, das er nicht weiß oder nicht versteht. Er weiß nicht, was »Zauberer« sind oder wo sie herkommen (ich dagegen weiß es, auch wenn ich es in Wahrnehmung meines Nebenschöpferrechtes in dieser Erzählung für das Beste gehalten habe, die Frage ein »Geheimnis« bleiben zu lassen, nicht ohne manche Hinweise auf die Lösung). Leiden und Erfahrung (und womöglich der Ring selbst) haben Frodo mehr Einblick verschafft; und in Kap. I von Buch VI werden Sie lesen, was er zu Sam sagt: »Der Schatten, der sie gezüchtet hat, kann nur nachäffen, er kann nicht wirklich eigene neue Dinge machen. Ich glaube nicht, daß er den Orks das Leben geschenkt hat, er hat sie nur verwüstet und entstellt.« In den Legenden der Älteren Tage wird angedeutet, daß der Diabolus einige von den ersten Elben unterjocht und verderbt hat, ehe sie von den »Göttern« gehört hatten, um von Gott gar nicht zu reden.

Über die Trolle bin ich mir nicht sicher. Ich denke, sie sind einfach »Fälschungen«, und darum (obwohl ich hier natürlich Elemente alter, barbarischer Mythenschöpfung, die keine »bewußte« Metaphysik hatte, benutze) werden sie wieder in bloße steinerne Bilder verwandelt, wenn es nicht dunkel ist. Aber neben diesen ziemlich lächerlichen, wenn auch brutalen Steintrollen gibt es noch andere Arten, die mutmaßlich von anderer Herkunft sind. Natürlich (weil meine Welt unvermeidlich sogar auf ihrer Ebene unvollkommen und auch nicht völlig kohärent beschaffen ist – unsere wirkliche Welt *scheint* ja auch nicht völlig kohärent zu sein; und ich bin im Grunde selber nicht überzeugt, obwohl in jeder Welt auf jeder Ebene letztlich alles dem Willen Gottes unterstehen muß, daß es nicht sogar in der unsrigen manche »geduldeten« nebenschöpferischen

---

* Innerhalb dieser mythischen Geschichte (so wie ihre Metaphysik einmal ist, nicht notwendig wie eine Metaphysik der wirklichen Welt) wird Schöpfung, der Willensakt Erus des Einen, der den Entwürfen Wirklichkeit verleiht, unterschieden vom »Machen« (Making), das Wirklichkeit nur anheimstellt.

Fälschungen gibt!), wenn man Trolle *reden* läßt, gibt man ihnen eine Kraft, die in unserer Welt (wahrscheinlich) den Besitz einer »Seele« mit einbegreift. Aber ich gebe nicht zu (wenn Sie dieses Märchen-Element einmal gelten lassen), daß meine Trolle irgendein Zeichen des »Guten« im strengen, unsentimentalen Sinne aufweisen. Ich sage nicht, daß William *Mitleid* empfand – für mich ein Wort von moralischem und imaginativem Wert: Bilbos und später Frodos Mitleid ist es, das schließlich die Fahrt zum Ziel kommen läßt – und ich glaube nicht, daß er Mitleid bezeigte. Ich hätte vielleicht nicht (wenn der *Hobbit* sorgfältiger geschrieben und meine Welt schon vor 20 Jahren so durchdacht gewesen wäre) den Ausdruck »poor little blighter« [dt. Ausg.: »arme Kröte«] gebrauchen sollen, ebenso wie ich den Troll nicht *William* hätte nennen sollen. Aber Mitleid konnte ich schon damals nicht bemerken und fügte einen klaren Hinweis ein. Mitleid muß einen davon abhalten, etwas unmittelbar Erwünschtes und anscheinend Vorteilhaftes zu tun. Hier ist nicht mehr Mitleid als in einem Raubtier, wenn es gähnt oder faul ein Geschöpf tätschelt, das es fressen könnte, aber nicht fressen will, weil es keinen Hunger hat. Oder auch in den Handlungen vieler Menschen, die in Wahrheit aus Sattheit, Faulheit oder einer ganz nicht-moralischen Weichlichkeit erwachsen, dann aber mit dem Namen »Mitleid« veredelt werden.

Was Tom Bombadil angeht, so glaube ich nun wirklich, daß Sie ihn zu ernst nehmen und mich außerdem mißverstehen. (Auch hier werden wieder Worte von Goldbeere und Tom verwendet, nicht von mir als Kommentator.) Sie erinnern mich ein wenig an einen protestantischen Verwandten, der mir einmal den (modernen) katholischen Brauch beanstandete, die Priester Vater zu nennen, weil der Name Vater nur der Ersten Person zugehöre, wofür er die letzte Sonntagsepistel zitierte – unpassenderweise, denn dort heißt es *ex quo*. Mit »Master« werden auch viele andere Figuren bezeichnet; und wenn Tom »in der Zeit« ein Urwesen war, dann war er der Älteste in der Zeit. Aber Tom und Goldbeere sprechen vom Geheimnis der *Namen*. Lesen und bedenken Sie Toms Worte in Bd. I, p. 142.[2] Vielleicht können Sie sich Ihr individuelles Verhältnis zum Schöpfer ohne Namen denken – können Sie's: denn in einem solchen Verhältnis werden die Pronomen zu Eigennamen. Aber sobald Sie sich in einer Welt anderer Endlichkeiten befinden, jede mit einer ähnlichen, wenn auch je einzig- und andersartigen Beziehung zum Höchsten Wesen, wer sind Sie dann? Frodo hat nicht gefragt, »was ist Tom Bombadil«, sondern »Wer ist er«. Wir und er verwechseln zweifellos oftmals nachlässig diese Fragen. Goldbeere gibt die, glaube ich, richtige Antwort. Wir brauchen nicht auf die Feinheiten des »Ich bin, der ich bin« eingehen – das etwas ganz anderes ist als *er ist*.* Als Zugeständnis fügt sie noch eine Angabe über einen Teil des »Was« hinzu. Er ist *Master* auf eine besondere Weise: Er hat keine Furcht und überhaupt kein Verlangen nach Besitz oder Herrschaft. Er weiß und versteht nur von den Dingen etwas, die ihn in seinem natürlichen kleinen Reich angehen. Er fällt kaum je ein Urteil, und soweit man sieht, macht er selbst gegen den Weidenmann kaum einen Versuch, ihn zu bessern oder zu entfernen.

Ich glaube nicht, daß man über Tom philosophieren müßte und daß er dadurch besser wird. Aber viele haben ihn als sonderbare oder sogar unpassende Zutat empfunden. Historische Tatsache ist, daß ich ihn hineinbrachte, weil ich ihn schon »erfunden« hatte, unabhängig vom Übrigen (er erschien zuerst im Oxford Magazine[3]), und unterwegs noch ein »Abenteuer« brauchte. Aber ich behielt ihn drin, so wie er war, weil er bestimmte ansonsten weggelassene Dinge repräsentiert. Ich meine ihn nicht als Allegorie – sonst hätte ich ihm keinen so eigenartigen, individuellen und lächerlichen Namen gegeben –, aber die »Allegorie« ist für manche Tätigkeiten die einzige Darstellungsweise: Er ist also eine »Allegorie«, oder ein Muster, eine besondere Verkörperung der reinen (echten) Naturwissenschaft: der Geist, der nach Wissen von anderen Dingen, ihrer Geschichte und Natur verlangt, *weil sie »anders« sind* und völlig unabhängig vom Untersucher, ein Geist, der mit dem rationalen Denken gleich ursprünglich ist und den es überhaupt nicht interessiert, was »dem Wissen zu »tun« wäre: Zoologie und Botanik, nicht Viehzucht oder Ackerbau. Sogar bei den Elben sieht man dies kaum: Sie sind vor allem Künstler. Außerdem verdeutlicht T. B. noch etwas anderes, nämlich in seiner Einstellung zu dem Ring, der auf ihn seine Wirkung verfehlt. Man muß sich auf einen Teil, wahrscheinlich einen relativ kleinen, der Welt (Universum) konzentrieren, ob man nun eine Geschichte erzählen will, egal wie lang, oder ob man etwas in Erfahrung bringen will, egal wie grundsätzlich – und daher wird aus diesem »Blickwinkel« vieles ausgelassen oder an der Peripherie verzerrt werden oder erscheint als störende Absonderlichkeit. Die Macht des Ringes über alle Beteiligten, sogar die Zauberer oder Sendboten, ist kein Wahn – aber auch nicht die ganze Wahrheit, nicht einmal für den damaligen Zustand und Inhalt jenes Teils des Universums.

---

* Nur die erste Person (von Welten oder was auch immer) kann einzigartig sein. Wenn man sagt, *er ist*, muß es mehr als einen geben, und erschaffene (Sub-)Existenz ist schon vorausgesetzt. »Er ist« kann ich von Winston Churchill so gut sagen wie von Tom Bombadil, oder nicht?

Auf die biologische Schwierigkeit der Elb-Mensch-Ehen bin ich schon eingegangen. Sie kommt natürlich im Märchen und in der Folklore vor, obwohl nicht in allen Fällen die gleichen Ideen dahinter stehen. Aber ich habe sie viel mehr als Ausnahme behandelt. Ich sehe nicht ein, daß die »Wiedergeburt« die resultierenden Probleme überhaupt berührt. Aber die »Unsterblichkeit« (in meiner Welt nur die begrenzte irdische Langlebigkeit) berührt sie natürlich sehr wohl. Wie in vielen Märchen gesehen wird.

In der primären Erzählung von *Lúthien* und *Beren* wird es Lúthien als einer absoluten Ausnahme gestattet, auf die »Unsterblichkeit« zu verzichten und »sterblich« zu werden – aber als Beren von dem Wolf, der am Höllentor wacht, getötet wird, erlangt Lúthien einen kurzen Aufschub, währenddessen sie beide »lebendig« nach Mittelerde zurückkehren – wobei sie sich allerdings von anderen fernhalten: eine Art umgekehrter Orpheus-Sage, aber von Mitleid, nicht von Unerbittlichkeit erfüllt. Túor vermählt sich mit Idril, der Tochter König Turgons von Gondolin; und es wird »angenommen« (nicht eindeutig gesagt), daß er als einmalige Ausnahme die begrenzte »Unsterblichkeit« der Elben empfängt: je eine Ausnahme in beiden Richtungen. Earendil ist Túors Sohn & Vater von Elros (erster König von Númenor) und Elrond, und ihre Mutter ist Elwing, Tochter von Dior, Berens und Lúthiens Sohn: So wird das Problem der Halbelben in einer Ahnenreihe vereinigt. Die Ansicht ist, daß die Halbelben die Befugnis zu einer (unwiderruflichen) Entscheidung haben, die sie eine Weile, aber nicht für immer hinausschieben können, welches Sippenschicksal sie teilen wollen. Elros entschied sich, ein König und zwar »longaevus«, aber sterblich zu werden, darum sind alle seine Nachkommen sterblich und von besonders edlem Stamm, aber bei abnehmender Langlebigkeit: so Aragorn (der aber immer noch eine größere Lebensspanne hat als seine Zeitgenossen, die doppelte, wenn auch nicht wie bei den ersten Númenórern die dreifache der Menschen). Elrond entschloß sich, unter den Elben zu leben. Seine Kinder – mit einem neuerlichen elbischen Einschlag, denn ihre Mutter war Celebrían, Tr. von Galadriel – müssen sich wiederum entscheiden. Arwen ist keine »wiedergeborene« Lúthien (das wäre in der Sicht dieser mythischen Geschichte unmöglich, denn Lúthien ist gestorben und wie eine Sterbliche aus der zeitlichen Welt geschieden), sondern eine Nachkommin, die ihr im Äußeren, im Charakter und Schicksal sehr ähnlich ist. Als sie Aragorn heiratet (dessen Liebesgeschichte anderswo erzählt wird und hier nicht zentral ist, darum wird sie nur gelegentlich erwähnt), trifft sie »Lúthiens Wahl«; deshalb ist ihr Kummer beim Abschied von

Elrond besonders schmerzlich. Elrond scheidet hin übers Meer. Das Ende seiner Söhne Elladan und Elrohir wird nicht erzählt: sie vertagen ihre Entscheidung und bleiben noch eine Weile.

Nun zu »wessen Autorität entscheidet über diese Dinge?« Die unmittelbaren »Autoritäten« sind die Valar (die Mächte oder Autoritäten): die »Götter«. Aber sie sind nur erschaffene Geister – von hohem, engelhaftem Rang, könnte man sagen, mit untergeordneten, dienstbaren Engeln – und werden daher verehrt, aber nicht angebetet[*]; und obwohl stark »nebenschöpferisch« und auf der Erde wohnhaft, der sie in Liebe verbunden sind, weil sie bei ihrer Erschaffung und Einrichtung mitgeholfen haben, können sie doch nicht aus eigenem Willen grundsätzliche Bestimmungen ändern. In der Krise der númenórischen Rebellion riefen sie den Einen an – als die Númenórer in ihrer Begierde nach leiblicher Unsterblichkeit das Unsterbliche Land mit einer großen Armada gewaltsam zu nehmen versuchten –, was eine katastrophale Änderung in der Gestalt der Erde notwendig machte. Weil Unsterblichkeit und Sterblichkeit die je besonderen Gaben Gottes für die *Eruhíni* sind (an deren Idee und Erschaffung die Valar überhaupt keinen Anteil hatten), muß man annehmen, daß keine Änderung ihrer grundsätzlichen Artung auch nur

---

[*] Daher gibt es keine Tempel oder »Kirchen« bei den »guten« Völkern in dieser »Welt«. Sie hatten wenig oder gar keine »Religion« im Sinne eines Kultes. Es kann sein, daß sie einen *Vala* (wie Elbereth) um Hilfe anrufen, wie ein Katholik einen Heiligen, obwohl sie theoretisch zweifellos so gut wie dieser wußten, daß die Macht des Vala beschränkt und abgeleitet war. Aber dies ist ein »primitives Zeitalter«: und von diesen Leuten kann man sagen, daß sie die Valar sehen, wie Kinder ihre Eltern oder wie Erwachsene ihre unmittelbaren Vorgesetzten sehen, und obwohl sie wissen, daß sie Untertanen des Königs sind, lebt er doch nicht in ihrem Land und hat dort keinen Wohnsitz. Ich glaube nicht, daß die Hobbits irgendeine Form von Kult oder Anbetung praktizierten (es sei denn durch exzeptionellen Kontakt mit Elben). Die Númenórer (und andere aus dieser Linie der Menschheit, die gegen Morgoth gekämpft hatten, sogar diejenigen, die sich dafür entschieden, in Mittelerde zu bleiben, und nicht nach Númenor gingen, wie die Rohirrim) waren reine Monotheisten. Aber es gab keinen Tempel in Númenor (bis Sauron den Morgoth-Kult einführte). Der Gipfel des Berges Meneltarma oder Himmelspfeiler war Eru, dem Einen, geweiht, und dort wurde zu beliebiger Zeit privat und zu bestimmten Zeiten auch öffentlich Gott angerufen, gelobt und verehrt: eine Nachahmung der Valar und des Berges von Aman. Aber Númenor fiel und wurde vernichtet und der Berg überspült, und es gab keinen Ersatz. Unter den Flüchtlingen, den Überresten der Getreuen, die weder die falsche Religion angenommen noch sich an der Rebellion beteiligt hatten, scheint Religion als Kult eines Gottes (wenn auch vielleicht nicht als Philosophie und Metaphysik) nur eine kleine Rolle gespielt zu haben; eine Andeutung davon erhält man allerdings in Faramirs Bemerkung über die »Sitten bei den Mahlzeiten« (Bd. II, p. 285[4]).

in einem einzigen Fall bewirkt werden könnte: Die Fälle von Lúthien (und Túor) und die Stellung ihrer Nachkommen waren ein direkter Akt Gottes. Daß die Elbenlinie unter die Menschen Eingang findet, wird sogar als Teil eines Göttlichen Plans zur Veredelung der menschlichen Gattung dargestellt, der von Anfang an bestimmt war, die Elben zu ersetzen.

Gibt es für den Schriftsteller »Grenzen seines Handwerks«, außer den durch die eigene Endlichkeit bedingten? Grenzen nicht, aber die Gesetze des Widerspruchs, würde ich meinen. Aber natürlich ist Bescheidenheit geboten und Kenntnis der Gefahr. Ein Schriftsteller kann im Grunde nach Maßgabe seines Verstandes »wohlmeinend« sein (so wie ich es hoffentlich bin), und doch nicht »wohltätig«, dank Irrtum und Dummheit. Ich würde behaupten, wenn ich es von jemandem, der so schlecht unterrichtet ist, nicht anmaßend fände, daß eines meiner Ziele die Erhellung der Wahrheit und die Beförderung guter Moral in dieser wirklichen Welt ist, nach der alten Methode, sie durch ungewohnte Verkörperungen so zu exemplifizieren, daß sie »ankommen« können. Aber gewiß kann ich im Irrtum sein (in manchen Punkten oder in allen): meine Wahrheiten sind vielleicht gar nicht wahr oder entstellt, und der Spiegel, den ich gemacht habe, ist vielleicht getrübt oder gesprungen. Aber man müßte mich erst einmal vollständig überzeugen, daß etwas von mir »Vorgespiegeltes« tatsächlich schädlich ist, *per se* und nicht bloß weil mißverstanden, bevor ich etwas widerrufen oder umschreiben würde.

Natürlich kann durch diesen starken Gebrauch des »Mythos« viel Schaden angerichtet werden – besonders durch Willkür. Das Recht auf die »Freiheit« des Nebenschöpfers bietet unter den gefallenen Menschen keine Garantie, daß es nicht ebenso boshaft ausgenutzt wird wie der Freie Wille. Mich tröstet die Tatsache, daß manche, die frommer und gelehrter sind als ich, in dieser Erzählung und ihrem Auftreten als »Mythos« nichts Schädliches gefunden haben . . . . .

Um zu schließen: Nachdem ich den Freien Willen schon erwähnt habe, könnte ich sagen, daß ich die »Nebenschöpfung« in meinem Mythos auf eine besondere Weise gebraucht habe (nicht gleich mit dem Gebrauch dieses Ausdrucks in der Kunstkritik, obwohl ich in meiner »Purgatoriums«-Geschichte *Leaf by Niggle* (Dublin Review, 1945) allegorisch zu zeigen versucht habe, wie auch dieser auf einer gewissen Ebene in die Schöpfung aufgenommen werden könnte), um die Wirkungen der Sünde und des von Menschen mißbrauchten Freien Willens sichtbar und greifbar zu machen. Der Freie Wille ist abgeleitet und .˙. gilt nur unter den vorgesehenen Umständen; aber damit es ihn geben kann, ist notwendig, daß der Autor, was auch komme, eine Garantie dafür gibt: z. B. wenn etwas »gegen Seinen Willen« ist, wie wir sagen, oder zumindest aus endlicher Sicht so erscheint. Die sündigen Handlungen und ihre Folgen unterbindet Er nicht und macht sie nicht »ungeschehen«. Darum wird in diesem Mythos »vorgespiegelt« (legitimerweise, ob dies auf die wirkliche Welt nun zutrifft oder nicht), daß Er manchen Seiner höchsten erschaffenen Wesen besondere »nebenschöpferische« Kräfte verliehen habe: das ist eine Garantie, daß das von ihnen Erdachte und Gemachte die Realität der Schöpfung erhalten soll. Natürlich in gewissen Grenzen und natürlich unter Beachtung bestimmter Gebote und Verbote. Wenn sie aber »gefallen« sind, wie der Diabolus Morgoth, und anfangen, Wesen »für sich selbst zu machen, um ihr Herr zu sein«, dann würden diese »dasein«, auch wenn Morgoth das höchste Verbot, andere »vernünftige« Wesen wie Elben oder Menschen zu schaffen, damit gebrochen hatte. Sie würden zumindest echte physische Realitäten in der physischen Welt »sein«, auch wenn sie sich als noch so böse erwiesen und sogar die Kinder Gottes »nachäfften«. Sie wären Morgoths größte Sünden, aus dem Mißbrauch seines höchsten Privilegs, aus der Sünde gezeugte Kreaturen und von Natur aus schlecht. (Beinah hätte ich geschrieben »unrettbar schlecht«; aber das ginge zu weit. Denn wegen der Hinnahme oder Duldung ihrer Schaffung – notwendig für ihre wirkliche Existenz – würden sogar die Orks ein Teil von der Welt werden, die Gottes ist und letztlich gut.) Ob sie aber »Seele« oder »Geist« haben könnten, scheint eine andere Frage zu sein; und da ich in meinem Mythos jedenfalls das Schaffen von Seelen oder Geistern, Wesen von gleichem Rang, wenn auch nicht von gleicher Macht wie die Valar, nicht als möglicherweise »delegierbar« angenommen habe, habe ich zumindest die Orks als präexistente reale Wesen dargestellt, an denen der Dunkle Herrscher die Fülle seiner Macht dazu benutzt hat, sie umzubilden und zu korrumpieren, aber nicht, sie zu machen. Daß Gott das »toleriert«, ist offenbar keine schlechtere Theologie als das Tolerieren der kalkulierten Entmenschlichung von Menschen durch Tyrannen, wie es heute geschieht. Gleichwohl mag es andere »Machwerke« gegeben haben, die eher wie Puppen vom Geist und Willen des Machers erfüllt waren (nur aus der Ferne), oder eine ameisenhafte Tätigkeit unter der Leitung einer Königin in der Mitte.

Nun (werden Sie mit Recht sagen) nehme ich mich selbst noch ernster, als Sie es taten, und mache ein großes Getue um eine gute Geschichte, die ihre Glaubhaftigkeit einfach dem Handwerklichen verdankt. Es ist so. Aber was ich hier so hingeschrieben habe, ergibt sich in der einen oder anderen Form aus allem Schreiben (oder aller Kunst), das sich nicht peinlich in den Mauern der »beobachteten Fakten« hält.

[Hier endet der Entwurf. Darüber hat Tolkien geschrieben: »Nicht abgeschickt« und hinzugefügt: »Es schien, als nähme ich mich zu wichtig.«]

154 An Naomi Mitchison

25. September 1954   76 Sandfield Road, Headington, Oxford
Liebe Mrs. Mitchison,
    ich wurde heimgesucht von Arbeit, Sorgen, Krankheit und Reisen, sonst hätte ich Ihnen schon viel früher geschrieben, besonders nach Ihrem freundlichen Brief vom letzten Monat: zeitweise verlegt in einem Wust von Prüfungsarbeiten, Korrekturfahnen und was nicht noch: bis *The Lord* &c. zu Ende gelesen war.

Sie sind überaus freundlich und ermutigend zu mir gewesen, und Ihre großmütige und aufmerksame Besprechung[1] bringt mich in Ihre Schuld. Unter den Stellungnahmen, die ich gesehen habe, ist Ihre die einzige, die, abgesehen davon, daß sie das Buch als »Literatur« behandelt, jedenfalls der Absicht nach, und es sogar ernst nimmt (und demgemäß lobt oder verspottet), außerdem auch eine erweiterte Form des Spiels, ein Land zu erfinden, darin sieht – ein endloses, denn selbst ein Ausschuß von Experten aus verschiedenen Gebieten könnte das Gesamtbild nicht vervollständigen. Die Skizzenhaftigkeit dabei ist mir in der Archäologie und den *Realien* bewußter als in der Ökonomie: Kleidung, landwirtschaftliche Geräte, Metallbearbeitung, Töpferei, Architektur und dergleichen. Um von der Musik und ihrem Instrumentarium gar nicht zu reden. Ökonomischen Denkens bin ich nicht unfähig oder unkundig; und ich denke, soweit es die »Sterblichen« betrifft, Menschen, Hobbits und Zwerge, sind die Situationen so angelegt, daß ökonomische Wahrscheinlichkeit gegeben ist und sich ausführen ließe: Gondor hat genug Lehensgüter und Ländereien in städtischem Besitz, mit guten Wasser- und Straßenverbindungen, um seine Bevölkerung zu versorgen; und offenbar hat es viele Industrien, die allerdings kaum erwähnt werden. Das Auenland ist zwischen Gewässern und Bergen untergebracht, in einiger Entfernung vom Meer und in einer Breite, wo für natürliche Fruchtbarkeit gesorgt ist, ganz abgesehen von der vermerkten Tatsache, daß es schon ein wohlbestelltes Gebiet war, als die Hobbits es in Besitz nahmen (ohne Zweifel mit allerhand älteren Gewerben und Kunstfertigkeiten). Die Auenland-Hobbits haben keinen großen Bedarf an Metallen, aber die Zwerge treiben damit Handel; und im Osten der Berge von Lune liegen einige ihrer Bergwerke (wie in den älteren Sagen gezeigt wurde): der Grund, ohne Zweifel, oder einer der Gründe, warum sie oft durchs Auenland kommen. Manche modernen Dinge, die man bei ihnen findet (ich denke besonders an die *Regenschirme*), sind wahrscheinlich, oder ich meine sogar, sicher, ein Fehler, von der gleichen Art wie ihre albernen Namen, und allenfalls als vorsätzliche »Anglisierungen« erträglich, die den Kontrast zwischen ihnen und den älteren Völkern in möglichst geläufigen Formen verdeutlichen sollen. Ich glaube nicht, daß Leute von dieser Art und in diesem Lebens- und Entwicklungsstadium friedlich und zugleich, wenn es »hart auf hart geht«, zäh und tapfer sein können.* Die Erfahrung aus zwei Kriegen hat in mir diese Ansicht gefestigt. Aber *Hobbits* sind keine utopische Vision und werden auch nicht als Ideal für ihre oder irgendeine andere Zeit empfohlen. Wie alle Völker und ihre Lebensumstände sind sie ein historischer Zufall – wie die Elben Frodo erklären –, und zwar ein unbeständiger, auf lange Sicht. Ich bin weder ein Reformer noch ein »Balsamierer«! Ich bin kein Reformer (durch Macht-ausübung), weil mir dies zum Sarumanismus zu führen scheint. Aber auch das »Balsamieren« hat seine Strafen.

Manche Rezensenten haben die ganze Sache einfältig gefunden, bloß ein simpler Kampf zwischen Gut und Böse, wo die Guten alle bloß gut und die Bösen alle bloß böse sind. Verzeihlich, vielleicht (obwohl zumindest Boromir übersehen wurde), bei Leuten, die in aller Eile nur ein Fragment zu lesen gehabt haben, und obendrein noch ohne die früher geschriebenen, aber unveröffentlichten elbischen Geschichten. Aber die Elben sind *nicht* gänzlich gut oder im Recht. Nicht so sehr, weil sie mit Sauron geflirtet hatten, als vielmehr, weil sie »Balsamierer« waren, ob mit oder ohne seine Hilfe. Sie wollten auf zwei Hochzeiten tanzen: in dem sterblichen historischen Mittelerde leben, weil sie es liebten (und vielleicht auch, weil sie dort die Vorteile einer Oberkaste genossen), und darum versuchten sie, Wandel, Geschichte und Wachstum anzuhalten, es sich zu erhalten als einen Lustgarten, über weite Strecken sogar als eine Einöde, wo sie als »Künstler« leben konnten – und sie waren schwer bedrückt von Trauer und nostalgischem Jammer. Die Menschen von

---

* Das Wichtigste, worin die Hobbits von der Lebenserfahrung abweichen, ist, daß sie nicht grausam sind, keinen Vergnügungen mit Blutvergießen nachgehen und, demzufolge, ein Empfinden für »wilde Tiere« haben – Züge, die unter ihren nächsten heutigen Verwandten leider nicht sehr verbreitet sind.

Gondor waren auf ihre Weise ganz ähnlich: ein dahinschwindendes Volk, dessen einzige »Heiligtümer« seine Grabmäler waren. Aber jedenfalls ist dies eine Erzählung von einem Krieg, und wenn man Krieg einmal zuläßt (zumindest als Thema und Handlungsrahmen), dann nützt es nicht viel, darüber zu klagen, daß die Leute auf der einen Seite alle gegen die auf der andern Seite sind. Und selbst diese Sache habe ich ganz so einfach nun wieder nicht gemacht: Es gibt ja auch Saruman und Denethor und Boromir, und es gibt Verrat und Zwist sogar unter den Orks.

Eigentlich leben wir in der Vorstellung dieser Geschichte nun auf einer physikalisch runden Erde. Aber das »Legendarium« insgesamt enthält einen Übergang von einer flachen Welt (oder zumindest einer οἰκουμένη mit Grenzen ringsum) zu einer Erdkugel: ein wohl unvermeidlicher Übergang für einen modernen »Mythenmacher«, dessen Geist dem gleichen »Augenschein« folgt wie die Menschen des Altertums und zum Teil auch sich von ihren Mythen genährt hat, der aber doch schon in frühester Kindheit belehrt wurde, daß die Erde rund sei. Einen so tiefen Eindruck hat die »Astronomie« mir gemacht, daß ich nicht glaube, ich könnte eine flache Welt beschreiben oder mir vorstellen, obwohl eine statische Erde mit einer Sonne, die sich um sie dreht, mir schon leichter fiele (für die Einbildung, wenn nicht für die Vernunft).

Der besondere Mythos, der hinter dieser Erzählung steht und die Stimmung der Menschen und Elben zu dieser Zeit erklärt, ist der Untergang von Númenor: eine eigentümliche Variante der Atlantis-Tradition. Diese erscheint mir als so wichtig für eine »mythische Geschichte« – ob sie nun eine Basis in der Realgeschichte hat, Saurat und andere in Ehren, tut nichts zur Sache –, daß eine Version davon mit hineinkommen mußte.

Über den Untergang habe ich einen Bericht geschrieben, der Sie vielleicht interessieren würde. Aber unmittelbar geht es hier darum, daß vor dem Untergang jenseits des Meeres und fern von den Westküsten von Mittelerde ein *irdisches* Elbenparadies, Eressea, und *Valinor*, das Land der *Valar* (Mächte, Herren des Westens*), lagen, Orte, die mit gewöhnlichen Segelschiffen physisch zu erreichen waren, allerdings durch gefährliche Meere. Aber nach der Rebellion der Númenórer, der Könige der Menschen, die in dem am weitesten westlich gelegenen aller sterblichen Lande wohnten und schließlich, auf dem Gipfel ihres Hochmuts, Eressea und Valinor mit Gewalt einzunehmen versuchten, wurde Númenor vernichtet, und Eressea und Valinor wurden aus der physisch erreichba-

* »Götter« wäre das nächste Äquivalent, aber nicht genau richtig.

ren Erde entrückt: der Weg nach Westen war frei, führte aber nirgendwohin als wieder zurück – für Sterbliche.

Elendil und seine Söhne waren die Häupter der kleinen »Getreuen«-Partei, die an dem Versuch, mit Gewalt die Weltherrschaft und die Unsterblichkeit zu erobern, nicht teilnahmen, und sie entkamen der Überflutung von Númenor, wurden von einem großen Sturm nach Osten getrieben und auf die Westküsten von Mittelerde geworfen, wo sie ihre Reiche gründeten. Aber für sie ebenso wie für andere Sterbliche gab es kein Zurück; daher ihre nostalgische Stimmung.

Aber das Versprechen, das den Eldar (den Hochelben – nicht den anderen Elben; die hatten längst die unwiderrufliche Entscheidung getroffen, Mittelerde dem Paradies vorzuziehen) für ihre Leiden im Kampf mit dem ersten Dunklen Herrscher gegeben worden war, mußte noch erfüllt werden: daß sie jederzeit, wenn sie wollten, Mittelerde verlassen und übers Meer in den Wahren Westen fahren dürften, auf dem Geraden Weg bis nach Eressea – womit sie allerdings aus der Zeit und der Geschichte scheiden müßten, um nie wiederzukehren. Die Halbelben wie Elrond und Arwen können wählen, zu welcher Art und welchem Schicksal sie gehören wollen: die Wahl gilt ein für allemal. Daher der Kummer beim Abschied zwischen Elrond und Arwen.

Aber in dieser Erzählung wird angenommen, daß es bestimmte seltene Ausnahmen oder Sonderregelungen geben mag (legitime Annahme? immer scheint es Ausnahmen zu geben); und darum dürfen bestimmte »Sterbliche«, die in den Angelegenheiten der Elben eine große Rolle gespielt haben, mit ihnen nach Elbenheim fahren. So Frodo (dank der ausdrücklichen Gabe Arwens) und Bilbo, schließlich auch Sam (weil überschattet von Frodo); und als eine einmalige Ausnahme Gimli, der Zwerg, als Freund von Legolas und »Diener« Galadriels.

Ich habe in diesem Buch nichts darüber gesagt, aber die zugrunde liegende mythische Idee ist, daß dies für Sterbliche, weil ihre »Art« nicht für immer verändert werden kann, eigentlich nur eine zeitweilige Belohnung ist: eine Heilung und Wiedergutmachung von Leiden. Sie können nicht für immer verweilen, und wenn sie auch nicht in die sterbliche Welt zurückkehren können, so können und werden sie doch »sterben« – aus freien Stücken – und die Welt verlassen. (In diesem Rahmen wäre Artus' Wiederkehr ganz unmöglich, ein müßiges Phantasiegespinst.)

Es tut mir leid, daß die Eisbucht von Forochel[2] (bisher) nirgendwo eine wichtige Rolle spielt. Es ist einfach »elbisch« für nördliches Eis und ist ein bloßes Überbleibsel der nördlichen Kältezonen, dem Reich des ersten Dunklen Herrschers in früheren Zeitaltern. Arvedui, der letzte König von Arnor, heißt es allerdings, soll dorthin geflohen sein und von dort mit einem Schiff zu entkommen versucht haben, kam aber im Eis um; und mit ihm ging der letzte der *Palantíri* des Nördlichen Königreichs zugrunde.

Ich fürchte, dieser Brief ist unsinnig lang geworden; und vielleicht auch unverschämt in seiner Länge, obwohl Ihre Freundlichkeit und Ihr Interesse eine Entschuldigung bieten.

Bald nach Ihrem ebenso angenehmen wie unerwarteten Besuch habe ich für Sie eine Kopie von der Chronologie des Zweiten und Dritten Zeitalters machen lassen – rein annalistisch und unmotiviert. Sollte es Sie noch interessieren, werde ich sie Ihnen schicken.

Mit Bedauern habe ich bemerkt, als es zurückkam, daß der Schrieb über »Sprachen« etc. unkorrigiert abgeschickt worden war, und mit vielen nicht ausradierten Wörtern und Sätzen, so daß manche Teile kaum verständlich waren.

Es interessiert Sie vielleicht zu hören, daß eine Neuauflage der *Gefährten* schon nötig zu sein scheint. Ich glaube aber nicht, daß die erste Auflage sehr groß war.

Ihr ergebener
J. R. R. Tolkien

155 An Naomi Mitchison (Entwurf)

[Eine Passage aus einem Entwurf zu dem vorigen Brief, die in die schließlich abgeschickte Fassung nicht aufgenommen wurde.]

Ich fürchte, mit »Magie« und besonders mit dem Gebrauch dieses Wortes bin ich viel zu flüchtig verfahren; allerdings bezeugen Galadriel und andere durch ihre Kritik am »sterblichen« Gebrauch des Wortes, daß die Gedanken darüber nicht ganz flüchtig sind. Aber es ist eine s. große Frage und schwierig; und eine Geschichte, in der es, wie Sie so treffend sagen, meist um die Motive (Entscheidungen, Versuchungen etc.) und Absichten geht, mit denen alles, was sich auf der Welt vorfindet, benutzt wird, hätte schwerlich mit einer pseudophilosophischen Erörterung belastet werden können! Ich gedenke nicht, mich auf eine Diskussion einzulassen, ob »Magie« in irgendeinem Sinne wirklich oder in der Welt möglich ist. Aber ich denke, manche würden sagen, daß für die Zwecke dieser Erzählung eine latente Unterscheidung getroffen wird, eine, die man früher einmal die Unterscheidung zwischen *magia* und *goeteia*[1] nannte. Galadriel spricht von den »Betrügereien des Feindes«. Nun gut, aber *magia* konnte für gut (per se) gelten, galt dafür, und *goeteia* für schlecht. Beides ist in dieser Erzählung (per se) weder gut noch schlecht, sondern nur wegen des Motivs, Zwecks oder Gebrauchs. Beide Seiten verwenden beides, aber aus verschiedenen Motiven. Das zutiefst schlechte Motiv ist (in dieser Erzählung, denn sie handelt speziell davon) die Herrschaft über den »freien« Willen anderer. Die Maßnahmen des Feindes sind keineswegs ausschließlich goetische Täuschungen, sondern auch »Magie«, die in der physischen Welt echte Wirkungen erzielt. Aber seine *magia* dient ihm dazu, Menschen und Dinge niederzuwalzen, und seine *goeteia*, einzuschüchtern und zu unterjochen. Die Elben und Gandalf wenden ihre *magia* an (sparsam): eine *magia*, die echte Resultate erzielt (z. B. Feuermachen mit einem nassen Reisigbündel), zu bestimmten guten Zwecken. Ihre goetischen Effekte sind ganz und gar *künstlerisch* und zielen nicht auf Täuschung ab: die Elben täuschen sie niemals (aber unvorbereitete Menschen können sie täuschen oder verblüffen), denn ihnen ist der Unterschied so klar wie für uns der Unterschied zwischen Fiktion, Malerei oder Skulptur und dem »Leben«.

Beide Seiten leben in der Hauptsache von »gewöhnlichen« Mitteln. Der Feind, oder diejenigen, die wie er geworden sind, setzen auf die »Maschinerie« – mit bösartiger und destruktiver Wirkung –, weil »Zauberer«, wenn ihr Interesse einmal hauptsächlich auf den Gebrauch der *magia* zugunsten der eigenen Macht ausgerichtet ist, dies tun würden (tatsächlich tun). Das Grundmotiv für *magia* – ganz abgesehen von jeder philosophischen Erörterung, wie sie funktionieren würde – ist Unmittelbarkeit: Geschwindigkeit, Verringerung von Mühe und auch Verringerung auf ein Minimum (oder einen Fluchtpunkt) der Kluft zwischen der Idee oder dem Wunsch und dem Ergebnis oder Effekt. Aber die *magia* ist vielleicht nicht ohne weiteres zu haben, und jedenfalls, wenn man über Sklavenarbeit und Maschinerie (oft ein und dasselbe, nur verhüllt) in Hülle und Fülle gebietet, dann geht es vielleicht ebenso schnell oder doch schnell genug, mit solchen Mitteln Berge umzuwerfen, Wälder zu ruinieren oder Pyramiden zu bauen. Natürlich kommt nun ein weiterer Faktor ins Spiel, ein moralischer oder pathologischer: die Tyrannen verlieren die Gegenstände aus dem Blick, werden grausam und finden am Kaputtmachen, Verletzen und Beschmutzen als solchem Gefallen. Es wäre sicher möglich, den armen Lotho zu verteidigen, der bessere Mühlen einführen will; aber nicht den Gebrauch, den Scharrer und Sandigmann davon machen.

264

Ein Unterschied im Gebrauch der »Magie« in dieser Geschichte ist jedenfalls, daß sie nicht durch »Kunde« oder Zaubersprüche zu erlangen ist; sondern sie ist eine eingeborene Kraft, die von Menschen als solchen nicht besessen oder erworben werden kann. Aragorns »Heilkraft« könnte man als »magisch« betrachten, oder wenigstens als eine Mischung von Magie mit pharmazeutischen und »hypnotischen« Verfahren. Aber darüber wird (der Theorie nach) von Hobbits berichtet, die sehr wenig Ahnung von Philosophie und Wissenschaft haben; während A. kein bloßer »Mensch« ist, sondern in entfernter Verwandtschaft eines der »Kinder Lúthiens«.[2]

156 An Robert Murray, S. J. (Entwurf)

[Eine Antwort auf weitere Kommentare zum *Herrn der Ringe*.]

4. November 1954   76 Sandfield Road, Headington, Oxford
Lieber Rob,

es ist mehr als freundlich von Dir, mir so ausführlich zu schreiben, obwohl Du doch, fürchte ich, müde sein mußt. Ich antworte sofort, weil ich dankbar bin und weil nur Briefe, die ich gleich vornehme, überhaupt beantwortet werden, und vor allem, weil Dein Päckchen ankam, als ich mit allen »Hausaufgaben« fertig war – alle Protokolle und Beschlüsse aus einer langen und zänkischen College-Versammlung von gestern in Ordnung zu bringen (obwohl niemand bösen Willens dabei war, nur 24 Personen von der üblichen menschlichen Absurdität. Ich fühlte mich ein wenig wie ein Beobachter bei einer Sitzung von Hobbit-Honoratioren, die den Bürgermeister hinsichtlich der Auswahl und Abfolge der Gänge bei einem Auenland-Bankett beraten wollten) – und habe nun noch eine halbe Stunde übrig, ehe ich zu einer Sitzung mit dem College-Sekretär wieder runter muß. Das ist die Art Sätze, wie ich sie natürlicherweise schreibe . . . . .

Nein, »Sméagol« hatte ich natürlich zuerst noch nicht vollständig vor Augen, aber ich glaube, sein Charakter war schon mit einbegriffen und erforderte nur noch etwas Aufmerksamkeit. Was Gandalf angeht: Sicher muß man nicht mit P. H.[1] gemeinsame Sache machen, um Einwände zu äußern! Ich könnte selbst viel destruktiver sein. Ich nehme an, in einem großformatigen Kunstwerk gibt es immer Fehler, und besonders in denjenigen von literarischer Form, die auf einem älteren Stoff beruhen, von dem ein neuer Gebrauch gemacht wird – wie Homer, Beowulf,

Vergil oder die griechische oder Shakespearesche Tragödie! In diese Kategorie – der Kategorie, nicht dem Rang nach – gehört der *Herr der Ringe* eigentlich, obwohl er nur auf dem ersten Entwurf des Autors beruht! Ich denke, die Art, wie Gandalfs Wiederkehr dargestellt wird, ist ein Fehler, und von den anderen Kritikern hat einer, der ebenso gebannt war wie Du, merkwürdigerweise denselben Ausdruck gebraucht: »Mogeln«. Das kommt teilweise von den allgegenwärtigen Zwängen der Erzähltechnik. Er muß an dieser Stelle wiederkehren, und soweit für sein Überleben Erklärungen mitgeteilt werden, müssen sie dort gegeben werden – aber die Erzählung drängt weiter und darf nicht mit eingehenden Erörterungen aufgehalten werden, bei denen der ganze »mythologische« Hintergrund zur Sprache käme. Ein bißchen wird sie ohnehin schon behindert, obwohl ich G.'s Bericht stark zusammengestrichen habe. Ich hätte vielleicht die späteren Bemerkungen über Gandalf oder von ihm in Bd. II (und Bd. III) deutlicher machen sollen, aber ich habe mich absichtlich bei allen Anspielungen auf die höchsten Dinge auf Andeutungen beschränkt, die nur der Aufmerksamste erkennen kann, oder sie unter unerklärten symbolischen Formen gehalten. Darum kommen Gott und die »engelhaften« Götter, die Herren oder Mächte des Westens, nur an manchen Stellen kurz zum Vorschein, wie in Gandalfs Gespräch mit Frodo: »Im Hintergrund war noch etwas anderes am Werk, das über die Absicht des Ringschöpfers hinausging«; oder in Faramirs númenórischem Danksagungsritus beim Essen.

Gandalf ist wirklich »gestorben« und wurde verwandelt: denn dies scheint mir die einzige echte Mogelei zu sein, daß etwas, das »Tod« genannt werden kann, so dargestellt wird, als ob es nichts ausmacht. »Ich bin G. der *Weiße*, der vom Tode wiedergekehrt ist.« Vielleicht hätte er zu Schlangenzunge besser sagen sollen: »Ich bin nicht durch den Tod (*nicht* »Feuer und Flut«) gegangen, um mit einem Diener krumme Sprüche zu wechseln.« Und so weiter. Ich könnte viel mehr sagen, aber das wäre nur zur (vielleicht langweiligen) Erhellung der »mythologischen« Ideen in meinem Kopf; es würde, fürchte ich, nichts an der Tatsache ändern, daß G.'s Wiederkehr, so wie in diesem Buch dargestellt, ein »Fehler« ist, und zwar einer, den ich kannte. Ich habe mir wohl nicht genug Mühe gegeben, ihn zu verbessern. Aber G. ist eben auch kein menschliches Wesen (Mensch oder Hobbit). Es gibt naturgemäß keine präzisen modernen Ausdrücke für das, was er war. Ich würde mich getrauen zu sagen, daß er ein fleischgewordener »Engel« war, genaugenommen ein ἄγγελος[2]: das heißt, wie die anderen *Istari*, Zauberer, »diejenigen, die wissen«, ein Sendbote der Herren des Westens, nach Mittelerde geschickt, als die große Krise Saurons am Horizont heraufzog. Mit »fleischgeworden« meine ich, sie waren verleiblicht in physischen Körpern, die Schmerz und Müdigkeit empfinden, den Geist mit physischer Furcht erfüllen und »getötet« werden konnten, obwohl sie, durch den Engelsgeist gestärkt, vieles ertrugen und nur langsam von Mühe und Sorge verschlissen wurden.

Warum sie eine solche Gestalt annehmen, ist mit der »Mythologie« der »engelhaften« Mächte in der Welt dieser Fabel verknüpft. An dieser Stelle der fabelhaften Geschichte ging es eben darum, den Vorweis ihrer »Macht« auf der physischen Ebene einzuschränken und zu behindern, und zwar so, daß sie tun würden, wozu sie in erster Linie ausgesandt waren: trainieren, beraten, unterrichten, Herz und Verstand der von Sauron Bedrohten zum Widerstand aus eigenen Kräften aufzumuntern – und nicht einfach die Arbeit für sie zu tun. Darum erschienen sie in Gestalt von »alten« Weisen. Aber in dieser Mythologie waren alle »engelhaften« Mächte, die sich um diese Welt kümmern, auch des Irrtums und des Versagens in vielen Abstufungen fähig, von der absoluten satanischen Rebellion und Bösartigkeit Morgoths und seines Satelliten Sauron bis zur Fainéance mancher anderer höherer Mächte oder »Götter«. Die »Zauberer« waren keine Ausnahme; vielmehr waren bei ihnen als verleiblichten Wesen Abirrungen um so wahrscheinlicher. Gandalf allein besteht alle Prüfungen, jedenfalls auf moralischer Ebene (Urteilsfehler macht auch er). Denn in seinem Zustand war es für ihn ein *Opfer*, bei der Verteidigung seiner Gefährten auf der Brücke umzukommen, ein kleineres vielleicht als für einen sterblichen Menschen oder Hobbit, denn er hatte viel mehr innere Stärke als sie; aber auch ein größeres, weil es eine Erniedrigung und Selbstverleugnung für ihn war, in Unterwerfung unter »die Regeln«: denn nach allem, was er im Augenblick wissen konnte, war er der *einzige*, der den Widerstand gegen Sauron zum Erfolg führen konnte, und *seine* ganze Mission war nun vergebens. Er gab sich in die Hand der Autorität, die die Regeln erlassen hatte, und verzichtete auf die persönliche Hoffnung auf den Erfolg.

Das, würde ich sagen, ist gerade, was die Autorität gewollt hat, als Kontrast zu Saruman. Die »Zauberer« als solche waren gescheitert; oder, wenn man will: die Krise war zu ernst geworden und erforderte eine Erhöhung der Macht. Darum opferte sich Gandalf, wurde angenommen und erhöht und kehrte wieder. »Ja, das war der Name. Ich war Gandalf.« Gewiß bleibt er sich in der Persönlichkeit und seinen Eigenarten ähnlich, aber sowohl sein Wissen wie seine Macht sind nun viel größer. Wenn er spricht, gebietet er Achtung; der alte Gandalf hätte so nicht mit Théoden umgehen können, auch nicht mit Saruman. Er ist immer noch verpflichtet, seine Macht zu verbergen und eher zu belehren, als zu zwingen oder den Willen zu beherrschen, aber wo die physischen Kräfte des Feindes zu stark sind, als daß der gute Wille der Gegenspieler etwas nützen könnte, da kann er im Notfall als ein »Engel« eingreifen – nicht gewaltsamer als die Befreiung St. Peters aus dem Gefängnis. Er tut das selten und wirkt meist durch andere, aber in ein oder zwei Fällen im Krieg (in Bd. III) zeigt er plötzlich seine Macht: zweimal rettet er Faramir. Er allein kann dem Fürsten der Nazgûl noch den Einlaß nach Minas Tirith verwehren, als die Stadt niedergeworfen ist und ihre Tore zerstört – und doch ist die ganze Bewegung menschlichen Widerstandes, den er selbst angefacht und organisiert hat, so stark, daß es zum Kampf zwischen den beiden gar nicht kommt: dies geht in andere, sterbliche Hände über. Am Ende, bevor er für immer scheidet, faßt er sich zusammen: »Ich war Saurons Feind.« Er hätte hinzufügen können: »Zu diesem Zweck wurde ich nach Mittelerde entsandt.« Aber damit hätte er am Ende mehr bedeutet als zu Anfang. Seine Entsendung war zuerst eine bloße Vorsichtsmaßnahme der engelhaften Valar oder der Regierenden; aber die Autorität hatte diese Maßnahme aufgegriffen und sie erweitert, im Augenblick ihres Scheiterns. »Nackt wurde ich zurückgeschickt – für kurze Zeit, bis meine Aufgabe erfüllt ist.« Zurückgeschickt von wem und von wo? Nicht von den »Göttern«, die sich nur mit dieser verkörperten Welt und ihrer Zeit befassen; denn er verschwand »aus dem Denken und aus der Zeit«. Nackt ist leider unklar. Es war ganz wörtlich gemeint, »unbekleidet wie ein Kind« (nicht körperlos) und darum bereit, die weißen Gewänder des Höchsten zu empfangen. Galadriels Macht ist nicht göttlich, und Gandalfs Heilung in Lórien bedeutet nicht mehr als physische Heilung und Erfrischung.

Aber wenn es »gemogelt« ist, den »Tod« so zu behandeln, als ob er nichts ausmacht, darf doch die Verleiblichung nicht vergessen werden. Gandalf mag zwar an Macht (das heißt, in den Formen dieser Fabel, an Heiligkeit) erhöht werden, aber solange er noch verleiblicht ist, solange muß er Angst und Sorge und die Nöte des Fleisches erleiden. Er hat nicht mehr Gewißheiten (wenn auch nicht weniger) oder Freiheiten als zum Beispiel ein heutiger Theologe. Jedenfalls wird keine von meinen »Engels«-Gestalten so dargestellt, als hätte sie vollständige Kenntnis von der Zukunft, oder überhaupt eine, wo der *Wille* anderer berührt wird. Daher ihr ständiges Versuchtsein, zu tun oder anzustreben, was für sie *falsch* (und unheilvoll) ist: den Willen der Schwächeren mit Gewalt zu zwingen: durch Scheu, wenn nicht gerade durch Angst oder physischen

Zwang. Aber von welcher Art das Wissen der Götter von der Geschichte der Welt ist und welche Rolle sie bei ihrer Erschaffung gespielt haben (bevor die Welt verkörpert oder zu etwas »Wirklichem« gemacht war) – woraus sie ihr Wissen um die Zukunft schöpften, sofern sie es besaßen, das gehört in die übergeordnete Mythologie. Dort wird zumindest dargestellt, daß das Eingehen der Elben und Menschen in jene Geschichte überhaupt in keinem Teil das Werk der Götter war, sondern einem anderen vorbehalten: daher wurden Elben und Menschen die Kinder Gottes genannt; und daher liebten (oder haßten) die Götter sie besonders: weil sie zum Schöpfer eine Beziehung hatten, die ihrer eigenen gleich, wenn auch von anderer Größenordnung war. Das ist die mythologisch-theologische Situation in diesem Augenblick der Geschichte, und sie ist schon deutlich gemacht, aber noch nicht veröffentlicht worden.

Die Menschen sind »gefallen« – jede Legende, die in die Form einer vorgeblich alten Geschichte dieser – unserer heutigen Welt gekleidet wird, muß das annehmen –, aber die Völker des Westens, auf der guten Seite, sind gebessert. Das heißt, sie sind die Nachkommen von Menschen, die bereuen wollten und vor der Macht des ersten Dunklen Herrschers und seinem falschen Kult nach Westen flohen, und im Kontrast zu den Elben erneuerten (und erweiterten) sie ihr Wissen von der Wahrheit und der Natur der Welt. Dadurch entkamen sie aus der »Religion« im heidnischen Sinne in eine rein monotheistische Welt, in der alle Dinge, Wesen und Mächte, die verehrungswürdig erscheinen mochten, nicht verehrt werden durften, nicht einmal die Götter (die Valar), weil sie nur Geschöpfe des Einen waren. Und Er war unermeßlich fern.

Die Hochelben waren Auswanderer aus dem Segensreich der Götter (und hatten ihren eigenen, elbischen Sündenfall hinter sich), und sie hatten keine »Religion« (oder besser, religiöse Bräuche), denn die hatten in den Händen der Götter gelegen, die Lobpreisung und Anbetung *Erus,* »des Einen«, *Ilúvatars,* des Vaters von allem, auf dem Berg von Aman.

Die Menschen der höchsten Art, die aus den Drei Häusern, die den Elben in den Kriegen der Urzeit gegen den Dunklen beigestanden hatten, wurden mit dem Land des Sterns oder Westernis (= Númenor) belohnt, welches das westlichste von allen sterblichen Landen war, fast in Sichtweite von Elbenheim (Eldamar) an den Küsten des Segensreiches. Dort wurden aus ihnen die Númenórer, die Könige der Menschen. Ihnen wurde eine dreifache Lebensspanne verliehen – aber nicht die elbische »Unsterblichkeit« (die nicht ewig dauert, sondern nach der Erdzeit bemessen wird); denn aus der Sicht dieser Mythologie waren

»Sterblichkeit« oder kurze Spanne und Unsterblichkeit oder unbestimmt lange Spanne ein Teil dessen, was wir die biologische und spirituelle *Natur* der Kinder Gottes nennen könnten, nämlich der Menschen und der Elben (der Erstgeborenen), und konnten *nicht* durch irgendwen (auch nicht durch eine Macht oder einen Gott) geändert werden, und sie würden auch von dem Einen nicht geändert, außer vielleicht durch eine jener seltsamen Ausnahmen von allen Regeln und Bestimmungen, die immer wieder in der Geschichte des Universums auftauchen und den Finger Gottes erkennen lassen, als des einzigen, der in Wille und Handeln völlig frei ist.[*]

So begannen die Númenórer etwas Großes, Neues und Gutes, und zwar als Monotheisten; aber wie die Juden (nur noch stärker) mit nur einem einzigen physischen »Kult«-Zentrum: dem Gipfel des Berges Meneltarma oder »Himmelspfeiler« – ganz wörtlich, denn sie dachten sich den Himmel nicht als Wohnsitz der Götter – in der Mitte von Númenor; aber dort standen keine Gebäude und kein Tempel, weil alle solche Dinge böse Assoziationen hatten. Aber sie »fielen« wiederum – unvermeidlich wegen eines Banns oder Verbots. Es war ihnen verboten, *nach Westen* über ihr Land hinauszusegeln, weil sie nicht »unsterblich« sein durften oder versuchen, es zu werden; und in diesem Mythos wird das Segensreich noch als tatsächlich physisch existierend dargestellt, als eine Gegend der wirklichen Welt, die sie zu Schiff hätten erreichen können, da sie sehr große Seefahrer waren. Solange sie gehorsam waren, wurden sie oft von Leuten aus dem Segensreich besucht, und darum erreichten ihr Wissen und ihre Künste eine fast elbische Höhe.

Aber die Nähe des Segensreiches und gerade die Länge der Lebensspanne, mit der sie belohnt worden waren, und die wachsende Lebensfreude ließen sie anfangen, sich nach der »Unsterblichkeit« zu sehnen. Sie brachen den Bann nicht, nahmen ihn aber übel. Und sie konnten nur noch ostwärts fahren, wo sich ihr wohltätiges Erscheinen an den Küsten von Mittelerde in Hochmut und Streben nach Macht und Reichtum verwandelte. So kamen sie in Konflikt mit Sauron, dem Statthalter des ersten Dunklen Herrschers, der wieder ins Böse verfallen war und auf die Königs- und Gotteswürde über die Menschen von Mittelerde Anspruch erhob. Es war vor allem die Frage des *Königtums*, weswegen Ar-pharazôn, der 13.[3] und mächtigste König von Númenor, ihn herausforderte. Seine Armada, die in den Hafen von Umbar einlief, war so groß, und die

---

[*] Die Erzählung von Beren und Lúthien ist die eine große Ausnahme, weil sie der Weg ist, auf dem das »Elbische« wie ein Faden in die menschliche Geschichte eingeflochten wird.

Númenórer auf der Höhe ihrer Macht verbreiteten so viel Glanz und Schrecken, daß Saurons Diener ihn im Stich ließen. Darum half sich Sauron mit List. Er unterwarf sich und wurde als Gefangener und Geisel nach Númenor weggeführt. Doch war er natürlich eine »göttliche« Person (in den Bezügen dieser Mythologie; ein niederer Angehöriger der Rasse der Valar) und darum viel zu mächtig, um auf diese Weise unter Kontrolle gebracht zu werden. Er brachte allmählich Arpharazôns Geist unter seine Kontrolle und korrumpierte schließlich viele Númenórer, zerstörte die Vorstellung von Eru, der nun als eine bloße Erdichtung der Valar oder Herren des Westens hingestellt wurde (eine fiktive Rechtsquelle, auf die sie sich beriefen, wenn jemand ihre Anordnungen in Frage stellte), und ersetzte sie durch eine Satansreligion mit einem großen Tempel, in dem der entrechtete älteste der Valar verehrt wurde (der rebellische Dunkle Herrscher des Ersten Zeitalters).* Am Ende bewegt er Arpharazôn, der das nahende Alter fürchtet, die größte aller Armadas zu bauen und das Segensreich selbst mit Krieg zu überziehen, um es mitsamt seiner »Unsterblichkeit« an sich zu reißen.**

Die Valar hatten auf diese ungeheuerliche Rebellion keine echte Antwort – denn die Kinder Gottes standen letztlich nicht unter ihrer Gerichtsbarkeit: Es war ihnen nicht erlaubt, sie zu vernichten oder sie

---

* Es gibt nur einen »Gott«: Gott, Eru Ilúvatar. Es gibt die ersten Schöpfungen, engelhafte Wesen, von denen die an der Kosmogonie am meisten beteiligten in der Welt wohnen (aus Liebe und nach eigener Wahl), als Valar oder Götter, oder als die Regierenden; und es gibt fleischgewordene vernünftige Geschöpfe, die Elben und Menschen, von ähnlicher, aber doch verschiedener Stellung und Natur.

** Dies war natürlich eine Wahnidee, eine satanische Lüge. Denn, wie Sendboten der Valar ihm deutlich mitteilen, verleiht das Segensreich die Unsterblichkeit nicht. Das Land ist gesegnet, weil die Gesegneten dort wohnen, nicht umgekehrt, und die Valar sind nach Recht und Natur unsterblich, während die Menschen nach Recht und Natur sterblich sind. Doch betört von Sauron tut er dies alles als ein diplomatisches Argument ab, das nur die Macht des Königs aller Könige fernhalten soll. Vielleicht wäre es »häretisch«, vielleicht auch nicht, wenn man diese Mythen als Aussagen über die wahre Natur des Menschen in der wirklichen Welt betrachtete: Ich weiß es nicht. Aber in der Sicht des Mythos ist der Tod – die bloße Kürze der menschlichen Lebensspanne – nicht eine Strafe für den Sündenfall, sondern ein biologisch (und damit auch spirituell, denn Leib und Seele sind verbunden) unabtrennbarer Teil der menschlichen Natur. Der Versuch, sich ihm zu entziehen, ist böse, weil »unnatürlich«, und töricht, weil der Tod in diesem Sinne die (von den Elben geneidete) Gottesgabe ist, die Entlassung aus der Ermüdung der Zeit. Der Tod im pönalen Sinne wird in einer veränderten Einstellung zu ihm gesehen: Furcht, Widerstreben. Ein guter Númenórer starb freiwillig, wenn er spürte, daß es an der Zeit war.

durch eine »göttliche« Vorführung ihrer Machtvollkommenheiten über die physische Welt zu zwingen. Sie riefen Gott an; und ein katastrophischer »Wandel im Weltenplan« trat ein. Im Augenblick, als Arpharazôn den Fuß auf die verbotene Küste setzte, riß ein Spalt auf: Númenor fiel in sich zusammen und wurde völlig überspült; die Armada wurde verschlungen und das Segensreich für immer entrückt aus den Kreisen der physischen Welt. Danach konnte man rings um die Welt segeln und es niemals finden.

So endete Númenor-Atlantis in all seinem Glanz. Doch in einer Art Noah-Situation entkam die kleine Gruppe der Getreuen, die sich geweigert hatten, an der Rebellion teilzunehmen (obwohl viele von ihnen im Tempel von den Sauronianern geopfert worden waren), auf Neun Schiffen (Bd. I, p. 379, II, p. 202) unter der Führung von *Elendil* (= Ælfwine, Elbenfreund), mit seinen Söhnen *Isildur* und *Anarion*, und begründete im Exil eine Art verkleinertes Andenken an Númenor an den Küsten von Mittelerde – und erbte Saurons Haß, die Freundschaft der Elben, das Wissen von dem Wahren Gott und (weniger beglückend) die Sehnsucht nach Langlebigkeit und die Gewohnheit des Einbalsamierens und des Erbauens prächtiger Grabmäler: ihre einzigen Heiligtümer – oder fast. Aber das »Heiligtum« Gottes auf dem Berg war untergegangen, und einen wirklichen Ersatz gab es nicht. Auch gab es, als es mit den »Königen« zu Ende ging, nichts, das einem »Priestertum« gleichgekommen wäre: beides war nach den Auffassungen der Númenórer identisch. Obwohl also Gott (Eru) in der Philosophie der guten* Númenórer vorausgesetzt wurde und für ihre Geschichtsauffassung eine Urtatsache war, hatte Er doch zur Zeit des Ringkrieges keine Anbeter und keine heiligen Stätten. Und diese Art negativer Wahrheit war charakteristisch für den Westen und das ganze Gebiet unter númenórischem Einfluß: die Weigerung, irgendeine »Kreatur« anzubeten, schon gar nicht einen »dunklen Herrscher« oder satanischen Dämon, Sauron oder wen auch immer, war fast alles, was sie zuwege brachten. Sie kannten (stelle ich mir vor) keine Bittgebete an Gott; aber das Rudiment der Danksagung hatte sich erhalten. (Manche, unter besonderem elbischen Einfluß, riefen vielleicht in unmittelbarer Gefahr oder Furcht vor bösen Feinden die engelhaften Gewalten um Hilfe an.** Später wird bekannt, daß es ein

---

* Es gab auch böse Númenórer: die Sauronianer, aber sie kommen in dieser Geschichte nicht vor, nur von fern, als die bösen Könige, die zu Nazgûl oder Ringgeistern geworden waren.

** Die Elben riefen oft Varda-Elbereth an, die Königin des Segensreiches, ihre beste Freundin; und so auch Frodo.

»Heiligtum« auf dem Mindolluin gegeben hatte, dem nur der König sich nähern durfte und wo er in alter Zeit im Namen seines Volkes Lob und Dank dargebracht hatte; aber es war vergessen worden. Aragorn betrat es wieder, fand dort einen Schößling des Weißen Baumes und pflanzte ihn im Hof mit dem Springbrunnen ein. Es ist anzunehmen, daß mit der wiedererstandenen Linie der Priesterkönige (von denen Lúthien, die Gesegnete Elbentochter, eine Urahnin war) die Verehrung Gottes erneuert wurde und daß Sein Name (oder Titel) nun wieder öfter zu hören war. Aber einen *Tempel* des Wahren Gottes sollte es nicht geben, solange der númenórische Einfluß anhielt.

Aber sie lebten noch an den Grenzen des Mythos – oder besser, diese Geschichte zeigt den Übergang des »Mythos« in die Geschichte oder das Reich der Menschen; denn natürlich wird der Schatten in gewissem Sinne wieder wachsen (wie von Gandalf klar vorausgesagt wird), aber nie wieder (es sei denn vor dem großen Ende) wird ein böser Dämon die physische Gestalt eines Feindes annehmen; er wird die Menschen lenken und all die Komplikationen zwischen den halben Übeln und dem schadhaft Guten herbeiführen, mit dem Zwielicht des Verdachts gegen beide Seiten: solche Situationen sind ihm die liebsten (man kann sie schon im Ringkrieg aufkommen sehen, eine Sache, die keineswegs so einfach ist, wie manche Kritiker unterstellt haben): Das wird unser schwieriges Schicksal sein und bleiben. Aber wenn man sich Wesen in einem solchen mythischen Zustand vorstellt, in dem das Böse zumeist in leiblicher Gestalt auftritt und in dem der physische Widerstand gegen das Böse ein wichtiger Loyalitätsbeweis gegen Gott ist, ich denke, dann hätten sie die »Guten« in eben so einem Zustand: konzentriert auf das Negative, im Widerstand gegen das Falsche, während die »Wahrheit« noch mehr historisch und philosophisch als religiös bleibt.

Aber die »Zauberer« sind in keinem Sinne und nicht im mindesten »faul«. Nicht bei mir. Ich bin in der schwierigen Lage, englische Namen für mythologische Geschöpfe finden zu müssen, die eigentlich anders heißen, denn einen elbischen Namen nach dem andern würden die Leute nicht »schlucken«, und es ist mir lieber, sie lassen sich meine sagenhaften Geschöpfe wenigstens mit den falschen Assoziationen der »Übersetzung« gefallen als überhaupt nicht.

Sogar die Zwerge sind keine echten germanischen »dwarfs« *(dweorgas, dvergar)*, und um das zu markieren, nenne ich sie »dwarves«. Sie sind nicht von Natur aus böse, nicht unbedingt feindlich und nicht eine Art im Gestein herangezüchtetes Madenvolk, sondern eine Sonderart vernünftiger und leibhaftiger Geschöpfe. Die *istari* werden mit »wizards« [Zauberer] übersetzt, wegen der Verbindung von »wizard« mit *wise* und also auch mit »Witz« und »Wissen«. Sie sind eigentlich Sendboten aus dem Wahren Westen, also mittelbar von Gott entsandt, und zwar um den Widerstand der »Guten« zu stärken, als den Valar klar wird, daß Saurons Schatten wieder Gestalt annimmt.

[Der Entwurf endet mit Ausführungen über das Wesen der *istari* und den Tod und die Wiedergeburt Gandalfs, ähnlich der Passage zu diesem Thema an früherer Stelle in diesem Brief.]

157 Aus einem Brief an Katherine Farrer 27. November 1954

[Der zweite Band des *Herrn der Ringe* war am 11. November unter dem Titel *The Two Towers* erschienen.]

Ich bin mir schon sehr schlecht vorgekommen, denn ich habe gewußt, daß Sie krank und obendrein in Sorgen waren, und ich habe weder geschrieben noch angerufen oder irgendeine Hilfe (oder wenigstens Mitgefühl) angeboten. Natürlich hatte ich's immer vor! In jedem Licht außer in dem Ihrer Nachsicht müßte ich als die Sorte »Freund« erschienen sein, der einem seine Werke aufdrängt, wenn man schon überlastet ist, Lob und Ermutigung aufsaugt, Rezensionen erwartet und sich davonmacht, wenn man allmählich zusammenbricht . . . . .

Natürlich verstehe ich die finanziellen Schwierigkeiten. Zu einem echten Urlaub müßte es nicht nur »mit vollem Gehalt« sein, sondern »mit mehr als dem vollen Gehalt«. Ich bin sicher, es muß irgendwo Fonds geben, die für einen solchen Zweck gedacht sind. Wenn sie sich nicht finden oder anzapfen lassen, würde *nichts* mir mehr Vergnügen machen, als selbst einer zu werden. Ich könnte zum Beispiel *gut* 50 Pfund erübrigen (und *mehr*, wenn ich diese Gehaltserhöhung kriege). Aber dies wird vielleicht ziemlich aufdringlich erscheinen. Wenn es so ist, vergessen Sie's. (Ich kann nur sagen, daß Trinity sehr freundlich zu mir war, als ich in den ersten Kriegsjahren in einer üblen Klemme steckte[1], und diese Art, meinen Dank zu bezeigen, wäre mir am liebsten – seinem weitaus bedeutendsten Mitglied und seiner Gattin auf dem Weg »in die Sonne« zu helfen.) Viel Glück Ihnen beiden . . . . .

Ich schicke Ihnen eine Kopie von *Lewis* zurück.[2] Außerdem eine Nummer von »Encounter«, in der Auden eine von seinen Salven abgefeuert hat: etwa dieselbe, aber länger als die in N. Y. S. Times.[3] »Encounter« habe ich für Sie besorgt, darum brauchen Sie es nicht zurückzuschikken. Die Ents scheinen allgemein gut angekommen zu sein (sogar bei Muir[4]); aber A. ist ein besserer Kritiker. Wie gewöhnlich bei mir, sind sie eher aus ihrem Namen hervorgewachsen als umgekehrt. Ich hatte schon immer das Gefühl, man müßte mal etwas über das eigentümliche angels. Wort *ent* machen – für einen »Riesen« oder eine mächtige Person aus ferner Vergangenheit, dem alle alten Werke zugeschrieben wurden. Sollte es einen leicht philosophischen Ton haben (obwohl es in gewöhnlicher Philologie »ganz ohne Verwandtschaft mit jedem Partizip Präsens des Verbums sein« ist), so hat mich das auch interessiert.

Ich bin hoffnungslos im Rückstand mit den »Anhängen« zu Bd. III; aber ich bin mit vielerlei Dingen behelligt worden; und Chris. war zu eingedeckt, um mir bei den Karten zu helfen. Da kann man nichts machen. Ich bin dabei.

158 Aus einem Brief an Rayner Unwin 2. Dezember 1954

[Ein Kommentar zum Klappentext auf dem Umschlag der Houghton-Mifflin-Ausgabe der *Two Towers*.]

Ich habe grad erst Zeit zu einem Blick auf das H.-M.-»Umschlag«-Zeugs gehabt . . . . . Das muß jemand geschrieben haben, der das Buch nicht gelesen, sondern sich auf ungenaue Erinnerungen ans Hörensagen verlassen hat. Die Handlung im voraus zu verraten, ist natürlich ein dummes (und unnötiges) Verfahren; aber wenigstens könnte die verratene Handlung dann die des beschriebenen Buches sein. Oder ob das Absicht ist?

159 Aus einem Brief an Dora Marshall 3. März 1955

[Antwort auf den Brief einer Leserin des *Herrn der Ringe*.]

Ich hatte große Schwierigkeiten (es dauerte mehrere Jahre), meine Geschichte veröffentlicht zu bekommen, und es ist nicht leicht zu sagen, wer über das Resultat am meisten überrascht ist: ich oder der Verlag! Aber es bleibt eine ungeschmälerte Freude für mich, meine Überzeugung bestätigt zu finden: daß das »Märchen« in Wahrheit ein Genre für Erwachsene ist, und zwar eines, für das es ein ausgehungertes Publikum gibt. Ich habe das, mehr oder weniger, schon in meinem Aufsatz über das

Märchen gesagt, in dem Sammelband zum Gedenken an Charles Williams. Aber da war es bloß eine Behauptung – die des Beweises harrte. Wie C. S. Lewis vor langer Zeit einmal zu mir sagte, ungefähr – (ich glaube nicht, daß ich mich an seine *dicta* genauer erinnere als er an meine: ich finde in seinen Arbeiten oft sonderbare Dinge mir zugeschrieben) – »wenn die Art Bücher, die wir lesen wollen, keiner mehr schreiben will, werden wir sie selbst schreiben müssen; aber das ist sehr mühsam.« Weil er ein Mann von ungeheurer Kraft und Betriebsamkeit war, hatte er seine »Trilogie« trotz vieler anderer Arbeiten viel früher fertig; aber nun endlich hat meine langsamere und bedächtigere (doch auch trägere und nicht so gut organisierte) Maschine auch ihren Zweck erfüllt. Was für eine Mühe! Ich habe selbst beinah alles *zweimal* getippt und manche Teile noch öfter; von den handschriftlichen Fassungen gar nicht zu reden! Aber ich bin reichlich belohnt und ermuntert, wenn ich merke, daß die Mühe nicht umsonst war. Ein solcher Brief wie der Ihrige genügt – und »gibt mehr, als ein Autor verlangen darf«.

Charles Williams kannte ich gut in seinen letzten Jahren: teils wegen Lewis' guter Angewohnheit, an Autoren, die ihm gefielen, zu schreiben (was uns beide in Kontakt mit Williams brachte); und mehr noch wegen des Glücks im Unglück, das Williams während des Krieges nach Oxford verschlug. Aber daß wir einander irgend beeinflußt hätten, glaube ich nicht! Zu stur, zu verschieden. Wir hörten jeder (in C. S. L.'s Räumen) den anderen lange und ziemlich unverständliche Fragmente aus seinen Arbeiten vorlesen, weil C. S. L. (ein wundervoller Mensch) imstande zu sein schien, uns beide zu mögen. Aber ich glaube, wir fanden jeder die Denkweise des anderen (oder besser, die Ausdrucksweise, das geistige Klima), wenn »Literatur« daraus wurde, ebenso undurchdringlich, wie wir das Zusammensein und das Gespräch mit dem anderen angenehm fanden.

160 Aus einem Brief an Rayner Unwin 6. März 1955

[Tolkien hatte manches von den Materialien zu den Anhängen zu Band III des *Herrn der Ringe* abgeliefert, und Allen & Unwin drängte wegen des Rests. Am 2. März hatte Rayner Unwin geschrieben, daß es nun höchste Zeit wäre, sonst müßte der Verlag »dem mächtigen Druck, der sich ansammelt, nachgeben und [den dritten Band] ohne all die weiteren Materialien veröffentlichen«.]

Ich muß Ihre Aufforderung annehmen. Wir müssen mit dem auskommen, was ich Ihnen postwendend schicken kann. Ich hoffe, die Karte, die eigentlich am notwendigsten ist, wird dabei sein.

Ich wollte jetzt, ich hätte die Anhänge nie versprochen! Denn ich denke, ihr Erscheinen in verstümmelter und komprimierter Form wird niemanden zufriedenstellen: mich jedenfalls nicht; offenbar, nach den Briefen (in gräßlicher Menge), die ich bekomme, auch nicht die Leute, die so etwas mögen – erstaunlich viele; während diejenigen, denen das Buch nur als »heroische Romanze« gefällt und die »unerklärten Ausblicke« als Teil des literarischen Effekts erscheinen, die Anhänge nicht weiter beachten werden, und ganz mit Recht.

Ich bin gar nicht sicher, daß die Neigung, das Ganze als eine Art großes Spiel zu betrachten, wirklich gut ist – jedenf. nicht für mich, für den so etwas eine nur allzu fatale Attraktivität hat. Es ist, vermute ich, ein Tribut an die sonderbare Wirkung einer Geschichte, die auf sehr ausführlichen und detaillierten Ausarbeitungen über Geographie, Chronologie und Sprache beruht, daß so viele nach schierer »Information« oder »Kunde« verlangen. Aber den Ansprüchen solcher Leute müßte man wiederum ein ganzes Buch, mindestens im Umfang von Bd. I, widmen.

Auf jeden Fall ist dieses »Hintergrund«-Material sehr verzwickt und nutzlos, wenn nicht exakt; und bei Komprimierung auf den verfügbaren Raum bleibt es unbefriedigend. Es erfordert viel Konzentration (und Muße); und weil alles ineinander verschränkt ist, kann man es nicht stückchenweise abhandeln. Das habe ich gemerkt, als ich einen Teil davon verschwinden ließ.

161 Aus einem Brief an Rayner Unwin 14. April 1955

Die Karte ist die Hölle! Ich habe die Entfernungen nicht so genau im Auge behalten, wie nötig gewesen wäre. Ich glaube, eine Karte in großem Maßstab verrät einfach alle Risse im Panzer – abgesehen davon, daß sie notwendig etwas von der gedruckten Version in kleinem Maßstab abweichen muß, die zur Hälfte illustrativ war. Muß es wegen dieser Reise vielleicht seinlassen!

162 Aus einem Brief an Rayner Unwin 18. April 1955

Mit getrennter Post und per Einschreiben habe ich Ihnen Christophers schöne Reinzeichnung meiner Kartenskizze geschickt, die in großem Maßstab das Gebiet zeigt, wo Bd. III hauptsächlich spielt.

Ich hoffe, sie findet Zustimmung ..... Der Maßstab (den er, wie ich bemerkte, nicht eingetragen hat) ist genau fünffach vergrößert der der Generalkarte.

163 An W. H. Auden

[Auden, der die *Fellowship of the Ring* in der *New York Times Book Review* und in *Encounter* besprochen hatte, hatte ein Fahnenexemplar des dritten Bandes, *The Return of the King*, geschickt bekommen. Er schrieb Tolkien im April 1955, um verschiedene Fragen zu stellen, die sich aus dem Buch ergaben. Tolkiens Antwort ist nicht erhalten (Auden warf Briefe gewöhnlich weg, nachdem er sie gelesen hatte). Auden schrieb am 3. Juni noch einmal, um mitzuteilen, daß man ihn aufgefordert hatte, im Oktober im Dritten Programm der BBC über den *Herrn der Ringe* zu sprechen. Er fragte Tolkien, ob es etwas gebe, was er in der Sendung gern zur Sprache gebracht hören möchte, und ob er ein paar »human touches« beisteuern könne, in Form von Auskünften darüber, wie das Buch zustande kam. Tolkiens Antwort ist erhalten, weil er bei dieser Gelegenheit – und bei späteren Briefen an Auden – einen Durchschlag zurückbehielt, dem dieser Text entnommen ist.]

7. Juni 1955 76 Sandfield Road, Headington, Oxford
Lieber Auden,

ich habe mich sehr gefreut, von Ihnen zu hören, und bin froh, daß Sie sich anscheinend nicht gelangweilt haben. Ich fürchte, jetzt steht Ihnen wieder ein ziemlich langer Brief bevor; aber Sie können damit machen, was Sie wollen. Ich tippe ihn, damit er auf jeden Fall schnell lesbar ist. Ich finde mich eigentlich nicht so furchtbar wichtig. Die Trilogie[1] habe ich zur persönlichen Genugtuung geschrieben, angespornt durch die Knappheit an Literatur von der Art, die ich lesen wollte (und was es gab, war oft stark mit anderem legiert). Es war eine große Mühe; und wie der Autor der *Ancrene Wisse* am Ende seines Werkes sagt: »Gott sei mein Zeuge, lieber möchte ich zu Fuß nach Rom aufbrechen, als das Werk noch einmal von vorn zu beginnen!« Aber, anders als er, würde ich nicht sagen: »Lest in Ruhe jeden Tag ein Stück aus diesem Buch; und ich hoffe, wenn ihr es oft lest, wird es sich für euch als sehr nützlich erweisen; sonst habe ich die langen Stunden sehr schlecht verbracht.« Ich machte mir nicht viel Gedanken um den Nutzen oder das Vergnügen für andere; rein privat allerdings kann niemand wirklich etwas schreiben oder machen. Wenn nun aber die BBC jemand so Bedeutenden wie Sie damit beauftragt, öffentlich über die Trilogie zu reden, und nicht ohne auf den Autor einzugehen, so wird auch der bescheidenste (oder jedenfalls zurückgezogenste) aller Menschen, den sein Instinkt alle Selbstkenntnis, soweit vorhanden, und alle Kritik am Leben, soweit er es kennt, unter einer mythischen und legendären Einkleidung verhüllen läßt, nicht umhin können, in persönlichen Bezügen darüber nachzudenken – und es interessant zu finden, und auch schwierig, wenn man es kurz und treffend ausdrücken will.

Der Herr der Ringe ist als Erzählung nun schon so lange fertig, daß ich ihn ziemlich unpersönlich ansehen kann und »Interpretationen« ganz amüsant finde, sogar diejenigen, die ich selbst geben könnte, meistens *post scriptum*: Ich hatte nirgendwo sehr viel Besonderes an bewußten, intellektuellen Absichten im Sinn.* Bis auf ein paar vorsätzlich absprechende Rezensionen – wie die von Bd. II im *New Statesman*[3], in der wir beide, Sie und ich, mit Ausdrücken wie »pubertär« und »Infantilismus« gegeißelt wurden – scheint mir das, was aufmerksame Leser von dem Buch gehabt oder darin gesehen haben, fair genug, auch wo ich nicht damit übereinstimme. Immer ausgenommen natürlich jede »Interpretation« nach der

---

* Nehmen Sie die Ents, zum Beispiel. Ich habe sie gar nicht bewußt erfunden. Das Kapitel »Treebeard« wurde von Baumbarts erster Bemerkung auf p. 66 an mehr oder weniger so, wie es jetzt ist, heruntergeschrieben, mit einer Wirkung auf mich selbst (abgesehen von der Plackerei) fast als ob ich ein Werk von jemand anderem lese. Und jetzt gefallen mir die Ents, weil sie anscheinend nichts mit mir zu tun haben. Ich darf wohl sagen, daß im »Unbewußten« eine Zeitlang etwas vorgegangen sein muß, und das erklärt, warum ich durchweg, besonders wenn ich steckenblieb, das Gefühl hatte, nicht zu erfinden, sondern (unvollkommen) zu berichten, und manchmal warten mußte, bis das, »was wirklich geschehen war«, durchgesickert kam. Aber im analytischen Rückblick würde ich sagen, daß die Ents aus Philologie, Literatur und Leben zusammengesetzt sind. Sie verdanken den *eald enta geweorc*[2] des Angelsächsischen ihren Namen und ihre Verbindung mit Stein. Ihre Rolle in der Erzählung ist, glaube ich, bedingt durch meine bittere Enttäuschung und meinen Widerwillen gegen den kümmerlichen Sinn, in dem Shakespeare Birnams Wald gegen den hohen Hügel von Dunsinan anrücken läßt: Ich hatte Lust, eine Handlung zu erfinden, in der die Bäume wirklich in den Krieg zögen. Und dazwischen schlich sich ein Stückchen Erfahrung ein, der Unterschied zwischen der »männlichen« und der »weiblichen« Einstellung zu wilden Gewächsen, der Unterschied zwischen Liebe ohne Besitzanspruch und Gartenbau.

Art einer simplen Allegorie, das heißt, auf das Besondere und Aktuelle hinzielend. In weiterem Sinne ist es, glaube ich, unmöglich, eine »Geschichte« zu schreiben, die nicht in dem Maße, in dem sie »zum Leben erwacht«, allegorisch wäre; denn jeder von uns ist eine Allegorie, die in einer besonderen Erzählung und eingekleidet in die Gewänder von Ort und Zeit eine universelle Wahrheit und das ewige Leben verkörpert. Jedenfalls hat der *Herr der Ringe* den meisten Leuten, denen er gefallen hat, in erster Linie als eine spannende Geschichte Eindruck gemacht; und so wurde er auch geschrieben. Allerdings kann man der Frage »worum geht es?« natürlich nicht durch diese Hintertür entkommen. Das wäre, wie wenn man eine ästhetische Frage mit Ausführungen zu einem technischen Gesichtspunkt beantworten wollte. Ich nehme an, wenn man an einem bestimmten Punkt eine gute Entscheidung darüber trifft, was »gutes Erzählen« (oder »gutes Theater«) ist, dann wird sich zugleich auch herausstellen, daß das beschriebene Ereignis das »signifikanteste« ist.

Um zu den »human touches« zu kommen und zu der Frage, wann ich damit angefangen habe. Das ist ein bißchen so, wie wenn man die Menschheit fragen wollte, wann die Sprache angefangen habe. Es war eine unvermeidliche, wenngleich konditionierbare Entwicklung des bei der Geburt Mitgegebenen. Das hatte ich schon immer: die Empfindlichkeit für Sprachgefüge, die mich emotional beeindrucken wie Farbe oder Musik; und die leidenschaftliche Liebe zu den Gewächsen; und das tiefe Ansprechen auf Sagen (in Ermangelung eines besseren Wortes), die, wie ich es nennen würde, das Temperament und die Temperatur des Nordwestens haben. Jedenfalls muß einer, wenn er eine Erzählung dieser Art schreiben will, seine Wurzeln zu Rate ziehen, und ein Mensch aus dem Nordwesten der Alten Welt wird sein Herz und die Handlung seiner Erzählung in eine imaginäre Welt unter diesem Himmel und in dieser Lage versetzen: mit dem uferlosen Meer seiner unzähligen Vorfahren im Westen und den endlosen Ländern (aus denen meist Feinde kommen) im Osten. Allerdings mag noch hinzukommen, daß er sich im Herzen, auch wenn er von jeder mündlichen Überlieferung abgeschnitten ist, der Gerüchte an allen Küsten von den Menschen aus dem Meer erinnert.

Ich sage dies über das »Herz«, denn manche würden sagen, ich habe einen Atlantis-Komplex. Möglicherweise erblich, obwohl meine Eltern zu jung gestorben sind, als daß ich solche Dinge über sie wissen könnte, und zu jung, um dergleichen mit Worten weiterzugeben. Von mir hat es (nehme ich an) nur eines von meinen Kindern geerbt[4], obwohl ich dies über meinen Sohn bis vor kurzem nicht wußte, und er wußte es nicht über mich. Ich meine den furchtbaren Wiederholungstraum (seit Beginn meiner Erinnerungen) von der großen Woge, die sich auftürmt und unentrinnbar über die Bäume und grünen Wiesen hereinbricht. (Ich habe ihn Faramir vererbt.) Ich glaube, ich hatte ihn nicht mehr, seit ich den »Untergang von Númenor« geschrieben habe, als letzte der Sagen vom Ersten und Zweiten Zeitalter.

Ich bin dem Blut nach ein West-Midlander (und das frühe Mittelenglisch der West-Midlands ging mir ein wie eine bekannte Sprache, sobald ich es zu Gesicht bekam), aber ein Umstand aus meiner Lebensgeschichte kann vielleicht teilweise erklären, warum die »Nordwestluft« mir »heimisch« und zugleich wie eine Entdeckung vorkommt. Ich bin eigentlich in Bloemfontein geboren, und darum sind jene tief verwurzelten Eindrücke, die Grunderinnerungen aus der ersten Kindheit, die noch bildlich zu besichtigen sind, für mich die an ein heißes, verdorrtes Land. Meine erste Erinnerung an Weihnachten sind brennende Sonne, zugezogene Vorhänge und ein welkender Eukalyptus.

Ich befürchte, dies wird eine gräßliche Anödung und zieht sich viel zu lang hin, jedenfalls länger als »die verächtliche Person, die Sie vor sich haben«, es verdient. Aber man kann schwer aufhören, wenn man über ein so fesselndes Thema, wie man selbst für sich selbst ist, einmal in Fahrt gekommen ist. Was die Konditionierung angeht: ich weiß hauptsächlich von der sprachlichen Konditionierung. Ich ging auf die King Edward's School und verbrachte die meiste Zeit damit, Latein und Griechisch zu lernen. Nicht englische Literatur! Abgesehen von Shakespeare (den ich von Herzen verabscheute), ergaben sich die wichtigsten Berührungen mit der Dichtung, wenn man versuchen mußte, sie ins Lateinische zu übersetzen. Keine schlechte Art der Einführung, wenn auch ein bißchen flüchtig. Ich meine, in etwas aus der englischen Sprache und ihrer Geschichte. Angelsächsisch lernte ich in der Schule (Gotisch auch, aber das war ein Zufall, ganz außerhalb des Lehrplans, allerdings entscheidend – ich entdeckte dabei nicht nur die moderne historische Philologie, die meine historische und wissenschaftliche Seite ansprach, sondern zum ersten Mal auch das Studium der Sprache einfach aus Liebe: ich meine, des heftigen ästhetischen Vergnügens wegen, das sich einer Sprache um ihrer selbst willen abgewinnen läßt, nicht nur unabhängig von Nützlichkeit, sondern auch unabhängig davon, »das Vehikel einer Literatur« sein zu müssen).

Das sind zwei Fäden, oder drei. Eine Faszination, die walisische Namen von Kind an für mich hatten, auch wenn ich sie nur an Kohlenwaggons sah, ist ein weiterer; obwohl man mir, wenn ich um

Auskunft bat, nur Bücher gab, die für ein Kind unverständlich waren. Ich lernte gar kein Walisisch, bevor ich nicht Student war, und ich fand darin eine anhaltende sprachlich-ästhetische Befriedigung. Eine andere war Spanisch: mein Vormund war zur Hälfte Spanier, und als ich etwas über zehn war, klaute ich ihm immer seine Bücher und versuchte es zu lernen: die einzige romanische Sprache, die mir das eigentümliche Vergnügen bereitet, von dem ich rede – es ist nicht ganz dasselbe wie die bloße Wahrnehmung von Schönheit: ich bemerke wohl die Schönheit z. B. des Italienischen oder meinetwegen auch des modernen Englisch (das meinem persönlichen Geschmack sehr fern liegt): das ist mehr so etwas wie der Appetit nach einer notwendigen Nahrung. Am wichtigsten war vielleicht, nach dem Gotischen, die Entdeckung einer finnischen Grammatik in der Bibliothek des Exeter College, als ich mich eigentlich auf das erste Examen in Altphilologie vorbereiten sollte. Es war, als hätte man einen Keller voller Flaschen eines erstaunlichen Weines gefunden, von einer Sorte und einem Aroma, wie man sie noch nie gekostet hat. Ich war ganz berauscht davon; und ich gab den Versuch auf, eine »nicht schriftlich überlieferte« germanische Sprache zu erfinden, und meine »eigene Sprache« – oder ganze Serien von erfundenen Sprachen – wurden im phonetischen Muster und Aufbau stark finnisiert.

Das ist natürlich längst vorbei. Der Sprachgeschmack ändert sich mit der Zeit, wie alles andere auch, oder oszilliert zwischen Polen. Latein und das Keltische britischen Typs sind nun dran, mit dem schön koordinierten und ausgeformten (wenn auch einfach ausgeformten) Angelsächsischen in Reichweite, ein Stück weiter das Altnordische mit dem benachbarten, aber fremdartigen Finnisch. Könnte man nicht sagen, Römisch-Britisch? Mit einer starken, aber jüngeren Infusion aus Skandinavien und dem Baltikum. Jedenfalls, ich darf wohl sagen, daß ein solcher Sprachgeschmack, wenn man für den Einfluß der Schule genug Spielraum läßt, einen ebensoguten oder besseren Abstammungstest darstellt als die Blutgruppen.

All dies nur als Hintergrund zu den Geschichten, obwohl die Sprachen und Namen für mich von den Geschichten nicht trennbar sind. Sie sind und waren sozusagen ein Versuch, einen Hintergrund oder eine Welt darzustellen, in der die Äußerungen meines Sprachgeschmacks eine Funktion haben könnten. Die Geschichten kamen erst vergleichsweise spät.

Zum ersten Mal versuchte ich eine Geschichte zu schreiben, als ich etwa sieben war. Sie handelte von einem Drachen. Ich weiß davon nichts mehr bis auf eine philologische Einzelheit. Meine Mutter sagte nichts über den Drachen, erklärte mir aber, daß man nicht sagen könne, »ein grüner großer Drache«, sondern es müsse heißen, »ein großer grüner Drache«. Ich fragte mich, warum, und frage mich noch immer. Daß ich mich daran erinnern kann, ist vielleicht bezeichnend, denn ich glaube, ich habe viele Jahre lang keine Geschichte mehr zu schreiben versucht und ging ganz auf in Sprachen.

Das Finnische habe ich schon erwähnt, denn damit platzte der Knoten in der Erzählung. Etwas in der Atmosphäre des Kalevala zog mich ungemein an, sogar in Kirbys schlechter Übersetzung. Ich habe nie genug Finnisch gelernt, um mehr als ein Stück weit im Original herumzutappsen, wie ein Schüler im Ovid; meist beschäftigte mich nur sein Einfluß auf »meine Sprache«. Aber den Anfang des Legendariums, von dem die Trilogie ein Teil ist (das Schlußstück), machte ein Versuch, etwas aus dem Kalevala, besonders die Erzählung von Kullervo, dem Unglücklichen, in meine eigene Form umzuschreiben. Das fing an, wie gesagt, in der Periode vor dem Examen; beinahe katastrophal, weil ich nur knapp daran vorbeikam, mein Stipendium zu verlieren oder gar relegiert zu werden. Etwa 1912 bis 1913. Als die Sache weiterging, schrieb ich sogar in Versen. Die erste richtige Geschichte aus dieser, wie es heute scheint, schon fast voll ausgestalteten imaginären Welt wurde allerdings in Prosa geschrieben, während eines Krankenurlaubs Ende 1916: Der Fall von Gondolin, den ich 1918 die Stirn hatte, dem Essay-Klub des Exeter College vorzulesen.[5] In Krankenhäusern schrieb ich bis zum Ende des Ersten Weltkriegs noch eine ganze Menge anderes.

Nach der Rückkehr machte ich weiter; aber als ich versuchte, etwas davon zu veröffentlichen, hatte ich keinen Erfolg. Der *Hobbit* stand ursprünglich ganz außerhalb dieses Zusammenhangs, wurde dann allerdings unvermeidlich in den Umkreis der größeren Konstruktion hineingezogen; und schließlich modifizierte er sie. Er war unglücklicherweise eigentlich, soweit mir bewußt, als »Kindergeschichte« gedacht, und weil ich damals noch nichts begriffen hatte und meine Kinder noch nicht alt genug waren, um mich zu korrigieren, hat er manche von den Albernheiten der Manier, die ich gedankenlos aus der Art Zeuge aufgeschnappt hatte, das ich mir selbst hatte vorsetzen lassen, so wie Chaucer hier und da eine Spielmannsfloskel übernimmt. Diese erscheinen sehr bedauerlich. Auch intelligenten Kindern geht es so.

Über den Anfang des *Hobbit* weiß ich nur noch, daß ich dasaß und Schulprüfungsarbeiten korrigierte, mit dem anhaltenden Überdruß an dieser Arbeit, zu der sich unbemittelte Akademiker mit Kindern alljährlich gezwungen sehen. Auf ein leeres Blatt kritzelte ich: »In einem Loch im Boden, da lebte ein Hobbit.« Ich wußte und weiß nicht, warum. Ich tat lange Zeit nichts daran, und über ein paar Jahre hin kam ich nicht weiter als bis zum Zeichnen von Thrors Landkarte. Aber Anfang der 30er Jahre wurde es dann der *Hobbit*, und veröffentlicht wurde es schließlich, nicht weil meine Kinder so begeistert waren (obwohl es ihnen ganz gut gefiel*), sondern weil ich es der Ehrw. Mutter von Cherwell Edge lieh, als sie die Grippe hatte, und eine frühere Studentin es zu Gesicht bekam, die zu der Zeit im Haus Allen and Unwin arbeitete. Es wurde, glaube ich, an Rayner Unwin ausprobiert; und ohne ihn, als er erwachsen war, hätte ich die Trilogie wohl nie veröffentlicht bekommen.

Weil der *Hobbit* ein Erfolg war, wurde eine Fortsetzung gewünscht, und die ihm fernstehenden Elbensagen wurden abgelehnt. Ein Lektor sagte, sie seien überfüllt mit keltischer Schönheit von der Art, die in hoher Dosierung Angelsachsen verrückt machen würde. Höchstwahrscheinlich ganz richtig. Ich selbst sah jedenfalls den Wert der Hobbits darin, daß die »Romanze« durch sie Boden unter die Füße bekäme, daß sie Themen lieferten, die zu »adeln« wären, und rühmenswertere Helden als die professionellen: *nolo heroizari* ist gewiß für einen Helden ein ebensoguter Anfang wie *nolo episcopari* für einen Bischof. Nicht, daß ich in irgendeinem geläufigen Sinne ein »Demokrat« wäre; abgesehen davon, daß ich annehme, literarisch gesprochen, wir sind alle gleich vor dem großen Autor, *qui deposuit potentes de sede et exaltavit humiles*[6].

Trotzdem war ich nicht bereit, eine »Fortsetzung« im Sinne eines weiteren Kinderbuchs zu schreiben. Ich hatte mir über »Märchen« und ihr Verhältnis zu Kindern Gedanken gemacht – manche Ergebnisse habe ich in einen Vortrag in St. Andrews gebracht und schließlich erweitert und in einem Aufsatz veröffentlicht (unter denen, die von der O. U. P. als *Essays Presented to Charles Williams* aufgeführt werden und die man jetzt höchst schäbigerweise hat ausgehen lassen). Weil ich die Ansicht geäußert hatte, daß die Verknüpfung von »Märchen« mit Kindern im modernen Bewußtsein falsch und zufällig ist und die Geschichten an sich und für die Kinder verdirbt, wollte ich versuchen, etwas zu schreiben, das sich überhaupt nicht an Kinder (als solche) wendete; und außerdem brauchte ich eine große Leinwand.

Naturgemäß bedeutete das eine Menge Arbeit, denn ich mußte eine Verbindung zum *Hobbit* herstellen; aber mehr noch mit der Mythologie im Hintergrund. Die mußte auch umgeschrieben werden. *Der Herr der*

---

* Aber auch nicht besser, glaube ich, als *The Marvellous Land of Snergs* von Wyke-Smith, Ernest Benn 1927. Angesichts des Datums würde ich sagen, daß es mir wahrscheinlich als unbewußte Quelle! für die Hobbits gedient hat, aber für nichts sonst.

Ringe ist nur der Schlußteil eines beinahe doppelt so langen Werkes[7], an dem ich in der Zeit zwischen 1936 und 53 arbeitete. (Ich wollte alles in chronologischer Reihenfolge veröffentlicht haben, aber das erwies sich als unmöglich.) Und um die Sprachen mußte man sich kümmern! Hätte ich mehr an mein eigenes Vergnügen als an die Geduld eines möglichen Publikums gedacht, hätte sehr viel mehr Elbisch in dem Buch gestanden. Aber die paar Brocken, die nun drinstehen, erfordern schon, wenn sie einen Sinn haben sollen, zwei durchgebildete Phonologien und Grammatiken und eine große Anzahl Vokabeln.

Das wäre auch ohne alles andere ein großes Stück Arbeit gewesen; ich bin aber auch noch ein mit Maßen gewissenhafter Lehrer und Administrator gewesen und habe 1945 die Professur gewechselt (alle alten Vorlesungen weggeworfen). Und natürlich war während des Krieges oft überhaupt keine Zeit für irgend etwas Vernünftiges. Eine Ewigkeit blieb ich am Ende von Buch drei stecken. Buch vier wurde in Fortsetzungen geschrieben und an meinen Sohn geschickt, der 1944 in Afrika diente. Die beiden letzten Bücher wurden zwischen 1944 und 48 geschrieben. Das bedeutet natürlich nicht, daß der Hauptgedanke des Buches ein Kriegsprodukt war. Auf ihn kam ich schon in einem der frühesten Kapitel, die sich gehalten haben (Buch I, 2). Er ist wirklich von Anfang an gegeben und im Keim schon gegenwärtig, obwohl ich keine bewußte Idee hatte, wofür der Nekromant im *Hobbit* stünde (abgesehen vom ewig wiederkehrenden Bösen) oder was ihn mit dem Ring verbände. Aber wenn man vom Schluß des *Hobbit* aus weitermachen wollte, dann wäre, denke ich, die Entscheidung für den Ring als Bindeglied unausweichlich. Und wenn man nun noch eine weitläufige Geschichte will, dann wird der Ring sofort großgeschrieben, und gleich darauf erscheint der Dunkle Herrscher. Und so erschien er, ungebeten, im Kaminfeuer in Beutelsend, sobald ich an diese Stelle kam. Damit hatte die Hauptsache, die Queste, schon begonnen. Aber unterwegs begegnete mir vieles, das mich erstaunte. Tom Bombadil kannte ich schon; aber in Bree war ich noch nie gewesen. Streicher, wie er im Wirtshaus in einer Ecke saß, war ein Schock, und ich hatte ebensowenig wie Frodo eine Ahnung, wer er war. Die Minen von Moria waren nur ein Name gewesen, und über Lothlórien war noch kein Wort an meine sterblichen Ohren gedrungen, ehe ich dort hinkam. Entfernt wußte ich, daß es an den Grenzen eines alten Menschenkönigreichs die Pferdeherren gab, aber der Wald von Fangorn war ein unvorhergesehenes Abenteuer. Weder vom Hause Eorl noch von den Truchsessen von Gondor hatte ich je gehört. Am beunruhigendsten von allem, von Saruman war mir nie etwas verraten worden, und ich war ebenso ratlos wie Frodo bei Gandalfs Ausbleiben am 22. September. Ich wußte nichts von den *Palantíri*, doch im gleichen Moment, als der Orthanc-Stein aus dem Fenster geworfen wurde, erkannte ich ihn und wußte, was der »kundige Vers« zu bedeuten hatte, der mir durch den Kopf gegangen war: *sieben Sterne und sieben Steine und ein weißer Baum.* Solche Verse und Namen fallen einem immer wieder ein; aber sie erklären sich nicht immer von selbst. Was es mit den Katzen der Königin Berúthiel[8] auf sich hat, muß ich immer noch erst herausfinden. Aber ich wußte mehr oder weniger alles über Gollum und seine Rolle, und über Sam, und ich wußte, daß der Weg von einer Spinne bewacht wurde. Und wenn das etwas damit zu tun hat, daß ich als kleines Kind mal von einer Tarantel gestochen wurde[9], dann kann sich das meinetwegen jeder so erklären (den unwahrscheinlichen Fall angenommen, daß es irgendwen interessiert). Ich kann nur sagen, daß ich nichts davon behalten habe und es gar nicht wüßte, wenn man es mir nicht erzählt hätte; ich habe auch keine besondere Abneigung gegen Spinnen und keinen Drang, sie zu töten. Wenn ich eine im Bad finde, rette ich sie meistens.

Nun werde ich aber wirklich geschwätzig. Ich hoffe doch, Sie nicht zu sehr angeödet zu haben. Ich hoffe auch, Sie irgendwann mal wiederzusehen. Bei welcher Gelegenheit wir vielleicht über Sie und Ihre Arbeiten sprechen könnten und nicht über meine. Jedenfalls ist Ihr Interesse an meinen eine starke Ermutigung.

Mit den allerbesten Wünschen. Ihr ergebener

J. R. R. Tolkien

164 Aus einem Brief an Naomi Mitchison   29. Juni 1955

Ich habe eine aufreibende Zeit hinter mir, mit viel mehr Arbeit, als ich wirklich bewältigen konnte, *plus* Bd. III. Ich fühle mich wie ein geplatzter Reifen; aber vielleicht erhole ich mich, sobald (oder wenn, wie versprochen) die letzten Korrekturfahnen von Bd. III morgen ankommen.

Die Buchhändler – darunter Mr. Wilson von Bumpus – sagen, daß nach der langen Verzögerung Ende September jetzt die richtige Zeit für das Erscheinen ist . . . . .

Ich denke, »A und U« werden nun die »frühere Geschichte« in irgendeiner Form nehmen. Als ich letzten Freitag in der Stadt war, schienen sie bereit, ein Buch etwa so lang wie Bd. I ins Auge zu fassen.

165 An Houghton Mifflin Co.

[Am 5. Juni 1955 widmete der Kolumnist Harvey Breit in der *New York Times Book Review* einen Teil seines wöchentlichen Artikels einem Bericht über Tolkien und seine Schriften. Darin stand auch diese Passage:»Was, so fragten wir Dr. [sic!] Tolkien, macht Sie ticken? Dr. T., der in Oxford lehrt, wenn er keine Romane schreibt, gibt diese lebhafte Antwort: ›Ich ticke nicht. Ich bin keine Maschine. (Würde ich ticken, hätte ich keine Ansichten darüber, und Sie sollten lieber den Mechaniker fragen.) Mein Werk hat sich nicht zu einem ernsthaften Werk ›entwickelt‹. Es hat so schon angefangen. Das sogenannte ›Kinderbuch‹ [*The Hobbit*] war ein Fragment, herausgerissen aus einer schon vorliegenden Mythologie. Soweit es in Stil oder Manier ›für Kinder‹ aufgemacht war, finde ich es bedauerlich. Die Kinder finden das auch. Ich bin Philologe, und alle meine Arbeiten sind philologisch. Hobbies vermeide ich, denn ich bin ein sehr ernsthafter Mensch und kann zwischen Pflicht und privater Belustigung nicht unterscheiden. Ich bin umgänglich, aber ungesellig. Ich arbeite nur zu meinem Privatvergnügen, denn ich finde meine Pflichten persönlich amüsant.‹«

Diese Bemerkungen waren anscheinend einem Brief entnommen, mit dem Tolkien die Anfragen eines Vertreters der *New York Times* beantwortet hatte. Am 30. Juni 1955 schrieb Tolkien an die Houghton Mifflin Co., seinen amerikanischen Verlag:»Bitte werfen Sie nicht mir vor, was Breit aus meinem Brief gemacht hat! .... Das Original ergab Sinn: eine Eigenschaft allerdings, für die Harvey B. nicht empfänglich zu sein scheint. Mir wurden eine Reihe Fragen gestellt, mit der Bitte um klare, kurze und zitierbare Antworten ..... Aus schierem Mitleid [für einen anderen informationsbedürftigen Fragesteller] .... füge ich noch ein paar Notizen zu anderen Punkten als den bloßen Fakten meines ›curriculum vitae‹ bei (die man in Nachschlagewerken finden kann).« Das Folgende sind diese »paar Notizen«. Der Text wurde einem anscheinend von Houghton Mifflin nach Tolkiens Original angefertigten Typoskript entnommen; dieses Typoskript wurde zu verschiedenen Zeiten an eine Reihe von Anfragern verschickt, von denen manche in Artikeln über Tolkien daraus zitierten. Tolkien selbst bekam eine Kopie des Typoskripts, und er machte dazu einige Anmerkungen und Korrekturen, die in den hier abgedruckten Text aufgenommen wurden.]

Mein Name ist TOLKIEN (nicht -*kein*). Es ist ein deutscher Name (aus Sachsen), eine Anglisierung von *Tollkiehn*, d. h. *tollkühn*. Aber abgesehen von dem Aufschluß über die Schreibweise ist diese Tatsache so trügerisch wie alle Tatsachen im Rohzustand. Denn ich bin weder »foolhardy« noch deutsch, auch wenn manche entfernten Vorfahren es gewesen sein mögen. Sie sind vor über 200 Jahren nach England eingewandert und schnell durch und durch englisch geworden (nicht britisch), blieben allerdings musikalisch – eine Begabung, die leider nicht bis zu mir weitergegeben wurde.*

Eigentlich bin ich mehr ein Suffield[1] (die Familie stammt aus Evesham in Worcestershire), und meine Neigungen zur Philologie, besonders der germanischen Sprachen, und zum heroischen Abenteuer verdanke ich meiner Mutter, die mich unterrichtete (bis ich eine Freistelle an der alten Grammar School in Birmingham bekam). Nach der englischen Betrachtungsweise bin ich sogar ein West-Midlander und nur in den Grafschaften an den Waliser Grenzmarken zu Hause; und ich glaube, es kommt ebensosehr von meiner Abstammung wie von diesen Gelegenheiten, daß Angelsächsisch, Westmittelenglisch und alliterierende Verse mich schon in der Kindheit gereizt haben und dann mein Hauptfachgebiet geworden sind. (Ich finde auch die walisische Sprache besonders reizvoll.**) Ich schreibe mit Vergnügen alliterierende Verse, obwohl ich nicht viel mehr davon veröffentlicht habe als die Fragmente im *Herrn der Ringe,* außerdem noch »The Homecoming of Beorhtnoth« (In *Essays and Studies of the English Association,* 1953, London, John Murray), das kürzlich zweimal von der BBC gesendet wurde: ein dramatischer Dialog über das Wesen des »Heroischen« und des »Ritterlichen«. Ich hoffe noch ein langes Gedicht über *The Fall of Arthur* im gleichen Versmaß zum Abschluß zu bringen.[2]

Trotzdem, geboren bin ich in Bloemfontein, im Orange-River-Freistaat – auch wieder eine trügerische Tatsache (obwohl meine frühesten Erinnerungen die an ein heißes Land sind), denn 1895 wurde ich in die Heimat verschifft und habe die 60 Jahre seither zumeist in Birmingham und Oxford verbracht, bis auf 5 oder 6 Jahre in Leeds: an der Universität dort hatte ich meine erste Stellung nach dem Krieg von 1914–18. Ich bin sehr wenig gereist, kenne aber Wales und bin oft in Schottland gewesen (niemals nördlich des Tay) und kenne auch Teile von Frankreich, Belgien und Irland. In Irland habe ich ziemlich viel Zeit verbracht, und seit

---

* In dieser Schreibung ist der Name vor 2 oder 3 Generationen auch aus Kanada in die Vereinigten Staaten gelangt. Vor kurzem stand ich in Briefwechsel mit einer Familie in Texas.

** Das »Sindarin«, eine Grauelbensprache, ist faktisch mit Vorsatz so konstruiert, daß sie dem Walisischen phonologisch ähnelt und zum Hochelbischen eine ähnliche Beziehung hat wie das Britische (im richtigen Sinne, nämlich die keltischen Sprachen, die zur Zeit der römischen Invasion auf dieser Insel gesprochen wurden) zum Lateinischen. Alle Namen in dem Buch und die Sprachen sind natürlich durchkonstruiert und nicht zufällig.

letztem Juli bin ich sogar ein D. Litt. des University College von Dublin; aber, wohlgemerkt, betreten habe ich »Eire« zum ersten Mal 1949, als der *Herr der Ringe* schon fertig war, und sowohl das Gälische wie auch die Luft von Irland empfinde ich als vollkommen fremd – obwohl die letztere (nicht die Sprache) ihren Reiz hat.

Ich könnte noch hinzufügen, daß ich im Oktober noch einen Doktorgrad (Doct. en Lettres et Phil.) in Liège (Belgien) empfangen habe – wenn auch nur, um die Tatsache festzuhalten, daß es mich erstaunte, auf Französisch als »le créateur de M. Bilbo Baggins« begrüßt zu werden, und noch mehr, als man mir zur Erklärung des Beifalls sagte, ich sei ein Klassiker?????? O weh!

Wenn ich erhellen darf, was H. Breit von meinem Brief übriggelassen hat: die Bemerkung über »Philologie« sollte auf eine »Tatsache« anspielen, die für mein Werk, denke ich, grundlegend ist, nämlich daß es ganz aus einem Stück und *zutiefst von der Linguistik* inspiriert ist. Die Universitätsbehörden könnten ja wohl eine Verirrung darin sehen, wenn ein älterer Philologieprofessor Märchen und Abenteuergeschichten schreibt und veröffentlicht, und es als ein »Hobby« bezeichnen, ein verzeihliches, weil es (zu meiner wie zu jedermanns Überraschung) Erfolg gehabt hat. Aber es ist kein »Hobby« im Sinne von etwas, das von der Arbeit ganz verschieden wäre und worin man sich zur Erholung etwas austoben würde. Das Erfinden von Sprachen ist das Fundament. Die »Geschichten« wurden eher so angelegt, daß sie eine Welt für die Sprachen abgaben, als umgekehrt. Für mich kommt zuerst ein Name, dann folgt die Geschichte.* Ich hätte lieber auf »Elbisch« geschrieben. Aber ein Werk wie *Der Herr der Ringe* ist natürlich redigiert worden, und nur soviel »Sprache« wurde dringelassen, wie ich dachte, daß es für die Leser verdaulich wäre. (Ich merke jetzt, daß viele gern mehr davon gehabt hätten.) Aber immerhin ist eine ganze Menge sprachlichen Stoffs (nicht nur die eigentlich »elbischen« Namen und Wörter) in dem Buch enthalten oder mythologisch ausgedrückt. Für mich jedenfalls ist es weitgehend ein Versuch über »Sprachästhetik«, wie ich manchmal zu Leuten sage, die mich fragen, »um was es geht«.

Es geht »um« gar nichts als um es selbst. Mit Sicherheit hat es *keine* allegorischen Absichten allgemeiner oder besonderer, aktueller, moralischer, religiöser oder politischer Art. Die einzige Kritik, die mich geärgert hat, war eine, daß es »keine Religion enthalte« (und auch »keine

---

* Einmal kritzelte ich »Hobbit« auf eine leere Seite irgendeiner langweiligen Schulprüfungsarbeit, Anfang der 30er Jahre. Es dauerte noch eine ganze Weile, bis ich herausfand, worauf es sich bezog.

Frauen«, aber das macht nichts und stimmt sowieso nicht). Es ist eine monotheistische Welt von »natürlicher Theologie«. Der merkwürdige Umstand, daß es darin keine Kirchen, Tempel, religiöse Riten und Zeremonien gibt, gehört schlicht zu dem geschilderten historischen Klima. Dies wird zur Genüge erklärt werden, wenn (wie nun wahrscheinlich) das *Silmarillion* und andere Sagen des Ersten und Zweiten Zeitalters veröffentlicht werden. Ich selbst bin jedenfalls Christ; aber das »Dritte Zeitalter« war keine christliche Welt.

»Mittelerde« ist übrigens nicht der Name für ein Nie-und-Nimmerland ohne Beziehung zu der Welt, in der wir leben (wie Eddisons[3] Merkurien). Es ist einfach eine Verwendung von mittelenglisch *middelerde* (oder *erthe*), verändert aus altenglisch *Middangeard*: der Name für die bewohnten Lande der Menschen »zwischen den Meeren«. Und obwohl ich nicht versucht habe, die Gestalt der Gebirge und Landmassen dem anzunähern, was Geologen über die nähere Vergangenheit sagen oder vermuten mögen, soll diese »Geschichte« doch der Einbildung nach in einer Periode der tatsächlichen Alten Welt dieses Planeten stattfinden.

Es gibt natürlich bestimmte Dinge und Themen, die mich ganz besonders bewegen. Die Wechselbeziehungen zwischen dem »Edlen« und dem »Einfachen« (oder Schlichten, Gewöhnlichen) zum Beispiel. Die Veredelung des Unedlen bewegt mich besonders. Ich bin (offensichtlich) den Pflanzen und vor allem den Bäumen sehr zugetan und war es schon immer; und ihre Mißhandlung durch Menschen finde ich ebenso schwer erträglich wie manche die Mißhandlung von Tieren.

Ich halte die sogenannte »fairy story« [das Märchen] für eine der höchsten Formen der Literatur und seine Zuordnung zu Kindern (als solchen) für ganz falsch. Aber meine Ansichten darüber habe ich in einem in St. Andrew's gehaltenen Vortrag ausgeführt (für die Andrew Lang-Stiftung, später veröffentlicht in den *Essays Presented to Charles Williams*, Oxford University Press, als »On Fairy Stories«). Ich denke, dies ist eine ziemlich wichtige Arbeit, zumindest für Leute, die mich überhaupt erwähnenswert finden; empörenderweise hat aber die O. U. P. den Band ausgehen lassen, obwohl er jetzt gefragt ist – und mein einziges Exemplar ist mir gestohlen worden. Immerhin ist es vielleicht in einer Bibliothek zu finden, oder ich komme doch noch zu einem Exemplar.

Wenn all dies dunkel, wortreich und selbstbefangen ist und weder »klar, kurz noch zitierbar«, verzeihen Sie mir. Gibt es noch etwas, das Sie von mir gern gesagt haben möchten?

Ihr ergebener

J(ohn) R(onald) R(euel) Tolkien

P. S. Das Buch ist natürlich *keine* »Trilogie«. Das und die Titel der Bände waren ein kleiner Schwindel, der für die Veröffentlichung als notwendig erachtet wurde, wegen der Länge und der Kosten. Es gibt keine echte Dreiteilung, und kein Teil ist auch für sich allein verständlich. Die Geschichte wurde als ein Ganzes ausgedacht und geschrieben, und die einzige »natürliche« Einteilung ist die in die »Bücher« I–VI (die ursprünglich Titel hatten).

[Das Meiste aus dem zentralen Teil dieser autobiographischen Darstellung wurde in einen Artikel »Tolkien über Tolkien« in der Oktobernummer, 1966, des Magazins *Diplomat* aufgenommen. Dieser Artikel enthielt noch drei Absätze, die nicht in dem oben abgedruckten Text standen und vermutlich circa 1966 geschrieben wurden:]

Der Anfang liegt so weit zurück, daß man sagen könnte, die Sache habe mit meiner Geburt angefangen. Irgendwann, mit etwa sechs Jahren, versuchte ich ein paar Verse über einen *Drachen* zu schreiben, von denen ich heute nichts mehr weiß, als daß sie den Ausdruck ein *grüner großer Drache* enthielten und daß ich mich sehr lange wunderte, als man mir sagte, es müsse heißen, *ein großer grüner*. Aber die Mythologie (mitsamt den dazugehörigen Sprachen) begann zuerst während des Kriegs von 1914–18 Gestalt anzunehmen. *The Fall of Gondolin* (und die Geburt Earendils) wurde im Krankenhaus und im Urlaub geschrieben, nachdem ich 1916 die Schlacht an der Somme überlebt hatte. Der Kern der Mythologie, die Geschichte von *Lúthien Tinúviel* und *Beren*, entstand aus einer kleinen Waldlichtung voller »Schierling« (oder anderer weißer Umbelliferen) bei Roos auf der Halbinsel Holderness – wo ich 1918, als ich in der Humber-Garnison war, manchmal hinging, wenn ich vom Regiment dienstfrei hatte.

Schließlich und in langsamen Schritten kam ich dazu, zur eigenen Befriedigung den *Herrn der Ringe* zu schreiben: natürlich ist er nicht gelungen, jedenfalls zu nicht mehr als 75 Prozent. Aber jetzt (wo die Sache nicht mehr so heiß, dringend oder persönlich ist) bewegen manche Züge des Buches, und besonders manche Stellen darin, mich immer noch sehr stark. Das Herzstück bleibt die Beschreibung von Cerin Amroth (Ende von Bd. I, B. ii, Kap. 6), aber am meisten regt mich das Hufgeräusch der Pferde der Rohirrim beim ersten Hahnenschrei auf; und am traurigsten bin ich über Gollum, wie er (beinah) bereut hätte, als er von Sam unterbrochen wird: dies scheint mir wirklich wie in der wirklichen Welt zu sein, in der die Werkzeuge gerechter Vergeltung ihrerseits nur selten gerecht oder fromm sind; und die Guten sind oft nur ein Hindernis . . . . .

Nichts hat mich (und ich denke, auch meinen Verlag) mehr erstaunt als die Aufnahme, die der *Herr der Ringe* gefunden hat. Aber natürlich ist das für mich eine stetige Quelle von Trost und Freude. Und, darf ich wohl sagen, ein einzigartiger Glücksfall, um den manche Zeitgenossen mich sehr beneiden. Wunderbare Menschen *kaufen* das Buch immer noch, und für jemanden »im Ruhestand« ist das sowohl angenehm wie schmeichelhaft.

166 Aus einem Brief an Allen & Unwin 22. Juli 1955

[Die Korrekturfahnen der Anhänge zum dritten Band, *The Return of the King*, machten Tolkien viele Sorgen. Sie kamen erst spät aus der Druckerei, und er stellte fest, daß die Seite, die einen phonetischen »Schlüssel« zu den *Angerthas* oder Zwergenrunen enthalten sollte, ohne die vorgesehenen lautschriftlichen Zeichen gesetzt worden war. Er schickte diese Seite mit den von Hand eingezeichneten Symbolen zurück, woraufhin die Setzer diese Grobskizze in Faksimile reproduzierten, was er nicht beabsichtigt hatte; sein Wunsch war gewesen, die Typen der lautschriftlichen Zeichen einsetzen zu lassen. Er war außerdem besorgt, weil er keinen Seitenumbruch des Bandes erhalten hatte, mit den ausgeführten Änderungen, die er vor einiger Zeit an die Druckerei geschickt hatte. Der folgende Brief, der sich mit diesen Dingen befaßt, ist typisch für viele gereizte Briefe, die er in diesen Wochen schrieb.]

In einem getrennten Paket schicke ich das zugesandte Material zurück (kam Mittwoch Mittag an). Ich habe mein Best- und Schnellstmöglichstes getan, fürchte aber, ich habe die heutige Post verpaßt, so daß es erst morgen abgeht. Die Zeit ist kurz, und die Sachen ziemlich verwickelt!

Ich bin immer noch erstaunt und unzufrieden mit dem Vorgehen – jedenfalls macht es für mich die Arbeit viel mühsamer und vergrößert die Aussichten, daß noch im veröffentlichten Band Fehler und Unstimmigkeiten stehen werden, ganz beträchtlich.

Ich weiß, daß ich noch Korrekturen geschickt habe, nachdem die durchgesehenen Umbruchseiten schon zurückgeschickt waren. Aber das ist nun schon sehr lange her, und ich verstehe noch nicht, warum ich jetzt Anfragen erhalte, die dem Chefkorrektor beim *»letzten Durchlesen des Haupttextes«* gekommen sind, die nicht auf dem endgültigen Text beruhen, sondern auf einem, in dem zahlreiche (manchmal umfängliche) Änderungen nicht berücksichtigt sind. Es ist fast sicher, daß Fehler auftreten werden oder schon aufgetreten sind, an manchen dieser Stellen. Die Setzer machen immer Fehler, wenn sie nach meiner Handschrift setzen!

Ich bin auch ein wenig beunruhigt, weil die aussortierten Seiten, obwohl sie mir »nur zu den Anfragen« geschickt wurden und (neben den Anfragen) durchgängig auch Korrekturen mancher Kleinigkeiten enthalten, weiterhin *Fehler* enthalten, denen weder eine Korrektur noch eine Anfrage gilt. Zum Beispiel die Schreibung House of Healing durch das ganze B. V, Kap. 8, trotz der Kapitelüberschrift.

Ich habe jedoch nur s. wenig Zeit übrig und könnte mich mit nichts mehr befassen, das später als nächsten Mittw. vormittag ankommt. Weil ich nicht zufrieden und wirklich (offen gesagt) nicht ganz beruhigt bin, habe ich eine Liste aller Änderungen, Einfügungen und Korrekturen zum Haupttext gemacht, die noch *nicht* in den Fahnen stehen. Ich habe die Liste so klar wie möglich gemacht und hoffe, sie wird mit dem Text genau verglichen werden.....

Ich kann nur hoffen, daß die *Angerthas* ordentlich herauskommen! Aber ich bin ziemlich besorgt. Jarrolds scheinen auf meinen Vorschlag eingehen und nun das Lautschriftzeichen ŋ statt meines ñg benutzen zu wollen. Aber die Tabelle in abdruckbarer Form, die ich schickte & von der Sie mir sagten (am Telefon), daß sie genommen werde, hatte ñg.

☞ Ich hoffe, man wird darauf achten, durchgängig entweder ñg oder ŋ zu verwenden. *Und bitte auch darauf,* NICHT ng *durch* ŋ *zu ersetzen.* Ich bin sehr beunruhigt über die Anfrage des Korrektors zu dem ng am Ende von (p. 404) Zeile 23. Das zeigt, daß er trotz seines Adlerauges den einfachen Unterschied, der dort gemacht wird, nicht verstanden hat; oder so könnte es scheinen.....

Ich hoffe, dies ist teilweise leserlich. Ich bin s. müde.

167 Aus einem Brief an Christopher und Faith Tolkien
15. August 1955

[Tolkien besuchte mit seiner Tochter Priscilla Italien von Ende Juli bis Mitte August.]

Ich bin noch ganz benommen von den Fresken von Assisi. Du mußt sie besuchen. Wir kamen gerade zu dem großen Fest von Santa Chiara und dem Vorabend, 11.–12. Aug. Hochamt gesungen von Kardinal Micara, mit silbernen Trompeten beim Emporheben des Kelches!

Ich tippe an einem Tagebuch. Ich bin immer noch ganz verliebt ins Italienische und fühle mich ganz verbiestert ohne eine Chance zu einem Versuch, es sprechen zu lernen. Wir müssen damit weitermachen..... Insgesamt, was das reine Vergnügen angeht, haben mir die ersten Tage in Venedig am besten gefallen. Aber in Assisi haben wir s. billig gewohnt, und ich habe etwa 50 Pfund mit zurückgebracht. Unsere Oper wurde weggespült von Regengüssen den ganzen Donnerstagabend; aber für Freitag (unseren letzten Tag in Venedig) wurde eine Sondervorstellung angesetzt, für die unsere Karten gültig waren. So bekamen wir doch noch unsern *Rigoletto*. Ganz unerhört.

168 An Richard Jeffery

[Antwort auf die Fragen eines Lesers nach der Übersetzung der ersten Worte von einem Gesang Baumbarts (Buch III, Kapitel 4) und nach der Erklärung mehrerer Namen, unter anderem »Onodrim«, des Sindarin-elbischen Namens für die Ents.]

7. September 1955   76 Sandfield Road, Headington, Oxford
Lieber Mr. Jeffery,
        herzlichen Dank für Ihren Brief.... Er kam an, als ich verreist war, zur Abwechslung mal nicht im nördlichen Königreich, sondern in Gondor (d. h. Venedig), sonst hätte ich schon früher geantwortet.
        Jedenfalls beherrschen Sie die elbische Schrift (nicht Runen) gut genug, um zu lesen. Aber es gibt natürlich keine Regeln für ihre Anwendung auf das Englische, darum ist es unmöglich, Fehler zu machen, außer nach Ihrem eigenen System – so nehme ich an, daß Sie Richard heißen, obwohl Sie   schreiben, was nach Ihrem eigenen System Rijard sein sollte (für   ). Eine ausreichende Beschreibung der »Lettern« *(tengwar)* und der »Runen« *(certar)* wird jedoch für jeden, den es interessiert, in den Anhängen zu Bd. III stehen.....
        Es hat sich leider als nicht möglich erwiesen, ein Namensregister (mit Bedeutungen), wie ich es gehofft hatte, zu bringen; das wäre zugleich auch ein ansehnliches elbisches Vokabular gewesen. Es waren viel zu viele, und der Platz und die Kosten waren prohibitiv. Aber ich habe lange Zeit mit dem Versuch zugebracht, eine Liste zu machen, und das ist einer der Gründe für die Verzögerung von Bd. III.....
        Die meisten Fragen, die Sie stellen, werden in Bd. III beantwortet werden, denke ich..... *Orofarne, lassemista, carnemírie* ist hochelbisch (die

von den Ents bevorzugte Sprache) für »gebirgsbewohnend, laubgrau, mit rotem Juwelenschmuck«.

Der »richtige« Plural von *onod* war *enyd* oder, als genereller Plural, *onodrim*; obwohl *ened* eine in Gondor gebräuchliche Form gewesen sein könnte. Aber: *en, ened* = Mitte, Zentrum wie in *Endor, Endoré,* Mittelerde (S. *ennorath*) und *enedwaith* = Mittelvolk oder -region, wie *Forodwaith* = Nordregion &c. Es war keine Einöde, als es den Namen erhielt, sondern wurde erst eine während des Dritten Zeitalters.[1] Siehe die Chronologie des Zweiten und Dritten Zeitalters in den Anhängen zu Bd. III. Peregrin ist natürlich ein echter moderner Name, trotz der Bedeutung »Wanderer in fremden Ländern«. Frodo ist ein echter Name aus der germanischen Überlieferung. Die altenglische Form war *Fróda.* Offensichtlich ist die Verbindung zu dem alten Wort *fród,* mit der etymologischen Bedeutung »klug aus Erfahrung«, aber es hatte auch mythologische Verbindungen mit den Sagen vom Goldenen Zeitalter im Norden.....

Ihr ergebener

J. R. R. Tolkien

ᚱᛏᚾᛈᚷᚫ

169 Aus einem Brief an Hugh Brogan 11. September 1955

Ihre Entdeckung von »Numinor« in C. S. L.'s *That Hideous Strength* ist die Entdeckung eines Plagiats: na ja, das nicht, denn er hat das Wort, das aus meinen Sagen des Ersten und Zweiten Zeitalters stammt, in dem Glauben, daß sie bald erscheinen würden, verwendet. Sie sind nicht erschienen, aber ich nehme an, nun könnten sie's. Die Schreibung *Numinor* kommt daher, daß er es gehört und nicht gesehen hat. *Númenóre* oder *Númenor* bedeutet auf Hochelbisch einfach Westland. Was die Gestalt der Welt im Dritten Zeitalter angeht, so wurde sie leider eher »dramatisch« als geologisch oder paläontologisch konzipiert. Ich wünsche mir manchmal, ich hätte eine Art Übereinstimmung zwischen den Vorstellungen oder Theorien der Geologen und meiner Karte ein bißchen möglicher gemacht. Aber dadurch hätte ich mir nur mehr Schwierigkeiten mit der menschlichen Geschichte gemacht.

170 Aus einem Brief an Allen & Unwin 30. September 1955

Wann wird Bd. III denn nun voraussichtlich erscheinen? Man wird mich umbringen, wenn nicht bald etwas passiert.

171 An Hugh Brogan

[In einem Brief vom Dezember 1954 hatte Brogan den archaischen Erzählstil mancher Teile der *Two Towers* kritisiert, besonders in dem Kapitel »The King of the Golden Hall«; er nannte diesen Stil »ossianisch« und schrieb, er stimme einem Kritiker zu, der ihn als »tushery«, als altertümelndes Gepolter, bezeichnet hatte. Zu der Zeit gab Tolkien darauf keine Antwort; aber als Brogan am 18. September 1955 von neuem schrieb und sich dafür entschuldigte, »unverschämt, dumm oder heuchlerisch« gewesen zu sein, begann Tolkien den folgenden Brief aufzusetzen. Er schickte ihn schließlich nicht ab, sondern schrieb statt dessen eine kurze Notiz, die besagte, daß eine Auseinandersetzung über das Thema des Archaismus in einem Brief zu lange dauern würde und bis zu ihrem nächsten Treffen warten müsse.]

[September 1955]
Lieber Hugh,
.... Machen Sie sich keine Sorgen: ich habe von Unverschämtheit (oder Heuchelei) in Ihren Briefen nichts bemerkt; und jeder, der so verständnisvoll und scharfsinnig ist, hat ein Recht zur Kritik. Jedenfalls umgebe ich mich ja nicht gewohnheitsmäßig mit reinem Weihrauch! Es war auch nicht, was Sie sagten (im vorletzten Brief, nicht in dem, den ich schon beantwortet habe), und nicht Ihr Recht, es zu sagen, was vielleicht eine Antwort erfordert hätte, wenn ich Zeit gehabt hätte; sondern der Schmerz, den ich immer empfinde, wenn jemand – und das in einer Zeit, wo fast jede schriftstellerische Mißhandlung des Englischen (besonders wenn sie aufmüpfig ist) im Namen der Kunst oder des »persönlichen Ausdrucks« erlaubt ist – den absichtlichen »Archaismus« von vornherein als unmöglich beiseite schiebt. Im richtigen Verständnis könnte man als »tushery« die Art von pseudomittelalterlichem Zeug betrachten, bei dem (kenntnislos) versucht wird, mit Ausrufen wie *tush, pish, zounds, marry* [etwa: ha! pfui! Sapperment! traun fürwahr!] und dergleichen eine vermeintliche Temporalfarbe zu erzielen. Aber echt archaisches Englisch ist viel bündiger als das moderne; auch könnte vieles darin Gesagte in unserem schlaffen und oft frivolen Idiom gar nicht gesagt werden.

296

Natürlich ist mein Ohr, weil ich in modernem Englisch nicht sonderlich belesen und mit Werken in den alten und »mittleren« Idiomen viel besser vertraut bin, in gewissem Maße befangen; so daß mir, obwohl ich mich gewiß auch daran erinnern könnte, wie ein Moderner dies oder jenes ausdrücken würde, doch nicht gerade dies am leichtesten in den Sinn oder in die Feder kommt. Aber nehmen Sie ein Beispiel aus dem Kapitel, das Sie besonders hervorgehoben (und schrecklich genannt) haben, Buch iii, »The King of the Golden Hall«: »Nay, Gandalf!« said the King. »You do not know your own skill in healing. It shall not be so. I myself will go to war, to fall in the front of the battle, if it must be. Thus I shall sleep better.«

Dies ist ein gutes Beispiel – gemäßigter oder verwässerter Archaismus. Immer noch mit Worten, die heute noch in Gebrauch oder den Gebildeten bekannt sind, hätte der König eigentlich gesagt: »Nay, thou (n')wost[1] not thine own skill in healing. It shall not be so. I myself will go to war, to fall ...« etc. Ich weiß ganz gut, was ein Moderner sagen würde: »Nicht doch, mein lieber G.! Du weißt gar nicht, was für ein guter Arzt du bist. So soll es sich nicht abspielen. Ich werde mich persönlich an die Front begeben, und sollte ich auch eines der ersten Opfer sein« – aber wozu das? Theoden würde sicherlich denken und wohl auch sagen: »Dann werde ich besser schlafen«! Aber einer, der so denkt, redet einfach nicht in modernen Ausdrücken. »Ich werde ruhiger in meinem Grab liegen«, oder »auf die Weise werde ich im Grab fester schlafen, als wenn ich zu Hause geblieben wäre« – können Sie haben, wenn Sie wollen. Aber darin wäre eine Unredlichkeit des Gedankens, eine Entzweiung von Wort und Sinn. Denn ein König, der in modernem Stil redete, würde nicht wirklich auch so denken, und wenn er etwas vom ruhigen Schlaf im Grabe sagte, so wäre das ein absichtlicher Archaismus im Ausdruck seinerseits (egal in welchen Worten) und sehr viel unechter als das von mir benutzte tatsächlich »archaische« Englisch. So wie wenn ein Nicht-Christ auf irgendeinen christlichen Glauben anspielt, der ihn in Wirklichkeit überhaupt nicht kümmert.

Oder S. 127, als Beispiel für einen »Archaismus«, der sich nicht als »dramatisch« verteidigen läßt, weil er nicht im Dialog steht, sondern in der Beschreibung des Autors, wie die Gäste ausgerüstet werden – was Sie besonders zu ärgern schien. Aber solche »heroischen« Szenen kommen unter den modernen Umständen, zu denen ein modernes Idiom gehört, nun mal nicht vor. Warum den Reichtum des Englischen, das uns unter den Stilen eine Wahl läßt, vorsätzlich ignorieren und nicht benutzen – wenn jede Möglichkeit, unverständlich zu sein, ausgeschlossen ist.

Ich sehe keinen Grund, den viel *bündigeren* und lebhafteren alten *Stil* nicht zu gebrauchen, ebensowenig wie dafür, die altertümlichen Waffen, Helme, Schilde, Panzerhemden gegen moderne Uniformen auszutauschen.

»Helms too they chose« [»Auch Helme wählten sie«] ist archaisch. Manche rubrizieren dies (fälschlich) als eine »Inversion«, denn die normale Wortstellung sei »They also chose helmets«, oder »they chose helmets too«. (Wirklich mod. Engl.: »They also picked out some helmets and round shields.«) Aber das ist keine normale Stellung, und wenn das mod. Engl. den Kunstgriff nicht mehr kennt, ein Wort, das man (aus malerischen, emotionalen oder logischen Gründen) zu betonen wünscht, an den hervorgehobenen Anfang zu stellen, ohne daß ein Schwall von kleinen »Leerwörtern« (wie die Chinesen sagen) hinzugefügt werden müßte, dann um so schlimmer für das Englische. Und um so besser, je schneller es das wieder lernt. Und *irgendwer* muß ja mal damit anfangen, zum Beispiel, indem er es vormacht.

Es tut mir leid, *Sie* in dem ungewöhnlichen Wahn des 20. Jahrhunderts befangen zu sehen, daß seine Ausdrücke *per se*, einfach, weil sie »zeitgenössisch« sind – egal ob bündiger, lebhafter (oder sogar edler!) – eine besondere Gültigkeit über denen aller anderen Zeiten besitzen, so daß ihr Nichtgebrauch (auch wo sie im Ton ganz unpassend sind) schon ein Solözismus ist, ein Schnitzer, etwas, wobei es die eigenen Freunde kalt durchschauert oder ihnen der Kragen zu eng wird. Machen Sie sich frei von diesem Provinzialismus des Zeitgemäßen! Außerdem (um nicht zu professoral zu werden) lernen Sie unterscheiden zwischen der Imitation und dem echt Antiken – wie Sie ja auch tun würden, wenn Sie von einem Händler nicht hereingelegt werden wollen!

[Hier endet der Entwurf.]

172 Aus einem Brief an Allen & Unwin 12. Oktober 1955

[Allen & Unwin schlugen vor, daß *The Return of the King* am 20. Oktober 1955 erscheinen sollte.]

Versäumen Sie nicht den 20. Oktober! Der letztmögliche Tag. Am 21. muß ich die erste »O'Donnell-Vorlesung« (überfällig) halten, & ich muß hoffen, daß ein großer Teil der Zuhörer vom langen Aufbleiben am Vorabend noch so umnebelt sein wird, daß sie die schweren Mängel in

298

meiner Ausrüstung für eine Vorlesung über ein keltisches Thema[1] nicht so genau bemerken. Jedenfalls möchte ich taktvoll auf das Buch anspielen, denn zum Teil geht es bei dem, was ich sagen will, um das »Keltische« und darum, worin es als sprachliches Muster besteht.

173 Aus einem Brief an Katherine Farrer   24. Oktober 1955

[*The Return of the King* war wie vorgesehen am 20. Oktober erschienen.]

Weil ich (obwohl ich mit einem Hals zu Bett lag, der Vortragen bis letzten Freitag unmöglich machte) es nun wirklich geschafft habe, die O'Donnell-Vorlesung über Englisch und Walisisch zu halten (Freitag), weil ich nun kein College-Amt mehr habe und das Buch fertig ist – bis auf einen Errata-Zettel für die schon nötige Neuauflage des Bd. III, um die größeren Fehler des Ganzen zu erfassen: werde ich nächste Woche sehr viel freier sein.....

Ich bin allerdings überrascht, welche Aufnahme der »Ring« findet, und ungemein erfreut. Aber ich denke nicht, daß ich eine Strömung in Gang gebracht habe. Ich glaube nicht, daß eine so kleine, hobbitähnliche Kreatur das könnte, auch nicht ein Mensch von beliebiger Größe. Wenn es eine Strömung gibt (und ich denke, es gibt sie), dann ist es schon ein Glück, daß ich sie mitbekommen habe und einfach ein Teil davon bin.....

Ich finde das Bild immer noch unvollständig ohne etwas über Samweis und Elanor, aber mir fiel nichts ein, was nicht den Schluß zunichte gemacht hätte, bis auf die (womöglich ausreichenden) Hinweise in den Anhängen.

74 An Lord Halsbury

[Lord Halsbury, zu der Zeit Geschäftsführender Direktor der National Research Development Corporation, hatte geschrieben, um vorzuschlagen, das *Silmarillion* sollte zur Subskription erscheinen, wenn Allen & Unwin nicht bereit wären, es auf kommerzieller Basis zu veröffentlichen.]

10. November 1955   Merton College, Oxford
Lieber Lord Halsbury,
    es war nett von Ihnen, mir zu schreiben, & ich habe mich über Ihre
Zustimmung und Ihr Interesse gefreut. Ich war auch dankbar für Ihren
Vorschlag einer Auflage zur Subskription.
    Die überraschend günstige Aufnahme, die der *Herr der Ringe* gefunden
hat, wird jedoch ein solches Vorgehen unnötig machen und hat den
festen Entschluß der Verleger gerechtfertigt, das jetzt vorliegende Werk
zuerst zu veröffentlichen; obwohl ich den Stoff in »chronologischer
Folge« herausbringen wollte. Um nur eines zu sagen, dadurch wäre
jedenfalls die Erzählung vom Dritten Zeitalter erleichtert und beschleunigt worden!
    Ich glaube nicht, daß im *H. der R.* auf irgend etwas verwiesen wird, das
nicht tatsächlich in Sagen, die geschrieben wurden, bevor ich damit
anfing, oder zumindest einer früheren Periode zugehörten, schon vorliegt – ausgenommen nur die »Katzen der Königin Berúthiel«[1]. Aber ich
fürchte, die ganze Geschichte des Ersten und Zweiten Zeitalters ist sehr
»edelmythisch« oder elbisch und heroisch, und ganz ohne »Hobbitterei«:
ein Ingrediens, das anscheinend die jetzige Mischung für breitere Kreise
genießbar gemacht hat.
    Da der Verlag nun auf das *Silmarillion* &c. drängt (das vor langer Zeit
einmal abgelehnt wurde), habe ich wirklich vor, sobald ich die Zeit
finden kann, zu versuchen, das Material für die Veröffentlichung in
Ordnung zu bringen. Obwohl ich ziemlich müde bin und nicht mehr
jung genug, um die fehlenden Tagesstunden von der Nacht abzuzwei-
gen . . . .
    Möglicherweise interessiert es Sie, etwas davon [vom *Silmarillion*] zu
sehen, bevor es überarbeitet oder in die richtige Form gebracht ist, wobei
zu berücksichtigen wäre, daß es im Detail & in der Präsentation wahrscheinlich noch stark verändert wird – und ganz sicher im Stil.
    Abermals herzlichen Dank für Ihren ermutigenden Brief.
                            Ihr ergebener
                            J. R. R. Tolkien

175 **Aus einem Brief an Mrs. Molly Waldron**   30. November 1955

[Der *Herr der Ringe* wurde in den Jahren 1955 und 1956 im Dritten Programm
der BBC gesendet. In dem großen Ensemble war der Schauspieler Norman
Shelley, der die Rollen von Gandalf und Tom Bombadil spielte.]

Ich finde das Buch für eine »Dramatisierung« ganz ungeeignet, und die Sendungen haben mir nicht gefallen – allerdings sind sie besser geworden. Tom Bombadil fand ich gräßlich – noch schlimmer waren aber die Vorbemerkungen des Ansagers, daß Goldbeere seine Tochter (!) sei und der Weidenmann ein Bundesgenosse von Mordor (!!). Können die Leute sich denn nicht vorstellen, daß es Wesen gibt, die den Menschen und Hobbits feind sind und ihnen nachstellen, ohne doch mit dem Teufel im Bunde zu sein!

176 Aus einem Brief an Naomi Mitchison   8. Dezember 1955

Ich mußte den Eröffnungsvortrag der neu begründeten O'Donnell Lectures in Celtic Studies halten – schon überfällig: und ich schrieb ihn mit »allem Weh in der Welt«, wie der Gawain-Dichter von dem unglückseligen Fuchs sagt, dem die Meute auf den Fersen ist. Um so mehr Weh, als ich in diesen Dingen der reinste Amateur bin, und die Keltologen sind kritisch und zänkisch; und noch schlimmer war es, weil mich eine Laryngitis plagte.

Ich halte nicht viel von den Rundfunk-Bearbeitungen. Abgesehen von ein paar Details, finde ich, waren sie nicht gut gemacht, selbst wenn man von dem Skript und der Legitimität des Unternehmens (die ich nicht sehe) einmal absieht. Aber mit den Namen haben sie sich etwas Mühe gegeben. Ich fand den Zwerg (Glóin, nicht Gimli, aber ich vermute, Gimli wird wie sein Vater aussehen – offenbar irgend jemandes Vorstellung von einem Germanen) nicht ganz schlecht, wenn auch ein bißchen übertrieben. Tatsächlich denke ich mir die Zwerge wie die Juden: zugleich heimisch und fremd an ihren Wohnorten, die Landessprachen redend, aber mit einem Akzent, der durch ihre eigene Sondersprache bedingt ist .....

Ich muß nun eine widerliche Doktorarbeit ergründen, wo ich doch lieber mal etwas weniger Nützliches täte .....

Ich schäme mich wegen meiner kindischen Belustigung mit der Arithmetik; aber das ist so: der Númenórische Kalender war eine Idee besser als der Gregorianische: der letztere ging im Durchschnitt p. a. 26 Sek. vor, der N[úmenórische] 17,2 Sek. nach.

177 Aus einem Brief an Rayner Unwin 8. Dezember 1955

[Die Rundfunk-Bearbeitung des *Herrn der Ringe* wurde in dem BBC-Programm »The Critics« diskutiert; und am 16. November hielt W. H. Auden einen Rundfunkvortrag über das Buch, wobei er sagte: »Wenn es jemand nicht gefällt, werde ich nie wieder seinem literarischen Urteil über irgend etwas trauen.« Unterdessen schrieb Edwin Muir in seiner Rezension des dritten Bandes im *Observer* vom 27. November: »Alle Figuren sind kleine Jungen, die sich als erwachsene Helden maskieren . . . . und werden nie bis zur Pubertät kommen . . . . . Kaum einer weiß Bescheid über Frauen.«]

Mit der Ansicht der »Kritiker« über die Rundfunk-Bearbeitung war ich einig; aber es ärgerte mich, daß sie nach dem Eingeständnis, daß keiner von ihnen das Buch gelesen hatte, nun trotzdem ihre Aufmerksamkeit darauf richteten, und auf mich – mitsamt Spekulationen über meine Religion. Ich fand auch Auden ziemlich schlecht – er kann jedenfalls keine Verse vorlesen, weil er wenig Sinn für Rhythmus hat; und fand nur bedauerlich, daß er das Buch zu einem »Prüfstein des literarischen Geschmacks« machen wollte. Das kann man mit keinem Werk – und könnte man es, es wäre nur erbitternd. Daß Robert Robinson darauf mit »Jahrmarktschreier« geantwortet hat, hat mich überhaupt nicht überrascht. Aber ich nehme an, all dies ist gut für den Absatz. Meine Korrespondenz wird jetzt vermehrt durch wütende Zuschriften gegen die Kritiker und die Sendung. Eine ältere Dame – teilweise geradezu das Modell für »Lobelia«, obwohl sie nichts davon ahnt – wäre, glaube ich, ganz bestimmt auf Auden (und andere) losgegangen, wenn sie in Reichweite ihres Regenschirms gewesen wären . . . . .

Ich hoffe in diesen Ferien mit der Durchsicht des *Silmarillion* zu beginnen; allerdings hat ein böses Schicksal mir eine Doktorarbeit aufgeladen . . . . .

Geht mir mit Edwin Muir und seiner Spätadoleszenz! Er ist alt genug, um es besser zu wissen. Es täte ihm gut, zu hören, was Frauen von seinem »Bescheidwissen über Frauen« halten, besonders als Probe auf psychisches Erwachsensein. Wenn er einen M. A. hätte, würde ich ihn für die Poesieprofessur[1] nominieren – Rache ist süß.

178 Aus einem Brief an Allen & Unwin 12. Dezember 1955

[Enthält einen Hinweis auf das Dorf Sarehole, wo Tolkien einen Teil seiner Kindheit verbrachte.]

Übrigens ist es nicht nötig, vom »Mr.« zum Professor zu wechseln. In der echten Oxforder Tradition ist Professor kein Anredetitel – oder war es nicht, denn die Gepflogenheit wird von anderswo eingeschleppt, wo die »Professoren« starke kleine Hauspotentaten sind. Ich bin sicher, daß ich ohne den »Professor« seltener etwas über meine Gelehrtenpedanterie zu hören bekommen hätte, und niemand hätte gesagt: »Das Auenland liegt nicht weit von Nord-Oxford.« In Wahrheit ist es mehr oder weniger ein Dorf in Warwickshire, etwa um die Zeit des Diamantenen Jubiläums – und das liegt so weit wie das Dritte Zeitalter von dieser deprimierenden und völlig charakterlosen Häuserwucherung nördlich des alten Oxford, die nicht mal eine postalische Existenz hat.

179 Aus einem Brief an Hugh Brogan 14. Dezember 1955

[Brogan schrieb am 4. Dezember, er habe »wiederholte Albträume«, daß er vielleicht dumm oder taktlos gewesen sei oder einen falschen Eindruck von »meiner echten Bewunderung für Ihr großes Buch erweckt« habe.]

Vergessen Sie den Albtraum! Ich kann Kritik vertragen – so sehr ist mir der (s. unerwartete) Erfolg des »Herrn der Ringe« nicht zu Kopf gestiegen –, auch wenn ich dumm, unfair oder sogar (wie ich manchmal befürchte) ein bißchen boshaft sein mag. Andernfalls wäre ich jetzt auch ganz schön durcheinander, wegen »unmännlich« und anderer netter Adjektive. Aber Sie dürfen Ihrer Feder freien Lauf lassen (es ist gräßlich, jemand einen Brief zu schreiben, mit dem man »behutsam« sein muß), denn Sie schenken mir soviel an Aufmerksamkeit und scharfsinnigen Bemerkungen.

[Brief an einen nicht identifizierten Leser.]

14. Januar 1956   Merton College, Oxford
Lieber Mr. Thompson,
    herzlichen Dank für Ihren freundlichen und ermutigenden Brief. Da
ich mir eine Aufgabe gestellt habe, deren Anmaßendes mir völlig klar
war und mich zittern machte, nämlich den Engländern eine epische
Tradition zurückzugeben und eine Mythologie eigens für sie zu schaffen:
da ist es eine wundervolle Sache, zu hören, daß es mir gelungen ist,
wenigstens bei denen, deren Herz und Geist noch unverdunkelt sind.
    Es machte beträchtliche Mühe, die eigentlich schon anfing, sobald ich
fähig war, irgend etwas anzufangen, richtig aber erst, als ich Student war
und mir in Sprachkompositionen über meine eigene Sprachästhetik
klarzuwerden begann. Gerade als der Krieg von 1914 über mich hereinbrach, machte ich die Entdeckung, daß »Sagen« von der Sprache abhängen, der sie angehören; aber eine lebendige Sprache hängt ebenso von
den »Sagen« ab, die sie durch die Tradition übermittelt. (Zum Beispiel
hängt die griechische Mythologie viel mehr, als sich die Leute klar
machen, von der wunderbaren Ästhetik ihrer Sprache ab, und so auch
von ihrer Nomenklatur der Personen und Orte, und weniger von ihrem
Inhalt, obwohl es natürlich auf beides ankommt. Und *vice versa*. Volapük,
Esperanto, Ido, Novial[1] &c. &c. sind tot, viel toter als die nicht mehr
gebrauchten alten Sprachen, weil ihre Urheber niemals Esperanto-Sagen
erfunden haben). Obwohl ich also, weil ich von Natur und Beruf aus
Philologe bin (allerdings einer, der sich immer vornehmlich für die
ästhetischen und weniger für die funktionalen Aspekte der Sprache
interessiert hat), mit der Sprache anfing, fand ich mich bald damit
beschäftigt, »Sagen« im gleichen »Geschmack« zu erfinden. Die ersten
Arbeiten wurden zumeist in Armeeunterkünften und Lazaretten zwischen 1915 und 1918 geleistet – wenn die Zeit es erlaubte. Aber ich denke,
eine Menge Arbeit von dieser Art spielt sich auf anderen (wenn man
sagte, niedrigeren, tieferen oder höheren, brächte man eine falsche
Abstufung hinein) Ebenen ab, wenn man bloß sagt, »how-do-you-do«
oder »sleeping«. Ich habe längst aufgehört zu *erfinden* (obwohl sogar
gönnerhafte oder höhnische Kritiker nebenbei meinen »Erfindungs-
reichtum« loben): Ich warte, bis mir scheint, ich wüßte, was wirklich
geschehen ist. Oder bis es sich von selbst schreibt. So wußte ich zwar
schon seit Jahren, daß Frodo ein großes Stück weiter abwärts am Großen

Strom in ein Baum-Abenteuer hineinlaufen würde, kann mich aber nicht erinnern, die Ents je erfunden zu haben. Ich kam schließlich an die Stelle und schrieb das Baumbart-Kapitel, ohne daß ich mich an irgendeine Vorüberlegung erinnern könnte: grad so, wie es jetzt ist. Und dann sah ich, daß es natürlich gar nicht Frodo passiert war.

All dies ist langweilig, gewiß, weil es scheinbar selbstgefällig ist; aber ich bin alt genug (leider!), um an diesen Dingen ein leidenschaftsloses und im echten Sinne des Wortes wissenschaftliches Interesse zu nehmen, und mich selbst zitiere ich einfach deshalb, weil ich am mythologischen »Erfinden« und dem Geheimnis der literarischen Schöpfung (oder Nebenschöpfung, wie ich es anderswo genannt habe) interessiert und das am leichtesten zugängliche *corpus vile* für Experiment oder Beobachtung bin.

Der Hauptgrund, warum ich so rede: ich will sagen, daß natürlich alle diese Dinge mehr oder weniger aufgeschrieben sind. Im *Herrn der Ringe* werden kaum einmal Dinge erwähnt, die auf ihrer Ebene (der sekundären oder Nebenschöpfungs-Realität) nicht wirklich existierten*: d. h. niedergeschrieben wurden. Das *Silmarillion* wurde schon vor Jahren zur Veröffentlichung angeboten und abgelehnt. Bei solchen Schlägen kann etwas Gutes herauskommen. *Der Herr der Ringe* war das Ergebnis. Die Hobbits waren gut aufgenommen worden. Ich mochte sie selbst, denn ich liebe das Vulgäre und Schlichte ebensosehr wie das Edle, und nichts bewegt mein Herz so sehr (mehr als all die herzzerreißenden Leidenschaften der Welt) wie »Veredelung« (vom häßlichen jungen Entlein bis hin zu Frodo). Ich wollte auf den Hobbits aufbauen. Und dann sah ich, daß es mir *bestimmt* war, dies zu tun (wie Gandalf** sagen würde), denn ohne etwas zu denken, hatte ich in einem »Waschzettel« für den *Hobbit* von der Zeit zwischen den Älteren Tagen und dem Reich der Menschen gesprochen. Daraus wurde das »fehlende Glied«: der »Untergang von Númenor«, der einen verborgenen »Komplex« freisetzte. Denn wenn Faramir für sich persönlich von der Erscheinung einer großen Woge spricht, dann spricht er für mich. Diese Traumerscheinung habe ich schon immer gehabt, und eines meiner Kinder hat sie (wie ich erst kürzlich erfuhr) geerbt.[3]

---

* Die Katzen der Königin Berúthiel und die Namen und Abenteuer der anderen 2 Zauberer[2] (5 minus Saruman, Gandalf, Radagast) sind alles, woran ich mich erinnern kann.

** Ich bin *nicht* Gandalf, denn ich bin ein transzendenter Nebenschöpfer in dieser kleinen Welt. Sofern einer der Charaktere »mir ähnlich« ist, dann Faramir – abgesehen davon, daß mir fehlt, was alle meine Charaktere besitzen (daß es die Psychoanalytiker nur wissen!): *Mut.*

Jedoch, so groß war der Erfolg – nicht der finanzielle: die Kosten waren enorm, und niemand kauft heutzutage ein Buch, das man ausleihen kann: ich habe noch keinen Pfennig bekommen – des *Herrn der Ringe,* daß aus dem häßlichen Entlein für den Verlag ein Schwan geworden ist und man mich geradezu quält, ich sollte das *Silmarillion* in Form bringen und alles andere dazu!

[Der Entwurf ist unvollständig.]

181 An Michael Straight [Entwürfe]

[Bevor er eine Besprechung des *Herrn der Ringe* schrieb, wandte Michael Straight, der Herausgeber der *New Republic,* sich mit einer Reihe von Fragen an Tolkien: erstens, ob Gollums Rolle in der Geschichte und Frodos moralisches Versagen auf dem Höhepunkt eine »Bedeutung« hätten; zweitens, ob sich das Kapitel »Die Säuberung des Auenlandes« besonders auf das zeitgenössische England beziehe; und drittens, warum die anderen Reisenden am Ende des Buches mit Frodo von den Grauen Anfurten abfahren müssen – »Ist der Grund derselbe wie dafür, daß es manche gibt, die am Sieg Anteil haben, aber sich nicht daran erfreuen können?«]

[Undatiert, wahrscheinlich Januar oder Februar 1956]
Lieber Mr. Straight,
danke für Ihren Brief. Ich hoffe, *Der Herr der Ringe* hat Ihnen *gefallen? Gefallen* ist das Schlüsselwort. Denn er wurde zur *Belustigung* (im höchsten Sinne) geschrieben: lesbar zu sein. In dem ganzen Werk gibt es *keine* Allegorie, ob moralisch, politisch oder zeitgenössisch.

Es ist ein »Märchen«, aber – nach der Überzeugung, die ich in einem längeren Essay »On Fairy-stories« einmal geäußert habe, daß sie das richtige Publikum seien – eines für Erwachsene. Denn ich denke, daß das Märchen seine eigene Art hat, die »Wahrheit« zu spiegeln, anders als die Allegorie oder die (durchgängige) Satire oder der Realismus und in mancher Hinsicht stärker. Aber zunächst einmal muß es einfach als Erzählung gelingen: erregen, erfreuen und manchmal sogar bewegen, und innerhalb seiner eigenen vorgestellten Welt muß ihm (literarischer) Glaube geschenkt werden. Dies zu erreichen, war mein Hauptziel.

Aber natürlich, wenn man sich vornimmt, »Erwachsene« (psychisch Erwachsene jedenfalls) anzusprechen, so wird man sie nicht erfreuen, erregen oder bewegen können, wenn es nicht bei dem Ganzen, oder den

Vorfällen, um etwas zu gehen scheint, was bedenkenswert wäre, mehr z. B. als bloß Gefahr und Davonkommen: es muß eine gewisse Relevanz für die »menschliche Situation« (zu allen Zeiten) dasein. Darum wird unvermeidlich etwas von den Überlegungen und »Werten« des Erzählers selbst mit eingearbeitet werden. Das ist nicht dasselbe wie die Allegorie. Wir alle, in Gruppen oder als Einzelne, *exemplifizieren* allgemeine Prinzipien, aber wir *repräsentieren* sie nicht. Die Hobbits sind ebensowenig eine Allegorie wie etwa die Pygmäen der afrikanischen Wälder. Gollum ist für mich einfach ein »Charakter« – eine vorgestellte Person –, der sich in einer gegebenen Situation unter einander entgegenwirkenden Belastungen so und so verhalten hat, wie es für ihn offenbar *wahrscheinlich* wäre (in jedem Individuum, ob real oder vorgestellt, gibt es immer ein unberechenbares Element: andernfalls wäre er/sie kein Individuum, sondern ein »Typ«.)

Ich will versuchen, Ihre spezifischen Fragen zu beantworten. Die letzte Szene der Queste wurde so gestaltet, weil mir mit Rücksicht auf die Situation und auf die »Charaktere« von Frodo, Sam und Gollum diese Ereignisse als mechanisch, moralisch und psychologisch glaubhaft erschienen. Aber freilich, wenn Sie mehr Reflexion wollen, dann würde ich sagen, daß die »Katastrophe« im Modus der Geschichte die bekannten Worte (einen Aspekt von ihnen) *exemplifiziert*: »Vergib uns unsere Schuld, so wie wir vergeben unseren Schuldigern. Führe uns nicht in Versuchung, sondern erlöse uns von dem Übel.«

»Führe uns nicht in Versuchung &c.« ist die schwierigere und nicht so oft bedachte Bitte. Im Rahmen meiner Geschichte ist dies so zu sehen, daß zwar jedes Ereignis oder jede Situation (mindestens) zwei Aspekte hat: die Geschichte und Entwicklung des Individuums (dies ist etwas, woraus es Gutes, ein höchstes Gutes für sich selbst gewinnen oder nicht gewinnen kann) und die Geschichte der Welt (die ihrerseits von seinem Tun abhängt) – daß es aber dennoch abnorme Situationen gibt, in die man gestellt werden kann. »Aufopferungs«-Situationen möchte ich sie nennen: nämlich Positionen, in denen das »Gute« für die Welt vom Verhalten eines einzelnen abhängt, unter Umständen, die von ihm Leiden und Standhaftigkeit weit über das Normale hinaus erfordern – sogar, das kann vorkommen (oder, für Menschen, so erscheinen), eine Kraft des Leibes und Geistes erfordern, die er nicht besitzt: Er ist in gewissem Sinne zum Scheitern verurteilt, verurteilt, der Versuchung zu erliegen oder unter Druck gegen seinen »Willen« zusammenzubrechen: das heißt, gegen jede Wahl, die er treffen könnte oder aus freien Stücken treffen würde, wenn er nicht unter Zwang stünde.

Frodo war in einer solchen Position: eine anscheinend vollkommene Falle: eine Person von größerer angeborener Kraft hätte wahrscheinlich der Verführung des Rings zur Macht niemals so lange widerstehen können; eine Person von geringerer Kraft hätte nicht hoffen können, ihm in der letzten Entscheidung zu widerstehen. (Schon vor seinem Aufbruch war Frodo nicht bereit gewesen, dem Ring Schaden zuzufügen, und er war nicht fähig, ihn Sam anzuvertrauen.)

Die Queste .·. als ein Stück Welt-Plan mußte scheitern, und ebenso mußte auch die Geschichte von der Entwicklung des bescheidenen Frodo zu dem »edlen«, von seiner Heiligung, in einer Katastrophe enden. Sie mußte scheitern, und sie scheiterte, soweit sie Frodo allein betraf. Er wurde »abtrünnig« – und ich habe einen grimmigen Brief bekommen, der danach schrie, er hätte als Verräter hingerichtet und nicht geehrt werden sollen. Glauben Sie mir, erst als ich das las, kam ich selbst auf die Idee, wie »aktuell« solch eine Situation wirken könnte. Sie ergab sich ganz natürlich aus dem »plot«, das ich in den Grundzügen schon 1936[1] konzipiert hatte. Ich sah nicht voraus, daß wir, bevor die Geschichte veröffentlicht wurde, in ein dunkles Zeitalter geraten würden, in dem die Technik der Folter und Persönlichkeitsstörung der von Mordor und dem Ring gleichkommen und uns vor das praktische Problem stellen würde, daß ehrliche Menschen von gutem Willen zerbrochen und zu Apostaten und Verrätern gemacht werden können.

Aber an dieser Stelle wird die »Erlösung« der Welt und Frodos »Erlösung« durch sein früheres *Mitleid* und die Vergebung von Unrecht bewirkt. Jeder vorsichtige Mensch hätte Frodo jederzeit sagen können, daß ihn Gollum sicherlich* verraten würde und ihn am Ende berauben könnte. Ihn zu »bemitleiden« und seine Tötung zu unterlassen, war eine Wahnsinnstat, oder es kam aus einem mystischen Glauben an Mitleid und Großzügigkeit als höchsten Wert an sich, wenn auch katastrophal in der zeitlichen Welt. Tatsächlich beraubte und verletzte er ihn am Ende – aber durch eine »Gnade« geschah dieser letzte Verrat genau zu einem Zeitpunkt, wo die im Zweck böse Tat das Beste war, was irgendwer für Frodo hätte tun können! Durch eine mit seiner »Vergebung« von ihm selbst geschaffene Situation wurde er selbst gerettet und von seiner Last befreit. Völlig zu Recht wurden ihm die höchsten Ehren gewährt – denn es ist klar, daß er & Sam den genauen Fortgang der Ereignisse nie verheimlicht haben. Wie das letzte Gericht über Gollum urteilt, danach möchte ich lieber nicht fragen. Es hieße, »Goddes privitee«, wie man im

---

* Nicht ganz »sicherlich«. Was Gollum schließlich von der Klippe stieß, als er gerade bereuen wollte, war Sams Ungeschicklichkeit in der Treue.

Mittelalter sagte, Gottes geheime Gedanken erforschen zu wollen. Gollum war bemitleidenswert, endete aber in beständiger Bosheit, und daß diese Gutes bewirkte, sprach nicht zu seinen Gunsten. Sein erstaunlicher Mut und seine Standhaftigkeit, ebenso groß wie bei Frodo und Sam oder noch größer, waren, weil dem Bösen dienend, verhängnisvoll, aber nicht ehrenwert. Ich fürchte, wir dürfen, egal, welches unsere Überzeugungen sind, die Tatsache nicht verkennen, daß es Menschen gibt, die der Versuchung erliegen, ihre Aussichten auf Adel und Erlösung zurückweisen und »verdammungswürdig« zu sein scheinen. Ihre »Verdammungswürdigkeit« ist *nicht* meßbar in den Bezügen des Makrokosmos (wo sie Gutes bewirken kann). Aber wir, die wir alle »im gleichen Boot« sitzen, dürfen uns nicht zu Richtern aufwerfen. Die Herrschaft des Rings war viel zu stark für Sméagols gemeine Seele. Aber er hätte sie nicht erdulden müssen, wäre er nicht, schon bevor der Ring seinen Weg kreuzte, eine gemeine Art Dieb gewesen. Mußte er je seinen Weg kreuzen? Muß etwas Gefährliches jemals einen von unseren Wegen kreuzen? Eine Art Antwort ließe sich finden, indem man sich vorzustellen versucht, daß Gollum die Versuchung überwindet. Indem er ausweicht und seinen noch immer nicht ganz verderbten Sméagol-Willen während der Diskussion in dem Schlackenloch nicht zum Guten hin festlegt, schwächte er sich vor seiner letzten Chance, wenn seine aufkeimende Liebe zu Frodo allzu leicht vor Kankras Höhle von Sams Eifersucht erstickt wurde. Danach war er verloren.

Das »Auenland« hat keinen besonderen Bezug zu England – abgesehen davon, daß ich, als ein in einem »beinah ländlichen« Dorf von Warwickshire aufgewachsener Engländer, am Rande der wohlhabenden Bourgeoisie von Birmingham (etwa um die Zeit des Diamantenen Jubiläums!), meine Modelle wie jeder andere auch aus dem »Leben« nehme, soweit ich es kenne. Aber es gibt keinen Bezug auf die Nachkriegszeit. Ich bin in keinem Sinne »Sozialist« – denn ich habe eine Abneigung gegen »Planung« (wie deutlich sein müßte), vor allem weil die »Planer«, wenn sie an die Macht kommen, so schlimm werden – aber ich würde nicht sagen, daß wir hier unter der Gemeinheit Scharrers und seiner Strolche zu leiden haben. Allerdings kommt der Geist von »Isengard«, wenn nicht von Mordor, immer wieder zum Vorschein. Das jetzige Vorhaben, Oxford zu zerstören, damit die Motorfahrzeuge Platz haben, ist ein Beispiel.[2] Aber unser Hauptgegner ist Mitglied einer »Tory«-Regierung. Aber man könnte das heutzutage überall gelten lassen.

Ja: Ich denke, daß »Sieger« nie an ihrem »Sieg« Freude haben – nicht so, wie sie es sich vorgestellt haben; und insofern sie für etwas gekämpft haben, dessen *sie selbst sich erfreuen wollen* (ob Erwerb oder nur Bewahrung), wird ihnen der »Sieg« um so weniger befriedigend erscheinen. Aber die Abfahrt der Ringträger hat noch eine andere Seite, soweit es um die Drei geht. Natürlich steht eine mythologische Struktur hinter dieser Geschichte. Sie wurde eigentlich zuerst geschrieben und wird nun vielleicht teilweise veröffentlicht werden. Es ist, würde ich sagen, eine »monotheistische, aber ›nebenschöpferische‹ Mythologie«. Es gibt keine Verkörperung des Einen, Gottes, der vielmehr fern bleibt, außerhalb der Welt und nur für die Valar oder die Regierenden direkt zugänglich. Diese nehmen die Stelle von »Göttern« ein, aber sie sind selbst erschaffene Geister, oder diejenigen aus der Urschöpfung, die freiwillig in die Welt eingetreten sind.* Aber der Eine behält letztlich alle Autorität und bewahrt sich (oder so scheint es, in kontinuierlicher Zeit gesehen) das Recht, mit dem Finger Gottes in die Geschichte einzugreifen: das heißt, Wirklichkeiten zu erzeugen, die selbst aus einem vollständigen Wissen um die frühere Vergangenheit nicht abgeleitet werden könnten, aber, nachdem sie wirklich sind, zu einem Teil der effektiven Vergangenheit für alle folgenden Zeiten werden (eine mögliche Definition eines »Wunders«). Nach der Fabel waren Elben und Menschen die ersten dieser Eingriffe, die sogar schon gemacht wurden, als die »Geschichte« noch nur eine Geschichte und nicht »verwirklicht« war; sie waren daher in keinem Sinne von den Göttern, den Valar, erfunden oder gemacht und wurden die Eruhíni oder »Kinder Gottes« genannt. Für die Valar waren sie ein unberechenbares Element: das heißt, sie waren vernünftige Geschöpfe mit freiem Willen im Hinblick auf Gott, von gleichem historischem Rang wie die Valar, wenngleich von weit geringerer spiritueller und intellektueller Kraft und Stellung.

Natürlich sind Elben und Menschen in bezug auf die Tatsachen außerhalb meiner Geschichte einfach verschiedene Aspekte des Humanen und stellen das Problem des Todes dar, aus der Sicht einer endlichen, aber mit Willen und Bewußtsein ausgestatteten Person. In dieser mythologischen Welt sind Elben und Menschen sich in ihren verleiblichten Gestalten verwandt, stellen aber im Verhältnis ihrer Geistesart zur zeitlichen Welt jeweils ein anderes »Experiment« dar, jedes mit seinen eigenen natürlichen Neigungen und Schwächen. Die Elben vertreten

---

* Sie waren daran beteiligt, sie zu »machen« – aber nur in derselben Weise, in der wir ein Kunstwerk oder eine Geschichte »machen«. Daß die Welt verwirklicht, daß ihr eine erschaffene Wirklichkeit gleichen Grades wie die der Götter gegeben wurde, war der Akt des Einen Gottes.

sozusagen die artistischen, ästhetischen und rein wissenschaftlichen Aspekte der menschlichen Natur, auf einer höheren Stufe, als man es bei Menschen tatsächlich sieht. Das heißt: sie haben eine hingebungsvolle Liebe zur physischen Welt, ein Verlangen, sie um ihrer selbst willen zu verstehen, als etwas »anderes« – nämlich eine im gleichen Grad wie sie selbst von Gott abgeleitete Wirklichkeit –, nicht als brauchbares Material oder als Macht-Basis. Sie besitzen auch eine »nebenschöpferische« oder künstlerische Begabung von großer Vortrefflichkeit. Sie sind daher »unsterblich«. *Nicht* »ewig«, aber so, daß sie mit und in der erschaffenen Welt dauern, solange ihre Geschichte dauert. Wenn sie »getötet« werden, durch Verwundung oder Vernichtung ihrer leiblichen Gestalt, entkommen sie nicht aus der Zeit, sondern bleiben *in* der Welt, entweder ohne leibliche Hülle oder durch Wiedergeburt. Dies wird eine schwere Bürde mit der die Zeiten immer länger werden, besonders in einer Welt, wo es Bosheit und Vernichtung gibt. (Ich habe die mythologische Form ausgelassen, die das Böse oder der Sturz der Engel in dieser Fabel annehmen).

Wandel allein wird als solcher nicht als »Übel« dargestellt: er ist die Entfaltung der Geschichte, und dies abzulehnen, ist natürlich gegen Gottes Plan. Aber die Schwäche der Elben ist in dieser Hinsicht naturgemäß die, daß sie der Vergangenheit nachtrauern und unwillig werden, sich auf Wandel einzustellen: so wie wenn jemand mit Widerwillen ein sehr langes Buch liest, das immer noch weitergeht, während er gern bei seinem Lieblingskapitel bleiben würde. Darum fielen sie in einem gewissen Maß auf Saurons Täuschungen herein: sie wünschten sich etwas »Macht« über die Dinge, wie sie sind (was ganz anders ist als die Kunst), um ihren eigentümlichen Bewahrungswillen durchzusetzen: den Wandel anzuhalten, so daß die Dinge immer frisch und schön bleiben. Die »Drei Ringe« waren »unbesudelt«, denn dieses Objekt war auf eine beschränkte Weise gut, dazu gehörte die Heilung von den echten Schäden der Bosheit ebenso wie das bloße Anhalten des Wandels; und die Elben begehrten nicht Herrschaft über den Willen anderer, noch wollten sie sich zu ihrem Privatvergnügen der Welt bemächtigen. Aber mit dem Sturz der »Macht« gingen auch ihre bescheidenen Versuche, die Vergangenheit zu bewahren, in Scherben. Für sie gab es in Mittelerde nichts mehr außer Ermattung. Darum müssen Elrond und Galadriel scheiden. Gandalf ist ein Fall für sich. Er war weder der Hersteller noch der erste Inhaber des Rings – aber er wurde ihm von Círdan abgetreten, damit er ihm bei seiner Arbeit behilflich wäre. Gandalf kehrte, nachdem er seine Arbeit getan und seinen Auftrag erfüllt hatte, in seine Heimat zurück, ins Land der Valar.

Die Fahrt übers Meer ist nicht der Tod. Die »Mythologie« stellt die Elben in den Mittelpunkt. Ihr zufolge gab es zuerst ein wahres irdisches Paradies, Reich und Wohnsitz der Valar, als ein physischer Teil der Erde. Nirgendwo in dieser Geschichte oder Mythologie gibt es eine »Verkörperung« des Schöpfers. Gandalf ist eine »erschaffene« Person; allerdings möglicherweise ein Geist, der schon existierte, bevor er in die physische Welt kam. Seine Funktion als »Zauberer« ist die eines Angelos oder Boten der Valar oder der Regierenden: die vernünftigen Geschöpfe von Mittelerde im Widerstand gegen Sauron zu unterstützen, eine Macht, die für sie zu groß ist, wenn ihnen niemand hilft. Weil aber in der Sicht dieser Erzählung & Mythologie die Macht – wenn sie anderer Geist und Willen beherrscht oder zu beherrschen strebt (außer mit Einwilligung ihrer Vernunft) – böse ist, wurden diese »Zauberer« in den Lebensformen von Mittelerde verleiblicht und erlitten deshalb Schmerzen an Leib und Seele. Aus dem gleichen Grund unterliegen sie auch dem Leiblichen: der Möglichkeit eines »Falls«, der Sünde, wenn man so will. Die wichtigste Form, die dies annehmen sollte, war die Ungeduld, die zu dem Wunsch führte, andere zu ihrem eigenen Besten zu zwingen, und damit unvermeidlich zuletzt zu dem schieren Verlangen, den eigenen Willen mit allen Mitteln durchzusetzen. Diesem Übel verfiel Saruman. Gandalf nicht. Aber die Situation wurde durch Sarumans Fall soviel schlechter, daß die »Guten« zu größeren Anstrengungen und Opfern genötigt waren. Darum sah Gandalf dem Tod entgegen und erlitt ihn; und kam zurück oder wurde zurückgesandt, wie er sagt, mit erhöhter Macht. Aber obwohl man darin an die Evangelien erinnert werden mag, ist es in Wahrheit keineswegs dasselbe. Die Inkarnation Gottes ist etwas unendlich Größeres als alles, was ich mich getrauen würde zu schreiben. Hier befasse ich mich nur mit dem Tod als Teil der Natur, der physischen und spirituellen, des Menschen, und mit der Hoffnung ohne Garantien. Das ist der Grund, warum ich die Erzählung von Arwen und Aragorn für die wichtigste in den Anhängen halte; sie gehört zum Kern der Geschichte und wurde nur dort untergebracht, weil sie sich nicht in die Haupterzählung einfügen ließ, ohne deren Struktur zu zerstören: diese ist »hobbito-zentrisch« angelegt, das heißt, in erster Linie als eine Studie über die Veredelung (oder Heiligung) des Niedrigen.

[Keiner der Entwürfe, aus denen dieser Text zusammengestellt wurde, ist vollständig ausgeführt.]

182 Aus einem Brief an Anne Barrett, Houghton Mifflin Co.

[Undatiert; 1956]

Ich werde nun sicherlich, wenn es mir gestattet wird, die Teile der großen Geschichte veröffentlichen, die zuerst geschrieben – und abgelehnt wurde. Aber der (für mich s. überraschende) Erfolg des *Herrn der Ringe* wird wohl bewirken, daß diese Ablehnung neu bedacht wird. Allerdings glaube ich nicht, daß es den gleichen Reiz haben wird wie der H. R. – keine Hobbits! Voller Mythologie und Elbentum und jenem »heigh stile« (wie Chaucer sagen könnte), der so wenig nach dem Geschmack vieler Rezensenten gewesen ist. Aber mir wird nicht gestattet, mich daran zu machen. Ich werde nicht nur (ohne Sekretärin) mit Angelegenheiten des H. R. überschwemmt, sondern auch mit beruflichen Dingen – eine Form, wie man uns Professoren dazu bringt, »in aller Stille« mit so gut wie gar keiner Pension zu verschwinden, besteht darin, uns die letzten zwei, drei Jahre im Amt unerträglich schwer zu machen –; wobei mich das Erscheinen des H. R. auch noch in eine Klemme gebracht hat. Die meisten philologischen Kollegen* sind schockiert (sicherl. hinter meinem Rücken, manchmal sagen sie's mir ins Gesicht) über den Sündenfall eines Philologen in die »Trivialliteratur«; und das Geschrei besagt jedenfalls: »jetzt wissen wir, womit Sie die letzten 20 Jahre Ihre Zeit verschwendet haben.« Also werden die Schrauben angezogen wegen mancher längst überfälliger mehr fachlicher Dinge. Ach, ich mag beides, habe aber doch nur ein Menschenleben Zeit. Auch werde ich langsam reif, wenn auch noch nicht geradezu altersschwach! Seit der Pensionierung Sir John Beaslys, in diesem Sommer, und Lord Cherwells bin ich der dienstälteste Professor an dieser alten Institution, habe seit 1925 – oder seit 31 Jahren einen Lehrstuhl hier, eine Tatsache, die allerdings niemand zu bemerken scheint. Bis auf einen oder zwei, die ausrufen: »Wie lange noch, o Herrgott, wie lange noch?«, voll Sehnsucht nach dem weichgepolsterten Stuhl (der in Wahrheit mit Dornen gespickt ist, wie einer von ihnen noch merken wird).

---

* Besonders C. L. Wrenn, mein Nachfolger als Professor für Angelsächsisch, der, glaube ich, diesen Herbst für ein Jahr in die U. S. A. kommt, wenn Ihr (d. h. die U. S.-Beamten) ihn reinläßt.

183 Anmerkungen zu W. H. Audens Besprechung des *Return of the King*

[Ein Kommentar, anscheinend nur zur eigenen Vergewisserung geschrieben, den Tolkien niemandem schickte oder zeigte, zur Besprechung der *Return of the King* von W. H. Auden, erschienen unter der Überschrift »At the End of the Quest, Victory« in der *New York Times Book Review* vom 22. Januar 1956. Der hier abgedruckte Text ist die etwas später vorgenommene Überarbeitung einer nicht erhaltenen früheren Fassung, die aller Wahrscheinlichkeit nach 1956 geschrieben wurde. In der Besprechung schrieb Auden: »Das Leben, wie ich es für mein Teil kenne, ist in erster Linie eine kontinuierliche Folge von Entscheidungen zwischen Alternativen . . . . . Das natürliche Bild, um diese Erfahrung zu objektivieren, ist das einer Reise mit einem bestimmten Zweck, mit Gefahren und Hindernissen am Wege . . . . . Aber wenn ich meine Mitmenschen beobachte, scheint ein solches Bild falsch zu sein. Ich sehe zum Beispiel, daß nur die Reichen und nur Leute auf Urlaub Reisen machen können; die meisten müssen die meiste Zeit über an ein und demselben Ort arbeiten. Wie sie Entscheidungen treffen, kann ich nicht sehen, nur die Handlungen, die sie ausführen, und wenn ich jemanden gut kenne, kann ich gewöhnlich voraussagen, was er in einer bestimmten Situation tun wird . . . . . Wenn ich nun zu beschreiben versuche, was ich sehe, so als ob ich unpersönlich wie eine Kamera wäre, dann werde ich nicht eine Queste erzeugen, sondern ein »naturalistisches« Dokument . . . . . Beide Extreme verfälschen natürlich das Leben. Es gibt mittelalterliche Questen, bei denen die Kritik von Erich Auerbach in seinem Buch *Mimesis* berechtigt ist: ›Die Welt der ritterlichen Bewährung ist eine Welt der Abenteuer . . . . . [Bei den Waffentaten des Ritters] handelt es sich um kreuz und quer vollbrachte, in keinen politisch-zweckhaften Zusammenhang gehörige Taten.‹ (Bern 1959, S. 132 ff.) Mr. Tolkien ist es vollkommener als allen früheren Schriftstellern in diesem Genre gelungen, sich die traditionellen Eigenschaften der Queste zunutze zu machen.«]

Ich bin sehr dankbar für diese Besprechung. Höchst ermutigend, weil sie von einem Mann kommt, der sowohl ein Dichter als auch ein Kritiker von Rang ist. Und doch nicht (denke ich) von einem, der im Erzählen von Geschichten viel Übung hat. Auf jeden Fall bin ich ein wenig überrascht davon, denn trotz des Lobes scheint mir dies eher die Redeweise eines Kritikers als die eines Autors zu sein. Nach meinem Gefühl ist es nicht die richtige Betrachtungsweise für Questen im allgemeinen oder meine Geschichte im besonderen. Ich glaube, es ist gerade, weil ich *nicht* versucht und nie daran gedacht habe, meine persönliche Lebenserfahrung »objektivieren« zu wollen, daß es der Erzählung von der Ring-Queste gelingt, Auden (und anderen) Vergnügen zu machen. Wahrscheinlich ist es auch der Grund, in vielen Fällen, warum sie manchen Lesern und Kritikern nicht gefallen hat. Die Geschichte handelt überhaupt nicht von JRRT und ist in keinem Punkt ein Versuch, seine Lebenserfahrung zu allegorisieren – denn nur das könnte die Objektivierung seines subjektiven Erlebens in einer Geschichte allenfalls bedeuten.

Ich bin historisch interessiert. Mittelerde ist keine imaginäre Welt. Der Name ist die moderne Form (im 13. Jahrhundert aufgekommen und noch immer in Gebrauch) von *midden-erd* > *middel-erd,* ein alter Name für die οἰκουμένη, Aufenthaltsort der Menschen, die objektiv wirkliche Welt, im Sprachgebrauch besonders entgegengesetzt den imaginären Welten (wie Feenland) oder den unsichtbaren Welten (wie Himmel oder Hölle). Schauplatz meiner Erzählung ist diese Erde, dieselbe, auf der nun wir leben, aber die historische Periode ist imaginär. Die Grundzüge dieses Aufenthaltsortes sind alle vorhanden (jedenfalls für Einwohner von NW-Europa), darum wirkt es naturgemäß vertraut, wenn auch ein wenig verklärt durch den Zauber der zeitlichen Ferne.

Menschen gehen doch auf Reisen und Questen, und haben es auch in der Geschichte schon getan, ohne jede Absicht, ihre Lebensallegorie auszuführen. Es stimmt weder für die Vergangenheit noch für die Gegenwart, daß »nur die Reichen oder Leute auf Urlaub Reisen machen können«. Die meisten Menschen machen ein paar Reisen. Ob lang oder kurz, mit einem Auftrag oder einfach »hin und zurück«, ist nicht allzu wichtig. Wie ich es in Bilbos Wanderlied auszudrücken versuchte: auch ein Nachmittagsspaziergang kann größere Folgen haben. Als Sam noch nicht weiter gekommen war als bis zum Waldende, war ihm schon ein »Augenöffner« begegnet. Denn wenn an einer Reise von einer gewissen Länge etwas dran ist, dann für mich dies: eine Erlösung von dem pflanzenhaften Zustand hilflosen passiven Duldens, eine wenn auch noch so kleine Betätigung des Willens, der Mobilität – und der Neugier, ohne die der Verstand abstumpft. (Allerdings ist dies natürlich eine nachträgliche Überlegung, die das Wichtigste ausläßt. Für den Erzähler ist die Reise ein wunderbares Muster. Sie bietet ihm einen starken Faden, an dem er eine Vielzahl von Dingen, an die er denkt, aufhängen kann, so daß etwas Neues daraus wird, abwechslungsreich, unvorhersehbar und doch zusammenhängend. Mein Hauptgrund, mich dieser Form zu bedienen, war einfach technisch.)

Jedenfalls sehe ich diejenigen Mitmenschen, die ich beobachtet habe, nicht so, wie hier beschrieben. Ich bin alt genug und habe einige von ihnen lange genug beobachtet, um eine Vorstellung von dem zu haben, was Auden vermutlich ihren Grundcharakter oder ihr angeborenes Wesen nennen würde, wobei ich zugleich auch Änderungen (oft ganz erhebliche) in ihren Verhaltensweisen bemerke. Ich habe nicht das Gefühl, daß eine Reise im Raum als Vergleich nützlich ist, um diese Vorgänge zu verstehen. Ich glaube, daß der Vergleich mit einem Samenkorn erhellender ist: ein Korn mit angeborener Vitalität und Erbanlagen, mit seiner Fähigkeit zu wachsen und sich zu entwickeln. Zum großen Teil sind die »Veränderungen« in einem Menschen zweifellos Entfaltungen von im Samen versteckten Mustern; obwohl diese natürlich modifiziert werden durch die (geographische oder klimatische) Situation, in die er geworfen wird und wo er durch terrestrische Unfälle beschädigt werden kann. Aber in diesem Vergleich wird unvermeidlich etwas Wichtiges ausgelassen. Ein Mensch ist nicht nur ein Samenkorn, das sich nach einem festgelegten Muster entwickelt, gut oder schlecht, je nach seiner Situation oder seinen Mängeln als Exemplar seiner Spezies; ein Mensch ist ein Samenkorn und zugleich in gewissem Maß auch der Gärtner, zum Guten oder zum Schlimmen. Mich beeindruckt das Maß, in dem die Entwicklung des »Charakters« ein Ergebnis bewußter Absicht sein kann, des Willens, die angeborenen Tendenzen in erwünschten Richtungen zu modifizieren; in manchen Fällen kann die Änderung groß und dauerhaft sein. Ich kenne ein oder zwei Männer und Frauen, die man in dieser Hinsicht als »self-made« bezeichnen könnte, was eine mindestens ebensogute Teilwahrheit wäre wie bei Leuten, die ihren Reichtum oder ihre Stellung überwiegend durch den eigenen Willen und eigene Anstrengung erlangt haben, mit wenig oder gar keiner Hilfe durch ererbten Besitz oder Stellungsvorteil.

Jedenfalls finde ich persönlich die meisten Menschen in jeder besonderen Situation oder Notlage *un*berechenbar. Vielleicht, weil ich kein gutes Urteil über Charaktere habe. Aber Auden selbst sagt nur, er könne »gewöhnlich voraussagen«, was sie tun werden; und durch die Einfügung dieses »gewöhnlich« gesteht er ein Element der Inkompatibilität zu, das, egal, wie klein es ist, seinem Argument schadet.

Manche Personen sind berechenbarer als andere oder scheinen es zu sein. Aber das liegt mehr an ihrem Schicksal als an ihrer Natur (als Individuen). Die Berechenbaren befinden sich in relativ festen Umständen, und es ist schwierig, sie in Situationen zu erwischen und zu beobachten, die (für sie) fremd sind. Das ist ein weiterer guter Grund, »Hobbits« – wenn man sich darunter ein einfaches und berechenbares

Volk vorstellt, in einfachen und lange gleichbleibenden Lebensumständen – auf eine *Reise* fern von der geordneten Heimat in fremde Länder und Gefahren zu schicken. Besonders wenn sie mit einem starken Motiv, auszuhalten und sich anzupassen, versehen sind. Allerdings ändern sich Menschen auf Reisen (oder besser, sie zeigen ihre verborgenen Seiten) auch schon ohne ein hohes Motiv: das ist eine gewöhnliche Beobachtung, die keiner symbolischen Erklärung bedarf. Auf einer Reise, deren Länge hinreicht, um manche Mißhelligkeiten vom Unangenehmen bis zum Beängstigenden auftreten zu lassen, ist die Veränderung an Gefährten, die man aus dem »alltäglichen Leben« gut kennt (und an einem selbst), oftmals verblüffend.

Ich mag es nicht, wenn in einem solchen Kontext von »politisch« gesprochen wird; ich finde es falsch. Mir scheint klar, daß Frodos Pflicht »human« war, nicht politisch. Naturgemäß dachte er zuerst an das Auenland, denn dort war er verwurzelt, aber die Queste diente nicht dem Zweck, dieses oder jenes Staatswesen, z. B. die halbaristokratische Halbrepublik des Auenlandes zu retten, sondern alles »Humane«* von einer bösen Tyrannei zu befreien – auch jene, die wie die »Ostlinge« und die Haradrim dieser Tyrannei noch dienten.

Denethor *war* von bloßer Politik angekränkelt: daher sein Versagen und sein Mißtrauen gegen Faramir. Für ihn war es zu einem Hauptmotiv geworden, den Staat Gondor zu bewahren, gewissermaßen gegen einen anderen Potentaten, der stärker geworden war und aus diesem Grund, nicht weil er böse und rücksichtslos war, gefürchtet und bekämpft werden mußte. Denethor verachtete die niederen Menschen, und man kann sicher sein, daß er zwischen den Orks und den Verbündeten von Mordor keinen Unterschied machte. Hätte er überlebt und gesiegt, auch ohne Gebrauch des Ringes, so wäre er selbst einem Tyrannen ein Gutteil ähnlicher geworden, und die Bedingungen und die Behandlung, die er den irregeführten Völkern des Ostens und Südens gewährt hätte, wären grausame Racheakte gewesen. Er war ein »politischer« Führer geworden: sozusagen Gondor gegen alle anderen.

Aber das war nicht die Politik oder Pflicht, die Elronds Rat abgesteckt hatte. Erst nachdem er die Debatte angehört und die Art der Queste begriffen hatte, nahm Frodo die Last seiner Mission schließlich doch auf sich. Die Elben zerstörten sogar ihr eigenes Staatswesen in Erfüllung einer »humanen« Pflicht. Dazu kam es nicht infolge eines unerwünschten Kriegsschadens; es war ihnen bekannt als das unvermeidliche Resul-

* Human: dies (in einem Märchen) schließt natürlich auch die Elben und überhaupt alle »sprechenden Geschöpfe« ein.

tat eines Sieges, der für die Elben in keiner Weise vorteilhaft sein konnte. Von Elrond kann man nicht sagen, daß er eine politische Pflicht oder Absicht verfolgte.

Wie Auerbach das Wort »politisch« gebraucht, mag auf den ersten Blick berechtigter erscheinen; aber ich meine, es ist nicht wirklich zulässig – nicht einmal dann, wenn wir zugeben, welch einen Überdruß die reinen Ritterromane als Zeitvertreibslektüre einer hauptsächlich an Liebe und Waffentaten interessierten Klasse* mit der Zeit erwecken mußten. Etwa so amüsant für uns (oder für mich) wie Geschichten vom Kricket oder ein Garn über ein Rallye-Team, für Leute, die (wie ich) das Kricket (wie es heute ist) lächerlich und langweilig finden. Aber die Waffentaten (zum Beispiel) im Artusroman oder anderen mit diesem großen Zentrum der Einbildungskraft verknüpften Romanen brauchen gar nicht »in einen politisch-zweckhaften Zusammenhang zu gehören«.** So war es in den frühen Artus-Überlieferungen. Oder zumindest war dieser Faden einer primitiven, aber starken Einbildung ein wichtiges Element in ihnen. Wie auch im *Beowulf.* Auerbach müßte mit dem *Beowulf* einverstanden sein, denn darin hat ein Autor versucht, die Tat eines »fahrenden Ritters« in ein komplexes politisches Feld einzufügen: die englischen Überlieferungen von den internationalen Beziehungen Dänemarks, Gotlands und Schwedens in alten Zeiten. Aber das ist nicht die Stärke der Geschichte, eher ihre Schwäche. Beowulfs persönliche Zwecke bei seiner Reise nach Dänemark sind genau die eines späteren Ritters: sein eigener Ruhm und darüber das Ansehen seines Herrn und Königs; aber die ganze Zeit bemerken wir etwas Tieferes. Grendel ist ein Feind, der das Reich in seinem Mittelpunkt angegriffen und die äußere Finsternis in die königliche Halle gebracht hat, so daß der König nur bei Tageslicht noch auf dem Thron sitzen kann. Dies ist etwas ganz anderes und Schrecklicheres als eine »politische« Invasion von Gleichartigen – Männern aus einem anderen, ähnlichen Reich, wie später bei Ingelds Angriff auf Heorot.

* Hauptsächlich interessiert: das heißt, als Themen von »Literatur«, als Unterhaltungsstoff. Tatsächlich interessierten sich die meisten Angehörigen dieser Klasse in erster Linie für den Landerwerb und für das Eingehen von Heiratsbündnissen zur Beförderung ihrer Ziele.

** Es sei denn, »politisch« in einem engeren (oder weiteren) Verständnis, indem wir uns vorstellen, es gäbe nur ein einziges Zentrum oder eine Festung von Ordnung und Anstand, umringt von Feinden: die unbestellten Wälder und Gebirge, feindselige und barbarische Menschen, wilde Tiere und Ungeheuer und das große Unbekannte. Die Verteidigung des Reiches kann dann in der Tat zu einem Symbol für die menschliche Situation werden.

Grendels Überwindung gibt eine gute Wunder-Erzählung, denn er ist zu stark und gefährlich, als daß ein gewöhnlicher Mensch ihn besiegen könnte, aber es ist ein Sieg, über den alle Menschen sich freuen können, denn er war ein Ungeheuer, ein Feind aller Menschen und aller humanen Gemeinschaft und Freude. Im Vergleich zu ihm waren selbst die politisch lange verfeindeten Dänen und Gauten Freunde, standen auf derselben Seite. Es ist die Monstrosität und Märchenhaftigkeit Grendels, die eigentlich die Erzählung bedeutend macht, auch dann noch lebenskräftig, wenn die politischen Umstände verschwimmen und die Beruhigung der dänisch-gautischen Beziehungen in einer »Entente cordiale« zwischen zwei regierenden Häusern zu einem Nebenaspekt einer obskuren Geschichte geworden ist. In dieser politischen Welt steht Grendel dumm da, obwohl er keineswegs dumm ist, so naiv auch die Vorstellung des Dichters und die Beschreibung, die er von ihm gibt, sein mögen.

Natürlich sind die Parteien im »wirklichen Leben« nicht klar umrissen – und sei es auch nur, weil menschliche Tyrannen nur selten vollkommen zu reinen Manifestationen des bösen Willens verderbt sind. Soweit ich es beurteilen kann, scheinen manche zwar so korrupt gewesen zu sein, aber selbst sie müssen Untertanen regieren, von denen nur ein Teil ebenso schlimm ist, während es bei vielen noch nötig ist, ihnen »gute Motive«, ob echte oder fingierte, vorzuweisen. Wie wir heute sehen. Immerhin gibt es klare Fälle: z. B. Akte einer schieren, grausamen Aggression, bei denen daher das *Recht* von Anfang an ganz auf der einen Seite ist, gleichgültig, wieviel Böses das *rachsüchtige* Erleiden von Bösem in denen auf der richtigen Seite schließlich erwecken mag. Es gibt auch Konflikte über wichtige Dinge und Ideen. In solchen Fällen halte ich es für sehr wichtig, auf der richtigen Seite zu sein und sich nicht so sehr durch das Offenbarwerden eines Dschungels von verworrenen Motiven, privaten Zielen und individuellen Handlungen (edlen oder gemeinen) stören zu lassen, in die *Recht* und *Unrecht* in wirklichen menschlichen Konflikten gewöhnlich verwickelt sind. Wenn es in dem Konflikt wirklich um Dinge geht, bei denen zutreffend von *Recht* und *Unrecht* oder von *Gut* und *Böse* die Rede sein kann, dann wird das Recht oder das Gute der einen Seite nicht durch die Behauptungen der einen oder anderen Seite bewiesen oder begründet; es muß von Werten und Überzeugungen abhängen, die über dem jeweiligen Konflikt stehen. Ein Richter muß über Recht und Unrecht nach Prinzipien, die er in allen Fällen für gültig hält, entscheiden. Weil dem so ist, wird das Recht ein unverlierbarer Besitz der guten Seite sein und ihre Sache durchgängig rechtfertigen.

(Ich spreche von Parteien, nicht von Individuen. Natürlich wird für einen Richter, dessen moralische Ideen eine religiöse oder philosophische Grundlage haben, oder für jeden, den der parteiische Fanatismus nicht blind macht, die Gerechtigkeit einer Sache nicht die Handlungen ihrer Anhänger rechtfertigen, wenn diese als Individuen moralisch böse sind. Aber freilich kann die »Propaganda« sie als Beweise ausnützen, daß ihre Sache nicht wahrhaft »gerecht«, das heißt, nicht gültig sei. Die Aggressoren sind in erster Linie selbst schuld an den bösen Taten, die aus ihrem ursprünglichen Rechtsbruch und aus den Leidenschaften entstehen, von denen naturgemäß (nach ihren Maßstäben) zu erwarten war, daß sie durch ihre eigene Bosheit erregt werden würden. Sie haben jedenfalls kein Recht zu verlangen, daß ihre Opfer, nachdem sie angegriffen wurden, nicht Auge um Auge oder Zahn um Zahn fordern dürften.)

Ähnlich werden gute Handlungen derer auf der falschen Seite ihre Sache nicht rechtfertigen. Auf der falschen Seite werden vielleicht heldenmütige Taten oder auch manche von höherer Moral geleistet: Akte der Gnade und Vergebung. Ein Richter wird ihnen Ehre erweisen und mit Freuden sehen, wie manche Menschen sich über den Haß und Zorn eines Konflikts erheben können; ebenso wird er die bösen Taten auf der guten Seite bedauern und mit Schmerzen sehen, wie der einmal erweckte Haß sie herabziehen konnte. Aber sein Urteil darüber, welche Seite im Recht war, wird sich deshalb nicht ändern, und auch nicht seine Schuldzuweisung für den Anfang alles Bösen, das für die andere Seite daraus gefolgt ist.

In meiner Geschichte befasse ich mich nicht mit dem absolut Bösen. Ich denke, so etwas gibt es nicht, denn es ist Null. Ich denke jedenfalls nicht, daß irgendein »vernünftiges Wesen« vollkommen böse ist. Satan ist gefallen. In meinem Mythos ist Morgoth schon vor der Erschaffung der physischen Welt gefallen. In meiner Geschichte stellt Sauron die größtmögliche Annäherung an das vollkommen Böse dar. Er war den Weg aller Tyrannen gegangen: zu Anfang war er gut, wenigstens soweit, daß er zwar alles nach seinem Kopf zu regeln wünschte, aber zuerst noch auf das (ökonomische) Wohl anderer Erdenbewohner Rücksicht nahm. Aber im Hochmut und in der Machtgier ging er weiter als menschliche Tyrannen, denn er war ursprünglich ein unsterblicher (engelhafter) Geist.* Im *Herrn der Ringe* geht es in dem Konflikt nicht wesentlich um »Freiheit«, obwohl die naturgemäß auch mit auf dem Spiel steht. Es geht um Gott und Sein alleiniges Anrecht auf göttliche Ehre. Die Eldar und die Númenórer glaubten an den Einen, den wahren Gott, und die

* Von der gleichen Art wie Gandalf und Saruman, aber von viel höherem Rang.

Verehrung jeder anderen Person war ihnen ein Greuel. Saurons Begehren war, ein Gottkönig zu sein, und für einen solchen wurde er von seinen Dienern gehalten*; wäre er siegreich geblieben, hätte er von allen vernünftigen Geschöpfen göttliche Ehren und die absolute zeitliche Macht über die ganze Welt verlangt. Selbst wenn also »der Westen« in seiner Verzweiflung Horden von Orks gezüchtet oder angeworben und die Länder anderer Menschen, weil sie mit Sauron verbündet waren, oder einfach, damit sie gehindert würden, ihm zu helfen, brutal verwüstet hätte, so wäre seine Sache dennoch unbestreitbar gerecht geblieben. Und das gilt auch für die Sache derer, die sich heute dem Staatsgott und dem Marschall Sowieso als seinem Hohenpriester widersetzen, auch dann, wenn (wie es leider zutrifft) viele ihrer Handlungen unrecht sein sollten, auch wenn (was nicht zutrifft) die Bewohner des Westens bis auf eine Minderheit reicher Bosse in Angst und Elend leben würden, während bei den Verehrern des Staatsgottes Friede und Überfluß, gegenseitige Achtung und Vertrauen herrschten.

Darum meine ich, daß das Gewäsch in den Rezensionen und in der Korrespondenz über sie, ob die »Guten« bei mir nun milde und freundlich wären und Pardon gäben (tatsächlich ja) oder nicht, ganz an der Sache vorbeigeht. Manche Kritiker scheinen entschlossen, mich als einen einfältigen Jüngling mit Pfadfinder-Mentalität hinzustellen und das in meiner Erzählung Gesagte absichtlich zu entstellen. Diese Mentalität habe ich nicht, und nichts davon steht in meiner Geschichte. Die Figur des Denethor reicht allein schon aus, um das zu zeigen; aber ich habe auch keines von den Völkern auf der »richtigen« Seite, den Hobbits, Rohirrim, den Menschen von Thal oder Gondor, irgend besser gemacht, als Menschen sind, waren oder sein können. Von mir ist nicht eine »imaginäre« Welt, sondern ein imaginärer historischer Moment in Mittelerde – unserer Wohnstätte.

---

* Infolge dreifachen Verrats: 1. Wegen seiner Bewunderung der Stärke wurde er ein Gefolgsmann Morgoths und stürzte mit ihm in den Abgrund des Bösen, wobei er sein Hauptvertreter in Mittelerde wurde. 2. Als Morgoth von den Valar besiegt worden war, sagte Sauron sich von ihm los; aber nur aus Angst; er machte den Valar keine Aufwartung, bat nicht um Vergebung und blieb in Mittelerde. 3. Als er merkte, wie sehr alle anderen vernünftigen Geschöpfe sein Wissen bewunderten und wie leicht es war, sie zu beeinflussen, wurde sein Hochmut grenzenlos. Am Ende des Zweiten Zeitalters nahm er die Stellung eines Statthalters von Morgoth an. Gegen Ende des Dritten Zeitalters (obwohl er da in Wirklichkeit viel schwächer war als früher) behauptete er, der wiedergekehrte Morgoth zu sein.

184 An Sam Gamgee

[Am 13. März wurde an Tolkien ein Brief von einem Mr. Sam Gamgee, Brixton Road, London S. W. 9, geschrieben:»Ich hoffe, es stört Sie nicht, daß ich Ihnen schreibe, aber mit Bezug auf Ihre Geschichte ›Lord of the Rings‹, die in Fortsetzungen im Radio lief . . . . . Es hat mich ziemlich interessiert, wie Sie auf den Namen eines der Charaktere namens Sam Gamgee gekommen sind, weil das zufällig mein Name ist. Ich habe die Geschichte nicht selbst gehört, weil ich kein Radio habe, aber ich kenne Leute, die haben sie gehört . . . . . Ich weiß, es ist erfunden, aber es ist schon ein Zufall, weil der Name sehr ungewöhnlich, wenn auch im medizinischen Beruf gut bekannt ist.«]

18. März 1956
Gewöhnliche Anschrift: 76 Sandfield Road, Headington, Oxford
Lieber Mr. Gamgee,
es war sehr freundlich von Ihnen, mir zu schreiben. Sie können sich mein Erstaunen vorstellen, als ich Ihre Unterschrift sah! Zu Ihrer Beruhigung kann ich nur sagen, daß der »Sam Gamgee« in meiner Geschichte ein überaus heroischer Charakter und inzwischen bei vielen Lesern sehr beliebt ist, wenn auch von ländlicher Herkunft. Darum wird Sie vielleicht der Zufall nicht ärgern, daß der Name dieser imaginären Figur (aus einer Zeit, die vor vielen Jahrhunderten sein soll) derselbe ist wie Ihrer. Der Grund, warum ich den Namen verwendete, ist folgender. Ich lebte als Kind in der Nähe von Birmingham, und wir gebrauchten »gamgee« als ein Wort für »cotton-wool« [Watte]; darum hängen in meiner Geschichte die Familien Cotton [»Cotton« dt.: »Hüttinger«] und Gamgee zusammen. Als Kind wußte ich nicht, weiß aber heute, daß »Gamgee« ein Kürzel für »gamgee-tissue« war, nach dem Erfinder (ich glaube, einem Chirurgen), der von 1828 bis 1886 lebte. Es war wohl (denke ich) sein Sohn, der dieses Jahr am 1. März im Alter von 88 Jahren gestorben ist, nachdem er viele Jahre lang Professor für Chirurgie an der Birminghamer Universität gewesen ist. Offenbar ist »Sam« oder etwas dergleichen* mit der Familie verbunden – was ich allerdings erst seit ein paar Tagen weiß, seit ich Professor Gamgees Todesanzeige las und sah, daß er der Sohn von Sampson Gamgee war – und sah in einem Wörterbuch nach und fand, daß der Erfinder *S. Gamgee* (1828–86) war, & ∴ wahrscheinlich derselbe.
Kennen Sie irgendeine Überlieferung, die wirkliche Herkunft Ihres vortrefflichen und seltenen Namens betreffend? Weil ich selbst einen

---
* Mein Sam Gamgee heißt *Samwise*, nicht Sam(p)son oder Samuel.

seltenen (oftmals störenden) Namen habe, interessiert es mich besonders. Die in meinem Buch angegebene »Etymologie« ist natürlich ganz fiktiv und einfach um der Geschichte willen erfunden. Ich glaube nicht, daß ich Ihnen zumuten kann, ein so langes und phantastisches Werk zu *lesen*, besonders wenn Sie sich aus Geschichten über eine mythische Welt nichts machen, aber wenn Sie sich die Mühe machen wollten, dann weiß ich, daß das Buch (das einen erstaunlichen Erfolg hatte) in den meisten öffentlichen Bibliotheken vorhanden ist. Im Laden ist es leider, leider! sehr teuer – £ 3/3/0. Wenn aber Sie oder jemand aus Ihrer Familie es einmal ansehen und es interessant genug finden, dann kann ich nur sagen, daß ich stolz und glücklich wäre, Ihnen je ein signiertes Exemplar aller 3 Bde. zu schicken, als ein Tribut des Autors an die vortreffliche Familie Gamgee.

Ihr ergebener
J. R. R. Tolkien

[Mr. Gamgee antwortete am 30. März mit weiteren Auskünften über seine Familie. Er schrieb, er freue sich über Tolkiens Angebot der signierten Bände. Tolkien schickte sie ihm, und Mr. Gamgee bestätigte ihr Eintreffen und fügte hinzu: »Ich kann Ihnen versichern, daß ich auf jeden Fall vorhabe, sie zu lesen.«]

85 Aus einem Brief an Christopher und Faith Tolkien
19. März 1956

Ich habe einen Brief von einem echten *Sam Gamgee* aus Tooting bekommen! Einen Ort, der sich noch mehr nach Hobbits *anhört*, hätte er ja wohl nicht finden können, oder? – aber gar nicht auenländisch, fürchte ich, in Wirklichkeit.

Außerdem schicken A. & Unwin überaus günstige Nachrichten oder Prophezeiungen wahrscheinlicher finanzieller Resultate für später.

86 Aus einem Brief an Joanna de Bortadano (Entwürfe)
[Undatiert; April 1956]

Natürlich ist meine Geschichte keine Allegorie der Atomkraft, sondern der *Macht* (zwecks Herrschaft gebraucht). Die Kernphysik kann für diesen Zweck verwendet werden. Aber sie muß nicht. Sie muß überhaupt nicht verwendet werden. Wenn meine Geschichte überhaupt einen Gegenwartsbezug hat, dann zu der wie mir scheint weitestverbreiteten Annahme unserer Zeit: daß etwas, wenn es getan werden kann, getan werden muß. Dies erscheint mir völlig falsch. Die großartigsten Beispiele für das Wirken von Geist und Vernunft bietet der *Verzicht*. Wenn Sie sagen, daß die A[tom-]K[raft] nicht mehr aus der Welt zu schaffen ist, erinnern Sie mich daran, daß Chesterton einmal gesagt hat, wenn er das nur höre, dann wisse er schon, daß die jeweilige Sache sehr bald ersetzt und für erbärmlich hinfällig und altmodisch erkannt werden würde. Die sogenannte »Atom«-Kraft ist nun noch um einiges größer als alles, woran er gedacht hat (ich habe dasselbe schon über Straßenbahnen, Gasbeleuchtung und Dampfzüge gehört). Aber gewiß ist klar, daß in ihrer Anwendung ein gewisser »Verzicht« nötig sein wird, eine bewußte Weigerung, manches zu tun, was damit zu tun möglich ist, oder nichts bleibt übrig! Aber das ist eine einfache Sache, ein zeitgenössisches & möglicherweise vorübergehendes und ephemeres Problem. Ich glaube, daß auch Macht oder Herrschaft nicht das wirkliche Zentrum meiner Geschichte sind. Sie nimmt einen Krieg zum Thema, einen Krieg um etwas, das so dunkel und bedrohlich war, daß es jener Zeit als hochbedeutsam erscheinen konnte, aber das alles ist hauptsächlich ein »Schauplatz«, auf dem die Charaktere sich zeigen können. Das eigentliche Thema ist für mich etwas viel Dauernderes und Schwierigeres: Tod und Unsterblichkeit: das Geheimnis der Liebe zur Welt in den Herzen einer Rasse, der »verhängt« ist, sie verlassen und anscheinend verlieren zu müssen; der Schmerz in den Herzen einer Rasse, der »verhängt« ist, sie nicht verlassen zu dürfen, ehe nicht ihre ganze aus Bösem erwachsene Geschichte vollständig ist. Aber wenn Sie nun Bd. III und die Geschichte von Aragorn gelesen haben, werden Sie das bemerkt haben. (Diese Geschichte steht in einem Anhang, weil ich die Erzählung insgesamt mehr oder weniger aus der Sicht der »Hobbits« erzähle; und das, weil ein anderer Hauptgedanke in der Geschichte für mich Elronds Bemerkung in Bd. I ist: »So ist es oft mit Taten, die die Räder der Welt in Bewegung setzen: kleine Hände vollbringen sie, weil sie müssen, während die Augen der Großen anderswo sind« [dt. I, S. 328]. Ebenso wichtig ist allerdings Merrys Bemerkung (Bd. III, p. 146, [dt. 163]): »der Boden des Auenlandes ist tief. Doch gibt es noch tiefere und höhere Dinge; und kein Ohm könnte in Frieden, wie er das nennt, seinen Garten bestellen, wenn sie nicht wären.«) Ich bin *kein* »Demokrat«, schon deshalb nicht, weil »Bescheidenheit« und Gleichheit als geistige Prinzipien durch den Versuch, sie zu mechanisieren und zu formalisieren, korrumpiert werden, mit dem Ergebnis, daß wir nicht allgemeine Kleinheit und Beschei-

denheit bekommen, sondern allgemeine Großartigkeit und Hochmut, bis irgendein Ork einen Ring der Macht an sich bringt – und dann bekommen und dann haben wir die Sklaverei. Aber das ist nur ein »Gedanke im Nachhinein«. Die Geschichte ist wirklich eine Geschichte darüber, was im Jahr X v. Chr. passiert ist, und sie ist eben solchen Leuten, die grad so waren, passiert!.....
Ich hoffe, der Bd. III ist Ihnen inzwischen »untergekommen«! Ich muß sagen, ich bin immer ganz froh, wenn ich höre, daß jemand sich genötigt sieht, das Buch zu *kaufen*! Von den Bibliotheks-Gebühren kann ein Autor nicht leben.

Neulich bekam ich einen Brief von einem namhaften und sicher nicht armen Mann, der mir ein großes Kompliment zu machen glaubte, indem er mir mitteilte, das Buch habe ihn so in seinen Bann gezogen, daß er es mehrere Male ausgeliehen und schwere Strafen für zu langes Behalten gezahlt habe. Mir fehlten die Worte, um ihm zu antworten. Der *H. d. R.* kostete zunächst mal rund 4000 Pfund in der Herstellung, nachdem ich ihn aus den Händen gegeben hatte. Davor, abgesehen von aller sonstigen Mühe, habe ich ihn zweimal abgetippt (streckenweise öfter). Eine professionelle Abschreiberin hätte etwa 200 Pfund verlangt. Auch das edle Abenteuer hat eine mühselige praktische Seite – was ein Hobbit nie vergessen sollte.

187 Aus einem Brief an H. Cotton Minchin (Entwurf)

[Undatiert; April 1956. Tolkien hat an den oberen Rand geschrieben: »Mehr oder weniger so abgeschickt am 16. April (etwas gekürzt).«]

Wie die Doktoranden immer erfahren, so lange sie auch Zeit haben und so gewissenhaft sie gearbeitet und ihre Notizen zusammengetragen haben, am Ende gibt es immer eine Hetze, wenn das letzte Datum plötzlich näherrückt, zu dem sie ihre Arbeit einreichen müssen. So war es auch bei diesem Buch und den Karten. Ich mußte meinen Sohn zu Hilfe rufen – den C. T. oder C. J. R. T. der bescheidenen Initialen auf den Karten –, einen bewährten Kenner der Hobbitkunde. Und beide hatten wir nicht ganz freie Hand. Ich weiß noch, als uns deutlich wurde, daß die »Generalkarte« für das letzte Buch nicht ausreichen und auch die Routen Frodos, der Rohirrim und Aragorns nicht klar genug zeigen würde, da mußte ich viele Tage, die letzten drei nahezu ohne Essen oder Schlaf, auf das Zeichnen einer verkleinerten und adjustierten großen Karte verwenden, an der er dann noch mal 24 Stunden (6 Uhr morgens bis 6 Uhr morgens, ohne zu schlafen) arbeitete, um die Reinzeichnung gerade noch pünktlich fertigzukriegen. Uneinheitlichkeiten der Schreibung kommen von mir. Es war erst in den letzten Phasen, daß ich (gegen den Protest meines Sohnes: er meint immer noch, daß niemand *Cirith* richtig aussprechen wird, in seiner Karte steht *Kirith*, wie vorher auch im Text) mich dafür entschied, »einheitlich« zu verfahren und die elbischen Namen und Wörter durchgängig ohne *k* zu schreiben. Zweifellos gibt es noch mehr Abweichungen . . . . .

Ich bin nun aber in erster Linie Philologe und bis zu einem gewissen Grad auch Kalligraph (was allerdings bei diesem Brief schwer zu glauben sein wird). Und mein Sohn kommt darin nach mir. Was unser Interesse weitaus am stärksten absorbiert, sind für uns die elbischen Sprachen und die auf ihnen basierende Nomenklatur; auch die Alphabete. Meine Pläne für den »Spezialistenband« waren weitgehend linguistisch. Ein Namenregister sollte erstellt werden, das durch etymologische Deutung zugleich ein recht umfangreiches elbisches Vokabular ergeben hätte; dies ist natürlich das erste Erfordernis. Ich habe monatelang daran gearbeitet und die ersten zwei Bde. indexiert (der Hauptgrund für die Verzögerung von Bd. iii), bis klar wurde, daß Umfang und Kosten ruinös wären. Widerstrebend mußte ich unter dem Druck der »Herstellungsabteilung« auch auf die »Faksimiles« der drei angesengten, zerfledderten und blutbefleckten Seiten aus dem *Buch von Mazarbul* verzichten, auf deren Fabrikation ich viel Zeit verwendet hatte. Ohne sie ist die Einleitung von Buch zwei, Kap. 5 (das die Faksimiles mit begleitender Transskription enthalten sollte), mangelhaft, und die Runen in den Anhängen sind unnötig.

Aber die Probleme, die der Sonderband bereiten wird (köstliche Probleme, wenn ich Zeit hätte), werden Ihnen klar sein, wenn ich sage, daß zwar viele, wie Sie selbst, nach *Karten* verlangen, andere aber vielmehr *geologische** Angaben als Ortsnamen wünschen; wieder andere wollen Metriken und Prosodien – nicht nur für die kurzen elbischen Textproben, sondern auch für die »übersetzten« Verse in den weniger geläufigen Formen, etwa die in der strengsten Form des angelsächsischen alliterierenden Verses geschriebenen (z. B. das Fragment am Ende der *Battle of the Pelennor*, V, vi, 124). Musiker wollen Melodien und musikalische Notation, Archäologen wollen Keramik und Metallurgie. Botaniker

---

* Da ich geologische Interessen und in sehr geringem Maß auch Kenntnisse habe, habe ich diesen Aspekt nicht völlig vernachlässigt, aber darüber nähere Angaben zu machen, ist etwas schwieriger – und gefährlich!

wünschen eine genauere Beschreibung der *mallorn*, der *elanor*, *niphredil*, *alfirin*, *mallos* und *symbelmyne*; Historiker wollen mehr Einzelheiten über die soziale und politische Struktur von Gondor; allgemein Auskunftsuchende wollen Informationen über die Wolfssreiter, Harad, die Herkunft der Zwerge, die Toten Menschen, die Beorninge und die fehlenden zwei Zauberer (von fünfen). Es wird ein dicker Band, auch wenn ich mich nur um die Dinge kümmere, die meiner beschränkten Einsicht zugänglich sind!

188 Aus einem Brief an Allen & Unwin 3. April 1956

[Im März teilte Allen & Unwin Tolkien mit, daß eine Vereinbarung über eine holländische Ausgabe des *Herrn der Ringe* getroffen worden war. Tolkien erwiderte, dies sei das erste Mal, daß er von einem solchen Angebot höre, und bat um weitere Angaben. Der Verlag antwortete, man unternehme »alle möglichen Anstrengungen«, die Auslandsrechte zu verkaufen, und bitte Tolkien um die Bestätigung, daß ihm das recht sei.]

Natürlich möchte ich, daß Sie Ihre Bemühungen hinsichtlich ausländischer Ausgaben fortsetzen . . . . . Es ist aber doch gewiß verständlich, daß ein Autor, solange er noch lebt, ein tiefes und unmittelbares Interesse an der *Übersetzung* nimmt. Und ich bin nun zu allem Unglück auch noch akademischer Sprachwissenschaftler, ein pedantischer Oxford-Don, der weitgespannte persönliche Verbindungen und Freundschaften mit den führenden Anglisten auf dem Kontinent unterhält . . . . . Die Übersetzung des *Herrn der Ringe* wird sich als ein mächtiges Stück Arbeit erweisen, und ich sehe nicht, wie sie ohne Mithilfe des Autors befriedigend ausgeführt werden könnte.* Diese Mithilfe bin ich bereit zu leisten, und zwar prompt, wenn ich konsultiert werde.

Ich möchte eine Wiederholung der Erfahrungen mit der schwedischen Übersetzung des *Hobbit*[1] vermeiden. Dort fand ich, daß man sich

---

* »Mithilfe« soll natürlich nicht Einmischung bedeuten, obwohl die Möglichkeit, Proben anzusehen, wünschenswert wäre. Meine Sprachkenntnis reicht nur selten, abgesehen von der Entdeckung offensichtlicher Irrtümer und Freiheiten, bis zum Urteil über die Feinheiten, auf die es ankäme. Aber dieser Text bietet viele spezielle Schwierigkeiten. Um nur eine zu nennen: es kommt eine Anzahl Wörter vor, die nicht in den Wörterbüchern stehen oder für die eine Kenntnis des älteren Englisch erforderlich ist. In Fragen wie diesen und anderen, die sich unvermeidlich stellen werden, wäre der Autor die befriedigendste und die schnellste Auskunftsquelle.

unerfreuliche Freiheiten mit dem Text und anderen Einzelheiten erlaubt hatte, ohne Konsultation oder Zustimmung meinerseits; sie wurde auch ungünstig beurteilt von einem schwedischen Experten, der das Original kannte und dem ich sie vorlegte. Über den Text (mit allen seinen Einzelheiten) des *Herrn der Ringe* wache ich noch viel empfindlicher. Keine größeren oder kleineren Änderungen, Umstellungen oder Kürzungen dieses Textes werden meine Zustimmung erhalten – es sei denn, sie kommen von mir selbst oder aus direkter Konsultation. Ich hoffe ernstlich, daß dieses mein Interesse berücksichtigt wird.

189 Aus einem Brief an Mrs. M. Wilson 11. April 1956

Ich finde, daß viele Kinder, etwa von 10 aufwärts, am *Herrn der Ringe* Interesse nehmen oder sogar davon gefesselt werden. Eigentlich finde ich das eher schade. Das Buch wurde nicht für sie geschrieben. Aber ich bin selbst ein sehr wenig »gefräßiger« Leser, und weil ich mich selten dazu überwinden kann, ein Buch zweimal zu lesen, fallen mir die vielen Sachen ein, die ich – zu früh gelesen habe! Nichts, nicht einmal das (möglicherweise) tiefere Verständnis, kann für mich die Blütenfrische des noch Ungelesenen ersetzen. Trotzdem, was wir lesen und wann, ist »Schicksal«, wie die Menschen, denen wir begegnen.

190 Aus einem Brief an Rayner Unwin 3. Juli 1956

[Im Juni schickte die Abteilung für Auslandsrechte bei Allen & Unwin Tolkien eine Liste holländischer Fassungen von Ortsnamen im *Herrn der Ringe*, von dem holländischen Übersetzer stammend, mit der Aufforderung: »Würden Sie sie bitte mit Ihrer Zustimmung, wie wir hoffen, zurückschicken?«]

Ich hoffe, Sie & die Abt. Auslandsrechte werden mir verzeihen, daß ich *Ihnen* nun ausführlich zu der holländischen Übersetzung schreibe. Die Sache ist (für mich) wichtig; sie hat mich beunruhigt und sehr geärgert und mir zu einer höchst ungelegenen Jahreszeit eine ganze Menge unnötige Arbeit gemacht . . . . .

Aus Prinzip wehre ich mich so stark wie möglich gegen jede »Übersetzung« der *Nomenklatur* (sogar durch eine kompetente Person). Ich bin erstaunt, daß ein Übersetzer sich aufgefordert oder ermächtigt glauben kann, so etwas zu tun. Daß dies eine »imaginäre« Welt ist, gibt ihm noch kein Recht, sie nach seinem Belieben umzumodeln, nicht mal dann, wenn er in ein paar Monaten eine neue, kohärente Struktur schaffen könnte, wie ich sie in Jahren erarbeitet habe.

Ich nehme an, wenn ich die Hobbits als Italienisch, Russisch, Chinesisch sprechend dargestellt hätte, oder was Sie wollen, so hätte er von den Namen die Finger gelassen. Oder wenn ich behauptet hätte, »the Shire« [das Auenland], sei irgendeine fiktive ländliche Grafschaft im wirklichen England. Bewegt man sich aber wirklich in einem imaginären Land und Zeitraum wie diesem, der kohärent gemacht ist, so ist die Nomenklatur ein wichtigeres Element als in einem »historischen« Roman. Aber freilich, wenn wir die Fiktion einer lange vergangenen Zeit fallenlassen, dann beruht das »Shire« auf dem ländlichen England und auf keinem anderen Land in der Welt – am wenigsten vielleicht von allen in Europa auf Holland, das topographisch völlig unähnlich ist. (Tatsächlich ist es so verschieden, trotz der Affinität seiner Sprache und in vieler Hinsicht auch der Idiomatik, die dem Übersetzer einen Teil seiner Mühe abnehmen sollte, daß seine *Toponymie* für diesen Zweck besonders ungeeignet ist.) Die Toponymie des *Shire*, um die erste Liste zu nehmen, ist eine »Parodie« derjenigen des ländlichen England, ganz im selben Sinne wie seine Bewohner: beides gehört zusammen, und mit Absicht. Letztlich ist es ein englisches Buch und von einem Engländer, und vermutlich werden doch auch diejenigen, die Erzählung und Dialog in ein für sie verständliches Idiom umgesetzt sehen wollen, vom Übersetzer nicht verlangen, daß er vorsätzlich versucht, die Lokalfarbe zu zerstören. Ich verlange das nicht von einem Übersetzer, wäre allerdings vielleicht froh über ein Glossar, wo (selten) die Bedeutung eines Ortsnamens wesentlich ist. Ich würde ja auch in einem Buch, das von einem imaginären Spiegelbild Hollands ausgeht, nicht *Hedge, Duke'sbush, Eaglehome* oder *Applethorn* finden wollen, auch wenn dies die »Übersetzungen« von 'sGraven Hage, Hertogenbosch, Arnhem oder Apeldoorn sein sollten! Diese Übersetzungen sind nicht englisch, sie sind einfach heimatlos.

Tatsächlich spielt die Auenlandkarte in der Erzählung nur eine sehr kleine Rolle, und sie dient zum größten Teil der beschreibenden Vorbereitung. Natürlich beruht sie auf einiger Vertrautheit mit englischer Toponymie-Geschichte, die der Übersetzer offenbar nicht besitzt (und ich vermute, daß er auch von der niederländischen nicht viel weiß). Aber er *braucht* es gar nicht, wenn er nur die Finger davon ließe. Die richtige Behandlungsweise für die erste Karte wäre, den Titel in *Een Deel van »The Shire«* zu verändern und nichts weiter; aber vermutlich kte. auch *naar* für »to« in Richtungsangaben wie »To Little Delving« nichts schaden.

Der Übersetzer hat (nach internen Anzeichen zu urteilen) die Anhänge durchgesehen, aber nicht benutzt. Übrigens scheint er nicht zu merken, was für Schwierigkeiten er sich für später macht. Das »Angelsächsisch« der Rohirrim hat mit dem Holländischen nicht viel gemein. Im Grunde reißt er mit sehr plumpen Fingern ein Gewebe entzwei, das zu verstehen er nur flüchtig versucht hat.....

Das Wichtigste, was er nicht beachtet, ist freilich dies: selbst wenn ein Ortsname für die einheimischen Sprecher vollständig zu analysieren wäre (gewöhnlich ist das nicht der Fall), wird dies in der Regel nicht getan. Wenn in einem imaginären Land *echte* Ortsnamen oder solche gebraucht werden, die sorgfältig so aufgebaut sind, daß sie sich in geläufige Muster einordnen, werden diese zu integralen Namen, die »echt klingen«, und sie mit ihrer analysierten Bedeutung zu übersetzen, ist ganz unzulänglich. Die holländischen Namen von diesem Holländer sollten echt holländisch klingen. Nun bin ich zwar gar kein Spezialist für Holländisch und weiß nicht viel über die besondere Geschichte der holländischen Toponymie, aber ich glaube nicht, daß sie in der Regel echt klingen. Jedenfalls sind viele von ihnen einfach nur *Nonsens* oder ganz fehlerhaft, was ich nur damit gleichsetzen kann, daß man sich vorstellen muß, man läse Blooming, Newtown, Lake How, Documents, Baconbury, Blushing und fände dann heraus, daß der Autor Florenz, Neapel, Lago di Como, Chartres, Hamburg und Flushing = Vlissingen geschrieben hat!

Zur Rechtfertigung meiner Einwände lege ich einen detaillierten Kommentar zu den Listen bei..... Ich bin sicher, das richtige (ebenso wie für Verlag und Übersetzer ökonomischere?) Verfahren ist, die Karten und die Nomenklatur soweit wie möglich in Ruhe zu lassen, aber einige der am wenigsten erwünschten Anhänge durch ein Namensglossar zu ersetzen (mit Bedeutungen, aber ohne Verw.). Ich könnte eines zur Übersetzung liefern.

Darf ich nun gleich sagen, daß ich ähnliches Herumbasteln an der *persönlichen Nomenklatur nicht* dulden werde. Auch nicht an dem Namen/Wort *Hobbit*. Ich lasse mir keine *Hompen* (wozu ich nicht konsultiert wurde) mehr gefallen, auch keine *Hobbel* und was nicht noch alles. Elben, Zwerge, Trolle, ja: das sind bloß moderne Äquivalente der richtigen Ausdrücke. Aber *Hobbit* (und *Ork*) sind aus jener Welt und müssen bleiben, ob sie sich nun holländisch anhören oder nicht.....

Wenn Sie denken, ich verlange Unsinniges, würde mich das sehr betrüben, aber, fürchte ich, meine Meinungen nicht ändern. Die wenigen Leute, die ich habe konsultieren können, muß ich sagen, äußern sich ebenso nachdrücklich. Jedenfalls lasse ich mich nicht à la Mrs. Tiggywinkle = Poupette à l'épingle* behandeln. Allerdings hat auch B[eatrix] P[otter] den Übersetzern das Leben schwergemacht. Wenn auch möglicherweise von sichererem Grund aus als ich. Ich bin kein Linguist, aber von der *Nomenklatur* verstehe ich etwas und habe sie eigens studiert, und ich bin allerdings wirklich sehr wütend.

191 Aus einem Brief an Miss J. Burn (Entwurf)   26. Juli 1956

Wenn Sie alle Passagen, die sich mit Frodo und dem Ring beschäftigen, noch einmal lesen, dann, denke ich, werden Sie sehen, daß es nicht nur für ihn *ganz unmöglich* war, den Ring tatsächlich oder willentlich abzugeben, besonders am Punkt seiner maximalen Stärke, sondern daß dieses Versagen auch schon lange vorher angedeutet worden war. Er wurde geehrt, weil er die Bürde freiwillig auf sich genommen und dann alles getan hatte, was physisch und mental irgend in seiner Kraft stand. Er (und die Sache) wurden gerettet – durch Gnade: durch den höchsten Wert und die Wirksamkeit des Mitleids und der Vergebung von Schuld.

Korinther I x. 12–13[1] paßt wohl auf den ersten Blick nicht – es sei denn, »eine Versuchung bestehen« bedeutet, daß man ihr widersteht, während man noch im normalen Gebrauch der Willenskräfte frei handeln kann. Ich denke vielmehr an die geheimnisvollen letzten Bitten des Vaterunsers: Führe uns nicht in Versuchung, sondern erlöse uns von dem Übel. Eine Bitte gegen etwas, das nicht eintreten kann, ist sinnlos. Es besteht die Möglichkeit, in eine Lage versetzt zu werden, die über die eigene Kraft geht. In welchem Falle (wie ich glaube) die Errettung vor dem Verderben von etwas scheinbar damit Unverbundenen abhängen wird: der allgemeinen Heiligkeit (und Demut und Barmherzigkeit) der Opferperson. Ich habe die Erlösung in diesem Falle nicht »arrangiert«: sie folgt wiederum der Logik der Geschichte. (Gollum hatte eine Chance, zu bereuen und Großmut mit Liebe zu vergelten; er hatte sie um Haaresbreite vergeben.) Im Falle derer, die heute mit »gewaschenem« Gehirn, zerbrochen oder wahnsinnig aus dem Gefängnis kommen, voll des Lobes für ihre Folterer, ist in der Regel keine so unmittelbare Erlösung zu sehen. Aber zumindest können wir sie nach dem Willen und den Absichten beurteilen, mit denen sie in die *Sammath Naur* hineingegangen sind, und keine unmöglichen Akte des Willens von ihnen verlangen, die nur in Geschichten vorkommen könnten, die sich um die reale moralische und mentale Wahrscheinlichkeit nicht kümmern.

* Ohnehin ist Canétang = Puddleduck[1] diesem Kollegen ja mehrere Klassen zu hoch!

Nein, Frodo ist »gescheitert«. Es ist möglich, daß er sich an die letzte Szene, sobald der Ring einmal vernichtet war, kaum mehr erinnern konnte. Aber die Tatsache muß man anerkennen: der Macht des Bösen in der Welt können leibliche Geschöpfe letztlich *nicht* widerstehen, auch wenn sie noch so »gut« sind; und der Autor der Geschichte ist nicht einer von uns. Leider habe ich dasselbe Gefühl – ich bin gezwungen gewesen, in verkehrter Reihenfolge oder rückwärts zu publizieren; und nach dem großen Krach (und dem Ende des sichtbar gestaltgewordenen Bösen) vor dem Reich der Menschen (oder einfach der Geschichte), zu dem alles hinführte, werden die mythologischen und elbischen Sagen von den Älteren Tagen nicht mehr ganz dieselben sein. Aber vielleicht werden schließlich, in der richtigen Abfolge von Anfang bis Ende gelesen, beide Teile gewinnen. Ich schreibe jetzt nicht am *Silmarillion*, das schon vor langer Zeit geschrieben wurde, sondern versuche einen Weg und eine Ordnung zu finden, wie ich die Sagen und Annalen publizierbar machen kann. Und ich habe auch noch furchtbar viel anderes zu tun.

192 **Aus einem Brief an Amy Ronald** 27. Juli 1956

Zufällig habe ich gerade einen anderen Brief bekommen, der auch Frodos Scheitern betrifft. Sehr wenige scheinen das überhaupt bemerkt zu haben. Aber nach der Logik der Handlung war es doch offenbar unvermeidlich, als Ereignis. Und es ist doch gewiß ein bedeutsameres und realeres Ereignis als ein reiner »Märchen«-Schluß, bei dem der Held unbezwinglich ist? Für die Guten, sogar die Heiligen, ist es möglich, einer Macht des Bösen ausgesetzt zu sein, die zu groß ist, als daß sie – aus sich heraus – sie überwinden könnten. In diesem Fall war es die Sache (nicht der »Held«), die triumphierte, denn durch Übung von Mitleid, Erbarmen und Vergebung von Schuld wurde eine Situation geschaffen, in der alles wiedergutgemacht und die Katastrophe abgewendet wurde. Sicherlich sah Gandalf das voraus. Siehe Bd. I, S. 68–9 [dt. 82][1]. Natürlich wollte er nicht sagen, man müsse barmherzig sein, denn es könnte sich später als vorteilhaft erweisen – das wäre dann kein Erbarmen oder Mitleid, die nur wirklich vorhanden sind, wenn die Klugheit gegen sie spricht. Nicht an uns, dies vorauszusehen! Sondern es wird uns versichert, daß wir unsererseits maßlos großmütig sein müssen, wenn wir auf die maßlose Großmut hoffen wollen, die darin liegt, daß uns die Folgen unserer eigenen Torheiten und Irrtümer im geringsten erleichtert oder erlassen werden. Und dieses Erbarmen wird uns manchmal in diesem Leben zuteil.

Frodo verdiente alle Ehre, weil er jede Unze Willens- und Körper-kraft eingesetzt hat, und das reichte eben aus, ihn bis an den vorbestimm-ten Punkt zu bringen, aber nicht weiter. Wenige andere, womöglich niemand aus seiner Zeit, wären so weit gekommen. Dann griff die Andere Macht ein: der Autor der Geschichte (womit ich nicht mich selbst meine), »die eine, immer gegenwärtige Person, die niemals abwe-send ist und niemals genannt wird«* (wie ein Kritiker gesagt hat). Siehe Bd. I, p. 65 [dt. S. 78].[2] Ein dritter (der einzige weitere) Kommentator zu diesem Punkt beschimpfte vor einigen Monaten Frodo als einen Schur-ken (den man hätte aufhängen sollen, statt ihn zu ehren), und mich gleich mit. Es erscheint mir traurig und seltsam, daß in dieser schlimmen Zeit, wo täglich Menschen von gutem Willen der Folter und »Gehirnwäsche« unterworfen und gebrochen werden, jemand so grimmig einfältig und selbstgerecht sein kann.

Ich glaube nicht, daß Walter de la Mare je mein Land betreten hat, ob Sie damit nun meinen, daß er mein Werk gelesen hätte, bevor er starb, oder eine ähnliche Welt bewohnt, oder beides. Ich bin ihm nur einmal begegnet, vor vielen Jahren, und wir hatten uns nicht viel zu sagen; aber soweit mein Gefühl und Verständnis für sein Werk reichen, würde ich vermuten, daß er in einer sehr viel dunkleren und hoffnungs-loseren Welt zu Hause war: eine Welt jedenfalls, die mich tief er-schreckt.

193 Aus einem Brief an Terence Tiller 2. November 1956

[Tiller, der Bearbeiter und Produzent der Version des *Herrn der Ringe*, die im Dritten Programm der BBC gesendet wurde (siehe Nr. 175), hatte Tolkiens Rat zu den »Akzenten« für die zweite Serie von sechs Episoden aus dem Buch eingeholt, die auf den *Zwei Türmen* und der *Rückkehr des Königs* basierten.]

Wenn ich »Akzent« so verstehe, wie es gewöhnlich außerhalb der Fachsprache gebraucht wird: als »mehr oder weniger einheitliche Abweichungen der Vokale/Konsonanten von ›anerkanntem‹ Englisch«, dann würde ich sagen, daß in den Fällen, nach denen Sie fragen, *keine* Akzent-Differenzierung nötig oder wünschenswert ist. Zum Beispiel

---

* So auch als »der Eine« bezeichnet in Anh. A III, p. 317 l. 20. Die Númenórer (und die Elben) waren absolute Monotheisten.

wäre es wahrscheinlich besser, bestimmte tatsächliche oder konventionelle Merkmale von modernem »Vulgär«-Englisch bei der Darstellung der Orks zu vermeiden, etwa die Auslassung der H's (sie werden im Text, glaube ich, *nicht* ausgelassen, und das mit Absicht).

Aber natürlich verwechseln die meisten Leute den »Akzent« in der obigen Definition mit Eindrücken von Unterschieden in Tonfall, Artikulation und Tempo. Ich nehme an, solche Mittel werden Sie gebrauchen müssen, damit sich die Orks gemein anhören.

Wenn diese »Geschichte« real wäre, dann habe ich keinen Zweifel, daß alle, die sich der G[emeinsamen] Sprache bedienen, an ihrem Akzent nach Ort, Volk und Rang zu unterscheiden wären, aber das läßt sich nicht wiedergeben, wenn die G. S. in Englisch umgewandelt wird – und es ist (denke ich) auch nicht nötig. Ich habe sehr auf sprachliche Differenzierung, soweit sie möglich war, geachtet: in der Diktion, Idiomatik und so weiter; und ich bezweifle, daß viel mehr hineingebracht werden kann, außer insofern der einzelne Schauspieler seine Auffassung eines Charakters in Ton und Stil ausdrückt.

Da Minas Tirith sich an der Quelle der G. Sprache befindet, ist es für die G. Sprache, was London für das moderne Englisch ist, der Maßstab für den Vergleich! Keiner seiner Bewohner sollte im Hinblick auf Vokale &c. einen »Akzent« haben.

Die Rohirrim sprachen zweifellos (wie unsere altenglischen Vorfahren in einem ähnlichen Zustand von Kultur und Gesellschaft), zumindest in ihrer eigenen Sprache, mit langsamerem Tempo und klangvollerer Artikulation als moderne »Großstädter«. Aber ich denke, es kann nicht schaden, wenn man sie im Gebrauch der G. S., die sie (aus naheliegenden Gründen) so gut wie immer gebrauchen, als Sprecher von bestem M[inas] T[irith] darstellt. Womöglich ein bißchen zu gut, weil es eine gelernte Sprache wäre, etwas langsamer und sorgfältiger als ein Einheimischer. Aber das ist eine Feinheit, von der Sie ruhig absehen können und die auch nicht immer zutrifft: *Théoden* war in Gondor geboren und G. S. war zu seines Vaters Zeiten die heimische Sprache in der Goldenen Halle (*Rückkehr des Königs*, p. 350, dt. 395).[1]

6. November 1956   76 Sandfield Road, Headington, Oxford
Lieber Tiller,

Herr der Ringe

Ich habe nur Zeit gehabt, die 3 Episoden, die Sie mir schickten, zweimal rasch durchzulesen; aber ich nehme an, ein Kommentar, der von praktischem Nutzen sein soll, muß »jetzt oder nie« kommen.

Ich will keine Einzelheiten kritisieren. Die Ziele, die Sie mit dieser Version verfolgen, scheinen einigermaßen klar zu sein, und (ihren Wert und ihre Legitimität zugegeben) ich glaube nicht, daß man sie viel besser hätte erreichen können. Ich wünsche Ihren Bemühungen gutes Gelingen.

Aber, als Privatgespräch zwischen Ihnen und mir, da könnte ich mir wünschen, daß Sie vielleicht mal die Zeit erübrigen würden, mir zu erklären, *warum* dem Buch diese Art Bearbeitung gewidmet wird und welchen Wert das hat – im Dritten. Für mein Teil glaube ich nicht, daß viele Hörer, die das Buch nicht kennen, wenn überhaupt einer, den Faden der Handlung erkennen oder überhaupt begreifen werden, was passiert. Und der Text ist (notwendigerweise bei dem engen Raum) auf so einfache oder sogar einfältige Weise reduziert, daß es mir schwerfällt zu glauben, er sollte im Dritten die Aufmerksamkeit wachhalten können.

Wir haben hier ein Buch, das für die dramatische oder semidramatische Aufführung höchst ungeeignet ist. Wollte man das versuchen, brauchte man mehr Platz, sehr viel Platz. Es ist schlicht unmöglich, die zwei Bücher in der verfügbaren Zeit zu verbraten – ob der Zweck nun wäre, etwas für sich Unterhaltsames in dem Medium zu bieten oder den Charakter des Originals anzuzeigen (oder beides). Warum es dann nicht als ungeeignet ablehnen, wenn man nicht mehr Platz bekommt?

Es schmeichelt mir natürlich immer noch und freut mich, daß mein Buch diese Beachtung findet; trotzdem kann ich nicht umhin, mich zu wundern: warum diese Form? Ich persönlich denke, daß es eher die ältere Kunst eines vorlesenden »Mimen« erfordert als die dem Dramatischen näherkommende, die dazu führt, daß die Dialoge zuviel Gewicht erhalten (während ihr Hintergrund zumeist entfällt). Um nur zweierlei anzuführen: (1) die Episode mit den Leichenkerzen wird bis zur Unwirksamkeit zusammengestrichen; (2) der entscheidende Augenblick, als Gollum beinahe bereut, verschwindet hinter einem bloßen *»und so fand sie Gollum... &c.«* III/12. Auf diese Weise werden sowohl die »Szenerie« als auch die Charaktere flach: ohne Umriß und Farbe; und ohne Motive oder Konflikte. Ich kann nicht umhin zu denken, daß längere echte Passagen, die wie ein Halsband am Faden einer Erzählung vorzulesen wären (wobei der Erzähler hier und da eine Deutung riskieren dürfte, die nicht nur auf den Handlungsverlauf einginge), sich für die Hörer als interessanter erweisen würden oder könnten, und zugleich auch als fairer gegen den Autor. Aber, wie schon gesagt, mir fehlt die Erfahrung mit dem Medium, & dies ist jedenfalls keine Kritik an Ihrem Text, sondern ein Seufzer nach etwas ganz anderem – sicher ein Luftschloß. Letzte Frage: kann eine Erzählung, die nicht dramatisch, sondern (mangels einer genaueren Bezeichnung) episch angelegt ist, dramatisiert werden – es sei denn der Dramaturg erhielte oder nähme sich Freiheiten, als eine unabhängige Person? Ich finde, Sie haben eine sehr schwere Aufgabe gehabt.

Ihr ergebener
J. R. R. Tolkien

195 Aus einem Brief an Amy Ronald   15. Dezember 1956

Zum einen: Frodos Haltung zu Waffen war persönlich. Er war nicht in modernem Sinne »Pazifist«. Natürlich war er vor allem entsetzt über die Aussicht auf einen Bürgerkrieg unter Hobbits; aber er war (glaube ich) auch zu dem Ergebnis gekommen, daß physisches Kämpfen letztlich doch nicht so wirksam ist, wie die meisten (guten) Menschen denken! Ich bin nun einmal Christ, sogar Katholik, und darum erwarte ich von der »Geschichte« nichts anderes als eine »lange Niederlage« – allerdings enthält sie auch (und in einer Sage vielleicht noch deutlicher und bewegender) manche Proben oder Vorahnungen des endgültigen Siegs.

196 Aus einem Brief an Katherine Farrer   21. März 1957

[Ohne daß Tolkien es wußte, an dem Tag geschrieben, als C. S. Lewis in einem Krankenhaus nach anglikanischem Ritus mit Joy Davidman getraut wurde, von der man glaubte, daß sie im Sterben liege.]

Ich glaube, Sie haben sich viel um die Sorgen des armen Jack Lewis gekümmert. Von diesen weiß ich wenig, abgesehen von vorsichtigen Andeutungen des extrem diskreten Havard. Wenn ich Jack sehe, flüchtet er sich naturgemäß in »literarische« Gesprächsthemen (für die alle häuslichen Sorgen und Kümmernisse seine Begeisterung bis jetzt nicht getrübt haben).

[Allen & Unwin hatte einen ansehnlichen Scheck über Tolkiens Einkünfte aus dem *Herrn der Ringe* geschickt. Rayner Unwin meldete ausgezeichnete Verkaufszahlen und prophezeite einen anhaltenden Erfolg.]

Ihre »Bombe« kam an, als ich hier im Gedränge war . . . . . Sonst hätte ich mich für Ihren freundlichen Brief schon eher bedankt.

Hätte ich davon eine Ahnung gehabt, hätte ich ernstlich daran gedacht, rechtzeitig (diesen Juli) in Pension zu gehen und auf die zwei weiteren Jahre zu verzichten, die für mein Ruhestands-Almosen keinen Unterschied machen, um den es sich zu bemühen lohnt. So wie die Dinge liegen, werde ich wohl bloß eine Strafe dafür zahlen müssen, daß ich »weiterarbeite«, etwa in der Höhe meines Gehalts, wenn nicht mein E[inkommen]s[teuer]beamter diese bemerkenswerte zweite Rate über die Maßen scheel ansieht. Außerdem ist es praktisch unmöglich, zusammenhängende Zeit auf das *Silmarillion* zu verwenden, solange ich im Amt bleibe. Ich habe es seit letztem Herbst liegenlassen müssen; allerdings hoffe ich, es Ende nächsten Monats wieder vornehmen zu können. Es ging mir nicht sehr gut in letzter Zeit, und ich fange an, unter Arthritis zu leiden, die das lange Sitzen oft schmerzhaft macht.

Auch wenn es mich bedrückt, um die Früchte so vieler Jahre Arbeit gebracht zu werden (für die ich nicht nur meine freie Zeit, sondern auch andere Beschäftigungen, die sich sofort im selben Jahr ausgezahlt hätten, geopfert habe), muß ich doch sagen, daß mich Ihre Absatzmeldungen und Ihre Hoffnungen für die nächste Zukunft sehr aufgemuntert haben, nicht nur meinetwegen, sondern auch Ihret- (und A. & U.'s) wegen. Sie sind gegen mich so freundlich und geduldig gewesen; und ohne Ihre Ermutigung und Großmut zum »Abenteuer« müßte ich annehmen, daß der *H. d. R.* immer noch ein Haufen MS. wäre. Es tut mir leid, aber ich kann nicht umhin zu meinen, daß es für »die gröberen Formen des literarischen Erfolgs«, wie ein höhnischer Kritiker das kürzlich nannte (nicht in meinem, sondern in einem noch »gröberen« Fall), doch eine ganze Menge zu sagen gibt.

198 **Aus einem Brief an Rayner Unwin**   19. Juni 1957

[Ein amerikanischer Filmemacher hatte wegen der Möglichkeit angefragt, aus dem *Herrn der Ringe* einen Zeichentrickfilm zu machen.]

Soweit es mich persönlich angeht, würde ich die Idee eines Zeichentrickfilms begrüßen, trotz allen Risikos einer Vulgarisierung; und das ganz abgesehen vom Glanz des Geldes, das aber, vor dem Abgrund des Ruhestands, keine unangenehme Möglichkeit ist. Ich denke, ich fände eine Vulgarisierung weniger peinlich als die Blödifizierung durch die BBC.

199 **Aus einem Brief an Caroline Everett**   24. Juni 1957

Obwohl es sehr schmeichelhaft ist, tut es mir doch eher leid, mich zum Thema einer Dissertation gemacht zu sehen. Ich verspüre keine Lust, mich über biographische Details auszulassen. Ich bezweifle deren Relevanz für die Kritik. Mit Sicherheit in jeder anderen Form als der einer vollständigen Biographie, von innen wie von außen, die nur ich schreiben könnte und nicht zu schreiben gedenke. Das wichtigste biographische Datum ist für mich die Fertigstellung des *Herrn der Ringe*, die mich immer noch erstaunt. Als einer, der notorisch stark ist im Anfangen von Unternehmungen, die er dann nicht zu Ende bringt, aus Mangel teils an Zeit, teils an unbedingter Konzentration, frage ich mich immer noch, wie und warum ich es ausgehalten habe, Jahr für Jahr an dieser Sache weiterzumachen, oft unter echten Schwierigkeiten, und sie zum Abschluß zu bringen. Ich nehme an, es war, weil sich von Anfang an in den Falten der Erzählung Vorstellungen von den meisten Dingen, die ich am meisten geliebt oder gehaßt habe, zu verfangen begannen.

Ich habe keine »public school« im Sinne einer Internatsschule besucht, sondern eine große »grammar school« mittelalterlichen Ursprungs. Meine Erfahrungen hatten daher nicht das mindeste mit denen von Mr. Lewis gemein. Ich ging auf diese eine Schule von 1900 bis 1911, mit einer kurzen Unterbrechung. Ich war in der Schule glücklich oder das Gegenteil, wie alle andern auch, und an den Fehlern war ich selbst schuld. Jedenfalls war ich am Ende ein ganz achtbarer und leidlich erfolgreicher Abgänger. Ich hatte nichts gegen Sport. Die Mannschaftsspiele waren keine Pflicht, zum Glück, weil Kricket mich immer angeödet hat: hauptsächlich aber wohl, weil ich nicht gut darin war . . . . .

Ich habe außer *Leaf by Niggle* keine kurzen Erzählungen veröffentlicht. In dieser Art fällt mir nichts ein. *Leaf by Niggle* fiel mir ganz plötzlich und beinah fix und fertig ein. Es wurde fast auf einen Sitz hingeschrieben und fast schon genau in der Form, in der es jetzt erscheint. Wenn ich es jetzt aus einigem Abstand betrachte, würde ich sagen, daß es zwar auch aus meiner Baumliebe kam (ursprünglich hieß es *The Tree*), vor allem aber aus meinem Beschäftigtsein mit dem *Herrn der Ringe*, aus dem Wissen, daß er entweder in sehr vielen Einzelheiten oder gar nicht fertigwerden würde, und der Befürchtung (beinahe Gewißheit), daß er es »gar nicht« würde. Der Krieg hatte alle Horizonte verdunkelt. Aber eine solche Analyse ist niemals die vollständige Erklärung auch nur für eine kurze Erzählung.....

Die Werke von [E. R.] Eddison habe ich erst lange, nachdem sie erschienen sind, gelesen; und einmal bin ich ihm begegnet. Ich hörte ihn in Mr. Lewis' Zimmer im Magdalen College Teile aus seinen Werken vorlesen – aus der *Mistress of Mistresses*, soweit ich mich erinnern kann.[1] Er las überaus gut. Ich habe seine Werke mit großem Vergnügen rein wegen ihrer literarischen Vorzüge gelesen. Meine Meinung darüber ist nahezu dieselbe wie die von Mr. Lewis auf S. 104 der *Essays presented to Charles Williams* geäußerte.[2] Abgesehen davon, daß ich seine Charaktere (immer ausgenommen den Lord Gro) und alles, was er zu bewundern schien, nachdrücklicher verabscheute, als Mr. Lewis jedenfalls für sein Teil zu sagen für angebracht hielt. Was ich bewundere, fand Eddison »soft« (sein Wort, soweit ich begriffen habe, der Ausdruck völliger Verdammung); ich dachte, daß er unter dem verderblichen Einfluß einer üblen und geradezu albernen »Philosophie« dahin gelangte, Arroganz und Grausamkeit mehr und mehr zu bewundern. Übrigens fand ich seine Nomenklatur schlampig und oft ungeschickt. Trotz alledem halte ich ihn immer noch für den größten und überzeugendsten Beschreiber »erfundener Welten«, den ich gelesen habe. Aber ein »Einfluß« war er gewiß nicht.

Die allgemeine Idee des *Herrn der Ringe* hatte ich mit Sicherheit schon von einem frühen Stadium an im Kopf: das heißt, seit dem ersten Entwurf zu Buch I, Kapitel 2, geschrieben in den 30er Jahren. Von Zeit zu Zeit machte ich Grobskizzen oder Synopsen dessen, was folgen sollte, unmittelbar oder weit voraus; aber diese waren selten sehr nützlich: die Geschichte entfaltete sich sozusagen von selbst. Die Anknüpfung wurde, sofern überhaupt, durch ständiges Umschreiben rückwärts bewerkstelligt. Ich hatte einen vielspaltigen Kalender mit Daten und kurzen Angaben, wo sich alle Hauptbeteiligten an jedem Tag befanden und was sie machten.

Der letzte Band war naturgemäß der schwierigste, weil ich inzwischen eine große Anzahl erzählerischer Schulden aufgetürmt und mir ein paar unangenehme Präsentationsprobleme beim Zusammenziehen der getrennten Handlungsfäden bereitet hatte. Aber das Problem war nicht so sehr, »was passierte?«, worüber ich nur gelegentlich im Zweifel war – obwohl man mich doch als »erfinderisch« lobt, kann ich mich tatsächlich nicht bewußt daran erinnern, mich jemals hingesetzt und mir vorsätzlich eine Episode ausgedacht zu haben –, als vielmehr die Anordnung des Berichts. Die Lösung ist unvollkommen. Unvermeidlich.

Das größte Problem dieser Art ist offenbar, wie man Aragorn unerwartet zur Aufhebung der Belagerung heranführen und doch die Leser darüber informieren kann, was er vorhatte. Dies an der richtigen Stelle (Bd. III, Kap. 2) ausführlich zu erzählen, wäre für die Episode zwar besser gewesen, hätte aber das Kapitel 6 verdorben. Rückblickend erzählt, sei es vollständig oder teilweise, wäre es überholt und würde die Handlung aufhalten (wie es jetzt in Kapitel 9 der Fall ist).

Die – unvollkommene – Lösung war, die ganze Episode zusammenzustreichen (die vollständig eher zu einer *Saga von Aragorn Arathorns Sohn* gehören würde als zu meiner Geschichte) und ihr Ende kurz während der unvermeidlichen Pause nach der Schlacht auf dem Pelennor zu erzählen.

Tatsächlich am längsten aufgehalten – durch äußere Umstände wie durch innere – wurde ich an der jetzt durch die letzten Worte von Buch iii bezeichneten Stelle (da war ich etwa 1942 oder 43). Danach blieb das Kapitel 1 von Buch v sehr lange bloß eine Einleitung (bis zur Ankunft in Gondor); Kapitel 2 existierte nicht; und Kapitel 3, die Heerschau von Rohan, war nicht viel weiter gediehen als bis zur Ankunft im Hargtal. Das Kapitel 1 von Buch iv war kaum über Sams Anfangsworte hinaus (Bd. II, p. 209). Manche Teile von Frodos und Sams Abenteuern an den Grenzen von Mordor und darinnen waren schon geschrieben (wurden aber schließlich wieder aufgegeben).

200 Aus einem Brief an Major R. Bowen   25. Juni 1957

Zu Ihren Bemerkungen über Sauron. Er war nach einer Niederlage immer ent-leibt. Die Theorie, wenn man die Denkweisen einer Geschichte mit einem solchen Terminus auszeichnen kann, besagt, daß er ein Geist war, zwar nur ein kleinerer, aber doch »engelhaft«. Nach der Mythologie dieser Dinge bedeutet das, daß er, obzwar natürlich eine

Kreatur, zu der Rasse intelligenter Wesen gehörte, die schon vor der physischen Welt erschaffen waren und denen erlaubt worden war, so gut sie konnten, bei der Erschaffung der Welt mitzuwirken. Diejenigen, die an diesem Kunstwerk, denn ein solches war es zuerst einmal, am meisten Anteil nahmen, begeisterten sich so sehr dafür, daß sie, als der Schöpfer es wirklich machte (das heißt, ihm die sekundäre, seiner eigenen untergeordnete Wirklichkeit gab, die wir die primäre Wirklichkeit nennen, womit es in jener Hierarchie auf der gleichen Ebene steht wie sie selbst), vom Anfang seiner »Verwirklichung« an darin einzutreten wünschten.

Das wurde ihnen erlaubt, und die Großen unter ihnen wurden das Äquivalent zu den »Göttern« der traditionellen Mythologien; eine Bedingung aber lautete, daß sie »drin« bleiben müßten, bis die Geschichte zu Ende wäre. Sie waren also in der Welt, aber nicht von einer Art, der es wesensgemäß ist, eine physische Gestalt zu besitzen. Sie konnten sich selbst eine Gestalt geben, wenn sie wollten; aber diese entsprach mehr unserer Kleidung als unserem Leib, abgesehen davon, daß sie eher als die Kleidung ein Ausdruck ihrer Wünsche und Stimmungen, ihres Willens und ihrer Tätigkeiten war. Die Kenntnis der Geschichte, so wie sie war, als sie geschrieben, aber noch nicht verwirklicht war, gab ihnen ein gewisses Maß an Vorwissen; dies war jedoch sehr verschieden von einem ziemlich vollständigen Wissen um die Absichten des Schöpfers, wie es in diesen Dingen Manwe, der »Ältere König« besaß, bis zu dem Wissen der geringeren Geister, die vielleicht nur an irgendeiner Nebensache Interesse nahmen (z. B. Bäumen oder Vögeln). Manche waren in den Dienst solcher größerer Künstler getreten und kannten die Dinge hauptsächlich indirekt aus dem, was sie über den Sinn dieser Meister wußten. Sauron hatte dem größten, Melkor, gedient, der zuletzt der unvermeidliche Rebell und Selbstanbeter der Mythologien wurde, die mit einem einzigen transzendenten Schöpfer beginnen. Olórin (Bd. II, p. 279) hatte Manwe gedient.[1]

Der Schöpfer hielt sich selbst nicht heraus. Er fügte in den anfänglichen Plan neue Themen ein, die daher in der Verwirklichung für viele Geister unvorhergesehen sein konnten; auch unvorhersehbare Ereignisse gab es (das heißt, Ereignisse, die sich selbst bei vollständiger Kenntnis der Vergangenheit nicht voraussagen ließen).

Von der ersten Art und das wichtigste war das Thema von der fleischgewordenen Intelligenz, den Elben und Menschen, das von keinem der Geister bedacht oder behandelt worden war. Daher wurden sie die Kinder Gottes genannt. Weil sie anders waren als die Geister, von geringerer »Statur« und doch aus dem gleichen Stand, richteten sich auf sie die Hoffnung und das Verlangen der größeren Geister, die etwas von ihrer Gestalt und Natur wußten und von der Weise und ungefähren Zeit ihres Auftretens in der Verwirklichung. Aber sie erkannten auch, daß die Kinder Gottes nicht »beherrscht« werden dürften, obwohl sie dafür besonders anfällig sein würden.

Diese Präokkupation mit den Kindern Gottes war der Grund, warum die Geister so oft die äußere Gestalt der Kinder annahmen, besonders nach deren Erscheinen. So kam es, daß auch Sauron in dieser Gestalt auftrat. In der Mythologie wird angenommen, daß die Bildung dieser Gestalt, wenn sie »real« war, das heißt, eine physische Tatsache in der physischen Welt und nicht eine von einem Bewußtsein zum andern übermittelte Erscheinung, eine gewisse Zeit erforderte. Sie war dann auch zu vernichten, wie andere physische Organismen. Aber damit war natürlich der Geist nicht zu vernichten oder aus der Welt zu entfernen, an die er bis zum Ende gebunden war. Nach der Schlacht mit Gilgalad und Elendil brauchte Sauron lange Zeit für seine Neubildung, länger als nach dem Untergang von Númenor (ich nehme an, weil jede Gestaltbildung etwas von der dem Geist innewohnenden Energie verbrauchte, die man den »Willen« oder das wirksame Bindeglied zwischen dem unvernichtbaren Geist und Sein und der Verwirklichung seiner Vorstellung nennen könnte). Die Unmöglichkeit einer Neubildung nach der Vernichtung des Ringes ist in dem vorliegenden Buch »mythologisch« hinreichend deutlich.

Es tut mir leid, wenn dies alles trübsinnig und »pompös« zu sein scheint. Aber das gilt für alle Versuche, die Bilder und Ereignisse einer Mythologie zu »erklären«. Natürlich kommen zuerst mal die Geschichten. Aber es ist, glaube ich, eine Probe auf die Stimmigkeit einer Mythologie als solcher, wenn sie einer Art von rationaler oder rationalisierter Erklärung zugänglich ist.

201 Aus einem Brief an Rayner Unwin   7. September 1957

[Am 4. September wurde Tolkien von Vertretern der amerikanischen Firma besucht, die daran interessiert war, vom *Herrn der Ringe* einen Zeichentrickfilm zu machen. Er erhielt eine Kopie von der Synopse des Films und erklärte sich bereit, sie zu lesen.]

Sie erhalten am Montag die Kopie von der Handlungsskizze oder Synopse der vorgeschlagenen Filmversion des *Herrn der Ringe*. Ich konnte sie gestern nicht mehr losschicken.....

Eine *durch Auswahl* gekürzte Fassung mit guten Zeichnungen wäre gefällig & vielleicht in der Publicity viel wert; aber das vorliegende Skript ist eher eine *Komprimierung*, mit Überfüllung und Durcheinander als Ergebnis, Verwischung der Höhepunkte und allgemeiner Verschandelung: ein Rückfall ins konventionellere »Märchen«. Beim geringsten Anlaß galoppieren die Leute auf Adlern durch die Gegend; aus Lórien wird ein Feenschloß mit »zierlichen Minaretten« und all sowas.

Aber ich bin gern bereit mitzuspielen, wenn sie Rat annehmen – und wenn Sie zu dem Ergebnis kommen, daß die Sache ernst gemeint und lohnend ist.

202 Aus einem Brief an Christopher und Faith Tolkien
11. September 1957

Mit Herz und Verstand bin ich beim *Silmarillion*, aber viel Zeit dafür habe ich nicht.....

Vielleicht amüsiert es Euch zu hören, daß ich (ungebeten) mich plötzlich zum Gewinner des International Fantasy Award gekürt fand, der (wie es heißt), »als würdiger Höhepunkt des Fünfzehnten Science Fiction-Weltkongresses« verliehen wurde. Was schließlich dabei herauskam, war gestern ein Lunch im Criterion mit Reden und der Überreichung einer absurden »Trophäe«. Ein massiv metallenes »Modell« einer kopfstehenden Raumrakete (mit eingebautem Ronson-Feuerzeug). Aber die Reden waren viel gescheiter, besonders die einleitenden Worte von Clemence Dane, einer massigen Frau von beinahe Sitwellschem Auftreten. Sir Stanley war selbst auch da. Weil ich für die Trophäe keine direkte Verwendung hatte (außer Publicity = Absatz = Bares), stellte ich sie in der Museum Street 40 ins Fenster. Was der Kongreß mir noch ins Haus schwemmte, war ein amerikanischer Film-Agent (einer aus der Jury, die den Preis vergeben hatte), der letzte Woche den ganzen Weg von London mit dem Taxi hier angefahren kam und die Nr. 76 S[andfield] mit eigenartigen Männern und noch eigenartigeren Frauen füllte – unglaublich, wie viele das Taxi ausspuckte! Aber dieser Mr. Ackerman brachte ein paar wirklich erstaunlich gute Bilder mit (eher Rackham als Disney) und einige ansehnliche Farbfotos. Offenbar sind sie in Amerika herumgefahren und haben Gebirgs- und Wüstenszenen gefilmt, die zu der Geschichte zu passen scheinen. Die Handlungsskizze oder das Szenario war jedoch auf niedrigerem Niveau. Sogar schlecht. Aber es sieht so aus, als ob man ins Geschäft kommen könnte. Mit Stanley U. bin ich mir über unsere Politik einig geworden: *Kunst oder Kasse*. Entweder sehr profitable Bedingungen oder ein absolutes Veto des Autors gegen anfechtbare Dinge oder Abänderungen.

203 Aus einem Brief an Herbert Schiro[1] 17. November 1957

Es gibt keine »Symbolik« oder bewußte Allegorie in meiner Geschichte. Eine Allegorie von der Art »fünf Zauberer = fünf Sinne« ist meiner Denkweise völlig fremd. Es waren fünf Zauberer, und das ist eben eine Einzelheit der Geschichte. Zu fragen, ob die Orks Kommunisten »sind«, kommt mir etwa so sinnvoll vor, wie zu fragen, ob die Kommunisten Orks sind.

Daß es keine Allegorie gibt, heißt natürlich nicht, daß es keine Anwendbarkeit gibt. Die gibt es immer. Und weil ich den Kampf nicht völlig einseitig gemacht habe: Trägheit und Stupidität unter den Hobbits, Hochmut und [unleserlich] unter den Elben, Neid und Habgier in den Herzen der Zwerge, Verblendung und Bosheit unter den »Königen der Menschen«, Verrat und Machtgier sogar unter den »Zauberern«, darum nehme ich an, daß meine Geschichte auf heutige Zeiten anwendbar ist. Aber ich würde sagen, wenn man mich fragte, in der Erzählung geht es nicht wirklich um Macht und Herrschaft: das setzt nur die Räder in Bewegung; es geht um den Tod und das Verlangen nach Unsterblichkeit. Was kaum mehr besagt, als daß es eine von einem Menschen geschriebene Erzählung ist!

204 Aus einem Brief an Rayner Unwin 7. Dezember 1957

[Lord Halsbury (vgl. Nr. 174) hatte in der zweiten Hälfte des Jahres 1957 von Tolkien mehrere Teile des *Silmarillion* im Manuskript zu lesen bekommen. Im Dezember kam Rayner Unwin zu Besuch, um mit Tolkien über dieses Buch zu sprechen und sich Teile daraus zu leihen; außerdem brachte er Nachrichten über die schwedische Übersetzung des *Herrn der Ringe*.]

Sobald Sie fort waren, habe ich Lord Halsburys Brief vollständig gelesen..... Obwohl seine Bemerkungen und Einwände (ich habe inzwischen noch weitere 14 Seiten erhalten) für mich sehr interessant und in manchen Punkten nützlich sind, ist doch der Begleitbrief hauptsächlich als ein Anzeichen dafür von Interesse, daß dieses Silmarillion-Zeugs, so überraschend das erscheinen mag, zumindest ein gewisses Publikum hätte. Er hat dasselbe gesehen, was ich Ihnen mitgegeben habe. Er schrieb: »Ich danke Ihnen für das Privileg, diese wunderbare Mythologie sehen zu dürfen. Ich habe noch nie etwas Ähnliches gelesen und kann die Veröffentlichung kaum erwarten. Sie *müssen* es herausbringen, solange sich der Absatz des *Herrn der Ringe* noch aktiv fortsetzt . . . . . Ich sehe schon, daß Sie noch einige Mühe haben werden, es in die für die Veröffentlichung nötige Form umzugießen, und wünsche Ihnen Glück.« . . . .

Ich sehe jetzt ziemlich deutlich, daß ich als notwendige Vorbereitung für das »Umgießen« von allen kopierbaren Texten Kopien machen lassen muß. Und das werde ich sobald wie möglich in die Hand nehmen. Aber ich denke, das mache ich (in diesem Stadium, in dem vieles von dem Zeug in unersetzlichen einzigen Kopien ist) am besten so, daß ich eine Stenotypistin in mein Zimmer im College setze und nichts aus der Hand gebe, bevor es nicht vervielfältigt ist. Ich hoffe, es wird Sie dann zumindest soweit interessieren, daß Sie eine Skizze von dem restlichen Teil sehen möchten.

Schweden. Die Anlagen, die Sie von Almqvist &c.[1] mitbrachten, waren verwirrend und ärgerlich zugleich. Ein Brief, auf Schwedisch, von fil. dr. Åke Ohlmarks[2] und eine lange Liste (9 große Seiten) von Namen im H. R., die er geändert hatte. Ich hoffe, daß meine unzureichende Kenntnis des Schwedischen – nicht besser als meine Kt. des Holländischen, aber ich besitze ein s. viel besseres Holländisches Wörterbuch! – mich einen etwas übertriebenen Eindruck hat gewinnen lassen. Trotzdem bleibt mein Eindruck der, daß Dr. Ohlmarks ein eingebildeter Mensch ist und weniger kompetent als der nette Max Schuchart[3], obwohl er eine viel höhere Meinung von sich hat. Im Laufe seines Briefes belehrt er mich über den Charakter des Schwedischen und dessen Abneigung gegen die Entleihung von Fremdwörtern (was mit der Sache wohl nichts zu tun hat), ein Vorgehen, das um so lächerlicher wird durch die Sprache seines Briefes, die zu mehr als ⅓ aus »Lehnwörtern« aus dem Deutschen, Französischen und Lateinischen besteht: *thriller-genre* ist wohl ein schönes Beispiel für gutes altes reines Schwedisch.

Ich finde dieses Vorgehen verwirrend, denn der Brief und die Liste erscheinen total sinnlos, es sei denn, man wollte meine Meinung und Kritik einholen. Wenn das aber der Zweck ist, dann ist die Wahl des Zeitpunktes sicherlich unpraktisch und unhöflich zugleich, denn man setzt mir dabei die Pistole auf die Brust: »Wir beginnen jetzt mit dem Satz.« Ob es mir jetzt paßt, danach wird auch nicht gefragt: Die Mitteilung kommt aus heiterem Himmel in die zweitschlimmste akademische Woche des Jahres. Ich habe bis weit in die Nacht hinein aufbleiben müssen, um auch nur die Liste durchzusehen. Auch wenn man die Legitimität oder Notwendigkeit der Übersetzung einräumt (was ich nicht tue, außer in beschränktem Umfang), scheint mir diese Übersetzung nicht viel Geschick zu verraten, und sie enthält eine ansehnliche Zahl eindeutiger Irrtümer.* Mag dies auch angesichts der Schwierigkeit der Materie entschuldbar sein, finde ich es doch bedauerlich, und sie hätten es durch frühere Konsultation vermeiden können. Es scheint mir ziemlich klar zu sein, daß Dr. O. vor sich hingestolpert ist und sich mit den Dingen erst befaßt hat, wenn er zu ihnen kam, ohne viel Sorge um das Zukünftige oder die Koordination, und daß er die Anhänge**, in denen er viele Antworten gefunden hätte, überhaupt nicht gelesen hat.

Ich hoffe doch, es läßt sich vereinbaren, wenn und sobald weitere Übersetzungen ausgehandelt werden, *daß ich in einem frühen Stadium konsultiert werden sollte* – ohne damit ungelegte Eier zu zerschlagen. Schließlich verlange ich ja nichts dafür und kann einem Übersetzer eine ganze Menge Zeit und Kopfzerbrechen ersparen; und wenn man mich frühzeitig *konsultiert*, werden meine Bemerkungen auch viel weniger nach Nörgelei aussehen.

Ich sehe jetzt, daß das Fehlen eines »Namensregisters« für die Behandlung dieser Dinge ein schwerer Nachteil ist. Wenn ich ein solches Register hätte (auch wenn darin nur Bd. und Kapitel, nicht die Seiten, angegeben wären), wäre es verhältnismäßig leicht, mit einem Mal alle für die Übersetzung geeigneten Namen anzugeben (die selbst, der Fiktion gemäß, ins Englische »übersetzt« sind) und ein paar Bemerkungen zu Punkten hinzuzufügen, wo (wie ich nun weiß) die Übersetzer leicht straucheln könnten . . . . .

Eine solche »Handliste« wäre mir von *großem Nutzen* bei künftigen Korrekturen und bei der Erstellung eines Registers (das, wie ich meine, manche von den jetzigen Anhängen ersetzen sollte); außerdem bei der Arbeit am *Silmarillion* (in das manches aus dem H. R. rückwärts hineingeschrieben werden muß, damit beides kohärent wird). Denken Sie, daß Sie da etwas tun könnten?

---

* Zum Beispiel: *Ford of Bruinen* = Björnavad! *Archet* = Gamleby (auf gut Glück geraten, nehme ich an, von »archaisch«?) *Mountains of Lune* (Ered Luin) = Månbergen; *Gladden Fields* (trotz Beschr. in I. 62) = Ljusa slätterna & so weiter.[4]
** Und auch nicht (vermute ich) die Nomenklatur der späteren Bände.

Aus einem Brief an Christopher Tolkien 21. Februar 1958

[Christopher Tolkien, inzwischen Lektor an der Universität Oxford, hielt einen Vortrag vor einer Gesellschaft am St. Anne's College über »Barbaren und Bürger«: das Thema waren die Helden der nordischen Sagen in den unterschiedlichen Sichtweisen germanischer Dichter und römischer Schriftsteller. Sein Vater war bei dem Vortrag anwesend.]

Ich denke, es war ein ausgezeichneter Vortrag. Er erfüllte mich mit großem Entzücken: zuerst einmal, weil es so interessant war, daß ich nach einem Tag (für mich) voll ununterbrochener Arbeit & Bewegung doch nie den Wunsch hatte, die Augen zuzumachen oder meine Gedanken für eine Sekunde schweifen zu lassen – und das spürte ich auch ringsum; und zweitens aus Vaterstolz. (Wobei ich meine, daß dieses Gefühl eigentlich gar nicht zu den *hwelpes of þe liun* gehört: es ist eine legitime Befriedigung mit dem kleinstmöglichen Anteil von Egoismus (ganz frei davon ist man nie), wenn man das Gefühl hat, in der zugewiesenen Rolle nicht völlig versagt und der Zukunft wenigstens einen Teil dessen abgezahlt zu haben, was man der Vergangenheit schuldet.)

Es war ungemein gelungen, und mir ist jetzt klar, warum Du ein Publikum fesseln kannst. Natürlich hatten Deine Sätze Frische und Lebhaftigkeit, aber Du bist auch klar, im allgemeinen ohne viel Emphase und läßt Deine Sache einfach durch die Anordnung und Ausformung für sich sprechen. Trotzdem begriff ich plötzlich, daß ich ein *purer* Philologe bin. Ich mag das Historische, und es bewegt mich auch, aber seine schönsten Momente sind für mich doch die, in denen es ein Licht auf Wörter und Namen wirft! Mehrere Leute (und sie hatten recht) sagten mir, wie kunstvoll Du den kulleräugigen Attila auf seinem Diwan fast leibhaftig gegenwärtig gemacht habest. Und doch, merkwürdigerweise, finde ich, daß die Sache, die mir wirklich unter die Haut gegangen ist, eine ist, die Du nur beiläufig erwähnt hast: *atta, attila.*[1] Ohne diese Silben verliert das ganze große Drama, der Geschichte sowohl wie der Sage, für mich seinen Reiz – oder würde ihn verlieren.

Ich weiß nicht, was ich meine, weil »Ästhetik« immer unmöglich in einem Netz von Worten zu fassen ist. Niemand glaubt mir, wenn ich sage, daß mein langes Buch ein Versuch ist, eine Welt zu schaffen, in der eine meiner persönlichen Ästhetik gemäße Form der Sprache real wirken könnte. Aber es ist wahr. Ein Fragesteller (unter vielen) wollte wissen, um was es im H. R. gehe und ob es eine »Allegorie« sei. Und ich habe gesagt, ich wollte sehen, ob ich eine Situation schaffen könne, in der ein landläufiger Gruß *elen síla lúmenn' omentielmo*[2] lauten würde, und daß der Ausdruck lange vor dem Buch entstanden sei. Darauf hörte ich nichts mehr. Aber es hat mir ungemein gut gefallen, und ich gehe ganz glücklich zu Bett. Es war deutlich, daß Du jetzt richtig am Ball bist, soweit es die *Gesamtsphäre* der akademischen Welt angeht. (Eigentlich finde ich, sie ist von beträchtlichem Adel und Gewicht.)

206 Aus einem Brief an Rayner Unwin   8. April 1958

[Ende März 1958 kam Tolkien auf Einladung der Rotterdamer Buchhandlung Voorhoeve en Dietrich nach Holland; seine Reisekosten bestritt Allen & Unwin. Er besuchte ein »Hobbit Dinner«, bei dem er eine Rede hielt. Ein Gang des Menüs war »Maggot Soup«, was als Anspielung auf die Pilze des Bauern Maggot im *Herrn der Ringe* gemeint war.]

Weil ich das bemerkenswerte und alles in allem überaus erfreuliche Erlebnis in Holland der Großzügigkeit von »A. & U.« verdanke, finde ich, daß eine Art Bericht sich gehören würde. Ich habe nun Zeit gehabt, wieder ein bißchen die Fassung und den Sinn für Proportionen wiederzufinden. Der Weihrauch war dick und sehr benebelnd; und die Freundlichkeit überwältigend. Die Reise war sehr komfortabel, und die Buchungen waren hervorragend: die Fähre auf der Hinfahrt war voll, und der Zug von L[iverpool] Street kam in zwei Hälften mit. Ich kam an bei kaltem Nebel und Nieselregen, aber bis ich mich nach Rotterdam durchgefunden hatte, war die Sonne hervorgekommen, und so blieb es zwei Tage lang. Ouboter von V[oorhoeve] und D[ietrich] schwenkte einen *Herrn der Ringe* und war darum in der Menge leicht zu erkennen, aber ich entsprach nicht seinen Erwartungen, wie er mir gestand (nach dem Essen). Durch die Korrespondenz war ich allzu erfolgreich »aufgebaut« worden, und er hielt Ausschau nach jemand, der irgendwie viel kleiner und schüchterner und hobbitmäßiger aussah.

(Ich fand ihn nett und gescheit; aber er war doch ein bißchen wütend über die Heiterkeit, die die »Maggot-Soup« auf dem Menü hervorrief. Natürlich war es Pilzsuppe; aber er sagte, den Namen hätte er nicht gewählt, wenn er »alle die Namen von englischem Ungeziefer gekannt hätte«.) Ich lernte einen Vertreter von *Het Spectrum*[1] kennen und sah ein Gutteil von der bedrückenden Welt des in Trümmern liegenden und halb wieder aufgebauten Rotterdam. Ich denke, es ist hauptsächlich die

Kluft zwischen dieser trostlosen Welt mit ihrem gigantischen und weitgehend entmenschten Wiederaufbau und den natürlichen, von den Vorfahren geprägten Neigungen der Holländer, die sie (wie es scheint), und besonders in R[otterdam], nahezu verrückt gemacht hat nach *Hobbits!* Sie haben von fast nichts anderem als von den Hobbits geredet.

Am Freitag um 5 Uhr 30 stand ich vor einem ziemlich großen Gedränge in einem Versammlungssaal. Anscheinend hatten über 200 (zumeist ganz normale Leute) Eintritt bezahlt, und viele waren nicht mehr hereingelassen worden. Professor Harting[2] war noch erstaunter als ich. Das Dinner war jedenfalls »üppig und ausgedehnt«: letzteres, weil zwischen die Gänge die Reden eingeflochten wurden. Sie waren schließlich alle auf Englisch und alle bis auf eine ganz vernünftig (wenn man die hohen Töne der Lobpreisung, die ziemlich peinlich waren, einmal abzieht). Die eine Ausnahme war ein wahnsinniger *phycholog,* aber der tüchtige Diskussionsleiter ließ ihm nur fünf Minuten. Meine Erwiderung zum Schluß war hoffentlich angemessen und, glaube ich, auch hörbar; aber dabei brauche ich nicht zu verweilen. Es war teilweise eine Parodie auf Bilbos Ansprache in Kapitel I.[3]

In dieser Heimat des »Rauchens« scheint das *Pfeifenkraut* besonderen Anklang gefunden zu haben. Auf den Tischen gab es Tonpfeifen und große Tabakbehälter – gestiftet, glaube ich, von der Firma Van Rossem. Die Wände waren mit Van-Rossem-Plakaten geschmückt, mit dem Aufdruck: Pfeifenkraut für Hobbits – in 3 Sorten: *Langgrundblatt, Alter Tobi und Südstern.* V. Rossem hat mir inzwischen Pfeifen und Tabak geschickt. Eines von den Plakaten habe ich mitgenommen. Vielleicht möchten Sie es mal sehen.....

Ich kann Ihnen nicht genug dafür danken, daß Sie mir zu diesem kurzen, aber denkwürdigen Ausflug verholfen haben – dem einzigen, der wohl bei meinem ganzen »Urlaub« herausspringen wird – und daß Sie mich sanft gedrängt haben, doch hinzufahren.

207 Aus einem Brief an Rayner Unwin   8. April 1958

[Die Verhandlungen mit der amerikanischen Filmgesellschaft gingen weiter. Die Synopse des beabsichtigten Films zum *Herrn der Ringe* war das Werk von Morton Grady Zimmerman.]

Natürlich werde ich mich gleich daran machen, jetzt, nachdem Ostern vorüber und der holländische Weihrauch verflogen ist. Danke für die Kopie der *Story-Line*, die ich noch einmal durchgehen werde.

Ich bin völlig unwissend, was das Verfahren bei der Produktion eines »Animationsfilms« nach einem Buch und was den dazugehörigen Jargon angeht. Könnten Sie mich wissen lassen, was eigentlich eine »story-line« und welches ihr Zweck in dem Verfahren ist?

Es ist nicht nötig (oder ratsam), daß ich mit bloßen Ausdrücken meine Zeit verschwende, wenn diese einfach Anweisungen für die Bild-Produzenten darstellen. Aber dieses Dokument, so wie es jetzt ist, reicht aus, mir ernste Befürchtungen wegen des eigentlichen *Dialogs* zu bereiten, der (wie ich annehme) verwendet werden wird. Ich würde sagen, Zimmerman, der Konstrukteur dieser s-l, ist ganz unfähig, die »gesprochenen Worte« aus dem Buch zu exzerpieren oder zu adaptieren. Er ist hastig, instinktlos und unverschämt.

Er ist keiner, der Bücher *liest*. Es erscheint mir deutlich, daß er den *H. R.* in schnellem Tempo durchgeblättert und dann aus teilweise verwirrten Erinnerungen und mit einem Minimum an Rückbezügen auf das Original seine s. l. konstruiert hat. So schreibt er die meisten Namen falsch – nicht hier und da mal, infolge eines zufälligen Irrtums, sondern gleichbleibend (immer *Borimor* statt *Boromir*); oder er verwechselt sie: aus *Radagast* wird ein Adler. Die Einführung der Charaktere und die Angaben, was sie sagen sollen, haben wenig oder gar keinen Bezug zu dem Buch. Bombadil tritt auf mit »einem leisen Lachen«! . . . .

Ich bin ganz unglücklich über die extreme Dummheit und Inkompetenz von Z. und seine völlige Achtlosigkeit gegen das Original (fast überall finde ich anscheinend mutwillige Fehler, ohne erkennbare technische Gründe). Aber ich brauche Geld und werde bald sogar sehr viel brauchen, und Ihre Rechte und Interessen sind mir bewußt; darum werde ich bestrebt sein, an mich zu halten und jede vermeidbare Kränkung zu vermeiden. Ich schicke Ihnen, sobald ich kann, meine Bemerkungen, zum Besonderen wie zum Allgemeinen; und natürlich geht nichts an Ackerman[1] außer über Sie und mit wenigstens Ihrer Zustimmung.

208 Aus einem Brief an C. Ouboter, Voorhoeve en Dietrich, Rotterdam 10. April 1958

Was die »Botschaft« angeht: Ich habe eigentlich keine, wenn damit eine bewußte Absicht beim Schreiben des *Herrn der Ringe* gemeint wäre, zu predigen oder eine mir eigens offenbarte Sicht der Wahrheit von mir zu geben! Ich wollte in erster Linie eine aufregende Geschichte schreiben, mit einer Atmosphäre und einem Hintergrund, wie ich sie persönlich attraktiv finde. Aber dabei bringt man unvermeidlich den eigenen Geschmack, seine Ideen und Überzeugungen mit hinein. Allerdings wird mir erst, wenn ich das Buch (im Gedanken an Einwände) selbst lese, klar, wie beherrschend das Todesthema darin ist. (Nicht daß darin nun eine originelle »Botschaft« steckte: Kunst & Denken von Menschen sind meistens mit Ähnlichem beschäftigt.) Aber mit Sicherheit ist der Tod kein Feind! Ich sagte oder wollte sagen, die »Botschaft« sei die furchtbare Gefahr, echte »Unsterblichkeit« mit einem unbegrenzt verlängerten Leben zu verwechseln. Freiheit von der Zeit und Sichklammern an die Zeit. Die *Verwechslung* ist das Werk des Feindes und eine der Hauptursachen menschlicher Katastrophen. Vergleichen Sie Aragorns Tod mit dem eines Ringgeistes. Die Elben sagen, der »Tod« sei die Gabe Gottes (für die Menschen). Für sie ist die Versuchung eine andere: zu einer müßiggängerischen, erinnerungsschweren Melancholie, die zu einem Versuch führt, die Zeit anzuhalten.

209 Aus einem Brief an Robert Murray, S.J. 4. Mai 1958

[Murray schrieb an Tolkien mit der Frage, ob »ich Dein Gehirn wegen ›heiliger‹ Worte anzapfen könnte«. Er wollte Tolkiens Ansichten über die ursprüngliche Bedeutung der verschiedenen Worte für »heilig« in den indoeuropäischen Sprachen und die Beziehungen zwischen ihnen erfahren.]

Diese Probleme der »ursprünglichen« Bedeutungen von Wörtern (oder Familien von formal miteinander verbundenen Wörtern) sind faszinierend: strenggenommen – das heißt, verlockend, aber von einem Reiz, der nicht unbedingt geheuer ist! Ich frage mich oft, welchen Vorteil (abgesehen vom historischen: zu wissen oder zu ahnen, was Wörter einmal bedeutet *haben* und wie sie sich tatsächlich, soweit wir es feststellen können, verändert haben) wir durch solche Untersuchungen erlangen. Es ist praktisch unmöglich, dem Teufelskreis zu entgehen, daß man aus den Wort-Geschichten oder vermeintlichen Geschichten »Urbedeutungen« und ihre Verknüpfungen herausfindet und dann mit deren Hilfe der Bedeutungsgeschichte nachspürt. Ist es nicht möglich, die *jetzige* »Bedeutung« von »Heiligkeit« (zum Beispiel) ohne Bezug zur Bedeutungsgeschichte der jetzt in dieser Bedeutung verwendeten Wortformen zu erörtern? Das umgekehrte Verfahren scheint etwa so zu sein, als wollte man einen Ort (oder eine Station auf einer Reise) durch Angabe der verschiedenen Routen beschreiben, auf denen Leute dorthin gelangt sind, als hätte dieser Ort nicht auch ganz unabhängig von den Wegen oder Umwegen, die zu ihm führen, seine Existenz und seine bestimmte Lage.

In jedem Falle müssen wir bei einer historischen Untersuchung jeweils zwei Variablen berücksichtigen, zwei Fragen, die von einander fundamental unabhängig sind, auch wenn sie sich »akzidentell« berühren: die Bedeutungen und Bedeutungsverknüpfungen sind die eine, die Wortformen die andere, und ihre Veränderungen sind von einander unabhängig. Die Wortform kann einen ganzen Zyklus von Veränderungen bis zum phonetischen Unkenntlichwerden durchlaufen, ohne meßbare Änderung der Bedeutung; und »die Bedeutung« eines »Wortes« kann sich jederzeit ohne irgendeinen Wandel in der Lautung ändern. Ganz plötzlich* (soweit die Belege dies erkennen lassen) verlor *yelp* seine Bedeutung »stolz reden«, in der es besonders für stolze Schwüre gebraucht wurde (etwa einen Ritter, der eine gefährliche Tat gelobt), und wurde für die Laute von Füchsen oder Hunden gebraucht! Warum? Auf jeden Fall *nicht* wegen veränderter Meinungen über Prahlerei oder über die Tiere! Es ist ein weiter Weg von ὁ δοντ zu *tooth*, aber die Veränderungen der Form haben die Bedeutung kaum berührt (und ebenso ist *tine*, »Zacke«, als Äquivalent für *dent*- nicht sehr viel weiter gekommen).**

Wir kennen nicht die »ursprüngliche« Bedeutung eines Wortes, noch weniger die Bedeutung seines Grundbestandteils (d. h. des Teils, den es mit anderen verwandten Wörtern gemeinsam hat oder zu haben scheint, früher seine »Wurzel« genannt): Es gibt immer eine unbekannte Vergangenheit. So kennen wir auch nicht die ursprüngliche Bedeutung von Θεός, *deus* oder *Gott*. Wir können natürlich über die Bildung dieser drei ganz verschiedenen Wörter manche Vermutungen anstellen und dann versuchen, aus dem Sinn ihrer Wortverwandten eine Grundbedeutung

---

* Bald nach A. D. 1400.
** Trotzdem kennen wir die ursprüngliche Bedeutung von *tooth* nicht. War sie »Stachel, scharfe Spitze«, oder war das Wort (wie manche vermuten) in Wirklichkeit das Partizipialagens zu ED »essen«, d. h. eine funktionelle und nicht bildhafte Bezeichnung?

zu generalisieren – *aber* ich glaube nicht, daß wir auf diesem Wege an die Vorstellung »Gott« zu einem bestimmten Zeitpunkt irgendeiner Sprache, die eines dieser Wörter verwendete, irgend näher kommen. Es ist sonderbar, daß englisch *dizzy* (olim *dysig*) und *giddy* (olim *gydig*) mit Θέος bzw. *Gott* verwandt zu sein scheinen. Im Englischen bedeuteten sie einst »unvernünftig« und heute »schwindlig«, aber das hilft uns nicht viel weiter (abgesehen von der Überlegung, daß es schon eine lange Vergangenheit gab, ehe Θέος oder *Gott* ihre Form oder Bedeutung erlangten, und daß in nicht überlieferten Zeiten schon ebenso sonderbare Veränderungen vorgegangen sein mögen). Wir können natürlich annehmen, daß wir es hier mit einem entfernten Einfluß primitiver Vorstellungen von »Inspiration« zu tun haben (für das 18. Jhdt. war ein *Enthusiast* etwa dasselbe, was ein Angelsachse einen *dysiga* genannt hätte!). Aber theologisch hat das wohl nicht viel zu besagen? *Wir stehen vor endlosen winzigen Parallelen zum Geheimnis der Inkarnation.* Ist nicht die Vorstellung von *Gott* letztlich unabhängig davon, auf welche Weise ein Wort dafür entstanden ist?* Ob aus √*dh(e)wes* (das sich hauptsächlich auf Erregung zu beziehen *scheint*); oder aus √*d(e)jew* (das sich hauptsächlich auf Helligkeit, z. B. des Himmels, zu beziehen *scheint*); oder womöglich – eine reine Vermutung – aus √*ghew*, Ruf, wobei *Gott* ursprünglich ein Neutrum wäre, mit der »Bedeutung« *das, was angerufen wird*: ein altes Partizip Perfekt. Möglicherweise ein Tabu-Wort. Das alte Wort *deiwos* (aus dem *dīvus, deus* hervorgegangen sind) ist nur noch in *Tuesday* erhalten.**

Der altmodische Philologe (wie ich) schaut, wenn er es mit einem Wort wie »holy« zu tun bekommt, zuerst einmal nach der Geschichte der Form. Nach den mühsam erarbeiteten (und, glaube ich, in gewissen Grenzen gültigen***) Regeln wird er angeben, womit es *wahrscheinlich*

---

* Weil ein einzelnes Wort in menschlicher (nicht entischer!) Sprache ein Kürzel & konventionell ist. Die Tatsache, daß es von einem einzigen Aspekt abgeleitet ist, auch wenn erwiesen, beweist nicht, daß den Benutzern dieses konventionellen Zeichens andere Aspekte nicht ebenso gewärtig waren. Der ist letztlich unabhängig vom *verbum*.

** Wir wissen aber nicht, wie *Tíw* (= *dívus*) ein »Name« geworden ist, der in der interpretatio romana mit Mars gleichgesetzt wird. Vielleicht wieder eine Einsetzung eines Allgemeinbegriffs *(divinitas)* anstelle eines »echten Namens«. Der Plural *tívar* im Altnord. bedeutet immer noch »Götter«.

*** Das heißt, mit Bezug auf die ungestörten Normen gewöhnlicher Veränderungen (wie etwa bei einfachen Aussagen über die Wirkung von Frost), aber diese Normen können beeinträchtigt werden: Die Eisblumen an einem bestimmten Fenster sind so gut wie unvorhersehbar, auch wenn man glaubt, daß dem nicht so wäre, wenn *alle* Umstände bekannt wären.

formverwandt ist. Aber dem Treibsand der *Semantik* kann er nicht ganz entkommen. Bevor er eine Beziehung (d. h. einen tatsächlichen historischen Veränderungszusammenhang) zwischen *holy* und anderen Wörtern derselben Sprache (oder einer anderen, mit dem Englischen als verwandt geltenden Sprache) annimmt, wird er sowohl eine phonologisch mögliche Verwandtschaft als auch eine »mögliche Sinnverwandtschaft« kennen wollen. Die ganze Zeit über werden ihm zwei Dinge, die sich im sprachwissenschaftlichen Erfahrungsschatz finden, unangenehm klar sein: 1) daß es anscheinend schon immer »Homophone« gegeben hat, 2 (oder mehr) phonetisch nicht unterscheidbare Elemente, von denen jedes seinen *besonderen* Sinn hat und daher ein »anderes Wort« ist*, etwa die indoeurop. Stämme *men*, »hervorragen«, und *men*, »denken«, und 2) daß semantische Veränderungen manchmal gewaltsam sind und in der dunklen Vergangenheit eingetreten sein mögen, ohne Spuren ihres Stattfindens zu hinterlassen. Zum Beispiel besteht *formal* eine genaue Äquivalenz zwischen $\sqrt{sequ}$ in griech. ἕπομαι und latein. *sequor* (und anderen Sprachen), was »folgen« bedeutet, mit dem germ. *sek^w*-Stamm eines Verbums: dieses aber bedeutet »sehen«. Was soll nun mehr Gewicht haben: die Form oder der Sinn? Er kann anhand der Belege kein endgültiges Urteil abgeben; allerdings kann er durch amateurhaftes Spielen mit der »Semantik« den Bedeutungssprung weniger unmöglich aussehen lassen, als er auf den ersten Blick erscheint, indem er auf den Gebrauch von »folgen« im Sinne von »verstehen« hinweist und auf die Tatsache, daß idg. Wörter für *sehen* (auch unser *sehen*) oder dieselben »Basis«-Elemente oft »wissen, verstehen« bedeuten können. (Dies gilt besonders für die $\sqrt{WID}$-Basis: lateinisch *video* hat sein genaues Äquivalent in altengl. *witian*, »bewachen, beobachten«; aber Fοῖδα (latein. *vīdī*) in altengl. *wāt*, »wot«, »ich weiß«.) Wahrscheinlich wird er jedoch, wenn er auf germ. *salwo-* (unser *sallow*) und latein. *salvus (saluos)* stößt, meinen, daß es zwischen »schmutzig gelb« und »sicher« keine Brücke gibt; so daß also entweder an der phonologischen Gleichung etwas nicht stimmt, oder aber er hat es mit »Homophonen« zu tun. (Immer besteht auch die Möglichkeit, daß *sallow* und *salvus* gar nicht von einem gemeinsamen alten Vorfahren abstammen – Wörter können *erfunden* oder entlehnt sein, und in beiden Fällen können sie älteren Wörtern sehr ähnlich sein.) Das formale Äquivalent (das einzig bekannte) zu unserer *harp* ist latein. *corbis*. (Romanisch *arpa* etc. sind aus

---

* Womit der Philologe meint, daß sie *nicht* durch semantische Veränderungen, deren Kenntnis verlorengegangen ist, verbunden sind; aber wie kann er dessen sicher sein?

dem Germanischen entlehnt.) Aber der arme Philologe wird erst einen archäologischen Sachverständigen zu Rate ziehen müssen, ehe er beurteilen kann, ob irgendeine Beziehung zwischen »Harfen« und »Körben« möglich ist – vorausgesetzt, germ. *harpō* bedeutete immer »Harfe« oder *corbi-s* immer »Weidenkorb«! *corbīta* bedeutet ein dickbauchiges Schiff.

210 Aus einem Brief an Forrest J. Ackerman [Undatiert; Juni 1958]

[Tolkiens Bemerkungen zum Film-»Treatment« für den *Herrn der Ringe*.]

Ich habe nun endlich meinen Kommentar zur Handlungskizze fertig. Seine Länge und Ausführlichkeit wird hoffentlich für mein Interesse an der Sache zeugen. Manches von dem, was ich gesagt oder angeregt habe, wird vielleicht annehmbar sein, vielleicht sogar nützlich oder zumindest interessant. Der Kommentar folgt Seite für Seite der Kopie von Mr. Zimmermans Arbeit, die bei mir gelassen wurde und die ich nun zurückreiche. Ich hoffe ernstlich, daß sich jemand die Mühe macht, ihn zu lesen.

Wenn Z. und/oder andere dies tun, kann es sein, daß sie wegen des Tons vieler meiner Einwände gereizt oder gekränkt sind. Das würde mir leid tun (ohne mich zu überraschen). Aber ich würde sie bitten, einmal ihre Phantasie soweit anzustrengen, daß sie die Gereiztheit (und gelegentlich den Ärger) eines Autors verstehen können, der immer mehr, je weiter er liest, sein Werk allgemein achtlos, wie man meinen könnte, und stellenweise rücksichtslos behandelt findet, ohne irgendein erkennbares Zeichen von Verständnis dafür, worum es geht . . . . .

Die Regeln der Erzählkunst können von Medium zu Medium nicht vollkommen verschieden sein; und der Fehler schlechter Filme liegt oft gerade in der Übertreibung und im Eindringen unerwünschten Stoffes, weil man nicht erkennt, wo der Kern des Originals liegt.

Z. . . . . . hat ein »Elfenschloß« und eine Menge Adler eingeschleust, ganz zu schweigen von Beschwörungen, blauen Lichtern und einigem an irrelevanter Magie (z. B. Faramirs schwebender Körper). Er hat die Teile der Geschichte weggelassen, auf denen ihre Eigenart und ihr besonderer Ton in der Hauptsache beruhen, und dafür eine Vorliebe für Kampfszenen gezeigt; und er hat gar nicht ernsthaft versucht, das Herzstück der Erzählung angemessen wiederzugeben: die Fahrt der Ringträger. Deren letzter und wichtigster Teil ist, und ich wähle kein zu starkes Wort, einfach umgebracht worden.

Z. dient hier als Abkürzung für die Synopsis (bzw. ihren Verfasser). Verweise darauf beziehen sich auf die Seitenzahl (und, wo erforderlich, auf die Zeile); bei Verweisen auf das Original werden Band und Seite angegeben.

2. Warum sollten zu der Feuerwerks-Darstellung *Flaggen* und *Hobbits* gehören? Das steht nicht im Buch. Flaggen von was? Das Feuerwerk meiner Wahl ist mir lieber.

Gandalf sollte bitte nicht »brabbeln«. Er mag zwar manchmal launisch erscheinen, hat Sinn für Humor und nimmt gegen die Hobbits eine etwas onkelhafte Haltung ein, ist aber doch eine Person von hohem und edlem Rang und großer Würde. Die Beschreibung in I, p. 239 [dt. 276][1] sollte nie vergessen werden.

4. Hier haben wir die erste Einschmuggelung von Adlern. Ich denke, sie sind ein großer Fehler von Z. und nicht zu rechtfertigen.

Die Adler sind ein gefährliches Stück »Maschinerie«. Ich habe sie sparsam verwendet, bis zur absoluten Grenze ihrer Glaubhaftigkeit oder Nützlichkeit. Die Landung eines großen Adlers aus dem Nebelgebirge im Auenland ist absurd; außerdem macht sie G.'s spätere Gefangennahme durch Saruman unglaubhaft und verdirbt den Bericht über sein Entkommen. (Ein Hauptfehler von Z. ist seine Tendenz, Szenen oder Kunstgriffe, die später vorkommen, vorwegzunehmen und so die Geschichte zu planieren.) *Radagast* ist kein Name für einen Adler, sondern für einen Zauberer; mehrere Adlernamen werden im Buch angegeben. Diese Dinge sind mir wichtig.

Hier darf ich wohl sagen, daß ich nicht einsehen kann, warum der Zeitplan vorsätzlich *zusammengezogen* werden sollte. Er ist schon im Original ziemlich vollgestopft, denn die Handlung spielt sich in der Hauptsache zwischen dem 22. Sept. und dem 25. März des folgenden Jahres ab. Die vielen Unmöglichkeiten und Absurditäten, zu denen weitere Beschleunigung führt, werden zwar, nehme ich an, einem unkritischen Betrachter entgehen; aber ich sehe nicht ein, warum man sie unnötigerweise hineinbringen müßte. Naturgemäß muß die Zeit in einem Film unbestimmter bleiben als in einem Buch; aber ich kann nicht verstehen, warum dann eindeutige Zeitangaben, die dem Buch und aller Wahrscheinlichkeit widersprechen, gemacht werden sollten . . . . .

Die *Jahreszeiten* werden im Original genau beachtet. Sie sind malerisch und sollten und könnten leicht als das wichtigste Mittel gebraucht werden, durch das die Künstler sichtbar machen, wie die Zeit verstreicht. Die Haupthandlung beginnt im Herbst und erstreckt sich über den Winter bis in einen strahlenden Frühling: dies ist wichtig für den Gehalt und Ton der Erzählung. Durch die zeitliche und räumliche Zusammenziehung bei Z. wird es zunichte. Nach seinem Arrangement würden wir zum Beispiel in einem Schneesturm landen, während noch Sommer ist. *Der Herr der Ringe* mag zwar ein »Märchen« sein, aber es spielt auf der nördlichen Hemisphäre unserer Erde: Meilen sind Meilen, Tage sind Tage, und Wetter ist Wetter.

Eine *Zusammenziehung* dieser Art ist nicht dasselbe wie die notwendige Verkürzung oder Auswahl der Szenen und Ereignisse, die visuell dargestellt werden sollen.

7. Der erste Absatz gibt ein falsches Bild von Tom Bombadil. Er ist *nicht* der Besitzer der Wälder; und er würde mit so etwas nie drohen.

»Alter Halunke!« Dies ist ein gutes Beispiel für Z.'s allgemeine Tendenz, den Ton zu einem kindischeren Märchenton hin zu beschneiden und hinabzuziehen. Der Ausdruck paßt nicht zu dem Ton von Bombadils späterer längerer Rede; und wenn die auch weggelassen wird, besteht doch keine Notwendigkeit, ihre Fingerzeige zu mißachten.

Tut mir leid, aber ich finde, die Art, wie Goldbeere eingeführt wird, ist albern und vom gleichen Genre wie der »alte Halunke«. Es gibt auch keine Rechtfertigung dafür in meiner Erzählung. Wir sind nicht in einem »Märchenland«, sondern in einer echten Flußlandschaft im Herbst. Goldbeere steht für die wirklichen jahreszeitlichen Veränderungen in solchen Gegenden. Für mein Teil glaube ich, sie sollte viel eher verschwinden als einen sinnlosen Auftritt bekommen.

8. Zeile 24. Der Wirt fordert Frodo *nicht* auf, »sich einzutragen«.[2] Warum sollte er? Es gibt keine Polizei und keine Behörden. (Ich lasse ihn ja auch seine Zimmer nicht numerieren.) *Wenn zu einem schon vollen Bild noch Details hinzugefügt werden müssen, sollten sie wenigstens in die beschriebene Welt passen.*

9. Das Gasthaus *nachts* zu verlassen und in die Dunkelheit hinauszurennen, ist eine unmögliche Lösung für die Darstellungsprobleme (die ich hier wohl sehe). Es ist das Letzte, was Aragorn getan hätte. Es beruht auf einem durchgängigen Mißverständnis der Schwarzen Reiter, das sich Z.

bitte noch einmal überlegen sollte. Ihre Gefährlichkeit gründet fast ganz in der besinnungslosen *Angst*, die sie erwecken (wie Gespenster). Sie haben keine große physische Gewalt gegen die Furchtlosen; was sie aber vermögen, und die Angst, die sie erwecken, werden in der Dunkelheit mächtig gesteigert. Der Hexenkönig, ihr Anführer, ist in jeder Hinsicht mächtiger als die anderen; aber er sollte nicht jetzt schon zur gleichen Bedeutung erhoben werden wie in Bd. III. Dort, wenn ihm Sauron den Oberbefehl übertragen hat, gewinnt er eine weitere dämonische Kraft. Aber sogar in der Schlacht auf dem Pelennor war die Dunkelheit eben erst gewichen. Vgl. III, p. 114 [dt. 125][3].

10. Bruchtal war *kein* »schimmernder Wald«. Dies ist ein unglücklicher Vorgriff auf Lórien (mit dem es keine Ähnlichkeit hatte). Es war von der Wetterspitze aus nicht zu sehen: es lag 200 Meilen von dort und in einer Schlucht verborgen. Ich sehe keinen bildhaften oder erzählerischen Vorteil darin, die Geographie unnötig zusammenzuziehen.

Im Buch zieht Streicher nicht »blank« mit dem Schwert. Natürlich nicht, denn sein Schwert war zerbrochen. (Sein elbischer Schimmer ist wieder ein falscher Vorgriff auf das neugeschmiedete Anduril. Vorgriffe sind einer von Z.'s größten Fehlern.) Warum sollte er denn hier so etwas tun, in einem Streit, der doch ausdrücklich nicht mit Waffen ausgefochten wurde?

11. Aragorn sang nicht das »Lied von Gil-galad«. Natürlich nicht, es wäre ganz unpassend gewesen, denn es erzählte von der Niederlage des Elbenkönigs gegen den Feind. Die Schwarzen Reiter schreien nicht, sondern wahren ein viel schrecklicheres Schweigen. Aragorn erbleicht nicht. Die Reiter kommen langsam im Dunkeln zu Fuß heran und geben keine »Sporen«. Es kommt nicht zum Kampf. Sam »taucht« seine Klinge nicht ins Bein des Ringgeistes und rettet mit seinem Stoß auch nicht Frodo das Leben. (Hätte er das getan, wäre das Ergebnis etwa dasselbe gewesen wie in III, p. 117–20 [dt. 128 f.][4]: der Geist wäre zu Boden gegangen, und das Schwert wäre vernichtet worden.)

Warum ist mein Bericht hier vollständig umgeschrieben worden, ohne Rücksicht auf den weiteren Fortgang? Ich sehe ja ein, daß eine Szene im Dunkeln manche Schwierigkeiten macht; aber die sind nicht unüberwindlich. Eine Szene mit von einem kleinen roten Feuer erhellter Finsternis, in der die Ringgeister langsam als noch dunklere Schatten näherkommen – bis zu dem Augenblick, wenn Frodo den Ring aufsteckt und der König offen vortritt –, schiene mir viel beeindruckender

als noch eine Szene mit Geschrei und ziemlich sinnlosem Schwertge-
fuchtel . . . . .

Ich habe einige Zeit auf diese Passage verwendet, als ein Beispiel
dessen, was ich zu oft hier finde, als daß ich »Vergnügen oder Befriedigung« dabei empfinden könnte: vorsätzliches Abweichen von der
Geschichte, in den Fakten wie in der Bedeutung, ohne irgendeinen (für
mich erkennbaren) praktischen oder künstlerischen Sinn; und ein Beispiel für den Planierungseffekt, den die Assimilation eines Geschehnisses
mit einem anderen haben muß.

15. Wieder wird die Zeit zusammengezogen und beschleunigt, mit der
Folge, daß die Bedeutung der Fahrt sich verringert. Gandalf sagt nicht, sie
wollten aufbrechen, sobald sie ihre Sachen gepackt hätten! Es vergehen
zwei Monate. Es ist gar nicht nötig, irgend etwas mit genauer Zeitangabe
zu sagen. Daß Zeit verstrichen ist, sollte deutlich gemacht werden, und
sei es nur durch winterliche Veränderung der Szenerie und der Bäume.

Unten auf der Seite werden wieder die Adler hereingezogen. *Ich halte
dies für einen völlig unerträglichen Eingriff in die Geschichte.* »Neun Wanderer«,
und prompt müssen sie in die Luft hinauf! Der Eingriff bewirkt nichts als
Unglaubwürdigkeit und vernutzt das Hilfsmittel der Adler, die zuletzt
doch wirklich noch gebraucht werden. Es ist sehr wohl möglich, mit
Bildern relativ kurz eine lange und beschwerliche und *heimliche* Wanderung zu Fuß anzudeuten, bei der die drei ominösen Berge immer näher
rücken.

Die Jahreszeiten und die Szenerie scheinen Z. nicht sonderlich zu
interessieren, obwohl nachdem, was ich gesehen habe, gerade dies der
Hauptreiz des Films ausmachen müßte. Oder meint Z. etwa, ein Film
z. B. über die Besteigung des Everest würde effektvoller, wenn er die
Bergsteiger die Hälfte des Aufstiegs mit Hubschraubern machen ließe
(jeder Wahrscheinlichkeit zum Trotz)? Es wäre viel besser, den Schneesturm und die Wölfe wegzulassen, als aus den Beschwerlichkeiten der
Reise eine Farce zu machen.

19. Warum stattet Z. die *Orks* mit Schnäbeln und Federn aus? (*Orcs* ist
keine Form von *Auks*, Alken.) Die Orks werden eindeutig als mißratene
Form der »humanen« Gestalt bezeichnet, wie man sie an Elben und
Menschen sieht. Sie sind (oder waren) gedrungen, breit, plattnasig, mit
dunkler, gelblicher Haut, breiten Mündern und Schlitzaugen: eigentlich
verkommene und abstoßende Versionen der (für Europäer) unschönsten
mongolischen Typen.

20. Der Balrog *redet nie und gibt überhaupt keinerlei Stimmlaute* ab. Vor allem lacht oder grinst er *nicht*..... Vielleicht glaubt Z. über Balrogs besser Bescheid zu wissen als ich, aber er kann nicht erwarten, daß ich ihm da zustimme.

21 ff. *»Ein herrlicher Anblick. Es ist die Heimat von Galadriel, einer Elbenkönigin.«* (Tatsächlich ist sie das nicht.) *»Zierliche Türme und winzige Minarette in Elbenfarben sind raffiniert in ein schön angelegtes Schloß eingeflochten.«* Ich finde, dies ist in sich erbärmlich, stellenweise unverschämt. Würde Z. bitte meinem Text ein wenig Beachtung schenken, zumindest bei den Beschreibungen, die für den allgemeinen Ton und Stil des Buches offensichtlich entscheidend sind! Seine Behandlung Lóriens werde ich unter keinen Umständen hinnehmen, mag auch Z. persönlich niedlichen kleinen Elfen und dem Tinnef konventioneller moderner Märchen den Vorzug geben.

Daß Galadriels Versuchung nicht mehr vorkommt, ist bezeichnend. So gut wie alles, was eine moralische Bedeutung hat, ist aus der Synopsis verschwunden.

22. *Lembas,* »Reisebrot«, wird als ein »Nährmittel-Konzentrat« bezeichnet. Wie schon gezeigt, habe ich eine starke Abneigung gegen jede Annäherung meiner Erzählung an Stil und Gepräge der »contes des fées« oder französischen Märchen. Ebenso widerstrebt mir jeder Zug zur »Verwissenschaftlichung«, wofür dieser Ausdruck ein Beispiel ist. Beide Genres sind meiner Geschichte fremd.

Wir sind nicht auf einer Mond-Expedition oder in irgendeiner anderen unwahrscheinlichen Gegend. Keine Analyse im Laboratorium könnte an *Lembas* chemische Eigenschaften nachweisen, die es vor anderm Weizenmehl-Gebäck voraus hätte.

Ich gehe auf diesen Ausdruck hier nur ein, weil er eine bestimmte Haltung bezeugt. Er wurde gewiß nur beiläufig gebraucht; und von dieser Art oder diesem Stil wird (hoffentlich) nichts in den eigentlichen Dialog durchsickern.

Im Buch hat *Lembas* zwei Funktionen. Es ist ein Requisit oder Kunstgriff, um die langen Märsche mit wenig Proviant glaubhaft zu machen, in einer Welt, wo, wie schon gesagt, »Meilen Meilen sind«. Aber das ist relativ unwichtig. Es hat noch eine sehr viel weitere Bedeutung, vorsichtig ausgedrückt, von »religiöser« Art. Dies wird später deutlich, besonders in dem Kapitel über den Schicksalsberg (III, p. 213 [dt. 239][5] und anschließend). Ich kann nicht finden, daß Z. mit *Lembas* irgend etwas Besonderes hat anfangen können, nicht einmal als Requisit; und das ganze »Schicksalsberg«-Kapitel ist in dem entstellten Durcheinander, das Z. aus dem Schluß gemacht hat, verschwunden. Soweit ich sehe, könnte *Lembas* ebensogut ganz verschwinden.

Ich hoffe ernstlich, daß in der Verteilung der eigentlichen Reden die Charaktere so dargestellt werden, wie ich sie dargestellt habe: im Stil und in der Gesinnung. Ihre Pervertierung würde mich ärgern (und sie ärgert mich, soweit sie in dieser Skizze erkennbar wird), sogar noch mehr als die Verzerrung von Handlung und Szenerie.

Teile II & III. Ich habe viel Platz darauf verwendet, sogar Einzelheiten in Teil I zu kritisieren. Das war leichter, weil sich Teil I im allgemeinen an den Hergang der Erzählung im Buch hält und auch manches von deren ursprünglicher Kohärenz behalten hat. Teil II exemplifiziert alle Fehler von Teil I, ist aber viel unbefriedigender, & noch mehr gilt dies für Teil III, in wichtigeren Belangen. Es scheint fast so, als fehlte Z., nachdem er viel Zeit und Mühe auf Teil I verwendet hat, nun nicht nur der Platz, sondern auch die Geduld für die Behandlung der beiden schwierigeren Bände, in denen die Handlung schneller und komplizierter wird. Jedenfalls hat er sich dafür entschieden, sie auf eine Weise zu bearbeiten, die eine Verwirrung stiftet, die sich zuletzt fast bis zum Delirium steigert. . . . .
Die Erzählung teilt sich nun in zwei Grundlinien auf: 1. Haupthandlung, die Ringträger. 2. Nebenhandlung, die übrigen Gefährten, was zu dem »heroischen« Stoff hinführt. *Es ist entscheidend, daß beide Linien jeweils in zusammenhängender Folge behandelt werden.* Sowohl, um sie als Geschichte einleuchtend zu machen, als auch, weil sie in Ton und Szenerie vollkommen verschieden sind. Wenn man sie durcheinanderbringt, wird dies gänzlich zuschanden.

31. Ich bedaure zutiefst, was aus dem »Baumbart«-Kapitel geworden ist, ob es nun nötig ist oder nicht. Ich habe schon den Verdacht geäußert, daß Z. an Bäumen kein Interesse hat: schade, weil sie in der Geschichte eine so große Rolle spielen. Aber was wir hier haben, ist gewiß ein auf jeden Fall ganz unverständlicher flüchtiger Eindruck. Was sind Ents?

31 bis 32. Wir kommen nun in einen Wohnsitz von Menschen in einem »heroischen Zeitalter«. Z. scheint dies nicht zu würdigen. *Hoffentlich tun es*

die Künstler. Aber er und sie brauchen sich eigentlich nur an das Gesagte zu halten, ohne es (am falschen Ort) nach ihrer Laune zu ändern.

In einer solchen Zeit spielten private »Zimmer« keine Rolle. Théoden hatte wahrscheinlich gar keines, allenfalls vielleicht eine »Schlafkammer« in einem abgesonderten kleinen Außengebäude. Gäste oder Sendboten empfing er sitzend in einem erhöhten Teil seiner Königshalle. Dies geht aus dem Buch ganz deutlich hervor; und die Szene sollte sich viel wirkungsvoller illustrieren lassen.

31 bis 32. Warum gehen Théoden und Gandalf nicht vor die Türen ins Freie, wie ich erzählt habe? Obwohl ich die Kultur der »heroischen« Rohirrim etwas angereichert habe, hatten sie doch noch keine Glasfenster, die man aufreißen konnte!! Das hier könnte auch ein Hotel sein. (Die »östlichen Fenster« der Halle, II, p. 116, 119 [dt. 131, 134][6], waren Schlitze unter dem Dachgesims, unverglast.)

Selbst wenn der König eines solchen Volkes eine »Schlafkammer« hatte, konnte diese nicht zu einem »Bienenkorb voll geschäftiger Aktivität« werden!! Die Geschäftigkeit spielt sich draußen und in der Stadt ab. Was davon zu zeigen ist, sollte auf dem weiten Pflaster vor den großen Türen stattfinden.

33. Leider finde ich die kurze Szene von der »Verteidigung der Hornburg« – dies wäre ein besserer Titel, weil Helms Klamm, die Schlucht dahinter, nicht gezeigt wird – nicht ganz befriedigend. Ich vermute, so eingeklemmt wäre dies eine ziemlich sinnlose Szene in einem Film. Ich wäre sogar von mir aus geneigt, sie ganz zu streichen, wenn sie nicht kohärenter und zu einem bedeutsameren Teil der Geschichte gemacht werden kann . . . . . Wenn die Ents und die Hornburg nicht beide ausführlich genug behandelt werden können, daß es Sinn ergibt, dann muß eines von beiden verschwinden. Das sollte die Hornburg sein, die für die Haupthandlung nebensächlich ist; und das hätte den weiteren Vorteil, daß wir nun eine große Schlacht hätten (aus der so viel wie möglich gemacht werden sollte), aber Schlachten pflegen einander allzu ähnlich zu sein: der großen würde es zugute kommen, wenn sie keine Konkurrenz hätte.

34. Warum in aller Welt muß Z. sagen, daß »die Hobbits auf lächerlich langen Sandwiches herumbissen«? Und ob das lächerlich ist! Ich begreife nicht, wie man erwarten kann, daß ein Autor sich über solche albernen Änderungen »freut«. Der eine Hobbit schlief, der andere rauchte.

Die Wendeltreppe, die sich um den Turm [von Orthanc] »flicht«, stammt aus Z.'s Phantasie, nicht aus meiner Erzählung. Letztere ist mir lieber. Der Turm war 500 Fuß hoch. Eine Flucht von 27 Stufen führte zu der großen Tür; über der waren ein Fenster und ein Balkon. Z. ist allzu verliebt in die Wörter *Hypnose* und *hypnotisch*. Weder echte Hypnose noch deren szientifiktionale Varianten kommen in meiner Erzählung vor. Sarumans Stimme war nicht hypnotisch, sondern überredend. Wer ihm zuhörte, lief nicht Gefahr, in eine Trance zu fallen, sondern sich in wachem Zustand seinen Argumenten zu beugen. Es stand einem immer offen, *aus Vernunft und freiem Willen* sowohl seine Stimme, während er sprach, als auch deren nachwirkenden Eindruck abzulehnen. Saruman korrumpierte die Verstandeskräfte.

Z. hat das Ende des Buches weggelassen, mitsamt Sarumans richtigem Tod. In diesem Falle sehe ich keinen guten Grund, warum er überhaupt sterben müßte. Selbstmord hätte Saruman nie begangen: sich auch unter den bittersten Umständen noch ans Leben zu klammern, sieht einer Gestalt, wie sie geworden war, sehr viel ähnlicher. Wenn Z. mit Saruman aufräumen möchte (ich verstehe nicht, warum, wo doch so viele lose Fäden hängen bleiben), dann sollte Gandalf etwas dazu sagen, wenn Saruman bei der Exkommunikation zusammenbricht: »Weil du nicht hervorkommen und uns helfen willst, sollst du hier in Orthanc bleiben, Saruman, bis du verfault bist. Mögen die Ents dafür sorgen!«

Teil III . . . . *ist für mich als Ganzes und in den Einzelheiten vollkommen unannehmbar.* Wenn dies nur Notizen für etwas von der gleichen filmischen Länge wie I und II sein sollen, dann muß es bei der Ausfüllung in Beziehung zum Buch gebracht werden, und die groben Abweichungen davon sind zu korrigieren. Wenn es nur eine Art kurzes Finale darstellen soll, dann ist alles, was ich dazu sagen kann: So darf man den *Herrn der Ringe* nicht entstellen.

11 An Rhona Beare

[Rhona Beare hatte Tolkien geschrieben und eine Anzahl Fragen gestellt, um seine Antworten einer Versammlung von Enthusiasten für den *Herrn der Ringe* weitergeben zu können. Warum, fragte sie, sagt Sam bei der elbischen Beschwörung in dem Kapitel »die Entscheidungen von Meister Samweis« »O Elbereth Gilthoniel«, wenn doch die anderswo gebrauchte Form lautet »A

Elbereth Gilthoniel«? (Diese Lesart fand sich in der ersten Ausgabe des Buches.) Welches die Bedeutung dieser Anrufung sei und was Frodos Worte im vorhergehenden Kapitel, »Aiya Earendil Elenion Ancalima!« besagten? Dann hatte Miss Beare noch eine numerierte Reihe von Fragen. »Frage 1«: Warum wird Glorfindels Pferd als »bridle and bit«, einen »Stangenzaum«, tragend bezeichnet (in der ersten Ausgabe, I, 221), wenn doch die Elben ohne Zaum, Bißstange oder Sattel reiten? »Frage 2«: Wie konnte Ar-Pharazôn Sauron besiegen, wenn Sauron den Einen Ring hatte? »Frage 3«: Welches waren die Farben der beiden in dem Buch erwähnten, aber nicht namentlich genannten Zauberer? »Frage 4«: Was für Kleider trugen die Völker von Mittelerde? War die Flügelkrone von Gondor wie die einer Walküre oder wie die auf einer Gauloise-Packung? Erklären Sie die Bedeutung von *El-* in Elrond, Elladan, Elrohir; wann bedeutet *El-* »Elb« und wann »Stern«? Erklären Sie die Bedeutung des Namens Legolas. Ritt der Hexenkönig bei der Belagerung von Gondor auf einem Pterodaktylus? »Frage 5«: Wer ist der Älteste König, den Bilbo in seinem Lied von Earendil erwähnt? Ist er der Eine?]

14. Oktober 1958   Merton College, Oxford
Liebe Miss Beare,

es tut mir leid, daß diese Antwort zu spät kommt, um zu Ihrer Versammlung von Nutzen zu sein; aber es war mir nicht möglich, eher zu schreiben. Ich bin gerade erst aus einem Urlaubsjahr zurück, das zum einen den Zweck hatte, mir den Abschluß einiger »gelehrter« Arbeiten zu ermöglichen, die ich während meiner Beschäftigung mit fachfremden Bagatellen (wie dem *Herrn der Ringe*) hintangestellt hatte: Ich gebe den Ton vieler meiner Kollegen wieder. Tatsächlich ist die Zeit unter schweren Sorgen vergangen, darunter die Krankheit meiner Frau; aber den ganzen August hindurch habe ich jeden Tag viele Stunden und sieben Tage die Woche gegen die Uhr gearbeitet, um eine Arbeit fertig zu bekommen, ehe ich von Amts wegen nach Irland fahren mußte. Erst seit ein paar Tagen bin ich wieder zurück, eben noch rechtzeitig für unser Wintersemester.

In einer momentanen Flaute will ich versuchen, Ihre Fragen kurz zu beantworten. »Alle Antworten« weiß ich nicht. Vieles an meinem Buch ist mir auch ein Rätsel; & auf jeden Fall wurde vieles davon schon vor so langer Zeit geschrieben (bis zu 20 Jahren), daß ich es jetzt lese, als ob es von jemand anders wäre.

Das *O* in II, p. 339 [dt. 391] ist ein Fehler. Und zwar meiner, übernommen von p. 338, wo *Gilthoniel O Elbereth* natürlich ein Zitat von I, p. 88 ist, das eine »Übersetzung« war, englisch in allem bis auf die

364

Eigennamen. Sams Anrufung ist jedoch reines Elbisch, und darum hätte es *A* heißen müssen wie in I, p. 250. Weil die Hobbitsprache als Englisch wiedergegeben wird, könnte man das *O* als eine Ungenauigkeit von Sam verteidigen; aber ich will es nicht verteidigen. Er war »inspiriert« zu einer Anrufung in einer Sprache, die er nicht kannte (II, 338). Obwohl sie natürlich im Stil und Metrum des Hymnenfragments gehalten ist, denke ich, daß sie für diese besondere Situation geschrieben oder ihm eingegeben wurde.

Sie bedeutet ungefähr: »*O Elbereth Sternentfacherin* (im Präteritum: dieser Titel gehört der mythischen Vorgeschichte an und bezeichnet keine ständige Funktion), *die du vom Himmel in die Ferne schaust, zu dir rufe ich nun im Schatten (in der Angst) des Todes. O blicke zu mir, du Immerweiße!*« *Immerweiße* ist eine unzulängliche Übersetzung; ebenso wie die *Schneeweiße* in I, 88. Das Element *ui* (Urelbisch *oio*) bedeutet *immer*; sowohl *fan-* wie *los(s)* bedeuten *weiß*, aber in *fan* ist das Weiß von Wolken (in der Sonne) mit gemeint; *loss* verweist auf Schnee.

Amon Uilos, hochelbisch *Oiolosse**, war einer der Namen des höchsten Gipfels der Berge von Valinor, wo Manwe und Varda wohnten. So daß ein Elb, wenn er den Namen *Fanuilos* gebrauchte oder hörte, dabei nicht nur an eine majestätische Gestalt in weißem Gewand dachte (oder sie sich vorstellte), die an einem hohen Ort stand und ostwärts zu den Landen der Sterblichen schaute, sondern sich zugleich auch einen gewaltigen Berggipfel vorstellte, schneebedeckt und gekrönt von einer durchdringend oder blendend weißen Wolke.

Ancalima = »überaus hell«. Element *kal**** der gewöhnliche Stamm von Wörtern, die Licht bezeichnen; *kălima*, »hell glänzend; *an-*, Superlativ- oder Intensivpräfix.

Frage 1. Ich könnte wohl antworten: »Ein Kunstradler kann auch mit Lenkstange radfahren.« Tatsächlich aber wurde *bridle* nachlässig und gedankenlos verwendet, wo ich eigentlich *headstall*, »Stirnriemen«, hätte sagen sollen.[1] Oder vielmehr, weil auch noch *bit*, die Bißstange, hinzugefügt wurde (I, 221), was lange her ist (Kapitel I, 12 wurde sehr früh geschrieben), ich hatte den natürlichen Umgang der Elben mit Tieren

---

* (Vgl. Galadriels Klage I, 394) *oiolosseo* = vom *Uilos*.

** Im Hochelbischen. Es gab auch einen mehr oder weniger synonymen Stamm *gal* (in Entsprechung zu *gil*, das nur für weißes oder silbriges Licht gebraucht wurde). Diese Variation von g/k ist nicht zu verwechseln mit dem grammatischen Wandel oder der Veränderung k, c > g im Grauelbischen, wie man sie bei den Initialen von Wörtern in Zusammensetzungen oder nach eng verbundenen Partikeln sieht (z. B. Artikel). So *Gil-galad*, »Sternenlicht«. Vgl. *palan-díriel* gegenüber *a tíro niu*.

noch nicht bedacht. Glorfindels Pferd hatte also ein ornamentales Kopf-stück, auf das eine Feder gesteckt war und dessen Riemen mit Edelstei-nen und Glöckchen besetzt waren; aber sicherlich gebrauchte Glor. keine Bißstange. Ich werde *bridle and bit* zu *headstall* verändern.

Frage 2. Diese Frage & ihre Implikationen werden beantwortet im »Untergang von Númenor«, der noch nicht veröffentlicht ist, den ich aber jetzt nicht näher ausführen kann. Sie dürfen den Einen Ring nicht zu genau nehmen, denn er ist natürlich ein mythisches Ding, auch wenn die Welt dieser Erzählungen mehr oder weniger historisch angelegt ist. Saurons Ring ist nur eine von den vielen mythischen Formen, in denen behandelt wird, wie man sein Leben oder seine Kraft in einen äußeren Gegenstand hineinverlegt, der dadurch dem Raub oder der Vernichtung preisgegeben wird, mit katastrophalen Folgen für einen selbst. Wenn ich diesen Mythos oder wenigstens Saurons Ring »philosophisch« fassen sollte, würde ich sagen, es sei eine mythische Darstellung der Wahrheit, daß *Macht* (oder vielleicht lieber *Mächtigkeit*), wenn sie ausgeübt werden und Resultate erzielen soll, veräußerlicht werden muß und damit sozusa-gen in größerem oder geringerem Maße aus der eigenen direkten Kontrolle gerät. Ein Mensch, der »Macht« ausüben will, muß Untertanen haben, die nicht er selbst sind. Dann aber ist er von ihnen abhängig.

Ar-Pharazôn, wie im »Untergang« oder *Akallabêth* erzählt wird, besiegte die *Untertanen* des eingeschüchterten Sauron, nicht Sauron. Saurons persönliche »Unterwerfung« geschah freiwillig und aus List*: damit bekam er freie Fahrt nach Númenor! Er hatte natürlich den Einen Ring, und darum beherrschte er bald den Geist und Willen der meisten Númenórer. (Ich glaube nicht, daß Ar-Pharazôn von dem Einen Ring etwas wußte. Die Elben hielten die Sache mit den Ringen streng geheim, solange sie konnten. Jedenfalls stand Ar-Pharazôn nicht mit ihnen in Verbindung. In der Zeittafel in III, p. 364, finden Sie die Schwierigkeiten angedeutet: »der Schatten fällt auf Númenor«. Nach *Tar-Atanamir* (ein elbischer Name) kommt als nächster Name *Ar-Adûnakhôr*, ein númenóri-scher Name. Vgl. p. 315.[2] Die Änderung der Namen ging einher mit einem völligen Bruch der Freundschaft mit den Elben und der Ableh-nung der »theologischen« Unterweisung, die die Númenórer von ihnen erhalten hatten.)

Sauron wurde erst durch ein »Wunder« besiegt: eine direkte Einwir-kung Gottes, des Schöpfers, durch die er, als Manwe ihn anrief, den Bau der Welt änderte: vgl. III, p. 317. Obwohl er nun zurechtgestutzt war zu »einem Geist des Hasses, davongetragen von einem dunklen Wind«,

* Vgl. den Ausdruck III, p. 364 [dt. S. 412]: »*als* Gefangener«.

glaube ich nicht, daß man daran zweifeln müßte, daß dieser Geist den Einen Ring mit sich nahm, auf dem seine Macht über den Geist anderer nun hauptsächlich beruhte. Daß Sauron selbst im Zorn des Einen nicht vernichtet wurde, ist nicht meine Schuld: das Problem des Bösen und seiner augenscheinlichen Duldung ist ein beständiges Problem für alle, die über unsere Welt nachdenken. Die Unvernichtbarkeit der *Geister* mit freiem Willen, sogar durch deren Schöpfer, ist ebenfalls ein unvermeidlicher Zug, wenn man an ihre Existenz entweder glaubt oder sie in einer Geschichte simuliert.

Sauron war natürlich durch die Katastrophe verwirrt und geschwächt (weil er eine enorme Energie aufgewendet hatte, um Númenor zu verderben). Er brauchte Zeit für die eigene körperliche Wiederherstellung und für die Gewinnung von Macht über seine früheren Untertanen. Er wurde von Gil-galad und Elendil angegriffen, bevor seine neue Macht fest begründet war.

Frage 3. Ich habe die Farben nicht genannt, weil ich sie nicht kenne.[3] Ich bezweifle, daß sie jeder eine besondere Farbe hatten. Diese Kennzeichnung war nur im Falle der drei erforderlich, die in dem relativ kleinen Gebiet des Nordwestens blieben. (Über die Namen vgl. F[rage] 5.) Über die anderen beiden weiß ich wirklich nichts Näheres – weil sie mit der Geschichte des NW nichts zu tun haben. Ich glaube, sie gingen als Sendboten in ferne Gegenden, in den Osten und Süden, weit außerhalb des númenórischen Bereichs: als Missionare in die vom Feind besetzten Länder, sozusagen. Wieviel Erfolg sie hatten, weiß ich nicht; aber ich fürchte, sie sind gescheitert wie Saruman, wenn auch sicherlich jeder auf andere Weise; und ich vermute, sie wurden zu Urhebern oder Begründern geheimer Kulte und »magischer« Traditionen, die den Sturz Saurons überdauerten.

Frage 4. Die Einzelheiten der Kleidung kenne ich nicht. Die Landschaften und die »natürlichen« Gegenstände stelle ich mir sehr deutlich und mit vielen Details vor, aber nicht die Artefakte. Pauline Baynes hat ihre Anregungen für den *F. Giles* vorwiegend aus den Zeichnungen in mittelalterlichen MSS. geschöpft – und abgesehen von den Rittern (die ein bißchen »artusgemäß« aussehen)*, scheint der Stil ganz gut zu passen. Abgesehen davon, daß die Männer, besonders in nördlichen Gegenden wie dem Auenland, gewöhnlich wohl Kniehosen trugen, entweder verborgen unter einem langen Mantel oder Umhang oder einfach mit einer Art Hemd oder Jacke.

---

* D. h. sie gehören zu unserem »mythologischen« Mittelalter, in dem Stile und Details aus über 500 Jahren unhistorisch vermischt sind, von denen es die meisten in den Dunklen Zeitaltern um 500 A. D. natürlich nicht gab.

Ich zweifle nicht, daß in dem Gebiet, das in meiner Geschichte vorgestellt wird (ein großes Gebiet), die »Kleidung« der vielen Völkerschaften, von Menschen und anderen, im Dritten Zeitalter höchst vielfältig war, je nach Klima und ererbter Sitte. Ebenso wie in unserer Welt, auch wenn wir nur Europa, die Mittelmeerländer und den ganzen nahen »Osten« (oder Süden) berücksichtigen, bevor in unserer Zeit der reizloseste Kleidungsstil (zumindest für Männer und für »Neutra«) seit Beginn geschichtlicher Aufzeichnungen seinen Siegeszug antrat – einen Siegeszug, der immer noch weitergeht, sogar unter denen, die seine Ursprungsländer am stärksten hassen. Die Rohirrim waren nicht in unserem Sinne »mittelalterlich«. Die Kleidung auf dem Bayeux-Teppich (der in England angefertigt wurde) paßt ganz gut zu ihnen, wenn man bedenkt, daß die Art Tennisnetze, die [die] Soldaten anzuhaben scheinen, nur ein grobes konventionelles Zeichen für Kettenpanzer aus kleinen Ringen sind.

Die Númenórer von Gondor waren stolz, eigenwillig und archaisch, am besten in (sagen wir) ägyptischen Bezügen vorzustellen. In vieler Hinsicht ähnelten sie den »Ägyptern« – in der Liebe zum Gigantischen und Massiven und der Macht, es aufzubauen. Und in ihrem starken Interesse an Vorfahren und Grabgewölben. (Aber natürlich nicht in der »Theologie«: in dieser Hinsicht waren sie hebräisch, sogar noch puritanischer – aber dies auszuführen, würde zu lange dauern: man müßte erklären, warum es praktisch keine erkennbare »Religion«* oder auch nur religiöse Handlungen, Orte oder Zeremonien unter den »guten« oder Sauron feindlichen Völkern im *Herrn der Ringe* gibt.) Ich denke, die Krone von Gondor war sehr hoch, wie die ägyptische, aber mit nicht ganz angelegten, sondern ein wenig abgewinkelten Flügeln.

Das N.-Königreich hatte nur ein *Diadem* (III, 323). Vgl. den Unterschied zwischen dem N.- und dem S.-Königreich von Ägypten.

---

* Fast das einzige Rudiment einer »Religion« findet sich in II, pp. 284–5 [dt. 326], in der Danksagung vor dem Essen. Dies ist jedoch in der Hauptsache ein Gedenken der Abgeschiedenen, und die Theologie beschränkt sich auf dasjenige, »was jenseits von Elbenheim ist und immer sein wird«, d. h. jenseits der sterblichen Lande, jenseits der Erinnerung an den Segen vor dem Sündenfall, jenseits der physischen Welt.

El. »Stern« und »Elb« sind schwer zu unterscheiden, weil beide von demselben Grundelement EL, »Stern«, abgeleitet sind: als erstes Element in Komposita kann *el-* beides bedeuten (oder wenigstens symbolisieren). Ein gesondertes Wort für »Stern« war im Urelbischen *ĕlĕn*, Plural *elenī*. Die Elben wurden *eledā/elenā* genannt, »ein Elb« (hochelbisch *Elda*), weil sie von dem Vala *Orome* beim Sternenschein in einem Tal gefunden wurden; und sie blieben immer Sternenfreunde. Aber dieser Name verband sich besonders mit denjenigen, die schließlich, geführt von Orome, nach Westen wanderten (und zumeist übers Meer gelangten). Die grauelbischen (Sindarin-)Formen hätten *êl*, Pl. *elin*, sein müssen; und *eledh* (Pl. *elidh*). Aber das letztere Wort wurde unter den Grauelben (Sindar), die nicht übers Meer fuhren, ungebräuchlich; es hielt sich allerdings in manchen Eigennamen wie *Eledhwen*, »die Elbisch-Schöne«. Nach der Rückkehr der Noldor (eines Teils der Hochelben) ins Exil wurde hochelbisch *elda* von der Grauelben als *eld* >*ell* wieder übernommen und bezeichnete nun die hochelbischen Flüchtlinge. Dies ist ohne Zweifel der Ursprung von *el, ell-* in Namen wie *Elrond, Elros, Elladan* und *Elrohir*.

Elrond, Elros. *rondō* war ein urelb. Wort für »Höhle«. Vgl. *Nargothrond* (befestigte Höhle am Fl. Narog), *Aglarond* etc. *rossē* bedeutete »Tau«, »Sprühregen« (eines Wasserfalls oder einer Fontäne). *Elrond* und *Elros*, die Söhne *Earendils* (Meeresfreund) und *Elwings* (Elbengischt), wurden so genannt, weil sie im letzten Akt der Fehde zwischen den hochelbischen Häusern der Noldorfürsten um die Silmaril von Feanors Söhnen verschleppt wurden; der Silmaril, den Beren und Lúthien aus Morgoths Besitz gerettet und dem König Thingol, Lúthiens Vater, gegeben hatten, war an Elwing, Tochter von Dior, Lúthiens Sohn, gefallen. Die Säuglinge wurden nicht erschlagen, sondern »wie Kinder im Wald« ausgesetzt, in einer Höhle mit einem Wasserfall über dem Eingang. Dort wurden sie gefunden: Elrond im Innern der Höhle, Elros im Wasser plantschend.[4]

Elrohir, Elladan. Diese Namen, die Elrond seinen Söhnen gab, verweisen auf die Tatsache, daß sie »Halbelben« waren (III, 314): Sie hatten von beiden Seiten her sowohl sterbliche als auch elbische Vorfahren; Tuor von seiten ihres Vaters, Beren von seiten ihrer Mutter. Beide bedeuten *Elb + Mensch. Elrohir* könnte man mit »Elb-Ritter« übersetzen; *rohir* ist eine spätere Form (III, 391) von *rochir*, »Pferde-Herr«, aus *roch*, »Pferd« + *hir*, »Herr«: Urelb. *rokkō* und *khēr* oder *kherū*: Hochelb. *rocco, hēr (hĕru). Elladan* wäre mit »Elb-Númenórer« zu übersetzen. *Adan* (Pl. *Edain*) war die Sindarin-Form des Namens, den man den »Vätern der Menschen« gegeben hatte, den Angehörigen der Drei Häuser der

Elbenfreunde, deren Überlebende später die Númenórer wurden oder die *Dún-edain*.

Legolas bedeutet »grünes Laub«, ein Name aus dem Waldland – mundartliche Form von rein Sindarin *laegolas*: **lassē* (hochelb. **lasse*, sind. *las(s)*), »Blatt«; **gwalassa/ *gwa-lassiē*, »Gesamtheit von Blättern, Laub« (hochelb. *olassiē*, sind. *golas, –olas*); **laikā*; »grün« – Stamm LAY wie in *laire*, »Sommer« (hochelb. *laica*, sind. *laeg* (selten gebraucht, gewöhnlich ersetzt durch *calen*), waldländ. *leg*).

Pterodaktylus. Ja und nein. Ich hatte nicht beabsichtigt, daß das Reittier des Hexenkönigs ein heute so genannter »Pterodaktylus« sein sollte, wie man ihn oft gezeichnet sieht (wofür die Anhaltspunkte etwas weniger schattenhaft sind als bei vielen anderen Monstern der neuen und faszinierenden halbwissenschaftlichen Mythologie des »Prähistorischen«). Aber offenbar ist es nun mal *pterodaktylisch* und der neuen Mythologie stark verpflichtet, und seine Beschreibung spricht sogar in gewisser Weise dafür, daß es ein Relikt aus älteren geologischen Zeitaltern sein könnte.[5]

Frage 5. Manwe, Vardas Gatte; oder, im Grauelbischen, Manwe und Elbereth. Weil die Valar keine eigene Sprache hatten, denn sie brauchten keine, hatten sie keine »richtigen« Namen, nur Identitäten; und ihre Namen, die ihnen von den Elben verliehen wurden, waren daher sämtlich zu Anfang sozusagen »Spitznamen«, die auf eine hervorstechende Eigenart, Tat oder Aufgabe verwiesen. (Dasselbe gilt auch für die »Istari« oder Zauberer, die Abgesandte der Valar waren, und für ihresgleichen.) Folglich hatte jede Identität mehrere »Spitznamen«; und die Namen der Valar in den verschiedenen Elbensprachen waren nicht notwendig miteinander verwandt (auch nicht in den Sprachen der Menschen, die ihr Wissen von den Elben herleiteten). (*Elbereth* und *Varda*, »Sternenherrin« und »die Erhabene«, sind keine verwandten Wörter, bezeichnen aber dieselbe Person.) Manwe (»gesegnetes Wesen«) war der Herr der Valar und daher der hohe oder Älteste König von Arda. *Arda*, »Reich«, war der Name, der unserer Welt oder Erde verliehen wurde, als dem Ort, der in den unendlichen Weiten von Ea zum Sitz und besonderen Herrschaftsbereich des Königs ausersehen war – weil er wußte, daß die Kinder Gottes hier erscheinen würden. In dem kosmogonischen Mythos heißt es, Manwe sei der »Bruder« Melkors gewesen, das heißt, im Geiste des Schöpfers waren sie ebenbürtig und gleich mächtig. Melkor wurde der Rebell und der Diabolos dieser Erzählungen, der Manwe das Königreich Arda streitig machte. (Er wurde im Grauelbischen gewöhnlich *Morgoth* genannt.)

Der Eine ist in keinem Teil von Ea leibhaftig anwesend.

Ich darf wohl sagen, daß all dies »mythisch« ist und keine neue Art von Religion oder Vision darstellen soll. Soviel ich weiß, ist es nur eine Erfindung der Einbildungskraft, die auf die einzige mir mögliche Weise manche meiner (trüben) Vorstellungen von der Welt ausdrücken soll. Ich kann nur sagen, daß es, wenn dies »historisch« wäre, schwierig sein dürfte, die Länder und Ereignisse (oder »Kulturen«) mit den uns bekannten archäologischen oder geologischen Befunden zu vereinbaren, die den näheren oder ferneren Teil dessen, was heute Europa heißt, betreffen; allerdings wird zum Beispiel von Auenland ausdrücklich gesagt, daß es in dieser Region gelegen habe (I, p. 12, dt. 16).[6] Ich hätte alles auf größere Wahrscheinlichkeit hin zusammensetzen können, hätte sich die Geschichte nicht schon zu weit entwickelt gehabt, bevor sich die Frage für mich überhaupt stellte. Ich bezweifle, ob damit viel gewonnen gewesen wäre, und hoffe, daß die augenscheinlich lange, aber unbestimmte zeitliche Lücke* zwischen dem Fall von Barad-dûr und unseren Tagen ausreicht, eine »literarische Glaubwürdigkeit« zu erwirken, sogar bei Lesern, die mit dem, was man über die »Prähistorie« weiß oder vermutet, vertraut sind.

Ich habe, so scheint mir, eine imaginäre *Zeit* konstruiert, bin aber, was den *Raum* angeht, mit den Füßen auf der Mutter Erde geblieben. Das ist mir lieber als die zeitgenössische Mode, ferne Welten im »All« aufzusuchen. So merkwürdig sie auch sein mögen, sie sind fremd und können nicht mit der Liebe eines Blutsverwandten geliebt werden. *Mittelerde* ist (nebenbei gesagt & wenn eine solche Anmerkung überhaupt nötig ist) nicht meine eigene Erfindung. Es ist eine Modernisierung oder Abwandlung (N[ew] E[nglish] D[ictionary] »eine Perversion«) eines alten Wortes für die von Menschen bewohnte Welt, die *oikoumenē*: Mittel-, weil man es sich irgendwo zwischen den umgebenden Meeren und (in der nordischen Vorstellung) zwischen dem Eis des Nordens und dem Feuer des Südens dachte. Altengl. *middan-geard*, mittelengl. *midden-erd, middle-erd*. Viele Rezensenten scheinen anzunehmen, daß Mittelerde ein anderer Planet ist!

Theologisch (wenn dieser Terminus nicht zu großspurig ist) denke ich mir, daß das Bild nicht so weit von dem abweicht, wovon manche (darunter auch ich) glauben, daß es die Wahrheit sei. Aber da ich wohlweislich eine Erzählung geschrieben habe, die zwar auf bestimmten

---

* Ich stelle mir eine Lücke von etwa 6000 Jahren vor: das heißt, wir sind jetzt am Ende des Fünften Zeitalters, wenn die Zeitalter ungefähr von gleicher Länge wären wie das Erste und Zweite. Ich denke aber, sie haben sich beschleunigt, und stelle mir vor, wir sind gegenwärtig am Ende des Sechsten Zeitalters oder im Siebten.

»religiösen« Ideen aufbaut oder aus ihnen gebildet ist, aber *keine* Allegorie dieser Ideen (oder von irgend etwas anderem) ist und sie gar nicht offen erwähnt, geschweige denn predigt, will ich von dieser Form auch jetzt nicht abgehen und eine theologische Abhandlung schreiben, wozu ich nicht geeignet bin. Aber ich könnte sagen, wenn die Erzählung »von« irgend etwas handelt (außer von sich selbst), dann nicht, wie weithin anscheinend angenommen wird, von »Macht«. Machtstreben ist nur Motivkraft, die die Ereignisse in Gang setzt, und, glaube ich, relativ unwichtig. Die Erzählung handelt hauptsächlich von Tod und Unsterblichkeit – und von den Formen des »Entkommens«: serieller Langlebigkeit und hortender Erinnerung.

Ihr ergebener

J. R. R. Tolkien

212 Entwurf zu einer Fortsetzung des obigen Briefes (nicht abgeschickt)

Weil ich schon einmal so viel geschrieben habe (hoffentlich nicht zu viel), kann ich ebensogut auch noch ein paar Zeilen über den Mythos hinzufügen, auf den alles gegründet ist, weil dadurch die Verhältnisse der Valar, Elben, Menschen, Saurons, der Zauberer &c. klarer werden könnten.

Die Valar oder »Mächte, Herrscher« waren die erste »Schöpfung«: vernunftbegabte Geister oder Wesen ohne Inkarnation, die schon *vor* der physischen Welt erschaffen wurden. (Strenggenommen wurden diese Geister die *Ainur* genannt, und die *Valar* waren nur diejenigen von ihnen, die in die Welt nach deren Erschaffung eingingen, und der Name bezeichnet eigentlich nur die Großen unter ihnen, die in einem bildhaften, aber nicht theologischen Sinn die Stellung von »Göttern« einnehmen.) Die Ainur nahmen an der Schaffung der Welt als »Nebenschöpfer« teil: in verschiedenem Maße, jeder auf seine Weise. Den Plan, den ihnen der Eine vorgeführt hatte, legten sie nach besten Kräften aus und vervollständigten die Einzelheiten. Darin wurden sie zuerst in musikalischer oder abstrakter Form unterwiesen, dann in einer »historischen Vision«. Bei der ersten Interpretation, der großen Musik der Ainur, führte Melkor Abwandlungen des Themas ein, die keine Interpretationen zu den Gedanken des Einen waren, und daraus erwuchs großer Mißklang. Dann führte der Eine diese »Musik« mitsamt ihren scheinbaren Disharmonien als eine sichtbare »Geschichte« vor.

In diesem Stadium hatte sie immer noch nur eine Geltung, die man mit der Geltung einer »Erzählung« in unseren Verhältnissen vergleichen kann: Sie »existiert« im Sinn des Erzählers und, davon abhängig, auch im Sinn der Zuhörer, aber nicht auf der gleichen Ebene wie Erzähler oder Zuhörer. Als der Eine (der Erzähler) sagte: *Es sei*[*], da wurde die Erzählung zu Geschichte, nämlich historisch auf der gleichen Ebene wie die Zuhörer; und diese konnten, wenn sie wollten, *in sie eingehen*. Viele von den Ainur *sind* in sie eingegangen und müssen bis ans Ende darin bleiben, weil sie nun in die Zeit verstrickt sind, die Abfolge der Ereignisse, die sie vollendet. Dies waren die Valar und ihr Gefolge. Sie waren diejenigen, die sich in die Vision »verliebt« hatten, und zweifellos auch dieselben, die sich an der Musik am meisten »nebenschöpferisch« (oder, wie wir auch sagen könnten, »künstlerisch«) beteiligt hatten.

Ihre Liebe zu Ea und der Anteil, den sie an ihrer Erschaffung genommen hatten, waren der Grund, warum sie *wünschten* und *fähig waren*, sichtbare körperliche Gestalten anzunehmen; wobei diese allerdings unseren Kleidern (insofern unsere Kleider ein persönlicher Ausdruck sind), nicht unseren Körpern vergleichbar waren. Ihre Gestalten waren also Ausdruck ihrer Person, ihrer Kräfte und Vorlieben. Sie waren nicht notwendig anthropomorph (*Yavanna*, Aules Gemahlin[**], erschien zum Beispiel manchmal in Gestalt eines großen Baumes). Aber die »gewöhnlichen« Erscheinungen der Valar, wenn sie sichtbar oder eingekleidet auftraten, waren anthropomorph wegen ihrer eindringlichen Beschäftigung mit Elben und Menschen.

Elben und Menschen hießen die »Kinder Gottes«, weil sie sozusagen eine eigenwillige Ergänzung des Schöpfungsplans durch den Schöpfer selbst waren, und zwar eine, an der die Valar keinen Anteil hatten. (Ihre »Themen« wurden von dem Einen in die Musik eingeführt, als Melkors Dissonanzen aufkamen.) Die Valar wußten, daß sie erscheinen würden, und die Großen unter ihnen wußten auch, wann und wie (aber nicht genau), aber von ihrer Wesensart wußten sie wenig, und ihre Voraussicht, die aus ihrem Vorwissen um den Schöpfungsplan stammte, war unvollkommen und ließ sie hinsichtlich dessen, was die Kinder dann taten, im Stich. Die nicht korrumpierten Valar sehnten sich daher nach den Kindern, bevor sie kamen, und liebten sie nachher als Geschöpfe, die »anders« waren als sie selbst, unabhängig von ihnen und ihrer Kunstfer-

---

[*] Darum nannten die Elben die Welt, das Universum, Ea – es ist.

[**] Es ist die Sicht dieses Mythos, daß bei (z. B.) Elben und Menschen das »Geschlecht« nur ein physischer oder biologischer Ausdruck einer Wesensverschiedenheit im »Geiste« ist, nicht die *letzte* Ursache des Unterschieds zwischen Weiblichkeit und Männlichkeit.

tigkeit, »Kinder«, weil sie schwächer und unwissender waren als die Valar, aber von gleicher Abstammung (nämlich geradewegs von dem Einen); auch wenn sie ihnen als den Herrschern von Arda untergeordnet waren. Die korrumpierten, nämlich Melkor/Morgoth und seine Anhänger (unter denen Sauron einer der wichtigsten war), sahen in den Kindern dagegen das ideale Rohmaterial zu Sklaven und Untertanen, für die sie selbst die Herrscher und »Götter« werden konnten; sie beneideten die Kinder und haßten sie insgeheim, im gleichen Maße, in dem sie zu Rebellen gegen den Einen (und Manwe, seinen Statthalter in Ea) wurden.

In dieser mythischen »Prähistorie« gehörte *Unsterblichkeit*, genauer gesagt, Langlebigkeit über die ganze Lebensspanne von Arda, zu den Gaben, die der Natur der Elben verliehen waren; über das Ende hinaus wurde nichts offenbart. *Sterblichkeit*, das heißt, eine kurze Lebensspanne ohne Beziehung zur Dauer von Arda, wird als die gegebene Natur der Menschen bezeichnet: Die Elben nannten sie die *Gabe Ilúvatars* (Gottes). Es ist jedoch zu bedenken, daß diese Erzählungen *mythisch* auf die Elben ausgerichtet*, nicht anthropozentrisch sind und daß die Menschen darin erst zu einer Zeit, die schon lange nach ihrer Ankunft liegen muß, auftreten. Dies ist daher eine elbische Sichtweise und besagt nicht notwendig etwas für oder wider einen Glauben wie den christlichen, daß der »Tod« nicht Teil der menschlichen Natur, sondern die Strafe für eine Sünde (Auflehnung) sei, eine Folge des Sündenfalls. Es sollte als eine elbische Vorstellung davon betrachtet werden, was der *Tod* – nicht gebunden zu sein an »die Kreise der Welt« – für die Menschen nun werden könnte, unabhängig davon, wie es dazu gekommen sein mag. Eine göttliche »Gabe«, wenn sie angenommen wird, weil ihr Zweck letztlich ein Segen ist, und der allerhöchste Erfindungsgeist des Schöpfers wird die »Strafen« (das heißt, Änderungen seines Planes) etwas Gutes bewirken lassen, das anders nicht zu erreichen wäre: ein »sterblicher« Mensch (würde ein Elb sagen) hat wahrscheinlich ein höheres, obgleich nicht offenbartes Schicksal als ein Langlebiger. Durch Tricks oder »Magie« die Langlebigkeit wiedergewinnen zu wollen, ist also die größte Torheit und Bosheit der »Sterblichen«. Langlebigkeit oder gefälschte

---

* In der *Erzählung*, sobald die Sache »narrativ« und nicht mythisch wird, weil es ja doch *menschliche* Literatur bleibt, muß sich das Zentrum des Interesses zu den Menschen (und ihren Beziehungen zu Elben oder anderen Geschöpfen) hin verlagern. Wir können keine Geschichten *über* Elben schreiben, die wir nicht von innen her kennen; und wenn wir es versuchen, verwandeln wir einfach die Elben in Menschen.

Unsterblichkeit (die echte Unsterblichkeit ist jenseits von Ea) ist Saurons wirksamster Köder – sie lockt den Kleinen auf den Weg Gollums und den Großen auf den eines Ringgeistes.

In den Sagen der Elben ist der merkwürdige Fall einer Elbin verzeichnet (Míriel, Feanors Mutter), die zu sterben versuchte, mit unheilvollen Folgen, bis hin zum »Sündenfall« der Hochelben. Die Elben kannten keine Krankheiten, aber sie konnten »erschlagen« werden: d. h. ihre Leiber konnten vernichtet oder so verstümmelt werden, daß sie zum Weiterleben nicht mehr taugten. Aber dies führte ihrer Natur gemäß nicht zum »Tode«: Sie wurden wiederhergestellt und wiedergeboren und erlangten schließlich alle Erinnerungen aus ihrer Vergangenheit wieder: Sie blieben »identisch.« Míriel wollte das Dasein aufgeben und verweigerte sich der Wiedergeburt.*

Ich nehme an, ein Unterschied zwischen diesem Mythos und dem, was man vielleicht eine christliche Mythologie nennen kann, ist der folgende. In der letzteren tritt der Sündenfall des Menschen nach dem »Sturz der Engel« und in dessen Folge ein (obgleich nicht als notwendige Folge): eine Rebellion des erschaffenen Freien Willens auf höherer Stufe als der Mensch; aber es wird nicht klar ausgesagt (und in manchen Versionen überhaupt nicht gesagt), daß dies die »Welt« in ihrem Wesen berührte: das Böse wurde von außen, durch Satan, hineingetragen. In

---

* [Anscheinend später hinzugefügte Anmerkung:] Ansicht der Elben (und der nicht korrumpierten Númenórer) war es auch, daß ein »guter« Mensch willentlich sterben wolle oder solle, in vertrauensvoller Ergebung, *bevor er dazu gezwungen wäre* (wie es Aragorn tat). Dies war vielleicht die Natur des sündenfreien Menschen; allerdings wäre Zwang für ihn keine Drohung: Er würde wünschen und erbitten, »übergehen« zu dürfen in einen höheren Zustand. Die Himmelfahrt Marias, der einzigen *sündenfreien* Person, kann in mancher Hinsicht als einfache Wiedererlangung der Gnade und Freiheit vor dem Sündenfall angesehen werden: sie bat darum, aufgenommen zu werden, und wurde es, weil sie auf Erden keine Aufgabe mehr hatte. Allerdings war sie zwar *sündenfrei*, aber natürlich nicht *vor* dem Sündenfall. Ihr Schicksal (an dem sie mitgewirkt hatte) war ein weit höheres, als es das Schicksal jedes »Menschen« gewesen wäre, wenn es den Sündenfall nicht gegeben hätte. Es war auch undenkbar, daß ihr Leib, aus dem unmittelbar der Leib Unseres Herrn entsprungen ist (ohne andere leibliche Vermittlung) verwest oder »verdorben« sein sollte, und sicherlich konnte er nach Christi Himmelfahrt nicht lange von IHM getrennt bleiben. Es gibt natürlich keinen Hinweis darauf, daß Maria nicht in der für ihr Volk normalen Zeit »gealtert« wäre; aber gewiß konnte oder durfte dieser Prozeß nicht bis zum Gebrechlichwerden oder zum Verlust der Vitalität oder der äußeren Ansehnlichkeit fortgehen. Ihre Himmelfahrt war in jedem Fall von Christi Himmelfahrt so verschieden wie die Wiedererweckung des Lazarus von der (Selbst-)Auferstehung.

diesem Mythos geht die Rebellion des erschaffenen Freien Willens der Erschaffung der Welt (Ea) voraus; und Ea trägt das nebenschöpferisch eingeführte Böse, die Rebellionen und dissonanten Elemente ihrer eigenen Natur schon in sich, wenn das *Es sei* gesprochen wird. Der Sündenfall oder die Verderbnis aller Dinge darin und aller ihrer Bewohner war daher eine Möglichkeit, wenn nicht unvermeidlich. Bäume können »schlecht werden« wie im Alten Wald; Elben können in Orks verwandelt werden, und wenn dazu auch die besonders pervertierende Bosheit Morgoths erforderlich war, so konnten die Elben doch auch von sich aus Böses tun. Sogar die »guten« Valar konnten als Bewohner dieser Welt zumindest irren; so erging es den Großen unter den Valar in ihren Beziehungen mit den Elben; und so konnten die Geringeren ihrer Art (wie die Istari oder Zauberer) auf verschiedene Weise eigennützig werden. Aule zum Beispiel, einer der Großen, ist in gewissem Sinne auch »gefallen«; denn er sehnte sich so danach, die Kinder zu sehen, daß er ungeduldig wurde und dem Willen des Schöpfers vorzugreifen versuchte. Weil er der größte aller Handwerker war, versuchte er, Kinder zu schaffen, nach seinem unvollständigen Wissen von ihrer Art. Als er dreizehn* fertig hatte, sprach Gott zu ihm, im Zorn, doch nicht ohne Erbarmen: denn Aule hatte dies *nicht* aus dem bösen Verlangen nach Sklaven und eigenen Untertanen, sondern aus ungeduldiger Liebe getan, weil er sich Kinder wünschte, um zu ihnen zu sprechen und sie zu belehren, um sie am Lob Ilúvatars und an seiner großen Liebe zu den *Stoffen*, aus denen die Welt geschaffen ist, teilhaben zu lassen.

Der Eine wies Aule zurecht und sagte, er habe versucht, die Macht des Schöpfers an sich zu reißen; er könne aber seinen Geschöpfen kein selbständiges *Leben* verleihen. Er habe nur ein Leben, nämlich das ihm von dem Einen übertragene, und allenfalls könne er dieses verteilen. »Siehe!« sagte der Eine. »Diese deine Geschöpfe haben nur deinen Willen und deine Bewegtheit. Obwohl du eine Sprache für sie erdacht hast, können sie dir nur deine eigenen Gedanken vermelden. Das ist ein Hohn auf mich.«

Da demütigte sich Aule in Kummer und Reue und bat um Vergebung. Und er sagte: »Ich werde diese Bilder meiner Anmaßung vernichten und warten, bis dein Wille geschieht.« Und er nahm einen großen Hammer und hob ihn, um das älteste seiner Bilder zu zerschlagen; aber es wich beiseite und duckte sich vor ihm. Und als er erstaunt in seinem Schlag innehielt, hörte er Ilúvatar lachen.

»Wundert dich dies?« sagte er. »Siehe! Leben haben sie nun, deine

---

* Eines, das älteste, allein und sechs weitere mit sechs Gefährtinnen.[1]

Geschöpfe, frei von deinem Willen. Denn ich habe deine Bescheidenheit gesehen und mich deiner Ungeduld erbarmt. Dein Werk habe ich in meinen Plan aufgenommen.«

Dies ist die elbische Sage von der Erschaffung der Zwerge; aber die Elben berichten auch, daß Ilúvatar dann gesagt habe: »Dennoch will ich nicht leiden, daß man meinem Plane zuvorkommt: deine Kinder sollen nicht vor den meinen erwachen.« Und er gebot Aule, die Väter der Zwerge an verschiedenen tiefen Orten zur Ruhe zu legen, jeden mit seiner Gefährtin, bis auf Dúrin, den ältesten, der keine hatte. Dort sollten sie lange schlafen, bis Ilúvatar sie erwachen hieße. Dennoch hat zumeist zwischen den Zwergen und den Kindern Ilúvatars wenig Freundschaft geherrscht. Und von dem Schicksal, das Ilúvatar den Kindern Aules jenseits der Kreise dieser Welt zugedacht hat, wissen Elben und Menschen nichts; und die Zwerge, sofern sie etwas wissen, sprechen darüber nicht.

213 Aus einem Brief an Deborah Webster 25. Oktober 1958

Ich gebe nicht gern über mich selbst »Fakten« bekannt, es sei denn »trockene« (die zum Verständnis meiner Bücher ohnehin ebensoviel beitragen wie irgendwelche saftigeren Details). Nicht nur aus persönlichen Gründen, sondern weil ich etwas gegen diese moderne Tendenz in der Kritik habe, mit ihrem übertriebenen Interesse an den Einzelheiten aus dem Leben von Schriftstellern und Künstlern. Sie lenken nur die Aufmerksamkeit vom Werk eines Autors ab (sofern dieses Werk tatsächlich Aufmerksamkeit verdient) und werden am Ende dann, wie man heute oft sieht, zum hauptsächlichen Interesse. Aber nur der Schutzengel eines Autors, vielleicht sogar nur Gott selbst könnte die wahre Beziehung zwischen den persönlichen Lebensumständen und den Werken eines Autors aufdröseln. Der Autor selbst kann es nicht (obwohl er mehr weiß als jeder Nachforschende), und ein sogenannter »Psychologe« schon gar nicht.

Aber natürlich gibt es für die »Fakten« dieser Art eine Skala der Bedeutsamkeit. Es gibt belanglose Fakten (die den Analytikern und denen, die über Schriftsteller schriftstellern, besonders am Herzen liegen): ob er trinkt, seine Frau prügelt und dergleichen mehr. Dieser Sünden im besonderen bin ich zufällig nicht schuldig. Wäre ich es aber, würde ich nicht annehmen, daß die künstlerische Leistung aus denselben Schwächen, die dazu führten, hervorgehe, sondern aus anderen, noch unverdorbenen Regionen meines Daseins. Von modernen »Forschern«

erfahre ich, daß Beethoven seine Verleger betrogen und seinen Neffen abscheulich schlecht behandelt hat; aber ich glaube nicht, daß dies mit seiner Musik irgend etwas zu tun hat. Dann gibt es bedeutsamere Fakten, die mit den Werken eines Autors tatsächlich in einer gewissen Beziehung stehen, obwohl sich aus ihrer Kenntnis nicht wirklich die Werke erklären, auch nicht bei ausführlicher Untersuchung. Zum Beispiel mag ich das Französische nicht und ziehe Spanisch dem Italienischen vor – aber die Beziehung dieser Fakten zu meinem Sprachgeschmack (der offensichtlich einen großen Anteil am *Herrn der Ringe* hat) aufzudröseln, würde viel Zeit erfordern, und nachher würde man genau wie vorher die Namen und Sprachbrocken in meinen Büchern mögen (oder nicht mögen). Und dann gibt es ein paar grundsätzliche Fakten, die wirklich bedeutsam sind, egal, wie trocken man sie ausdrückt. Zum Beispiel wurde ich 1892 geboren und lebte während meiner frühen Jahre im »Auenland« in einem vormechanischen Zeitalter. Oder, noch wichtiger, ich bin Christ (was man aus meinen Geschichten erschließen kann), genau gesagt, Katholik. Letzteres »Faktum« kann man vielleicht nicht erschließen; allerdings hat mir ein Kritiker (in einem Brief) versichert, daß die Anrufungen Elbereths oder die Gestalt Galadriels, so wie sie direkt (oder durch Gimlis und Sams Worte) beschrieben wird, eine deutliche Beziehung zur katholischen Marienverehrung hätten. Andere haben in der Wegzehrung (lembas) = Viaticum und in den Anspielungen darauf, daß sie den *Willen* speise (Bd. III, p. 213) und während des Fastens stärker wirke, einen Anklang an die Eucharistie gesehen. (Das heißt: sehr viel größere Dinge vermögen den Geist bei der Beschäftigung mit den geringeren Belangen eines Märchens einzufärben.)

Ich bin tatsächlich selber ein *Hobbit* (in allem bis auf die Größe). Ich liebe Gärten, Bäume und Ackerland ohne Maschinen; ich rauche Pfeife, esse gern gute, einfache Sachen (nichts aus dem Kühlschrank) und verabscheue die französische Küche; ich getraue mich, in dieser grauen Zeit dekorative Westen zu tragen. Ich mag Pilze (vom Felde); habe einen sehr einfachen Humor (den sogar meine wohlwollenden Kritiker störend finden); ich gehe spät zu Bett und stehe spät auf (wenn möglich). Ich reise nicht viel. Ich liebe Wales (was die Bergwerke und die noch schlimmeren Badeorte davon übriggelassen haben) und besonders die walisische Sprache. Aber tatsächlich bin ich schon lange nicht mehr in W. gewesen (außer auf der Durchreise nach Irland). Nach Irland fahre ich oft (nach Eire: Südirland), weil ich das Land und seine Bewohner (die meisten) mag; aber die irische Sprache finde ich völlig reizlos. Ich hoffe, das genügt für den Anfang.

214 An A. C. Nunn (Entwurf)

[Antwort auf den Brief eines Lesers, der auf einen scheinbaren Widerspruch im *Herrn der Ringe* hingewiesen hatte: In dem Kapitel »Ein lang erwartetes Fest« heißt es, daß »Hobbits an ihren Geburtstagen anderen Geschenke machen«; und doch bezeichnet Gollum den Ring als sein »Geburtstagsgeschenk«, und der Bericht darüber, wie er dazu gekommen ist, in dem Kapitel »Der Schatten der Vergangenheit«, zeigt, daß man bei seinem Volk zum Geburtstag Geschenke *bekam*. Daher, so schrieb Mr. Nunn, »muß eine der folgenden Möglichkeiten zutreffen: (1) Sméagols Volk war *nicht* ›vom Hobbitschlag‹, wie Gandalf meint (I, p. 62, dt. 74); (2) die Hobbit-Sitte, Geschenke zu machen, war erst in letzter Zeit aufgekommen; (3) die Sitten der Starren [Sméagol-Gollums Volk] waren von denen anderer Hobbits verschieden; oder (5) [sic!] es liegt ein Fehler im Text vor. Ich wäre Ihnen sehr dankbar, wenn Sie sich die Zeit nehmen könnten, zu dieser wichtigen Frage ein paar Nachforschungen anzustellen.«]

[Undatiert, wahrscheinlich Ende 1958/Anfang 1959]
Lieber Mr. Nunn,
   ich bin kein musterhafter Gelehrter[1]; aber in allem, was das Dritte Zeitalter angeht, betrachte ich mich nur als »Chronisten«. Die Fehler, die es in meinem Bericht geben mag, beruhen, glaube ich, in keinem Fall auf Irrtümern, d. h. auf unzutreffenden Angaben, sondern auf Auslassungen und Unvollständigkeit der Information, meist bedingt durch das Erfordernis der Komprimierung und durch den Versuch, die Information *en passant* im Fortgang der Erzählung zu bringen, was naturgemäß zur Weglassung von vielem führte, das für die Erzählung nicht unmittelbar wichtig war.
   In der Frage der Geburtstagssitten und der scheinbaren Unstimmigkeiten, die Sie feststellen, können wir daher wohl Ihre Alternativen (1) und (5) ausscheiden. Sie lassen (4) aus.
   Im Hinblick auf (1) sagt Gandalf zwar zuerst »I guess«, p. 62, [»ich vermute«, dt. S. 74], aber das ist gemäß seinem Charakter und seinem Wissen zu verstehen. In modernerer Sprache hätte er gesagt, »I deduce«, denn er spricht von Dingen, die er nicht selbst beobachtet, über die er sich aber aufgrund von Nachforschungen ein Urteil gebildet hat. (In Anhang B werden Sie sehen, daß die Zauberer erst kurz vor der ersten Erwähnung der Hobbits in den Urkunden auftauchten, zu einer Zeit, als die Hobbits schon in die drei deutlich unterschiedenen Stämme aufgeteilt waren.) Aber er zweifelte nicht wirklich an seinem Urteil: »Trotzdem ist es wahr, usw.«, p. 63 [dt. 76].

Ihre Alternative (2) wäre möglich, aber weil der Chronist auf p. 35 [dt. 42] von *Hobbits* spricht (was er, woher das Wort auch kommen mag, als Bezeichnung für die gesamte Rasse gebraucht) und nicht von den *Hobbits des Auenlandes* oder dem *Auenland-Volk*, muß angenommen werden, daß er meint, die Sitte, Geschenke zu machen, sei in irgendeiner Form allen Unterarten gemeinsam gewesen, also auch den Starren. Weil aber Ihr (3) natürlich richtig ist, könnten wir erwarten, daß sogar eine so tief eingewurzelte Sitte in den verschiedenen Stammeszweigen verschieden ausgeformt sein wird. Mit der Rückwanderung der Starren nach Wilderland 1356 D[rittes Z[eitalter] wurde jeder Kontakt zwischen dieser rückständigen Gruppe und den Vorfahren des Auenlandvolkes abgebrochen. Mehr als 1100 Jahre vergingen dann bis zu dem Vorfall mit Déagol und Sméagol (ca. 2463). Zur Zeit des Festes im Jahre 3001 D. Z., bei dem die Sitten des Auenlandvolkes kursorisch erwähnt werden, soweit sie die Erzählung berühren, beträgt die zeitliche Kluft fast 1650 Jahre.

Alle Hobbits änderten sich nur langsam, aber die zurückgewanderten Starren nahmen eine wildere und primitivere Lebensweise in kleinen und dahinschwindenden* Gemeinden wieder auf; dagegen hatte das Auenland-Volk in den 1400 Jahren seiner Ansässigkeit ein geordneteres und vielseitigeres Sozialleben entwickelt, in dem die Bedeutung der Verwandtschaftsverhältnisse für die Sitten und Empfindungsweisen durch detaillierte schriftliche und mündliche Überlieferungen unterstützt wurde.

Obwohl ich jede Erörterung dieser sonderbaren, aber bezeichnenden Eigenart ihres Verhaltens weggelassen habe, ließen sich die Tatsachen in bezug auf das Auenland doch einigermaßen detailliert ausführen. Für die Starren am Flußufer ist man naturgemäß mehr auf Mutmaßungen angewiesen.

»Geburtstage« hatten erhebliche soziale Bedeutung. Wer seinen/ ihren Geburtstag feierte, hieß ein *ribadyan* (was man nach dem beschriebenen[2] und befolgten System mit *byrding*[3] wiedergeben könnte). Die Bräuche in bezug auf Geburtstage hatten, obwohl tief eingewurzelt, eine Regelung nach einer ziemlich strengen Etikette bekommen und beschränkten sich infolgedessen in vielen Fällen auf Förmlichkeiten: wofür ja auch die »in der Regel nicht sehr teuren Geschenke«, p. 35 [dt. 42],

---

* Zwischen dem Jahr 2463 und dem Beginn von Gandalfs speziellen Nachforschungen über den Verbleib des Rings (fast 500 Jahre später) scheinen sie sogar ganz ausgestorben (bis auf Sméagol natürlich) oder vor dem Schatten von Dol Guldur geflohen zu sein.

sprechen und besonders auch p. 46 [dt. 54 f.], II. 20–26. Was nun die *Geschenke* angeht: der »byrding« *machte* an seinem Geburtstag sowohl Geschenke und *empfing* auch welche; aber die Vorgehensweisen waren in Ursprung, Funktion und Etikette verschieden. Das *Empfangen* wurde vom Erzähler weggelassen (weil es nichts mit dem Fest zu tun hat), aber es war eigentlich die ältere Sitte und daher die am stärksten formalisierte. (Es hat sehr wohl etwas mit dem Sméagol-Déagol-Vorfall zu tun, aber der Erzähler, der sich dabei auf die wichtigsten Elemente beschränken und sie Gandalf, der mit einem Hobbit spricht, in den Mund legen mußte, sagte natürlich nichts Näheres zu einer Sitte, die dem Hobbit (und auch uns) im Zusammenhang mit Geburtstagen selbstverständlich sein mußte.)

Geschenke empfangen: Dies war ein altes Ritual im Zusammenhang mit *Verwandtschaft.* Ursprünglich war es eine Anerkennung der Mitgliedschaft des *byrding* in der Familie oder dem Clan und eine Erinnerung an seine förmliche »Eingliederung«.* *Kein* Geschenk wurde den Kindern an ihren Geburtstagen vom Vater oder der Mutter gemacht (außer in den seltenen Fällen von Adoption); aber von dem, der als Familienoberhaupt galt, wurde ein Geschenk erwartet, wenn auch nur ein symbolisches.

Geschenke machen: Dies war eine persönliche Angelegenheit und beschränkte sich nicht auf die Verwandtschaft. Es war eine Form der »Danksagung« und wurde aufgefaßt als Anerkennung für Dienste, Wohltaten und Freundschaftsbeweise, besonders während des letzten Jahres.

Anzumerken ist noch, daß Hobbits, sobald sie zu »Fants« wurden (d. h. sprach- und gehfähig: offiziell am dritten Jahrestag ihrer Geburt), ihren Eltern *Geschenke machten.* Dies sollten Dinge sein, die vom Geber »erzeugt« waren (d. h. von ihm gefunden, angepflanzt oder gemacht), was bei kleinen Kindern mit einem Strauß Wiesenblumen anfangen konnte. Dies mag der Ursprung der Verteilung von »Danksagungs«-Geschenken im weiteren Umkreis gewesen sein, zugleich auch der Grund, warum es sogar im Auenland weiterhin als »korrekt« galt, wenn solche Geschenke Dinge waren, die dem Geber gehörten oder von ihm hergestellt worden waren. Proben von den Erzeugnissen ihrer Gärten, Felder oder Werkstätten blieben die gewöhnlichen »Gebegeschenke«, besonders unter den ärmeren Hobbits.

Nach auenländischer Etikette beschränkte sich zur Zeit des Festes die

---

* In alter Zeit geschah dies offenbar kurz nach der Geburt, als Bekanntgabe des Kindesnamens vor der versammelten Familie oder, in größeren und stärker gegliederten Gemeinden, vor dem nominellen »Oberhaupt« des Clans oder der Familie. Vgl. Anmerkung am Ende.

»Erwartung, zu empfangen«, auf Vettern zweiten Grades oder nähere Verwandte, sofern sie *in einem Umkreis* von 12 Meilen wohnten.* Selbst von engen Freunden (wenn sie nicht verwandt waren) wurde kein Geschenk »erwartet«, auch wenn sie vielleicht doch eines machten. Die Entfernungsgrenze im Auenland war offenbar eine relativ neue Folge der allmählichen Auflösung der Verwandtschaftsgemeinden und der Zerstreuung der Angehörigen unter den Bedingungen langer Seßhaftigkeit. Denn die empfangenen Geschenke (zweifellos ein Relikt aus den Sitten der alten Kleinfamilien) mußten persönlich übergeben werden, am besten am Vorabend des Geburtstages, spätestens vor dem Mittagessen. Sie wurden von dem »byrding« vertraulich entgegengenommen; und es war sehr ungehörig, sie einzeln oder insgesamt zur Schau zu stellen – womit gerade die Peinlichkeiten vermieden werden sollten, wie sie bei uns durch die Schaustellung von Hochzeitsgeschenken entstehen (die dem Auenlandvolk ein Greuel gewesen wären).** Auf diese Weise konnte der Geber sein Geschenk nach der Größe seines Geldbeutels oder seiner Zuneigung bemessen, ohne daß öffentlich Bemerkungen über ihn gemacht oder jemand anders als der Empfänger (sofern überhaupt jemand) gekränkt wurde. Aber die Sitte erforderte keine kostspieligen Geschenke, und ein Hobbit war über ein unerwartet »gutes« oder erwünschtes Geschenk viel eher erfreut und geschmeichelt, als durch ein herkömmliches Zeichen verwandtschaftlichen Wohlwollens gekränkt.

Eine Spur davon kann man in dem Bericht über Sméagol und Déagol erkennen, modifiziert durch die individuellen Charaktere dieser beiden ziemlich erbärmlichen Figuren. Déagol, offenbar ein Verwandter (wie sicherlich alle Mitglieder der kleinen Gemeinde), hatte Sméagol das herkömmliche Geschenk schon gemacht, obwohl sie zu ihrem Ausflug wahrscheinlich schon s. früh am Morgen aufgebrochen waren. In seinem schäbigen, kleinlichen Herzen tat es ihm darum leid. Sméagol, noch schäbiger und habgieriger, versuchte seinen »Geburtstag« als Vorwand für eine tyrannische Handlung zu verwenden. »Weil ich's nun mal haben

---

* Daher der Hobbitausdruck »ein Zwölfmeilenvetter« für jemanden, der sich eng an den Buchstaben des Gesetzes hielt und über dessen haargenaue Auslegung hinaus keinerlei Verpflichtungen anerkannte: so einer machte einem auch kein Geschenk, wenn die Entfernung von Tür zu Tür bis zu ihm nicht *unter* 12 Meilen war (nach seiner Messung).

**Bei oder während einer Hochzeitsfeier wurden unter den Hobbits keine Geschenke gemacht, abgesehen von Blumen (Hochzeiten waren meistens im Frühling oder Frühsommer). Beistand zur Einrichtung eines Hauses (wenn das Paar in ein eigenes Haus einziehen sollte oder in eine gesonderte Wohnung in einem Smial) wurde lange vorher von den beiderseitigen Eltern geleistet.

will«, war die wichtigste und freimütigste Begründung seines Anspruchs. Aber indirekt sagte er damit auch, daß D.'s Geschenk ein armseliges und unzulängliches Symbol gewesen sei: daher D.'s Erwiderung, es sei schon mehr, als er sich leisten könne.

Das *Machen von Geschenken* durch den »byrding« – von den schon erwähnten Geschenken für die Eltern* hier abgesehen –, das persönlicher und eine Form der Danksagung war, hatte zu verschiedener Zeit und an verschiedenen Orten sehr viel mehr wechselnde Formen, je nach Alter und Status des »byrding«. Der Herr und die Herrin eines Hauses oder einer Höhle im Auenland machten allen Geschenke, die unter ihrem Dach wohnten oder in ihrem Dienst standen, und gewöhnlich auch den nächsten Nachbarn. Und sie konnten die Liste nach Belieben ausweiten, in Erinnerung an alle besonderen Gefälligkeiten, die man ihnen im letzten Jahr erwiesen hatte. Es bestand Einvernehmen, daß diese Geschenke keiner festen Regel unterlagen; allerdings wurde die Unterlassung eines der üblichen Geschenke (etwa für ein Kind, einen Diener oder einen unmittelbaren Nachbarn) als Zurechtweisung und Zeichen schwerer Verstimmung aufgefaßt. Jüngere Leute und abhängige Mitbewohner (die kein eigenes Haus hatten) hatten keine solchen Verpflichtungen wie die Hausherren, aber auch sie machten gewöhnlich Geschenke, je nach Vermögen und Sympathien. Für alle Geschenke galt, daß sie »in der Regel nicht sehr teuer« waren. Bilbo war in dieser wie in anderer Hinsicht eine Ausnahme, und sein Fest war selbst für einen reichen Hobbit eine Orgie der Freigebigkeit. Eine der gewöhnlichsten Zeremonien war aber die Veranstaltung eines Festes am Abend des Geburtstages. Alle Eingeladenen bekamen vom Gastgeber ein Geschenk und erwarteten dies auch als einen Teil der Bewirtung (wenn auch als eine Nebensache im Vergleich zum Essen und Trinken). Aber sie brachten *keine* Geschenke mit. Dies wäre im Auenland als sehr ungehörig erschienen. Wenn der Gast nicht schon ein Geschenk gemacht hatte (als einer von denen, die durch ihre Verwandtschaft dazu gehalten waren), dann war es nun zu spät. Für die anderen war es etwas, »das man nicht tat« – es hätte ausgesehen, als wollte man für das Fest bezahlen oder das

---

* In primitiveren Gemeinden, wie denen, die noch in Clan-Smials lebten, machte der »byrding« auch dem »Familienoberhaupt« ein Geschenk. Von Sméagols Geschenken wird nichts gesagt. Ich denke mir, er wird Waise gewesen sein; und vermute, er wird an seinem Geburtstag keine Geschenke *gemacht* haben, außer dem pflichtgemäßen für seine »Großmutter« (auch das nur widerwillig). Wahrscheinlich Fisch. Vielleicht einer der Gründe für ihre Bootsfahrt. Es hätte Sméagol ähnlich gesehen, Fische zu verschenken, die tatsächlich Déagol gefangen hatte!

Festgeschenk abgelten, und war äußerst peinlich. Manchmal, etwa wenn ein sehr guter Freund zu einem Fest nicht kommen konnte (wegen der Entfernung oder aus einem anderen Grund), wurde ihm eine symbolische Einladung mitsamt einem Geschenk geschickt. Das Geschenk war in einem solchen Falle immer etwas zu essen oder zu trinken, sozusagen als Kostprobe der Festbewirtung.

Ich denke, es wird deutlich, daß alle als »Tatsachen« berichteten Details sich wirklich zu einem eindeutigen Bild der Sitte und Empfindungsweise zusammenfügen, auch wenn dieses Bild nicht einmal unvollständig, wie in dieser Anmerkung, skizziert wird. Es *hätte* natürlich im Prolog stehen können, z. B. in der Mitte von p. 12. Aber obwohl ich schon vieles gestrichen habe, ist der Prolog immer noch zu lang und überladen, sogar für diejenigen Kritiker, die ihm eine gewisse Nützlichkeit zubilligen und nicht (wie manche) den Lesern empfehlen, ihn nicht zu beachten oder zu überblättern.

So unvollständig diese Anmerkung ist, wird sie Ihnen immer noch viel zu lang erscheinen; und zwar von Ihnen gewünscht, aber doch mehr als erwünscht. Ich sehe aber nicht, wie ich Ihre Fragen kürzer hätte beantworten und zugleich dem Kompliment hätte gerecht werden können, das Sie mir machen, wenn Sie an den Hobbits genug Interesse nehmen, um eine solche Lücke in der gebotenen Information zu bemerken.

Solche Informationen zu geben, eröffnet jedoch immer noch weitere Ausblicke; und Sie werden sicherlich sehen, daß die kurze Erklärung über die »Geschenke« auf weitere anthropologische Fragen hinweist, die in solchen Begriffen wie Verwandtschaft, Familie, Clan usw. stecken. Ich getraue mich, noch eine Anmerkung hinzuzufügen, für den Fall, daß Sie, wenn Sie den Text im Lichte meiner Antwort lesen, Lust bekommen sollten, weitere Fragen in bezug auf Sméagols »Großmutter« zu stellen, die in Gandalfs Schilderung als Beherrscherin (einer hochgeachteten Familie, größer und reicher als die meisten, p. 62 [dt. 74] und sogar als »matriarch« (p. 66 [dt. 78] [oder »Stammesmutter«] bezeichnet wird.

Soviel ich weiß, waren die Hobbits insgesamt monogam (sogar eine zweite Heirat, wenn der Mann oder die Frau sehr jung gestorben war, kam nur sehr selten vor); und ihre Familienordnung würde ich als »patrilinear«, aber nicht patriarchalisch bezeichnen. Das heißt, die Familiennamen wurden in der männlichen Linie weitergegeben (und die Ehefrauen wurden in die Namensgemeinschaft ihres Mannes aufgenommen); außerdem war gewöhnlich das älteste männliche Mitglied das nominelle Oberhaupt der Familie. Im Falle großer und mächtiger

Familien (wie z. B. der Tooks), die auch dann noch zusammenhielten, als sie sehr zahlreich geworden waren, eher das, was wir einen Clan oder eine Sippe nennen, war das Oberhaupt normalerweise der älteste Mann in der Abstammungslinie, die als die direkteste galt. Aber die Herrschaft über eine »Familie«, ebenso wie über die reale Einheit: den »Haushalt«, war keine Monarchie (es sei denn zufällig). Es war eine »Dyarchie«, in der Herr und Herrin den gleichen Status, wenn auch unterschiedliche Funktionen hatten. Jeder von beiden galt als rechtmäßiger Vertreter des anderen, wenn dieser abwesend (oder tot) war. Es gab keinen »Witwenstand«. Wenn der Mann zuerst starb, nahm die Frau seinen Platz ein, auch den Titel (wenn er ihn innegehabt hatte) des Oberhaupts einer Großfamilie oder eines Clans. Dieser Titel ging also nicht auf den Sohn oder Erben über, solange sie noch lebte, sofern sie nicht willentlich darauf verzichtete.* Es konnte daher unter mancherlei Umständen dazu kommen, daß eine langlebige Frau von starker Persönlichkeit »Familienoberhaupt« blieb, bis sie schon erwachsene Enkel hatte.

Laura Baggins (geb. Grubb) blieb »Oberhaupt« der »Baggins von Hobbiton«, bis sie 102 Jahre alt war. Weil sie 7 Jahre jünger war als ihr Mann (der mit 93 im Jahr 1300 AZ starb), hatte sie diese Stellung 16 Jahre lang inne, bis 1316 AZ, und ihr Sohn Bungo wurde erst mit 70 das Oberhaupt. Bilbo folgte erst nach dem Tod seiner Mutter Belladonna, geb. Took, im Jahr 1334, als er 44 war.

Dann wurde es wegen der sonderbaren Ereignisse fraglich, wer das Oberhaupt der Baggins war. Otho Sackville-Baggins erbte den Titel – aber das war getrennt von den Eigentumsfragen, die sich ergeben hätten, wäre sein Vetter Bilbo ohne Testament gestorben; aber nach dem rechtlichen Fiasko von 1342 (als Bilbo zurückkehrte, nachdem man ihn für »mutmaßlich tot« erklärt hatte) getraute sich niemand mehr, abermals seinen Tod zu mutmaßen. Otho starb 1412, sein Sohn Lotho wurde 1419 ermordet, und seine Frau Lobelia starb 1420. Als Meister Samweis von Bilbos (und Frodos) »Abreise übers Meer« im Jahr 1421 berichtete, wurde es immer noch als unmöglich betrachtet, seinen Tod anzunehmen; und als Meister Samweis 1427 Bürgermeister wurde, kam eine Verordnung heraus, die besagte: »Wenn ein Bewohner des Auenlandes in

---

* Wir reden hier nur von dem Titel des »Oberhaupts«, nicht vom Familienbesitz und dessen Verwaltung. Diese Angelegenheiten wurden unterschieden; allerdings konnten sie sich im Falle der fortbestehenden »großen Haushalte« wie Groß-Smials oder Brandyschloß überlappen. In anderen Fällen war der Titel des Oberhaupts ein reiner Titel, den man der Form halber beibehielt und der naturgemäß zu Lebzeiten des Inhabers selten aufgegeben wurde.

Anwesenheit eines glaubwürdigen Zeugen die Reise übers Meer antritt, in der erklärten Absicht, nicht zurückzukehren, oder unter Umständen, die eine solche Absicht klar erkennen lassen, so ist dafür zu halten, daß er oder sie alle bislang innegehabten oder vertretenen Titel, Rechte oder Besitztümer abgetreten hat, so daß der Erbe oder die Erben desselben fortan in die besagten Titel, Rechte oder Besitztümer eintreten sollen, wie es gültiger Brauch ist oder nach dem Willen und der Verfügung des Fortgegangenen, je nach Erfordernissen des Falles.« Vermutlich ging der Titel des Familienoberhaupts dann an die Nachkommen von *Ponto* Beutlin über – wahrscheinlich *Ponto* (II).[4]

Ein sehr bekannter Fall war auch der *Lalias der Großen*[5] (oder, weniger respektvoll, »der Dicken«). Fortinbras II., einst Oberhaupt der Tooks und Thain, heiratete *Lalia* von den Clayhangers [Lehmbuckel] 1314, als er 36 und sie 31 Jahre alt war. Er starb 1380 mit 102 Jahren, aber sie überlebte ihn lange und fand erst im Jahre 1402 mit 119 Jahren ein unglückliches Ende. Also regierte sie die Tooks und die Groß-Smials 22 Jahre lang, eine große und denkwürdige, wenngleich nicht allgemein beliebte »Matriarchin«. Sie kam nicht zu dem berühmten Fest, wurde aber an der Teilnahme eher durch ihren Leibesumfang und ihre Unbeweglichkeit als durch ihr Alter gehindert. Ihr Sohn *Ferumbras* hatte keine Frau, weil sich (so hieß es) keine fand, die bereit gewesen wäre, unter dem Regiment Lalias in den Groß-Smials zu wohnen. In ihren letzten Jahren, als sie am dicksten war, hatte Lalia die Gewohnheit, sich an die Große Tür rollen zu lassen, um Luft zu schöpfen, wenn es ein schöner Morgen war. Im Frühjahr 1402 AZ ließ ihre ungeschickte Pflegerin den schweren Rollstuhl über die Schwelle laufen und stupste Lalia die Treppe hinunter in den Garten. So endete eine Familienherrschaft und ein Leben, das sonst dem des Großen Took hätte gleichkommen können.

Das Gerücht kam weit herum, die Pflegerin sei Perle (Pippins Schwester) gewesen, obwohl die Tooks die Sache für sich zu behalten versuchten. Bei der Feier, als Ferumbras die Nachfolge antrat, kamen das Mißvergnügen und Bedauern der Familie förmlich darin zum Ausdruck, daß Perle von der Zeremonie und dem Festessen ausgeschlossen wurde; doch blieb es nicht unbemerkt, daß Perle später (nach einer schicklichen Zeit) mit einer prächtigen Halskette ihrer Namens-Juwelen erschien, die lange im Hort der Thains gelegen hatte.

Andere Bräuche galten in den Fällen, wo das Oberhaupt bei seinem Tod keine Söhne hinterließ. In der Familie Took war die Stellung des Oberhauptes mit dem Titel und (ursprünglich militärischen) Amt des

Thain* verbunden, und die Nachfolge mußte daher unbedingt in der männlichen Linie geschehen. In anderen großen Familien konnte die Stellung des Oberhaupts durch eine *Tochter des Verstorbenen* an den *ältesten von seinen Enkeln* übergehen (gleichgültig, wie alt die Tochter war). Letzteres war in Familien jüngeren Ursprungs gebräuchlich, ohne alte Stammesurkunden oder Wohnsitze. In solchen Fällen übernahm der Erbe (wenn er den Höflichkeitstitel annahm) den Familiennamen seiner Mutter – allerdings behielt er dann oft auch den seines Vaters bei (an zweiter Stelle). So bei *Otho Sackville-Baggins*. Denn er war durch seine Mutter Camellia zum nominellen Oberhaupt der *Sackvilles* geworden. Er hatte den ziemlich absurden Ehrgeiz, die seltene Auszeichnung zu erlangen, das Oberhaupt gleich zweier Familien zu sein (wahrscheinlich hätte er sich dann *Baggins-Sackville-Baggins* genannt): eine Situation, die seine Erbitterung über Bilbos Abenteuer und sein mehrmaliges Verschwinden erklären wird, ganz abgesehen von der Einbuße an Besitz, die Frodos Adoption für ihn bedeutete.

Ich glaube, es war ein strittiger Punkt in den Hobbit-Traditionen (für den Bürgermeister Samweis' Verordnung in diesem besonderen Fall den Streit beilegte), ob die Adoption durch ein kinderloses Oberhaupt die Erbfolge des Titels beeinflussen könne. Es bestand Einigkeit, daß die Adoption von jemandem aus einer anderen Familie den Titel des Oberhaupts nicht betreffen könne, bei dem es ja auf Bluts- und Familienbande ankomme; aber es gab die Meinung, daß die Adoption eines nahen Verwandten gleichen Namens** vor dessen Volljährigkeit ihm alle Vorrechte eines Sohnes sichern müsse. Diese (von Bilbo vertretene) Meinung wurde naturgemäß von Otho bestritten.

Es gibt keinen Grund anzunehmen, daß die Starren in Wilderland ein strikt »matriarchalisches« System ausgebildet hätten, das man mit Recht so nennen könnte. Bei den Starren im Ostviertel und in Bockland fand sich von alledem keine Spur, obwohl sie sonst in Sitte und Recht manche Eigenheiten beibehielten. Wenn Gandalf das Wort »Matriarch« benutzt (oder vielmehr der Berichterstatter und Übersetzer), so ist das nicht »anthropologisch«, sondern bezeichnet einfach eine Frau, die faktisch ihren Clan regierte. Sicherlich deshalb, weil sie ihren Mann überlebt hatte und eine Frau von beherrschender Persönlichkeit war.

---

* Dieser Titel und das Amt wurden unmittelbar weitergegeben und konnten nicht von einer Witwe eingenommen werden. Aber obwohl Ferumbras 1380 der Thain Ferumbras III. wurde, hatte er in den Groß-Smials bis 1402 trotzdem nur eine kleine Junggesellenwohnung inne.

** Nachkommen eines gemeinsamen Urgroßvaters des gleichen Namens.

Es ist ziemlich wahrscheinlich, daß in dem sich zurückentwickelnden, verfallenden Gebiet von Wilderland die Frauenzimmer (wie unter solchen Bedingungen oft zu beobachten) die körperliche und geistige Verfassung der Vergangenheit besser bewahrten und damit besondere Bedeutung erlangten. Aber es ist nicht anzunehmen (denke ich), daß eine grundsätzliche Wandlung in ihren Heiratsgebräuchen eingetreten war oder sich eine Art matriarchalischer oder polyandrischer Gesellschaft entwickelt hatte (obwohl dies das Fehlen jeder Erwähnung von Sméagol-Gollums Vater erklären könnte). Die »Monogamie« wurde zu dieser Zeit im Westen universal eingehalten, und andere Systeme wurden mit Abscheu betrachtet, als Dinge, die es nur »unter dem Schatten« gab.

Ich habe mit diesem Brief eigentlich schon vor vier Monaten angefangen, aber er wurde nicht fertig. Kurz nachdem ich Ihre Anfragen erhalten hatte, beging meine Frau, die 1958 die meiste Zeit krank gewesen war, die Wiederherstellung ihrer Gesundheit mit einem Sturz im Garten, bei dem sie sich den linken Arm so übel zurichtete, daß sie immer noch behindert und in Gips ist. Auf diese Weise war 1958 ein fast vollständig vergebliches Jahr, und bei all den anderen Sorgen und angesichts meiner bevorstehenden Pensionierung, die viele Umstellungen erfordern wird, kam ich überhaupt nicht dazu, mich mit dem *Silmarillion* zu befassen. So sehr ich mir auch wünsche, damit weiterzukommen (und zum Glück scheint Allen and Unwin auch zu wünschen, daß ich das tue).

[Ende des Entwurfs.]

215 An Walter Allen, *New Statesman* (Entwürfe)

[Tolkien wurde um einen Beitrag zu einem Symposion gebeten, das in der Kinderbuch-Beilage des *New Statesman* veröffentlicht werden sollte. Man hatte ihm geschrieben: »Die Fragen, von denen wir hoffen würden, daß Sie auf sie eingehen, sind: Wieweit schreiben Sie im Gedanken an ein spezifisches Publikum, d. h. meinen Sie, daß für Kinder zu schreiben etwas anderes ist als für erwachsene Leser? In welchem Maße meinen Sie, daß es einem Bedürfnis in Ihnen selbst entspricht, für Kinder zu schreiben, zum Beispiel, weil eine im gewöhnlichen Leben oder durch die Erfordernisse des Schreibens für Erwachsene verdrängte Seite Ihrer selbst darin zum Ausdruck kommt? Welches Verhältnis sehen Sie zwischen dem *Hobbit* und *The Fellowship of the Ring* [sic!]? Haben Sie eine bewußte Belehrungsabsicht, und wenn ja, wie würden Sie diese verstehen?]«

[Undatiert, April 1959]
Lieber Mr. Allen,
es tut mir sehr leid, aber ich werde an dem Symposion nicht teilnehmen können. Ich bin erst seit kurzem von einer Operation genesen und stehe vor viel liegengebliebener Arbeit. Das Semester beginnt am 24. April.

Ich habe schon alles, was ich über das Schreiben für Kinder zu sagen habe, in meinem Beitrag »On Fairy-Stories« zu den *Essays Presented to Charles Williams* (O. U. P., 1947) gesagt. Das Thema hat für mich kein besonderes Interesse.

Als ich den *Hobbit* veröffentlichte – in aller Eile und unüberlegt –, stand ich noch unter dem Einfluß der Konvention, daß »Märchen« naturgemäß für Kinder bestimmt seien (ob nun mit der albernen Schelmerei »von sieben bis siebzig« oder ohne sie). Und ich hatte selbst Kinder. Aber der Wunsch, die Kinder als solche anzusprechen, hatte mit der Geschichte als solcher in sich oder dem Wunsch, sie zu schreiben, nichts zu tun. Aber er hatte einige unglückliche Folgen für die Ausdrucksweise und die Erzählmethode, die ich korrigiert hätte, wäre ich nicht so in Eile gewesen. Intelligente Kinder von gutem Geschmack (von denen es eine ganze Menge zu geben scheint) haben immer, wie ich mit Freuden sagen kann, die Punkte in der Erzählweise, wo die Ansprache an die Kinder erfolgt, als Fehler erkannt.

Ich hatte sehr viel mehr über die Sache nachgedacht, bevor ich mit der Arbeit am *Herrn der Ringe* anfing; und dieses Werk wendete sich nicht speziell an Kinder oder irgendeine andere Klasse von Menschen. Sondern an jeden, der an einer langen, aufregenden Geschichte von der Art, wie sie mir selbst naturgemäß gefallen würde, seine Freude hat.....

Ich interessiere mich nicht speziell für Kinder und schon gar nicht für das Schreiben für Kinder: d. h. für das direkte und ausdrückliche Ansprechen derjenigen, die die Erwachsenensprache nicht verstehen können.

Ich schreibe Sachen, die man als Märchen klassifizieren könnte, nicht weil ich Kinder ansprechen möchte (die sich, wie ich glaube, als Kinder für diese Art Geschichten gar nicht besonders interessieren), sondern weil ich diese Art Geschichten schreiben möchte und keine andere.

Dies tue ich, weil ich finde, um der Sache keinen zu großspurigen Titel zu geben, daß sich mein Kommentar zur Welt am leichtesten und natürlichsten auf diese Weise ausdrücken läßt. Einer Verdrängung im »gewöhnlichen Leben« bin ich mir nicht bewußt. Weil Erwachsene in großer Anzahl offenbar an dem, was ich schreibe, Gefallen finden – genug Leute, um mich bei Laune zu halten –, habe ich kein Bedürfnis, zu einem anderen und (möglicherweise) weniger anspruchsvollen Publikum flüchten zu wollen.

Ich hoffe, der »Kommentar zur Welt« klingt nicht zu feierlich. Ich habe keine belehrende Absicht und keine allegorischen Hintergedanken. (Ich halte nichts von der Allegorie (wenn sie mit Recht so genannt wird: die meisten Leser scheinen sie mit Bedeutung oder Anwendbarkeit zu verwechseln), aber diese Frage hier zu erörtern, würde zu lang.) Aber lange Erzählungen können nicht aus nichts gemacht werden; und man kann den primären Stoff nicht zu sekundären Mustern gruppieren, ohne Gefühle und Meinungen zu seinem Stoff zu verraten . . . . .

Das Verhältnis zwischen dem *Hobbit* und seiner Fortsetzung ist, glaube ich, das folgende. Der *Hobbit* ist ein erster Versuch oder eine Einführung (bei näherer Überlegung wird man, glaube ich, zugeben, daß es eine sehr gut gewählte Stelle ist, um die Erzählung der folgenden Ereignisse zu beginnen) in eine komplexe Geschichte, die sich in meinem Kopf über Jahre hin zusammengebraut hatte. Daß sie sich äußerlich an Kinder zu wenden schien, hatte zwei Gründe: Ich selbst hatte damals Kinder und war es gewöhnt, mir Geschichten (ephemerer Art) für sie auszudenken; ich war in dem Glauben aufgewachsen, zwischen Kindern und Märchen bestehe ein echter und spezieller Zusammenhang. Oder vielmehr in dem Glauben, daß dies eine gängige Meinung in meiner Welt und unter den Verlegern war. Ich hatte Zweifel daran, weil es mit meiner persönlichen Erfahrung der eigenen Geschmacksbildung nicht übereinstimmte und auch nicht mit meinen Beobachtungen an Kindern (vornehmlich meinen eigenen). Aber die Konvention war stark.

Ich denke, man kann sehen, daß der *Hobbit* in einem, wie man sagen könnte, »launigeren« Ton beginnt, stellenweise sogar alberner, und dann stetig ernsthafter oder bedeutsamer, stimmiger und historischer wird . . . . . Aber trotzdem finde ich vieles daran bedauerlich . . . . .

Die erste Frage, scheint mir, die in jeder Diskussion dieser Art zu stellen wäre, lautet: Was sind »Kinder«? Beschränkt sich Ihre Fragestellung, wie zu vermuten wäre, auf (nord-)europäische Kinder? Dann, in welcher Altersstufe zwischen der Wiege und dem juristischen Ende der Kindheit? Kinder welcher Intelligenzgrade? Oder welcher literarischen Begabung und Unterscheidungsfähigkeit? Manche intelligenten Kinder haben davon ja wenig. Die Geschmäcker und Begabungen der Kinder sind ebenso verschieden wie die der Erwachsenen, sobald die Kinder einmal alt genug sind, daß man sie klar und differenziert einschätzen und daher mit etwas konfrontieren kann, was den Namen Literatur verdient. Bei vielen Vierzehn- oder sogar schon Zwölfjährigen wäre es sinnlos, ihnen den Schund vorzusetzen, der für viele achtbare Erwachsene des doppelten oder dreifachen Alters, aber mit weniger natürlicher Begabung, gut genug wäre.

Das Leben überschreitet eher unser Maß – für uns alle, bis auf wenige vielleicht. Wir alle brauchen Literatur, die unser Maß überschreitet, auch wenn wir nicht jederzeit für sie genug Energie haben mögen. Aber die Energie der Jugend ist gewöhnlich größer. Die Jugend hat weniger als das reife oder das hohe Alter etwas nötig, das auf ihr (vermeintliches) Maß herabgestutzt wird. Aber sogar im Alter, denke ich, wird uns nur dasjenige wirklich bewegen, was wenigstens in einer Hinsicht über uns, über unser Maß, hinausgeht, jedenfalls bevor wir es gelesen oder es in uns »aufgenommen« haben. Daher schreiben Sie nicht zu den Kindern »herab«! Nicht einmal reden sollte man so. Freilich wäre es eine gute Sache, wenn der große Respekt, den wir den Kindern schulden, die Form annähme, daß man die müden, schlaffen Klischees des Erwachsenenlebens vermiede. Aber ein ehrliches Wort ist ein ehrliches Wort, und Bekanntschaft damit kann man nur machen, wenn man ihm im richtigen Kontext begegnet. Einen guten Wortschatz erwirbt man nicht durch Lesen von Büchern, die nach einer bestimmten Vorstellung vom Wortschatz der eigenen Altersgruppe geschrieben sind. Man erwirbt ihn aus Büchern, die über einen hinausgehen.

[Hier endet der Entwurf. Das Folgende ist der Brief, den Tolkien dann tatsächlich am 17. April an den *New Statesman* abschickte:]

Lieber Mr. Allen,

ich bedaure sehr, daß es mir unmöglich erscheint, an dem von Ihnen vorgeschlagenen Symposion teilzunehmen. Ich bin erst seit kurzem von einer Operation genesen und stehe vor viel liegengebliebener Arbeit. Das Semester beginnt nächste Woche, und ich werde bis zum 19. April keine Zeit haben, etwas für Sie zu schreiben.

Ihr ergebener
J. R. R. Tolkien

216 Aus einem Brief an den Stellvertretenden Sekretär der Universität Madras 12. August 1959

Ich muß Ihnen für die Ehre danken, zum Mitglied Ihres Prüfungsausschusses ernannt worden zu sein. Darf ich dennoch mit allem Respekt darauf hinweisen, daß es nicht ratsam ist, eine solche Ernennung vorzunehmen, ohne die ernannten Personen vorher zu konsultieren? Ich kann dieses Prüfungsamt nicht annehmen. Ich bin vollauf mit anderen Angelegenheiten beschäftigt, und ohnehin habe ich mich schon in den Ruhestand begeben und gedenke am Unterricht und an den Prüfungen nicht weiter teilzunehmen.

217 Aus einem Brief an Allen & Unwin 11. September 1959

[Zur polnischen Übersetzung des *Herrn der Ringe*.]

Es tut mir leid, daß ich wegen häuslicher Sorgen und Unruhen Mrs. Skibniewskas Brief noch nicht beantwortet habe.

Es ist mir gar nicht möglich, sehr viele Anmerkungen zu machen, die sie verwenden könnte . . . . . Als allgemeines Prinzip zu ihrer Orientierung kann ich nur sagen, daß ich dafür bin, die Namen so wenig wie möglich zu übersetzen oder zu ändern. Wie sie selbst sieht, dies ist ein englisches Buch, und sein englischer Charakter sollte nicht ausgelöscht werden. Daß die Hobbits ihre eigene altertümliche Sprache hatten, ist natürlich eine pseudohistorische Behauptung, bedingt durch den Charakter der Geschichte. Ich könnte die ursprüngliche Form aller hier auf Englisch erscheinenden Namen in der Hobbitsprache ermitteln oder erfinden, z. B. für Baggins oder Shire, aber das wäre doch sinnlos. Meine eigene Ansicht ist, daß alle Personennamen bleiben sollten, wie sie sind. Es wäre mir am liebsten, wenn die Ortsnamen, also auch das Shire [Auenland], ebenfalls unverändert blieben. Die richtige Behandlungsweise für sie, denke ich, würde eine Liste derjenigen am Ende erfordern, die im Englischen eine Bedeutung haben und mit polnischen Glossen oder Erklärungen zu versehen wären.

218 An Eric Rogers

[Antwort auf einen Brief an »alle Professoren für englische Sprache« in Oxford, mit der Frage, ob es korrekt sei, zu sagen »A number of office walls *has* been damaged« oder »... *have* been damaged«.]

9. Oktober 1959   76 Sandfield Road, Headington, Oxford
Sehr geehrter Herr,
    Ihr Brief ist schließlich an mich gekommen, obwohl ich kein »Professor für englische Sprache«, sondern seit kurzem im Ruhestand bin. Die Antwort ist, daß Sie sagen können, was Sie wollen. Pedanterie besteht darauf, daß das Verb, weil *number* ein Singular ist, im Singular stehen muß *(has)*. Der gewöhnliche Verstand meint, daß es im Plural stehen muß, weil die *walls*, um die es hier eigentlich geht, ein Plural sind. Sie können also wählen.

Ihr sehr ergebener
J. R. R. Tolkien

219 Aus einem Brief an Allen & Unwin 14. Oktober 1959

[Ein Katzenzüchter aus Cambridge hatte angefragt, ob er einen Wurf Siamkätzchen mit Namen aus dem *Herrn der Ringe* registrieren lassen könne.]

Mein einziger Kommentar dazu ist, was Puck über die Sterblichen sagt. Leider gehören Siamkatzen für mich zur Fauna von Mordor, aber dem Katzenzüchter brauchen Sie das nicht zu sagen.

220 Aus einem Brief an Naomi Mitchison 15. Oktober 1959

Ich habe mich in den Ruhestand »zurückgezogen« – oder besser, weil ja sogar britische Generale beim »Rückzug« an eine freiwillige Rückwärtsbewegung denken – ich wurde Ende des letzten Trimesters über die Altersgrenze hinausgedrängt. In vieler Hinsicht könnte man dabei melancholisch werden, besonders finanziell. Obwohl ich zur F. S. S. U.[1] seit ihrem Beginn 1920 Beiträge geleistet habe, bringt sie nicht genug, daß man vom eigenen Lorbeer leben könnte (er ist alt und verstaubt wie der Weihnachtsschmuck im Januar). Wenn nicht die »Hobbits und so weiter« mir beistünden, sähe es schlecht aus. Dennoch (und Ihr Brief hat

mich darin nicht wenig ermutigt) habe ich mich entschlossen, aus der
Tretmühle auszusteigen, und meinen Posten in Irland² gekündigt, bevor
ich zurückkam. Wenn ich Glück habe, werde ich auf die Sache mit dem
Roten Buch und verwandte Historien bald zurückkommen.

221 Aus einem Brief an den Ersten Beigeordneten Universitätssekretär der Universität Oxford
24. November 1959

[Nach Tolkiens Pensionierung schickte ihm der Ausschuß der Englisch-Fakultät
eine Danksagung für seinen »langen und unschätzbaren Dienst« und äußerte
sein »Bedauern, in Zukunft nicht mehr auf Ihren klugen Rat und Ihre rückhaltlose
Hilfe bei seinen Verhandlungen zurückgreifen zu können. Er möchte zugleich
aussprechen, daß ihm bewußt ist, wieviel Anerkennung Ihr weitgefächertes,
gewissenhaftes und phantasievolles Gelehrtentum der Fakultät und der Universität eingetragen hat.«]

Ich bin dem Fakultätsausschuß zutiefst dankbar für die überaus großzü-
gigen Worte, die er an mich gerichtet hat. Meine einzige Befürchtung ist,
daß sie ein Bild von einem Professor ergeben, der viel besser gewesen ist
als der in Ruhestand Getretene. Aber wie sehr auch das Bewußtsein eines
Verdienstes sicherlich ein Trost und eine Stütze ist, gewährt doch der
Empfang unverdienter Ehrungen und Komplimente nichtsdestoweniger
ein ganz besonderes Vergnügen. Eine Folge des Ruhestands, die ich nicht
erwartet hatte, ist es, daß ich tatsächlich die Ausschußsitzungen vermisse.
Natürlich nicht wegen der Tagesordnung, aber wegen des Zusammen-
kommens mit so vielen guten Freunden.

222 Aus einem Brief an Rayner Unwin   9. Dezember 1959

[Unwin hatte Tolkien aufgefordert, seine Übersetzungen von *Sir Gawain and
the Green Knight* und *Pearl* zur Veröffentlichung vorzubereiten.]

Daß ich Ihren Brief vom 3. Dezember nicht gleich beantwortet habe,
liegt hauptsächlich daran, daß ich wieder mit einer Arbeit beschäftigt bin,
an der Sie interessiert sind. Leider werden Sie wohl eher verärgert als
überrascht sein (weil Sie ja die Schrullen der Autoren, oder wenigstens
meine, nur allzu gut kennen) zu hören, daß die Reihenfolge nicht

stimmt. Mit Hilfe meiner Sekretärin bin ich bei der Rekonstruktion des *Silmarillion* etc. schon gut vorangekommen. Ihr Brief kommt wie ein rechtzeitiger, wenn auch unwillkommener Ruck am Zügel. Ganz klar, ich muß mich sofort an den *Gawain* machen. Vor Weihnachten werde ich nicht damit fertig werden; aber ich habe das Material vor kurzem geordnet und durchgesehen und glaube nicht, daß der eigentliche Text der Übersetzungen von *Gawain* und *Pearl* jetzt noch sehr viel Arbeit erfordert. Ich werde Ihnen den Text der beiden Gedichte gleich nach Weihnachten schicken können; sie können getrennt gesetzt werden. Ich bin ein wenig unschlüssig, was ich Ihnen an Einführung oder Anmerkungen noch beigeben soll. Ich denke, sehr wenig, denn die Leute, die die Übersetzungen kaufen, werden wohl zu einer von diesen zwei Kategorien gehören: denen, die nur die Übersetzung wollen, und denen, die wissen, wo die Ausgaben und andere ausführliche Behandlungen der Probleme, die sich bei diesen Gedichten stellen, zu finden sind.

223 Aus einem Brief an Rayner Unwin   31. Juli 1960

Ich bin tatsächlich vollkommen steckengeblieben – in einem bodenlosen Sumpf, alles, was mich aufmuntern könnte, wäre willkommen. Die Unterlassungssünden, die ich begangen habe, um den »H. d. R.« fertig zu bekommen, werden nun gerächt. Die größte ist die *Ancrene Riwle*. Meine Ausgabe des Ur-MS. hätte schon vor vielen Jahren abgeschlossen sein sollen! Ich habe zumindest versucht, sie vor der Pensionierung noch aus dem Weg zu räumen, und mit einer Riesenanstrengung im Sept. *1958* den Text abgeliefert. Aber dann trat eines der Mißgeschicke ein, die einen bei Verspätung erwarten; und mein MS. verschwand in den Wirren des Druckerstreiks. Die Fahnen kamen tatsächlich doch Anfang Juni *dieses* Jahres, als ich mitten in der Arbeit am *Silmarillion* war und im M[ittel]-E[nglischen] den Faden völlig verloren hatte. Ich schob es eine Weile vor mir her, aber jetzt stehe ich unter äußerstem Druck: 10 Stunden harte Arbeit per diem, Tag für Tag, um Ordnung in einen Satz durcheinandergeratener und äußerst tückischer Fahnen und Anmerkungen zu bringen. Und dann muß ich auch noch eine Einführung schreiben. (Und dann ist da noch der *Sir Gawain*.) Bis wenigstens die Fahnen von dem *Text* wieder aus dem Haus sind, kann ich nicht mehr den Kopf heben.

224 Aus einem Brief an Christopher Tolkien 12. September 1960

[Bemerkungen über ein Buch von C. S. Lewis.]

Ich habe gerade ein Exemplar von C. S. L.'s letztem Buch bekommen: *Studies in Words*. Oje! Die gravitätische Dummheit wird bei ihm zur festen Manier. Mit großer Erleichterung sehe ich, daß ich nicht erwähnt werde. Ich habe ihm eine lange Analyse der Semantik und Formgeschichte von *BHŪ geschrieben, mit einer besonderen Erörterung über Φυσις. Alles, was davon bleibt, sind die ersten 9 Zeilen von PHUSIS (pp. 33–34), mit der für Lewis bezeichnenden Einschleusung von »Bärten und Gurken«. Der Rest wird auf p. 36 mit »wir haben nicht die Spur eines Belegs« abgetan. Er bleibt eben im Guten wie im Schlimmen ein »klassischer« Oxford-»Don« – wenn er Wörter behandelt. Ich finde, das beste Stück ist das letzte Kapitel, und die einzige wirklich gescheite Bemerkung steht auf der letzten Seite: »Ich denke, wir müssen uns ein für allemal merken, daß wir gerade bei den Gelegenheiten, wo wir am liebsten eine beißende Rezension schreiben würden, besser den Mund halten sollten.« Ergo silebo.[1]

225 Aus einem Brief an Rayner Unwin 10. Dezember 1960

[Puffin Books hatte ein Angebot für eine Taschenbuch-Ausgabe des *Hobbit* gemacht.]

Danke für Ihre Nachricht über das »Puffin«-Angebot und Ihren Rat. Ich darf die Entscheidung wohl ruhig Ihrem Sachverstand überlassen. Die Gewinn- und Verlustchancen, in Geld wie auch anderweitig, sind augenscheinlich ganz ausgeglichen. Wenn Sie meine persönliche Meinung wissen wollen: Ich kann es mir nicht mehr leisten, den Geldgewinn zu ignorieren; auch 100 Pfund hier und da sind etwas, aber ebenso wie Ihnen widerstrebt es mir, den alten Hobbit billiger zu machen. Wenn der Profit oder Vorteil nicht klar ist, würde ich ihn lieber weiter so dahinschlendern lassen; und er hat ja immer noch ein gutes Schritttempo. Und ich mag weder die Puffins noch die Penguins noch das ganze weichhäutige Geflügel: Sie fressen anderer Vögel Eier, und man überläßt ihnen am besten nur entleerte Nester.

226 Aus einem Brief an Professor L. W. Forster
31. Dezember 1960

Der Herr der Ringe wurde eigentlich, als eine Sache für sich, um 1937 angefangen und war schon bis zum Gasthaus in Bree gekommen, bevor der Schatten des zweiten Krieges fiel. Persönlich glaube ich nicht, daß einer der beiden Kriege (und natürlich auch nicht die Atombombe) Einfluß auf die Handlung oder die Art ihrer Abwicklung hatte. Vielleicht in der Landschaft. Die Totensümpfe und die Zugänge zum Morannon haben etwas von Nordfrankreich nach der Schlacht an der Somme. Mehr aber haben sie von William Morris und seinen Hunnen und Römern, etwa in *The House of the Wolfings* oder *The Roots of the Mountains*.

227 Aus einem Brief an Mrs. E. C. Ossen Drijver   5. Januar 1961

Númenor, die abgekürzte Form für *Númenóre,* ist meine eigene Erfindung, zusammengesetzt aus *nume-n,* »untergehen« ($\sqrt{nd\bar{u}}$, nu), Sonnenuntergang, Westen, und *nōre,* Land = *Westernis.* Die Sagen von *Númenóre* stehen nur im Hintergrund des *Herrn der Ringe,* allerdings wurden sie (natürlich) zuerst geschrieben, und im Anhang A sind sie nur kurz zusammengefaßt. Sie sind meine Verwendung der *Atlantis-Sage* zu meinen eigenen Zwecken, beruhen aber nicht auf einem Spezial*wissen,* sondern auf einem speziellen eigenen Interesse an dieser Überlieferung von den kulturtragenden Seefahrern, die auf die Phantasie der europäischen Völker, soweit sie Küsten nach Westen haben, so tiefen Eindruck gemacht haben.

C. S. Lewis ist ein sehr alter Freund und Kollege von mir, und seiner Ermutigung verdanke ich es sogar, daß ich trotz mancher Hindernisse (auch dem Krieg von 1939!) nicht aufgab und den *Herrn der Ringe* schließlich fertig bekam. Er hat die ganze Geschichte Stück für Stück vorgelesen gehört, aber nie etwas davon gedruckt gesehen, bevor die Trilogie nicht veröffentlicht war. Sein *Numinor* war nach Gehör von *Númenor* übernommen und sollte auch tatsächlich auf mein Werk und andere (unveröffentlichte) Sagen von mir, die er gehört hatte, hinweisen.

Ich bin jetzt vertraglich verpflichtet (leider unter vielen anderen weniger erfreulichen Aufgaben), die Mythologie und die Geschichten aus dem Ersten und Zweiten Zeitalter für eine Publikation in Ordnung zu bringen – geschrieben wurden sie vor langer Zeit, aber als kaum publizierbar beurteilt, bis (so scheint es) der überraschende Erfolg des

Herrn der Ringe, der am Ende kommt, eine Nachfrage nach den Anfängen wahrscheinlich gemacht hat. Aber leider gibt es keine *Hobbits* im *Silmarillion* (oder Geschichte von den drei Edelsteinen), wenig Spaß oder Derbheit, sondern meist Schmerz und Katastrophen. Die Kritiker, die über den *Herrn* gelästert haben, »weil alle guten Jungs wohlbehalten wieder zu Hause sind und alle nachher glücklich und zufrieden waren« (was gar nicht stimmt), könnten zufrieden sein. Sie werden's nicht sein, natürlich nicht, auch nicht, wenn sie das Buch zur Kenntnis zu nehmen geruhen.

228 Aus einem Brief an Allen & Unwin 24. Januar 1961

[Der schwedische Verlag des *Herrn der Ringe*, Gebers, hatte Zweifel, ob er die Anhänge in seine Ausgabe des Buches aufnehmen solle. Tolkiens Meinung dazu wurde eingeholt.]

Ich habe große Sympathie für jeden ausländischen Verleger, der abenteuerlustig genug ist, sich auf eine Übersetzung meines Werkes einzulassen. Schließlich ist mein Hauptinteresse an einer Übersetzung ein pekuniäres, solange die Textgrundlage respektiert wird; darum würde ich, auch wenn die Empfindlichkeit des Vaters verletzt werden mag, mich doch hüten wollen, etwas zu tun oder zu sagen, was dem guten Geschäft, in anderen Ländern verlegt zu werden, Abbruch tun könnte. Und ich muß auch auf die Herren Allen und Unwin Rücksicht nehmen. Aber die Frage der Anhänge hat auch einen pekuniären Aspekt.

Ich glaube nicht, daß sie dem Buch einen »gelehrten« (? lies *pedantisk*) Anstrich geben, und sie spielen eine wichtige Rolle bei der Erzeugung des Gesamteffekts: wie der Übersetzer der Herren Gebers selbst aufgezeigt hat (wenn er die Details und die *Dokumentation* als die beiden wichtigsten Ingredienzen hervorhebt, die den zwingenden Eindruck von historischer Realität bewirken). Jedenfalls werden die Käufer von Band iii vermutlich schon angesteckt sein: Band iii ist ja kein Buch für sich, das man nur um seiner eigenen Vorzüge willen kauft. Tatsächlich zeigt eine Analyse von vielen hundert Briefen, daß die Anhänge zum Vergnügen der Leser sehr viel beigetragen, Bibliotheksentleiher zu Käufern gemacht (weil man die Anhänge zum Nachschlagen braucht) und die Nachfrage nach einem weiteren Buch erzeugt haben. Eine scharfe Unterscheidung zwischen dem Geschmack der Rezensenten (»professoraler Wahn« und dergleichen) und dem der Leser ist zu treffen. Ich denke, den Geschmack schlichter Gemüter (wie ich selbst eines bin) kenne ich ganz gut. Aber das Problem der Kosten und Ladenpreise erkenne ich an. Es gibt einen Preis, über den hinaus schlichte Gemüter einfach nicht gehen können, auch wenn sie gerne möchten.....

Ich weiß nicht, wie die Lage im Hinblick auf den Verkauf des englischen Buches in Ländern ist, wo eine Übersetzung veröffentlicht wurde. Ich nehme an, daß kein Hindernis, direkt oder indirekt, dagegen aufgerichtet wurde, daß man es sich beschaffen kann und daß ein entschlossener Käufer es sich auf jeden Fall durch einen Buchhändler wird bestellen können. Die Nachfrage ist sicherlich sehr klein.... und finanziell ohne jedes Interesse. Aber ich bin an der Sache interessiert. Das Original ist mein einziger Schutz gegen die Übersetzer. Ich kann keinerlei Kontrolle über die Übersetzung eines so umfangreichen Textes ausüben, nicht einmal in den wenigen Sprachen, die ich ein wenig kenne; und doch lassen sich die Übersetzer einige sehr merkwürdige Fehler zuschulden kommen. (Wie es mir auch passieren würde, wenn ich wie sie unter Druck in einer knapp bemessenen Zeit arbeiten müßte.)

Dr. Ohlmarks[1] zum Beispiel, von dem mir doch gesagt wird, daß er gescheit und findig sei, bringt Sachen wie die folgende zustande. Bei der Übersetzung von Bd. i, p. 12, »they seldom wore shoes, since their feet had tough leathery soles and were clad in a thick curling hair, much like the hair of their heads«, hat er verstanden: »...ihre Füße hatten dicke *fe*derige Sohlen, und sie waren mit dichtem, krausem Haar bedeckt...«, und erzeugt damit in der Einleitung die Vorstellung, das Ausgehkostüm der Hobbits habe aus verfilztem Haar bestanden, während sie unter den Füßen richtige Federpolster gehabt haben müssen! Doppelt absurd wird dies dadurch, daß es im gleichen Absatz steht, wo er behauptet, die Hobbits seien den Bewohnern des idyllischen Vororts Headington nachgebildet.

Ich habe nichts gegen biographische Anmerkungen, wenn sie gewünscht werden (die Holländer kamen ohne sie aus). Aber sie sollten stimmen und sollten zur Sache gehören. Ich glaube, ich muß mir ausbitten, in Zukunft alles dergleichen vorher sehen zu dürfen, bevor es gedruckt wird. Eine andere Möglichkeit ist, daß ich selbst eine kurze Notiz aufsetze und Ihnen für die Fälle, wo dergleichen erbeten wird, zur Weitergabe überlasse.

Das *Who is Who* ist in den Händen von Ausländern, die England nicht kennen, keine zuverlässige Quelle. Ohlmarks hat sich daraus eine lächerliche Fabel zurechtgesponnen. Ohlmarks ist sehr eitel (wie ich in der Korrespondenz mit ihm gemerkt habe), zieht seine eigenen Phantasien den Tatsachen vor und ist schnell bereit, ein Wissen vorzuspiegeln, das er nicht besitzt. Bedenkenlos schreibt er mir Gefühle und Überzeugungen zu, die ich verabscheue. Darunter auch eine Abneigung gegen die Universität Leeds, weil sie »nördlich« sei und erst in den viktorianischen Siebzigern gegründet wurde. Das ist unverschämt und völlig unwahr. Wenn dies in Leeds bekannt werden sollte (was zum Glück unwahrscheinlich ist), müßte ich eine Entschuldigung von ihm verlangen.

229 **Aus einem Brief an Allen & Unwin** 23. Februar 1961

Ich füge nun eine Kopie und noch eine Version von Ohlmarks' Unsinn bei. Seinen zweiten Ausbruch habe ich nicht mehr angeschaut. Ich meine, ich kann mir jetzt nicht noch mehr bieten lassen.

[Es folgen Auszüge aus Tolkiens Kommentar zu Åke Ohlmarks' Einführung in die schwedische Ausgabe des *Herrn der Ringe*. Zitate aus Tolkiens Übersetzung der Einführung sind kursiv gesetzt.]

Es ist schwer zu glauben, daß der tiefeingewurzelte, bodenständige Hobbit aus dem mittleren Südengland .... sich [in Leeds] sehr zu Hause gefühlt haben sollte. Als er in den angelsächsischen Lehrstuhl in Oxford eingesetzt wurde, war das für ihn wie die Heimkehr von einer Versuchsexpedition ins ferne »Fornost«. Dies ist die erste Probe von O.'s anmaßender Impertinenz ..... Ich hing sehr an der Universität Leeds, die mich sehr gut behandelt hat, und an den Studenten, die ich mit Bedauern dort zurückließ. Die jetzigen Studenten dort gehören zu meinen aufmerksamsten Lesern und schreiben mir (besonders über die Anhänge). Wenn O.'s Unsinn an der Universität bekannt werden sollte, würde er Anstoß erregen, und O. würde sich öffentlich entschuldigen müssen. Was »Fornost« angeht, so würde ein Blick ins Buch zeigen, daß es eher mit den Königsgräbern in Alt-Uppsala vergleichbar wäre als mit der Stadt Leeds!

Eine seiner wichtigsten Schriften, die 1953 erschienen ist, behandelt auch eine andere berühmte Heimkehr, »The Homecoming of Beorhtnot [sic!], Beorhthelm's son.« Ohne Kopf heimzukommen (wie Beorhtnoth), ist nicht sehr erfreulich. Aber dies ist Getue. O. weiß nichts über Beorhtnoth oder seine Heimkehr (die nirgendwo erwähnt wurde, bevor ich ein Gedicht darüber schrieb) und hat das Gedicht nie gesehen. Ich mache ihm daraus keinen Vorwurf; nur sollte er nicht so drüber schreiben, als wüßte er Bescheid.

Es fing damit an, daß der Professor seinen Kindern Geschichten darüber [Mittelerde]
erzählte, dann seinen Enkeln; und sie waren fasziniert und schrien nach mehr und
immer noch mehr. Deutlich kann man die Abende am Kamin vor sich sehen, in der
stillen Villa draußen in der Sandfield Road in Headington bei Oxford .... *mit den*
Hügelgräberhöhen oder den Headingtoner Hügeln gleich hinter dem Haus und den
Nebelbergen oder dem 560 Fuß hohen Shotover im Hintergrund.

!! Das ist ein so gräßlicher Quatsch, daß ich Hohn vermuten würde,
wenn ich nicht bemerkt hätte, daß O. immer bereit ist, intime Kenntnisse
vorzuspiegeln, die er nicht besitzt. Ich habe nur zwei Enkelkinder. Eines
davon 18, das vor 5 Jahren zum ersten Mal von dem Buch gehört hat, das
andere erst 2. Das Buch wurde geschrieben, bevor ich nach Headington
zog, das keine Hügel hat, aber auf einer Schulter (sozusagen) des
Shotover liegt.

Der Ring ist in gewisser Hinsicht »der Nibelungen Ring« ....
Beide Ringe waren rund, und damit hört die Ähnlichkeit auf.
.... *der einst von Volund, dem Meisterschmied, gemacht wurde und dann über*
Vittka-Andvare durch die Hände des mächtigen Asar [Æsir] in den Besitz
Hreidmars und des Drachen gelangte, nach dem Tod des Drachens an Sigurd, den
Drachentöter, nach seiner Ermordung durch tückische Verschwörer an die Burgunder,
nach ihrem Tod in Atles Schlangengrube an die Hunnen, dann an Jonakers Söhne,
an den gotischen Tyrannen Ermanrik usw.

Dem Himmel sei Dank für das *usw.* Ich fürchtete schon, am Ende hätte
ich ihn in der Hosentasche. Augenscheinlich denkt Dr. O., er hat ihn in
seiner. Aber was soll das alles? Wer etwas von der altnordischen Seite der
»Nibelungen«-Überlieferungen weiß (von der in der Hauptsache die
Rede ist, weil die nordischen Namensformen benutzt werden), wird dies
für einen Haufen Quatsch halten; wer nichts davon weiß, wird kaum
interessiert sein. Aber vielleicht soll auch nur der Eindruck erweckt
werden, Dr. O. habe auch eine *mästerskap*[1]. Mit dem *Herrn der Ringe* hat
dies überhaupt nichts zu tun. Und daß Wieland der Schmied eine Pan-
Figur sein oder sich zugleich in Bombadil und Gollum widerspiegeln
soll: ein hinreichendes Beispiel für die törichten Methoden und unsinnigen Folgerungen von Dr. O. Er soll mit diesem Müll machen, was er will,
aber ich sehe nicht ein, daß er als Übersetzer ein Recht haben sollte, ihn
hier abzuladen.

Hier [in Mordor] regiert die personifizierte satanische Macht Sauron (zu lesen
vielleicht, auf dieselbe partielle Weise [wie andere von Ohlmarks angestellte
Identifizierungen], Stalin).

Da gibt es kein »Vielleicht«. Ich lehne solche »Lesarten« vollkommen ab, es ärgert mich. Die Sache wurde schon lange vor der russischen Revolution ausgedacht. Eine solche Allegorie ist meinem Denken völlig fremd. Daß Mordor in den Osten gerückt wurde, war eine schlichte erzählerische und geographische Notwendigkeit, innerhalb meiner »Mythologie«. Die erste Burg des Bösen war (wie es der Tradition entspricht) im Norden; weil diese aber zerstört und sogar vom Meer verschlungen worden war, mußte es eine neue Burg geben, weit weg von den Valar, den Elben und der Seemacht von Númenor.

Es finden sich Reminiszenzen von Fußwanderungen aus seiner Jugend, hinauf in die walisischen Grenzgebiete.

Wie Bilbo von den Zwergen sagte, er scheint meine Speisekammern so gut zu kennen wie ich selbst. Jedenfalls tut er so. Ich habe in meiner Jugend nie eine Fußwanderung in Wales oder in den Marken gemacht. Warum soll ich mich zum Gegenstand von Fiktionen machen lassen, solange ich noch lebe?

230 Aus einem Brief an Rhona Beare   8. Juni 1961

[Antwort auf mancherlei Fragen zum *Herrn der Ringe*.]

Was Aragorns stolze Rede angeht[1], so denke ich, daß er seine Ahnenreihe für diesen Zweck nach der väterlichen Linie zählte; aber jedenfalls stelle ich mir vor, daß die Númenórer, bevor ihr Wissen sich verlor, über die Vererbung mehr wußten als andere Menschen. Diese bezeichnen sie natürlich mit dem üblichen Symbol des Blutes. Sie kannten die Tatsache, daß trotz Mischehen manche Eigenschaften in reiner Form in späteren Generationen wieder auftreten. Aragorns Langlebigkeit war ein Beispiel dafür. Gandalf meint, glaube ich, die merkwürdige Tatsache, daß sogar aus dem viel weniger gut erhaltenen Haus der Truchsessen Denethor als ein fast reiner Númenórer hervorgegangen war.

Bd. II, p. 70.[2] Baumbart gebrauchte bei dieser Gelegenheit keine entischen Laute, sondern alte elbische Wörter, die auf seine entische Manier vermischt und zusammengesetzt werden. Die Elemente sind *laure*, golden, nicht für das Metall, sondern die Farbe, goldenes Licht, wie wir sagen würden; *ndor, nor*, Land, Gebiet; *lin, lind-*, ein musikalischer Laut; *malina*, gelb; *orne*, Baum; *lor*, Traum; *nan, nand-*, Tal. So daß es in etwa bedeutet: »Das Tal, wo die Bäume in einem goldenen Licht musikalisch singen, ein Land von Musik und Bäumen; es gibt dort gelbe Bäume, es ist ein baumgelbes Land.« Dasselbe gilt auch für die letzte Zeile auf dieser Seite[3], mit den Elementen *taure*, Wald; *tumba*, tiefes Tal; *mor*, Dunkelheit; *lóme*, Licht.

Mae govannen[4] heißt »gut, daß wir uns treffen«.

Baumbarts Gruß an Celeborn und Galadriel[5] bedeutete: »O ihr Schönen, ihr Eltern von schönen Kindern!«

Der Lobgesang in III, p. 231[6] ist nicht eigentlich ein Lied, sondern gibt nur einige Ausdrücke aus den zu hörenden Sprachen wieder, wobei das Englische die Gemeinsame Sprache vertritt. Die zweite, vierte und sechste Zeile sind Sindarin oder Grauelbisch. Die siebente und neunte sind Hochelbisch. Zeile 2 bedeutet: »Mögen die Halblinge lange leben, Ruhm den Halblingen.« Die vierte Zeile bedeutet: »Frodo und Sam, Fürsten des Westens, rühmet (sie)«; die sechste, »rühmet (sie)«. Die siebente Zeile bedeutet: »Segnet sie, segnet sie, lange wollen wir sie rühmen.« Die neunte Zeile bedeutet: »Die Ringträger, segnet (oder rühmet) sie aufs höchste.«

31 Aus einem Brief an Jane Neave   4. Oktober 1961

[Tolkiens Tante Jane Neave, zu der Zeit neunzig Jahre alt, hatte ihm geschrieben »ob Du nicht ein kleines Buch mit Tom Bombadil im Mittelpunkt herausbringen könntest«.]

Ich denke, Deine Idee mit Tom Bombadil ist gut, obwohl ich keine Lust habe, noch mehr über ihn zu schreiben. Aber ich meine, daß das erste Gedicht (das lange vor dem *Herrn der Ringe* im *Oxford Magazine* erschienen ist) ein hübsches kleines Buch von der Art, die Dir gefiele, ergeben würde, wenn jeder Vers von Pauline Baynes illustriert werden könnte. Wenn Du das erste Tom-Bombadil-Gedicht noch nie gesehen hast, werde ich sehen, ob ich es finde, und Dir eine Kopie machen lassen.

32 Aus einem Brief an Joyce Reeves   4. November 1961

Kluge, gutherzige unverheiratete Tanten habe ich immer gemocht. Gesegnet, wer eine hat oder trifft. Allerdings sind sie nach meiner Erfahrung häufiger als Saki-Tanten.[1] Die akademische Tante ist wohl eine ziemlich neue Erscheinung; aber ich hatte das Glück, ein frühes Exemplar gehabt zu haben: eine der ersten Frauen, die einen naturwissen-schaftlichen Grad erworben hatte. Inzwischen ist sie neunzig, ist aber vor ein paar Jahren noch in der Schweiz botanisieren gegangen. Mit ihr zusammen (und einer gemischten Reisegesellschaft etwa von der gleichen Größe wie die Gesellschaft im *Hobbit*) bin ich schwerbepackt zu Fuß durch ein großes Stück der Schweiz gelaufen, über viele hohe Pässe. Bei der Annäherung an den Aletsch wären wir beinahe von Felsbrocken erschlagen worden, die sich in der Sonne gelöst hatten und den Schnee-hang hinunterrollten. Ein riesiger Felsen kam sogar zwischen mir und der Frau vor mir durch unsere Reihe. Das und die »Donner-Schlacht« – eine schlimme Nacht, in der wir uns verliefen und in einem Kuhstall schlafen mußten – kommt im *Hobbit* vor. Das ist nun schon lange her . . . . .

Die Erzählung hat mir gefallen;[2] und Sie verzeihen hoffentlich meine Geschwätzigkeit. Meine Bemerkungen, fürchte ich, müssen ein wenig an den legendären deutschen Professor erinnern, der ein dickes Buch über *Das Komische* geschrieben hat. Von da an dachte er immer, wenn ihm jemand eine komische Geschichte erzählte, einen Moment nach, nickte dann und sagte: »Ja, hierzu gibt es einen Witz.«

233 **Aus einem Brief an Rayner Unwin** 15. November 1961

[Allen & Unwin hatte seinem Vorschlag zugestimmt, einen kleinen Gedichtband, *The Adventures of Tom Bombadil*, zusammenzustellen.]

Ich habe tatsächlich eine Suche angestellt, soweit es meine Zeit erlaubte, und von allen Gedichten, die möglicherweise ans Licht kommen oder (etwas begradigt) noch einmal präsentiert werden könnten, Kopien angefertigt. Die Ernte ist nicht reich, denn zum einen gibt es nicht viel, das wirklich mit Tom Bombadil zusammenpaßt. Außer Tom Bombadil (wovon Sie eine Kopie haben) schicke ich Ihnen *Errantry* und *The Man in the Moon*, die mit dazukommen könnten. Über die anderen bin ich mir gar nicht im klaren; ich weiß nicht einmal, ob sie überhaupt etwas taugen, für sich oder in Serie. Wenn Sie jedoch meinen, daß eines davon ein Buch ergeben und Pauline Baynes reizen könnte, es zu illustrieren, würde ich mich freuen.

[Tolkien hatte seiner Tante einige von den Gedichten geschickt, von denen er überlegte, ob sie in das neue Buch aufzunehmen seien.]

22. November 1961   76 Sandfield Road, Headington, Oxford
Liebste Tante,
     danke für die Rücksendung der Gedichte. Mach Dir keine Sorgen, Du könntest mir Mühe bereiten. Ich habe viel Freude dran gehabt, diese alten, halb vergessenen Sachen wieder auszugraben und sie ein wenig abzustauben. Um so mehr, als andere und langweiligere Sachen warten, die ich eigentlich hätte erledigen sollen. Jedenfalls haben sie nun Dich als Publikum gehabt. Daß sie gedruckt und veröffentlicht werden, ist leider ganz unwahrscheinlich.
     Mach Dir keine Gedanken wegen der Jugend. Ich interessiere mich nicht für »das Kind« als solches, ob modern oder sonstwie, und habe schon gar nicht die Absicht, ihm auf halber Strecke oder ein Viertel des Weges entgegenzukommen. Dies ist ohnehin immer ein Fehler, entweder unnütz (gegenüber den Dummen) oder aber schädlich (wenn man es den Begabten antut). Ich habe den Fehler nur einmal gemacht, zu meinem anhaltenden Bedauern und (wie ich mit Freuden sagen kann) mit der Mißbilligung intelligenter Kinder: im früheren Teil des *Hobbit*. Aber ich hatte mir die Sache damals noch nie ernsthaft überlegt: Ich hatte mich von den zeitgenössischen Wahnvorstellungen über »Märchen« und Kinder noch nicht freigemacht.
     Ich mußte jedoch darüber nachdenken, bevor ich in St. Andrews eine »Andrew Lang«-Vorlesung über Märchen hielt; und ich muß sagen, daß das Ergebnis dem *Herrn der Ringe* sehr zugute gekommen ist, der eine praktische Demonstration meiner Ansichten ist. Er wurde *nicht* »für Kinder« oder eine bestimmte Sorte Menschen geschrieben, sondern um seiner selbst willen. (Wenn es Teile oder Elemente darin gibt, die »kindisch« erscheinen, dann deshalb, weil ich kindisch bin und solche Dinge auch *jetzt* noch liebe.) Ich glaube, daß Kinder ihn gespannt lesen oder sich anhören, sogar ziemlich kleine, und ich höre das auch sehr gern, obwohl ihnen das meiste daran entgehen muß, und er ist jedenfalls voller Wörter, die sie wahrscheinlich nicht verstehen können – wenn man damit das »Wiedererkennen von schon Bekanntem« meint. Ich hoffe, daß sich ihr Wortschatz dadurch vergrößert.
     Was *plenilune* und *argent*[1] angeht, so sind dies schöne Wörter, *bevor* man sie versteht – ich wollte, ich hätte noch einmal die Freude, ihnen zum

ersten Mal zu begegnen! –, und wie sollte man sie auch kennen, bevor sie einem begegnen? Und gewiß sollte die erste Begegnung in einem lebenden Kontext und nicht in einem Wörterbuch wie mit den getrockneten Blumen in einem hortus siccus stattfinden!

Kinder sind nicht eine Klasse oder Gattung, sie sind eine heterogene Ansammlung noch unreifer Menschen, verschieden, wie andere Menschen auch, in ihrem Fassungsvermögen und in der Fähigkeit, es auf Anreize hin zu erweitern. Sobald man sein Vokabular auf dasjenige beschränkt, wovon man vermutet, daß es in ihrem Bereich liegt, schneidet man in Wirklichkeit den Begabten die Möglichkeit ab, diesen zu erweitern.

Und die Bedeutung schöner Wörter kann man nicht »selbstverständlich« machen, denn sie ist für niemanden selbstverständlich: am wenigsten für die Erwachsenen, die auf den Klang gar nicht mehr hören, weil sie die Bedeutung zu kennen glauben. Sie denken, *argent* »bedeute« *Silber*. Aber so ist es nicht. Es und Silber haben einen Bezug zu x oder chem. Ag, aber jedes x ist in eine völlig verschiedene Lautgestalt eingehüllt: x+y oder x+z; und diese haben nicht die gleiche Bedeutung, nicht nur weil sie verschieden klingen und darum verschiedene Reaktionen wecken, sondern auch, weil sie faktisch nicht gebraucht werden, wenn man auf dieselbe Weise über Ag redet. Es ist auf jeden Fall, glaube ich, für den Anfang besser, »argent« als einen reinen Laut (z ohne x) in einem poetischen Kontext zu *hören*, als zu denken, »es bedeutet bloß Silber«. Dann besteht eine gewisse Chance, daß es einem für sich gefällt und daß man später die heraldischen Obertöne zu schätzen lernt, die es, abgesehen von seinem eigentümlichen Klang, noch hat und die dem »Silber« fehlen.

Ich denke, daß diese Art des Platt- und Herunterschreibens, nach dem Vorbild der Bibel in Basic English, für die Tatsache verantwortlich ist, daß so viele ältere Kinder und jüngere Leute wenig Achtung und kaum eine Liebe zu Wörtern haben, außerdem ein sehr beschränktes Vokabular – und, leider! auch kaum noch den Wunsch (selbst wenn sie die abgestumpfte Begabung noch hätten), es zu verfeinern oder zu vergrößern.

Das mit dem *Pied Piper* bekümmert mich.[2] Ich finde ihn abscheulich. Gott helfe den Kindern! Dann könnte ich ihnen auch gleich das plumpe und gemeine Plastik-Spielzeug geben. Womit sie natürlich spielen würden, bis ihr Geschmack ruiniert ist. Die ärgsten Gemeinheiten Disneys kündigen sich darin schon fürchterlich an. Aber Du kannst nicht sagen, daß er »nie versagt«. Du weißt nicht wirklich, was da passiert, auch nicht in den wenigen Fällen, die Du beobachten konntest. Bei mir hat er versagt, sogar als ich ein Kind war und Brownings schale Vulgarität noch nicht von der allgemeinen Erwachsenheit der Dinge unterscheiden konnte, von denen man erwartete, daß sie mir gefallen müßten. Das Problem ist, man weiß nicht wirklich, was vorgeht, auch nicht, wenn ein Kind aufmerksam zuhört, auch nicht, wenn es lacht. Kinder haben (nur) eines gemeinsam: den Mangel an Erfahrung und, wenn nicht an Unterscheidungsfähigkeit, dann doch an Worten, in denen sie ihre Wahrnehmungen ausdrücken könnten; dabei sind sie gewöhnlich fügsam (äußerlich) in der Hinnahme der Nahrung, die ihnen die Erwachsenen vorsetzen. Obwohl sie das Zeug innerlich oder wirklich über den Gartenzaun schmeißen mögen, sagen sie spröde, wie gut es ihnen gefallen hat. Wie es meine Kinder (sie haben es gestanden) im Sommer mit dem Abendessen im Garten machten, wobei sie ihre Eltern lange in der Illusion hielten, daß sie Marmeladenbrote mochten. Mir gab man natürlich Hans Andersen, als ich noch ziemlich klein war. Eine Zeitlang hörte ich aufmerksam zu, was vielleicht so ausgesehen hat, als wäre ich ganz hingerissen von seinen Geschichten, wenn man sie mir vorlas. Ich habe sie selbst noch oft gelesen. Tatsächlich mißfiel er mir heftig; und die Lebhaftigkeit dieser Abneigung ist das Wichtigste, was ich in Verbindung mit seinem Namen in die späteren Jahre mitnahm.

Sicherlich bin ich »kindisch« genug, und das sollte auch echten Kindern genügen oder jedem, der auf dieselbe Weise »kindisch« ist, und was macht es dann schon, wenn der alte Knabe allerhand drollige Wörter kennt? Als Beleg dafür schicke ich Dir ein Stückchen Nonsens, das ich neulich erst geschrieben habe[3]. Leider habe ich aber schon genug Erwachsenenjargon aufgeschnappt und kann schreiben wie die Großen; und darum könnte ich auch sagen, »es ist eine feingewirkte Bagatelle, ein amüsanter Versuch, in die Elbenkindlichkeit eines Elbenkindes einzudringen, wenn es dergleichen je gegeben hat!« Entschuldige, daß ich tippe. Meine krakelige Handschrift hält keinen langen Brief mehr durch. Mach Dir keine Gedanken über die »Meinungen«. Eigentlich schreibe ich, wie ich nun mal schreibe, ob gut oder schlecht, weil ich nicht anders schreiben kann. Wenn es jemandem gefällt, ob groß oder klein, bin ich ebenso überrascht wie froh. Gott segne Dich. Ganz ganz herzlich,

R.

235 Aus einem Brief an Mrs. Pauline Gasch (Pauline Baynes)
6. Dezember 1961

[Pauline Baynes, die den *Farmer Giles of Ham* illustriert hatte, hatte die Bereitschaft geäußert, Bilder für *The Adventures of Tom Bombadil* zu liefern, und hatte Typoskripte der Gedichte gelesen.]

Wenn ich das so sagen darf, wurden die Sachen, die Ihnen geschickt wurden (bis auf die *Sea-bell*, die schlechteste, die ich nicht wirklich wde. mit aufnehmen wollte, zumindest nicht mit den anderen), als eine Folge von sehr bestimmten, klaren und präzisen Bildern angelegt – phantastisch vielleicht oder Unsinn, aber nicht traumhaft! Und ich dachte an Sie, weil Sie anscheinend imstande sind, wunderbare Bilder zu zeichnen, die einen Anflug von »Phantastik« haben, vor allem aber helle und klare Gesichter von Dingen zeigen, die man wirklich sehen könnte. Natürlich ist das, was Sie über »Illustrationen« allgemein sagen, völlig richtig, und ich habe mich einmal darauf eingelassen (in einem langen Essay über Märchen), in viel mehr Worten als Sie, aber nicht genauer, etwa dasselbe zu sagen.[1] Aber für die Illustration (oder Dekoration!) kleiner Sachen wie dieser Gedichte, die leichtherzig und (glaube ich) gewandt in den Worten sind, aber in der Absicht nicht sehr tiefgründig, läßt sich doch manches sagen. Ich vermute, von der Bezeichnung als »leichtherzig« müßte man auch »The Hoard« ausnehmen, obwohl die Leiden der aufeinander folgenden (namenlosen) Erben nur als Bilder in einer alten Tapisserie gesehen werden und kein tiefes individuelles Mitleid herausfordern. Daß Ihnen gerade dies am besten gefallen hat, fand ich sehr interessant. Denn es ist das am wenigsten flüssige Stück, weil es in einer Art geschrieben ist, die eher an die ältesten englischen Verse erinnert – und tatsächlich von einer alten Verszeile angeregt wurde: *iúmonna gold galdre bewunden*, »das Gold von Menschen, vor langer Zeit in Zauber verfangen« (Beowulf 3052). Aber mir ist wohl klar, daß dies eine knifflige Aufgabe ist. Ich hoffe, der Versuch reizt Sie. Aber ach! Sie haben den Finger unfehlbar auf eine Hauptschwierigkeit gelegt: Die Gedichte sind in *keiner* Hinsicht eine Einheit, sondern wurden zu verschiedenen Zeiten aus wechselnden Anregungen heraus geschrieben. Ich habe jedoch nicht viel Zweifel, daß Sie die Scylla der Blyton und die Charybdis Rackhams vermeiden würden – wobei allerdings das Scheitern an der letzteren Klippe das weniger böse Geschick wäre.

[Tolkien hatte im September ein Exemplar der Puffin-Books-Ausgabe des *Hobbit* erhalten, es aber erst im Dezember angeschaut.]

30. Dezember 1961   76 Sandfield Road, Headington, Oxford
Lieber Rayner,

.... Wenn man doch nur diese wohlmeinenden Leute im Zaum halten könnte, die Bescheid zu wissen glauben! Vor ein oder zwei Tagen hatte ich Gelegenheit, eine Passage im *Hobbit* nachzulesen, und weil das »Puffin« gerade zur Hand war, schlug ich dort nach. Dabei entdeckte ich, daß wieder einmal einer von diesem Schlag am Werk gewesen ist. Die *Penguin Books* hatten doch, nehme ich an, keinerlei Recht, mein Buch zu redigieren, und hätten die gedruckte Ausgabe getreu nachdrucken sollen; zumindest hätten sie aus Rücksicht auf Allen and Unwin und auf mich anfragen müssen, bevor sie sich daran machten, den Text zu korrigieren.

Dwarves, dwarves' und *dwarvish* sind durchgängig (mit einer Ausnahme auf p. 21) in die wörterbuchüblichen Formen *dwarfs, dwarfs'* und *dwarfish* korrigiert worden. *Elvish, elvish* ist 7mal in *Elfish, elfish* verändert, 3mal aber auch unverändert geblieben. Dieses Vorgehen erbittert mich. Ich habe bewußt *dwarves* etc. geschrieben, in einer besonderen Absicht und zwecks einer besonderen Wirkung – und daß es eine Wirkung hat, kann man erkennen, wenn man die Passagen, wo die *dwarfs* eingesetzt sind, miteinander vergleicht, besonders bei Versen. Auf die Frage wird in L. R. iii, p. 415 eingegangen.[1] Natürlich erwarte ich nicht, daß die Setzer oder Korrektoren das wissen oder daß sie über die Geschichte des Wortes »dwarf« Bescheid wissen; aber ich hätte gedacht, daß wenigstens der Korrektor, wenn schon nicht der Setzer, auf die Idee hätte kommen können, daß der Autor eine bestimmte Form nicht 300mal konsistent gebrauchen würde und daß auch Ihre Korrektoren sie nicht hätten durchgehen lassen, wenn es bloß ein zufälliger »grammatischer« Fehler wäre.

Dwarfs etc. ist natürlich die einzig anerkannte moderne Form des Plurals; aber für die (inkonsistente) Korrektur von *elvish* gibt es nicht einmal mehr diese Entschuldigung. Die ältere und »historische« Form *elvish* ist immer noch gültig und erscheint sogar in einem populären Wörterbuch wie dem »Pocket Oxford«. Ich nehme an, ich muß noch dankbar sein, daß Cox und Wyman[2] mir wenigstens die Veränderung von *elven* zu *elfin* und von *further* zu *farther* erspart haben, die Jarrolds[3] mir zufügen wollte; aber Jarrolds arbeitete immerhin nach einem MS., das auch eine ganze Menge unbeabsichtigter Fehler enthielt. Ich glaube, in dem Text, nach dem das Puffin gedruckt wurde, ist nur ein Fehler übrig geblieben: *like* statt *likes* (6. Aufl., p. 85, Zeile 1; Puffin, p. 76, Zeile 23). Er hat sich erst in die 6. Aufl. eingeschlichen, glaube ich. Als ob Gollum sich die Gelegenheit zu einem Zischlaut entgehen ließe! Puffin hat dies nicht verbessert. Ich vermute, Gollum wurde als ein »Gesetzloser« betrachtet, der den Geboten der Wörterbücher oder den »Hausregeln« nicht unterliegt. Nicht so der Erzähler.

Davon abgesehen, scheint es nur wenige Fehler zu geben. Bemerkt habe ich: *waiting* ist weggelassen vor *for* (Puffin, p. 32/11); *head* statt *ahead* (p. 87/5 von unten); in *examining* (p. 225/2 von unten) steht ein g verkehrt herum. Und auf p. 228 stehen *oubht* und *bood* statt *ought* und *good*.

Ich entschuldige mich, daß ich Sie mit solchen Kleinigkeiten behellige (ich bin leider ein geborener Kleinigkeitskrämer), die niemandem so wichtig erscheinen werden wie mir; und jetzt kann man ja ohnehin nichts mehr daran tun. Allerdings möchte man *Penguin Books* darauf hinweisen, daß diese Dinge nicht unbemerkt geblieben sind. Ich glaube sogar, ich hätte kein Exemplar für Sir Allen Lane[4] signiert, wenn ich sie vorher bemerkt hätte. Ich hätte Lust, ihm das zu sagen und ihm die Eintragung der Korrekturen in meiner schönen Handschrift anzubieten, wenn er mir das Exemplar noch einmal zurückschickt.

Dies ist wahrlich ein Grausamer Winter, und ich würde mich nicht wundern, wenn die Weißen Wölfe über den Fluß kämen. Zur Zeit herrscht eine Totenstille, weil der einzige Wagen, der in meiner Straße auftauchte, rückwärts den Hügel hinunterrutschte und verschwand. Es besteht wenig Aussicht, daß dies morgen, am 1. Jan. bei Ihnen ankommt, um Ihnen ein glückliches neues Jahr zu wünschen. Ich hoffe, Sie haben viele gute Sachen in der Speisekammer. Am 3. Januar ist mein Geburtstag, und es sieht ganz so aus, als ob ich ihn in der Abgeschiedenheit dieses zu einem Iglu gewordenen Hauses verbringen werde; aber die Gesellschaft mehrerer Flaschen von einem, wie sich herausgestellt hat, ganz vortrefflichen Burgunder (denn ich habe ihn in seiner Kindheit auszusuchen geholfen) wird das zweifellos erträglicher machen: Clos de Tart 1949, grad auf dem Höhepunkt. Mit dieser hobbitgemäßen Bemerkung möchte ich schließen und wünsche Ihnen, Ihrer Frau und Ihren Kindern alles Gute für 1962.

Ihr getreuer
Ronald Tolkien

P. S. Würden Sie bitte Miss M. J. Hill (und sich selbst) für die Nummer des *School Magazine* vom Nov. 1961 (N. S. Wales) mit dem Auszug aus dem *Hobbit* und dem Artikel »Something Special« danken. Ich fand den letzteren für seinen Zweck gut geschrieben..... Aber o je! wenn sie es mit richtigen Geschichten zu tun haben, sind die Leute immer bereit, eher an gelehrtes Geheimwissen als an Erfindung zu glauben, besonders wenn sie dann noch der Titel »Professor« einschüchtert. Im Altenglischen sind keine Lieder oder Geschichten über Elben oder Zwerge erhalten, und auch in den anderen germanischen Sprachen ziemlich wenig. Ich kann mich an keinen Zwerg oder Elben erinnern, der wirklich in einer Geschichte eine Rolle spielen würde, ausgenommen Andvari in der nordischen Version des Nibelungen-Stoffes. Mit dem Namen Eikinskjaldi verbindet sich keine Geschichte außer der von mir für Thorin Eichenschild erfundenen. So weit das Altenglische reicht, ist »dwarf« *(dweorg)* nur eine Erläuterungsform zu *nanus* oder der Bezeichnung für Krämpfe und Rückfallfieber; und von »elf« müßten wir annehmen, daß es nur mit Rheumatismus, Zahnschmerzen und Albträumen zu tun hat, wenn nicht auch *ælfsciene*, »elbenschön«, in bezug auf Sarah und Judith vorkäme! und ein paar Glossen wie *dryades* oder *wuduelfen*. In der ganzen altenglischen Dichtung treten »elves« *(ylfe)* nur einmal auf, im *Beowulf*, in Verbindung mit Trollen, Riesen und den Untoten als Kains verfluchte Nachkommenschaft. Die Kluft zwischen dem und z. B. Galadriel oder Elrond ist nicht durch Wissenschaft überbrückt. Inzwischen muß Ihnen dieser Brief wie eine Broschüre oder eine Neujahrsgirlande vorkommen! Aber Sie haben wohl doch einen Papierkorb, der mindestens so groß ist wie meiner. JRRT.

237 Aus einem Brief an Rayner Unwin 12. April 1962

Ich habe jeden Augenblick, den ich Zeit hatte, auf die »Gedichte« verwendet, trotz der gewohnten Hindernisse und einiger neuer.

Leider habe ich alles Zutrauen in diese Sachen verloren, und auch jede Urteilsfähigkeit, und wenn Pauline Baynes davon nicht inspiriert wird, sehe ich nicht, wie daraus ein »Buch« werden könnte. Ich sehe auch nicht, warum sie inspiriert werden sollte, hoffe aber glühend, daß sie es sein wird. Manche von diesen Sachen sind wohl auf ihre Art ganz gut, und alle amüsieren mich privat; aber ältere Hobbits sind leicht zufriedenzustellen.

Die verschiedenen Stücke – die ich mich nun allesamt anzubieten getraue, manche davon mit Unbehagen – ergeben nicht wirklich ein Ganzes. Das einzig mögliche Bindeglied ist die Fiktion, daß sie alle aus dem Auenland, etwa aus der Zeit des *Herrn der Ringe*, stammen. Aber auf manche paßt das nicht so recht. Ich habe viel daran getan und versucht, sie besser zusammenzufügen: wenn es ihnen nicht viel nützt, dann hoffentlich nicht sehr zu ihrem Schaden. Sie werden bemerken, daß ich ein neues *Bombadil*-Gedicht geschrieben habe, das hoffentlich gut genug ist, um mit dem älteren zusammenzugehen, obwohl zu seinem Verständnis einiges aus dem *H. R.* bekannt sein muß. Jedenfalls erfüllt es den Zweck, Tom weiter in die Welt des *H. R.*, in die er eingesetzt worden war, zu »integrieren«.* Ich fürchte, es reizt nur meine Pedantenphantasie, durch den Nachklang des nordischen Nibelungen-Stoffes (das Schnauzhaar des Otters)[1], und weil eine seiner Zeilen direkt, so unglaublich das erscheinen mag, aus der *Ancrene Wisse* stammt.[2] ....

Möglicherweise wäre irgend etwas wie ein Vorwort nötig. Das Beigefügte ist nicht für diesen Zweck bestimmt! Allerdings könnte man ein oder zwei Punkte daraus einfacher fassen. Ich fand es aber leichter und amüsanter (für mich selbst), Ihnen in Form einer lächerlichen Herausgeber-Fiktion vorzutragen, was ich mit den Versen gemacht habe und worauf sie sich nun beziehen. Tatsächlich sind trotz der Fiktion das relative Alter, die Reihenfolge der Abfassung und die Bezüge der einzelnen Stücke ziemlich genau und so, wie sie wirklich waren, angegeben.

Ich hoffe, Sie sind über meine Versuche nicht allzu enttäuscht.

238 Aus einem Brief an Jane Neave 18. Juli 1962

[Tolkiens Tante hatte anscheinend einen Scheck, den er ihr geschickt hatte, zurückgeben wollen, damit das Geld für den Kauf eines Rollstuhls für Tolkiens Frau Edith verwendet werden könnte, die an Arthritis litt.]

Nun zu Deinem noblen und uneigennützigen Vorschlag. Löse den Scheck ein, bitte! Und gib ihn aus. Man kann keine Bedingungen an ein Geschenk knüpfen, aber mir wäre es am liebsten, wenn das Geld bald ausgegeben würde, und zwar für *Dich*. Es ist eine sehr kleine Summe. Ich nehme sie nur weg von meinem jetzigen Überfluß, der weit über Ediths

---

* In dem ersten Gedicht hieß es, er trage eine Pfauenfeder, was (wie Sie, denke ich, zugeben werden) überhaupt nicht zu seiner Situation im *H. R.* paßt. Darin wird von seiner Feder nur gesagt, daß sie »blau« ist. Ihre Herkunft wird nun verraten.

und meine Bedürfnisse und die meiner Kinder hinausgeht. Edith braucht zum Glück keinen Rollstuhl; und ich könnte ihr einen kaufen, wenn sie ihn brauchte. Es ist eine erstaunliche Lage, und ich hoffe, ich bin Gott dankbar genug. Es ist noch nicht lange her, da fragte ich mich, ob wir weiter hier wohnen könnten, mit meiner unzureichenden Pension. Ich habe noch nie etwas verschenken können und doch in der Vergangenheit Geschenke erhalten, die man nicht zurückzahlen kann . . . . . Als Siebzig-jähriger bekomme ich eine Ruhestands-Pension, von der es mir richtig scheint, wenigstens soviel wegzugeben, wie die Steuer mir übrigläßt (eine staatliche Pension, meine ich: die Universitätspension habe ich abgelehnt und die Abfindungssumme in einem von meiner Bank geleite-ten Trust angelegt). Mit all dem will ich Dir nur versichern, daß das kleine Geschenk mir eine persönliche Freude war und kaum viel Dank verdient; außerdem auch versichern, daß ich noch mehr helfen kann, wenn nötig. Wenn keine allgemeine Katastrophe kommt, werde ich zu meinen Lebzeiten wohl keine Geldsorgen mehr haben. Das ist der Rat eines sehr klugen alten Verlegers. Außerdem habe ich erfahren, daß er zu Edmund Fuller[1] gesagt hat, meine Bücher seien die wichtigste und auch die profitabelste Sache, die er in seinem langen Leben herausgebracht habe, und das werde sicherlich auch noch nach seiner Zeit und der seiner Söhne so bleiben. (Dies ist nur für Dich bestimmt: Es ist unklug, sein Glück hinauszuposaunen oder gar sich damit zu brüsten, wie alle Märchen einen lehren. Darum sag nichts. Ich möchte nicht eines Mor-gens aufwachen und feststellen, daß alles nur ein Traum war!) . . . .

Ich freue mich sagen zu können, daß es uns beiden dieses Jahr besser geht . . . . . Ich war letzten September ein wenig in Behandlung und bin seither mehr oder weniger unbehindert auf den Beinen, obwohl mir wie gewöhnlich der Hexenschuß im Juni zu schaffen gemacht hat. Edith geht es dieses Jahr merklich besser; und wir haben im Juli eine Bahnfahrt nach Bournemouth machen können (2. bis 9.). Die Diät hat viel genützt. Wir würden unser Leben ganz anders einrichten müssen, wenn sie auf den Rollstuhl angewiesen wäre. Sie kocht alle Mahlzeiten, macht die meisten Arbeiten im Haus und auch einiges im Garten. Ich fürchte, das erfordert oft eine ziemlich heroische Anstrengung; aber das ist, in gewissen Grenzen, natürlich nur gut so. Trotzdem ist es hart, von zwei – oder drei – Seiten her zugleich angegriffen zu sein. Große Gewichtszunahme infolge der Operationen. Arthritis, die durch das Gewicht noch schmerz-hafter und schlimmer wird; und ein inneres Leiden, kleine innere Läsionen (soviel ich weiß), die oft unberechenbare Schmerzen bereiten, entweder durch Belastungen, durch Vibrationen oder durch Verdauungsstörungen. Trotzdem haben wir dieses Verdikt mehr oder weniger dankbar hingenommen, nachdem sie für einige Zeit in einem Pflegeheim »zur Beobachtung« (ominöses Wort) gewesen war.

Unsere »Hilfe«, die wir etwa acht Jahre lang gehabt hatten, haben wir letzten Herbst wegen Krankheit verloren. Solltest du je um zeitliche Wohltaten für uns beten, meine Liebe, dann bitte um das Beinah-Wunder, eine Hilfe zu finden. Oxford ist wahrscheinlich sogar in diesem England einer der Orte, wo so etwas am schwersten zu finden ist.

Das Buch mit den Gedichten kommt voran. Pauline Baynes hat den Vertrag angenommen und beginnt nun mit der Illustration. Der Verlag will es jedenfalls zu Weihnachten herausbringen. Meine Arbeit ist getan.

Im Augenblick bin ich damit beschäftigt, meine Übersetzung des *Sir Gawain* und der *Pearl* in Ordnung zu bringen, mit Anmerkungen und einem kurzen Vorwort, ehe ich mich wieder meiner Hauptarbeit, dem *Silmarillion*, zuwende. *The Pearl* ist ein anderes Gedicht im selben MS. wie *Sir Gawain*. Keines von beiden ist mit dem Namen eines Autors verbunden, aber ich glaube (wie die meisten anderen auch), daß beide von derselben Person sind. *The Pearl* ist das weitaus schwerer zu übersetzende, überwiegend aus metrischen Gründen; weil mich aber die scheinbar unlösbaren metrischen Probleme reizten, begann ich vor Jahren mit einer Wiedergabe. Einige Strophen wurden sogar im Rundfunk gesendet, Ende der 20er Jahre.[2] Ich wurde damit vor dem Krieg mehr oder weniger fertig; und dann verschwand es unter der Last des Krieges und des *Herrn der Ringe*. Das Gedicht ist den Mediävisten sehr gut bekannt; aber der Ansicht der Gelehrten, daß es fast unmöglich schwer sei, in dieser metrischen Form zu schreiben, und ganz unmöglich, sie in modernem Englisch wiederzugeben, habe ich nie zugestimmt. KEIN Gelehrter (und heutzutage auch kein Dichter) hat irgend Erfahrung darin, sich in einem anspruchsvollen Metrum auszudrücken. Ich habe mir ein paar Strophen in dem Versmaß ausgedacht, um zu zeigen, daß es jedenfalls nicht »unmöglich« sei, darin zu schreiben (obwohl man das Ergebnis heute schlecht finden könnte).[3] Mit dem Text der *Pearl* war das schwieriger: Ein Übersetzer ist nicht frei, und dieser Text ist an sich schon sehr schwer, oftmals dunkel, teils durch die Denkweise und den Stil, teils durch die Entstellungen in dem einzigen erhaltenen MS.

Weil diese Dinge Dich interessieren, schicke ich Dir meine ersten eigenen Strophen – unvermeidlich, wie alles zu irgendeiner Zeit, mit meiner eigenen Mythologie verbunden. Ich schicke Dir eine Abschrift der *Pearl*, sobald ich einen Durchschlag machen lassen kann. Sie hat 101 zwölfzeilige Strophen. Sie ist (glaube ich) augenscheinlich entstanden unter dem Eindruck des Verlusts einer kleinen Tochter im Säuglingsalter. Sie ist also in gewissem Sinne eine Elegie; aber der Autor bedient sich der damals modischen (zeitgenössisch mit Chaucer) Traum-Einrahmung und benutzt die Gelegenheit zur Erörterung seiner eigenen theologischen Ansichten über die Erlösung. Obwohl mit dem modernen Geschmack überhaupt nicht vereinbar, hat dies erschütternde Momente; und obwohl es aus unserer Sicht in der technischen Form von einer absurden Komplexität sein mag, überwindet der Dichter die von ihm selbst aufgerichteten Hindernisse alles in allem erfolgreich. Die Strophen haben zwölf Zeilen mit nur drei Reimen: ein Oktett aus vier jeweils *a b* gereimten Paaren und ein Quartett mit dem Reimschema *b c*. Außerdem hat jede Zeile in sich noch die Alliteration (gelegentlich, aber nur selten, fehlt sie im Original; die Übersetzung ist unvermeidlich weniger reich). Und als ob das nicht genügte, ist das Gedicht auch noch in Fünf-Strophen-Gruppen eingeteilt. Innerhalb jeder dieser Gruppen muß das wichtigste Wort der letzten Zeile in der ersten Zeile der nächsten Strophe widerhallen; die letzte Zeile der Fünfergruppe hallt zu Beginn der nächsten wider; und die allererste Zeile soll sich durch das Ganze winden, bis sie in der allerletzten ihr Echo findet. Aber merkwürdigerweise sind es nicht 100 Strophen, sondern 101. Gruppe XV hat sechs Strophen. Lange wurde angenommen, daß eine von unbekannter Hand hinzugefügt sei. Aber auch *Sir Gawain* hat 101 Strophen. Diese Zahl wurde offenbar angestrebt, doch ist nicht herausgefunden worden, was sie für den Autor zu bedeuten hatte. Auch die Fünfergruppen stellen eine Verbindung zum *Gawain* her, wo der Dichter deren Bedeutung herausarbeitet: die Fünf Wunden, die Fünf Freuden, die Fünf Tugenden und die Fünf Geistesarten.

Genug davon. Hoffentlich habe ich Dich nicht gelangweilt. Auf einem gesonderten Blatt lege ich Dir die Eröffnungsstrophe im Original und in meiner Übersetzung bei, als Probe.

239 Aus einem Brief an Allen & Unwin 20. Juli 1962

[Mit Bezug auf die spanische Übersetzung des *Hobbit*.]

Wenn *gnomos* als Übersetzung für *dwarves* benutzt wird, dann darf es *nicht* auf p. 63 erscheinen, in *the elves that are now called Gnomes*. Ich brauche den Übersetzer oder Sie wohl nicht mit einer langen Erklärung zu behelligen, wie sie nötig wäre, um diese Abirrung verständlich zu machen; aber das Wort diente als Übersetzung für die wirkliche Bezeichnung, gemäß meiner Mythologie, des Hochelben-Volkes aus dem Westen. Und zwar pedantisch, durch Verknüpfung mit griechisch *gnome*, »Denken, Verstand«. Ich habe es aber fallengelassen, weil es ganz unmöglich ist, die Bezeichnung von den volkstümlichen Assoziationen des paracelsischen *gnomus = pygmaeus* getrennt zu halten.[1] Da dieses Wort – ob es angemessener ist als sp. *enano*, kann ich nicht beurteilen – für »dwarves« gebraucht wird, entstünde eine ärgerliche Verwirrung, wenn es auch für die Hochelben gebraucht würde. Ich schlage ernstlich vor, daß der Übersetzer zu p. 63, Zeile 6–7, übersetzen sollte *old swords of the High Elves of the West*; und bei p. 173, Zeile 14, sollte *(or Gnomes)* ganz weggelassen werden. Ich denke, dies sind die einzigen Stellen, wo *Gnomes* im *Hobbit* auftritt.

240 An Mrs. Pauline Gasch (Pauline Baynes)

[Pauline Baynes, die *The Adventures of Tom Bombadil* illustrierte, wies darauf hin, daß Tom im Titelgedicht eine Pfauenfeder am Hut tragen sollte, während es in der Fassung der Korrekturfahnen hieße »a swan-wing feather«.]

1. August 1962   76 Sandfield Road, Headington, Oxford
Liebe Mrs. Gasch,
es tut mir leid, daß Sie durch diese Einzelheit aufgehalten wurden. Zu verschiedenen Zeiten sind eine Reihe kleinerer Änderungen vorgenommen worden, um Tom der Welt des *Herrn der Ringe* zu assimilieren.

Die Pfauenfeder stammt aus einer alten Fassung des Gedichts. Weil sie nicht in den H. R. paßt, wird daraus im H. R. (I, p. 130)[1] »eine lange blaue Feder«. In den Gedichten, wie sie nun erscheinen sollen, erscheint Tom (in Zeile 4 des ersten Gedichts) mit einer »Schwanenflügelfeder«: um die Flußnähe stärker zu betonen und um den Vorfall im zweiten Gedicht zu ermöglichen, wo ihm der Eisvogel eine blaue Feder schenkt. Dieser Vorfall erklärt auch die blaue Feder im H. R. Gedicht eins ist offensichtlich, wie auch in der Einleitung gesagt wird, eine Hobbit-Wiedergabe von Dingen lange vor der Zeit des H. R. Aber das zweite Gedicht bezieht sich auf die Zeit des wachsenden Schattens, bevor Frodo aufbrach (wie die Beratung mit Maggot zeigt: vgl. H. R., I, p. 143).[2] Als Tom im H. R. auftritt, trägt er daher eine blaue Feder.

Soweit es Sie betrifft, scheiden Pfauen aus. Eine Schwanenfeder im ersten Gedicht; und eine blaue nach dem Vorfall mit dem Eisvogel.

Danke, daß Sie sich so viel Mühe machen. Ich darf sagen, daß zu den Entwürfen, die Ihnen ursprünglich vorgelegt wurden, noch eine Anzahl Änderungen vorgenommen wurden. Nur die Fahnen sind zuverlässig.

Zum Beispiel bei der Änderung mit dem Eisvogel fand ich, daß keine der in unserer Weltgegend wahrscheinlichen Arten einen scharlachroten Kamm *(crest)* hat. (Scharlachrote *breasts* schon eher, obwohl die Brust bei denen, die ich gesehen habe, nur rötlich war!) Außerdem, was interessanter ist, der Name des Vogels [engl. *kingfisher*] bedeutet nicht, wie ich vermutet hatte, »ein König, der fischt«. Ursprünglich hatte er *the king's fisher* geheißen. Das verbindet den Schwan (traditionell das Eigentum des Königs) mit dem Fischervogel, erklärt zugleich ihre Rivalität und ihre besondere Freundschaft mit Tom: Sie waren Geschöpfe, die auf die Rückkehr ihres rechtmäßigen Herrn, des wahren Königs, warteten.

Lassen Sie sich von derlei Dingen nicht abschrecken, solange sie das Bild nicht betreffen! Das innerlich gesehene Bild ist für mich das wichtigste. Ich freue mich auf Ihre Interpretation. Die professoralen Details sind nur ein Privatvergnügen; ich erwarte nicht, daß jemand sie bemerkt. (Z. B. das Aufhängen eines Eisvogels, um die Windrichtung zu erkennen, das von Sir T. Browne stammt[3]; das Schnauzhaar des Otters, das aus dem Gold vorsteht, aus den nordischen Nibelungensagen[4]; und die drei Orte für den Klatsch, *smithy, mill, and cheaping* (Markt), aus einem mittelalterlichen Lehrbuch, das ich einmal herausgegeben habe![5]) Mit allerbesten Grüßen

Ihr ergebener
Ronald Tolkien

241 **Aus einem Brief an Jane Neave** 8.–9. September 1962

[Tolkiens Tante, die in Wales lebte, hatte ein Fahnen-Exemplar seines Vortrags »English and Welsh« gelesen, der 1955 gehalten worden war und 1963 in dem Band *Angles and Britons: O'Donnell Lectures* erschien.]

Ich habe mich so gefreut, wieder von Dir zu hören. Ich habe ein bißchen befürchtet, mit diesem Vortrag übers Ziel hinausgeschossen zu sein: vieles davon ist ziemlich öd, außer für Dons. Er ist nicht wirklich »gelehrt«: Meine Aufgabe war, Brocken von (fachlichem) Allgemeinwissen auf einen Faden zu ziehen, in einem Versuch, das englische Publikum zu interessieren. Das einzig »Originelle« daran sind die autobiographischen Stückchen und der Hinweis auf die »Schönheit« in der Sprache;

außerdem die Theorie, daß jemandes »Heimatsprache« nicht dasselbe ist wie seine »Wiegensprache«.

Ich wäre nicht überrascht zu hören, daß Dein Briefträger *bobi: caws bobi* nicht kennt. Anscheinend wird es in modernen Wörterbüchern nicht erwähnt und ist vermutlich obsolet. Es bedeutet oder bedeutete »gerösteter Käse«, d. h. *Welsh rabbit. pobi* ist das walisische Wort für »kochen, rösten, toasten«, und es hat sich (wenn Andrew Boorde[1] es richtig verstanden hat) von p- zu b- verändert, denn *pobi* dient als Adjektiv, nach einem Substantiv. London war damals eine Zeitlang sehr walisertümlich (wie man bei Shakespeare sieht), und walisische Brocken tauchen in Bühnenstücken und Erzählungen auf. Aber die Vorstellung, daß Walisisch die »Sprache des Himmels« sei, war viel älter. Andrew B. machte sich einfach über diesen oft gehörten Anspruch der Waliser lustig. Ich erwarte, daß der Briefträger davon gehört haben wird. Die Briefträger sind alles in allem ein guter Menschenschlag, besonders die auf dem Land, die noch zu Fuß gehen. Die Waliser Briefträger aber scheinen besonders freundlich und auch gebildet zu sein. Sir John Morris Jones, ein berühmter walisischer Gelehrter (und Autor der Grammatik, die ich mir, wie erzählt, von dem Preisgeld kaufte[2]), sagte über das Werk eines französischen Gelehrten (Loth) über walisische Metren: »Über das Thema kann ich von meinem Briefträger mehr und Vernünftigeres erfahren.«

Was natürlich nicht heißen sollte, daß Loth so unwissend sei wie ein schlichter Briefträger, der seine Tage vertrödelt; sondern daß der Briefträger belesener und gebildeter sei als ein französischer Professor. Das mag richtig gewesen sein – im Hinblick auf das Walisische. Denn als ein »armes Land« hat Wales auch heute noch nicht gelernt, Kunst oder Wissenschaft ausschließlich bestimmten Gesellschaftsklassen zuzuweisen. Aber bei all ihren Tugenden sind die Waliser doch zänkisch und oft auch arglistig; und nicht immer richtet sich ihre spitze Zunge gegen »Ausländer«, sondern oft auch gegen ihresgleichen (die nicht leicht etwas verzeihen). Alle »Gelehrten« neigen zur Streitlust, aber die walisische Wissenschaft und Philologie sind ein einziger Kampf zwischen verfeindeten Cliquen. Mein Hinweis auf die »Listen der Streiter«[3], in die ich mich nicht eintragen wollte, auf p. 3 war nicht bloß Rhetorik, sondern eine notwendige Verwahrung gegen die Zugehörigkeit zu einer der streitenden Parteien.

Man sagt, Sir John M. J. habe sich bei Bangor ein schönes Haus gebaut, mit Blick über die Menai Straits bis nach Môn (Anglesey). Aber der »freundliche« Spottname für die Bewohner dieser Insel ist (auf dem

Festland) *moch,* »Schweine«. Irgendein kleiner Adliger aus Beaumaris stattete ihm einen Besuch ab, und nachdem er sein Haus bewundert hatte, fragte er ihn, ob er dem Haus einen Namen geben werde. »Ja«, sagte er, »ich werde es *Gadara View* nennen.« ....

Ich schicke Dir jetzt »Leaf by Niggle«. Ich habe eigens eine Kopie machen lassen, die Du behalten kannst, wenn Du willst, aus der *Dublin Review,* wo die Geschichte vor fast 20 Jahren erschienen ist. Sie wurde (glaube ich) kurz vor Beginn des Krieges geschrieben; allerdings habe ich sie meinen Freunden zuerst Anfang 1940 vorgelesen. Ich weiß nichts mehr davon, wie ich sie geschrieben habe, nur noch, daß ich eines Morgens aufwachte und sie im Kopf hatte und hinschrieb – und die gedruckte Form unterscheidet sich im wesentlichen kaum ein bißchen von der ersten hastigen Fassung. Ich finde sie immer noch ganz bewegend, wenn ich sie wieder lese.

Es ist nicht wirklich oder im strengen Sinne eine »Allegorie«, sondern vielmehr »mythisch«. Denn Niggle soll eine wirkliche *Person* mit gemischten Eigenschaften sein und nicht eine »Allegorie« einer bestimmten Tugend oder Untugend. Der Name Parish erwies sich als günstig, für den Witz des Schaffners, wurde aber nicht im Hinblick auf eine besondere Bedeutung gewählt. Ich kannte einmal einen Gärtner namens *Parish.* (Ich sehe, in unserem Telefonbuch stehen sechs *Parishs.*) Natürlich lassen sich manche Elemente biographisch erklären (was für moderne Kritiker so zwanghaft interessant ist, daß sie ein Stück »Literatur« oft ausschließlich insofern schätzen, als es den Autor erkennen läßt, besonders, wenn es in einem nachteiligen Licht ist). Von meinem Fenster aus, sogar wenn ich im Bett lag, war ein großer Baum zu sehen – eine mächtige Pappel mit ausladendem Geäst. Ich liebte den Baum und machte mir Sorgen um ihn. Ein paar Jahre vorher war er bös verstümmelt worden, aber tapfer hatte er neue Äste getrieben, wenn auch selbstverständlich nicht mit der unbeschadeten Anmut seines früheren, natürlichen Selbst; und nun agitierte eine törichte Nachbarin[4], daß er gefällt werden müsse. Jeder Baum hat seinen Feind, und nur wenige haben einen Fürsprecher. (Allzu oft ist der Haß irrational, eine Furcht vor allem, was groß und lebendig, nicht leicht zu zähmen oder zu vernichten ist, auch wenn dies pseudorational bemäntelt werden mag.) Diese Närrin[*] sagte, er nehme ihrem Haus und Garten die Sonne weg, und sie habe Angst um ihr Haus, wenn er bei Sturm einmal niederbrechen sollte. Der Baum stand genau östlich von ihrer Haustür, auf der andern Seite einer

---

[*] Nur in dieser Hinsicht – dem Haß auf Bäume. Sonst war sie eine prächtige und tapfere Frau.

breiten Straße, in einer Entfernung von fast dem *Dreifachen* seiner Gesamthöhe. Darum warf er nur um die Zeit der Tagundnachtgleiche einen Schatten in ihre Richtung, und auch das nur ganz früh morgens, wenn der Schatten über die Straße bis auf das Pflaster vor ihrem Vordereingang reichte. Und ein Wind, der ihn hätte entwurzeln und auf ihr Haus werfen können, hätte sie mitsamt ihrem Haus auch ohne jedes Zutun des Baumes vernichten können. Ich glaube, der Baum steht immer noch an seiner Stelle. Obwohl seither viele Stürme getobt haben.[5] (Der große Orkan, in dem der furchtbare Winter 46/47 endete (am 17. März 1947), warf fast all die mächtigen Bäume der Allee in Christchurch Meadows um und verwüstete den Magdalen-Wildpark – aber der Baum verlor dabei keinen Zweig.) Außerdem machte ich mir natürlich Sorgen um meinen eigenen inneren Baum, den *Herrn der Ringe*. Er wuchs mir über den Kopf und bot endlos immer wieder neue Ausblicke – und ich wollte damit fertig werden, aber die Welt war bedrohlich. Und ich steckte vollkommen *fest*, irgendwo um das 10. Kap. *(Sarumans Stimme)* in Buch III – mit einigen vorgreifenden Fragmenten, von denen manche schließlich in Kap. 1 und 3 von Buch V paßten, die meisten sich aber als falsch erwiesen, besonders über Mordor – und ich wußte nicht weiter. Erst als Christopher nach S.-Afrika weggeschleppt worden war, zwang ich mich, Buch IV zu schreiben, das Stückchen für Stückchen an ihn geschickt wurde. Das war 1944. (Mit der ersten Rohfassung wurde ich erst 1949 fertig, als ich, ich weiß es noch, die Seiten (die nun Frodos und Sams Empfang auf dem Feld von Cormallen darstellen) beim Schreiben mit Tränen befleckte. Dann tippte ich eigenhändig *alle* VI Bücher des ganzen Werkes ab, dann *noch einmal* bei der Überarbeitung (manche Stellen vielfach), meistens auf meinem Bett in der Dachkammer in dem kleinen Reihenhaus, in das uns der Krieg aus dem Haus, wo meine Kinder aufgewachsen waren, vertrieben hatte.) Aber nichts von alledem ist wirklich sehr erhellend für »Leaf by Niggle«, nicht wahr? Wenn die Geschichte ihre Verdienste hat, dann hat sie die als solche, ob man all dies nun weiß oder nicht. Hoffentlich findest du, daß sie etwas taugt. (Aber aus ganz anderen Gründen, denke ich, werden Dir vielleicht die persönlichen Details gefallen. Weil Du nämlich ein lieber Mensch bist und Interesse an anderen nimmst, besonders, wie es ja auch richtig ist, an Deinen Verwandten.)

242 Aus einem Brief an Sir Stanley Unwin   28. November 1962

[*The Adventures of Tom Bombadil* waren am 22. November erschienen.]

Bisher habe ich zu »Tom Bombadil« zwei Besprechungen gesehen: *T. Litt. Suppl.* und *Listener*[1]: Ich war angenehm überrascht: erwartet hatte ich viel schnoddrigere und gönnerhaftere Kommentare. Was mich auch ziemlich gefreut hat, war, daß beide Rezensenten zuerst nicht bereit gewesen waren, sich amüsieren zu lassen, dann aber doch ihre viktorianische Würde nicht intakt halten konnten.

Trotzdem, darin bin ich immer noch so klug wie zuvor: Warum müssen es, wenn ein »Professor« Kenntnisse seiner professionellen Techniken zeigt, unbedingt »Flausen« sein? Wenn aber ein Schriftsteller zum Beispiel Kenntnisse des Rechts oder der Gerichte zeigt, dann findet man das interessant und anerkennenswert.

243 An Michael Tolkien

19. Dezember 1962   76 Sandfield Road, Headington, Oxford
Liebster Mick,

frohe Weihnachten, und Gott segne Euch alle! Ich lege für *Dich* eine Kleinigkeit bei, die hoffentlich etwas helfen wird. Das wird ermöglicht durch den unerwarteten finanziellen Erfolg meiner Verse (egal, was die Kritiker dazu sagen). Ich war fast schon in den »roten Zahlen«, weil ich, nun so gut wie »selbständig beschäftigt«, gewöhnlich bis Mai warten muß, ehe »A & U« die Erträge des letzten Jahres rausrückt. Aber sie haben mir einen Vorschuß gegeben, weil von »T. B.« schon vor dem Erscheinen 8000 Stück verkauft waren (auf dem falschen Fuß erwischt, mußten sie in aller Eile nachdrucken), und das macht selbst bei dem winzigen Anfangs-Honorar mehr, als irgendwer außer Betjeman mit Versen gewöhnlich verdient! ....

Ich bin äußerst müde nach dem Wiederbeginn des Trimesters, unter anderen Arbeiten (unter denen *T. B.*, so schmal er ist, eine Menge Schweiß gekostet hat). Auch meine *Ancrene Wisse* hat diese Woche endlich die Buchdeckel umgelegt bekommen, aber weil das nur ein Text (mit textkritischen Fußnoten) in äußerst archaischem M.-Englisch ist, glaube ich nicht, daß er Dich amüsieren würde. Wenn aber die Übersetzung des *Sir Gawain* und der *Pearl* erscheint (Anfang nächsten Jahres, hoffe ich), bekommst Du ein Exemplar. Und dann ho! nach *Númenor* und

zu den dunklen und schwierigen Sagen! Man hat mich auch durch eine
»Festschrift« geehrt, einen Band mit Beiträgen von 22 »Anglisten«, mit
einer Ode von Auden zu meinem 70. Geburtstag als Vorwort. Eine
Verschwörung, ausgebrütet und ausgeführt von Rayner Unwin &
Norman Davis (meinem Nachfolger), von der ich bis vor wenigen
Wochen nichts wußte . . . . .

Und nun kommt Weihnachten! Das Erstaunliche, das keine »Kom-
merzialisierung« wirklich herabziehen kann – es sei denn, man läßt es zu.
Ich hoffe, mein Bester, daß es Dir in jeder Hinsicht etwas Ruhe und
Erholung bringen wird, & ich werde bei der Kommunion an Dich
denken (wie immer, aber diesmal besonders) und wünsche mir, ich hätte
nach alter Patriarchenart meine ganze Familie an meiner Seite!

Dein

Vater.

244 Aus dem Entwurf eines Briefes an einen Leser des *Herrn der Ringe*

[Ein Fragment, das Tolkien überschrieben hat: »Bemerkungen zu einer Kritik
(inzwischen verloren?) betreffend Faramir & Eowyn (c. 1963).«]

Eowyn: Es ist möglich, mehr als einen Menschen (des anderen Geschlechts)
zur gleichen Zeit zu lieben, aber jeweils auf andere Weise und mit anderer
Intensität. Ich glaube nicht, daß Eowyns Gefühle für Aragorn sich wirklich
sehr änderten; und als deutlich wurde, was für eine hohe Gestalt er nach
Amt und Abstammung war, war sie dennoch fähig, ihn weiterhin zu *lieben*
und zu bewundern. Er war *alt*, und das ist nicht nur eine körperliche
Eigenschaft: Wenn es nicht von körperlichem Verfall begleitet wird, kann
Alter beunruhigend oder ehrfurchterweckend wirken. Außerdem war sie
selbst *nicht* im echt politischen Sinne ehrgeizig. Obwohl vom Tempera-
ment her nicht gerade eine Hausfrau, war sie auch nicht wirklich eine
Kriegerin oder »Amazone«, sondern wie viele mutige Frauen in einer
Krise zu großer militärischer Tapferkeit fähig.

Ich glaube, Sie mißverstehen *Faramir.* Er war verschüchtert durch
seinen Vater: nicht auf die übliche Weise, wie in einer Familie mit einem
strengen und stolzen Vater von großer Stärke des Charakters, sondern als
ein Númenórer vor dem Oberhaupt des einzigen noch bestehenden
númenórischen Staates. Er war mutter- und schwesterlos (auch *Eowyn*
war mutterlos) und hatte einen »herrischen« Bruder. Er war gewohnt

gewesen, nachzugeben und die eigenen Meinungen nicht zu äußern, während er unter den Menschen eine Befehlsgewalt behielt, wie ein Mann sie erlangen kann, der augenscheinlich persönlich mutig und entschieden ist, aber auch bescheiden, edelmütig, skrupulös gerecht und voller Erbarmen. Ich denke, er verstand Eowyn sehr gut. Und Fürst von Ithilien zu werden, der größte Edelmann nach Dol Amroth in dem wiederbelebten númenórischen Staate Gondor, der bald imperiale Macht und Ansehen erlangen sollte, war auch kein »Gemüsehändler-Job«, wie Sie das nennen. Solange der wiedereingesetzte König noch nicht viel getan hatte, wäre der F. von Ithilien der lokale Grenzwächter von Gondor an dessen wichtigstem östlichen Vorposten – und er würde viele Aufgaben bei der Wiederherstellung des verlorenen Landes haben, es von Gesetzlosen und Ork-Resten säubern müssen, ganz zu schweigen von dem entsetzlichen Tal von Minas Ithil (Morgul). Ich bin natürlich nicht ins Detail gegangen, wie Aragorn als König von Gondor das Reich nun regieren würde. Aber es wurde deutlich gemacht, daß es viele Kämpfe gab und, in den ersten Jahren von A.'s Herrschaft, Expeditionen gegen Feinde im Osten. Die Oberbefehlshaber unter dem König würden Faramir und Imrahil sein; und einer von ihnen würde normalerweise in Abwesenheit des Königs zu Hause die militärische Befehlsgewalt ausüben. Ein númenórischer König war ein *Monarch*, mit der Macht der unangefochtenen Entscheidung in einer Debatte; doch regierte er das Reich im Rahmen des alten Rechtes, dessen Wahrer (und Interpret), aber nicht Schöpfer er war. Zu allen strittigen Fragen jedoch, ob inneren oder äußeren, berief sogar Denethor eine Ratsversammlung ein und hörte sich zumindest an, was die Lehnsfürsten und die Kommandanten der Streitkräfte zu sagen hatten. Aragorn stellte den Großen Rat von Gondor wieder her, und darin würde Faramir, der durch die Erbfolge der *Truchseß* (oder Vertreter des Königs in dessen Abwesenheit, Krankheit oder zwischen seinem Tod und der Amtseinsetzung seines Erben) blieb*, der oberste Ratgeber sein.

Kritik an der Geschwindigkeit der Beziehung oder »Liebe« zwischen Faramir und Eowyn. Nach meiner Erfahrung reifen Gefühle und Entschlüsse in Perioden großer Belastung und besonders in der Erwartung des bevorstehenden Todes sehr schnell (nach der bloßen »Uhr-Zeit« gemessen, die hier eigentlich nicht anwendbar ist). Und ich glaube *nicht*, daß Personen von hohem Stand und hoher Geburt in »Liebes«-Dingen all die kleinen Schliche und Annäherungen nötig haben. Diese Geschichte handelt nicht von einer Zeit der »höfischen Liebe« und ihren

* Vgl. III, p. 245, dt. 276[1].

Spiegelfechtereien, sondern von einer primitiveren (d. h. weniger verderbten) und edleren Kultur.

245 An Rhona Beare

[Antworten auf die folgenden Fragen: 1) In den »englischen Runen«, die in den angelsächsischen Inschriften benutzt wurden, steht die Rune nicht für G wie im *Herrn der Ringe*. Warum nicht? 2) Was geschah mit den Elben, wenn sie in der Schlacht fielen?]

25. Juni 1963 76 Sandfield Road, Headington, Oxford

Liebe Miss Beare,

die »Cirth« oder Runen im »H. R.« wurden für diese Geschichte erfunden und sollen innerhalb derselben keine historische Verbindung zu dem germanischen Runenalphabet haben, das bei den Engländern am weitesten entwickelt wurde. Es ist nicht überraschend, wenn ähnliche Zeichen verschiedene Wertigkeiten haben. In Alphabeten, die in erster Linie für das Einschneiden oder Einkratzen in Holz gedacht sind und darum aus Linien quer oder diagonal zur Maserung bestehen, ist die Ähnlichkeit der Formen unvermeidlich. Die in den *Cirth* verwendeten Zeichen lassen sich fast [alle] aus dem Grundschema ᛞ ableiten, wobei sich die Möglichkeiten durch die Vermeidung der Berührung eines Schrägstrichs mit dem unteren Ende eines Aufrechtstrichs *verringern* (mit wenigen Ausnahmen in Fällen, wo wie in ᛒ und ᛚ zugleich eine Berührung am oberen Ende vorhanden ist). Sie *vermehren* sich durch die Wiederholung jedes schrägen Anhängsels auf der entgegengesetzten Seite eines Aufrechtstrichs & durch Wiederholung des halben Grundschemas: ᛞᛞ daraus ᛏ ᛩ ᛉ ᛦ etc.

Nun zu den Elben. Auch in diesen Sagen sehen wir die Elben in der Hauptsache mit den Augen der Menschen. In jedem Fall ist klar, daß beide Seiten über das letzte Schicksal der anderen Seite nicht voll unterrichtet waren. Die Elben waren langlebig genug, um von den Menschen »unsterblich« genannt zu werden. Aber Alter und Müdigkeit blieben ihnen nicht fern. Ihre eigene Überlieferung besagte, daß sie auf die Grenzen dieser Welt (in Raum und Zeit) beschränkt blieben, auch wenn sie starben, und daß sie in irgendeiner Form darin weiterexistieren würden »bis an der Welt Ende«. Was aber das »Weltende« für die Welt oder für sie bedeuten würde, das wußten sie nicht (obwohl sie sicherlich ihre Theorien hatten). Ebenso hatten sie natürlich auch keinerlei besondere Kenntnis davon, was den Menschen nach dem »Tod« bevorstünde. Sie glaubten, der Tod bedeute die »Befreiung aus den Kreisen der Welt« und sei in dieser Hinsicht etwas, worum sie die Menschen beneiden könnten. Und den Menschen, die Neid gegen sie empfanden, erklärten sie, daß das Grauen vor dem letzten Verlust, auch wenn er in eine unbestimmte Ferne gerückt ist, nicht unbedingt leichter zu ertragen sei, wenn er am Ende doch mit unausweichlicher Gewißheit bevorstehe: Eine Bürde kann um so schwerer werden, je länger man sie trägt.

Hoffentlich verzeihen Sie mir den Bleistift und die steife, nicht allzu leserliche Handschrift. Ich kann (vorübergehend, hoffe ich) die rechte Hand und den Arm nicht gebrauchen und fange erst an, links schreiben zu lernen. Mit einer Rechtshänder-Feder schreibt man noch steifer, aber ein Bleistift paßt sich von selbst an.

Ihr ergebener
J. R. R. Tolkien

246 Aus einem Brief an Mrs. Eileen Elgar (Entwürfe)
September 1963

[Antwort auf Bemerkungen einer Leserin über Frodos Versagen, als er sich in den Schicksalsklüften von dem Ring trennen soll.]

Sehr wenige (in Briefen sogar nur Sie und noch ein anderer) haben Frodos »Versagen« bemerkt oder sich dazu geäußert. Dies ist ein sehr wichtiger Punkt.

Aus der Sicht des Erzählers folgen die Ereignisse auf dem Schicksalsberg einfach der Logik der Geschichte bis zu diesem Augenblick. Sie wurden nicht bewußt vorbereitet oder vorhergesehen, solange sie nicht eingetreten waren.* Aber eines wurde schließlich ganz klar, nämlich, daß Frodo nach allem, was geschehen war, unfähig sein würde, den Ring willentlich zu vernichten. Wenn ich die Lösung, nachdem sie gefunden wurde (als ein bloßes Ereignis), bedenke, meine ich, daß sie für die ganze hier dargebotene »Theorie« des wahrhaft Edlen und Heroischen zentral ist.

* Tatsächlich machte ich, weil die Ereignisse in den Schicksalsklüften für die Erzählung natürlich entscheidend sein würden, in verschiedenen Stadien des Erzählvorgangs mehrere Skizzen oder Probefassungen – aber keine davon wurde dann verwendet, und keine hatte viel Ähnlichkeit mit dem, was in der fertigen Geschichte berichtet wurde.

Frodo hat in der Tat als Held, so wie ihn sich schlichte Gemüter vorstellen, »versagt«: Er hat nicht bis zu Ende durchgehalten, er hat nachgegeben, wollte betrügen. Von »schlichten Gemütern« spreche ich ohne Geringschätzung: Sie sehen oft deutlich die einfache Wahrheit und das absolute Ideal, auf das die Anstrengung hinzielen muß, auch wenn es unerreichbar ist. Ihre Schwäche jedoch ist von zweifacher Art. Sie erkennen nicht die Komplexität jeder gegebenen Situation in der Zeit, in die das absolute Ideal verstrickt ist. Sie neigen dazu, das merkwürdige Element in der Welt, das wir Mitleid oder Erbarmen nennen, zu vergessen, das doch auch ein absolutes Erfordernis des moralischen Urteils ist (da es in der göttlichen Natur liegt). In seiner höchsten Ausübung ist es Gottes Sache. Für beschränkte Richter mit unvollständigem Wissen muß es auf die Anlegung zweier verschiedener Maßstäbe der »Moral« hinauslaufen. Uns selbst müssen wir ohne Kompromiß das absolute Ideal vor Augen halten, denn wir kennen nicht die Grenzen unserer natürlichen Kraft (+ Gnade), und wenn wir nicht nach dem Höchsten streben, werden wir sicherlich auch das für uns Bestmögliche nicht erreichen. Bei anderen müssen wir in jedem Fall, von dem wir genug wissen, um ein Urteil zu fällen, einen Maßstab anlegen, der durch »Erbarmen« gemildert wird: das heißt, weil wir dies mit gutem Willen und ohne die bei Urteilen über uns selbst unvermeidliche Voreingenommenheit tun können, müssen wir bei dem anderen die Grenzen seiner Kraft berücksichtigen und diese gegen die Gewalt der besonderen Umstände abwägen.*

Ich denke nicht, daß Frodo ein *moralischer* Versager war. Im letzten Augenblick mußte der Druck des Ringes sein Höchstmaß erreichen – unmöglich, hätte ich sagen sollen, daß jemand da widerstehen könnte, schon gar nicht nach so langem Besitz, Monaten zunehmender Qualen, ausgehungert und erschöpft. Frodo hatte getan, was er konnte, sich selbst völlig verausgabt (als Werkzeug der Vorsehung) und eine Situation geschaffen, in der das Ziel seiner Queste erreicht werden konnte. Seine Bescheidenheit (mit der er begonnen hatte) und seine Leiden wurden zu Recht mit der höchsten Ehre belohnt; und seine Geduld und sein Erbarmen mit Gollum sicherten auch ihm das Erbarmen: sein Versagen war gutgemacht.

Wir sind endliche Geschöpfe mit absolut beschränkten seelischleiblichen Kräften sowohl im Tun wie im Ertragen. Von *moralischem*

---

* Diesen doppelten Maßstab finden wir oft von den Heiligen angewendet, in ihren Urteilen über sich selbst beim Erdulden großer Nöte und Versuchungen und über andere in ähnlichen Prüfungen.

Versagen kann nur gesprochen werden, wenn ein Mensch in seinem Bemühen oder Ertragen *unter* seiner Grenze bleibt, und die Schuld wird geringer, je mehr man sich dieser Grenze nähert.* Nichtsdestoweniger, denke ich, kann man der Geschichte und der Erfahrung entnehmen, daß manche Individuen die Position eines »Opfers« einzunehmen scheinen: Situationen oder Aufgaben, deren vollkommene Lösung Kräfte jenseits ihrer äußersten Grenzen erfordert, sogar jenseits aller Möglichkeiten eines leibhaften Geschöpfs in einer physischen Welt – in der ein Körper vernichtet oder so verstümmelt werden kann, daß auch Geist und Wille nicht unbeschadet bleiben. Das Urteil in jedem solchen Fall sollte sich also nach den Motiven und der Disposition richten, mit denen jemand begonnen hat, und sollte seine Handlungen gegen die äußerste Möglichkeit seiner Kräfte abwägen, auf der ganzen Strecke bis zu dem Punkt des Zusammenbruchs.

Frodo unternahm seine Queste aus Liebe – um die Welt, die er kannte, auf eigene Kosten, wenn er dazu imstande war, vor der Katastrophe zu retten; und zugleich in vollkommener Bescheidenheit, mit dem Eingeständnis, daß er für seine Aufgabe völlig ungeeignet sei. Seine wirkliche Verpflichtung bestand nur darin, zu tun, was er konnte, und auf seinem Weg so weit zu gehen, wie es seine seelische und körperliche Stärke zuließ. Das tat er. Ich selbst sehe nicht, daß in dem Zusammenbruch seines Geistes und Willens unter dämonischem Druck und nach solchen Qualen mehr von einem *moralischen* Versagen lag, als im Zusammenbruch seines Körpers gelegen hätte – wenn er zum Beispiel von Gollum erwürgt oder von einem herabstürzenden Stein zermalmt worden wäre.

Das scheint das Urteil Gandalfs, Aragorns und aller gewesen zu sein, die die vollständige Geschichte seiner Fahrt erfuhren. Sicherlich wird Frodo nichts geheimgehalten haben! Was aber Frodo selbst zu den Ereignissen meinte, ist eine ganz andere Frage.

Zuerst scheint er sich keiner Schuld bewußt gewesen zu sein (III,

---

* Nicht berücksichtigt wird hier die »Gnade« oder Steigerung unserer Kräfte, wenn wir Werkzeug der Vorsehung sind. Frodo wurde die »Gnade« zuteil: zuerst, als er dem Aufruf (am Ende des Rates) folgte, nachdem er sich lange gegen eine vollständige Ergebung gesträubt hatte; später in seinem Widerstand gegen die Versuchung des Ringes (bei Gelegenheiten, wo es tödlich gewesen wäre, den Ring für sich zu beanspruchen und sich damit zu verraten) und im Ertragen von Furcht und Leiden. Aber die Gnade ist nicht unbegrenzt, und zumeist scheint sie sich in der göttlichen Ökonomie auf das zu beschränken, was eben hinreicht, damit ein Werkzeug in einem Gefüge von Umständen und anderen Werkzeugen die ihm zugewiesene Aufgabe erfüllen kann.

224–5[1]); er war wieder zu Frieden und Vernunft gekommen. Aber dann dachte er, daß er sein Leben geopfert habe: Er erwartete, bald zu sterben. Aber er starb nicht, und man kann sehen, wie die Unruhe in ihm wächst. Arwen erkannte als erste die Zeichen, gab ihm zum Trost ihren Edelstein und dachte über eine Möglichkeit nach, ihn zu heilen.[*] Langsam schwindet er »aus dem Bild«, weil er immer weniger sagt und tut. Ich denke, bei näherer Überlegung wird einem aufmerksamen Leser klar sein, daß ihm, wenn ihn seine dunklen Stimmungen befielen und er sich bewußt war, verwundet zu sein »durch Dolch, Stich und Zahn und eine schwere Bürde« (III, 268 [dt. 302]), nicht nur die albtraumhaften Erinnerungen an die vergangenen Schrecken zu schaffen machten, sondern auch ein unvernünftiger Selbstvorwurf: Er sah in sich einen Versager, und alles, was er getan hatte, als mißlungen. »Obwohl ich vielleicht ins Auenland komme, wird es für mich nicht dasselbe sein, denn ich werde nicht derselbe sein.« Das war eigentlich eine Versuchung aus dem Dunkel, ein letztes Aufflackern des Stolzes: der Wunsch, als »Held« zurückgekehrt zu sein; die Unzufriedenheit, ein bloßes Werkzeug des Guten zu sein. Und es war vermischt mit einer anderen Versuchung, die noch schwärzer und doch (in gewisser Hinsicht) verdienter war, denn, wie immer man dies erklären mag, er hatte den Ring tatsächlich nicht freiwillig weggeworfen: Er war versucht, seine Vernichtung zu bedauern und ihn noch immer zu begehren. »Er ist fort für immer, und nun ist alles dunkel und leer«, sagte er, als er 1420 von seiner Krankheit erwachte.

»Ach, leider gibt es Wunden, die nicht völlig geheilt werden können«,

---

[*] Es wird nicht explizit gemacht, wie sie das einrichten konnte. Natürlich konnte sie nicht einfach so ihre Bordkarte für das Schiff weitergeben! Denn allen, die nicht von elbischem Geschlecht waren, war die »Fahrt gen Westen« nicht erlaubt, und jede Ausnahme erforderte eine Ermächtigung; Arwen aber stand nicht in direkter Verbindung mit den Valar, schon gar nicht seit ihrem Entschluß, »sterblich« zu werden. Gemeint ist, daß Arwen, die zuerst daran dachte, Frodo in den Westen zu schicken, und für ihn ein Ersuchen an Gandalf richtete (direkt oder durch Galadriel oder beides), den eigenen Verzicht auf das Recht, nach Westen zu fahren, als Argument benutzte. Ihr Verzicht und ihr Leiden waren mit Frodos Schicksal verwandt und verknüpft: Beide waren sie Teil eines Planes zur Erneuerung des Zustandes der Menschen. Ihre Bitte konnte daher besonders wirksam sein, und für ihren Plan sprach eine gewisse Billigkeit des Austauschs. Ohne Zweifel war Gandalf die Autorität, die ihrer Bitte stattgab. Die Anhänge zeigen klar, daß er ein Sendbote der Valar und so etwas wie ihr Generalbevollmächtigter bei der Ausführung des Planes gegen Sauron war. Er stand auch in einem besonderen Einverständnis mit Cirdan, dem Schiffbauer, der ihm seinen Ring abgetreten und sich damit Gandalfs Befehl unterstellt hatte. Da Gandalf selbst auf dem Schiff mitfuhr, konnte es bei der Einschiffung wie bei der Landung sozusagen keinen Ärger geben.

sagte Gandalf (III, 268 [dt. 302]) – nicht in Mittelerde. Frodo wurde übers Meer geschickt, damit er geheilt würde – sofern das möglich war, *bevor er starb.* Er würde schließlich »hinscheiden« müssen: Kein Sterblicher konnte oder kann für immer auf der Erde oder in der Zeit zu Hause sein. Also sah er sowohl einem Fegefeuer als auch einer Belohnung entgegen, für eine Weile: eine Zeit des Nachdenkens, des Friedens und der Erlangung eines richtigeren Verständnisses für seine Stellung im Kleinen wie im Großen, zu verbringen noch innerhalb der Zeit und inmitten der natürlichen Schönheit der »unbeschädigten Arda«, der Erde, die vom Bösen noch nicht verdorben ist.

Auch Bilbo fuhr mit. Ohne Zweifel hatte Gandalf selbst den Plan insofern ergänzt. Gandalf hatte eine sehr tiefe Zuneigung zu Bilbo, schon seit der Kindheit des Hobbits. Seine Teilnahme an der Reise war um Frodos willen wirklich notwendig – man kann sich einen Hobbit, sogar einen, der Frodos Erlebnisse durchgemacht hatte, nur schwer glücklich vorstellen, und sei es in einem Paradies auf Erden, wenn er niemanden seinesgleichen als Gefährten hätte, und Bilbo war derjenige, den Frodo am liebsten hatte. (Vgl. III, 252, Zeilen 12–21, und 263, Zeilen 1/2.)[2] Aber er hatte diese Gunst auch um seiner selbst willen nötig und hatte sie verdient. Er wies immer noch die Spur des Ringes auf, die endgültig ausgetilgt werden mußte: ein Anflug von Hochmut und persönlicher Besitzgier. Gewiß war er schon alt und von verwirrtem Geist, aber das »schwarze Zeichen« verriet sich noch immer an ihm, als er in Bruchtal sagte (III, 265 [dt. 300]): »Was ist aus *meinem* Ring geworden, Frodo, den du mitgenommen hast?«; und als man ihn daran erinnerte, was geschehen war, da lautete seine unmittelbare Antwort: »Wie schade! Ich hätte ihn gern wiedergesehen.« Was die Belohnung für ihn angeht, so kann man sich schwer vorstellen, daß sein Leben vollständig wäre ohne eine Bekanntschaft mit dem »reinen Elbentum« und die Gelegenheit, die Sagen und Geschichten insgesamt zu hören, aus denen die Fragmente ihn so entzückt hatten.

Es ist wohl klar, daß der Plan eigentlich schon geschmiedet und abgestimmt war (zwischen Arwen, Gandalf und anderen), bevor Arwen davon sprach. Aber Frodo erfaßte ihn nicht sogleich; seine Tragweite wurde erst langsam im Nachdenken verständlich. Eine solche Reise würde zunächst als etwas nicht unbedingt zu Fürchtendes, sogar als etwas freudig zu Erwartendes erscheinen – solange sie noch ohne Datum und aufschiebbar blieb. Sein echter Wunsch war ein Hobbit- (und Menschen-)Wunsch, nämlich wieder »er selbst zu sein« und sein altes, unterbrochenes Leben wiederaufzunehmen. Schon auf der Rückreise von Bruchtal sah er plötzlich ein, daß das für ihn nicht möglich war. Daher sein Ausruf, »wo werde ich Ruhe finden?« Er kannte die Antwort, und Gandalf sagte nichts. Was Bilbo anging, so ist es wahrscheinlich, daß Frodo zuerst gar nicht verstand, was Arwen meinte, als sie sagte, »er wird keine Fahrt mehr unternehmen bis auf eine«. Jedenfalls verknüpfte er das nicht mit seinem eigenen Fall. Als Arwen das sagte (3019 A. Z.), war er noch jung, noch nicht 51, und Bilbo 78 Jahre älter. Aber in Bruchtal kam er zu einem klareren Verständnis. Über seine Gespräche dort wird nicht berichtet, aber Elronds Abschiedsgruß in III, 267[3] verrät schon genug. Vom Beginn der ersten Erkrankung an (5. Okt. 3019) muß Frodo an die »Abreise« gedacht haben, obwohl er sich gegen den endgültigen Beschluß – ob er mit Bilbo fahren sollte oder ob überhaupt – noch sträubte. Ganz entschlossen war er zweifellos erst nach seiner schweren Krankheit im März 3020.

Sam soll liebenswert und belachenswert sein. Manche Leser reizt er zum Ärger oder sogar zur Wut. Mir geht es zeitweise mit allen Hobbits genauso, obwohl ich sie nach wie vor sehr gern habe. Aber Sam kann sehr anstrengend sein. Er ist ein repräsentativerer Hobbit als alle anderen, die wir so lange ertragen müssen; und daher hat er eine stärkere Beimischung von jener Eigenschaft, die sogar manche Hobbits bisweilen schwer erträglich fanden: eine Vulgarität – womit ich nicht nur eine bodenständige Plumpheit meine –, eine innere Kurzsichtigkeit, die auf sich selbst noch stolz ist, eine Selbstgefälligkeit (in wechselnden Graden) und Borniertheit, eine Bereitschaft, alle Dinge anhand einer beschränkten Erfahrung zu messen und zu beurteilen, alles eingeschreint in einen Schatz traditioneller Spruch-»Weisheiten«. Wir begegnen nur einigen Ausnahme-Hobbits in einer engen Gemeinschaft – denjenigen, die eine Gnade oder Begabung hatten: eine Vorstellung von Schönheit, Ehrfurcht vor Dingen, die edler waren als sie selbst, im Widerstreit mit ihrer bäurischen Selbstzufriedenheit. Man stelle sich Sam ohne seine Erziehung durch Bilbo und seine Faszination durch alles Elbische vor! Nicht weiter schwierig. Die Familie Cotton [Hüttinger] und der *Gaffer* [Ohm] bei der Rückkehr der Reisenden bieten einen hinlänglichen Eindruck.

Sam war borniert und zutiefst auch ein wenig eingebildet; aber durch seine Ergebenheit gegen Frodo hatte seine Selbstgefälligkeit sich verwandelt. Er hielt sich selbst nicht für einen Helden oder auch nur für tapfer oder in irgendeiner Hinsicht bewundernswert – außer in der Diensttreue zu seinem Herrn. Diese hatte eine (wohl unvermeidliche) Beimischung von Stolz und Besitzansprüchen: so etwas ist aus der Hingabe derer, die einen solchen Dienst leisten, kaum auszuschließen. Jedenfalls hinderte es ihn, den Herrn, den er liebte, ganz zu verstehen und ihm in seiner allmählichen Erziehung zum Adel des Dienstes am nicht mehr Liebenswerten und bis zur Wahrnehmung des beschädigten Guten im Verderbten zu folgen. Ganz eindeutig konnte er Frodos Beweggründe oder seinen Schmerz bei dem Vorfall am Verbotenen Weiher nicht recht verstehen. Hätte er besser verstanden, was zwischen Frodo und Gollum vorging, wäre am Ende vielleicht alles anders gekommen. Für mich ist der vielleicht tragischste Augenblick in der Geschichte II, 323 ff. [dt. 373], als Sam die vollständige Veränderung in Gollums Ton und Gebaren nicht bemerkt. »Nichts, nichts«, sagte Gollum sanft. »Netter Herr!« Seine Reue wird vereitelt, und Frodos ganzes Mitleid ist (in gewissem Sinne*) umsonst. Shelobs [Kankras] Höhle wurde unvermeidlich.

Dies folgt natürlich aus der »Logik der Geschichte«. Sam hätte kaum anders handeln können. (Er erreicht schließlich doch noch den Punkt des Mitleids (III, 221/2[4]), aber zu spät, als daß es Gollum hätte nützen können.) Andernfalls, was hätte geschehen können? Der Verlauf des Eindringens nach Mordor und das Sichdurchkämpfen zum Schicksalsberg wären anders gewesen, und so auch der Schluß. Das Interesse hätte sich, denke ich, auf Gollum verlagert und auf den Widerstreit, der dann stattgefunden hätte, zwischen seiner Reue und seiner neuen Freundschaft einerseits und dem Ring. Obwohl seine Freundschaft täglich bestärkt worden wäre, hätte sie dem Ring die Herrschaft nicht entwinden können. Ich glaube, auf irgendeine abstrus verbogene und bemitleidenswerte Art hätte Gollum versucht (vielleicht nicht mit bewußter Absicht), beidem Genüge zu tun. Sicherlich hätte er irgendwann, nicht lange vor dem Ende, den Ring gestohlen oder mit Gewalt (wie in der jetzigen Geschichte) an sich gebracht. Aber wenn der »Besitztrieb« einmal befriedigt wäre, dann, denke ich, hätte er sich für Frodo geopfert und sich *freiwillig* in den feurigen Abgrund gestürzt.

Ich denke, eine Folge seiner teilweisen Heilung durch Freundschaft wäre gewesen, daß er den Ring mit einer klareren Vorstellung an sich genommen hätte. Er hätte das Böse in Sauron erkannt und plötzlich begriffen, daß er den Ring nicht verwenden könnte und nicht die Kraft oder Größe hatte, ihn Sauron zum Trotz zu behalten: Die einzige Möglichkeit, ihn zu behalten und Sauron zu schaden, wäre, den Ring und

---

* In dem Sinne, daß Mitleid, wenn es eine echte Tugend sein soll, auf das hinzielen muß, was für seinen Gegenstand gut ist. Es ist leer, wenn es *nur* dazu dient, daß man selbst »sauber« und ohne Haß bleibt und seinerseits keine Ungerechtigkeit begeht; obwohl auch dies schon ein gutes Motiv ist.

sich selbst mit ihm zu vernichten – und vielleicht hätte er für einen Moment auch gesehen, daß dies der beste Dienst wäre, den er Frodo erweisen konnte. Frodo nimmt in der Geschichte den Ring tatsächlich an sich und beansprucht ihn, und sicherlich hätte auch er eine klare Vorstellung gehabt, aber ihm blieb keine Zeit: sofort wurde er von Gollum angegriffen. Als Sauron erkannte, wem der Ring in die Hände gefallen war, lag seine einzige Hoffnung in der Macht des Ringes: daß der Beansprucher unfähig sein würde, ihn loszulassen, bis Sauron Zeit hätte, sich mit ihm zu befassen. Auch Frodo hätte dann wahrscheinlich, wenn er nicht angegriffen worden wäre, dasselbe tun müssen: sich mit dem Ring in den Abgrund stürzen. Andernfalls hätte er natürlich vollkommen versagt. Es ist ein interessantes Problem, wie Sauron sich verhalten oder der Beansprucher sich gewehrt hätte. Sauron schickte sofort die Ringgeister aus. Sie waren naturgemäß vollständig instruiert und unterlagen hinsichtlich der wahren Herrschaft über den Ring keiner Täuschung. Der Träger wäre für sie nicht unsichtbar, sondern das Gegenteil, um so verwundbarer durch ihre Waffen. Aber die Situation war nun eine andere als unter der Wetterspitze, wo Frodo sich nur von seiner Furcht leiten ließ und (vergebens) die nebensächliche Eigenschaft des Ringes, unsichtbar zu machen, ausnützen wollte. Er war seither gewachsen. Wären sie gegen seine Macht immun gewesen, wenn er den Ring als Werkzeug des Befehlens und Herrschens beansprucht hätte?

Nicht ganz. Ich glaube nicht, daß sie gegen ihn mit Gewalt hätten vorgehen, ihn ergreifen oder gefangennehmen können; sie hätten seinen Befehlen gehorcht oder zum Schein gehorcht, in allen nebensächlichen Belangen, die ihrem Auftrag nicht zuwiderliefen – den ihnen Sauron übertragen hatte, der durch ihre neun Ringe (die er verwahrte) immer noch die größte Macht über ihren Willen hatte. Der Auftrag war, Frodo von der Spalte zu entfernen. Sobald er die Macht oder die Gelegenheit verlor, den Ring zu *vernichten*, konnte der Ausgang nicht zweifelhaft sein – es sei denn, von außen wäre Hilfe gekommen, was kaum mehr entfernt möglich war.

Frodo war eine beachtliche Figur geworden, aber von besonderer Art: eher durch spirituelle Erweiterung als durch Zunahme an Körper- oder Geisteskräften; sein Wille war viel stärker als vordem, aber bisher hatte er ihn nur gebraucht, um dem Ring zu widerstehen, nicht um ihn zu benutzen, und mit dem Ziel, ihn zu vernichten. Er brauchte Zeit, viel Zeit, ehe er den Ring beherrschen oder (was in einem solchen Fall dasselbe ist) der Ring ihn beherrschen konnte; ehe sein Wille und seine Arroganz zu einer Statur heranwachsen konnten, in der er den starken feindlichen Willen anderer beherrschen konnte. Auch dann noch würden ihm seine Handlungen und Befehle noch lange Zeit »gut«, als vorteilhaft für andere außer ihm selbst, erscheinen müssen.

Ein Verhältnis wie das zwischen Frodo mit dem Ring und den Acht* könnte man mit der Situation eines kleinen tapferen Mannes mit einer fürchterlichen Waffe gegenüber acht grimmigen Kriegern vergleichen, die von großer Stärke und Beweglichkeit und mit vergifteten Klingen bewaffnet sind. Die Schwäche des Mannes war, daß er seine Waffe noch nicht zu gebrauchen wußte und von Temperament und Erziehung her der Gewalt abgeneigt war. Ihre Schwäche war, daß die Waffe des Mannes ein Ding war, das sie mit Furcht erfüllte, als ein Objekt des Schreckens in dem religiösen Kult, durch den sie dazu konditioniert waren, einen, der es trug, mit Unterwürfigkeit zu behandeln. Diese »Unterwürfigkeit«, denke ich, hätten sie ihm bezeigt. Sie hätten Frodo mit »Herr« angeredet. Mit schönen Worten hätten sie ihn bewogen, den Sammath Naur zu verlassen – zum Beispiel, »um sein neues Königreich in Augenschein zu nehmen und mit seinem neuen Gesichtssinn von fern den Sitz der Macht zu erblicken, den er nun für sich beanspruchen und zu seinen eigenen Zwecken verwenden müßte«. Sobald er vor der Kammer gewesen wäre, um zu schauen, hätten einige von ihnen den Eingang zerstört. Inzwischen hätte Frodo sich wahrscheinlich schon zu weit in große Pläne zu einer Reformherrschaft eingelassen – ähnliche, aber viel größere und weitere als in der Vision, von der Sam in Versuchung geführt wurde (III, 177⁵) –, um darauf noch zu achten. Hätte er aber immer noch soviel Verstand bewahrt und halbwegs verstanden, was dies zu bedeuten hatte, daß er sich weigerte, nun mit ihnen nach Barad-dûr zu gehen, so hätten sie einfach abgewartet. Bis Sauron selber gekommen wäre. Auf jeden Fall würde bald eine Konfrontation Frodos mit Sauron stattfinden, wenn der Ring unversehrt wäre. Ihr Ergebnis wäre gewiß. Frodo wäre vollkommen überwältigt worden, zu Staub zermalmt oder als winselnder Sklave am Leben gelassen. Sauron hätte den Ring nicht gefürchtet! Er gehörte ihm und gehorchte seinem Willen. Selbst aus der Ferne hatte er Einfluß auf ihn und ließ ihn auf die Rückkehr zu ihm hinwirken. In seiner unmittelbaren Gegenwart aber hätte niemand, bis auf einige wenige von gleichem Rang, hoffen können, ihm den Ring vorzuenthalten. Von den »Sterblichen« keiner, auch nicht Aragorn. Bei der Kraftprobe mit dem Palantír war Aragorn der rechtmäßige Besitzer. Außerdem war dies eine Auseinandersetzung auf Entfernung, und in einer Erzählung, in der es möglich ist, daß große Geister eine leibliche und vernichtbare Gestalt

* Der Hexenkönig war zur Ohnmacht erniedrigt.

433

annehmen, muß ihre Macht bei unmittelbarer physischer Gegenwart viel größer sein. Sauron muß man sich als sehr schrecklich vorstellen. Die Gestalt, die er annahm, war die eines Mannes von mehr als menschlicher Größe, aber nicht riesenhaft. In seiner früheren Inkarnation war er fähig gewesen, seine Macht zu verhüllen (wie Gandalf), und konnte als eine gebieterische Gestalt erscheinen, von großer Körperkraft, königlich erhaben in Haltung und Auftreten.

Von den anderen wäre nur von Gandalf vielleicht zu erwarten gewesen, daß er ihn bemeistern könne – denn er war ja ein Sendbote der Mächte und ein Geschöpf gleicher Ordnung, ein unsterblicher Geist, der eine sichtbare körperliche Gestalt annahm. In »Galadriels Spiegel«, I, 381 [dt. 441], scheint es, daß Galadriel auch sich selbst für fähig hält, den Ring zu gebrauchen und an die Stelle des dunklen Herrschers zu treten. Wenn dem so ist, dann gilt dies auch für die anderen Hüter der Drei, besonders für Elrond. Aber dies ist ein anderes Thema. Zu den wichtigsten Täuschungen des Ringes gehörte es, die Köpfe mit Vorstellungen einer überlegenen Macht zu erfüllen. Dies aber hatten die Großen wohl bedacht und von sich gewiesen, wie aus Elronds Worten im Rat zu erkennen. Galadriels Zurückweisung der Versuchung war in vorheriger Überlegung und Entschlossenheit begründet. In jedem Fall wären Elrond oder Galadriel in derselben Weise verfahren wie Sauron: Sie hätten sich ein Reich mit großen und absolut gehorsamen Generälen, Heeren und Kriegsmaschinen aufgebaut, bis sie sich Sauron zum Kampf stellen und ihn mit Gewalt vernichten könnten. Eine Konfrontation mit Sauron allein, ohne Hilfe und Auge in Auge, wurde nicht erwogen. Man kann sich die Szene vorstellen, wenn Gandalf z. B. in einer solchen Lage wäre. Der Ausgang wäre knapp gewesen. Einerseits die wahre Botmäßigkeit des Ringes gegen Sauron; andererseits die überlegene Stärke, weil Sauron nicht wirklich in seinem Besitz war, und vielleicht auch, weil er durch lange Verderbtheit und die Verausgabung seines Willens für die Beherrschung der Untergebenen geschwächt war. Hätte Gandalf den Sieg davongetragen, wäre das Ergebnis für Sauron dasselbe gewesen wie die Vernichtung des Ringes; für ihn wäre er dann vernichtet gewesen, ihm für immer weggenommen. Aber der Ring und alle seine Werke hätten fortgedauert. Er wäre am Ende der Herr geblieben.

Gandalf als Ringherr wäre viel schlimmer gewesen als Sauron. Er wäre »gerecht« geblieben, aber selbstgerecht. Er hätte weiterhin alles »zum Guten« geregelt und geordnet und zum Vorteil seiner Untertanen, nach Maßgabe seiner Weisheit (die groß war und es auch geblieben wäre).

[Hier endet der Entwurf. An den Rand schrieb Tolkien: »Während also Sauron das [unleserliches Wort] Böse vervielfachte, ließ er das ›Gute‹ davon klar unterscheidbar. Gandalf hätte das Gute verabscheuenswert und böse erscheinen lassen.«]

247 An Colonel Worskett (Entwurf)

[Brief an einen Leser des *Herrn der Ringe*.]

20. September 1963   76 Sandfield Road, Headington, Oxford
Lieber Colonel Worskett,
    danke für Ihren liebenswürdigen und ermutigenden Brief. Er hat mir viel Vergnügen gemacht.....
    Ich könnte Ihnen in der Tat noch einen ganzen Band (oder viele) über dieselbe imaginäre Welt schreiben. Ich stehe sogar unter Vertrag dafür. Aber ich bin nun schon einige Jahre lang durch penible und mühsame Arbeiten zu fachlichen Themen aufgehalten worden, die ich hintan gesetzt hatte, während ich den *Herrn der Ringe* zum Druck brachte. Das wird einstweilen vorüber sein, wenn meine Übersetzung von *Sir Gawain and the Green Knight* in Druck geht: bald, hoffe ich. Dann werde ich mich wieder an die Aufgabe machen, alle die Sagen aus den früheren Zeitaltern oder manche davon, die in den Anhängen (bes. A i) erwähnt werden, in Ordnung zu bringen.....
    Trotzdem wird die Darstellung leider viel Arbeit erfordern, und das geht bei mir alles so langsam. Die Sagen müssen überarbeitet (sie wurden zu verschiedenen Zeiten geschrieben, manche schon vor vielen Jahren) und miteinander abgestimmt werden; dann müssen sie mit dem H. R. verbunden werden; und dann müssen sie in eine Art zielstrebige Abfolge gebracht werden. Kein einfaches Schema wie etwa eine Fahrt oder Queste bietet sich an.
    Ich habe selbst meine Zweifel an dem Unternehmen. Der Reiz des H. R. liegt, glaube ich, zum Teil in den kurzen Ausblicken auf eine weitläufige Geschichte im Hintergrund: ein Reiz, wie wenn man von fern eine noch nie betretene Insel oder die schimmernden Türme einer Stadt in einem besonnten Dunstschleier erblickt. Dort hinfahren, heißt den Zauber zerstören, es sei denn, wiederum täten neue unerreichbare Szenerien sich auf. Auch sind viele von den älteren Sagen rein »mythologisch«, und fast alle sind finster und tragisch: ein langer Bericht über die Katastrophen, die die Schönheit der Alten Welt vernichteten, von der

Verdunkelung Valinors bis zum Sturz von Númenor und Elendils Flucht. Und dabei gibt es keine Hobbits. Auch Gandalf taucht nicht auf, außer in einer beiläufigen Erwähnung; denn seine große Zeit kam erst mit dem Dritten Zeitalter. Die einzigen wichtigeren Charaktere aus dem H. R., die auftreten, sind Galadriel & Elrond.

Es gibt natürlich eine ganze Reihe Bindeglieder zwischen dem *Hobbit* und dem H. R., die nicht deutlich ausgeführt sind. Sie wurden zumeist geschrieben oder skizziert, aber weggelassen, um das Boot leichter zu machen: zum Beispiel Gandalfs Erkundungsreisen, seine Beziehungen zu Aragorn und Gondor, alle Wanderungen Gollums, bis er in Moria Unterschlupf fand, und so weiter. Ich habe sogar einen ausführlichen Bericht darüber geschrieben, was eigentlich vor Gandalfs Besuch bei Bilbo und dem anschließenden »unerwarteten Fest« geschehen war, aus Gandalfs Sicht. Es hätte bei einem rückblickenden Gespräch in Minas Tirith eingefügt werden sollen, mußte dann aber wegbleiben und kommt nur kurz im Anhang A pp. 358–360 [dt. 405 ff.] zur Sprache, wobei allerdings die Schwierigkeiten, die Gandalf mit Thorin hatte, ausgelassen sind.[1]

Auch Ents kommen oder kamen in den älteren Geschichten nicht vor – weil die Ents tatsächlich erst in mein Blickfeld traten, ohne irgendeine vorherige Überlegung oder bewußtes Vorwissen, als ich zu Kapitel IV von Buch drei kam. Weil aber Baumbart bekundet, daß er das versunkene Land Beleriand (westlich der Berge von Lune) kennt, wo die Handlung des Krieges gegen Morgoth in der Hauptsache stattfand*, werden sie noch in die Geschichten hineinkommen müssen. Da jedoch der Krieg in Beleriand zu der Zeit der Begegnung mit den Hobbits rund 7000 Jahre zurücklag, waren sie ohne Zweifel nicht ganz dieselben: weniger klug, weniger stark, scheuer und weniger mitteilsam (ihre eigene Sprache einfacher, aber ihre Kenntnis anderer Sprachen sehr gering). Aber ich kann eines von dem, was sie taten, voraussehen, was nicht ohne Bedeutung für den H. R. ist. Es war in Ossiriand, einem stillen und geheimnisvollen Waldland, westlich zu Füßen der Ered Luin, wo Beren und Lúthien eine Zeitlang nach Berens Wiederkehr von den Toten wohnten (I, p. 206 [dt. 237 ff.]). Beren zeigte sich nicht mehr unter den Sterblichen, bis auf einmal. Er fing ein Zwergenheer ab, das von den Bergen herabgestiegen war, das Reich Doriath geplündert und König Thingol, Lúthiens Vater, erschlagen hatte und eine große Beute davonschleppte, darunter auch Thingols Halsband, an dem der Silmaril hing. Es

---

* Tasarinan, Ossiriand, Neldoreth und Dorthonion waren alles Gebiete in Beleriand, berühmt durch Erzählungen von dem Krieg.

kam zur Schlacht an einer Furt über einen der Sieben Flüsse von Ossir, und der Silmaril wurde zurückgewonnen und kam auf diese Weise an Dior, Berens Sohn, dann an Elwing, Diors Tochter, und Earendel, Elwings Gatten (Vater von Elros und Elrond). Es scheint klar zu sein, daß Beren, der kein Heer hatte, Hilfe von den Ents erhielt – und daraus erwuchs nicht gerade Freundschaft zwischen den Ents und den Zwergen. Verzeihen Sie, daß ich so in Fahrt komme und nicht mehr aufhöre! Und verzeihen Sie auch die Maschinenschrift. Ich hatte und habe immer noch unter Rheumatismus im rechten Arm zu leiden, was beim Tippen viel weniger auszumachen scheint als beim Schreiben. Danke noch einmal für Ihren Brief.

[Der Entwurf endet hier. Oben auf die Seite hat Tolkien mit Bleistift eine nicht sehr gut leserliche Bemerkung geschrieben:]

Niemand wußte, woher sie (Ents) zuerst kamen oder auftauchten. Die Hochelben sagten, die Valar hätten sie in der »Musik« nicht erwähnt. Aber manche (Galadriel) waren [der] Meinung, daß Yavanna, als sie Erus Erbarmen mit Aule in der Sache mit den Zwergen bemerkte, Eru anflehte (durch Manwe), auch solchen Dingen Leben zu schenken, die aus lebendigen Stoffen und nicht aus Stein gemacht seien, und daß die Ents entweder Seelen seien, ausgesandt, die Bäume zu bewohnen, oder aber langsam das Aussehen von Bäumen annähmen, aufgrund ihrer angeborenen Liebe zu Bäumen. (Nicht alle waren gut [unleserliche Wörter]) Die Ents hatten also Vorrang *vor Stein*. Die Männer waren Orome ergeben, die Frauen aber Yavanna.

248 An Sir Stanley Unwin

[Allen & Unwin wollte ein Taschenbuch, bestehend aus Tolkiens Vortrag »On Fairy-stories« und seiner Erzählung »Leaf by Niggle«, herausbringen.]

5. Oktober 1963   76 Sandfield Road, Headington, Oxford
Lieber Sir Stanley,
    On Fairy-Stories; Leaf by Niggle.
    In Rayners Abwesenheit erlaube ich mir, die für das Taschenbuch von mir erbetenen Texte an Sie zu schicken, damit Sie vielleicht, bevor Sie sie weitergeben, einen Blick darauf werfen. Ich möchte gern Ihre Zustimmung (oder Ablehnung) einholen, besonders zu der Vorbemerkung . . . . .

Während ich die Vorbemerkung schrieb, kam mir der Gedanke, daß es gut wäre, einen Gesamttitel zu haben, und einen solchen habe ich vorgeschlagen: *Tree and Leaf*, mit Bezug auf die Passage p. 73 oben in dem Essay[1] und auf das Schlüsselwort *effoliation* (»Belaubung«) am Ende p. 84[2]. Aber wahrscheinlich ist dies nur eine unnötige Betonung dessen, was ich schon in der Vorbemerkung sagte.

Ich fürchte, ich gerate mit den Dingen, die ich erledigen sollte, immer weiter in Rückstand; aber es war kein gutes Jahr. Erst im August wurde es besser mit meiner Schulter und dem rechten Arm. Keinen Stift oder Federhalter gebrauchen zu können, machte mich so hilflos wie ein Huhn ohne Schnabel.

Mit besten Wünschen

Ihr ergebener
Ronald Tolkien.

249 Aus einem Brief an Michael George Tolkien
16. Oktober 1963

[An Tolkiens Enkel, geschrieben in Bournemouth, Hotel Miramar.]

Seit Montag habe ich drei ziemlich anstrengende Erlebnisse gehabt. Am Montag besuchte ich eine »Verehrerin«, die mir geschrieben hatte und, wie sich herausstellte, fast direkt neben dem Hotel wohnt. Leider stellte sich aber auch heraus, daß sie stocktaub ist (inoperabel & unheilbar), obwohl hochintelligent & belesen. (Name Elgar, Mann ein entfernter Verwandter von Edward E.) Konversation mittels Schreibblock ist vernichtend. Gestern, während des Mittagessens, mußte ich eine alte Dame (wohnt bei uns) retten, die fast an einer Fischgräte erstickte, und sie zum Arzt bringen. Am Nachmittag dann erlebte ich schon wieder eine taube alte Dame! Nahezu das letzte von den Kindern des großen Sir James Augustus Henry Murray vom Dictionary[1]. (Seine noch *lebenden* Nachkommen sind nun über 100.) Mütterlicherseits ist sie eine *Ruthven* und hat jahrelang Nachforschungen über die Gowrie-Verschwörung angestellt. Da meine Kenntnis der schottischen Geschichte s. gering ist, fällt es mir schwer, mitzukommen, wer wen umbrachte und warum – was so der Trend ist in der schottischen Geschichte. Hoffentlich kannst Du dies lesen. Ich kann *ohne* einen richtigen Tisch und *mit* einem Kugelschreiber nicht ordentlich schreiben.

1. November 1963   76 Sandfield Road, Headington, Oxford
Liebster M.,

danke, daß Du mir geschrieben hast – und auch noch so ausführlich!
Ich glaube nicht, daß Du von mir eine Abneigung gegen das Briefschrei-
ben geerbt hast, sondern die Unfähigkeit, kurz zu schreiben. Was
unvermeidlich bedeutet, selten in Deinem Leben (und in meinem). Ich
glaube, wir schreiben beide gern Briefe *ad familiares*, sind aber so oft
genötigt, »geschäftlich« zu schreiben, daß Zeit und Energie nicht ausreichen.

Es tut mir sehr leid, daß Du deprimiert bist. Ich hoffe, das kommt
teilweise von Deinen Beschwerden. Aber ich fürchte, in der Hauptsache
ist es ein berufsbedingtes Leiden und auch eine fast universelle menschliche Krankheit (in jedem Beruf), die mit Deinem Alter zusammenhängt..... Ich erinnere mich noch ganz deutlich an die Zeit, als ich in
Deinem Alter war (1935). Ich war 10 Jahre vorher (immer noch mit
glänzenden Augen voller knabenhafter Illusionen) nach Oxford zurückgekehrt, und nun mißfielen mir die Studenten mit allen ihren Eigenarten,
und ich hatte angefangen, die Dons richtig kennenzulernen. Jahre zuvor
hatte ich die warnenden Worte, die mir der alte Joseph Wright gesagt
hatte, als abscheulichen Zynismus eines alten Banausen abgelehnt: »Was
denken Sie denn, was Oxford ist, mein Junge?« – »Eine Universität, eine
Stätte des Lernens.« – »Nö, mein Junge, es ist eine Fabrik! Und was sie
macht? Kann ich Ihnen sagen. *Gebühren* macht sie. Merken Sie sich das,
und dann begreifen Sie allmählich, was los ist.«

O je, 1935 hatte ich schon begriffen, daß es vollkommen stimmte.
Jedenfalls als Schlüssel zum Verhalten der Dons. Es stimmte, aber es war
nicht die ganze Wahrheit. (Der größere Teil der Wahrheit ist immer
verborgen, in Regionen, wo der Zynismus nicht hinreicht.) Ich wurde
abgeblockt und behindert in meinen Bemühungen (als B-Professor mit
niedrigerem Gehalt, aber mit denselben Pflichten wie ein A-Professor)
zum Nutzen meines Faches und zur Reform seines Unterrichts, von den
verbrieften Interessen an Studiengebühren und Forschungsstipendien.
Aber wenigstens habe ich nicht dasselbe erdulden müssen wie Du: Ich
war nie gezwungen, in etwas zu unterrichten, was ich nicht mit unaus-
löschlichem Enthusiasmus liebte (und liebe). (Bis auf eine kurze Zeit
nach meinem Lehrstuhlwechsel 1945 – das war furchtbar.)

Die Hingabe an das »Lernen« als solches, ohne Gedanken an die
eigene Reputation, ist eine hohe und in gewissem Sinne sogar spirituelle

Berufung; und weil sie »hoch« ist, wird sie unvermeidlich herabgezogen von falschen oder müden Ordensbrüdern, von der Geldgier* und vom Hochmut: den Leuten, die »mein Fach« sagen und nicht das meinen, dem ich in aller Bescheidenheit nachgehe, sondern das Fach, dessen Zierde ich bin oder das ich zu dem meinen gemacht habe. Gewiß wird diese Hingabe allgemein an den Universitäten entwürdigt und geschändet. Aber sie *ist noch* da. Und wenn Du die Universitäten angewidert zumachtest, verschwände sie aus dem Land – bis man sie wieder neu aufmachte, woraufhin die Korruption wieder von vorn anfinge. Auch die viel höhere Berufung für die Religion kann demselben Prozeß schlechterdings nicht entgehen. Sie wird natürlich in gewissem Maße entwürdigt durch alle »professionellen« Bekenner (und durch *alle* bekennenden Christen) und von manchen mancherorts und zu verschiedenen Zeiten beschimpft; und weil das Ziel höhergesteckt ist, scheint (und ist) die Unzulänglichkeit viel schlimmer. Aber Du kannst eine Tradition des Lernens oder der wahren Wissenschaft nicht ohne Schulen und Universitäten aufrechterhalten, und das bedeutet Lehrer und Dons. Und Du kannst eine Religion nicht ohne Kirche und Priester aufrechterhalten; und das bedeutet Professionelle: Pfarrer und Bischöfe – und auch Mönche**. Der köstliche Wein muß (in dieser Welt) eine Flasche haben*** oder irgendeinen weniger edlen Ersatz. Für mein Teil stelle ich fest, daß mein Zynismus eher ab- als zunimmt – wenn ich an meine eigenen Sünden und Dummheiten denke; und begreife, daß die Herzen der Menschen selten so schlecht sind wie ihre Handlungen und noch seltener so schlecht wie ihre Worte. (Besonders in unserer Zeit, die eine Zeit des Hohns und des Zynismus ist. Von Heuchelei sind wir freier, weil es sowieso nicht geht, sich zur Heiligkeit oder zu hohen Gefühlen zu bekennen; aber es ist die Zeit einer umgekehrten Heuchelei, ähnlich dem weithin geläufigen umgekehrten Dünkel: Menschen bekennen, schlimmer zu sein, als sie sind.) . . . .

Du sprichst jedoch vom »durchhängenden Glauben«. Das ist doch etwas anderes. Glaube ist letztlich ein Akt des Willens, entfacht von

* Sogar vom legitimen *Bedarf* an Geld.

** Zumindest waren sie *einst* mit Sicherheit notwendig. Und wenn es uns auch wehtut und manchmal empört, was wir bei manchen sehen, die wir genau kennen, so sollten wir doch, denke ich, unsere enorme Dankesschuld gegen die Benediktiner nicht vergessen und auch bedenken, daß sie (wie die Kirche) immer kurz davor gewesen sind, dem Mammon und der Welt zu erliegen und doch niemals endgültig überwältigt worden sind. Das innere Feuer ist nie gelöscht worden.

*** Für diejenigen, die alte Korken zu ziehen verstehen, sind die Spinnweben, der Staub & das fleckige Etikett nicht immer Anzeichen eines verdorbenen Inhalts.

Liebe. Unsere Liebe mag abgekühlt und unser Wille untergraben werden durch das Schauspiel der Unzulänglichkeiten, Dummheiten und sogar Sünden der Kirche und ihrer Diener, aber ich denke nicht, daß einer, der einmal den Glauben gehabt hat, aus diesen Gründen hinter die Grenze zurückgeht (schon gar nicht einer mit historischen Kenntnissen). Der »Skandal« ist höchstens ein Anlaß der Versuchung – so wie die Unanständigkeit für die Geilheit, die sie nicht schafft, sondern erregt. Er ist bequem, weil er meist unsere Blicke von uns selbst und den eigenen Fehlern ablenkt, auf der Suche nach einem Sündenbock. Aber der Willensakt des Glaubens ist nicht eine endgültige Entscheidung in einem einzigen Augenblick: Er ist ein beständig und unbegrenzt oft wiederholter Akt > Zustand, der fortgeführt werden muß – darum beten wir um die »Beharrlichkeit bis ans Ende«. Die Versuchung zum »Unglauben« (der eigentlich die Ablehnung Unseres Herrn und seiner Ansprüche bedeutet) ist immer in uns. Ein Teil von uns sehnt sich danach, eine äußere Entschuldigung dafür zu finden. Je stärker die innere Versuchung, desto bereitwilliger und strenger werden wir an anderen Anstoß nehmen. Ich denke, ich bin ebenso empfindlich wie Du (oder jeder andere Christ) gegen die »Skandale« sowohl des Klerus wie der Laien. Ich habe im Leben schwer zu leiden gehabt unter dummen, überdrüssigen, trübsinnigen und sogar schlechten Priestern; aber ich weiß nun genug über mich selbst, um zu begreifen, daß ich die Kirche nicht aus irgendwelchen Gründen dieser Art verlassen würde (was für mich hieße, die Treuepflicht gegen Unseren Herrn aufzukündigen): Ich würde sie verlassen, weil ich nicht mehr glaubte, und würde dann nicht mehr glauben, auch wenn mir in kirchlichen Ämtern immer nur kluge und fromme Männer begegnet wären. Ich würde das Heilige Sakrament leugnen, das hieße: Unserem Herrn ins Gesicht sagen, Er sei ein Betrüger.

Wenn Er ein Betrüger ist und die Evangelien Betrug – das heißt, entstellte Berichte über einen größenwahnsinnigen Verrückten (was die einzige Alternative ist), dann natürlich ist das Schauspiel, das uns die Kirche (im Sinne des Klerus) in der Geschichte und heute bietet, schlicht das Zeichen eines gigantischen Betrugs. Wenn aber nicht, dann ist dieses Schauspiel leider nur das, was zu erwarten war: es begann vor dem ersten Ostern und berührt den *Glauben* überhaupt nicht – abgesehen davon, daß es uns tief bekümmern könnte und sollte. *Aber* wir sollten um unseres Herrn willen und um Ihn trauern, uns zu den skandalösen Figuren und nicht zu den Heiligen halten, nicht schreien, daß wir Judas Ischariot nicht hinnehmen können oder gar den abstrusen und feigen Simon Petrus oder die törichten Weiber wie Jakobs Mutter, die ihre Söhne hochzubringen versuchte.

Es gehört ein phantastischer Wille zum Unglauben dazu, anzunehmen, daß Jesus nie »dagewesen« sei, und noch mehr, anzunehmen, daß er nie gesagt habe, was von ihm berichtet wird – Dinge, von denen es so unmöglich ist, daß irgendwer auf der Welt zu jener Zeit sie »erfunden« haben könnte: so etwa, »ehe Abraham ward, *bin ich*« (Johannes viii); »wer mich gesehen hat, hat den Vater gesehen« (Johannes ix); oder die Verkündigung des Heiligen Sakraments in Johannes v: »Wer mein Fleisch ißt und mein Blut trinkt, hat das ewige Leben.« Wir müssen daher entweder an Ihn und das, was er gesagt hat, glauben und die Folgen tragen; oder ihn verwerfen und die Folgen tragen. Mir selbst fällt es schwer zu glauben, daß jemand, der einmal zur Kommunion gewesen ist, wenn auch nur einmal und zumindest mit der richtigen Absicht, Ihn je wieder ohne schwere Schuld von sich weisen kann. (Jedoch kennt Er allein jedes Menschen Seele und ihre Umstände.)

Die einzige Heilung für das Durchhängen des schwach werdenden Glaubens ist die Kommunion. Obwohl immer ganz Es selbst, vollkommen, vollständig und unverletzlich, wirkt das Heilige Sakrament doch nicht in irgendeinem von uns gänzlich und ein für allemal. Wie der Akt des Glaubens muß es fortdauern und durch Übung wachsen. Häufigkeit hat die höchste Wirkung. Siebenmal die Woche ist stärkender als siebenmal in Abständen. Auch dies kann ich als Übung empfehlen (die Gelegenheit, leider! findet sich nur allzu leicht): Geh zur Kommunion unter Bedingungen, die Deinen Geschmack beleidigen! Nimm sie von einem triefnasigen oder sabbernden Priester oder einem stolzen und ordinären Mönch, und in einer Kirche mit der üblichen bourgeoisen Menge, unartigen Kindern – von denen, die schreien und laut lachen, bis zu den Produkten katholischer Schulen, die sich im Augenblick, wenn das Tabernakel geöffnet wird, gähnend zurücklehnen –, schmutzigen Jünglingen mit offenem Kragen, Frauen in Hosen und oft auch mit weder gepflegtem noch bedecktem Haar. Geh zur Kommunion *mit* ihnen (und bete für sie). Es wird genauso sein (oder besser) als eine schön gelesene Messe von einem ersichtlich heiligen Mann, an der nur wenige andächtige und gesittete Leute teilnehmen. (Es kann nicht schlimmer sein als das wüste Durcheinander bei der Speisung der Fünftausend – nach der [Unser] Herr die Speisung ankündigte, die noch bevorstand.)

Ich selbst bin überzeugt von den Petrinischen Ansprüchen, und wenn ich mich in der Welt umsehe, scheint mir nicht viel Zweifel möglich zu sein, welches (wenn das Christentum wahr ist) die Wahre Kirche ist, der

Tempel des sterbenden, doch lebendigen Geistes*, korrupt, doch heilig, sich selbst erneuernd und wiedererstehend. Für mich aber hat jene Kirche, deren anerkanntes Oberhaupt auf Erden der Papst ist, vor allem den Anspruch, die einzige zu sein, die das Heilige Sakrament stets verteidigt hat (und noch immer verteidigt), die ihm die höchste Ehre erwiesen und es (wie Christus klar beabsichtigte) an die erste Stelle gerückt hat. »Weide meine Schafe«, lautete Sein letzter Auftrag an den Hl. Petrus; und weil Seine Worte zuallererst immer wörtlich zu verstehen sind, nehme ich an, daß sie sich vornehmlich auf das Brot des Lebens beziehen. Dagegen richtete sich in Wirklichkeit die westeuropäische Revolte (oder Reformation) – gegen die »blasphemische Fabel der Messe« –, und die Frage Glauben/Werke war nur ein Vorwand. Ich nehme an, die größte Reform unserer Zeit war die vom Hl. Pius X. durchgeführte[1]: Sie übertrifft alles, so nötig es auch sein mag, was das Konzil[2] leisten wird. Ich frage mich, in welchem Zustand die Kirche ohne dies jetzt wäre.

Dies ist eine ziemlich beunruhigende und weitschweifige Abhandlung, was ich da schreibe! Es soll keine Predigt sein. Ich bezweifle nicht, daß Du das alles weißt und noch mehr. Ich bin ein unwissender Mensch, aber auch ein einsamer. Und ich ergreife die Gelegenheit zu einem Gespräch, die ich sicherlich mündlich nie ergreifen würde. Aber natürlich, ich lebe in Angst um meine Kinder: die in dieser härteren, grausameren und höhnischeren Welt, in die hinein ich mich erhalten habe, mehr Angriffe erleiden müssen, als ich es mußte. Aber ich bin einer, der aus Ägypten gekommen ist, und bete zu Gott, daß keiner von meinem Stamm dorthin zurückkehren soll. Ich habe (nur zur Hälfte verstehend) die heroischen Leiden meiner Mutter, die mich in die Kirche brachte, und ihren frühen

---

* Nicht zu vergessen allerdings sind die Worte von Charles Williams, daß es unsere Pflicht ist, dem beglaubigten und anerkannten Altar zu huldigen, obwohl der Heilige Geist das Feuer anderswo herabsenden mag. Gott läßt sich nicht beschränken (auch nicht durch seine eigenen Gründungen) – wofür der Hl. Paulus das erste & wichtigste Beispiel ist – und kann uns Seine Gnade über jeden Kanal zufließen lassen. Schon Unseren Herrn zu lieben und erst recht ihn Herr und Gott zu nennen, ist eine Gnade und kann mehr an Gnade erbringen. Dennoch, um von den Institutionen und nicht von den individuellen Seelen zu sprechen, muß der Kanal schließlich wieder in die vorgezeichnete Bahn führen oder aber im Sande verlaufen und verschwinden. Außer der Sonne mag es noch das Mondlicht geben (sogar hell genug, daß man dabei lesen kann); würde aber die Sonne weggenommen, wäre kein Mond mehr zu sehen. Was wäre das Christentum heute, wenn die römische Kirche tatsächlich vernichtet worden wäre?

Tod in äußerster Armut miterlebt; und habe die erstaunliche Fürsorge Francis Morgans empfangen.[3] Aber das Heilige Sakrament habe ich von Anfang an geliebt – und durch Gottes Gnade habe ich die Liebe zu ihm nie mehr verloren: aber ach, leider habe ich gar nicht danach gelebt! Ich habe euch alle schlecht erzogen und zu wenig mit euch gesprochen. Aus Bosheit und Trägheit hatte ich fast aufgehört, meine Religion zu praktizieren – besonders in Leeds und in der Northmoor Road 22[4]. Dem Hund des Himmels folgte ich nicht, aber dem unaufhörlichen, stillen Aufruf des Tabernakels und dem Gefühl eines verzehrenden Hungers. Ich schäme mich bitter wegen dieser Tage (und leide ihretwegen mit soviel Geduld, wie mir gegeben ist); vor allem, weil ich als Vater versagt habe. Nun bete ich für euch alle, unablässig, daß der Heiler (der *Hælend*, wie der Erlöser im Altenglischen gewöhnlich hieß) meine Mängel heilen und daß keiner von euch je aufhören möge zu rufen *Benedictus qui venit in nomine Domini.*[5]

Meine Beschwerden habe ich fürs erste überstanden und fühle mich so gut, wie es die alten Glieder erlauben. Ich werde fast so unbiegsam wie ein Ent. Der Katarrh begleitet mich immer (und das wird so bleiben) – er geht zurück auf eine gebrochene (und nachlässig behandelte) Nase vom Rugby in der Schulzeit. Der ausgezeichnete Doktor Tolhurst[6] drängt mich, keine Medikamente oder Hilfsmittel zu nehmen – außer denen, die manchmal von einem Arzt speziell verordnet werden, d. h. wenn sich eine besondere Infektion in den schwachen, anfälligen Zonen festgesetzt hat . . . . .

Es würde mich interessieren, zu hören, was Du zu M[ichael] G[eorge][7] und dem »Angelsächsischen« sagst. Ich kann (natürlich) nicht verstehen, warum Angelsächsisch schwierig erscheinen sollte – nicht für Menschen, die überhaupt imstande sind, eine Sprache (außer der eigenen) zu lernen. Es ist gewiß nicht schwerer als Deutsch und weitaus leichter als z. B. mod. Französisch. Und Latein oder Griechisch! Trotzdem, ich weiß noch, wie der alte Oliver Elton (früher ein berühmter Eng. Lit.-Gelehrter, aber auch ein »Linguist«, der Russisch übersetzte) mir nach einer Rundfunksendung, die ich in den 30er Jahren gemacht hatte[8], schrieb, daß ich anscheinend die Sprache verstünde, die er selbst schwieriger finde als Russisch. Ganz unverständlich für mich; aber immerhin scheint »As.« eine Art »Prüfstein« zu sein, an dem sich die echten Linguisten (die Sprachforscher und Sprachliebhaber) von den Utilitaristen scheiden. Ich hoffe, M. G. gehört zu den ersteren. Aber er hat noch genug andere Talente.

444

Erzähl mir nichts von der »Einkommensteuer«, oder ich koche über. Vor meiner Pensionierung haben sie *alle* meine literarischen Einkünfte bekommen. Und jetzt, trotz dem Zugeständnis (das Mr. Callaghan[9] gewiß bald widerrufen würde), daß Arbeitseinkünfte (innerhalb meiner Verdienstgrenzen) nicht sondersteuerpflichtig sind, werde ich nächsten Januar um eine Summe erleichtert, die meinen Wunsch, jedem von euch ein wenig echte Großzügigkeit zu beweisen, verstümmeln wird. Aber ich werde etwas tun . . . . .

Wie schade, daß ich es nicht schon vor 39[10] zu etwas gebracht und meine Goldader entdeckt hatte! Aber lieber spät als gar nicht . . . . .

251 An Priscilla Tolkien

[Vier Tage nach dem Tod von C. S. Lewis geschrieben.]

26. November 1963   76 Sandfield Road, Headington, Oxford
Meine Beste,

danke ganz herzlich für Deinen Brief . . . . . Bisher hatte ich die für einen Mann meines Alters normalen Gefühle – wie ein alter Baum, der eins nach dem andern alle seine Blätter verliert: dies nun fühlt sich an wie ein Axthieb dicht an den Wurzeln. Sehr traurig, daß wir in den letzten Jahren so weit auseinander waren; aber die Zeit unserer engen Gemeinsamkeit ist uns beiden im Gedächtnis geblieben. Heute morgen habe ich eine Messe lesen lassen, bin auch dort gewesen und habe ministriert; Havard und Dundas Grant[1] waren da. Das Begräbnis in Holy Trinity, der Gemeindekirche von Headington, die Jack besuchte, war still und nur von Leuten, die ihm nahestanden, und einigen von Magdalen besucht, darunter auch der Präsident. Austin Farrer las die Bibeltexte. Das Grab ist unter einer Lärche in einer Ecke des Friedhofs. Douglas (Gresham)[2] war der einzige Trauergast aus der »Familie«. Warnie war nicht da, schade! Ich sah Owen Barfield, George Sayer und John Lawlor[3] (rechne ich ihm hoch an), unter anderen. Chris. kam mit uns. Ein offizieller Gedenkgottesdienst ist am Sonnabend in Magdalen um 2 Uhr 15.

Es war sehr nett von Dir, meine Beste, mir zu schreiben . . . . .

Gott segne Dich
Daddy.

445

252 Aus einem Brief an Michael Tolkien (Entwurf)

[Undatiert, November oder Dezember 1963]

Es tut mir leid, daß ich Deine Briefe nicht eher beantwortet habe; aber Jack Lewis' Tod am 22. hat mich beschäftigt. Daraus ergibt sich für mich auch einiges an Korrespondenz, weil viele Leute mich immer noch für einen seiner engen Freunde halten. Schade, aber damit war es schon vor über zehn Jahren vorbei. Was uns zuerst auseinander brachte, war das plötzliche Auftauchen von Charles Williams, und dann seine Heirat. Von der er mir nie überhaupt etwas gesagt hat; ich erfuhr davon erst lange nachher.[1] Aber wir verdankten jeder dem andern viel, und diese Bindung, mit der tiefen Zuneigung, die daraus erwuchs, bleibt erhalten. Er war ein großer Mann, von dem die kaltblütigen offiziellen Nachrufe nur die Oberfläche ankratzen, mancherorts mit Ungerechtigkeit. Wie wenig an literarischen Würdigungen wahr sein kann, läßt sich aus ihnen ersehen – denn sie wurden schon geschrieben, als er noch lebte. Lewis lernte Williams erst 1939 kennen, und W. starb früh im Jahr 1945. Die »Raumreise«-Trilogie, die dem Einfluß Williams' zugeschrieben wird, war Williams' Art von Phantasie von Grund auf fremd. Sie wurde schon Jahre vorher geplant, als wir beschlossen, getrennte Wege zu gehen: er sollte Raumreisen machen, ich Zeitreisen. Mein Buch wurde nie fertig[2], aber manches daraus (das Númenor-Atlantis-Thema) kam schließlich in meine Trilogie.

Erscheinungsdaten sind kein guter Anhalt. *Perelandra* erschien 1943, gehört aber nicht zu dieser Periode. Williams' Einfluß trat eigentlich erst bei seinem Tod hervor: *That Hideous Strength*, das Ende der Trilogie, das (so gut es für sich genommen auch ist) sie meiner Ansicht nach verdarb. Außerdem habe ich mit grimmigem Vergnügen erfahren (aus dem *D. Telegraph*), daß »Lewis selbst nie sehr viel von *The Screwtape Letters* hielt« – seinem Bestseller (250 000). Er hat ihn mir gewidmet. Ich fragte mich, warum. Jetzt weiß ich's – sagen die.

253 Aus einem Brief an Rayner Unwin   23. Dezember 1963

[Für das neue Taschenbuch (vgl. Nr. 248) war der Titel *Tree and Leaf* vereinbart worden. Rayner Unwin hatte angefragt, ob Tolkien eine geeignete Zeichnung eines Baumes für den Umschlag vorschlagen könne, vielleicht eine aus einer mittelalterlichen Handschrift.]

Es freut mich, daß *Sie* mit dem vorgeschlagenen Titel einverstanden sind. Mittelalterliche MSS. sind (nach meiner nicht sehr breiten Kenntnis) in bezug auf Bäume nicht gut. Unter meinen Papieren habe ich mehr als eine Version eines mythischen »Baumes«, der immer wieder zu Zeiten aufsprießt, wenn es mich dazu treibt, Muster zu zeichnen. Sie werden ausgeführt und mit Farben ausgemalt und sind für Stickereien besser geeignet als für den Druck; und der Baum trägt neben Blättern in mancherlei Formen viele große und kleine Blüten, die Gedichte und längere Sagen bezeichnen.[1] . . . .

Ja – das *Silmarillion* wächst wieder im Geiste (ich meine nicht, es wird größer, sondern treibt wieder Laub & hoffentlich Blüten). Aber mit *Gawain* etc. bin ich immer noch nicht fertig. Ein verworrenes Jahr, mit endlosen Ablenkungen und viel Müdigkeit, am Ende dann der Schlag, daß C. S. L. tot ist.

254 An Pfarrer Denis Tyndall

[Tyndall, ein ehemaliger Schüler des King Edward's-Gymnasiums in Birmingham, hatte an Tolkien geschrieben und ihn an ihre gemeinsame Schulzeit erinnert.]

9. Januar 1964   76 Sandfield Road, Headington, Oxford
Mein lieber Tyndall,
    wie schön, eine Karte von Dir zu kriegen, und wie nett von Dir, an mich zu denken . . . . .
    Ich erinnere mich noch sehr gut an das alte Klassenzimmer der IV. und an Dickie[1]; ich weiß sogar noch, daß wir mit ihm einen nichtklassischen griechischen Text lasen, von einem Deutschen (Willamowitz Möllendorf?) in usum scholarum aufgezäumt, der mich zuäußerst anödete. Ich benahm mich sehr schlecht, zusammen mit Christopher Wiseman[2], später ein Muster von einem korrekten und ernsthaften Schulleiter, und wie so viele, die aus dem strengen Regiment von Heath aus der Klasse darunter entlassen waren. Dickie war als Klassenlehrer nicht anregend und machte die griechische und römische Geschichte so langweilig, wie er selbst sie vermutlich auch fand; aber als Mensch war er ungemein interessant. Ich hielt Verbindung mit ihm und dem Schnabel (R. C. Gilson[3]), bis sie starben.
    Mein Gedächtnis ist hauptsächlich bildhaft und in den Daten ungenau, aber ich stelle mir vor, daß Du mir in den Klassen etwas voraus warst und vor mir abgegangen bist, so daß meine Freunde in den letzten ein, zwei

Jahren etwas unter mir und meist auch jünger waren als ich – ich blieb auf der Schule, bis ich fast 20 war! Ich wurde zusammen mit L. K. Sands von Dickie im Wagen (damals eine Neuheit) nach Oxford gebracht: im Oktober jenes erstaunlich heißen Jahres 1911, und wir fanden alle Leute in Sportkleidung beim Bootfahren auf dem Fluß. Stechkähne waren mir damals so fremd wie Kamele, aber später lernte ich damit zurechtkommen . . . . .

Ich bin am 3. Jan. 72 geworden, und mein ältester Enkel (jetzt in St. Andrews) wird nächsten Sonnabend volljährig, aber wie Du sagst, ich ticke so weiter . . . . .

Immer Dein
[Unterschrift nicht auf dem Durchschlag]

255 Aus einem Brief an Mrs. Eileen Elgar   5. März 1964

[Bemerkungen zu einem Gedicht in *The Adventures of Tom Bombadil*.]

Das Gedicht über *Fastitocalon* ist nicht wie *Cat* und *Oliphaunt* ganz meine eigene Erfindung, sondern eine verkürzte und nach Hobbitart umgeschriebene Form eines Stücks aus alten »Bestiarien«. Ich finde es bemerkenswert, daß Sie den Namen durch seine Entstellungen hindurch als griechisch erkannt haben. Ich habe ihn tatsächlich aus einem Fragment eines angelsächsischen Bestiariums, das erhalten geblieben ist, und fand, er klang komisch und absurd genug, um als Hobbit-Abwandlung einer gelehrteren, elbischen Sache zu dienen – nach [einem] System, worin das Englische die Auenlandsprache, das Lateinische und Griechische aber in den Namen das Hochelbische ersetzen. Der gelehrte Name scheint in diesem Fall *Aspido-chelōne* gewesen zu sein, »Schildkröte mit einem runden Schild (von Haut)«. Dazu ist *astitocalon* als Entstellung nicht schlimmer als vieles aus jener Zeit; aber das F, fürchte ich, wurde vom Versmacher einfach hinzugefügt, damit der Name, wie es bei den Dichtern seiner Zeit Pflicht war, mit den anderen Wörtern in der Zeile alliterierte. Schockierend oder charmant, diese Freiheiten, je nach Geschmack.

Er sagt: *þam is noma cenned/fyrnstreama geflotan Fastitocalon*, »ihm ist ein Name zugewiesen, dem Schwimmer in alten Fluten, Fastitocalon«. Die Vorstellung von einer trügerischen Insel, die in Wahrheit ein Ungeheuer ist, scheint aus dem Osten zu stammen: von der mythenschaffenden Phantasie vergrößerte Seeschildkröten; und dabei habe ich es belassen.

Aber in Europa wird das Ungeheuer mit Walen verwechselt, und schon in der angelsächsischen Version werden ihm deren Eigenschaften zugeschrieben, etwa daß es sich ernährt, indem es mit offenem Mund durchs Wasser zieht. In den moralisierten Bestiarien ist es natürlich eine Allegorie des Teufels, und als solche wird es von Milton verwendet.

256 Aus einem Brief an Colin Bailey 13. Mai 1964

[Angaben über Tolkiens unvollendete Erzählung »The New Shadow«. Vgl. Nr. 338.]

Ich habe tatsächlich eine Geschichte angefangen, die etwa 100 Jahre nach dem Sturz [von Mordor] spielt, aber sie erwies sich als finster und deprimierend. Da wir es nun mit *Menschen* zu tun haben, müssen wir uns unvermeidlich mit ihrem ärgerlichsten Wesenszug befassen: ihrer schnellen Übersättigung durch das Gute. So daß die Menschen von Gondor in Zeiten des Friedens, der Gerechtigkeit und des Wohlstands unzufrieden und rastlos wurden – während die von Aragorn abstammenden Dynasten einfach Könige oder Gouverneure wurden – wie Denethor oder schlimmer. Ich stellte fest, daß so früh schon revolutionäre Verschwörungen aufkamen, um das Zentrum einer satanistischen Geheimreligion; während die Jungen in Gondor Orks spielten, herumliefen und Verwüstungen anrichteten. Ich hätte einen »Thriller« über die Verschwörung, ihre Aufdeckung und Niederwerfung schreiben können – aber das wäre auch alles. Lohnt nicht die Mühe.

257 An Christopher Bretherton

16. Juli 1964   76 Sandfield Road, Headington, Oxford
Lieber Bretherton,
    am 14. Juli die Antwort auf einen erst am 10. abgeschickten Brief zu bekommen, sogar mit normaler Post, nenne ich prompte Arbeit. Ich sehe im Tippen keine Unhöflichkeit. Jedenfalls tippe ich gewöhnlich auch, denn meine Handschrift fängt meist schön an und gerät dann rasch in eine pittoreske Unerforschlichkeit. Außerdem mag ich Schreibmaschinen; und mein Traum ist, einmal plötzlich so reich zu sein, daß ich mir eine elektrische Schreibmaschine nach meinen Angaben bauen lassen könnte, mit Typen für die feanorische Schrift . . . . . Den *Hobbit* habe ich

selbst getippt – und den ganzen *Herrn der Ringe* zweimal (und mehrere Abschnitte viele Male), auf meinem Bett in einer Dachkammer in der Manor Road. In den dunklen Tagen zwischen dem Verlust meines großen Hauses in Nord-Oxford, das ich mir nicht mehr leisten konnte, bis zu meiner kurzen Erhebung zur Würde eines alten College-Hauses in Holywell.

Dort wurde es höllisch, sobald die Benzin-Rationierung aufhörte. Aber auch Headington ist kein Paradies der Ruhe. Die Sandfield Road war eine Sackgasse, als ich hier einzog, aber bald wurde auch das untere Ende geöffnet, und dann war sie eine Zeitlang, bevor der Headley Way fertiggestellt war, ein inoffizieller Schleichweg für Lastwagen. Jetzt ist sie ein Parkplatz für »Oxford United«, das am oberen Ende seinen Fußball-platz hat. Dabei tun auch die eigentlichen Bewohner schon alles, was dank Radio, Fernsehen, Hunden, Motorrollern, Mopeds und Autos in allen Größen bis auf die kleinsten in ihrer Macht steht, um von früh am Morgen bis 2 Uhr nachts Lärm zu erzeugen. Außerdem wohnt drei Häuser weiter ein Mitglied einer Gruppe junger Männer, die offenbar darauf abzielen, sich in eine Beatle-Gruppe zu verwandeln. An den Tagen, wenn er dran ist mit den Proben, ist der Lärm unbeschreib-lich . . . . .

Zu Ihrer Frage. Nicht leicht, sie kürzer als mit einer Autobiographie zu beantworten. Ich begann schon in der Kindheit mit der Konstruktion von Sprachen: In erster Linie bin ich wissenschaftlicher Philologe. Meine Interessen waren und sind in der Hauptsache wissenschaftlich. Aber ich interessierte mich auch für überlieferte Geschichten (besonders für solche über Drachen); und für das Schreiben (nicht Lesen) von Versen und metrischen Schemata. Diese Dinge begannen in meiner Studenten-zeit ineinanderzufließen, zur Verzweiflung meiner Tutoren und beinahe zum Schiffbruch für meine Karriere. Denn als ich offiziell die klassischen Sprachen studierte, machte ich mit Sprachen Bekanntschaft, die von modernen Engländern nicht oft studiert werden, jede davon mit einer starken individuellen Laut-Ästhetik: Walisisch, Finnisch und die Überre-ste des Gotischen aus dem vierten Jahrhundert. Das Finnische gewährte mir auch einen Ausblick in eine ganz andere mythologische Welt.

Der Keim zu meinem Versuch, eigene Sagen zu schreiben, die zu meinen Privatsprachen passen sollten, war die tragische Geschichte von dem unglücklichen Kullervo im finnischen *Kalevala*. Dies bleibt ein wichtiger Stoff in den Sagen aus dem Ersten Zeitalter (die ich als *The Silmarillion* hoffe veröffentlichen zu können); allerdings ist er als »The Children of Húrin« völlig verändert, ausgenommen den tragischen

Schluß. Der zweite Punkt war, daß ich, rein »aus dem Kopf« heraus, den »Fall of Gondolin« schrieb, die Geschichte von Idril und Earendel (III, 314), während eines Krankheits-Urlaubs vom Heeresdienst 1917; und die erste Version der »Tale of Lúthien Tinúviel and Beren«, später im gleichen Jahr. Diese beruhte auf einem Wäldchen mit dichtem Unterholz von »Schierling« (sicherlich wuchsen da auch noch viele andere verwandte Pflanzen) bei Roos in Holderness, wo ich eine Zeitlang in der Humber-Garnison lag. An dieser Konstruktion arbeitete ich weiter, nachdem ich der Armee entkommen war: für eine kurze Zeit in Oxford, wo ich als Mitarbeiter an dem damals noch unvollständigen großen Diktionär beschäftigt war; und später, als ich an die Universität Leeds ging, 1920–26. In O. schrieb ich einen kosmogonischen Mythos, »The Music of the Ainur«, in dem das Verhältnis des Einen, des transzendentalen Schöpfers, zu den Valar, den »Mächten«, bestimmt wird, den engelhaften Erstgeschaffenen, und ihrem Anteil an der Ordnung und Ausführung des Urplanes. Es wurde auch erzählt, wie es dazu kam, daß Eru, der Eine, zu dem Plan einen Zusatz machte: Er führte die Themen der Eruhîn, der Kinder Gottes, der Erstgeborenen (Elben) und der Nachkömmlinge (Menschen) ein, und den Valar wurde verboten, sie durch Furcht oder Gewalt beherrschen zu wollen. Zu der Zeit begann ich auch Alphabete zu erfinden. In Leeds begann ich mit dem Versuch, diesen Stoff in einem hohen und ernsthaften Stil zu behandeln, und schrieb vieles davon in Versen. (Die erste Fassung von Streichers Lied über Lúthien, jetzt in I, 204 [dt. 237 ff.], erschien zuerst im Leeds Univ.-Magazin[1]; aber die ganze Geschichte, wie sie von Aragorn skizziert wird, war in einem sehr langen Gedicht aufgeschrieben, bis I, 206, Zeile 17, »her father«.)[2]

Im Jan. 1926 kehrte ich nach Oxford zurück, und bis zum Erscheinen des *Hobbit* (1937) hatte diese »Geschichte von den Älteren Tagen« eine zusammenhängende Form. Der *Hobbit* sollte gar nichts damit zu tun haben. Als meine Kinder noch sehr klein waren, hatte ich die Gewohnheit, Geschichten zu erfinden und sie ihnen mündlich zu erzählen. Manchmal schrieb ich sie auch auf, als »Kindergeschichten« zu ihrem Privatvergnügen – nach den Vorstellungen, die ich damals und die viele heute noch davon haben, wie solche Geschichten in Stil und Gebaren sein sollten. Keine davon ist veröffentlicht worden. Der *Hobbit* sollte auch so eine Geschichte sein. Er hatte nicht notwendig einen Zusammenhang mit der »Mythologie«, wurde aber naturgemäß zu dieser meine Gedanken beherrschenden Konstruktion hingezogen, was die Geschichte in ihrem Fortgang weitläufiger und heroischer werden ließ. Auch so konnte er noch ganz abseits bleiben, abgesehen von den (unnötigen, aber einen Eindruck von historischer Tiefe schaffenden) Erwähnungen des Falls von Gondolin (Puffin, 57; gebundene Ausg., 63), der Verzweigungen unter den Elbenvölkern (P. 161; gebundene Ausg., 173 oder 178) und des Streits zwischen König Thingol, Lúthiens Vater, und den Zwergen (P., 162).

Daß der *Hobbit* ans Licht kam und meine Verbindung zu A. & U. herstellte, war ein Zufall. Er war nur meinen Kindern und meinem Freund C. S. Lewis bekannt; aber ich lieh ihn einmal der Mutter Oberin von Cherwell Edge zu ihrer Unterhaltung, während sie sich von einer Grippe erholte. Dabei wurde er einer jungen Frau bekannt, einer Studentin, die im Hause wohnte, oder einer Freundin von ihr, die bei A. & U. im Büro arbeitete.[3] So kam er Stanley Unwin vor Augen, der ihn an seinem jüngeren Sohn Rayner ausprobierte, damals ein kleiner Junge. Also wurde er veröffentlicht. Dann bot ich ihnen die Sagen aus den Älteren Tagen an, aber ihre Lektoren lehnten das ab. Sie wollten eine Fortsetzung. Ich wollte Heldensagen und edles Abenteuer. Das Ergebnis war der *Herr der Ringe* . . . . .

Der Zauberring war das eine augenfällige Ding im *Hobbit*, das sich mit meiner Mythologie verbinden ließ. Um von einer weitläufigen Geschichte getragen zu werden, mußte er von höchster Bedeutung sein. Dann verknüpfte ich ihn mit der (anfangs) ganz nebensächlichen Erwähnung des Nekromanten am Ende von Kap. vii und Kap. xix, der kaum mehr damit zu tun hatte, als Gandalf einen Grund zu geben, warum er fortgeht und Bilbo und die Zwerge sich allein durchschlagen läßt, was für die Geschichte nötig war. Aus dem *Hobbit* leitet sich auch das Thema der Zwerge her, mit Durin, ihrem Urahnen, und Moria; außerdem Elrond. Die Passage in Kap. iii, in der er mit den Halbelben der Mythologie in Verwandtschaft gebracht wird, war ein glücklicher Zufall, hervorgerufen durch die Schwierigkeit, immer wieder gute Namen für neue Figuren zu erfinden. Ich gab ihm den Namen Elrond ganz absichtslos, aber weil dies aus der Mythologie kam (Elros und Elrond, die zwei Söhne Earendels), machte ich ihn zum Halbelben. Erst im *Herrn* wurde er mit dem Sohn Earendels identifiziert, und damit war er der Urenkel von Lúthien und Beren, einer von großer Macht und ein Ringhüter.

Noch ein anderes Ingrediens, das ich noch nicht erwähnt habe, wurde wirksam durch mein Bedürfnis, eine große Aufgabe für Streicher-Aragorn vorzusehen. Ich könnte das meinen Atlantis-Spuk nennen. Diese Sage, Mythe oder blasse Erinnerung an eine antike Geschichte hat mir immer zugesetzt. Im Schlaf hatte ich den entsetzlichen Traum von der unausweichlichen Woge, die entweder aus dem ruhigen Meer aufsteigt oder turmhoch über das grüne Binnenland hereinbricht. Gelegentlich kommt der Traum immer noch, obwohl er inzwischen durch das Schreiben über ihn ausgetrieben ist. Er endet immer mit dem Sichergeben, und wenn ich aufwache, tauche ich keuchend aus tiefem Wasser auf. Früher habe ich die Woge gezeichnet oder schlechte Gedichte darüber geschrieben. Als C. S. Lewis und ich Lose warfen und er über Weltraumreisen schreiben sollte und ich über Zeitreisen, fing ich ein totgeborenes Buch über Zeitreise an, daß damit enden sollte, daß der Held den Untergang von Atlantis miterlebt. Das sollte Númenor genannt werden, das Land im Westen. Der Erzählfaden sollte sein, daß immer wieder von Zeit zu Zeit in menschlichen Familien (wie bei Durin unter den Zwergen) Vater und Sohn auftreten, die Namen tragen, die man als Segens-Freund und Elben-Freund deuten könnte. Diese nicht mehr verstandenen Namen erweisen sich am Ende als Hinweis auf die atlantid-númenórische Situation und bedeuten »einer, der den Valar treu ist, zufrieden mit dem Segen und Wohlstand in den vorgeschriebenen Grenzen«, und »einer, der treu zur Freundschaft mit den Hochelben steht«. Es fing an mit einer Vater-Sohn-Affinität zwischen Edwin und Elwin in der Gegenwart und sollte bis in sagenhafte Zeiten zurückreichen über einen Eadwine und Ælfwine, etwa A. D. 918 und über Audoin und Alboin aus einer lombardischen Sage, bis zu den Überlieferungen von der Nordsee bezüglich der Ankunft des Weizens und der zivilisatorischen Helden, der Vorfahren königlicher Geschlechter, in Booten (und ihrer Abfahrt in Bestattungs-Schiffen). Ein solcher namens Sheaf oder Shield Sheafing kann tatsächlich als einer der fernen Vorfahren unserer jetzigen Königin ausgemacht werden. In meiner Erzählung sollten wir zuletzt zu Amandil und Elendil kommen, den Führern der elbentreuen Partei in Númenor, als es unter Saurons Herrschaft fiel. Elendil »Elb-Freund« war der Gründer der Exil-Königreiche in Arnor und Gondor. Aber ich stellte fest, daß mein Interesse eigentlich nur dem letzten Stück der Erzählung galt, dem *Akallabêth* oder *Atalantie** (»Sturz« auf Númenórisch und Quenya), und darum brachte ich alles, was ich über die ursprünglich gar nicht damit zusammenhängenden Sagen von Númenor geschrieben hatte, in Beziehung zu der hauptsächlichen Mythologie.

So, da haben Sie's. Ich hoffe, ich öde Sie nicht an.....

[Über seine Verwendung des Namens »Gamgee«:] Es fing bei einem Ferienaufenthalt vor etwa 30 Jahren in Lamorna Cove[4] an (damals noch

---

* Es ist ein merkwürdiger Zufall, daß der Stamm $\sqrt{talat}$, der im Quenya »rutschen, gleiten, herunterfallen« bedeutet und wovon *atalantie* eine (im Q.) normale Substantiv-Bildung ist, so viel Ähnlichkeit mit Atlantis hat.

wild und ziemlich unzugänglich). Unter den Einheimischen war ein sonderbarer Kerl, ein alter Mann, der herumlief, Klatsch und Wettervoraussagen verbreitete und dergleichen. Um meine Jungen zu amüsieren, nannte ich ihn Gaffer Gamgee, und der Name wurde als Bezeichnung für solche alten Knaben Teil der Familientradition. Damals fing ich gerade mit dem *Hobbit* an. Der Name Gamgee war hauptsächlich um der Alliteration willen gewählt, aber ich habe ihn nicht erfunden. Das war eigentlich, als ich klein war (in Birmingham), die Bezeichnung für »cotton-wool«, Watte. (Daher die Verbindung der Gamgees mit den Cottons.) Ich wußte nichts von seiner Herkunft.....

Hoffentlich finden Sie diese Fragmente philologischer »Forschung« oder »Selbsterforschung« nicht zu entsetzlich. Das ist eine schreckliche Versuchung, besonders für einen Pedanten wie mich. Ich fürchte, ich habe fast ganz zum Privatvergnügen darin geschwelgt – während einer segensreichen Pause in den Brief-Eingängen (nicht solcher Briefe wie der Ihrige, beeile ich mich zu sagen: davon bekomme ich zu wenige), die ich hätte dazu benutzen sollen, mit *Sir Gawain* weiterzukommen.

Ich habe mal eine Zeitlang in einer ziemlich heruntergekommenen Straße in Edgbaston, B'ham, gewohnt (Duchess Road[5] hieß sie passenderweise); sie führte zu einer noch schlimmeren namens Beaufort Road. Ich erwähne dies nur, weil in der Beaufort Road ein Haus stand, das in seiner Glanzzeit von Mr. Shorthouse bewohnt worden war, einem Säurefabrikanten, ich glaube, mit Quäker-Verbindungen. Er, ein reiner Amateur (wie ich) ohne Status in der literarischen Welt, brachte plötzlich ein langes Buch heraus, das wunderlich und aufregend war und worüber man streiten konnte – oder es schien so, denn heute finden nur wenige es noch lesbar. Es kam langsam ins Gespräch und wurde schließlich ein Bestseller, ein Gegenstand öffentlicher Diskussionen mit Beteiligung vom Premierminister an abwärts. Es hieß *John Inglesant*. Mr. Shorthouse wurde sehr wunderlich und sehr UnBrummagem[6], um nicht zu sagen, UnEnglisch. Er schien sich für die Wiedergeburt irgendeines Renaissance-Italieners zu halten und kleidete sich entsprechend. Außerdem nahmen seine religiösen Ansichten, obwohl sie ihn niemals bis in die letzte Verirrung des Romanismus führten, eine katholische Färbung an. Ich glaube, er schrieb dann nichts mehr, sondern vergeudete seine restlichen Tage mit dem Versuch zu erklären, was er im *John Inglesant* gemeint und nicht gemeint hatte. (Was aus seinen Säure-Ballons wurde, weiß ich nicht.) Ich habe immer versucht, ihn als melancholisch warnendes Beispiel zu nehmen, bemühe mich immer noch um meine fachlichen Säure-Ballons und sehe zu, daß ich noch etwas mehr schreibe.

Aber wie Sie sehen, läßt mich die Klugheit manchmal im Stich. Aber nicht wegen des nüchternen Gedankens (den diese Geschichte über Shorthouse auch illustriert) an die Launen des Publikums. Es ist sonderbar, daß Sir Stanley, dessen *Truth about Publishing* Sie zitieren, ausgerechnet derjenige ist, der mich am häufigsten bedenklich macht. Ich bin froh über seine Zustimmung*; aber ich nehme sie hin als ein bißchen Sonnenschein auf meine kleine Wiese, eine besondere Gunst, die mir sehr gelegen kommt, aber ich höre eher auf Gandalf, wenn er sagt: »Alles Auf und Ab in dieser Welt können wir weder bändigen noch vorhersagen. Wie das Wetter sein wird, können wir nicht bestimmen oder wissen.«

Ja, C. S. L. war mein bester Freund von etwa 1927 bis 1940 und blieb mir auch später sehr wichtig. Sein Tod war ein harter Schlag. Tatsächlich haben wir uns aber immer seltener gesehen, seit er unter den beherrschenden Einfluß von Charles Williams geraten war, und noch seltener seit seiner sehr eigenartigen Heirat . . . . . Ich habe *The Pilgrim's Regress* im MS. gelesen. An *Pickwick* habe ich nie etwas finden können. Den *Herrn der Ringe* finde ich jetzt »stellenweise gut«. Zum Schluß muß ich mich noch einmal zutiefst wegen meiner Geschwätzigkeit entschuldigen: Ich kann nur hoffen, sie ist »stellenweise« interessant.

Ihr ergebener
Ronald Tolkien.

258 Aus einem Brief an Rayner Unwin 2. August 1964

[Im Jahr 1964 wurde ein »Aquastroll hydrofoil«, ein Tragflächenboot, das eine Versuchsfahrt von Calais nach Dover machte, »Shadowfax« benannt (»Schattenfell«, Gandalfs Pferd im *Herrn der Ringe*).]

Ich wünschte, das »Copyright« könnte auch Namen schützen, und nicht nur Auszüge. Es ist eine Form von Erfindungen, mit der ich mir sehr viel Mühe gebe und an der ich auch viel Freude habe; und eigentlich ist dies genauso schwierig (oft schwieriger) wie z. B. Verse. Ich muß sagen, es hat mich geärgert, daß diese abscheuliche »Hydrofolie« *Shadowfax* »getauft« werden kann – ohne jedes »mit Ihrer Erlaubnis« –, worauf mehrere

---

* In *Time and Tide*, jetzt am 15. Juli, in einer Umfrage unter Verlegern, die den Lesern sagen, was sie in die Ferien mitnehmen sollen, nannte er aus seinem ganzen Programm nur den *Herrn der Ringe* und sagte ihm ein langes Leben voraus.

Briefschreiber mich aufmerksam machten (einige mit Empörung). Allmählich gewöhne ich mich an die *Rivendells, Lóriens* und *Imladris* etc. als Hausnamen – obwohl sie vielleicht häufiger sind als die Briefe, in denen um die Erlaubnis angefragt wird.

259 Aus einem Brief an Anne Barrett, Houghton Mifflin Co.
7. August 1964

Ich bin ein Mann mit engumgrenzten Sympathien (was ich aber wohl weiß), und [Charles] Williams liegt fast vollständig außerhalb davon. Ich kam in ziemlich enge Berührung mit ihm von Ende 1939 bis zu seinem Tod – ich war sogar so etwas wie ein Hebammen-Assistent bei der Geburt von *All Hallows Eve*, das er uns vorlas, während er daran schrieb, aber die sehr großen Änderungen, die er daran vornahm, gingen, glaube ich, hauptsächlich auf C. S. L. zurück – und war auch gern mit ihm zusammen, aber in dem, was wir dachten, trennten uns Welten. Seine arthurianisch-byzantinische Mythologie mißfiel mir ganz entschieden; und ich glaube heute noch, daß sie die Trilogie von C. S. L. (ein sehr beeindruckbarer, allzu beeindruckbarer Mensch) im letzten Teil verdorben hat.

Was den vorgeschlagenen Klappentext zu *Tree and Leaf* angeht.... befürchte ich, daß die Schwierigkeit eigentlich aus der Zusammenstellung zweier Texte entsteht, die sich in Wahrheit sozusagen nur an einer Ecke berühren. Ich glaube nicht, daß ich für die vorgeschlagene Zusammenstellung verantwortlich war, und ohnehin ergab es sich in einer Zeit, als ich viel Unruhe und Ablenkungen um mich hatte. Ich selbst hatte eine Zeitlang vage daran gedacht, drei Sachen zusammen abzudrucken, die nach meinem Verständnis wirklich zusammengehören: *Beowulf: The Monsters and the Critics*; der Essay *On Fairy-stories*; und *The Homecoming of Beorhtnoth*. Das erste behandelt den Kontakt des »Heroischen« mit dem Märchenhaften; das zweite hauptsächlich Märchen; und das letzte »Heroismus und Ritterlichkeit«.

260 Aus einem Brief an Carey Blyton 16. August 1964

[Blyton hatte Tolkien um die Erlaubnis gebeten, eine *Hobbit-Ouvertüre* zu komponieren.]

Gewiß haben Sie meine Erlaubnis, jedes auf dem *Hobbit* beruhende Werk zu komponieren, das Sie nur wollen..... Als Autor fühle ich mich geehrt, zu erfahren, daß ich einen Komponisten inspiriert habe. Ich habe schon lange darauf gehofft, und ebenso habe ich gehofft, das Ergebnis für mich verständlich zu finden oder zu spüren, daß es meiner eigenen Inspiration verwandt sei – ebenso wie z. B. manche (aber nicht alle) Illustrationen von Pauline Baynes.....
Ich habe wenig musikalische Kenntnisse. Obwohl ich aus einer musikalischen Familie komme, wurde alles, was an Musik in mir war, durch Mängel der Erziehung und fehlende Gelegenheit als Waise ver-schüttet (bis ich eine Musikerin heiratete) oder in sprachliche Bezüge umgewandelt. Musik gewährt mir großes Vergnügen und manchmal auch Anregung, aber nach wie vor bin ich umgekehrt in derselben Lage wie jemand, der gern Gedichte liest oder hört, aber kaum etwas von der Technik oder Tradition der Dichtung oder ihrer Sprachstruktur weiß.

261 Aus einem Brief an Anne Barrett, Houghton Mifflin Co. 30. August 1964

[Bemerkungen zu einem Artikel über C. S. Lewis von einem seiner früheren Schüler, George Bailey, in *The Reporter*, 23. April 1964.]

C. S. L. hatte natürlich manche Eigenheiten, und man konnte sich manchmal über ihn ärgern. Schließlich blieb er immer ein Ire aus Ulster. Aber er machte nichts dem Effekt zuliebe; er war kein professioneller Clown, sondern ein geborener, wenn überhaupt einer. Er war von großherziger Gesinnung, auf der Hut gegen alle Vorurteile, obwohl einige zu tief in seinem heimischen Milieu verwurzelt waren, als daß er sie bemerken konnte. Daß seine literarischen Meinungen (wie im Falle T. S. Eliot) je vom Neid diktiert gewesen wären, ist eine groteske Verleumdung. Schließlich ist es doch möglich, Eliot mit einiger Schärfe abzulehnen, auch wenn man auf dichterischen Lorbeer selbst keinen Anspruch erhebt.

Natürlich, ich könnte noch mehr sagen, aber ich muß einen Schluß-
strich ziehen. Trotzdem, ich wünschte, man könnte es verbieten, daß
nach dem Tod eines großen Mannes kleine Leute an ihm herumschmie-
ren, die sein Leben und seinen Charakter nicht gut genug kennen und
das auch wissen müßten, um den Schlüssel zur Wahrheit zu haben. Lewis
war nicht »zutiefst gekränkt« durch seine Niederlage in der Wahl für die
Poesie-Professur: Er kannte den Grund sehr gut. Ich weiß noch, daß wir
uns bald danach in unserer gewohnten Kneipe versammelt hatten, wo
wir C. S. L. fanden, der schon dasaß und ganz gut gelaunt aussah (und
vermutlich war er's auch, denn ein Schauspieler war er überhaupt nicht).
»Noch ein Glas!« hat er gesagt. »Und schaut nicht so trübsinnig drein!
Das einzig Ärgerliche an dieser Sache ist, daß meine Freunde so aufge-
bracht zu sein scheinen.« Und den Lehrstuhl in Cambridge hat er nicht
»bereitwillig angenommen«. Der Posten war ausgeschrieben, und er
hatte sich nicht beworben. Cambridge wollte ihn natürlich, aber es
erforderte einiges an Diplomatie, bevor sie ihn bekamen. Seine Freunde
dachten, daß es gut für ihn wäre: nach fast 30 Jahren war er der Baileys
und auch der Duttons[1] dieser Welt sterbensmüde. Es erwies sich als ein
guter Wechsel, und bis zu dem allzu frühen Verfall seiner Gesundheit
hatte er daran viel Freude.

262 An Michael di Capua, Pantheon Books

[Pantheon Books aus New York hatte Tolkien um ein Vorwort zu einer neuen
Ausgabe von George MacDonalds *The Golden Key* gebeten. Obwohl er es
dann schließlich nicht schrieb, führte die begonnene Arbeit an dem Vorwort im
Ergebnis zur Abfassung von *Smith of Wootton Major*, das zuerst als eine sehr
kurze Geschichte in dem Vorwort hatte enthalten sein sollen. Siehe dazu
Biographie, S. 274 ff., wo eine Stelle aus dem begonnenen Vorwort zitiert wird.]

7. September 1964   76 Sandfield Road, Headington, Oxford
Lieber Mr. di Capua,
    gern würde ich ein kurzes Vorwort zu einer Einzelausgabe von *The
Golden Key* schreiben. Ich bin kein so leidenschaftlicher Bewunderer von
George MacDonald, wie es C. S. Lewis war; aber von dieser Geschichte
halte ich in der Tat viel. Ich habe sie in meinem Aufsatz *On Fairy-stories*
erwähnt .....
    Ich bin mir gar nicht so sicher, daß ich etwas zustande bringen kann,
das des Honorars würdig ist, das Sie mir bieten. Ich bin von Natur aus zur

Allegorie, ob mystisch oder moralisch, nicht hingezogen (ganz im Gegenteil sogar). Aber ich will mein Bestes tun, wenn ich Zeit habe. In jedem Fall bin ich sehr dankbar, daß Sie an mich gedacht haben.

Ihr ergebener
J. R. R. Tolkien

263 Aus einem Brief an Houghton Mifflin Co.
10. September 1964

Ich möchte zu einem Punkt Kritik anmelden, obwohl ich nicht annehme, daß sie erwartet oder begrüßt werden wird. Ich finde das Klischee auf p. iii [von *Tree and Leafes*] sehr geschmacklos und frage mich, ob man es nicht noch einmal neu bedenken oder weglassen könnte. Die Zierschrift ist, für mein Empfinden, von einer üblen Art und schlecht ausgeführt, und wenn dies auch sicherlich so beabsichtigt ist, gefällt es mir darum doch kein bißchen besser. Der dicke und anscheinend gekappte Baumstumpf, ohne Wurzeln und mit schwächlichen Zweigen, scheint mir ganz ungeeignet als Symbol des Geschichtenerzählens oder als Andeutung von irgend etwas, das Niggle möglicherweise gezeichnet haben könnte! Vielleicht ist mein Geschmack schlecht. Vielleicht sind es auch die Ansichten und Gefühle, die im Text ausgesprochen werden. Aber wenn diese es wert sind, abgedruckt zu werden – und ich fühle mich zutiefst geschmeichelt, daß sie es sein sollen –, dann könnte ich doch wünschen, daß ein Entwurf zustande kommt, der mehr Sympathie mit ihnen bewiese.

264 Aus einem Brief an Allen & Unwin 11. September 1964

Wie Sie sicherlich wissen, läßt Houghton Mifflin jetzt *Tree and Leaf* neu setzen. Am 8. September bekam ich ein großes Paket mit den Fahnen zur Ansicht. Sicherlich war dies eine Höflichkeit; aber weil es mich £ 1.7.6 kostete, es zu ihrem Termin wieder zurückzuschicken, fürchte ich, daß sich eine gewisse Bitterkeit in meinen Kommentar zu dem Klischee eingeschlichen hat, das sie für ihre p. iii entworfen hatten: ein scheußliches Ding wie eine Kreuzung zwischen einer fetten See-Anemone und einer gekappten Kastanie, beschmiert mit einer Schrift von schamloser Häßlichkeit.

265 Aus einem Brief an David Kolb, S. J.   1. November 1964

Es ist leider so, daß »Narnia« und dieser ganze Teil des Werks von C. S. L. außerhalb des Bereichs meiner Sympathie liegt, so wie vieles von meinem Werk außerhalb seiner. Auch fand ich persönlich die *Letters to Malcolm* betrüblich und teilweise abstoßend. Ich habe einen Kommentar dazu angefangen, aber wenn er beendet würde, wäre er nicht publizierbar.

266 Aus einem Brief an Michael George Tolkien   6. Januar 1965

[Tolkiens Enkel studierte Englisch an der Universität St. Andrew.]

Es tut mir leid, daß mein *Gawain* und die *Pearl* nicht rechtzeitig herauskommen, um Dir etwas zu nützen (wenn sie Dir wirklich etwas nützen könnten): Abgesehen von der natürlichen Schwierigkeit, Verse in Verse zu übertragen, kommt das hauptsächlich daher, daß ich im Verlauf meiner Arbeit viele Kleinigkeiten über Wörter herausfand, die mich ablenkten. *Pearl* ist natürlich eine Aufgabe, wie sie sich einem Übersetzer schwerer nicht stellen kann. Eine Wiedergabe im gleichen Metrum, die genau genug wäre, um als »Schlauch« zu dienen, ist unmöglich. Aber ich denke, daß jeder, der meine Version liest, auch ein im Mittelenglischen sehr beschlagener Philologe, einen direkteren Eindruck von der Wirkung des Gedichtes bekommen wird (auf jemanden, der die Sprache kannte). Um aber die Wahrheit zu sagen, ich nehme an, es ist einfach ein Privatvergnügen.

267 Aus einem Brief an Michael Tolkien   9./10. Januar 1965

Mein lieber alter Beschützer, Freund und Förderer Dr. C. T. Onions ist am Freitag im Alter von 91 ⅓ Jahren gestorben. Ich hatte ihn lange nicht mehr gesehen. Er ist der letzte von den Leuten, die das »Englisch« in Oxford *waren* und die noch da waren, als ich in das Fach einstieg. Aber nicht ganz: Kenneth Sisam (einst mein Tutor) lebt auch noch, auf den Scilly-Inseln, erst ganze 76. Nebenbei, weil wir schon mal bei diesem trübsinnigen Thema sind, T. S. Eliot ist nicht mehr. Aber wenn Du ein perfektes Stück schlechte Lyrik lesen willst, ein spaßiges »Dauertief«, etwa in der Art der wieder zum Leben erweckten »ausgestopften Eule«, dann könnte ich Dir nichts Besseres heraussuchen als die 8 Zeilen von dem armen alten John Masefield über Eliot in der *Times* vom Freitag, dem 8. Jan.: »East Coker«. Fast auf der Höhe oder Tiefe von Wordsworths Null-Tarif . . . . .

Ich bin weder besorgt (noch überrascht) über die Grenzen meines »Ruhms«. Es gibt in *Oxford* schon viele Leute, die nie von mir gehört haben, geschweige denn von meinen Büchern. Aber vielen von ihnen kann ich die Unkenntnis mit gleicher Münze vergelten: das ist weder Absicht noch Geringschätzung, einfach Zufall. Ein lustiges Beispiel gab es im November, als ich aus Höflichkeit zur letzten Vorlesung einer Reihe ging, die der Poesie-Professor hielt: Robert Graves. (Ein erstaunlicher Kerl, unterhaltsam, sympathisch, schrullig, den Kopf voll wilder Flausen, halb Deutscher, halb Ire, sehr groß, muß in seiner Jugend ausgesehen haben wie Siegfried/Sigurd, *aber* ein Esel.) Es war die lachhaft schlechteste Vorlesung, die ich je gehört habe. Nachher stellte er mich einer hübschen jungen Frau vor, die auch zugehört hatte: gut, aber unauffällig gekleidet, nett und umgänglich, und wir kamen ganz gut miteinander ins Gespräch. Aber Graves fing an zu lachen und sagte: »Es ist klar, keiner von Ihnen hat vom andern je gehört.« Das stimmte, gewiß! Und ich hatte auch nicht angenommen, daß die Dame von mir schon gehört hätte. Sie hieß Ava Gardner, aber das sagte mir gar nichts, bis weltkundigere Menschen mich unterrichteten, daß sie ein Filmstar von einiger Größe sei, und das Gedränge der Presseleute und das Gewitter der Blitzlichter auf der Treppe vor dem Gebäude zielten nicht auf Graves (und schon g. nicht auf mich), sondern auf sie . . . . .

Trotzdem, das alte »Ich« bekommt hin und wieder allerhand starken Zuspruch, was mich nach wie vor erstaunt. Am 29. September traf ich Burke Trend, beim Festessen zur Siebenhundertjahrfeier von Merton – er ist seit kurzem Ehrenmitglied: dann und wann Staatssekretär im Kabinett: und er gab sich als »Fan« zu erkennen und fügte hinzu, die meisten im Kabinett seien es auch, und was das Haus anginge, so seien ähnliche Ansichten auf beiden Seiten weithin vorherrschend. Nicht schlecht, wenn sie das Buch kaufen und nicht bloß das Exemplar in der Unterhaus-Bibliothek vernutzen! Andere Arten von Belohnung scheinen nicht zu winken. Aber ich glaube, die größte Überraschung für mich war vor 4 Tagen ein herzlicher Fan-Brief von Iris Murdoch. Und wenn der Name nun für Dich bloß eine »Ava Gardner« ist, kann ich Dir auch nicht helfen . . . . .

Wenn ich an den Tod meiner Mutter denke (sie war jünger als Prisca), wie sie erschöpft war von der Verfolgung, Armut und, weitgehend

461

dadurch bedingt, Krankheit, im Bemühen, uns kleinen Jungen den Glauben weiterzugeben, und mich an das kleine Schlafzimmer erinnere, das sie mit uns teilen mußte, im Haus eines Postbeamten in Rednal, wo sie allein gestorben ist, zu krank für das Sterbesakrament, dann finde ich es sehr hart und bitter, wenn meine Kinder [von der Kirche] abirren. Natürlich sieht Kanaan anders aus für diejenigen, die aus der Wüste kommen; und die späteren Bewohner von Jerusalem mögen oft als Narren oder Schurken oder noch Schlimmeres erscheinen. Aber *in hac urbe lux solemnis*[1] ist mir immer als wahr erschienen. Mir sind »im Laufe meiner Pilgerfahrten« schon verschnupfte, dumme, pflichtvergessene, eingebildete, unwissende, heuchlerische, faule, betrunkene, hartherzige, zynische, gemeine, raffgierige, ordinäre, dünkelhafte und sogar (vermutlich) unmoralische Priester begegnet; aber für mich wiegt ein Pater Francis sie alle auf, und der war ein walisisch-spanischer Oberschicht-Tory, in dem viele nur einen verbummelten alten Snob und Schwätzer sahen. Er war es – und war es *nicht*. Von ihm lernte ich erstmals Milde und Vergebung; und deren Licht durchdrang sogar die »liberale« Finsternis, aus der ich kam – wo man mehr über die »Blutige Maria« wußte als über Jesu Mutter, die nie anders erwähnt wurde denn als Gegenstand eines bösen Kults bei den Katholiken.

268 Aus einem Brief an Miss A. P. Northey 19. Januar 1965

Ich denke, Schattenfell ist sicherlich mit Gandalf [übers Meer] gefahren, auch wenn das nicht gesagt wird. Ich finde, es ist besser, nicht alles zu sagen (und das ist sogar realistischer, denn in Chroniken und Berichten aus der »realen« Geschichte sind viele Fakten, die manch ein Forscher gern kennen würde, auch weggelassen, und die Wahrheit muß erst herausgefunden oder aus etwa verfügbaren Anzeichen erraten werden). Ich würde so argumentieren: Schattenfell stammte von einer besonderen Rasse ab (II, 126, 129 [dt. 121 ff.], III, 346 [dt. 391]).[1], sozusagen ein elbisches Gegenstück zu den gewöhnlichen Pferden: sein »Blut« kam aus dem »Westen jenseits des Meeres«. Es wäre nicht unpassend, wenn es mit »nach Westen« ginge. Gandalf ging nicht, um zu »sterben«, oder dank einer besonderen Vergünstigung in das westliche Land, bevor er weiter »über die Kreise der Welt hinaus« ginge: sondern er kehrte heim, denn er war augenscheinlich einer der »Unsterblichen«, ein engelhafter Sendbote der engelhaften Regenten (Valar) der Erde. Er würde und konnte mitnehmen, was ihm lieb war. Gandalf wurde zuletzt auf Schattenfell reitend gesehen (III, 276 [dt. 311]). Er muß zu den Anfurten geritten sein, und daß er ein anderes Tier als Schattenfell geritten haben könnte, ist undenkbar; also muß Schattenfell dagewesen sein. Ein Chronist, der eine lange Geschichte zum Abschluß bringt und für den Augenblick hauptsächlich vom Kummer derer bewegt wird, die zurückbleiben (darunter auch er selbst!), könnte die Erwähnung des Pferdes ausgelassen haben; hätte aber das große Pferd ebenfalls unter dem Trennungsschmerz gelitten, so hätte man es schwerlich vergessen können.

269 Aus einem Brief an W. H. Auden 12. Mai 1965

[Auden hatte Tolkien gefragt, ob die Vorstellung von den Orks, einer ganzen unrettbar bösen Rasse, nicht häretisch sei.]

Im Hinblick auf den *Herrn der Ringe* kann ich nicht behaupten, Theologe genug zu sein, um sagen zu können, ob meine Vorstellung von den Orks häretisch ist oder nicht. Ich fühle mich nicht verpflichtet, meine Geschichte der formalisierten christlichen Theologie anzupassen, obwohl ich in der Tat beabsichtigte, sie mit christlichem Denken und Glauben übereinstimmend zu machen, wie irgendwo versichert wird, Buch fünf, p. 190[1], wo Frodo versichert, daß die Orks ursprünglich nicht böse waren. Das glauben wir wohl von allen menschlichen Arten und Abarten, obwohl manche, jedenfalls nach unserem Dafürhalten, sowohl als Individuen wie als Gruppen unrettbar erscheinen . . . . .
   Eine meiner Nöte ist, daß mir, als ich gerade eine Revision meiner Übersetzung des *Gawain* zusammen mit einer der *Pearl* in Druck gab, ein vertracktes Problem mit dem USA-Copyright ins Haus kam, und nun muß ich alle Zeit, die ich habe, darauf verwenden, sowohl zum *Herrn der Ringe* wie zum *Hobbit* eine Revision zu machen, die urheberrechtlich geschützt werden und, so hofft man, die Piraten aus dem Feld schlagen kann.

270 An Rayner Unwin

[Tolkien hatte Unwin das Typoskript seiner neuen Geschichte *Smith of Wootton Major* geschickt. Es schien Unwin die Begleitung anderer Geschichten zu erfordern, damit es ein hinreichend dickes Buch ergäbe. Dieser Vorschlag kam gerade, als Tolkien den *Herrn der Ringe* durchsah, um eine neue Ausgabe hervorzubringen, die nach dem amerikanischen Copyright geschützt werden könnte. Dies wurde erforderlich, weil ein amerikanischer Verlag ohne die Genehmigung von Tolkien oder Allen & Unwin und (zunächst) ohne Honorarzahlungen eine Taschenbuchausgabe des Buches veranstaltet hatte.]

20. Mai 1965   76 Sandfield Road, Headington, Oxford
Lieber Rayner,
    danke herzlich für die Rücksendung von *Smith of Wootton Major*. Ich bin froh, daß es Ihnen gefallen hat, weil ich ohne Ihre Hilfe gar nicht imstande war, mir darüber klar zu werden. Leider habe ich auch tief unter meinen Papieren nichts mehr von ähnlicher Art oder Länge. Unfertiges habe ich zwar viel, aber das gehört alles eindeutig zum *Silmarillion* oder dieser ganzen Welt. In die ich jetzt schon in wenigen Tagen zurückkehren sollte, wenn diese infernalische Copyright-Geschichte nicht wäre. Ich schicke Ihnen den restlichen Text des *Gawain* und meine Bemerkungen zu den Probeseiten, die Sie mir geschickt haben, so daß sie hoffentlich bis nächsten Montag bei Ihnen ankommen. Die Vorbemerkung oder den Kommentar kann ich erst schreiben, wenn ich mit der Revision des *Herrn der Ringe* fertig bin. Ich werde hart arbeiten müssen, um sie bis zum 1. Juli nach Boston[1] zu bekommen.
Ihr ergebener
Ronald Tolkien

P. S. Ich füge jetzt in jede Mitteilung an Leser in den USA eine kurze Notiz ein, die sie darüber informiert, daß *Ace Books* ein Piraten-Verlag ist, und sie bittet, auch andere darüber zu informieren.

271 **Aus einem Brief an Rayner Unwin**   25. Mai 1965

An der Aufgabe, den *Herrn der Ringe* zu »revidieren«, habe ich keine Freude. Ich denke, es wird sich als sehr schwierig, wenn nicht unmöglich erweisen, wesentliche Änderungen am Haupttext vorzunehmen. Durch den Band I bin ich nun durch, und die Zahl der nötigen oder wünschenswerten Änderungen ist sehr klein. Ich muß schon sagen, daß mein Respekt vor der festen Konstruktion des Autors ein wenig gewachsen ist. Der arme Kerl (der mir jetzt nur noch wie ein entfernter Bekannter vorkommt) muß eine Menge Arbeit da hineingesteckt haben. Ich hoffe, daß Abwandlungen in den Einleitungen, beträchtliche Modifikationen der Anhänge und die Zugabe eines Registers sich als für diesen Zweck ausreichend erweisen werden. Nebenbei, ich mache es mir zur Regel, in jede Beantwortung oder Bestätigung eines »Fan«-Briefs aus den USA eine Notiz einzufügen, die besagt, daß die Taschenbuch-Ausgabe der Ace Books Piraterie ist, ohne Zustimmung meines Verlags oder von mir selbst und natürlich ohne Entgelt an uns. Meinen Sie, daß dies nützlich sein könnte, wenn man es in größerem Maßstab machte?

272 Aus einem Brief an Zillah Sherring 20. Juli 1965

[In einem Antiquariat in Salisbury, Wiltshire, fand und kaufte Zillah Sherring ein Exemplar von The Fifth Book of Thucydides, das eine Anzahl merkwürdiger Inschriften von einem früheren Besitzer enthielt. Weil sie unter den Namen auf dem Vorsatzblatt auch den Tolkiens fand, schrieb sie ihm, um zu fragen, ob die Inschriften, besonders eine lange am Ende, womöglich von ihm stammten. Sie schickte ihm eine Abschrift davon. Dies ist ein Faksimile der Inschrift:]

·IK·LAS·þō·WAVRDA·þIZO·
·BOKO·HELENISKAIZOS:·
·JERAMELEINAIS·IN·þAM
MA·MENOþ·SAIHSTIN·þIS·
·JERIS·þŪSUNDI·NIVN·HV
NDAI·TAIHVN·UNSARIS:·

·FRAVJINS·OUþE·IK·BIGETJA
U·þATA·LAVN·GIBAN·ALLIS
·JERIS·þAMMA·MAGAV·MAI
ST·KVNNANDIN·BI·þŪKYD
IDJA·JAH·HITA·ANAMELID·
A·IN·BOKOS·MEINOS·þAM
MA·TWALIFTIN·þIS·SAIHS
TINS·AFARþIZEI·IK·JU·FRU
MINS·þAIRHLESJAU·ALLA·þ
O·WAVRDA·GLAGGWVBA·

Das Buch hat in der Tat einmal mir gehört..... Die Schrift auf der Rückseite ist Gotisch, oder wovon ich damals dachte, daß es Gotisch sei oder sein könnte. Ich hatte diese herrliche Sprache vor 1910 in Joseph Wrights *Primer of the Gothic Language* kennengelernt (nun abgelöst durch *A Grammar of the Gothic Language*). Es wurde mir von einem Schulfreund verkauft, der sich für Missionstätigkeit interessierte und gedacht hatte, es wäre ein Produkt der Bibel-Gesellschaft; mit dem, was es war, konnte er nichts anfangen. Ich war fasziniert vom Gotischen als solchem: eine schöne Sprache, die an die Würde des liturgischen Gebrauchs heran-reicht, auf Grund der tragischen Geschichte der Goten aber nie eine von den liturgischen Sprachen des Westens geworden ist. Damals hatte ich nur den Primer mit seinem kleinen Vokabular, aber daraus hatte ich etwas von der Technik gelernt, die nötig ist, um Wörter aus den anderen germanischen Sprachen in die gotische Schrift umzusetzen. Ich machte oft »gotische« Inschriften in Bücher, wobei ich manchmal meinen nordischen Vornamen und den deutschen Nachnamen zu Ruginwaldus Dwalakōneis gotisierte. Die Inschrift, die Sie erwähnen, hat einen (zufäl-ligen) Fehler in HVNDAI, das HVNDA heißen müßte. Es ist auch in anderer Hinsicht schlechtes Gotisch, sollte aber bedeuten: *I read the words of these books* of Greek history (»year-writing«) in the sixth month of this year: thousand, nine hundreds, ten, of Our Lord: in order to gain the prize given every year to the boy knowing most about Thucydides, and this I inscribed in my books** on the twelfth of the sixth* (month) *after I had already? first read through all the words carefully. Frvmins* ist wahrscheinlich fehlerhaft für *frumist*, »first«.

Weitere »Fehler« werden Sie wohl nicht interessieren. Die Inschrift stellte einen, der mit dem Vokabular aus kurzen Textproben aus den Fragmenten der gotischen Übersetzungen des Neuen Testaments aus-kommen mußte, vor einige Probleme. Das gotische Wort für »read« war nicht *lisan, las, galisans,* das vielmehr noch die ursprüngliche Bedeutung »gather«, »sammeln«, bewahrt hatte (einen Sinn, den auch die deutschen und altnordischen Äquivalente, *lesen* und *lesa,* noch behalten haben, zusätzlich zu der Bedeutung »read«, die lateinisch *lego* nachgebildet ist). Das gotische Wort war *ussiggwan,* »recite«, »ausrufen«. Die Kunst des privaten, stummen Lesens, ausschließlich oder hauptsächlich mit den Augen, war zwar den »Alten« schon bekannt gewesen, aber zumeist wieder vergessen worden. Ich glaube, vom hl. Ambrosius (im gleichen Jahrhundert, in dem die gotischen Übersetzungen angefertigt wurden) wird berichtet, daß er zum Erstaunen der Beobachter beim Lesen nur die

---

* Vermutlich fälschlich für *þizōs bōkōs, dieses Buches, Sing.*
** Vermutlich fälschlich für *þōka meina,* »mein Buch«, Sing.

Augen von einer Seite zur andern bewegte, ohne die Lippen zu bewegen oder auch nur zu murmeln.....

Ich habe noch immer keine Bedenken, in meine eigenen Bücher etwas hineinzuschreiben, allerdings heute gewöhnlich nur Vermerke, von denen ich denke, daß sie einmal nützlich sein werden – wenn ich sie später noch entziffern kann.

273 Aus einem Brief an Nan C. Scott   21. Juli 1965

[Mrs. Scott war eine Wortführerin in der Kampagne, die die Piraten-Ausgabe des *Herrn der Ringe* aus den amerikanischen Buchhandlungen heraushalten sollte.]

Ich bin Ihnen überaus dankbar für die Informationen, die Sie mir geschickt haben, und mehr noch für die große Freundlichkeit und Energie in dem Versuch, um meinetwillen gegen die Piraten anzukämpfen..... Ich bin von allen anderen Arbeiten abgehalten und fast umgeschmissen worden bei dem Versuch, so bald wie möglich eine *autorisierte* Taschenbuchausgabe bei Ballantine Books herauszubekommen.

274 Aus einem Brief an Houghton Mifflin Co.   28. Juli 1965

[Betrifft Änderungen im *Herrn der Ringe*.]

Die *kleine Karte* »Ein Teil des Auenlands« ist höchst fehlerhaft und bedarf unbedingt der Korrektur (und einiger Ergänzungen); sie hat eine Reihe von Anfragen hervorgerufen. Der größte Fehler ist, daß die Fähre bei Bockenburg und mit ihr auch Brandyschloß und Krickloch um etwa 3 Meilen zu weit nach Norden verschoben sind (etwa 4 mm). Das kann bei dieser Gelegenheit nicht mehr geändert werden, aber sehr schade ist, daß Brandyschloß, das deutlich am Flußufer liegt, so plaziert ist, daß die Hauptstraße davor statt dahinter vorbeiführt. Auch von dem auf p. 99 oben[1] beschriebenen Wald ist keine Spur zu sehen.

275 Aus einem Brief an W. H. Auden   4. August 1965

[Auden hatte Tolkien zu einem Beitrag für eine *Festschrift* zur Pensionierung von Nevill Coghill aufgefordert. Er fragte Tolkien auch, ob er wisse, daß eine »New York Tolkien Society« gebildet worden sei, und sagte, er befürchte, daß die meisten ihrer Mitglieder Verrückte sein würden.]

Ich bin immer noch traurig, daß ich für Nevilles [sic!] *Festschrift* nichts habe. Ich hoffe, in dem Buch wird für Leute in meiner Lage vielleicht eine Gelegenheit vorgesehen sein, bei der sie ihre guten Wünsche bekunden können. Das einzige, was ich über Neville je geschrieben habe, war:

> Mr Neville Judson Coghill
> Wrote a deal of dangerous doggerill.
> Practical, progressive men
> Called him Little Poison-pen.

Das war zu einer Zeit, als er unter dem Namen Judson Verse machte, die ich sehr gut und komisch fand und in denen vorausblickende Männer wie Norwood von St. John's[1] auf die Schippe genommen wurden.

Ja, von der Tolkien Society habe ich gehört. Echte Verrückte machen dort nicht mit, denke ich. Trotzdem erfüllen solche Sachen auch mich mit Unruhe und Niedergeschlagenheit.

276 An Dick Plotz, »Thain« der Tolkien Society of America

12. September 1965   76 Sandfield Road, Headington, Oxford
An die T. S. A. Erstes Kommuniqué von
dem Mitglied für Longbottom

Lieber Mr. Plotz,
    ich war verreist nach Irland und habe Ihren Brief eben erst nach meiner Rückkehr (mit einem Berg von Post) bekommen. Mit großem Interesse höre ich von der Bildung der »Tolkien Society« und bin sehr dankbar für das Kompliment. Ich sehe allerdings nicht, wie ich »Mitglied« einer Gesellschaft werden könnte, die vom Gefallen an meinen Werken ausgeht und sich (vermute ich) wenigstens als einen Teil ihrer Aktivitäten deren Studium und Kritik vornimmt.
    Ich würde mich jedoch freuen, in einer formellen Eigenschaft mit

Ihnen in Verbindung zu sein. Ich wäre zum Beispiel bereit, jederlei Rat, den Sie einholen wollen, oder im Druck noch nicht vorliegende Informationen zu geben – immer mit dem Vorbehalt (besonders im Hinblick auf die »Informationen«), daß die Entschuldigung *Beschäftigt in Sachen der Eldar und von Númenor* ohne Gekränktheit als hinreichend angenommen würde, wenn eine Anfrage nur unzulänglich beantwortet werden kann . . . . .

Was das »Silmarillion« und seine Anhänge angeht, so ist es schon geschrieben, befindet sich aber wegen Änderungen und Erweiterungen zu verschiedenen Zeiten (darunter auch manches »Zurückgeschriebene«, was die Verbindungen zwischen ihm und dem *H. der Ringe* bekräftigen soll) noch in einem verworrenen Zustand. Es fehlt der Faden, auf dem seine Vielfalt aufgereiht werden kann. Es bereitet auch dieselben Schwierigkeiten, die mir schon beim *H. der R.* begegnet waren, nur in noch schärferer Form: das Erfordernis, das Publikum mit einer unbekannten Mythologie ohne Bezug zu den Erzählungen vertraut zu machen; und eine Anzahl langer Legenden, die von der Mythologie abhängig sind, zu erzählen, ohne sie mit erklärenden Abschweifungen aufzuhalten. Ich hatte gehofft, jetzt schon tief in der Arbeit zu stecken, die nötig ist, um einen Teil der Sache in publizierbare Form zu bringen . . . . . Ich denke, ich werde es in Teilen herausbringen. Der erste Teil könnte, wenn mich Gesundheit und Energie nicht im Stich lassen, nächstes Jahr in Druck gehen.

Es gibt auch noch eine große Menge Material, das nicht im engeren Sinn zum *Silmarillion* gehört: Kosmogonie und einiges die Valar betreffende; später das Material betreffend Númenor und den Krieg in Mittelerde (Fall von Eregion und Tod Celebrimbors, Geschichte von Celeborn und Galadriel). Was Númenor angeht, so ist die Geschichte des *Akallabêth* oder Untergangs vollständig niedergeschrieben. Der Rest seiner internen Geschichte« hat nur Annalen-Form und wird vermutlich auch so bleiben, ausgenommen eine lange númenórische Geschichte: *The Mariner's Wife*: jetzt nahezu vollständig, betrifft die Geschichte Aldarions (des 6. Königs: H. R. III, 315, 316 [dt. 356]) und seines tragischen Verhältnisses zu seinem Vater und seiner Gattin. Die Geschichte soll beim Untergang erhalten geblieben sein, als der größte Teil der númenórischen Überlieferung verlorenging bis auf dasjenige, was sich mit dem Ersten Zeitalter beschäftigte, weil daraus hervorgeht, wie Númenor in die politischen Verhältnisse von Mittelerde verwickelt wurde.

Ich verstehe ganz gut den Spaß, den es in einer solchen Gesellschaft bedeuten kann, wenn sich die Mitglieder Namen zulegen, die mit der Geschichte zusammenhängen, und ich sehe natürlich auch, daß vieles noch unentschieden ist. Wenn ich aber in diesem Stadium einen Vorschlag machen dürfte, dann würde ich sagen, daß ich es für einen Fehler halte, wenn die Namen von Figuren (oder Ämtern) aus der Geschichte gewählt werden. Mir persönlich hätte es gefallen, wenn die Gesellschaft sich »The Shire Society« genannt hätte, mit T. S. A. vielleicht als erklärendem Untertitel. Aber auch ohne Änderung dieses Titels fände ich es passender und lustiger, den Mitgliedern Titel zu verleihen wie »Mitglied für da und da im Auenland« oder in Bree. Wäre es nicht eine gute Sache, wenn man die Zahl der Personen, die Anrecht auf einen besonderen Namen haben, auf irgendeine plausible Weise beschränkte: auf die frühesten Mitglieder oder später auf diejenigen, die offenbar weiterhin an der Mitgliedschaft Spaß oder Interesse haben? In dem kleinen Ausschnitt aus dem Shire sind ja nur etwa dreißig geeignete Ortsnamen gedruckt, aber auf meiner Karte stehen noch mehr, und wenn eine richtige Karte des Shire gezeichnet würde, könnte man eine ziemlich große Zahl Orte eintragen. Die schon eingetragenen, auch die unwahrscheinlich anmutenden (wie Nobottle), sind tatsächlich gemäß dem Stil, der Herkunft und Wortbildungsart englischer (besonders mittelenglischer) Ortsnamen angelegt. Es wäre mir ein Vergnügen, auf Wunsch nach den gleichen Prinzipien neue Namen zu konstruieren und auf den Karten von Bree und dem Shire Plätze für sie zu finden. Persönlich würde ich als unverbesserlicher Pfeifenraucher mit Freuden den Titel eines Mitglieds für Longbottom [Langgrund] annehmen; oder, wenn Sie mir die Würde eines Bürgermeisters übertragen wollen (für die ich in meinen Jahren nun sogar nach Hobbit-Maßstäben gerade reif wäre), Mitglied für Michel Delving [Michelbinge] . . . . .

*Númino*r. C. S. Lewis war einer von den nur drei Personen, die bisher meine »Mythologie« des Ersten und Zweiten Zeitalters, die in den Grundzügen schon konstruiert war, bevor wir uns kennenlernten, ganz oder zu einem erheblichen Teil gelesen haben.[1] Er hatte die Eigenheit, daß er sich gern etwas vorlesen ließ. Was er von meiner »Sache« wußte, war nur, was er von meinen Vorlesungen mit ihm als einzigem Zuhörer in seinem geräumigen, aber nicht unfehlbaren Gedächtnis behalten hatte. Seine Schreibung *numinor* ist ein Hörfehler, unterstützt sicherlich durch seine Verknüpfung des Namens mit lateinisch *nūmen, nūmina* und dem Adjektiv »numinos«. Leider, denn der Name hat keine Verbindung dazu und auch keinen Bezug zum »Göttlichen« oder dem Gefühl seiner

Gegenwart. Er ist aus dem Eldarin-Stamm √NDU, »unten, nieder; hinabsteigen«, konstruiert; Q. *núme*, »niedergehen, Okzident«; *númen*, »die Richtung oder Region des Sonnenuntergangs« + *nóre*, »Land« als bewohntes Gebiet. Ich habe oft *Westernesse* als Übersetzung gebraucht. Dies leitet sich von dem seltenen mittelenglischen Wort *Westernesse* ab (mir nur aus dem MS. C von *King Horn* bekannt), wo die Bedeutung unklar ist, aber vielleicht als »westliche Lande« zu verstehen, im Unterschied zum Osten, wo die Paynim und Sarazenen wohnen. An meinen »Forschungen über Númenor« nahm Lewis keinen Anteil. N. ist meine persönliche Abwandlung des Mythos und/oder der Überlieferung von Atlantis, in Abstimmung auf meine allgemeine Mythologie. Von allen mythischen oder »archetypischen« Vorstellungen ist diese in meiner Phantasie am tiefsten eingepflanzt, und über viele Jahre hin hatte ich einen wiederholt auftretenden Atlantis-Traum: eine gewaltige und unentrinnbare Welle, die übers Meer oder über Land hereinbrach, manchmal dunkel, manchmal grün und sonnenbeschienen.

Auf Lewis hatte, glaube ich, das »Silmarillion und all das Zeugs« Eindruck gemacht, und sicherlich sind ihm manche vagen Erinnerungen daran und manche Namen im Gedächtnis geblieben. Zum Beispiel denke ich mir, weil er es gehört hatte, bevor er *Out of the Silent Planet* schrieb oder daran dachte, daß *Eldil* ein Nachhall von *Eldar* ist; »*Tor und Tinidril*« in *Perelandra* sind gewiß ebenfalls ein Nachhall, denn *Tuor und Idril*, Earendils Eltern, sind Hauptfiguren in »The Fall of Gondolin«, der am frühesten geschriebenen unter den Sagen des Ersten Zeitalters. Aber seine eigene Mythologie (deren Ansätze, die nie ganz ausgeführt wurden) war ganz anders. Sie wurde jedenfalls entzweigebrochen, bevor sie kohärent werden konnte, durch den Kontakt mit C. S. Williams und seinem »Artus«-Zeugs – was zwischen *Perelandra* und *That Hideous Strength* geschah. Schade, meine ich. Aber ich stand und stehe nun einmal Williams Ideen völlig antipathisch gegenüber.

Ich kannte Charles Williams nur als Freund von C. S. L., den ich mit ihm zusammen oft traf, als er des Krieges wegen einen großen Teil seiner Zeit in Oxford verbrachte. Wir konnten uns gut leiden und redeten gern miteinander (meist im Scherz), aber auf tieferen (oder höheren) Ebenen hatten wir uns nichts zu sagen. Ich bezweifle, daß er von meinen damals schon vorliegenden Sachen irgend etwas gelesen hatte; ich hatte von ihm eine ganze Menge gelesen oder gehört, fand es mir aber vollkommen fremd und manchmal sehr zuwider, stellenweise lächerlich. (Dies ist vollkommen richtig als allgemeine Aussage, aber nicht als Kritik an Williams gemeint; vielmehr· ist es ein Vorweis der Grenzen meiner eigenen Sympathie. Und natürlich fand ich in einem so umfangreichen

Werk auch Zeilen, Passagen, Szenen und Gedanken, die mir beeindruk-
kend erschienen.) Ich blieb davon völlig unbewegt. Lewis war völlig aus
dem Häuschen.

Aber Lewis war ein sehr beeindruckbarer Mensch, und darin
bestärkte ihn noch seine Großmütigkeit und Fähigkeit zur Freundschaft.
Die unbezahlbare Schuld, in der ich bei ihm stehe, galt nicht einem
»Einfluß«, wie er gewöhnlich aufgefaßt wird, sondern der schieren
Ermutigung. Nur durch ihn kam ich überhaupt auf die Idee, daß mein
»Zeugs« etwas mehr als ein privates Hobby sein könnte. Ohne sein
Interesse und sein unaufhörliches Verlangen nach immer mehr hätte ich
den *H. der R.* nie zum Abschluß gebracht . . . . .

Ihnen und der T. S. A. meine besten Grüße. Wenn ich nicht für ein
paar Tage, zwischen zwei (Teilzeit-)Sekretärinnen auf mich allein gestellt
wäre, hätten Sie einen kürzeren, bündigeren und besser getippten Brief
bekommen.

Ihr ergebener
J. R. R. Tolkien

277 Aus einem Brief an Rayner Unwin   12. September 1965

[Im August 1965 hatte Ballantine Books die erste »autorisierte« amerikanische
Taschenbuch-Ausgabe des *Hobbit* herausgebracht, ohne Tolkiens Änderungen
in den Text aufzunehmen. Auf dem Umschlagbild sah man einen Löwen, zwei
Emus und einen Baum mit Knollenfrüchten. (Als das Buch im Februar darauf mit
dem revidierten Text neu aufgelegt wurde, war der Löwe unter gelbgrünem
Gras verschwunden.)]

Ich schrieb an [seinen amerikanischen Verlag] und äußerte (mit Mäßigung) mein Mißfallen an dem Umschlag für den *Hobbit* [die Ballantine-
Ausgabe]. Es war eine kurze, in Eile von Hand geschriebene Mitteilung,
ohne Kopie, besagte aber: Ich finde den Umschlag häßlich; sehe aber ein,
daß der Hauptzweck eines Taschenbuch-Umschlags der ist, Käufer
anzulocken, und ich nehme an, daß Sie besser beurteilen können als ich,
was in den USA attraktiv ist. Ich will daher keinen Streit über
Geschmacksfragen beginnen – (was hieß, obwohl ich das nicht sagte: die
abscheulichen Farben und die widerliche Schrift) – aber zu der Vignette
muß ich doch dies fragen: Was hat sie mit der Geschichte zu tun? Wo soll
das sein? Wieso der Löwe und die Emus? Und was ist das für ein Ding im
Vordergrund mit den rosa Knollen dran? Ich verstehe nicht, wie irgend-

wer, der die Geschichte gelesen hat (und ich hoffe, Sie sind einer), meinen konnte, ein solches Bild würde dem Autor gefallen.

Auf diese Punkte wurde nie eingegangen, und im letzten Brief [des Verlages] wurden sie ignoriert. Diese Leute scheinen Briefe überhaupt nicht zu lesen, oder sie haben die Taubheit gegen alles, was keine »positive Reaktion« ist, hoch kultiviert.

Mrs. ——— [eine Vertreterin des Taschenbuch-Verlags] hatte keine Zeit, mich zu besuchen. Sie rief mich an. Ich hatte ein längeres Gespräch mit ihr; aber sie schien mir undurchdringlich zu sein. Ich würde meinen, alles, was sie wollte, war mein Widerruf: Seien Sie ein lieber Junge und reagieren Sie positiv! Als ich noch einmal die obigen Einwände machte, hob sie die Stimme um mehrere Töne und schrie: »Aber der Mann hatte keine ZEIT, das Buch zu lesen!« (Als ob damit alles klar wäre. Ein Gespräch von wenigen Minuten mit dem »Mann« und ein Blick auf die Bilder in der amerikanischen Ausgabe hätten genügt.) In bezug auf die rosa Knollen sagte sie, wie zu einem vollkommen Begriffsstutzigen: »Sie sollen einen Weihnachtsbaum darstellen«. Warum darf so eine Frau frei herumlaufen? Allmählich komme ich mir vor wie im Irrenhaus. Vielleicht wissen Sie mit Ihrer größeren Erfahrung einen Ausweg aus dem verrückten Labyrinth. Ich möchte den *Gawain* und die *Pearl* fertigbekommen und am *Silmarillion* weitermachen, und ich meine, ich kann mich mit H[oughton] M[ifflin] oder Ballantine Books nicht mehr befassen. Würden Sie vorschlagen, daß ich nun ins Purdah gehe (um mit meiner schöpferischen Seele eins zu werden), dessen Schleier zu lüften nur noch Sie befugt wären – wenn Sie es für richtig halten?

278 Aus einem Brief an Clyde S. Kilby   20. Oktober 1965

Ich habe vor kurzem ein Exemplar von *Light on C. S. Lewis* erhalten. Ich hoffe, Sie haben es. Es ist interessant, denke ich, und wirft in der Tat ein bißchen Licht auf Lewis, obwohl ich es merkwürdig finde, wie sie alle einen der wesentlichen Züge seines Temperaments verfehlen. Barfield, der ihn am längsten gekannt hat.... kommt dem zentralen Punkt am nächsten. Leider muß ich dies so engimatisch lassen, weil ich im Moment nicht die Zeit habe, es näher auszuführen.[1]

279 Aus einem Brief an Michael George Tolkien
30. Oktober 1965

Ich halte es für unwahrscheinlich, daß wir aus Oxford wegziehen. Alles, wo man einen Blick aufs Meer hat, erweist sich als viel zu teuer, während das Bedienungsproblem (unsere größte Sorge) dort so schlimm ist wie hier, wenn nicht schlimmer. Ich »schwimme« nicht im Geld, aber weil ich weiterhin arbeite, habe ich (bisher) weiterhin etwa das gleiche Einkommen wie ein Lehrstuhlinhaber, was mir einen Spielraum über das hinaus läßt, was heutzutage meine Bedürfnisse sind. Hätte ich nicht dieses einzigartige Glück mit meinem »außerfachlichen« Werk gehabt, müßte ich mich jetzt mühsam mit einem schnell aufgezehrten Ruhestandsgeld von nicht der Hälfte, sondern eher ¼ des vollen Gehalts durchschlagen. Das literarische Kapital ist jedoch durch seinen Erzeuger nicht einlösbar. Wenn ein Autor etwas von seinen Rechten verkauft, so werden die Erträge (anders als bei jedem anderen Besitz) als Teil seines *Einkommens* für das Jahr eingeschätzt, und die Einkommensteuer und Sondersteuer streichen alles oder fast alles davon ein. Darum kann ich gewiß die *Tausende** nicht aufbringen, die heute für eine Wohnung oder ein Bungalow am Meer verlangt werden. Trotzdem, an der Einkommensfront läuft alles immer noch gut. Meine Kampagne in den USA ist gutgegangen. »Ace Books« sitzt ganz schön in der Patsche, und viele Institutionen haben alle ihre Produkte verbannt. Ihre Piraten-Ausgabe verkaufen sie ganz gut, aber nun kommt heraus, daß sie sehr schlecht und fehlerhaft gedruckt ist; und ich habe von dem Krach soviel Vort., daß ich erwarte, von meinem »autorisierten« Taschenbuch viel mehr Exemplare verkauft zu bekommen, als wenn es den Streit oder die Konkurrenz nicht gegeben hätte.

280 Aus einem Brief an Rayner Unwin   8. November 1965

Sir Gawain und *Pearl*
Ich nehme an, Sie machen sich allmählich Sorgen um diese . . . . . Es war ziemlich katastrophal, daß ich sie beiseite legen mußte, als ich sie noch ganz im Kopf hatte. Die Arbeit an der »Revision« des *Herrn der Ringe* hat mich einfach davon weggerissen, und jetzt finde ich die Arbeit an allem anderen lästig.

Ich finde das Auswählen der Anmerkungen, ihre Komprimierung und

* Ja, bis zu £ 15 000! Oder mehr!

die Einleitung schwierig. Zuviel zu sagen, und der Zielrichtung bin ich nicht sicher. Das wichtigste Ziel ist natürlich das breite Publikum mit literarischem Interesse, aber ohne Kenntnis des Mittelenglischen; doch ist nicht zu bezweifeln, daß das Buch auch von Studenten gelesen werden wird und von akademischem Volk in den »English Departments«. Von den letzteren tragen manche die Pistolen lose im Halfter.

Ich muß natürlich und mußte eine Unmenge editorischer Arbeit leisten, von der man nichts sieht, um zu einer Übersetzung zu kommen; und habe, denke ich, wichtige Entdeckungen in bezug auf manche Worte und manche Passagen gemacht (so wichtig, wie etwas in der kleinen Welt des Mittelenglischen eben sein kann). Die Darstellung dieser Punkte muß natürlich bis zu Veröffentlichungen in den Fachzeitschriften warten; aber in der Zwischenzeit halte ich es für wünschenswert, diejenigen, die die Originaltexte besitzen, darauf hinzuweisen, wo und wie meine Lesarten sich von den herkömmlichen unterscheiden.

Könnten Sie mir wohl sagen, wieviele Seiten mir über diejenigen hinaus, die die beiden Texte einnehmen, eingeräumt werden können? Ich kann dann meine Zutaten danach zurechtschneiden.

281 Aus einem Brief an Rayner Unwin   15. Dezember 1965

[Betrifft die Vorbereitungen zu einer britischen Taschenbuch-Ausgabe des *Hobbit*.]

Der U[nwin Books]-Umschlag [für den *Hobbit*]. Ich kann mich nicht erinnern, wann diese Grobskizze zu Smaugs Tod[1] gezeichnet wurde; aber ich glaube, es muß vor der Erstveröffentlichung gewesen sein, und 1936 muß der Sache nahe kommen. Die Entscheidung lasse ich in Ihren Händen, aber ich bin über die Verwendung dieser Kritzelei als Umschlag trotzdem nicht sehr glücklich. Sie scheint mir zu sehr in die moderne Richtung zu gehen, in der man, wenn man zeichnen kann, versucht, es zu verbergen. Aber vielleicht gibt es doch noch einen Unterschied zwischen deren Produkten und dem eines Mannes, der offenbar nicht zeichnen kann, was er sieht.

Die Klappentexte. Ich habe das über den vorgeschlagenen Text für U[nwin] Books in aller Eile geschrieben. Ich möchte den Verfasser nicht kränken, der es offenbar mit mir und dem Buch gut gemeint hat; aber ich hoffe, Sie werden mir zustimmen, wenn Sie Zeit haben, es zu bedenken, daß es so nicht geht. Abgesehen von dem unglücklichen Stil, wird auch die Geschichte falsch dargestellt und die Art, wie sie erzählt wird. Wenn man die »Magie« nicht zunichte machen will, sollte man zwischen den Deckeln einer wundersamen Erzählung NIEMALS so reden. Die Hobbit-Saga wird als *vera historia* dargeboten, mit viel Sorgfalt (was sich als sehr wirksam erwiesen hat). In diesem Rahmen kann die Frage, »Sind Sie ein Hobbit?« nur mit »nein« beantwortet werden, oder mit »ja«, je nach Geburt. Niemand ist ein »Hobbit«, weil er ein ruhiges Leben und reichliche Mahlzeiten schätzt; schon gar nicht, weil er ein latentes Bedürfnis nach Abenteuern hat. Die Hobbits waren von einem Schlag, dessen wichtigstes körperliches Kennzeichen der Wuchs war; und das Hauptmerkmal ihres Temperaments war das fast gänzliche Erloschensein jedes versteckten »Funkens«; nur etwa ein Promille hatte eine Spur davon. Bilbo wurde dank Gandalfs Einsicht und Autorität als ein *abnormer* Hobbit ausgewählt: Er hatte einiges an Hobbit-Tugenden: Verstand, Großmut, Geduld, Charakterstärke und auch einen starken, noch nicht angefachten »Funken«. Die Geschichte und ihre Fortsetzung handeln nicht von »Typen« oder der Heilung von bourgeoiser Selbstgefälligkeit durch ausgeweitete Erfahrung, sondern von den Leistungen besonders begabter und begnadeter Individuen. Ich würde sagen, wenn man, indem man so etwas sagt, nicht verderben würde, was man explizit machen will, »von geweihten Personen, die von einem Sendboten inspiriert und zu Zwecken angeleitet werden, die über ihre persönliche Erziehung und Erweiterung hinausreichen«. Im *Herrn der Ringe* ist das klar; aber auch im *Hobbit* ist es, wenngleich verschleiert, von Anfang an da, und in Gandalfs letzten Worten wird darauf angespielt.[2]

Ich meine natürlich nicht, daß etwas dergleichen im Klappentext stehen sollte. Der Himmel sei davor! Aber ich meine allerdings, er sollte keine Worte enthalten, die damit nicht zu vereinbaren sind und die ganz an der Sache vorbeigehen . . . . .

Meine allerbesten Wünsche zu Weihnachten und zum Neuen Jahr. Meinen Sie nicht, Sie könnten das neue Jahr damit beginnen, daß Sie den *Professor* weglassen? Ich gehöre einer Generation an, in der man die Vornamen außerhalb der Familie nicht gebrauchte, sondern sie geheimhielt, wie bei den Zwergen, und selbst für enge Freunde die Nachnamen (oder deren Verdrehung), Spitznamen oder (gelegentlich) Vornamen gebrauchte, die ihnen nicht eigneten. Sogar C. S. Lewis redete mich nie mit einem Vornamen an (noch ich ihn). Darum werde ich mich mit dem Nachnamen zufrieden geben. Ich wollte, ich könnte den »Professor« ganz loswerden, jedenfalls dann, wenn ich nicht gerade etwas Fachliches schreibe. Er schafft einen falschen Eindruck von »Gelahrtheit«, besonders in Zusammenhang mit »Folklore« und dergleichen. Er schafft auch einen wahrscheinlich richtigeren Eindruck von Pedanterie; aber es ist doch schade, wenn meine Pedanterie so plakatiert und herausgestrichen wird, daß die Leute sie auch da wittern, wo sie gar nicht vorhanden ist.

282 Aus einem Brief an Clyde S. Kilby 18. Dezember 1965

[Professor Kilby vom Wheaton College in Illinois hatte Tolkien 1964 während eines Besuchs in Oxford kennengelernt. Er bot nun an, nach England zurückzukehren und Tolkien in jeder Weise zu helfen, die nützlich sein könnte, um ihm die Fertigstellung des *Silmarillion* zu erleichtern.]

Ich hatte nie viel Zutrauen in die eigene Arbeit, und auch jetzt, wo man mir versichert (immer noch sehr zu meiner dankbaren Überraschung), daß sie für andere Menschen einen Wert habe, fühle ich mich verschüchtert, sträube mich sozusagen, meine Phantasiewelt den möglicherweise geringschätzigen Augen und Ohren preiszugeben. Ohne die Ermutigung durch C. S. L. hätte ich wohl nie den *Herrn der Ringe* zum Abschluß oder zur Veröffentlichung gebracht. Das *Silmarillion* nun ist ganz anders, und wenn es überhaupt etwas taugt, dann auf eine ganz andere Weise; & ich weiß eigentlich gar nicht, was ich davon halten soll. Es fing im Krankenhaus und während eines Krankheitsurlaubs (1916/17) an, hat mich seither begleitet und befindet sich nun in einem verworrenen Zustand, weil es in Abständen von damals bis heute immer wieder geändert, erweitert und bearbeitet worden ist. Mit dem Beistand eines zugleich verständnisvollen und doch kritischen Gelehrten, wie Sie es sind, meine ich, ich könnte manches davon publizierbar machen. Nötig wäre, daß man einen wirklich *anwesenden* Freund und Berater zur Seite hätte, also genau das, was Sie anbieten. Soweit ich sehen kann, werde ich bald frei sein, darauf zurückzukommen, und der Juni, Juli und August stehen zur Verfügung.

283 An Benjamin P. Indick

[Antwort auf den Brief eines Lesers.]

7. Januar 1966   76 Sandfield Road, Headington, Oxford

Lieber Mr. Indick,

vielen Dank für Ihren langen und interessanten Brief und Ihre Bemerkungen. Sie hätten eine viel ausführlichere Antwort verdient, aber ich hoffe, Sie werden mir verzeihen, weil ich sehr in Eile bin. Wenn ich überhaupt noch mehr solche Geschichten herausbringen soll, nach denen Sie fragen, dann geht das nur, indem ich es versäume, Briefe zu beantworten.

Ihr dankbarer

J. R. R. Tolkien

284 An W. H. Auden

[Auden schrieb Tolkien, daß er sich bereit erklärt habe, zusammen mit Peter H. Salus ein kleines Buch über ihn zu schreiben, für eine Reihe mit dem Titel *Christian Perspectives*; er hoffe, damit bei Tolkien nicht auf Ablehnung zu stoßen. Er erwähnte auch, daß er mit Salus eine Versammlung der New Yorker Tolkien Society besucht habe. Über diese Versammlung am 27. Dezember 1965 wurde im *New Yorker* vom 15. Januar 1966 berichtet, und ein Zitat aus diesem Bericht stand am 20. Januar im Londoner *Daily Telegraph*, der Zeitung, die Tolkien jeden Morgen las. Dem *Telegraph* zufolge hatte Auden der Gesellschaft gesagt:»Er [Tolkien] wohnt in einem gräßlichen Haus – ich kann Ihnen gar nicht sagen, wie furchtbar es ist –, mit gräßlichen Bildern an den Wänden.«]

23. Februar 1966   76 Sandfield Road, Headington, Oxford

Lieber Wystan,

auf Ihren Brief vom 28. Dezember hätte ich schon vor Wochen antworten sollen. Nichts ist langweiliger als die ausführliche Erklärung eigener Versäumnisse, darum will ich bloß sagen, daß ich seit Weihnachten über meine Kräfte hinaus in Anspruch genommen war, außerdem auch noch krank (meine Frau und ich sind schon im voraus von der Grippe-Epidemie hier betroffen gewesen) während der zweiten Januarhälfte.

Ich höre mit großem Bedauern, daß Sie die Verpflichtung eingegangen sind, ein Buch über mich zu schreiben. Es stößt in der Tat bei mir auf starke Ablehnung. Ich betrachte solche Dinge als verfrühte Unverschämtheiten; und wenn sie nicht von einem engen Freund oder mit Konsultation des Betroffenen (wofür ich gegenwärtig keine Zeit habe) unternommen werden, kann ich nicht glauben, daß sie einen Nutzen haben, der den Ärger und Widerwillen, die sie dem Opfer bereiten, rechtfertigen würden. Ich würde mir jedenfalls wünschen, daß jedes Buch warten könnte, bis ich das *Silmarillion* herausgebracht habe. Darin werde ich ständig unterbrochen – aber nichts ist störender als der jetzige Wirbel um »mich« und meine Geschichte.

Ihre Mitteilung über Ihren Besuch bei der New Yorker Tolkien Society hat mich interessiert. Ich habe noch einige andere Berichte darüber erhalten (auch kurze Auszüge in der Londoner Presse). Ich kann nicht behaupten, daß die (vielleicht entstellten) Berichte über Ihre oder Salus' Bemerkungen mich sehr gefreut hätten.

Darf ich in diesen Brief eine Mitteilung über Ace Books einfügen, denn ich habe mich verpflichtet, »meine Korrespondenten« über die Lage zu informieren. Sie schickten mir schließlich einen artigen Brief, und ich habe eine »freundschaftliche Vereinbarung« mit ihnen unterzeichnet, wonach ich ihr freiwilliges Angebot annehme, das sie mir ohne gesetzliche Verpflichtung machen: mir einen Autorenanteil von 4 Prozent für alle verkauften Exemplare ihrer Ausgabe zu zahlen und sie nicht nachzudrucken, wenn sie ausgeht (ohne meine Einwilligung). Die Hälfte davon, die nach den Steuerabzügen für mich übrig bleibt, wird mir willkommen sein, aber zu großem Reichtum komme ich dadurch noch nicht . . . . .

Es war sehr großzügig und freundlich von Ihnen, mir ein Exemplar von *About the House* zu schicken. Ich behaupte nicht, daß Ihre Schriften in mir (einem weniger großmütigen Menschen, als Sie es sind) die gleiche unmittelbare Reaktion erregen. Aber soviel kann ich berichten. Ich nahm das Buch mit (als ich mit meiner wieder genesenden Frau ans Meer fuhr). Ich nahm es mir eines Nachts zum Lesen, bevor ich ins warme Bett steigen wollte (etwa um Mitternacht). Um halb drei morgens stellte ich fest, daß ich, ein wenig frierend, immer noch nicht im Bett war, sondern las und las es noch einmal.

Immer Ihr
[Durchschlag ohne Unterschrift]

285 Aus einem Brief an W. H. Auden   8. April 1966

Wenn mein Brief an Sie vom 23. Februar ein bißchen spitz war, muß ich gestehen, dies war verursacht durch den Artikel im New Yorker, der anscheinend über die Versammlung der Tolkien Society in New York und über Ihre Bemerkungen über mich berichtete – um von Peter Salus' Unsinn (so wie dort berichtet) über die Gestalt von Mittelerde ganz zu schweigen. Für den Fall, daß es Ihnen entgangen ist, lege ich eine Kopie bei. Diese Bemerkungen, sofern korrekt wiedergegeben, scheinen mir so phantastisch weit am Ziel vorbei zu gehen, daß ich eine lange Korrespondenz mit Ihnen beginnen müßte, um Ihre Vorstellungen von mir für den Zweck hinreichend zu korrigieren. Es ist auch unglücklicherweise so, daß die Tagespresse mit ihrer üblichen Häme sich an Ihren Bemerkungen über mein Haus und die Bilder weidet. In den Berichten der englischen Zeitungen war dies der wichtigste Punkt, und meine Frau und ich wurden dadurch in gewissem Maß der Lächerlichkeit preisgegeben.

286 Aus einem Brief an A. E. Couchman   27. April 1966

[Das Folgende ist eine von vielen kurzen Antworten, die Tolkien in dieser Periode seines Lebens an Leser schickte, die Fragen zu seinen Büchern stellten. Die Knappheit, die nun charakteristisch wird, vergleiche man mit den langen Antworten aus den Jahren unmittelbar nach dem Erscheinen des *Herrn der Ringe*.]

Im mythologischen Hintergrund meiner Geschichten gibt es nichts, was man eigentlich als »Götter« bezeichnen könnte. Ihre Stelle nehmen die Personen ein, die als die Valar (oder Mächte) bezeichnet werden: engelhaft erschaffene Wesen, die als Regierung der Welt eingesetzt sind. Die Elben glaubten selbstverständlich an sie, weil sie mit ihnen zusammenlebten, aber dies alles zu erklären, würde mich einfach nur hindern, weiterzumachen, damit es in gebührender Form veröffentlicht wird.

287 Aus einem Brief an Joy Hill, Allen & Unwin 10. Mai 1966

[Tolkien stand immer noch im Oxforder Telefonbuch und wurde manchmal von »Fans« mit Anrufen belästigt.]

Vielen Dank für Ihre Anregungen hinsichtlich meiner Telefonnummer, die ich mir überlegen werde. Die Nummer aus dem Telefonbuch entfernen zu lassen, scheint mir besser als die Methode, deren sich Major W. H. Lewis bediente, um seinen Bruder zu schützen: Er nahm den Hörer ab und sagte: »Oxforder Kläranlage«, und das wiederholte er so lange, bis die Leute es aufgaben.

288 An Professor Norman Davis

[Die Englisch-Fakultät der Universität Oxford wünschte eine Büste Tolkiens zu erwerben, die seine Schwiegertochter Faith angefertigt hatte. Die Büste wurde in gebührender Form übergeben und steht nun in der Bibliothek der Englisch-Fakultät.]

10. Mai 1966   76 Sandfield Road, Headington, Oxford
Lieber Norman,

ich fühle mich sehr geehrt, und so auch meine Schwiegertochter (die Bildhauerin), durch den Wunsch der Fakultät, die Büste von mir in der Englischen Bibliothek irgendwo gut sichtbar aufzustellen – wenn Sie nach reiflicher Überlegung nicht meinen, daß eine Urne mit erzählerischen Motiven besser wäre. Ich werde mich sehr freuen, sie der Fakultät präsentieren zu dürfen.

Mir fällt ein, daß die Gipsbüste ziemlich zerbrechlich und sehr leicht zu beschädigen ist. Ich schlage daher vor, daß ich sie für die Präsentation in Bronze gießen lasse (auf meine Kosten). Ich habe schon mit der Bildhauerin darüber gesprochen, die weiß, wie so etwas gemacht wird. Einmal in Bronze, bliebe sie von allen ihr erwiesenen Ehren oder Unehren unberührt. Ich hänge auch oft meinen Hut auf die Büste des Zaren von Rußland, die er Merton huldvoll geschenkt hatte.

Immer Ihr
Ronald

289 Aus einem Brief an Michael George Tolkien   29. Juli 1966

Mirkwood ist keine Erfindung von mir, sondern ein sehr alter Name, schwer von sagenhaften Assoziationen. Wahrscheinlich war dies der urgermanische Name für die gebirgige Waldregion, die in alter Zeit eine Barriere im Süden der germanischen Ausbreitungsgebiete bildete. In manchen Überlieferungen wurde der Name besonders für die Grenze zwischen Goten und Hunnen gebräuchlich. Ich spreche jetzt nur aus dem Gedächtnis: Sein Alter scheint daraus hervorzugehen, daß es im Deutschen schon sehr früh (11. Jh.?) als *mirkiwidu* auftritt, obwohl der **merkw-*Stamm, »dunkel«, sich sonst im Deutschen überhaupt nirgends findet (nur im Altengl., Altsächs. und Altnord.) und der Stamm **widu->witu* im Deutschen (glaube ich) auf die Bedeutung »Holz, Balken« beschränkt blieb, was nicht sehr verbreitet war und sich nicht bis ins mod. Dt. gehalten hat. Im Altengl. hat *mirce* sich nur in der Versdichtung gehalten, in der Bedeutung »dark« oder besser »gloomy« [»düster«], nur in *Beowulf* 1405 *ofer myrcan mor*: anderswo mit der Bedeutung »murky« >böse, höllisch. Ich glaube, es war niemals ein reines »Farb«-Wort: »schwarz«, sondern von Anfang an mit der Bedeutung »düster« aufgeladen.....

Es schien mir ein zu glücklicher Umstand zu sein, daß Mirkwood in modernem Englisch immer noch verständlich ist (mit dem genau richtigen Ton), um darüber hinwegzugehen: ob *mirk* nun ein altnordisches Lehnwort oder eine Auffrischung des veraltenden altengl. Wortes ist.

290 Aus einem Brief an Michael George Tolkien
28. Oktober 1966

[Tolkiens Enkel war nun graduierter Student in Oxford.]

Es interessiert mich zu hören, was Du über Deine Arbeit sagst und über Deine Ideen über »Forschung« in bezug auf moderne Literatur. Ich selbst bin und war immer skeptisch gegen jederlei »Forschung« als Teil der Beschäftigung oder Ausbildung jüngerer Leute in den Sprach- und Literatur-Fakultäten. Es gibt zunächst einmal so viel zu *lernen*. Oft wird sie den Studenten nach dem ersten Examen aufgedrängt, weil sie auf den großen Zug der Wissenschaft (oder einen kleinen Anhänger davon) mit aufspringen und dadurch auch ein bißchen von dem Prestige *und* Geld ergattern wollen, das »die Souveräne und Mächte und Regenten dieser Welt« über die heilige Kuh (wie ein Autor, selber Wissenschaftler, es genannt hat) und ihre Altardiener ausschütten. Aber viele von denen, die sich den Künsten hingeben, wünschen sich privat nichts mehr als eine Gelegenheit, mehr zu lesen.

Ganz zu Recht. Denn es gibt ein Klimakterium, jedenfalls bei Menschen unserer N.-W.-Rasse, das etwa Mitte zwanzig auftritt und vor dem erworbenes Wissen behalten (und verarbeitet) wird; was nachher kommt, wird rasch und zunehmend verflüchtigt. Ich würde mir den Wechsel zu einem B[achelor of] Phil. ernsthaft überlegen, wenn er Fächer vorsieht, die Dir liegen. (Das wurde erst nach meiner Zeit eingeführt, darum weiß ich nicht, obwohl ich für etwas dergleichen eingetreten bin, wie das heute geregelt ist. Nach 40 Jahren, in denen ich zugleich Sklave und Verfasser solcher Regeln gewesen bin, kann ich Universitätsstatuten oder Lehrpläne heute nicht mehr ohne ein Gefühl von Übelkeit betrachten.)

Ich hatte Dich auf meinen Vortrag am Mittwochabend nicht aufmerksam gemacht. Ich dachte, Du hättest zuviel zu tun. Ich habe eigentlich keinen Vortrag gehalten, sondern eine Geschichte vorgelesen, die ich erst vor kurzem geschrieben habe und die noch nicht veröffentlicht ist; und die kannst Du lesen, wenn Du mal Zeit hast: *Smith of Wootton Major*: wenn ich sie Dir nicht schon aufgedrängt habe. Obwohl der Titel sich anhören soll wie ein früher Woodhouse [sic!] oder eine Geschichte im B[oys'] O[wn] P[aper], ist es natürlich nichts dergleichen.

Der Abend erstaunte mich sehr, und auch die Veranstalter der Vortragsreihe: der Prior von Blackfriars und der Herr von Pusey House. Es war ein übler regnerischer Abend. Aber eine solche Menge strömte in das Kloster, daß das Refektorium (eine lange Halle, so lang wie eine Kirche) ausgeräumt werden mußte und gar nicht alle fassen konnte. In aller Eile mußten Vorkehrungen getroffen werden, damit Durchgänge nach draußen frei blieben. Man sagt mir, über 800 Leute hätten Einlaß erhalten. Es wurde sehr heiß, und ich glaube, es war besser, daß Du nicht da warst.

291 An Walter Hooper

[Hooper hatte Tolkien einen neuen Band der Schriften von Lewis geschickt, den er ediert hatte.]

22. November 1966   76 Sandfield Road, Headington, Oxford
Mein lieber Hooper,
    herzlichen Dank für das Exemplar von *Of Other Worlds*. Ich habe es mit großem Interesse gelesen, besonders die Sachen, die ich noch nicht kannte.

Mit den besten Wünschen
Ihr ergebener
J. R. R. Tolkien

Zu kurz. Aber ich bin so eingedeckt. Mir fiel auf, zum ersten Mal bewußt, wie dualistisch Lewis' Geist und Phantasie [waren], obwohl er dies als Philosoph mit seiner Vernunft völlig ablehnte. Darum das Wortspiel Hierarchy/Lowerarchy. Und die »Miserific Vision« ist rational natürlich Unsinn, um nicht zu sagen, theologisch blasphemisch.

292 An Joy Hill, Allen & Unwin

[Tolkien hatte Angaben über eine vorgeschlagene »Fortsetzung« zum *Herrn der Ringe* bekommen, die ein »Fan« selber schreiben wollte.]

12. Dezember 1966   76 Sandfield Road, Headington, Oxford
Liebe Miss Hill,
    ich schicke Ihnen die anliegende impertinente Vermehrung meiner Sorgen. Ich weiß nicht, wie der juristische Sachverhalt ist, ich vermute, daß man kein Eigentum an erfundenen Eigennamen geltend machen kann, so daß man juristisch diesen jungen Esel nicht hindern könnte, seine Fortsetzung zu veröffentlichen, sofern er einen sei es achtbaren, sei es verrufenen Verlag findet, der bereit ist, solchen Mist anzunehmen.
    Ich habe ihn nur davon unterrichtet, daß ich seinen Brief und die Proben an Sie weitergeleitet habe. Ich denke, daß ein passender Brief von Allen & Unwin wirksamer sein könnte als einer von mir. Ich hatte schon einmal ein ähnliches Angebot, in den unterwürfigsten Ausdrücken, von

einer jungen Frau, und als ich verneinend antwortete, bekam ich einen Brief mit heftigen Beschimpfungen.

Mit den besten Wünschen
Ihr ergebener
J. R. R. Tolkien

293 Aus einem Brief an William Foster 29. Dezember 1966

[Foster hatte angefragt, ob er Tolkien für den *Scotsman* interviewen dürfe.]

Danke für Ihr Interesse an mir. Ich habe jedoch in diesem Jahr übermäßig viele Besuche und Interviews gehabt. Ich fand keines davon erfreulich, fast alle reine Zeitverschwendung, sogar unter dem Gesichtspunkt des Absatzes. Aber Ihr Ersuchen ist, wie ich zugebe, wahrscheinlich beachtenswert. *The Scotsman* ist eine hochangesehene Zeitung, und Sie sind sicherlich beschlagener als mancher von den Journalisten, die von der Londoner Presse auf mich losgelassen wurden. Meine Zeit ist jedoch jetzt fürchterlich knapp, und ich habe mit Zustimmung meines Verlags beschlossen, unter keinen Umständen mehr Interviews zu geben, bis ich ein weiteres Buch herausgebracht habe.[1]

294 An Charlotte und Denis Plimmer

[Die Plimmers hatten Tolkien kurz zuvor für das *Daily Telegraph Magazine* interviewt und hatten ihm nun einen Entwurf ihres Artikels geschickt, dessen endgültige Fassung in der Nummer vom 22. März 1968 erschien.]

8. Februar 1967   76 Sandfield Road, Headington, Oxford
Liebe Mr. und Mrs. Plimmer,

danke für die Freundlichkeit, mir eine Kopie des ersten Entwurfs zu Ihrem Artikel zu schicken. Es ist deutlich, daß ich Ihnen während des Interviews manche Schwierigkeiten bereitet habe: durch mein schnelles Sprechen (das angeboren und unheilbar ist), mein unhöfliches Herumlaufen und die Benutzung der Pfeife. Keine dieser Unhöflichkeiten war beabsichtigt. Ich leide an Arthritis, und vom langen Sitzen bekomme ich Schmerzen in den Knien. Es ist immerhin eine Erleichterung, wenn ich beim Interview stehen kann. Ich sollte bei diesen Anlässen nicht rauchen, fand aber das Interviewtwerden

485

zunehmend unerfreulich und ablenkend und brauche daher etwas, das mich beruhigt.

Die Kopie kam an diese Adresse einen Tag, bevor ich wieder zu meiner englischen Arbeit zu kommen hoffte; nun habe ich Zeit gefunden, sie näher anzusehen. Es gibt ein oder zwei Punkte, die ich lieber geändert sehen würde, und ein paar Ungenauigkeiten und Mißverständnisse, die sich zweifellos zum Teil durch mein eigenes Verschulden in den Text eingeschlichen haben. Unter meinen von Ihnen nicht erwähnten Eigenschaften ist die Tatsache, daß ich ein Pedant bin, der es auch mit Dingen, die anderen unwichtig erscheinen mögen, genau nimmt. Ich habe noch nicht Zeit gehabt, diese Punkte klar und leserlich festzuhalten, und ich hoffe, daß die Überarbeitung und Kürzung Ihres Artikels noch einen Tag oder zwei warten kann. Ich werde versuchen, sie rechtzeitig abzuschicken, so daß sie bis Freitag bei Ihnen sind.

In einer Hinsicht fürchte ich Sie enttäuschen zu müssen. Ich erfahre, daß der *Weekend Telegraph* Ihren Artikel mit einer Reihe Bilder zu illustrieren wünscht, die von mir bei der Arbeit und zu Hause aufgenommen werden sollen. Unter keinen Umständen bin ich bereit, mich noch einmal für einen solchen Zweck fotografieren zu lassen. Ich sehe in allen solchen Verletzungen meiner Privatsphäre eine Unverschämtheit und kann dafür keine Zeit mehr erübrigen. Der Ärger, den es mir verursacht, breitet seinen Einfluß über eine viel längere Zeit aus, als die Störung selbst in Anspruch nimmt. Meine Arbeit erfordert Konzentration und innere Ruhe.

Ihr ergebener

J. R. R. Tolkien

[Das Folgende sind Auszüge aus Tolkiens Kommentar, den er Charlotte und Denis Plimmer zu dem Text-Entwurf ihres Interviews mit ihm schickte. Die kursiv gedruckten Stellen sind Zitate aus ihrem Entwurf.]

die vollgestopfte Garage, die ihm als Arbeitszimmer dient

Darf ich dazu sagen, daß sie kein »Arbeitszimmer« ist, es sei denn im häuslichen Slang: in glücklicheren Tagen hatte ich eines. Dies war eine hastig gefundene Notlösung, als ich mein Zimmer im College räumen und einen Speicher für dasjenige haben mußte, was ich von meiner Bibliothek bewahren konnte. Die meisten wertvollen Bücher sind seither entfernt worden, und der wichtigste Inhalt sind nun die Reihen mit geordneten Akten, um die sich meine Teilzeit-Sekretärin kümmert. Sie ist die einzige ständige Benutzerin des Raumes. Ich habe nie etwas Literarisches darin geschrieben.....

Mein jetziges Haus und seine Lage wurden mir durch Notwendigkeiten aufgedrungen; selbst von den Möbeln bereiten nur wenige mir irgendwelche Freude. Ich sitze in akutem Unbehagen hier fest; aber an das Herausgerissenwerden durch einen Umzug und die Neuordnung meiner Bestände ist nicht zu denken, bis ich die Arbeit abgeschlossen habe, zu der ich mich verpflichtete. Wenn und sofern ich das schaffe und dann noch bei Gesundheit bin, dann hoffe ich weit wegzuziehen, mit einer Adresse, die in keinem Telephonbuch oder Nachschlagewerk steht.

Wenn Sie sich fragen, warum ich Sie, zwei nette und höfliche Menschen, in einem solchen Loch empfangen habe, muß ich sagen, daß mein Haus kein Empfangszimmer hat außer dem Wohnzimmer meiner Frau, das mit ihren persönlichen Habseligkeiten ausgefüllt ist. Dieses wurde verächtlich im *New Yorker* beschrieben (von einem Besucher[1]), und wir mußten beide das Gespött (oder schlimmer: die Bemitleidung) ertragen, als dies in den Londoner Zeitungen zitiert wurde. Seitdem weigert sich meine Frau, außer persönlichen Freunden irgendwen in das Zimmer zu lassen. Ich selbst habe nicht vor, irgendwen (und schon gar keinen Fotografen) in den »bedsitter« zu lassen, wo ich, in Gesellschaft der Bücher, die ich wirklich benutze, und der Akten mit unveröffentlichtem Material, die meisten Tage, wenn ich zu Hause bin, verbringe und schreibe, wenn man mir Zeit läßt.

Tolkien, groß und von kräftigem Körperbau
Ich bin tatsächlich nicht groß und auch nicht kräftig gebaut. Ich messe jetzt 5 Fuß 8 ½ [1,74 m] und bin sehr leicht gebaut, mit auffällig kleinen Händen. Die meiste Zeit meines Lebens war ich sehr dünn und untergewichtig. Seit ich die Sechzig überschritten habe, bin ich »rundlich« geworden. Das ist bei Männern, die sich früher durch Sport und Schwimmen Bewegung verschafften, nichts Ungewöhnliches, wenn die Gelegenheiten dazu aufhören.

Tolkien gab einigen von seinen Oxforder Freunden den Hobbit *zu lesen. Eine, die Mutter Oberin einer Mädchen-Herberge, lieh es einer Studentin, Susan Dagnall....*
Die Ehrw. Mutter war die Oberin eines Klosters (des Ordens vom Heiligen Kind) in Cherwell Edge, das unter anderem auch ein Wohnheim für Studentinnen führte. Aber die Geschichte, so wie ich sie kenne, ging so: Miss M. E. Griffiths (heute eines der leitenden Mitglieder der

Englisch-Fakultät) begann ihre Arbeit als Tutorin in englischer Sprachwissenschaft; sie war eine Schülerin von mir gewesen und war mit meiner Familie befreundet. Ihr lieh ich das Typoskript des *Hobbit*. Sie lieh es Susan Dagnall, einer Schülerin von ihr, die in dem Heim wohnte.[2] Susan lieh es der Ehrw. Mutter, zur Unterhaltung während der Erholung von einer Grippe. Ob sie sich dabei gut unterhalten hat oder nicht, habe ich nie erfahren, darum ist sie auf der Reise des MS. nur ein Nebengleis. Beidemal, sowohl an Susan wie an die Ehrw. Mutter, wurde das MS. ohne meine Erlaubnis verliehen[3] – ich fand es nicht wichtig –, aber damit wurden die Grundlagen für mein Glück geschaffen, denn es brachte mich mit Allen & Unwin in Verbindung. In wichtigen Augenblicken habe ich immer unverdient viel Glück gehabt. Es ist traurig, daß Miss Dagnall, der ich schließlich so viel verdanke, bei einem Autounfall, glaube ich, nicht lange nach ihrer Hochzeit ums Leben kam.

[Das Silmarillion] *wurde abgelehnt* [von Allen & Unwin], *weil es zu dunkel und keltisch sei.*

Die Lektoren von A & U hatten völlig recht, es abzulehnen, nicht (hoffe ich), weil es, wie sie sagten, »zu dunkel und keltisch für moderne Angelsachsen« war, denn diesen fälschlich so beschriebenen Charakter behält es, wie auch vieles vom *Herrn der Ringe*; sondern weil es umgeschrieben und weiter durchdacht werden mußte. Das meiste davon waren sehr frühe Arbeiten, die bis 1916 und in den Anfängen noch weiter zurückreichten.

Mittelerde wuchs aus Tolkiens Vorliebe für das Schaffen von Sprachen hervor....
Bei diesem Eingehen auf das »Erfinden von Sprachen« ist, denke ich, etwas durcheinander geraten. Meine Schuld, weil ich zu flüchtig komplexe Fragen und persönliche Theorien zur Sprache gebracht habe, auf die man besser nicht eingeht, es sei denn ausführlicher, als es für einen solchen Artikel passend (oder interessant) wäre. Denn die Sache gehört nicht wirklich hierher: Das Sichamüsieren mit selbsterfundenen Sprachen ist unter Kindern sehr verbreitet (ich habe einmal einen Aufsatz darüber geschrieben, mit dem Titel *A Secret Vice*), so daß ich in dieser Hinsicht nicht ungewöhnlich bin. Der Prozeß setzt sich manchmal im Leben der Erwachsenen fort, wird dann aber gewöhnlich geheimgehalten; allerdings habe ich von Fällen gehört, wo eine Sprache dieser Art*

---

* Das heißt, einer, bei der das Erfinden einer Sprache zum Vergnügen das Hauptmotiv war. Ich befasse mich nicht mit Slangs, Zunftsprachen, Verbrecher-Argot, Rotwelsch und dergleichen.

von einer Gruppe benutzt wurde (z. B. bei einem pseudoreligiösen Ritual).

In Ihrem Absatz fehlt hier ein Bindeglied, das (denke ich) für diesen Zweck wichtiger ist als das, was ich über das »Erfinden« sagte oder hätte sagen sollen. Nämlich: wie hat das Spracherfinden zu der imaginären Geschichte geführt? Ich denke, die Passage wäre verständlicher, wenn sie ungefähr so lautete: »Die imaginären Geschichten wuchsen aus Tolkiens Vorliebe für das Erfinden von Sprachen hervor. Wie auch andere, die eine solche Erfindung bis zu einer gewissen Vollständigkeit durchführen, entdeckte er, daß eine Sprache eine ihr gemäße Umgebung und eine Geschichte erfordert, in der sie sich entwickeln kann.«

»Wenn man eine Sprache erfindet«, sagte er, »greift man sie mehr oder weniger aus der Luft. Man sagt Buu-huh, und schon hat es etwas zu bedeuten.«
Ich weiß natürlich nicht mehr genau, was ich da gesagt habe, aber so, wie es hier steht, kommt es mir verwackelt vor; denn ich halte es für unwahrscheinlich, daß ich absichtlich etwas gesagt haben sollte, was meinen reiflich überlegten Meinungen zuwiderläuft. Ich meine *nicht*, daß ein Erfinder Geräusche aus der Luft greift. Wenn ich es gesagt habe, muß es ein Gesprächs-»Kürzel« gewesen sein, möglicherweise aus dem Moment heraus verständlich, aber nicht in kaltem Schwarz-auf-Weiß – es hieße, daß er eine gegliederte Lautgruppe *zufällig* ausspricht (soviel er weiß); aber natürlich kommt sie aus seiner sprachlichen Ausstattung und ist durch unzählige Fäden mit anderen ähnlich klingenden »Wörtern« in seiner eigenen Sprache und anderen, die er etwa kennt, verbunden. Auch dann würde Buu-huh, wenn er es sagt, noch nichts bedeuten. Kein Stimmlaut hat eine Bedeutung an sich. Sie muß ihm vom menschlichen Geist erst zugeteilt werden.* Dies kann unabsichtlich geschehen, oft durch zufällige (nichtsprachliche) Assoziationen; oder aufgrund eines Gefühls für die »phonetische Paßform« und/oder Vorlieben des Individuums für bestimmte phonetische Elemente oder Kombinationen. Das letztere tritt naturgemäß in den erfundenen Privatsprachen am deutlich-

---

* Mein Wort *Hobbit* ist so ein Fall. Man sieht daran, wie diese Zuteilung eine Eigenheit eines Individuums sein kann (die für den Verursacher des »Geräuschs« oft dunkel und für andere nicht erkennbar ist). Wenn ich Buu-huh eine Bedeutung geben würde, würde ich mich in diesem Fall nicht von den Wörtern in vielen anderen europäischen Sprachen, die *bū* enthalten, beeinflussen lassen, sondern von einer (vor vielen Jahren gelesenen) Geschichte Lord Dunsanys über zwei im gleichen Tempel eingeschreinte Idole: Chu-Bu und Sheemish. Wenn ich für Buu-huh überhaupt Verwendung hätte, dann als Name für einen lächerlichen, dicken Wichtigtuer, mythologisch oder menschlich.

sten hervor, denn es ist ja einer ihrer Hauptzwecke, ob vorsätzlich oder unbewußt, diese Vorlieben zu betätigen. Diese Vorlieben, in denen sich der angeborene Sprachgeschmack eines einzelnen ausdrückt, habe ich seine »angeborene Sprache« genannt; »angeborenes Sprachpotential« wäre allerdings genauer gewesen, denn es wird selten auch nur insofern wirksam, daß es seine »zuerst erlernte« Sprache modifizierte, die seiner Eltern und seines Heimatlandes.

Mittelerde.... entspricht spirituell dem nordischen Europa.

Nicht *nordisch*, bitte! Ein Wort, das ich persönlich verabscheue; es ist trotz seiner französischen Herkunft mit rassistischen Theorien verknüpft. Geographisch *nördlich* ist gewöhnlich besser. Aber bei näherer Betrachtung sieht man, daß auch dies (geographisch oder spirituell) auf »Mittelerde« nicht anwendbar ist. Der Name ist ein altes Wort, nicht von mir erfunden, wie aus einem Wörterbuch, etwa dem *Shorter Oxford*, zu ersehen ist. Er bezeichnete die bewohnbaren Länder unserer Welt inmitten des sie umgebenden Ozeans. Die Handlung der Geschichte spielt im Nordwesten von »Mittelerde«, was in den Breitengraden etwa den Küstengebieten Europas und den Nordufern des Mittelmeers entspräche. Dies aber ist in keinem Sinne ein rein »nordisches« Gebiet. Wenn Hobbingen und Bruchtal (wie beabsichtigt) etwa auf der Breite von Oxford liegen, dann läge Minas Tirith, 600 Meilen südlich, etwa auf der Breite von Florenz. Die Mündungen des Anduin und die alte Stadt Pelargir befinden sich etwa auf der Breite des alten Troja.

Auden hat behauptet, für mich sei »der Norden die heilige Richtung«. Das stimmt nicht. Dem Nordwesten Europas, wo ich (wie die meisten meiner Vorfahren) gelebt habe, gehört meine Zuneigung, wie sie der Heimat eines Menschen gehören sollte. Ich liebe seine Atmosphäre, und über seine Geschichten und Sprachen weiß ich mehr als über die anderer Gegenden; aber deshalb ist er nicht »heilig«, und meine Neigungen gelten ihm auch nicht ausschließlich. Ich habe zum Beispiel eine besondere Liebe zur lateinischen Sprache und, unter ihren Abkömmlingen, zum Spanischen. Daß es auch für meine Geschichte nicht stimmt, sollte schon die Lektüre der Zusammenfassungen zeigen. Im Norden standen die Festungen des Teufels. Der Fortgang der Geschichte führt zu einem Ende, das mit der Wiederherstellung eines Heiligen Römischen Reiches mit dem Sitz in Rom viel mehr Ähnlichkeit hat als mit irgend etwas, das sich ein »nordischer« Autor ausgedacht haben könnte.

490

[Über C. S. Lewis' Kommentare zum *Herrn der Ringe*:] *»Wenn er sagte, ›das kannst du doch besser machen. Besser, Tolkien, bitte!‹ dann versuchte ich's. Ich setzte mich hin und schrieb den Abschnitt noch mal und noch mal. So war es bei der Szene, die, denke ich, die beste in dem Buch ist, der Konfrontation zwischen Gandalf und seinem Rivalen, dem Zauberer Saruman, in der verwüsteten Stadt Isengard.«*

Ich denke nicht, daß die Saruman-Passage »die beste in dem Buch« ist. Sie ist viel besser als in der ersten Fassung, das ist alles. Ich habe die Passage erwähnt, weil sie tatsächlich eine der sehr wenigen Stellen ist, wo ich schließlich L.'s detaillierte Kritik nützlich und berechtigt fand. Ich habe manche Passagen mit munterem Hobbit-Geplauder gestrichen, die er ermüdend fand, weil ich dachte, den meisten anderen Lesern (wenn ich je welche hätte) würde es dann wohl genauso gehen wie ihm. Ich denke nicht, daß der Ausgang ihm recht gegeben hat. Um die Wahrheit zu sagen, die Hobbits mochte er eigentlich nie sonderlich, am wenigsten Merry und Pippin. Aber sehr viele Leser mögen sie und hätten gern noch mehr von ihnen. (Wenn es von Interesse ist, die Passagen, die mich heute am meisten bewegen – sie wurden vor so langer Zeit geschrieben, daß ich sie nun lese, als wären sie von jemand anderem geschrieben –, sind das Ende des Lothlórien-Kapitels (I, 365–7 [dt. 455–7] und die Hörner der Rohirrim beim Hahnenschrei.)

Seine Vorliebe für nordische Sprachen rührt von der Tatsache her, daß er deutsche Vorfahren hatte, die vor zwei Jahrhunderten nach England eingewandert sind.

Das ist das Gegenteil der Wahrheit. Nicht »nordisch«: das ist kein linguistischer Begriff. »Germanisch« ist der gebräuchliche Ausdruck für das anscheinend Gemeinte. Aber meine Neigung zu den germanischen Sprachen hat keinen erkennbaren Zusammenhang mit der Geschichte meines Nachnamens. Nach 150 (jetzt 200) Jahren waren mein Vater und seine unmittelbaren Verwandten überaus »britisch«. Weder unter ihnen noch unter anderen Trägern des Namens, die mir seither begegnet sind, habe ich jemanden gefunden, der irgendein sprachliches Interesse oder auch nur Kenntnis von modernem Deutsch verriet. Mein Interesse an Sprachen kam ausschließlich von meiner Mutter her, einer Suffield (einer Familie, die aus Evesham in Worcestershire stammt). Sie konnte Deutsch und gab mir darin den ersten Unterricht. Sie interessierte sich auch für Etymologie und weckte mein Interesse daran, ebenso an Alphabeten und schönen Handschriften. Mein Vater starb in Südafrika 1896. Sie starb 1904. Zwei Jahre vor ihrem Tod hatte ich allein dank ihrem Unterricht* eine Freistelle an der King Edward VI School in Birmingham erlangt.

Dante . . . . reizt mich nicht. Er ist voller Tücke und Gehässigkeit. Seine kleinlichen Verhältnisse mit kleinlichen Menschen in kleinlichen Städten sind mir egal.
Mein Ausbruch gegen Dante war allzu unbändig. Ich träume nicht ernstlich davon, an Dante gemessen zu werden, einem erhabenen Dichter. Zu einer Zeit haben Lewis und ich uns öfter Dante vorgelesen. Ich war eine Zeitlang Mitglied der Oxforder Dante-Gesellschaft (ich glaube, auf Vorschlag von Lewis, der meine Belesenheit in Dante und im Italienischen allgemein gewaltig überschätzte). Richtig bleibt, daß ich die »Kleinlichkeit« an manchen Stellen, von der ich sprach, als einen traurigen Makel empfand.

»Ich lese jetzt nicht viel, außer Märchen.«
Für »außer« lies »nicht einmal«. Ich lese eine ganze Menge – oder richtiger, versuche viele Bücher zu lesen (vornehmlich sogenannte Science Fiction und Fantasy). Aber ich finde selten moderne Bücher, die meine Aufmerksamkeit festhalten.** Ich nehme an, weil ich unter »innerem« Druck stehe, mein eigenes Werk fertig zu bekommen, und aus dem [in dem Interview] genannten Grund: »Ich suche nach etwas, das ich nicht finde.«

»Ich suche immer nach etwas, das ich nicht finde . . . . Etwas wie das, was ich selbst geschrieben habe. Nichts geht doch über die Eitelkeit, nicht?«
Eine Entschuldigung für etwas scheinbar aus Eitelkeit Gesagtes. In Wirklichkeit kam dies aus Bescheidenheit, von mir und Lewis. Bescheidenheit von Amateuren in einer Welt der großen Schriftsteller. Lewis

---

* Außer in Geometrie, worin mich ihre Schwester unterrichtete. Das war die Tante, die ich während ihrer letzten Jahre damit aufmunterte und amüsierte, daß ich *The Adventures of Tom Bombadil* schrieb und zusammenstellte, wobei ich sie zu Rate zog, weil sie nach dem Buch verlangt hatte. Sie starb im 92. Lebensjahr, bald nach seinem Erscheinen.[4]

** Es gibt Ausnahmen. Ich habe alles von E. R. Eddison gelesen, trotz seiner eigentümlich schlechten Namengebung und seiner persönlichen Philosophie. Sehr gepackt hatte mich das Buch, das (glaube ich) das Nächstplazierte war, als der *H. R.* den Fantasy-Preis[5] bekam: *Death of Grass*[6]. Die S. F. von Isaac Asimow gefällt mir. Noch über diesen die Bücher von Mary Renault, in die ich vor kurzem sehr vertieft war, besonders die beiden über Theseus, *The King Must Die* und *The Bull from the Sea*. Vor ein paar Tagen bekam ich sogar eine anerkennende Postkarte von ihr; vielleicht das Stück »Fan-Post«, das mich am meisten freut.

sagte eines Tages zu mir: »Tollers, Geschichten, wie wir sie wirklich mögen, gibt es zu wenige. Ich fürchte, wir müssen es selber versuchen und ein paar schreiben.« Wir einigten uns, daß er es mit »Weltraumreisen« versuchen sollte und ich mit »Zeitreisen«. Sein Ergebnis ist bekannt. Mein Versuch verlief nach ein paar vielversprechenden Kapiteln im Sande: Es war ein zu langer Umweg zu dem, was ich wirklich schreiben wollte, einer neuen Version der Atlantis-Sage. Die Schlußszene ist erhalten als *The Downfall of Númenor*.[7] Dies reizte Lewis sehr (so wie er es vorgelesen *gehört* hatte), und Hinweise darauf finden sich an mehreren Stellen in seinen Werken: z. B. »The Last of the Wine« in seinen Gedichten (*Poems*, 1964, p. 40). Beide erwarteten wir als Amateure keinen großen Erfolg, und Lewis hatte auch tatsächlich Schwierigkeiten, für *Out of the Silent Planet* einen Verlag zu finden. Und nach all dem, was seither geschehen ist, war es wohl doch die dauerhafteste Freude und Belohnung für uns beide, daß wir einer dem andern Geschichten zum Anhören oder Lesen lieferten, die wir wirklich mochten – zu *großen* Teilen. Natürlich mochte keiner von uns alles, was er in den Geschichten des anderen fand.

Tolkien…. gehört zu den »Haupt-Mitarbeitern« der neuen Übersetzung der Jerusalem Bible.

Mich unter den »Haupt-Mitarbeitern« zu nennen, war eine unverdiente Höflichkeit seitens des Herausgebers der *Jerusalem Bible*. Ich wurde zu ein oder zwei Stilfragen konsultiert und kritisierte einige Beiträge von anderen. Ursprünglich hatte ich eine große Menge Text übersetzen sollen, mußte aber nach einigen erforderlichen Vorarbeiten davon zurücktreten, weil andere Arbeiten drängten, und habe nur den »Jonah« abgeschlossen, eines der kürzesten Bücher.

295 An W. H. Auden

[Auden hatte Tolkien geschrieben, um das angelsächsische Gedicht zu rühmen, das Tolkien (nebst einer Übersetzung in modernes Englisch) in der Zeitschrift *Shenandoah* als Teil einer Festschrift zu Audens sechzigstem Geburtstag beigesteuert hatte. (Es erschien im Winterheft 1967 (Vol. XVIII, no. 2, pp. 96–7).) In seinem Brief hatte Auden auch Tolkiens Gedicht »The Sea-bell« (»Frodo's Dreme«) als »wundervoll« bezeichnet.]

29. März 1967   76 Sandfield Road, Headington, Oxford
Lieber Wystan,

ich habe mich ebenso über Ihren Brief gefreut. Er kam sehr schnell an (am Karfreitag) und bewirkte viel, um mich wieder aufzurichten, denn mit der gleichen Post erhielt ich einen sehr bedrückenden Brief.[1] Ich wurde sehr ermuntert, nicht nur durch Ihr Vergnügen an einem altenglischen Gedicht (ich dachte, dies wäre passend), sondern auch durch Ihr Lob für *Frodo's Dreme*. Da schwoll mir nun wirklich der Kamm. Ich hoffe, wir sehen uns bald wieder.

Immer Ihr
[Durchschlag ohne Unterschrift]

P. S. Danke für Ihren wunderbaren Versuch, den *Song of the Sibyl* zu übersetzen und neu zu ordnen.[2] Daraufhin wiederum schicke ich Ihnen, wenn ich wieder die Hand drauf legen kann (ich hoffe, es ist nicht verlorengegangen), eine Sache, die ich vor vielen Jahren gemacht habe, als ich zu lernen versuchte, wie man alliterierende Verse schreibt: ein Versuch, die Leichs über die Völsungen aus der Älteren Edda zu vereinen, geschrieben in der alten achtzeiligen fornyrðislag-Strophe.[3]

296 An Rayner Unwin

21. Juli 1967   Hotel Miramar, Bournemouth
Mein lieber Rayner,

ich bin Ihnen zutiefst dankbar für die Freundlichkeit, die Sie mir am Mittwoch erwiesen und für all die Mühe, die Sie sich für mich und meine Angelegenheiten gegeben haben. Ich fand, Sie sahen sehr müde aus (kein Wunder), bevor wir uns trennten. Es ist ein einmaliges Glück, einen solchen Freund zu haben. Ich habe das Gefühl, daß unsere Beziehungen, wenn ich das so sagen darf, wie die zwischen Rohan und Gondor sind, und (wie Sie wissen) wird meinerseits Eorls Eid niemals gebrochen werden, und weiterhin werde ich mich auf die Weisheit und Freundlichkeit von Minas Tirith verlassen und für sie dankbar sein. Vielen herzlichen Dank . . . . .

Immer Ihr
Ronald Tolkien

297 Entwürfe zu einem Brief an »Mr. Rang«

[Über die Seite hat Tolkien geschrieben: »Überlegungen bei der Vorbereitung einer Antwort auf den Brief eines *Mr. Rang* über Nachforschungen zu meiner Nomenklatur. Abgeschickt wurde schließlich nur ein kurzer (und daher ziemlich scharfer) Antwortbrief, aber ich bewahre diese Notizen auf.« Tolkien hat das Datum hinzugefügt: »Aug. 1967«.]

Das Interesse vieler Leser an der Nomenklatur des *Herrn der Ringe* ehrt mich; und es freut mich, insofern es zeigt, daß diese Konstruktion, die unter sehr vielen Mühen und Überlegungen zustandegekommen ist, eine Plausibilität erreicht hat (wie ich gehofft hatte), die wahrscheinlich den »literarischen Glauben« an den historischen Charakter der Erzählung unterstützt. Aber ich bin immer noch verblüfft und manchmal freilich auch verärgert über viele der Vermutungen über die »Quellen« der Nomenklatur und die Theorien oder Phantastereien hinsichtlich versteckter Bedeutungen. Dies scheinen mir nur Privatbelustigungen zu sein, und dagegen habe ich kein Recht oder keine Macht, etwas einzuwenden, obwohl sie, denke ich, zur Erhellung oder Deutung meiner Fiktion wertlos sind. Wenn sie veröffentlicht werden*, erhebe ich allerdings Einwände, wenn sie (wie gewöhnlich der Fall ist) inauthentische Ausschmückungen meines Werkes zu sein scheinen, die nur auf den Geisteszustand ihrer Erfinder ein Licht werfen, nicht auf mich oder meine wirkliche Absicht oder Verfahrensweise. Viele von ihnen verraten Unkenntnis oder Mißachtung der Hinweise und Auskünfte, die in Anmerkungen, Wiedergaben und in den Anhängen gegeben werden. Da überdies das Erfinden von Sprachen als Kunst (oder Zeitvertreib) verhältnismäßig selten ist, erstaunt es vielleicht nicht, daß sie wenig Verständnis dafür zeigen, wie ein Philologe dabei vorgehen würde.

Es muß betont werden, daß dieses Erfinden ein privates Unternehmen war/ist, das dazu dient, mir selbst Vergnügen zu machen und meine persönliche Sprach-»Ästhetik« oder meinen Geschmack und dessen Fluktuationen zum Ausdruck zu bringen. Es ging dem Schreiben von Sagen und »Historien«, in denen diese Sprachen »realisiert« werden konnten, weitgehend voraus; und der überwiegende Teil der Nomenklatur ist aus diesen zuvor schon vorhandenen Sprachen konstruiert. Wo die daraus resultierenden Namen einen analysierbaren Sinn haben (wie gewöhnlich der Fall ist), sind diese nur für die Fiktion, mit der sie integriert sind, relevant. Die »Quelle«, sofern es eine gibt, lieferte nur die

* Z. B. in einem unsinnigen Artikel von J. S. Ryan.

Lautfolge (oder Hinweise auf ihren Auslöser), und deren Bedeutung *in der Quelle* ist vollkommen irrelevant, außer im Falle Earendils; siehe unten.

Diesen fundamentalen Gesichtspunkt scheinen die Untersucher gemeinhin zu mißachten, obwohl im Buch und den Anhängen genug Aufschluß über die sprachliche Konstruktion geboten wird. Es sollte deutlich sein, daß *Quenya* und *Sindarin* (und ihre Beziehungen zueinander), wenn es möglich ist, in diesen Sprachen Versfragmente zu bilden, einen ziemlich hohen Grad der Organisation erreicht haben müssen – wenn auch natürlich weit entfernt von Vollständigkeit sei es des Vokabulars, sei es der Idiomatik. Es ist daher müßig, Zufallsähnlichkeiten zwischen den aus den »elbischen Zungen« heraus gemachten Namen und Wörtern aus den äußeren, »echten« Sprachen zu suchen, besonders wenn angenommen wird, diese hätten irgendeinen Einfluß auf den Sinn oder die Ideen in meiner Erzählung. Um einen häufigen Fall zu nehmen: Es besteht keine sprachliche Verbindung und daher auch keine Bedeutungsverbindung zwischen *Sauron* als zeitgenössischer Form eines älteren *θaurond*-Derivats von einem adjektivischen *θaurā* (von einem Stamm √THAW), »abscheulich«, und dem griechischen σαύρα, »Eidechse«.

Die Untersucher scheinen nun aber meist anfällig für Verwechslungen zwischen a) der Bedeutung von Namen *in* und gemäß meiner Geschichte, als einer fiktional »historischen« Konstruktion zugehörig, und b) den Ursprüngen oder Quellen in meinem Geist, *außerhalb* der Geschichte, denen die Formen dieser Namen entstammten. Zu a) werden ihnen natürlich genug Auskünfte gegeben, obwohl sie das Gebotene oft nicht beachten. Es tut mir leid, aber es gibt nun mal keinen Ersatz für mich, solange ich noch lebe. Ich habe einen Kommentar über die Nomenklatur zum Gebrauch der *Übersetzer* geschrieben[1]; aber dieser zielt in erster Linie darauf ab, anzugeben, welche Wörter und Namen in die Übersetzungssprache übergehen können und sollten, die die Funktion des Englischen übernimmt, die G[emeinsame] S[prache] der Zeit wiederzugeben, wobei wohlgemerkt die nicht aus dem mod. Englisch stammenden oder davon abgeleiteten Namen ohne Änderung in der Übersetzung beibehalten werden sollten, da sie sowohl der G. S. des Originals wie der Ü[bersetzungs-] S[prache] fremd sind. Zu wünschen wäre ein *Onomastikon*, das die Bedeutung und Herleitung aller Namen sowie die Sprachen, zu denen sie gehören, angäbe. Ebenso von Interesse für manche und erfreulich für mich wären eine historische Grammatik des *Quenya* und des *Sindarin* und ein recht umfangreiches etymologisches Vokabular dieser Sprachen, das natürlich alles andere als »vollständig«, aber auch nicht auf die in den Erzählungen auftretenden Wörter beschränkt sein müßte. Aber ich gedenke nicht, mich an diese Projekte zu machen, solange meine Mythologie und die Sagen noch nicht abgeschlossen sind. Wenn ich mich in der Zwischenzeit fallweise mit Mutmaßungen und Deutungen abgebe, wird diese Arbeit nur hinausgeschoben und gestört.....

Zur Illustration meiner Bedenken will ich ein paar Bemerkungen zu Ihren spezifischen Fragen und Mutmaßungen machen. *Theoden* und *Gimli*. Der Grund, warum für die Nomenklatur und die gelegentlichen Eindrücke aus der Sprache der *Eorlingas* das »Angelsächsische« verwendet wird – als ein Hilfsmittel der »Übersetzung« – wird im Anhang F genannt. Woraus folgt, daß »Angelsächsisch« nicht nur ein »fruchtbares Feld«, sondern das einzige* Feld ist, auf dem nach der Herkunft und Bedeutung von Wörtern und Namen, die zur Sprache der Mark gehören, zu suchen ist; und außerdem, daß Angels. *nicht* der Ursprung von Wörtern und Namen in anderen Sprachen** sein wird – ausgenommen einige wenige Überreste (die sämtlich erklärt werden) im Hobbit-Dialekt jener Gegend (das Tal des Anduin unmittelbar nördlich von Lórien), wo dieser Dialekt der Nordmänner seinen besonderen Charakter erlangte. Wozu man noch *Déagol* und *Sméagol* hinzufügen könnte, sowie die Namen *Gladden River* und *the Gladden Fields*, in denen ags. *glædene*, »Iris«, enthalten ist, was sich in meinem Buch auf die gelb blühende Schwertlilie, die in Bächen und Sümpfen wächst, beziehen soll: d. h. *iris pseudacorus* und nicht *iris foetidissima*, die in mod. Engl. gewöhnlich *gladdon* (sic) genannt wird, jedenfalls von Botanikern. Über diesen engen Umkreis hinaus sind Bezüge zum Ags. völlig wahnhaft.***

Wie in den Anhängen gesagt, waren die »äußeren«, für die Öffentlich-

---

* Mit der möglichen Ausnahme des Namens *Gram* (ein König). Dies ist natürlich ein echtes angels. Wort, wird aber im überlieferten Angels. nicht (wie im Altnordischen) als Substantiv gebraucht (= »Krieger oder König«). Doch ein gewisser Einfluß der nördlichen Sprache auf die der *Eorlingas* nach ihrer Umsiedlung nach Norden ist nicht unwahrscheinlich. Parallel dazu gibt es tatsächlich auch eindeutige Spuren von wechselseitigem Einfluß zwischen der (dichterischen) Sprache des Altnordischen und dem Angelsächsischen.

** Die einzige (aber wichtige) Ausnahme ist Earendil. Siehe unten.

*** Das Wort *Warg*, das im *Hobbit* und H. R. für eine üble Art (dämonischer) Wölfe gebraucht wird, soll nicht speziell ags. sein, sondern hat die urgerm. Form, weil es das allen Nordmenschen gemeinsame Wort für diese Kreaturen vertritt. Es hat anscheinend »Fuß gefaßt« – in *Orbit* 2, p. 119, tritt es auf, nicht als ein Wort in einem fremden Land, sondern in einer offiziellen Nachricht von der Erde an einen Weltraumforscher. Die Geschichte ist von einem Leser des *H. R.*

keit bestimmten Namen der nördlichen Zwerge aus der Sprache der Menschen im hohen Norden abgeleitet, *nicht* aus derselben, die durch das Ags. vertreten wird, und folglich wurde ihnen eine skandinavische Form gegeben, als grobes Äquivalent für die Verwandtschaft *und* Verschiedenheit der zeitgenössischen Dialekte. Ags. hat in bezug auf *Gimli* also nichts zu besagen. Sogar das poetische Wort *gim* in archaischen altnord. Versen ist wahrscheinlich nicht verwandt mit *gimm* (ein frühes Lehnwort < lat. *gemma*), »Gemme, Edelstein«, wurde aber möglicherweise später damit verknüpft: die Bedeutung scheint »Feuer« gewesen zu sein.

Legolas wird mit *Greenleaf,* »Grünblatt« (II, 106, 154) übersetzt, ein passender Name für einen Waldelben, allerdings einen vom königlichen und ursprünglichen Sindarin-Stamm. »Fiery locks« ist völlig unpassend: er war doch kein *Balrog*! Ich denke, ein Untersucher, der sich nicht durch meine vermeintliche Bindung an das Ags. irreführen ließe, hätte die Beziehung des Elementes *-las* zu *lassi,* »Blätter«, in Galadriels Klage, *lasse-lanta,* »Blätterfall« = Herbst bemerkt (III, 386); und *Eryn Lasgalen* (III, 375). »Technisch« gesprochen, ist Legolas ein Kompositum (nach Regeln) aus Sind. *laeg,* »viridis«, frisch und grün, und *go-lass,* »Blätter, Laub«.

Rohan. Ich kann nicht verstehen, warum der Name des Landes (es wird doch gesagt, daß er elbisch ist) mit irgend etwas Germanischem verknüpft werden sollte; ebensowenig mit dem nur entfernt ähnlichen altnord. *rann,* »Haus«, was übrigens einem zum Teil noch mobilen und nomadischen Volk von Pferdezüchtern überhaupt nicht gemäß wäre! In dessen Sprache (so wie hier wiedergegeben) hätte *rann* jedenfalls die ags. Form *ræn* (< *rænn* < *ræzn* < *razn*; vgl. got. *razn,* »Haus«) erhalten. Der Name des Landes kann selbstverständlich nicht von dem Sindarin-Namen der Eorlingas getrennt werden: *Rohirrim. Rohan,* so wird angegeben (III, 391, 394), ist eine spätere, erweichte Form von *Rochand.* Es leitet sich her von elbisch **rokkō,* »schnelles Reitpferd« (Q. *rokko,* S. *roch*) + einem in Ländernamen häufigen Suffix. *Rohirrim* ist eine ähnlich erweichte Form aus *roch* + *hîr,* »Herr, Meister«, + *r̄īm* (Q. *rimbe*), »Schar«.

Nazgul. Es gibt keinen denkbaren Grund, warum ein Wort aus der Schwarzen Sprache irgendeine Verbindung mit dem Ags. haben sollte. Es bedeutet »Ringgeist«, und das Element *nazg* ist mit Sicherheit schlicht identisch mit *nazg,* »Ring«, in der Flammeninschrift auf dem Einen Ring. Ein altengl. Kompositum *gael-naes* ist mir nicht bekannt, aber auf jeden Fall würde ein Erfinder, der sich mit rationalen Sprachkonstruktionen beschäftigt, ein Versagen des Erfindungsgeistes nicht durch Umkehrung der Reihenfolge zwischen den Elementen eines Wortes aus einer völlig unverwandten Sprache gutmachen, das auch gar keinen passenden Sinn hätte!

Moria. Ihre Bemerkungen wecken in mir den Verdacht, daß Sie Moria mit Mordor verwechseln: Letzteres war ein wüstes Land, ersteres ein prachtvoller Komplex unterirdischer Höhlengrabungen. Was *Moria* angeht, so erfahren Sie, was es bedeutet, III, 415, und daß es ein elbischer (und zwar Sindarin) Name ist = Schwarze Kluft. Enthält es nicht deutlich die $\sqrt{\text{MOR}}$, »dunkel, schwarz«, die auch in *Mordor, Morgoth, Morannon, Morgul* etc. auftritt (technisch $\sqrt{\text{MOR}}$: **mori*, »Dunkel(heit)« = Q. *more*, S. *môr*, adj. **mornā* = Q. *morna*, S. *morn*, »dunkel«.) Das *ia* ist aus dem Sind. *iâ*, »Leere, Abgrund« ($\sqrt{\text{YAG}}$: **yagā* > S. *iâ*).

Und nun das »Land Morīah« (beachte die Betonung): das hat überhaupt (auch »äußerlich«) nichts damit zu tun. Und ein innerer Zusammenhang zwischen den Bergwerken der Zwerge und der Geschichte von Abraham ist nicht denkbar. Ich weise solche Bedeutungs- und Symbolfahndung entschieden zurück. Mein Kopf arbeitet nicht auf diese Weise; und Sie lassen sich (meiner Ansicht nach) durch eine rein zufällige Ähnlichkeit irreführen, die in der Schreibung auffälliger ist als in der Lautung und die aus der wirklich angestrebten Bedeutung meiner Geschichte nicht gerechtfertigt werden kann.

Dies führt zu Frage der »externen« Geschichte: wie ich nun wirklich auf bestimmte Lautfolgen gekommen bin oder sie als Namen ausgewählt habe, *bevor* sie in der Geschichte einen Platz hatten. Ich halte dies, wie schon gesagt, für unwichtig: die Mühe, die es mir machen würde, darzulegen, was ich von diesem Vorgang weiß und in Erinnerung behalten habe, oder die Mühe anderer, die darüber Vermutungen anstellten, wäre viel größer als der Wert der Resultate. Die gesprochenen Formen wären einfach nur noch hörbare Formen, und wenn man sie in die vorbereitete sprachliche Situation in meiner Geschichte versetzte, erhielten sie Sinn und Bedeutung gemäß dieser Situation und gemäß der Art der erzählten Geschichte. Es wäre völlig wahnhaft, aus den Quellen der Lautkombinationen irgendwelche versteckten oder offenen Bedeutungen erschließen zu wollen. Ich erinnere mich dabei an vieles – der Einfluß der Erinnerung an schon bekannte Namen oder Wörter, oder der Einfluß von »Echos« im Sprachgedächtnis –, und weniges davon war unbewußt. So wurden die Namen der Zwerge im *Hobbit* (und die weiteren im *H. R.*) aus den Listen von Namen der *dvergar* in der *Völuspá* abgeleitet; aber dies ist kein Schlüssel zu den Zwergen-Sagen im *H. R.* Die »Zwerge« meiner Sagen stehen denen der germanischen [Sagen] viel näher als die Elben, sind aber dennoch in vielen Hinsichten von ihnen sehr verschieden. Die Sagen von ihrem Umgang mit den Elben (und Menschen) im *Silmarillion* und *H. R.* und von den Kriegen zwischen Orks und Zwergen haben kein mir bekanntes Gegenstück. In der *Völuspá* ist *Eikinskjaldi,* wiedergegeben mit *Eichenschild,* ein Name für sich, kein Spitzname; und die Verwendung des Namens als Nachname sowie die Sage von seinem Ursprung sind im Nordischen nicht zu finden. *Gandalfr* ist ein Zwergenname in der *Völuspá*!

Rohan ist ein berühmter Name aus der Bretagne, der Name einer alten, stolzen und mächtigen Familie. Dies war mir bekannt, und die Fügung gefiel mir; aber ich hatte auch (viel früher) schon das elbische Pferdwort erfunden und sah, wie Rohan in die sprachliche Situation eingepaßt werden konnte, als ein später Sindarin-Name der Mark (zuvor *Calenarðon* genannt, »die (große) grüne Region«) nach ihrer Besiedlung durch die Pferdezüchter. Nichts in der Geschichte der Bretagne wirft irgendein Licht auf die Eorlingas. Nebenbei gesagt verdankt die Endung *-and (an), –end (en)* in Ländernamen zweifellos solchen (romantischen und anderen) Namen wie *Broceliand(e)* etwas, ist aber völlig im Einklang mit der schon entworfenen Struktur des urtümlichen (gemeinsamen) Elbischen (G. E.), oder sie wäre nicht verwendet worden. Das Element *(n)dor,* »Land«, verdankt wohl solchen Namen wie *Labrador* etwas (ein Name, der nach Stil und Struktur Sindarin sein könnte). Aber *nicht* dem biblischen *Endor.* Dies ist ein umgekehrter Fall, der zeigt, wie eine »Nachforschung« ohne Kenntnis der wirklichen Vorgänge in die Irre führen könnte. *Endor,* S. *Ennor* (vgl. den Kollektiv-Pl. *ennorath,* I, 250), wurde erfunden als elbisches Äquivalent zu Mittelerde, durch Kombination der schon festgelegten *en(ed),* »Mitte«, und *(n)dor,* »Land(masse)«, woraus sich ein mutmaßliches altes Kompositum Q. *Endor,* S. *Ennor* ergab. Dabei fiel mir natürlich die zufällige Ähnlichkeit mit *En-dor* (I Sam. xxviii) auf, aber die Übereinstimmung ist tatsächlich zufällig, und darum hat die von Saul zu Rate gezogene nekromantische Hexe mit dem H. R. nichts zu tun. Ebenso verhält es sich mit *Moria.* Dies tauchte zum erstenmal sogar schon im *Hobbit,* Kap. 1, auf. Da war es, wie ich mich erinnere, beiläufig ein Echo von *Soria Moria Castle* in einer der von Dasent übersetzten skandinavischen Erzählungen. (Die Erzählung war für mich ohne Interesse: Ich hatte sie schon wieder vergessen und habe sie auch seither nie wieder angeschaut. Sie war also nur die Quelle der Lautfolge *moria,* die auch anderweitig hätte gefunden oder zusammengesetzt werden können.) Die Lautfolge gefiel mir; sie alliterierte mit »mines« und verband sich mit dem MOR-Element in meiner Sprachkonstruktion.[*]

---

[*] Die schon 20 Jahre, bevor der *Hobbit* geschrieben wurde, weit gediehen war. Die Sagen aus der Vergangenheit vor der Zeit des *Hobbit* und des *H. R.* wurden ebenfalls lange vor 1935 geschrieben.

Ich darf noch zwei Fälle erwähnen, wo mir zu dem Zeitpunkt, als ich die Namen verwendete, nicht bewußt war, daß ich sie »entlehnte«, wo es aber wahrscheinlich, doch keineswegs sicher ist, daß es sich um »Echos« handelte. *Erech*, der Ort, wo Isildur den Schwurstein aufstellte. Dies paßt natürlich zum Stil der vornehmlich sindarinischen Nomenklatur von Gondor (andernfalls wäre es nicht verwendet worden), ebenso auch historisch, auch wenn es, wie heute zu vermuten ist, eigentlich ein pránúmenórischer Name mit seit langem vergessener Bedeutung war. Da ich, als einer der sich für das Altertum und besonders die Geschichte der Sprachen und der Schrift interessierte, naturgemäß einiges über Mesopotamien wußte und gelesen hatte, muß ich gewußt haben, daß *Erech* der Name seiner ältesten Stadt war. Dennoch, zu der Zeit, als ich den *H. R.*, Buch V, Kap. II und IX, schrieb (ursprünglich eine fortlaufende Erzählung, aber aus naheliegenden Gründen des Aufbaus zerteilt) und eine Sage erdachte, die Aragorns Trennung von Gandalf, sein Verschwinden und unerwartetes Wiedererscheinen erklären könnte, wurde ich vermutlich stärker von dem wichtigen Element ER (im Elbischen), »eines, einzeln, allein«, beeinflußt. Jedenfalls hat die Tatsache, daß *Erech* ein berühmter Name ist, für den *H. R. nichts* zu bedeuten, und keine in meinen Gedanken bestehende oder beabsichtigte Verbindung zwischen Mesopotamien und den Númenórern oder ihren Vorfahren können daraus erschlossen werden.

nazg: das Wort für »Ring« in der Schwarzen Sprache. Dies sollte eine nach Stil und Lautgehalt von den gleichbedeutenden Wörtern im Elbischen oder in den besser bekannten echten Sprachen: Englisch, Latein, Griechisch möglichst verschiedene Vokabel sein. Obwohl echte Übereinstimmungen (von Form + Sinn) zwischen nicht verwandten Sprachen vorkommen und es unmöglich ist, bei der Konstruktion imaginärer Sprachen aus einer begrenzten Zahl von Lautkomponenten solche Ähnlichkeiten zu vermeiden (wenn man es versucht – was ich nicht tue), bleibt doch bemerkenswert, daß *nasc* das Wort für »Ring« im Gälischen ist (Irisch – im Schottischen gewöhnlich *nasg* geschrieben). Auch die Bedeutung paßt gut, denn es bedeutet zugleich – und bedeutete wahrscheinlich ursprünglich – ein *Band* und kann im Sinne von »Verpflichtung« gebraucht werden. Trotzdem wurde mir seine Existenz erst bewußt oder wieder bewußt, als ich kürzlich in einem gälischen Wörterbuch etwas nachschlug. Für das Gälische als Sprache, vom Altirischen angefangen, habe ich überhaupt keine Sympathie, aber natürlich ist es von großem historischem und philologischem Interesse, und ich habe es zu verschiedenen Zeiten studiert. (Leider mit wenig

Erfolg!) Daher ist wahrscheinlich, das *nazg* sich tatsächlich davon herleitet und daß diese kurze, harte und klare Vokabel, die aus einer, wie mir (als lieblosem Fremdem) scheint, breiigen Sprache hervorsticht, sich in einem Winkel meines Sprachgedächtnisses festgesetzt hatte.

Der wichtigste Name in diesem Zusammenhang ist Earendil. Dieser Name ist tatsächlich (wie wohl klar ist) von ags. *éarendel* abgeleitet. Als ich Ags. zum erstenmal fachgemäß studierte (1913 –) – ich hatte es schon einmal als Schuljungen-Hobby betrieben, als ich eigentlich Griechisch und Latein lernen sollte –, fiel mir die große Schönheit dieses Wortes (oder Namens) auf, das ganz und gar im normalen Stil des Ags. aufgeht, aber in dieser gefälligen, doch nicht »einschmeichelnden« Sprache bis zu einem ungewöhnlichen Grade wohlklingend ist. Außerdem deutet die Form stark darauf hin, daß es ursprünglich ein Eigenname und kein gewöhnliches Substantiv ist. Dies wird bestätigt durch die offenbar verwandten Formen in anderen germanischen Sprachen, aus denen bei allen Verwechslungen und Entstellungen späterer Überlieferungen zumindest soviel sicher hervorzugehen scheint, daß es zu einem astronomischen Mythos gehörte und der Name eines Sterns oder einer Sternengruppe war. Nach meiner Auffassung scheinen die ags. Belege* klar zu besagen, daß es ein Stern war, der die Morgendämmerung ankündigte (jedenfalls in der englischen Überlieferung), das heißt, der, den wir heute Venus nennen: der Morgenstern, wie man ihn hell leuchtend in der Frühe, kurz vor Sonnenaufgang, sehen kann. So jedenfalls habe ich es verstanden. Vor 1914 schrieb ich ein »Gedicht« über Earendel, der mit seinem Schiff wie ein blitzender Funke aus dem Hafen der Sonne auslief. Ich adoptierte ihn für meine Mythologie – in der er zum Urbild eines Seefahrers und schließlich zum Botenstern, zum Hoffnungszeichen für die Menschen wurde. *Aiya Earendil Elenion Ancalima* (II, 329 [dt. 380]), »Heil Earendil, hellster der Sterne«, erinnert von fern an *Éala Éarendel engla beorhtast*. Aber der Name konnte nicht einfach so übernommen werden: er mußte in die Sprachsituation des Elbischen eingefügt werden, während zugleich in der Sage für diese Person ein Platz gefunden werden

---

* Die älteste überlieferte Form ist *earendil (oer-)*, später *earendel, eorendel*. Meist in Glossen über *jubar = leoma*; auch über *aurora*. Aber auch in *Blick[ling] Hom[ilies]* 163, *se níwa éorendel*, mit Bezug auf St. Johannes den Täufer; und ganz besonders *Crist* 104; *éala! éarendel engla beorhtast ofer middangeard monnum sended*. Oft angenommen, daß es sich auf Christus (oder Maria) bezieht, aber Vergleich mit Bl. Homs. spricht für Beziehung auf den Täufer. Die Zeilen beziehen sich auf einen *Herold* und göttlichen Boten, eindeutig nicht auf den *soðfæsta sunnan leoma* = Christus.

mußte. Von da aus, weit zurückliegend in der Geschichte des »Elbischen«, die nach vielen provisorischen Ansätzen im Knabenalter nun, zu der Zeit, als der Name übernommen wurde, allmählich eine endgültige Form annahm, entstanden schließlich a) der urelb. Stamm *AYAR, »Meer«*, hauptsächlich in bezug auf das große Westmeer zwischen Mittelerde und *Aman*, dem Segensreich der Valar, und b) das verbale Stammelement (N)DIL, »lieben, sich widmen« – das jemandes Haltung zu einer Person, Sache, Wegrichtung oder Tätigkeit bezeichnet, denen man sich um ihrer selbst willen widmet.** *Earendil* wurde zu einer Figur in der am frühesten (1916/17) niedergeschriebenen unter den größeren Sagen: *The Fall of Gondolin*, der größte der *Pereldar*, der »Halbelben«, der Sohn von *Tuor* aus dem berühmtesten Haus der Edain und *Idril*, der Tochter des Königs von Gondolin. *Tuor* war von *Ulmo* aufgesucht worden, einem der größten unter den Valar, dem Herrn der Meere und Gewässer, und von ihm nach Gondolin gesandt worden. Ulmos Erscheinung hatte in Tuors Herzen eine unstillbare Meeressehnsucht geweckt, daher die Wahl des Namens für seinen Sohn, an den er diese Sehnsucht weitergab. Zur Verbindung dieser Sage mit den anderen: von der Schaffung der Silmaril durch Feanor, ihrem Raub durch Morgoth und der Wiedergewinnung nur eines von ihnen aus seiner Krone durch *Beren* und *Lúthien*, wie dieser dann in Earendils Besitz gelangte, so daß seine Fahrten nach Westen schließlich Erfolg hatten, dazu siehe I, 204–6 und 246–49 [dt. 237–40, 284–88]. (Earendils Versuch, *Ear* zu überqueren, war gegen den Bann der Valar, der es allen Menschen verbot, den Fuß auf *Aman* zu setzen, und gegen den weiteren späteren Bann, der allen ausgewanderten Elben, die dem aufrührerischen Feanor gefolgt waren, die Rückkehr verbot: davon ist in Galadriels Klage die Rede.) Die Valar hörten auf *Earendils* Fürsprache zugunsten der Elben und Menschen (er war mit beiden verwandt) und schickten ihnen ein großes Heer zu Hilfe. Morgoth wurde überwunden und aus der Welt (dem physikalischen Universum) verstoßen. Den Verbannten wurde die Rückkehr gestattet – mit Ausnahme einiger Hauptbeteiligter an dem Aufruhr, von denen zur

---

* Q. *ear*, S. *aear* (siehe I, 250 [dt. 289]).

** Dies bildet den Schlüssel zu einer großen Zahl anderer elbischer Q.-Namen wie *Elendil*, »Elbenfreund« *(eled + ndil)*, *Valandil, Mardil*, der Gute Truchseß (dem Haus, d. h. den Königen, ergeben), *Meneldil*, der »Astronom«, etc. Von ähnlicher Bedeutung in Namen ist *-(n)dur*, was eigentlich »dienen« bedeutet, so wie man einem legitimen Herrn dient: Vgl. Q. *arandil*, Königsfreund, Royalist, neben *arandur*, »Königsdiener, Minister«. Oft fällt aber beides zusammen: Z. B. Sams Verhältnis zu Frodo kann dem Status nach als *-ndur*, dem Geiste nach als *-ndil* aufgefaßt werden. Vgl. unter den Namensvarianten: *Earendur*, »(professioneller) Seefahrer«.

Zeit des *H. R.* nur noch *Galadriel* übrig blieb.* *Earendil* aber, der zum Teil von den Menschen abstammte, wurde nicht erlaubt, den Fuß wieder auf die Erde zu setzen, und er wurde zu einem Stern mit dem Licht des Silmaril, der den letzten Überrest vom unbesudelten Licht des Paradieses enthielt, das die Zwei Bäume abgegeben hatten, bevor sie von Morgoth geschändet und geschlagen wurden. Diese Sagen werden bewußt in Bd. I angesprochen, weil sie die wichtigsten in der Vorgeschichte des *H. R.* sind, die sich mit den Beziehungen zwischen Elben, Menschen und Valar (den engelhaften Hütern) befaßten und daher die wichtigsten Rückverbindungen waren, wenn (wie ich damals hoffte) das *Silmarillion* veröffentlicht würde.

Ich berichte dies alles, weil ich hoffe, es wird Sie interessieren, und zugleich, weil es zeigt, wie eng Spracherfindung mit dem Wachstum und der Konstruktion der Sagen verknüpft ist. Und möglicherweise wird es Sie davon überzeugen, daß Herumsuchen nach mehr oder weniger ähnlichen Wörtern oder Namen tatsächlich nicht sehr nützlich ist, nicht einmal für die Lautquellen und schon gar nicht zur Erklärung innerer Wortbedeutungen und Sinnzusammenhänge. Die Entlehnung, wenn sie einmal vorkommt (nicht oft), betrifft nur die *Laute*, die dann in eine neue Konstruktion eingefügt werden; und nur in einem Falle, *Earendil*, wirft der Hinweis auf die Quelle irgendein Licht auf die Sagen oder ihren »Sinn« – und selbst in diesem Falle ist das Licht spärlich. Die Verwendung von *éarendel* in ags.-christlicher Symbolik als Vorbote des Aufgangs der wahren Sonne in Christo ist meiner Verwendung des Namens vollkommen fremd. Der Sündenfall des Menschen liegt in der Vergangenheit und steht nicht mehr auf der Tagesordnung; die Erlösung des Menschen liegt in ferner Zukunft. Wir sind in einer Zeit, wo die Existenz Erus, des Einen Gottes, zwar den Weisen bekannt ist, wo es aber keinen Zugang zu ihm gibt, es sei denn über oder durch die Valar, obwohl von jenen, die númenórischer Abkunft sind, immer noch in (unausgesprochenen) Gebeten Seiner gedacht wird.

[Der Text endet mit einer kurzen Behandlung der númenórischen Religion.]

---

* Zur Zeit ihrer Klage in Lórien glaubte sie, daß ihre Verbannung ewig gelten werde, solange die Erde dauerte. Daher beendet sie ihre Klage mit einem Wunsch oder Gebet, Frodo möge als besondere Gnade ein reinigender (nicht strafweiser) Aufenthalt in Eressea gewährt werden, der Einsamen Insel in Sichtweite von Aman, obwohl für sie selbst der Weg versperrt ist. (Das Land Aman hatte nach dem Untergang von Númenor keine physische Existenz mehr »in den Kreisen der Welt«.) Ihr Gebet wurde erhört – aber auch ihre persönliche Verbannung wurde aufgehoben, zum Lohn für ihre Dienste gegen Sauron und vor allem für ihre Standhaftigkeit gegen die Versuchung, den Ring zu nehmen, als er ihr angeboten wurde. Darum sehen wir sie am Ende das Schiff besteigen.

[Dieser Brief wurde, offenbar ohne Genehmigung, mitsamt Tolkiens Adresse und privater Telephonnummer im Briefkopf in Whites Buch *The Image of Man in C. S. Lewis* (1969) abgedruckt.]

Oxford 61639
76 Sandfield Road,
Headington,
Oxford
11. September 1967

Lieber Mr. White,

zu den Namen *Inklings* kann ich Ihnen eine kurze Erklärung geben, aus dem Gedächtnis. Einen Protokollführer hatten die Inklings nicht, und C. S. Lewis hatte keinen Boswell. Der Name wurde nicht von C. S. L. erfunden (auch nicht von mir). Anfangs war es ein Studentenulk, sollte der Name eines literarischen (oder Schriftsteller-)Klubs sein. Der Gründer war ein Student am University College namens Tangye-Lean. Das Datum weiß ich nicht mehr: wahrscheinlich Mitte der dreißiger Jahre. Ihm war, glaube ich, die Unbeständigkeit ihrer Klubs und ihrer Moden bewußter als den meisten Studenten, und er hatte den Ehrgeiz, einen Klub zu gründen, der sich als dauerhafter erweisen sollte. Jedenfalls, er fragte einige von den »Dons«, ob sie nicht Mitglieder werden wollten. Daß er dabei auf C. S. L. kam, war naheliegend; er war vermutlich damals Tangye-Leans Tutor (C. S. L. war Mitglied des University College). Schließlich wurden sowohl C. S. L. wie auch ich Mitglieder. Der Klub traf sich in T.-L.'s Räumen im University College; die Klubregel war, daß die Mitglieder bei jeder Versammlung unveröffentlichte Arbeiten vorlesen sollten. Diese sollten dann zu sofortiger Kritik freigegeben sein. Auch konnte ein Beitrag, wenn der Klub es für richtig hielt, durch Abstimmung für würdig befunden werden, in ein Protokoll-Buch eingetragen zu werden. (Ich war der Schriftführer und Aufbewahrer des Buches.)

Es erwies sich, daß Tangye-Lean ganz recht gehabt hatte. Der Klub starb bald: das Protokoll hatte nur wenige Eintragungen: aber C. S. L. und ich blieben immerhin da. Der Klubname wurde dann (von C. S. L.) übertragen auf den unschlüssigen und vermischten Freundeskreis, der sich um C. S. L. scharte und in seinen Räumen im Magdalen zusammenkam. Obwohl es nun schon unsere Gewohnheit war, Texte von verschiedener Art (und Länge!) vorzulesen, wären diese Vereinigung und diese Gewohnheit damals wohl auf jeden Fall entstanden, ob es den kurzlebigen Klub zu Anfang nun gegeben hätte oder nicht. C. S. L. hatte eine

Leidenschaft für das Anhören vorgelesener Texte, ein gutes Gedächtnis für das auf diese Weise Aufgenommene und eine Geläufigkeit im Extemporieren von Kritik, die sämtlich (besonders die letztere) von seinen Freunden auch nicht annähernd im gleichen Maße geteilt wurden.

Ich nannte den Namen einen »Ulk«, weil er auf seine Weise ein hübsch erfundenes Wortspiel war, das an Leute mit unbestimmten oder halbfertigen Ahnungen und Ideen denken ließ, plus Tintenkleckern. Es hätte sein können, daß C. S. L. ihn Tangye-Lean vorgeschlagen hatte (wenn er dessen Tutor war); aber ich habe nie gehört, daß er die Erfindung des Namens für sich beanspruchte. *Inkling* ist jedenfalls in unserem Land sehr geläufig in dem Sinne, wie Sie es aus C. S. L.'s Schriften zitieren. (Ich erinnere mich, daß es zu meiner Studentenzeit kurz einen Studentenklub namens *Discus* gab, was gleichzeitig den runden Konferenztisch und *discuss* bezeichnete: Es war ein Diskutierklub.)

Mit den besten Wünschen
Ihr ergebener
J. R. R. Tolkien

299 An Roger Lancelyn Green

[Green, ein alter Freund, hatte *Smith of Wootton Major* rezensiert, das im Oktober 1967 erschienen war. Er hatte geschrieben: »Nach einem Sinn zu suchen, hieße den Ball aufschneiden, um zu sehen, wie er es macht, daß er springt.«]

12. Dezember 1967   76 Sandfield Road, Headington, Oxford
Mein lieber Roger,

meine besten Wünsche Dir und Deiner ganzen Familie. Danke für Deine überaus wohlwollende Besprechung (bes. für die Bemerkung über die Suche nach dem Ursprung des Sprunges). Allerdings bin ich viel besser behandelt worden, als ich erwartet hatte. Aber die kleine Geschichte war (natürlich) *nicht* für Kinder gedacht. Ein Altmännerbuch, schon befrachtet mit der Vorahnung von »Trauer«. (Es tut mir leid, daß ich Deine Adresse nicht mehr weiß. Ich habe Merton angerufen.) Aber Merton gehört dazu. Unser bewundernswerter kleiner Chef jetzt (mit einem s. hohen Hut) ist, zumindest dem Bild nach, das Vorbild von Alf.

Alles Gute und viel Freude zu Weihnachten
Ronald Tolkien

300 Aus einem Brief an Walter Hooper   20. Februar 1968

[Bezieht sich auf C. S. Lewis' Verse: »We were talking of dragons, Tolkien and
I/In a Berkshire bar . . .« Dieses kurze Gedicht, zuerst in Lewis' *Rehabilitations*
(1939), p. 122, abgedruckt, erzählt, wie ein Handwerker in der Bar behauptete,
selbst einen Drachen gesehen zu haben.]

Die Zeilen, die Jack[1] als Beispiele angibt, sind nicht unpassenderweise
ganz akkurate Beispiele für altenglische metrische Schemata. Der Anlaß
ist völlig fiktiv. Ich habe nie einen Drachen gesehen, auch noch nie einen
Mann, der behauptet hätte, einen gesehen zu haben. Ich will beides auch
lieber nicht sehen. Eine entlegene Quelle von Jacks Zeilen ist vielleicht
diese: Ich erinnere mich, daß Jack mir eine Geschichte über Brightman
erzählte, den ausgezeichneten Kirchenhistoriker[2], der meistens still im
Gemeinschaftsraum saß und nur selten etwas sagte. Jack sagte, eines
Abends habe man über Drachen geredet, und am Ende hörte man
Brightmans Stimme, wie er sagte: »Ich habe einen Drachen gesehen.«
Schweigen. »Wo war das?« fragte man ihn. »Auf dem Ölberg«, sagte er.
Dann fiel er wieder in Schweigen und hat bis zu seinem Tode nie erklärt,
was er gemeint hatte.

301 Aus einem Brief an Donald Swann   29. Februar 1968

[Die BBC machte eine dokumentarische Sendung *Tolkien in Oxford*, die Anfang
Februar aufgenommen und am 30. März 1968 im Fernsehen gesendet wurde.
Swann, dessen Vertonung einiger Gedichte von Tolkien, *The Road Goes Ever
On*, im Jahr zuvor herausgekommen war, hatte Tolkien etwas über die
Fernsehsendung geschrieben.]

Danke für Ihren Versuch, mich aufzumuntern. Aber er muntert mich
nicht auf. Sie sind zu optimistisch. Jedenfalls ist Ihre Art von Darbietung
sehr verschieden von meiner – als Schriftsteller. Ich habe bei der ganzen
Angelegenheit nur den Eindruck vollkommener Schwindelhaftigkeit.
Der Produzent, ein sehr netter, sehr junger Mann, persönlich nicht ohne
Intelligenz und Einsicht, war nichtsdestoweniger schon so verwirrt und
benebelt vom BBCismus, daß es für ihn wohl das Allerletzte gewesen
wäre, was er sich gewünscht hätte, mich zu zeigen, wie ich bin oder war,
geschweige denn »menschlich oder in Lebensgröße«. Ich ging unter in
einer Welt von Tricks und Firlefanz, und sofern es überhaupt so etwas

wie einen Plan oder eine Absicht hatte, schien es einfach darum zu gehen, die Vorstellung von einem kauzigen, um nicht zu sagen spinnerten hobbitähnlichen alten Kaminsüffler zu fixieren. Proteste waren vergeblich, darum gab ich's auf, ließ mich an den Pfahl binden & stand es durch, so gut ich konnte. Man sagt mir, das Ergebnis in den Filmaufnahmen sei s. g. – wobei es mich kalt überläuft: es heißt, sie haben gekriegt, was sie wollten und mein histrionisches Temperament (ich spielte früher gern Rollen) ist mit mir durchgegangen und hat mich mitspielen lassen (so wie sie's wollten), zu meinem eigenen Verderben. Ich wurde nicht im Helikopter in die Lüfte erhoben, obwohl es mich wundert, daß sie nicht so einen anstelle eines Adlers anbrachten: Sie schienen MICH und meine Geschichte vollkommen durcheinander zu bringen, und ich mußte zu einem Feuerwerk gehen: etwas, das ich, seit ich ein Kind war, nie mehr getan habe. Feuerwerke haben mit mir im besonderen nichts zu tun. Sie kommen in den Büchern vor (und würden auch drin vorkommen, wenn ich sie nicht ausstehen könnte), weil sie mit zur Darstellung Gandalfs gehören, der den Ring des Feuers trägt, den Entflammer: und sein kindlichster Aspekt, der den Hobbits gezeigt wird, ist eben Feuerwerk.

302 Aus einem Brief an Time-Life International Ltd.   2. Mai 1968

Ihre Vorstellungen vom Natürlichen sind von meinen verschieden, denn ich arbeite nie und unter keinen Umständen, während ich photographiert werde, jemand mit mir spricht oder bei mir im Zimmer ist. Ein Photo von mir, auf dem ich zu arbeiten vorgebe, wäre reiner Schwindel.

303 Aus einem Brief an Nicholas Thomas   6. Mai 1968

Über die Mühle von Sarehole[1] wäre zu sagen, daß sie meine Kindheit beherrschte. Ich lebte in einem Häuschen gleich daneben, und der alte Müller zu jener Zeit und sein Sohn waren Wunder- und Schreckgestalten für einen kleinen Jungen.

304 Aus einem Brief an Clyde S. Kilby 4. Juni 1968

Meine häusliche Situation kam Ende April und Anfang Mai an einen Punkt, wo schnell etwas getan werden mußte. Ich ziehe nun aus Oxford weg und werde an der Südküste wohnen. So wie die Dinge jetzt abgemacht sind, werde ich Ende dieses Monats oder sehr bald danach umziehen. Zu meinem eigenen Schutz werde ich meine Adresse aus allen Nachschlagewerken oder ähnlichen Listen entfernen. Mit dem Verlag habe ich vereinbart, daß meine Adresse c/o Messrs. Allen & Unwin sein wird, und sie werden bei Anfragen meine wirkliche Adresse nicht bekanntgeben. Wenn dies endlich geregelt ist, werde ich sie einigen Leuten mitteilen – solchen, denen ich trauen kann, daß sie sie nicht im Ausland publizieren werden.

305 Aus einem Brief an Rayner Unwin 26. Juni 1968

[Am 17. Juni fiel Tolkien bei den Umzugsvorbereitungen eine Treppe hinunter und verletzte sich das Bein. Dieser Brief wurde aus dem Krankenhaus in Oxford geschrieben.]

Ich komme allmählich wieder zu mir. Ich glaube, ich erhole mich körperlich ganz gut und schnell, und darf hoffen, um den 8. Juli, aber nicht früher, schon wieder auf Krücken gehen zu können. Trotzdem ist mein Sturz eine Katastrophe für meine Arbeit und meine Pläne zu dieser Zeit, und auch mit viel Glück kann ich nicht hoffen, vor Ende August, frühestens, aus dem Chaos wieder herauszukommen.

306 Aus einem Brief an Michael Tolkien

[Tolkien hat darübergeschrieben: »Fand sich unter meinen verstreuten Papieren. Aus inzwischen vergessenen Gründen nicht abgeschickt oder beendet. JRRT. 11. Okt. 68.« Aber der Brief wurde schließlich doch an Michael Tolkien abgeschickt. Er wurde in der Sandfield Road 76 angefangen (vermerkte Tolkien) »irgendwann nach dem 25. Aug. 1967« und in dem neuen Haus Lakeside Road 19 beendet, dessen postalische Adresse Poole, Dorset, lautete, das aber tatsächlich in einem Vorort von Bournemouth lag.]

Ich bin.... froh, daß Du die Schweiz kennengelernt hast, und zwar gerade die Gegend, die ich selbst am besten gekannt habe und die den tiefsten Eindruck auf mich gemacht hat. Die Wanderung des Hobbits (Bilbos) von Bruchtal bis zur anderen Seite der Nebelberge, mitsamt der Rutschpartie den Geröllhang hinunter in die Kiefernwälder, beruht auf meinen Abenteuern im Jahr 1911*: dem *annus mirabilis* voller Sonnenschein, in dem zwischen April und Ende Oktober so gut wie kein Regen fiel, außer am Vorabend und am Morgen von Georges V. Krönungstag. (Adfuit Omen!)**1

Unsere Wanderung, meist zu Fuß in einer Gruppe von 12 Personen, ist mir in der Abfolge nicht mehr klar, aber manche Bilder bleiben mir lebhaft und deutlich, als wäre es gestern gewesen (und klarer können so ferne Erinnerungen bei einem alten Mann nicht werden). Wir gingen zu Fuß, mit großen Bündeln, die wir praktisch den ganzen Weg von Interlaken an trugen, meist über Gebirgspfade nach Lauterbrunnen, dann nach Mürren und schließlich bis ans Ende des Lauterbrunnen-Tals, in einer Wildnis von Moränen. Wir schliefen, wo es ging, die Männer oft in Scheunen oder Ställen, denn wir richteten uns nur nach der Karte, vermieden die Straßen und meldeten uns nirgends vorher an, und nach einem spärlichen Frühstück aßen wir im Freien: Wir hatten Kochgeschirre und Mengen von »Spridvin« dabei (wie das einzige Mitglied der Gruppe, das in seiner Unwissenheit französisch sprach, für »Methylalkohol« sagte). Wir müssen dann ostwärts über die zwei Scheideggs nach Grindelwald gegangen sein, mit Eiger und Mönch rechts von uns, und kamen schließlich nach Meitingen. Von dem Blick auf die *Jungfrau* konnte

---

* Allerdings ist die Episode mit den »Wargs« (glaube ich) teilweise einer Szene in *The Black Douglas* von S. R. Crockett nachgebildet, wahrscheinlich seinem besten Abenteuerroman und jedenfalls einer, der mich in meiner Schulzeit tief beeindruckt hat, obwohl ich ihn seither nicht wieder angeschaut habe. Darin kommt auch Gil de Rez als Satanist vor.

** Woran ich mich erinnere, weil (noch ein Omen!) die OTC's2 an dem Tag besondere Vorrechte hatten und ich einer von den 12 war, die von der K[ing] E[dward] S[chool] hingeschickt wurden, um »die Straße säumen« zu helfen. Wir wurden für die regnerische Nacht im Lambeth Palace untergebracht und gingen dann früh an einem trüben Morgen, der sich bald aufheiterte, auf unsere Posten. Ich stand genau vor dem Buck. Palace, rechts von mir die großen Tore, gegenüber der Palast. Wir hatten einen guten Ausblick auf die Reitertrupps, und mir blieb immer die eine kleine Szene im Gedächtnis (die von meinen Kameraden nicht bemerkt wurde): Als die Kutsche mit den Königskindern bei der Rückkehr hereingerauscht kam, steckte der P[rince] of W[ales] (ein hübscher Junge) den Kopf heraus, wobei er anstieß, so daß ihm die Krone verrutschte. Er wurde von seiner Schwester wieder hineingezogen und scharf zurechtgewiesen.

510

ich mich nur schwer trennen: ewiger Schnee, der in ewigen Sonnen-schein eingraviert zu sein schien, und das *Silberhorn* stand scharf gegen den dunkelblauen Himmel: das *Silvertine (Celebdil)* meiner Träume. Später stiegen wir über den Grimsell-Paß zu der staubigen Straße hinab, die neben dem Rhône herführte und auf der noch »Postkutschen« verkehrten – aber für uns existierten sie nicht. Wir kamen zu Fuß nach Brig. Ich weiß nur noch, daß es laut war: da war damals ein Netz von Trambahnen, die mindestens zwanzig Stunden am Tag in ihren Gleisen quietschten. Nach einer Nacht dort stiegen wir einige Tausend Fuß zu einem Dorf am Fuß des Aletsch-Gletschers hinauf, und dort verbrachten wir ein paar Nächte in einem Gasthaus, mit einem Dach überm Kopf und in Betten (oder vielmehr unter ihnen: ein *Bett* ist ein formloser Sack, unter den man sich kuschelt). Ich kann mich noch an mehrere Vorfälle dort erinnern. Der eine war, lateinisch beichten zu gehen; andere, nicht so nachahmenswerte waren die Erfindung einer Methode zur Vertilgung der niedlichen Weberknechte, denen wir heißes Wachs von einer Kerze auf die fetten Leiber tropfen ließen (was die Diener nicht gern sahen), außerdem das Biber-Spiel, das mich schon immer fasziniert hatte. Es war ein wunderbarer Platz für dieses Spiel, mit viel Wasser, das in dieser Höhe in Rinnen herabkam, reichlich Material zum Dammbau in Form loser Steine, Heidekraut, Gras und Schlamm. Bald hatten wir einen hübschen kleinen »Teich« (ich schätze, mit mindestens 200 Gallonen Wasser). Dann überkam uns der Hunger, und einer von den Hobbits dieser Gemeinschaft (er lebt noch) brüllte »Mittagessen« und zerstörte den Damm mit seinem Alpenstock. Das Wasser schoß den Hang hinun-ter, und dann bemerkten wir, daß wir eine Rinne abgedämmt hatten, die weiter unten die Tanks und Kübel hinter dem Gasthof füllte. In dem Augenblick kam eine alte Dame mit Eimer herausgeschlurft, um Wasser zu holen, und ein Schwall schäumenden Wassers kam ihr entgegen. Sie ließ den Eimer fallen, flüchtete und rief die Heiligen an. Wir lagen eine Weile mucksmäuschenstill und machten einen Umweg, ehe wir uns schmutzig (aber das waren wir auf dieser Reise meistens), aber unschul-dig wie die Lämmer zum Essen einfanden. Eines Tages gingen wir zu einer langen Wanderung mit Führern den Aletsch-Gletscher hinauf – und dort wäre ich beinah umgekommen. Wir hatten zwar Führer, aber entweder wußten sie auch nichts von den Auswirkungen der Sommer-hitze, oder sie nahmen es nicht so wichtig, oder wir waren zu spät aufgebrochen. Jedenfalls gingen wir mittags einer hinter dem andern einen schmalen Pfad entlang, zur Rechten einen schneebedeckten Hang, der sich bis zum Horizont hinaufzog, und eine steile Schlucht zur

Linken. Der Sommer hatte in diesem Jahr viel Schnee weggeschmolzen, und Steine und Felsblöcke lagen bloß, die (nehme ich an) normalerweise bedeckt waren. In der Hitze des Tages schmolz der Schnee weiter, und wir waren besorgt, als wir sahen, daß viele Steine sich lösten und den Hang hinabrollten, mit wachsender Geschwindigkeit, manche so groß wie eine Orange, manche wie ein Fußball und einige noch viel größer. Sie sausten über unseren Pfad und stürzten in die Schlucht hinab. »Achtung, harte Brocken, meine Damen und Herren!« Sie kullerten langsam los und kamen meist auf einer geraden Bahn herunter, aber der Weg war uneben, und man mußte auch den Boden im Auge behalten. Ich erinnere mich, wie die Frau vor mir (eine ältere Lehrerin) plötzlich aufkreischte und vorwärts sprang, als ein großer Felsklumpen zwischen uns hindurchschoß. Höchstens einen Fuß vor meinen unmännlich zitternden Knien! Danach kamen wir ins Wallis, und daran erinnere ich mich nicht mehr so klar; aber ich weiß noch, wie wir eines Abends voller Schmutz in Zermatt ankamen und wie uns die französischen *bourgeoises dames* durch ihre Lorgnetten anglotzten. Mit Führern stiegen wir zu einer hochgelegenen Hütte des Alpenvereins hinauf, angeseilt (sonst wäre ich in eine Gletscherspalte gefallen), und ich erinnere mich an das blendende Weiß der wirren Schneewüste zwischen uns und der schwarzen Spitze des Matterhorns in einigen Meilen Entfernung.

Ich glaube nicht, daß das alles heute noch sehr interessant ist. Aber für mich mit 19, nach einer Kindheit als armer Junge, war es ein erstaunliches Erlebnis. In jenem Herbst ging ich nach Oxford .....

Die »Trends« in der Kirche sind .... schwer, besonders für Menschen, die gewohnt waren, in Zeiten irdischer Wirren in ihr Trost und »Frieden« zu finden und nicht bloß eine andere Arena voll Streit und Wandel. Aber stell Dir vor, wie es denen erscheinen muß, die (wie ich) zwischen Victorias Goldenem und Diamantenem Jubiläum geboren sind. Beide Gefühle oder Vorstellungen von Sicherheit sind uns mehr und mehr entzogen worden. Nun stehen wir nackt vor dem Willen Gottes, soweit es uns und unsere Stellung in der Zeit angeht (*Vide* Gandalf, I, 70, und III, 155 [dt. I, 84, III, 173])[3]. »Zurück zum Normalen« – den politischen und christlichen Nöten –, wie ein katholischer Professor einmal zu mir sagte, als ich über den Zusammenbruch meiner ganzen Welt stöhnte, der gleich nachdem ich 21 geworden war begann. Ich weiß ganz gut, daß die Kirche, die einst eine Zuflucht zu sein schien, Dir ebenso wie mir nun wie eine Falle vorkommt. Nirgendwo sonst können wir hin! (Ich frage mich, ob nicht diese Verzweiflung, dieser letzte Zustand treuen Festhaltens, noch öfter sogar als in den Evangelien berichtet wird, von den

Jüngern Unseres Herrn zu Seinen Lebzeiten auf Erden empfunden worden sein mag?) Ich denke, man kann nichts tun als beten, für die Kirche, den Stellvertreter Christi und für uns selbst, und unterdessen die Tugend der Treue üben, die ja erst dann eine Tugend wird, wenn man gedrängt ist, sie zu brechen. Es gibt natürlich vielerlei Elemente in der jetzigen Situation, die verworren, aber doch deutlich sind (wie ja auch im Verhalten der modernen Jugend, die zum Teil von bewundernswerten Motiven inspiriert ist wie der Feindschaft gegen Reglementierung und Eintönigkeit, einer Art verhaltener romantischer Sehnsucht nach »Rittern«, und nicht notwendig mit den Drogen oder dem Kult der Fainéance und des Unflats im Bunde). Das »protestantische« rückwärtsgewandte Streben nach »Schlichtheit« und Unmittelbarkeit – was natürlich manches Gute hat, oder zumindest verständliche Motive – ist irrig und ganz vergeblich. Denn das »Urchristentum« ist heute weitgehend unbekannt und wird es auch bleiben, trotz aller »Forschung«; weil »Ursprünglichkeit« keine Garantie seines Wertes ist und es zum großen Teil ein Ausdruck von Unwissenheit war. Schwere Mißbräuche gab es im »liturgischen« Verhalten der Christen von Anfang an bis heute. (Die Vorhaltungen des hl. Paulus wegen des Abendmahlsverhaltens reichen wohl aus, um dies zu bezeugen!) Mehr noch, weil Unser Herr nicht wollte, daß »meine Kirche« statisch oder in ewiger Kindheit bleiben sollte, sondern ein lebendiger Organismus werden (verglichen mit einer Pflanze), der sich entwickelt und im Äußeren wandelt durch das Zusammenwirken des ihm vererbten göttlichen Lebens und seiner Geschichte – den besonderen Umständen der Welt, in die er eingepflanzt ist. Es gibt keine Ähnlichkeit zwischen dem »Senfkorn« und dem ausgewachsenen Baum. Für diejenigen, die in der Zeit, wo er wächst und sich verzweigt, leben, ist der Baum das Wichtigste, denn die Geschichte von etwas Lebendigem ist Teil seines Lebens, und die Geschichte von etwas Göttlichem ist heilig. Die Weisen mögen wissen, daß er aus einem Samenkorn erwachsen ist, aber es ausgraben zu wollen, ist vergebens, denn es existiert nicht mehr, und die Kräfte und Vorzüge, die es besaß, wohnen nun dem Baum inne. Sehr gut, aber in der Landwirtschaft müssen nun die Autoritäten, die Hüter des Baumes, ihn pflegen, so gut ihr Wissen es erlaubt: ihn beschneiden, Krebsschäden und Parasiten entfernen und so weiter. (Mit Zittern, wenn sie wissen, wie wenig sie vom Wachstum wissen!) Aber mit Sicherheit werden sie Schaden stiften, wenn sie von dem Wunsch besessen sind, zum Samenkorn oder auch nur zur frühen Jugend der Pflanze zurückzugehen, als sie (stellen sie sich vor) noch hübsch und von den Übeln verschont war. Das andere Motiv (das nun so oft mit dem

513

primitivistischen vermengt wird, sogar im Geiste jedes einzelnen Reformers): *aggiornamento*, auf den neuesten Stand bringen: auch dies hat seine schweren Gefahren, wie im ganzen Verlauf der Geschichte deutlich geworden ist. Damit ist auch das »Ökumenische« verquickt worden.

Ich selbst sympathisiere mit denjenigen Entwicklungen, die im strengen Sinne »ökumenisch« sind, das heißt, andere Gruppen oder Kirchen betreffen, die sich als »christlich« bezeichnen (und es oft auch wirklich sind). Wir haben endlos um eine christliche Wiedervereinigung gebetet, aber es ist schwer zu sehen, wenn man es sich überlegt, wie deren erste Ansätze möglicherweise zustande kommen könnten, außer so, wie es geschehen ist, mit all den unvermeidlichen kleinen Absurditäten. Ein Zuwachs an »Nächstenliebe« ist ein enormer Gewinn. Als Christen müssen diejenigen, die dem Stellvertreter Christi treu sind, die verletzten Gefühle, die sie als schwache Menschen empfinden, beiseite schieben – z. B. gegen die »Frechheit« unserer neuen Freunde (bes. K[irche] von E[ngland]). Oft wird einem heute auf die Schulter geklopft, als einem Vertreter einer Kirche, die ihre Fehler eingesehen, Arroganz, Hochfahrenheit und Separatismus aufgegeben hat; aber mir ist noch kein »Protestant« begegnet, der Einsicht in die Gründe unserer Haltung in diesem Lande verriete oder ausdrückte, in alter wie in neuer Zeit: von der Folter und Enteignung bis hin zu »Robinson«[4] und all dem. Ist denn je zur Sprache gekommen, daß R[oman] C[atholics] immer noch unter Beschränkungen leiden, die nicht einmal für die Juden gelten? Als einer, dessen Kindheit von der Verfolgung verdunkelt worden ist, finde ich das hart. Aber die Nächstenliebe muß eine Vielzahl von Sünden zudecken! Das hat seine Gefahren (natürlich), aber eine kämpfende Kirche kann es sich nicht leisten, alle ihre Soldaten in einer Festung einzusperren. Das hatte schon an der Maginot-Linie seine Nachteile.

Ich (und vielleicht ein wenig sogar auch die Kirche) verdanke vieles dem Umstand, daß ich, erstaunlicherweise für die damalige Zeit, vernünftiger behandelt wurde. P. Francis erwirkte für mich die Erlaubnis, meine Freistelle an der K[ing] E[dward's] S[chool] zu behalten und weiter dort hinzugehen, und so hatte ich den Vorteil einer (damals) erstklassigen Schule und eines »gut katholischen Zuhauses« – »in excelsis«: ich war praktisch ein jüngerer Insasse des Oratoriums, dem viele gelehrte Väter angehörten (großenteils »Konvertiten«). Die religiöse Disziplin war streng. Von Hilary[5] und mir wurde erwartet, und gewöhnlich taten wir das auch, daß wir morgens, bevor wir auf unsere Räder stiegen, um zur Schule in der New Street zu fahren, bei der Messe dienten. Darum wuchs ich in einem Zweifronten-Verhältnis auf, zu symbolisieren durch die italienische Aussprache des Lateinischen bei den Oratorianern und die strikt »philologische« Aussprache, die damals in unserer von Cambridge dominierten Schule gerade eingeführt wurde. Ich durfte sogar die Kurse des Schuldirektors über das N[eue] T[estament] (in Griechisch) besuchen. Sicher hat mir das nichts »geschadet«, und letztlich war ich auf diese Weise besser darauf vorbereitet, in einer nicht-katholischen Fachwelt meinen Weg zu gehen. Ich wurde ein guter Freund des Direktors und seines Sohnes und machte auch die Bekanntschaft der Familie Wiseman, dank meiner Freundschaft mit Christopher Luke W. (nach dem mein Christopher benannt ist). Sein Vater war einer der prächtigsten Christen, die mir begegnet sind: der große Frederick Luke W. (den P. Francis immer als den Papst von Wesley bezeichnete, weil er der Präsident der Wesleyan Methodist Conference war) . . . . .

Okt. 1968.
Ein Teil von diesem Brief scheint im allgemeinen Durcheinander meiner Papiere während des Umzugs verlorengegangen zu sein. Mein Schlaf- und Arbeitszimmer in der 76 war voller Papiere und halb fertig geschriebener Werke – von denen ich wußte, wo sie zu finden waren. Am Nachmittag des 17. Juni rannte ich die Treppe runter und fiel hin. Ich wurde vom Dielenfußboden gleich so, wie ich war, ins [orthopädische Zentrum von] Nuffield gebracht und kam nie mehr zurück – sah mein Zimmer oder mein Haus nie wieder. Ganz abgesehen von dem Schock des Falls und der Operation hatte dies einen komischen Effekt. Es ist, wie wenn man eine Geschichte liest und plötzlich an eine Bruchstelle kommt (wo ein oder zwei Kapitel zu fehlen scheinen): vollständiger Wechsel der Szene. Lange Zeit hatte ich das Gefühl, in einem bösen Traum zu sein, und wenn ich aufwachte, wäre ich vielleicht wieder in meinem alten Zimmer. Es bewirkte auch, daß ich mich unruhig & unwohl – und »argwöhnisch« fühlte. Ich konnte mich in dem neuen Haus innerlich nicht daheim fühlen, als ob es unwirklich wäre & vielleicht bald verschwände! Und nun bin ich immer noch – denn niemand scheint mir helfen zu können, und ich bin zu lahm geworden, um mir über längere Zeit ohne Ermüdung selbst zu helfen – am Suchen nach verschwundenen oder verstreuten Notizen, und meine Bibliothek ist immer noch eine Wildnis von ungeordneten Büchern . . . . .
Meine »Lyrik« hat wenig Lob erhalten – sogar manche Bewunderer äußern sich darüber meistens verächtlich (ich meine Besprechungen von selbstgewissen Literaturfritzen). Vielleicht hauptsächlich deshalb, weil in der gegenwärtigen Atmosphäre – in der »Lyrik« vor allem die eigenen

Geistes- oder Seelenqualen spiegeln muß und die äußeren Dinge nur nach den eigenen »Reaktionen« auf sie geschätzt werden – kaum je erkannt zu werden scheint, daß die Verse im *H. R.* alle dramatisch sind: sie sollen nicht die Seele des armen alten Professors ergründen, sondern sind im Stil und Inhalt den *Charakteren* in der Geschichte angemessen, von denen sie gesungen oder vorgetragen werden, und den Situationen darin . . . . .

Ich habe erst, *seitdem* ich im Ruhestand bin, erfahren, daß ich ein guter Professor war. Ich hatte keine Ahnung, daß meine Vorlesungen eine solche Wirkung hatten – hätte ich es gewußt, wären sie vielleicht besser geworden. Meine »Freunde« unter den Dons machten sich hauptsächlich das Vergnügen, mir zu sagen, daß ich zu schnell rede und daß ich vielleicht interessant gewesen wäre, wenn man mich nur hätte hören können. Stimmte auch oft: zum Teil kam es daher, weil ich in zu kurzer Zeit zu viel zu sagen hatte, zum größeren Teil aus Schüchternheit, die durch solche Bemerkungen noch gesteigert wurde.

Ich habe nie bei der Übernahme eines meiner »Lehrstühle« die übliche Inaugural-Vorlesung gehalten – weil ich vor einem Publikum aus lauter Dons zuviel Angst hatte. Zum Ersatz dafür habe ich 1959 eine »Abschieds«-Vorlesung gehalten: und zu meiner Überraschung war sie gerammelt voll. Aber die University-Press lehnte die Veröffentlichung ab (obwohl sie Inaugural-Vorlesungen immer veröffentlichen), weil es keine »Inaugural«-Vorlesung war.[6] Aber viele Leute schrieben mir, daß sie meine Entscheidung richtig fanden. Julian Huxley sagte, es sei eine ausgezeichnete Neuerung, die beibehalten werden solle. (»Inaugural«-Vorlesungen werden meist an ein kleines, zufällig versammeltes Publikum gerichtet (das aber wahrscheinlich doch ein paar übelwollende Fachkollegen enthält, denen ein anderer Bewerber lieber gewesen wäre) und sind entweder langweilig oder unangebracht oder manchmal auch pompöse Verkündigungen neuer Richtlinien und der Absichten des neuen Professors.)

307 Aus einem Brief an Amy Ronald 14. November 1968

Ich sagte zu meiner Frau (heute etwa um 3 Uhr nachmittags): »Da kommt einer an die Hintertür mit einer Kiste, aber das ist nicht von unsern Leuten, muß also wohl ein Irrtum sein. Steh nicht auf! Ich erledige das.«

So also bekam ich die 4 Flaschen Port und 3 Sherry, von einem aufgeräumten Burschen, der lachte: »Schon richtig, Sie werden sehn!

516

Bloß so eine Nettigkeit – from somebody.«

Und ob das eine Nettigkeit ist – und nicht bloß von »Somebody«. Ich kann mir gar nicht denken, warum »youbody*« so großzügig zu uns sind. Aber es ist sehr erfreulich. Und, weil ja von Ihnen, natürlich zur guten Zeit. Wir haben es jetzt ganz gemütlich in unserem neuen Haus, können inzwischen mit der Zentralheizung umgehen, die wir nicht gewöhnt waren; aber sogar hier im geschützten Waldland (wenn auch in Hörweite vom Meer) werden die Nächte und manchmal auch die Tage schon kühl. Port und ein guter, milder Sherry sind wunderbar zum Aufwärmen.

Elde is me istolen on ... ich am eldre than i was a wintre and ek a lore[1]: so schrieb ein Moralist (ca. AD 1200 oder früher). Bis vor kurzem hat mich das nicht berührt. Ich hoffe, »*ek a lore*« (d. h. auch an *Wissen*, das das Erfahrungswissen einzuschließen scheint, welches das Erteilen von Ratschlägen rechtfertigt!) stimmt. Aber ich habe Zweifel.

308 An Christopher Tolkien

2. Januar 1969   [19 Lakeside Road, Branksome Park, Poole]
Liebster C.,

»Korrespondenz« kann man dies kaum nennen; aber ich muß Dir doch schreiben, um Dir viel Glück für 1969 zu wünschen.....

Meine Bibliothek ist nun in Ordnung; und fast alles, was ich verloren glaubte, ist wieder aufgetaucht. (Auch manche Dinge, die ich schon vor dem Umzug vermißte!) Joe Wrights *Gothic Gram[mar]* ist verschwunden, aber das ist nicht wichtig, außer in sentimentaler Hinsicht. Ihr zufälliger Erwerb öffnete vor meinen Augen ein Fenster auf die »germ. Philologie«. Ohne Zweifel trug es zu meinem schlechten Abschneiden in der Zwischenprüfung bei; dafür bewog es mich, zu Füßen von Old Joe persönlich Platz zu nehmen. Er erwies sich als guter Freund und Ratgeber. Auch gab er mir eine Grundlage in griech. und lat. Philologie. (Erst Jahre später fand ich heraus, wer der Prüfungsengel war, und lernte ihn kennen, der mir ein α+ in gr. Phil. gegeben und mich dadurch eben noch in den »zweiten« statt in den verdienten »dritten« Rang hineingestubst hatte, mit der Folge, daß mir der »Speck« erhalten blieb und ich meine »Exhibition« [Stipendium] weiterbekam. Das großzügige College – Farnell, mein Tutor und später der Rektor, hatte Respekt vor der Philologie und war einer von den Dons, die in Yorke Powells und Vigfussons Zeiten

---

* Ein hübscher Singular, von dem mir scheint, daß die Hobbits ihn gebraucht haben müssen, mit einem Höflichkeits-Pl[ural] »*youbodies*«.

auf die Nordistik aufmerksam geworden waren – erlaubte mir, daß ich
zu »Englisch« überwechselte, eingestandenermaßen als reiner Philologe, ohne jede Liebe zum Englischen.) . . . .

Ich habe eine fürchterliche Arthritis in der *linken* Hand, was keine
Entschuldigung für dieses Gekritzel sein kann, weil die rechte zum Glück
noch nicht betroffen ist! Alles Gute Euch beiden! Ich wollte, Ihr wäret
nicht so weit weg. (Aber wir haben es sehr bequem hier!) . . . .

309 Aus einem Brief an Amy Ronald   2. Januar 1969

Nun, meine Liebe, zu meinem Namen. Ich heiße *John*: ein Name, der
unter Christen sehr gebräuchlich und beliebt ist, und weil ich an der
Oktav des hl. Johannes, des Evangelisten, geboren bin, nehme ich ihn
zum Schutzpatron – obwohl weder mein Vater noch zu der Zeit meine
Mutter an etwas so Römisches gedacht hätten, wie mir einen Namen
deshalb zu geben, weil es der eines Heiligen war. John wurde ich
genannt, weil es in meiner Familie Brauch war, den ältesten Sohn des
ältesten Sohnes so zu nennen. Mein Vater hieß Arthur und war der älteste
aus der zweiten Familie meines Großvaters John Benjamin; aber sein
älterer Halbbruder John war gestorben und hatte nur 3 Töchter hinterlassen. Darum mußte ich John heißen und wurde von dem alten J. B.
noch auf den Knien geschaukelt, bevor er starb. (Ich war erst vier, als er
1896 mit 92 starb.)[1]

Mein Vater war für John Benjamin Reuel (was mir heute auch gefallen
würde); aber meine Mutter glaubte fest, daß ich eine Tochter werden
würde, und weil ihr »romantischere« (& nicht so alttestamentarische)
Namen lieber waren, entschied sie sich für Rosalind. Als ich dann kam,
verfrüht und ein Junge, wenn auch schwach und kränklich, war Ronald
die Ersatzlösung. Das war damals in England ein viel seltenerer Vorname
– ich habe eigentlich nie einen Altersgenossen gekannt, weder auf der
Schule noch in Oxford, der so hieß –, doch heute, leider, scheint der
Name unter den Kriminellen und anderen heruntergekommenen
Schichten gang und gäbe zu sein. Jedenfalls habe ich ihn immer mit
Respekt behandelt und seit meinen frühesten Tagen nie zugelassen, daß
er abgekürzt oder verschnörkelt wurde. Aber für mich selbst blieb es bei
John. Ronald war für meine nächsten Verwandten. Meine Freunde in der
Schule, in Oxford und später haben mich John genannt (oder manchmal
John Ronald oder J. Rsquared [J. Rquadrat]) . . . . .[2]

Was einen »elbischen« Namen angeht: Ich könnte natürlich einen

518

erfinden. Aber eigentlich gehöre ich doch nicht *in* meine erfundene Geschichte hinein; und ich will es nicht!

Was den »Meister« angeht: Ich bin keiner. In gehobener Sprache wäre es überheblich und profan, einen solchen Titel anzunehmen; im niederen Sprachgebrauch ist es affektiert. Ich bin ein »Professor« – oder war es, und gelegentlich, in inspirierteren Augenblicken, hatte ich den Titel sogar verdient –, und heute jedenfalls (wenn auch nicht in Oxford eine Generation vor der meinen) ist das ein gebräuchlicher gesellschaftlicher Titel.

Also wie? Ich denke, wenn Ihnen für private Zwecke *John* oder *Ronald* nicht zusagen (daß das bei der Zusammenstellung John Ronald so ist, kann ich gut verstehen), müssen wir auf den »Professor« zurückgreifen. (Und ich werde Sie mit gnädige Frau anreden!)

Außerdem gibt es natürlich noch *Reuel*. So hieß (glaube ich) ein Freund meines Großvaters mit Nachnamen. In der Familie wurde es für französisch gehalten (was der Form nach möglich ist); aber selbst wenn es das ist, bleibt doch der merkwürdige Zufall, daß der Name zweimal im A[lten] T[estament] als ein unerklärter weiterer Name für Jethro, Moses' Schwiegervater, auftritt. Alle meine Kinder und Kindeskinder und deren Kinder tragen diesen Namen.

Ich denke, ich werde Sie Aimée nennen, was mir besser gefällt als die anglisierte Form und Ihrer Liebe zum & Kenntnis des Französischen entgegenkommt . . . . . [Als Postskriptum zu dem Brief:]

J. R. R. Tolkien
had a cat called Grimalkin:
once a familiar of Herr Grimm,
now he spoke the law to him.

310 An Camilla Unwin

[Rayner Unwins Tochter Camilla hatte im Zusammenhang eines Schulprojekts an ihn schreiben müssen, mit der Frage: »Was ist der Sinn des Lebens?«]

20. Mai 1969   [19 Lakeside Road, Branksome Park, Poole]
Liebe Miss Unwin,

es tut mir leid, daß meine Antwort so spät kommt. Ich hoffe, sie erreicht Sie noch rechtzeitig. Was für eine gewaltige Frage! Ich denke, daß »Meinungen«, egal wessen, hier ohne Erklärung, wie man zu ihnen kam, nicht viel nützen; aber diese Frage kurz zu beantworten, ist nicht leicht.

Was bedeutet die Frage wirklich? Sowohl *Sinn* wie *Leben* bedürfen der Definition. Ist es eine rein menschliche und moralische Frage, oder betrifft sie das Universum? Sie könnte bedeuten: Wie soll ich versuchen, die mir gewährte Lebensspanne zu nutzen? ODER: Welchem Sinn oder Plan dienen Lebewesen, indem sie leben? Die erste Frage findet eine Antwort jedoch nur (wenn überhaupt), nachdem die zweite bedacht worden ist.

Ich denke, daß Fragen nach dem »Sinn« nur dann wirklich nützlich sind, wenn sie sich auf die bewußten Ziele oder Absichten von Menschen beziehen, oder auf den Zweck der Dinge, die sie machen und planen. »Andere Dinge« haben ihren Wert in sich: sie SIND, sie würden existieren, auch wenn es uns nicht gäbe. Weil es uns aber gibt, ist eine ihrer Funktionen die, von uns betrachtet zu werden. Wenn wir die Stufenleiter des Seins weiter hinaufsteigen bis zu »anderen Lebewesen«, zum Beispiel einer kleinen Pflanze, so finden wir bei ihr eine Form und Organisation: ein »Muster«, das (mit Abwandlungen) bei ihren Verwandten und Abkömmlingen wiederzuerkennen ist; und das ist zutiefst interessant, denn diese Dinge sind »anders«, und wir haben sie nicht gemacht, und sie scheinen aus einer Quelle von Erfindungen zu stammen, die unberechenbar reicher ist als unser eigener Erfindungsgeist.

Menschliche Neugier fragt dann bald nach dem WIE: auf welche Weise ist dies zustande gekommen? Und kann dann weiter, weil das »wiedererkennbare Muster« für eine Absicht spricht, nach dem WARUM? fragen. Das WARUM in diesem Sinne aber, das Gründe und Motive impliziert, kann sich nur auf einen GEIST beziehen. Nur ein Geist kann Absichten haben in einem Maß oder einer Art, die menschlichen Absichten verwandt wäre. So leitet die Frage: »Warum trat das Leben, die Gemeinschaft der Lebewesen, in der physischen Welt auf?« gleich zu der Frage über: Gibt es einen Gott, einen Schöpfer und Planer, einen Geist, mit dem unser Geist (da er von ihm herstammt) verwandt ist, so daß er für uns teilweise verständlich ist. Damit kommen wir zur Religion und den aus ihr hervorgehenden moralischen Ideen. Davon will ich nur soviel sagen, daß die »Moral« zwei Seiten hat, aufgrund der Tatsache, daß wir (wie in gewissem Maß alle Lebewesen) Individuen sind, aber nicht isoliert leben oder leben können und mit allen anderen Dingen Verbindung haben, eine immer engere, je näher wir der absoluten Bindung an die eigene menschliche Art kommen.

Darum sollte die Moral uns in unseren menschlichen Bestrebungen, in der Führung unseres Lebens leiten: a) darin, wie unsere individuellen Talente ohne Vergeudung oder Mißbrauch entwickelt werden können;

und b) ohne Schädigung anderer unseresgleichen oder Störung ihrer Entwicklung. (Dahinter und darüber gibt es noch die Selbstaufopferung aus Liebe.)

Aber dies sind nur Antworten auf die kleinere Frage. Auf die größere gibt es keine Antwort, denn sie erfordert ein *vollständiges* Wissen von Gott, das unerreichbar ist. Wenn wir fragen, warum Gott uns in seinen Plan mit eingeschlossen hat, können wir eigentlich nur sagen, weil er es getan hat.

Wenn Sie nicht an einen persönlichen Gott glauben, kann die Frage: »Was ist der Sinn des Lebens?« nicht gestellt und nicht beantwortet werden. An wen oder was wollten Sie die Frage dann richten? Weil nun aber in einem entlegenen Winkel (oder entlegenen Winkeln) des Universums Wesen mit Geist sich entwickelt haben, die Fragen stellen und darauf zu antworten versuchen, könnten Sie eines dieser eigenartigen Wesen ansprechen. Als eines davon könnte ich mich getrauen zu antworten (und dabei mit einer absurden Arroganz für das Universum sprechen): »Ich bin, wie ich bin. Sie können nichts dazu tun. Sie können weiter versuchen, herauszufinden, was ich bin, aber es wird Ihnen nie gelingen. Und warum Sie es wissen wollen, weiß ich nicht. Vielleicht hängt der Wunsch, es um des Wissens selbst willen wissen zu wollen, mit den Gebeten zusammen, die manche von Euch an das richten, was Ihr Gott nennt. Im Höchsten scheinen diese Ihn einfach dafür zu preisen, daß Er ist, wie Er ist, und daß Er geschaffen hat, was Er geschaffen hat, wie Er es geschaffen hat.«

Diejenigen, die an einen persönlichen Gott, den Schöpfer, glauben, halten das Universum nicht um seiner selbst willen für anbetungswürdig, obwohl es eine Art sein kann, Ihm Ehre zu erweisen, wenn man es hingebungsvoll erforscht. Und solange wir als lebende Geschöpfe (zum Teil) darinnen und ein Teil davon sind, werden unsere Vorstellungen von Gott und die Art, wie wir sie äußern, weitgehend aus der Betrachtung der Welt um uns abgeleitet sein. (Allerdings gibt es auch eine Offenbarung, die sich sowohl an alle Menschen als auch an bestimmte einzelne richtet.)

Darum kann man sagen, daß der Hauptsinn des Lebens für jeden von uns der ist, nach bestem Vermögen und mit allen Mitteln, die wir haben, unser Wissen von Gott zu vermehren und uns dadurch zu Lob und Dank bewegen zu lassen. Zu tun, wie wir im *Gloria in Excelsis* sagen: Laudamus te, benedicamus te, adoramus te, glorificamus te, gratias agimus tibi propter magnam gloriam tuam. Wir loben dich, wir preisen dich, wir beten dich an, wir verherrlichen dich, wir sagen dir Dank ob deiner Großen Herrlichkeit.

Und in Momenten des Jubels können wir alle erschaffenen Dinge dazu aufrufen, in unseren Chor mit einzustimmen, denn wir sprechen für sie, so wie in Psalm 148 und im Gesang der drei Jünglinge in Daniel II. LOBET DEN HERRN ... alle Berge und Hügel, Gärten und Wälder, und alles was kriecht und fliegt.

Dies ist viel zu lang und viel zu kurz zugleich – zu solch einer Frage.

Mit den besten Wünschen

J. R. R. Tolkien

311 Aus einem Brief an Christopher Tolkien 31. Juli 1969

Zu meiner Freude kam heute Dein Brief vom 27. an, und ich war sehr unzufrieden mit meinem Schweigen. Allmählich fühle ich mich ein bißchen verzweifelt: endlos frustriert. Da habe ich es endlich geschafft, den Dämon der Erfindung loszulassen, nur um mich nun in den Zustand eines Mannes versetzt zu finden, der nach einem starken Schlaftrunk geweckt wird und sich dann nicht mehr länger als für ein paar Minuten nacheinander hinlegen darf. Nichts Halbes und nichts Ganzes! Geschäftliche Dinge bleiben endlos liegen, und doch bekomme ich von meiner eigentlichen Arbeit nichts fertig. Dann kam auch noch dieser letzte tückische Schlag. Ganz beträchtliche Schmerzen befielen mich und eine Depression, die kein gewöhnliches Heilmittel lindern konnte. Letzten Dienstag vor drei Wochen kam Tolhurst und »nahm mich in die Mangel«; er diagnostizierte eine entzündete/oder angegriffene Gallenblase. Verbot mir sofort alle Fette (auch Butter) und allen Alkohol. Gewöhnlich ist er ein fideler und aufmunternder Arzt, aber jetzt war er alarmierend ernst, und die Aussichten schienen düster zu sein. Wir (oder wenigstens ich) wissen viel zu wenig über die komplizierte Maschine, die wir bewohnen, und (wie ein mechanisch völlig Unbewanderter, für den »Vergaser« nur der Name eines kleinen Motorteils mit unbedeutender und wenig bekannter Funktion ist) unterschätzen die Gallenblase. Sie ist ein lebenswichtiger Teil der chemischen Fabrik, und von allem andern abgesehen kann sie heftige Schmerzen bereiten, wenn sie nicht richtig geht; und wenn sie »erkrankt« ist: na, dann ist man »dran«. – Ich weiß nicht, warum man über Krankheiten reden möchte, bes. wo doch die Einzelheiten so verwickelt und ermüdend sind: Kurz gesagt, ich wurde vom Röntgenmann mit viel Zuvorkommenheit behandelt. Er ließ alles Protokoll beiseite, und nach der zweiten Runde entwickelte er die Platten sofort, kam dann gleich wieder zu mir und sagte mit einem

Lächeln: »Die Platten gehen an Ihren Arzt, der Ihnen das Ergebnis sagen und Ihnen Empfehlungen geben wird, aber ich kann schon sagen, obwohl die Platten noch feucht sind, daß Ihre Gb. an der richtigen Stelle sitzt und funktioniert, und Gallensteine oder Gewächse sehe ich keine. Ich würde an Ihrer Stelle jetzt erst mal gut essen gehen.« Tolhurst kam gestern und setzte die Diät ab: Butter und Alkohol »mit Maßen«. Ich fühle mich ganz wohl: d. h. so gut wie vorher. Aber das Leben ist nicht leicht. Die Parke[1] ist krank geworden. Mummy hat Beschwerden, und ich fürchte, sie wird langsam »hinfällig«. Auch fühle ich mich sehr abgeschnitten . . . . .

312 **Aus einem Brief an Amy Ronald**   16. November 1969

Ich hatte Ihnen schreiben wollen, um Sie wissen zu lassen, wie sehr ich über Ihre Leiden besorgt und beunruhigt bin: Sie Ärmste! Ich bete für Sie – weil ich ein Gefühl habe (das einer Gewißheit nahekommt), daß Gott aus einem unerfindlichen Grund, der für uns fast wie Humor aussehen mag, so merkwürdig bereit ist, die Gebete der am *wenigsten* würdigen Bittsteller zu erhören – wenn sie für andere beten. Ich will natürlich nicht sagen, daß Er nur die Gebete der Unwürdigen erfüllt (von denen man nicht erwarten sollte, daß sie überhaupt angehört werden); sonst würden mir die Gebete anderer jetzt nicht zugute kommen. Was für eine grauenhafte, angstverdunkelte, kummerbeladene Welt, in der wir leben – besonders diejenigen, die auch noch die Bürde des Alters zu tragen haben, deren Freunde und alle, an denen ihnen besonders viel liegt, auf die gleiche Weise geplagt sind! Chesterton hat einmal gesagt, es sei unsere Pflicht, die Fahne dieser Welt hochzuhalten: aber heute erfordert dies einen stärkeren und erhabeneren Patriotismus als damals. Gandalf hat hinzugefügt, daß wir uns die Zeiten, in die wir hineingeboren werden, nicht aussuchen können, daß es aber bei uns liegt, zu tun, was wir können, um sie zu heilen; aber der Geist der Bosheit ist höheren Orts nun so mächtig und so vielköpfig in seinen Inkarnationen, daß es scheint, als könne man nicht mehr tun, als sich persönlich zu weigern, irgendeinen von den Köpfen der Hydra anzubeten . . . . .
        Ich hatte viel Freude an dem Band über die Blumen der Kap-Halbinsel.[1] Ganz faszinierend an sich und in seinen allgemeinen botanischen und sogar päologischen Implikationen. Ich habe nie etwas gesehen, das unmittelbar an die *niphredil, elanor* oder *alfirin* denken ließe: aber ich denke, das kommt daher, daß diese imaginären Blumen von

einem Licht erhellt werden, das man in einer wachsenden Pflanze niemals sehen würde und das durch ein Gemälde nicht einzufangen wäre. Wenn man sich dieses Licht hinzudenkt, könnte *niphredil* einfach eine zarte Verwandte des Schneeglöckchens sein, *elanor* eine Pimpernelle (vielleicht ein wenig vergrößert) mit sonnengoldenen und sternsilbrigen Blüten an derselben Pflanze und manchmal beides vereint. *Alfirin* (»unsterblich«) wäre eine Immortelle, aber nicht trocken und strohig: einfach eine schöne glockenähnliche Blume mit Blüten in vielen Farben, aber alle sanft und zart . . . . .

Alle illustrierten Botanikbücher (oder, besser noch, direkter Kontakt mit einer ungewohnten Flora) haben für mich eine besondere Faszination. Nicht so sehr die seltenen, ungewöhnlichen oder völlig fremden Exemplare als vielmehr die Variationen und Permutationen in Blumen, die augenscheinlich *verwandt* sind mit denen, die ich kenne – aber nicht dieselben. Sie erregen in mir Vorstellungen von Verwandtschaft und Abstammung durch große Altersschichten hindurch und außerdem Gedanken an das Geheimnis des Musters oder Plans, von etwas, das anders ist als seine individuelle Verkörperung und doch darin wiedererkennbar. Wie? Ich erinnere mich an eine Pflanze, die einmal (unbeschildert und unbenannt) in einem Winkel des Botanischen Gartens wuchs und die mich faszinierte. Ich kannte ihre »Familie«, die Scrophulariaceae, und hatte immer angenommen, daß die wissenschaftlichen Grundlagen der Einordnung von Pflanzen solide seien und daß diese Gruppierung im allgemeinen auf eine tatsächliche physische Verwandtschaft in der Abstammung hinweise. Aber wenn man, sagen wir, Knotenwurz und Fingerhut miteinander vergleicht, gehört etwas Glauben dazu. Dort aber sah ich ein »fehlendes Bindeglied«. Ein schöner Fingerhut, mit Glocken und allem – aber auch ein Knotenwurz: denn die Glocken waren rotbraun, die rote Färbung zog sich durch die Adern aller Blätter, und der Stengel war eckig. Eine der 17 Arten (glaube ich) von Digitalis, die wir in Britannien nicht haben. Aber die Botanikbücher, die ich besitze, sagen nichts über solche »Bindeglieder« zwischen den verschiedenen *Linien* der Familie (Scrophulariaceae & Digitalis). Nur gelegentlich sieht man einmal wirklich, wie eine Veränderung zustande kommt, die unter günstigen Umständen dauerhaft werden könnte. In einem meiner früheren Gärten hatte ich einen Randstreifen mit Maßliebchen bepflanzt (zumeist roten); aber sie säten sich über den Rasen aus, wo sie im Überlebenskampf mit dem Gras wieder zu gewöhnlichen Gänseblümchen wie ihre Vorfahren wurden. Manche Samenkörner waren bis zu einer Stelle vorgedrungen, wo ein enorm fetter Boden entstanden war (verfaultes Gras und tiefschwarze Holzfeuerasche). Eine kühne Abenteu-rerin versuchte etwas daraus zu machen – aber es gelang ihr nur auf Gänseblümchenart: sie erreichte das Vierfache der normalen Größe, mit einer Blüte, die so groß war wie eine Half-crown-Münze. Ich sagte, »prächtig, aber ein bißchen plump, was? Keine echte Verbesserung der *bellis perennis*«. Sie oder irgendwas hat es vielleicht gehört. Am nächsten Morgen hatte sie aus ihrer Blüte, auf zarten Stengeln, die sich in einem Kreis aus dem Rand der Scheibe erhoben, sechs rosaspitzige, kleine, elbisch-zarte Gänseblümchen hervorgetrieben, wie eine luftige Krone. Viel zierlicher und klarer im Muster als irgendeine der überzüchteten Arten, die ich gesehen hatte – oder habe. (Ich hatte nicht die Zeit und auch nicht das Können, sie fortzupflanzen.)

313 Aus einem Brief an Michael Tolkien 25. November 1969

Ich wollte, ich hätte Zeit, eine elementare (! beide Sprachen sind natürlich überaus schwierig) Grammatik und ein Wörterbuch des »Elbi-schen« herauszubringen, d. h. Quenya und Sindarin. Ich muß gerade einiges daran tun, um »das Silmarillion und all das« mit dem H. R. abzustimmen. Woran ich nun rackere, unter endlosen Schwierigkeiten: nicht die kleinste ist die natürliche Trägheit meiner 77+.

314 Aus einem Brief an Christopher Tolkien 15. Dezember 1969

Nun zu Deinem letzten Absatz! Ich halte sehr viel von den »dumpfen Strebern«. Ich habe mal einiges an Erfahrungen mit Studenten gemacht, die (zumindest scheinbar) wohl die dumpfesten Streber in England sind oder waren: junge Männer und Frauen in Yorkshire aus den Schichten unterhalb der Public Schools, aus bücher- und kulturlosen Familien. Das besagt jedoch nicht unbedingt schon etwas über die wirklichen angebo-renen Fähigkeiten – die weitgehend unerschlossen sein können – eines bestimmten Individuums. Ein überraschend großer Teil von ihnen erweist sich als »bildungsfähig«: wofür eine Hauptvoraussetzung die Bereitschaft ist, *etwas Arbeit zu leisten* (zu lernen) (auf jeder Intelligenzstufe).* Sie zu

---

* Diese Bereitschaft hängt gewöhnlich mit einem gewissen Maß an Bescheidenheit zusammen. Der erste Antrieb dazu war in Yorkshire der Wunsch, »weiterzukom-men«. Aber das bleibt nicht das einzige Ziel. Die eigennützige Liebe ist oft die Vorläuferin der echten Liebe.

unterrichten, ist sehr anstrengend. Aber ich würde mich lieber damit verausgaben, den »Strebern« das »Dumpfe« auszutreiben – wobei manche Resultate von zweiter Qualität herauskommen, die doch ein wenig Vernunft bewahren – ein günstiger Boden, aus dem eine andere Generation mit etwas höherer Intelligenz hervorgehen könnte. Lieber das, als Mühe an diejenigen von (jedenfalls scheinbar) höherer Intelligenz zu verschwenden, die in der Schule schon verdorben und verfault sind und vom »Klima« der heutigen Zeit.* Unterricht in einem organisierten Fach ist einfach nicht das Mittel zu ihrer Rehabilitation – wenn die überhaupt möglich ist. Lieber eine kleine, verschrumpelte Wurzel, die möglicherweise in besserem Boden doch ein paar Blätter treibt und schließlich sogar etwas Samen hervorbringt, als eine große, rosige Wurzel, in der der Wurm ist! Amen. Aber ich bin alt und wahrscheinlich nicht mehr fähig, mir die heutige, niederschmetternde Situation richtig vorzustellen. Noch schlimmer als die weichen Wurzeln mit der Krankheit sind (denke ich mir) die minderwertigen, die zu meiner Zeit vermutlich gesund gewesen wären, nun aber ebenso faul, aber noch gemeiner und widriger sind.

315 Aus einem Brief an Michael Tolkien   1. Januar 1970

Ich komme *nicht* schnell voran mit dem S. Die Situation zu Hause, Mummys tapferer, aber nicht zu gewinnender Kampf gegen Alter, Invalidität (und Schmerzen) und meine eigenen Jahre – und all die Unterbrechungen durch »Geschäfte« lassen mir nicht viel Zeit. Eigentlich bin ich bisher hauptsächlich mit dem Versuch beschäftigt gewesen, die sehr frühen und die späteren Teile des *Silmarillion* mit der Situation im *H. R.* zu koordinieren. »Geschichten« wachsen in meinem Kopf immer noch aus Namen hervor; aber das ist eine sehr schwierige und komplizierte Angelegenheit.

Wenn Du für mich betest, dann bete um »Zeit«! Ich möchte gern noch manches von diesem Zeug in lesbare Form bringen und anderes soweit skizzieren, daß andere es verwenden können. Auch würde ich liebend gern noch dem Fiskus ein Schnippchen schlagen und die niederträchtigen 7 Jahre überleben.[1] (Und ich hätte gern noch die Zeit, niederzuschreiben, was ich aus meiner Kindheit und von meinen Verwandten zu beiden Seiten weiß oder in Erinnerung habe.)

---

* Um von »Drogen« gar nicht zu reden.

316 Aus einem Brief an R. W. Burchfield   11. September 1970

[Die Redaktion des *Oxford English Dictionary*, unter Dr. Burchfield, bereitete die Aufnahme des Stichworts *Hobbit* für den zweiten Ergänzungsband vor. Tolkiens Hilfe wurde erbeten, besonders Auskunft zu der Frage, ob er das Wort erfunden habe oder ob schon eine ältere Geschichte mit demselben Titel existierte (vgl. Nr. 25).]

Die Sache mit *Hobbit* ist nicht sehr wichtig, aber man wird mir verzeihen, daß ich ein persönliches Interesse daran nehme und die von mir beabsichtigte Bedeutung gern klargestellt sehen möchte.

Leider, und wie jeder Lexikograph weiß: »Sehen Sie die Dinge nicht zu genau an, wenn Sie keinen Ärger wollen: fast immer stellt sich heraus, daß sie nicht so einfach sind, wie man dachte.« Sie bekommen in Kürze einen langen Brief über *Hobbit* und verwandte Themen, wovon, selbst wenn er rechtzeitig kommt, nur ein kleiner Teil für Sie nützlich oder interessant sein wird.[1]

Für den Augenblick muß ich damit noch warten, weil ich die Frage der Etymologie: »Erfunden von J. R. R. Tolkien« noch von Experten untersuchen lasse. Ich weiß, daß der Anspruch nicht klar war, hatte mir aber nicht die Mühe gemacht, der Frage nachzugehen, bis ich von der Aufnahme von *Hobbit* in den Ergänzungsband erfuhr.

Einstweilen lege ich Ihnen die folgende Definition zur Prüfung vor: One of an imaginary people, a small variety of the human race, that gave themselves this name (meaning »hole-dweller«) but were called by others *halflings*, since they were half the height of normal Men.[2]

Das setzt voraus, daß die Angabe zur Etymologie stehenbleiben kann. Wenn nicht, könnte man es modifizieren, z. B. durch Einfügung nach »race«

; in the tales of J. R. R. Tolkien said to have given themselves this name, though others called them . . .

Wenn sie stehenbleibt, was, wie ich denke, der Fall sein wird, selbst wenn eine ältere Geschichte mit dem Titel »The Hobbit«[3] sich ermitteln läßt, dann könnte das »meaning hole-dweller« zur Etymologie vorgezogen werden.

317 **Aus einem Brief an Amy Ronald** Allerheiligen 1970

Ich habe von Ihrem wundervollen Geschenk Gebrauch gemacht. Ich kam mir vor wie ein kluger Mann, der zu einer langen Reise aufbricht und sein Boot mit den nützlichsten und nötigsten Dingen versieht: – Ich empfinde dieses Haus immer noch als ein Schiff oder eine Arche: wie eine solche sieht es aus (vom Garten), still und zufrieden, aber zugleich auch ein bißchen überrascht, als wäre es im Schlaf hier von einer Welle abgesetzt worden und wüßte nun nicht recht, wo es sich befindet.

Ach, einen guten Brandy habe ich leider nicht gekauft. Mein Gaumen hat ihn nie so zu schätzen gelernt, wie er es verdient. Aber ich habe Burgunder gelagert, einen Port, den wir beide mögen*, und einen guten Sherry, einige Liköre und eine Flasche Champagner (im Hinblick auf Weihnachten).

318 **Aus einem Brief an Neil Ker** 22. November 1970

[Ker hatte Tolkien eine Kopie eines Artikels über A. S. Napier (1853–1916) geschickt, der Professor für englische Sprache und Literatur in Oxford gewesen war, als Tolkien dort zu studieren begann.]

Ich bin Ihnen sehr dankbar für die Freundlichkeit, mir einen Sonderdruck Ihrer Arbeit über Napier zu schicken. Es hat mich zutiefst interessiert. Naturgemäß. Ich kam auf eigenen Wunsch im T[rinity] T[erm] 1913 in die English School: Daß es sie gab, hatte ich erst aus der Prüfungsordnung erfahren. Ich war nicht so überrascht, wie ich es hätte sein sollen, über die Großzügigkeit des Exeter College, das mir dies gestattete, ohne mir mein Stipendium für Altphilologie zu entziehen, aber Ihr Aufsatz bestätigt meine Vermutung, daß dies auf Farnell zurückging.[1]

Jedenfalls, er schrieb mir eine Empfehlung für Napier, und ich besuchte ihn in seinem Haus in Headington. Ich weiß noch, daß ich in einen sehr schummerigen Raum geführt wurde und Napier kaum sehen konnte. Er war höflich, sagte aber wenig. Er hat dann nie mehr mit mir gesprochen. Ich ging in seine Vorlesungen, wenn er soweit gesund war,

---

* Keinen »alten«. Aber ich mag Port (s. gern) als Vorm.-Trank: wärmend, verdaulich und s. gut für meinen Hals, wenn ich ihn (wie ich es richtig finde) für sich trinke oder mit einem trockenen Keks, aber NICHT nach einer ausgiebigen Mahlzeit oder (schon gar nicht) zum Nachtisch!

daß er sie halten konnte. Ach, leider kam ich zu spät! Seine Krankheit muß damals schon weit fortgeschritten gewesen sein.

Aber dies wurde wettgemacht durch einen einmalig glücklichen Umstand: Sisam² wurde mein Tutor. Ich denke, daß ich ihm nun allerdings viel von dem verdanke, was er dem Beispiel und dem Unterricht Napiers zuschreibt. Dafür waren Sisams eigene große Talente offenbar sehr empfänglich, und seine Gefühle waren durchwärmt von der Zuneigung zu einem großen Mann, dessen Kräfte nachließen. Sein Unterricht war jedoch gewürzt mit einem Scharfsinn, Humor und praktischer Klugheit, die ganz die seinen waren. Ich stehe bei ihm in einer tiefen Schuld und habe es nicht vergessen....

Übrigens wurden die Grundsteine zu meiner Bibliothek von Sisam gelegt. Er brachte mir bei, nicht nur Texte zu lesen, sondern auch die Antiquariats-Kataloge zu studieren, von denen ich bis dahin gar nicht gewußt hatte. Einige hat er für mich angestrichen.

319 Aus einem Brief an Roger Lancelyn Green 8. Januar 1971

Das Ox. E. D. ist bei der Vorbereitung seines zweiten Ergänzungsbandes zu *Hobbit*, das es nebst seinen Abkömmlingen *hobbitry, hobbitish* etc. aufnehmen will. Ich habe daher meinen Anspruch vertreten müssen, das Wort erfunden zu haben. Mein Anspruch beruht eigentlich nur auf meinem »nackten Ehrenwort« oder der unbestätigten Versicherung, daß ich mich an den Augenblick seiner Erfindung (durch mich) erinnere; daß ich *damals* keinerlei Kenntnis von *Hobberdy, Hobbaty, Hobberdy Dick* etc. (für »Haus-Kobolde«) hatte*; und daß meine »Hobbits« jedenfalls von völlig verschiedener Art waren, eine sehr kleine Nebenlinie der menschlichen Gattung. Außerdem, daß das einzige engl. Wort, das die Erfindung beeinflußt hat, »hole« war; daß es angesichts der Beschreibung der *Hobbits* nur eine naheliegende Beleidigung war, wenn die Trolle von *rabbits* sprachen, etymologisch ebenso bedeutungslos wie Thorins Beschimpfung Bilbos als »descendant of rats«. Die ersten Zweifel daran tauchten jedoch schon 1938 auf.¹ Im *Observer* erschien am 16. Jan. 1938

---

* Aber jetzt weiß ich's! Wahrscheinlich mehr als die meisten andern Leute, und da gerate ich in ein sehr dichtes Gestrüpp – der Schlüssel ist jedoch der Glaube an *incubi* und »Wechselbälger«. Ach, und ein Ergebnis ist, daß die Behauptung, die *hobgoblins* seien »eine größere Art« gewesen, das Gegenteil der ursprünglichen Wahrheit ist. (Die Behauptung steht in der Vorbemerkung über die Runen, die für die Taschenbuch-Ausgabe geschrieben wurde, aber jetzt auch in allen Ausg. bei A & U steht.)

eine mit »Habit« unterzeichnete Rezension (womit übrigens die Ähnlichkeit der Wörter schon lange vor Coghills spaßhaftem Adj. »hobbit-forming«, in bezug auf meine Bücher, erfaßt wurde). »Habit« versicherte, ein Freund von ihm wollte schon vor etwa 20 Jahren (also ca. 1918) eine alte »Fairy story« (in einer Sammlung solcher Geschichten) mit der Titel *The Hobbit* gelesen haben; allerdings sei das ein sehr »beängstigendes« Geschöpf gewesen. Ich bat um mehr Information, habe aber nie welche erhalten; und bei intensiven Nachforschungen in letzter Zeit ist diese »Sammlung« auch nicht ans Licht gekommen. Ich halte es für wahrscheinlich, daß die Erinnerung des Freundes ungenau war (nach 20 Jahren), und vermutlich war es ein Name aus der Kategorie *Hobberdy, Hobbaty*. Die Möglichkeit ist jedoch nicht auszuschließen, daß untergegangene Kindheitserinnerungen sehr viel später (in meinem Fall nach 35–40 Jahren) plötzlich wieder auftauchen, dann allerdings in ganz anderer Verwendung. Ich sagte denen, die für mich recherchierten, daß ich früher (vor 1900) oft etwas aus einer »alten Sammlung« vorgelesen bekam – zerfleddert, ohne Umschlag oder Titelseite –, von der ich heute nur noch weiß, daß sie (glaube ich) von Bulwer Lytton war und eine Geschichte enthielt, die ich damals sehr gern mochte und die »*Puss Cat Mew*« hieß. Sie haben sie nicht gefunden. Ich frage mich, ob nicht Sie, der beschlagenste Gelehrte auf diesem Gebiet, etwas dazu sagen können.[2] Bes. zu meiner eigenen Befriedigung wegen *Puss Cat Mew* – ich glaube, einen Namen, der genau *Hobbit* lautet, haben Sie nicht gefunden, oder Sie hätten es erwähnt. Ach, welch verworrnes Netz sie spinnen, die, die ein neues Wort ersinnen!

320 Aus einem Brief an Mrs. Ruth Austin 25. Januar 1971

Besonders haben mich Ihre Bemerkungen über Galadriel interessiert ..... Ich denke, es stimmt, daß ich bei dieser Figur der katholischen Lehre und Vorstellung über Maria viel verdanke, aber eigentlich war Galadriel eine Büßerin: in ihrer Jugend war sie eine Anführerin der Rebellion gegen die Valar (die engelhaften Mächte). Am Ende des Ersten Zeitalters wies sie die Vergebung oder Erlaubnis der Rückkehr stolz von sich. Verziehen wurde ihr wegen ihres Widerstands gegen die letzte und überwältigende Versuchung, den Ring für sich zu nehmen.

321 Aus einem Brief an P. Rorke, S.J. 4. Februar 1971

[Bezieht sich auf die Höhlen von Helms Klamm im *Herrn der Ringe*.]

Am meisten gefreut hat mich Ihr Hinweis auf die Beschreibung der »schimmernden Höhlen«. Ich glaube, kein anderer Kritiker hat sie zu besonderer Erwähnung herausgegriffen. Vielleicht interessiert es Sie, daß diese Passage von den Höhlen in Cheddar Gorge ausging und geschrieben wurde, kurz nachdem ich sie 1940 noch einmal besucht hatte, aber noch gefärbt von meiner Erinnerung an sie, lange bevor sie so kommerzialisiert wurden. Ich war fast dreißig Jahre früher in meinen Flitterwochen dort gewesen.

322 Aus einem Brief an William Cater 18. März 1971

Was meine Arbeit angeht, so sieht es jetzt besser aus als in letzter Zeit und es ist möglich, daß ich später im Lauf dieses Jahres noch einen Teil des *Silmarillion* an Allen & Unwin werde abliefern können.

323 An Christopher Tolkien

Angefangen um den 2. Juni 1972.   [19 Lakeside Road]
Mein liebster C.,
     Es tut mir leid, daß ich so stumm geblieben bin. Aber nur eine lange »Leidensgeschichte«, die Du in den Grundzügen schon kennst, wd. es völlig erklären. Jetzt haben wir den 2. Juni, und der Mai, einer der besten, die ich erlebt habe, ist vergangen, ohne daß ich einen Federstrich getan habe. Nicht alles nur Leiden, natürlich. Unsere kurzen Ferien in Sidmouth, denn darauf lief Dr. Tolhursts Empfehlung letztlich hinaus, waren wirklich sehr erfreulich. Wir hatten Glück mit der Zeit – überhaupt die einzige Woche, wo im Hotel etwas frei war – weil der Mai so ein herrlicher Monat war –, und wir kamen zu einem wahren »Ausbruch« des Frühlings in voller Pracht und sahen Devon von Braun in leuchtendes Gelbgrün übergehen und alle Blumen aus dem toten Farnkraut oder alten Gras aufschießen. (Die Eichen übrigens betrugen sich sehr merkwürdig. Den alten Spruch über Eiche und Esche, sofern etwas Wahres dran ist, könnte man gewöhnlich nur mit weitgespannten Statistiken bestätigen, denn der Abstand, in dem sie munter werden, ist

meistens so gering, daß er schon durch kleine lokale Unterschiede des Standorts verändert werden kann. Aber dieses Jahr schien ein ganzer Monat zwischen ihnen zu liegen! Die Eichen waren unter den ersten Bäumen, die Laub hatten, zugleich mit den Birken, Buchen, Linden etc. oder noch vorher. Wie große Blumenkohlköpfe in leuchtendem Gelb-Ocker, mit Büscheln von Blüten, während die Eschen (an den gleichen Standorten) noch kahl und dunkel waren, kaum eine der klebrigen Knospen zu sehen) . . . . .

Das Belmont erwies sich als s. g. Wahl. Die wichtigsten Änderungen, die wir in Sidmouth festgestellt haben, waren sogar der Aufstieg dieses ziemlich finster aussehenden Hotels (trotz der perfekten Lage) zum besten am Ort – besonders zum *Essen* . . . . . M und ich haben seit Jahren nicht mehr so viel in einer Woche gegessen (ohne Verdauungsbeschwerden). Außerdem fuhren unsere treuen Freunde von der Kreuzfahrt (Boarland) vor rund sechs Jahren, die vor kurzem nach Sidmouth gezogen waren und so darauf brannten, uns wiederzusehen, daß sie für uns die Zimmer im Belmont belegten, uns fast jeden Tag im Wagen spazieren. Darum sah ich wieder viel von der Gegend, die Du (insbesondere) und ich in den alten Tagen des armen alten JO ausgekundschaftet haben, mit dem wackeren, schwergeprüften alten Morris.[1] Eine weitere Freude war der Umstand, daß Sidmouth praktisch unverändert zu sein schien, sogar die Läden: viele haben noch dieselben Namen (wie Frisby, Trump und Potbury). Na ja, so ist das & nun leider vorbei! Was meine eigentliche Arbeit angeht, bin ich natürlich immer noch in der Flaute – und die Zeit rinnt mir nur so durch die Finger.

10. Juni. An dieser Stelle wurde ich unterbrochen – wie üblich. Aber unter anderem macht sowohl M wie mir jetzt entweder ein »Virus« zu schaffen, oder vielleicht ist es auch eine Lebensmittelvergiftung, ein Risiko, das in diesem verschmutzten Land, das zu einem wachsenden Teil von Wahnsinnigen bewohnt wird, beständig zunimmt . . . . .

Ich sehne mich danach, Dich zu sehen. Ich bin sicher, daß mir noch vieles einfallen wird, sobald dies hier abgeschickt ist, was ich alles sagen wollte. Aber was ich persönlich vermisse, wahrsch. mehr als alles andere, sind zwei oder drei Tage allgemeiner Gedankenaustausch und Beratschlagung mit *Dir*. Obwohl ich denke, daß die Ereignisse einen unentrinnbaren Verlauf genommen haben, bedaure ich es heute jeden Tag, daß wir für die rasche Verständigung zu weit voneinander getrennt sind und daß ich so unbeweglich bin . . . . .

[Tayar hatte Fragen zur Verwendung des Namens »Gamgee« im *Herrn der Ringe* gestellt, und ob der Name »Gondor« durch Gondar in Äthiopien nahegelegt worden sei.]

In der Frage wegen *Gondar/Gondor* berühren Sie ein schwieriges Thema, doch eines von großem Interesse: die Natur des Prozesses der »sprachlichen Erfindung« (einschließlich Nomenklatur) im allgemeinen und im *Herrn der Ringe* im besonderen. Es würde zu lange dauern, dies zu erörtern – das erforderte einen langen Aufsatz, den ich oft im Sinn habe, aber wohl nie schreiben werde. Soweit es *Gondor* betrifft, sind die Tatsachen (soweit mir bewußt) die folgenden: 1) Ich kann mich nicht erinnern, den Namen *Gandor* (in Äthiopien) je gehört zu haben, bevor ich Ihren Brief bekam; 2) *Gondor* ist a) ein Name, der sich in Stil und Phonetik des *Sindarin* fügt und der b) »Stein-Land«, d. h. »Stein(-verwendender Menschen) Land« bedeutet.* Außerhalb der inneren historischen Fiktion war der Name ein sehr frühes Element in der Erfindung der ganzen Geschichte. Auch in der linguistischen Konstruktion der Erzählung**, die akkurat und detailliert ist, wären *Gondor* und *Gondar* zwei verschiedene Wörter/Namen, und letzteres hätte keine genaue Bedeutung. Dennoch, das Gedächtnis ist natürlich ein »Komposthaufen« voller verschütteter Erinnerungen an Namen, und diese kommen bisweilen an die Oberfläche und können dann, mit Abwandlungen, die Grundstoffe zu »erfundenen« Namen hergeben. Weil von Äthiopien während des italienischen Krieges soviel die Rede war, könnte es sein, daß *Gondar* ein solches Element gewesen ist. Aber sicherlich könnte es ebensogut *Gondwana-Land* gewesen sein (dieser ungewöhnliche Abstecher der Geographie in die Poesie). In diesem Falle kann ich mich sogar an den Grund erinnern, warum das Element **gon(o)*, **gond(o)* für den Stamm von Wörtern mit der Bedeutung »Stein« ausgewählt wurde, als ich mit der Erfindung der »elbischen« Sprachen anfing. Als ich etwa 8 Jahre alt war,

---

* Diese Bedeutung wurde von anderen, des Sindarin unkundigen Völkern verstanden: vgl. *Stoningland* (1-bändige Ausg. 882 [dt. Steinenland, III, 137]) und besonders das Gespräch zwischen *Théoden* und *Ghân* (864 f. [dt. III, 116 ff.]) Innerhalb der historischen Fiktion ist es sogar wahrscheinlich, daß die Númenórer des südlichen Königreichs diesen Namen von den Ureinwohnern von Gondor übernahmen und ihm eine passende Übersetzung ins Sindarin gaben.

** Die Bemerkung im Vorwort zur 1-bänd. Taschenbuch-Ausgabe, p. 7, die ganze Sache sei »in erster Linie linguistisch inspiriert« gewesen, ist die reine Wahrheit.

las ich in einem Büchlein (das erklärtermaßen für Kinder war), daß aus der Sprache der Ureinwohner (vor dem Eindringen der Kelten oder Germanen) heute nichts mehr bekannt sei, außer vielleicht *ond* = Stein (+ noch eines, das ich vergessen habe). Ich habe keine Ahnung, wie man eine solche Form auch nur hatte erschließen können, aber das *ond* schien mir dem Sinn angemessen zu sein. (Das g- wurde erst viel später vorangestellt, nach der Erfindung einer Geschichte des Verhältnisses zwischen *Sindarin* & *Quenya* in der das ursprünglich anlautende *g*- im Q. verlorenging: die Q.-Form des Wortes blieb *ondo*.) . . . .

Mit *Gamgee* ist es ganz etwas anderes. In meiner Jugend war *Gamgee* die Bezeichnung, die wir für das gebrauchten, was man meistens »Watte« nennt/nannte . . . . .

Kürzlich stieß ich in den Bänden der Gesellschaft für englische Ortsnamen über Gloucestershire (vol. iii) auf Formen, die möglicherweise das sonderbare *Gamgee* als eine Variante des nicht ungewöhnlichen Nachnamens *Gamage (Gammage, Gammidge)* erklären würden. Dieser Name leitet sich letztlich von einem Nachnamen *de Gamaches* her . . . . aber die frühen Belege der Formen dieses Namens in England wie *Gamages, de Gamagis, de Gemegis* könnten wohl auch eine Variante *Gamagi* > *Gamgee* erlauben.

Ihr Hinweis auf *Samson Gamgee* ist also sehr interessant. Da er in einem Buch über das Birminghamer Judentum erwähnt wird, frage ich mich, ob diese Familie auch jüdisch war. In diesem Falle könnte der Ursprung ein ganz anderer sein. Nicht daß ein Name in französischer oder frankisierter Form als jüdischer Nachname unmöglich wäre, besonders wenn es ein in England schon lange eingeführter Name ist. Wir assoziieren heute jüdische Namen hauptsächlich mit Deutsch und mit einem umgangssprachlichen Jiddisch, das überwiegend deutschen Ursprungs ist.* Die Lingua franca des mittelalterlichen Judentums aber war (wie mir Cecil Roth, ein Freund von mir, sagte) von französischem oder gemischt französisch-provenzalischem Charakter.

---

* Möglicherweise der Grund, warum mein Nachname gewöhnlich falsch TOLKEIN geschrieben wird, trotz aller meiner Bemühungen um Berichtigung – sogar von meinen College-, Bank- und Anwaltsbediensteten! Mein Name ist Tolkien, anglisiert aus *Tol(l)kiehn* = *tollkühn*, und kam im 18. Jahrhundert aus Sachsen. Er ist nicht jüdischen Ursprungs, obwohl ich es als eine Ehre betrachten würde, wenn er es wäre.

534

Die »Unsterblichen«, denen erlaubt war, Mittelerde zu verlassen und nach *Aman* zu fahren – die unsterblichen Lande *Valinor* und *Eressea*, eine den *Eldar* zugewiesene Insel –, stachen in Schiffen in See, die eigens für diese Fahrt gebaut und geweiht waren, mit Kurs genau nach Westen, in Richtung auf die alte Lage dieser Länder. Sie liefen erst nach Sonnenuntergang aus; doch hätte ein weitsichtiger Beobachter von diesem Ufer einem dieser Schiffe nachgeblickt, so hätte er vielleicht bemerkt, daß es niemals unter dem Horizont verschwand, sondern nur durch die Entfernung blasser wurde, bis es im Zwielicht nicht mehr zu sehen war: es folgte dem geraden Weg in den wahren Westen und nicht einer krummen Bahn auf der Erdoberfläche. Indem es verschwand, verließ es die physische Welt. Es gab kein Zurück. Die Elben, die sich auf diesen Weg begaben, und die wenigen »Sterblichen«, die dank besonderer Erlaubnis mit ihnen fuhren, hatten die »Geschichte der Welt« aufgegeben und konnten des weiteren in ihr keine Rolle mehr spielen.

Die engelhaften Unsterblichen (die nur nach eigenem Wunsch Gestalt annehmen), die *Valar* oder Regenten unter Gott, und andere von gleichem Stand, aber geringerer Macht und Majestät (wie z. B. Olórin = Gandalf) bedurften keines Transportmittels, wenn sie nicht eine Zeitlang verkörpert blieben, und konnten, wenn es ihnen erlaubt oder befohlen wurde, zurückkehren.

Was *Frodo* oder andere Sterbliche anging, so konnten sie nur für eine begrenzte Zeit in *Aman* bleiben – ob kurz oder lange. Die Valar hatten weder die Macht noch das Recht, ihnen »Unsterblichkeit« zu verleihen. Ihr Aufenthalt war ein »Purgatorium«, aber eines des Friedens und der Heilung, und schließlich würden sie hinscheiden (*sterben* nach eigenem Wunsch und freiem Willen) zu Bestimmungsorten, von denen die Elben nichts wußten.

Diese allgemeine Vorstellung steht hinter den Ereignissen im *Herrn der Ringe*, wird aber nicht als geologisch oder astronomisch »richtig« vertreten; abgesehen von der Annahme, daß irgendeine besondere physische Katastrophe hinter den Sagen steht und das erste Stadium gekennzeichnet hat, in dem die Herrschaft über die Welt auf die Menschen überging. Aber die Sagen sind hauptsächlich »menschischen« Ursprungs, vermischt mit denen der Sindar (Grauelben) und anderer, die Mittelerde nie verlassen hatten.

326 Aus einem Brief an Rayner Unwin   24. Juli 1971

[Seit dem Tod von Sir Stanley Unwin war Rayner der Vorsitzende von Allen & Unwin.]

Ich vermisse sehr die Gelegenheit, Sie zu sehen, obwohl dies unvermeidlich ist seit Ihrer Thronbesteigung: + natürlich all den Nöten der Menschen: Unruhig liegt das Haupt unter dem Hut des Vaters.

327 Aus einem Brief an Robert H. Boyer   25. August 1971

[Beantwortet eine Frage nach seiner Bekanntschaft mit W. H. Auden.]

Ich habe Auden als jungen Mann nicht persönlich gekannt und ihn überhaupt nur sehr wenige Male in meinem Leben gesehen und gesprochen.

Soweit sein Interesse an altenglischer Dichtung durch mich angeregt war, leitete es sich von meinen öffentlichen Vorlesungen her und war hauptsächlich in seinen eigenen natürlichen Talenten und im Besitz eines »offenen Ohrs« inmitten der Mehrheit der Tauben begründet.

Ich stehe jedoch seit den letzten Jahren sehr tief in Audens Schuld. Seine Fürsprache für mich und sein Interesse an meinem Werk ist eine meiner wichtigsten Ermutigungen gewesen. Er hat mir sehr gute Rezensionen, Hinweise und Briefe geschrieben, von Anfang an, als das noch keineswegs populär war. Er wurde sogar dafür verspottet.

Ich betrachte ihn als einen meiner großen Freunde, obwohl wir uns so selten begegnet sind, außer durch Briefe und Zusendungen seiner Werke. Ich habe versucht, es ihm zu vergelten und einen Teil meiner Gefühle in einem Würdigungs-Gedicht auf Altenglisch auszudrücken, das in einem Band von *Shenandoah* zur Feier seines sechzigsten Geburtstags erschienen ist.

328 An Carole Batten-Phelps (Entwurf)

[Herbst 1971]   [19 Lakeside Road]
Liebe Miss Batten-Phelps,

es tut mir leid, daß Ihr (am 20. August geschriebener) Brief mich verspätet erreicht hat und dann auch noch so lange auf die Beantwortung warten mußte. Ich bin mit vielen Dingen und endlosen »geschäftlichen«

Angelegenheiten geplagt und in ständiger Sorge wegen der nachlassenden Gesundheit meiner Frau . . . . .

Ihre Hinweise auf M. R. Ridley[1] haben mich sehr interessiert. Wir kennen uns natürlich gut aus Oxford . . . . . Erst aus Ihrem Brief habe ich erfahren, daß er mir die Ehre erwiesen hatte, die Werke seines alten Kollegen in den Rang der »Literatur« zu erheben und intelligente und beschlagene Leser für mich zu gewinnen. Kein Boden, aus dem das Pilzgewächs der Kulte zu erwarten ist! Von den Greueln der amerikanischen Szene möchte ich nicht reden, obwohl sie mir viel Kummer und Mühe gemacht haben. (Sie erwachsen aus einem völlig verschiedenen geistigen Klima und Boden, in einem Maße verschmutzt und verarmt, das nur in der wahnsinnigen Zerstörung der von Amerikanern bewohnten Landschaften seinesgleichen hat.) . . . .

Ich bin Ihnen sehr dankbar für Ihre Bemerkungen über die Kritiker und für die Erklärung Ihres persönlichen Vergnügens am *Herrn der Ringe.* Sie äußern sich in so hohem Lob, daß es selbstgefällig und eingebildet wirken könnte, es nur mit einem »Dankeschön« hinzunehmen, wo es mich in Wahrheit doch staunen macht, wie das nur geleistet werden konnte – und von mir! Natürlich wurde das Buch zum eigenen Vergnügen (auf mehreren Ebenen) geschrieben, als Experiment in den Künsten der langen Erzählung und zur Erzeugung des »Sekundärglaubens«. Es wurde langsam und mit viel Achtsamkeit in den Details geschrieben & ergab schließlich ein »Bild ohne Rahmen«: Scheinwerferlicht, sozusagen, auf eine kurze Episode in der Geschichte und auf einen kleinen Teil von unserem Mittelerde, umgeben vom Schimmer grenzenloser Ausdehnungen in Raum und Zeit. Na schön: das erklärt vielleicht bis zu einem gewissen Grad, warum es einem historisch vorkommt, warum es zur Veröffentlichung angenommen wurde und warum es sich für eine große Anzahl sehr verschiedenartiger Menschen als lesbar erwiesen hat. Aber es erklärt nicht vollständig, was eigentlich passiert ist. Wenn ich auf all die völlig unerwarteten Dinge zurückblicke, die nach dem Erscheinen eingetreten sind – was gleich mit dem Erscheinen von Band I anfing –, dann ist mir, als wäre der sich immer mehr verfinsternde Himmel über unserer jetzigen Welt plötzlich durchdrungen worden, die Wolken wären aufgerissen und ein fast schon vergessenes Sonnenlicht wäre wieder hereingeflutet. Als hätte man wahrhaftig die Hörner der Hoffnung wieder gehört, so wie Pippin sie plötzlich hörte am absoluten *Nadir* der Schicksale des Westens. Aber *wie?* Und *warum?*

Ich denke, ich kann nun erraten, was Gandalf erwidern würde. Vor einigen Jahren besuchte mich in Oxford ein Mann, dessen Namen ich vergessen habe (obwohl es, glaube ich, ein bekannter Name war). Ihm war die Merkwürdigkeit sehr aufgefallen, daß viele alte Bilder ihm als Illustrationen zum *Herrn der Ringe* angelegt zu sein schienen, lange bevor es den gab. Er holte ein oder zwei Reproduktionen hervor. Ich denke, zuerst wollte er einfach herausfinden, ob meine Phantasie sich ebenso wie offenbar aus bestimmten Arten von Literatur und Sprachen auch aus Bildern gespeist hatte. Als deutlich wurde, daß ich, sofern ich kein Lügner war, die Bilder nie zuvor gesehen und überhaupt mit bildnerischer Kunst nicht gut vertraut war, wurde er still. Ich merkte, daß er mich lange anstarrte. Plötzlich sagte er: »Aber Sie denken doch wohl nicht, Sie hätten dies Buch ganz allein geschrieben?«

Reiner Gandalf! Ich kannte G. zu gut, um mich hastig bloßzustellen oder ihn zu fragen, wie er das meinte. Ich glaube, ich sagte: »Nein, das denke ich nicht mehr.« Seither habe ich das nie mehr denken können. Beunruhigend für einen alten Philologen, eine solche Schlußfolgerung über sein Privatvergnügen ziehen zu müssen! Aber keine, bei der man sich aufblähen könnte, wenn man die Unvollkommenheiten eines »ausgewählten Werkzeugs« bedenkt und dessen manchmal geradezu kläglich erscheinende Untauglichkeit zu seinem Zweck.

Sie sprechen von einer »Helligkeit und Heiligkeit« im *H. R.*, die »eine Kraft für sich« sei. Ich war tief bewegt. Nichts dergleichen ist bisher je zu mir gesagt worden. Aber durch einen sonderbaren Zufall bekam ich, als ich diesen Brief zu schreiben anfing, einen von einem Mann, der sich selbst als »Ungläubigen« bezeichnete, »oder bestenfalls als jemand, in dem erst spät und trüb ein religiöses Gefühl heraufdämmert ... aber Sie«, so schrieb er, »erschaffen eine Welt, in der eine Art Glaube überall zu sein scheint, ohne sichtbare Quelle, wie Licht aus einer unsichtbaren Lampe«. Ich kann nur antworten: Über die Helligkeit des eigenen Geistes kann kein Mensch ein sicheres Urteil haben. Wenn seinem Werk Heiligkeit innewohnt oder es wie ein durchscheinendes Licht erleuchtet, dann kommt es nicht aus ihm, sondern durch ihn. Und keiner von Ihnen könnte es in dieser Weise erkennen, wenn es nicht auch bei Ihnen wäre. Andernfalls würden Sie es sehen und nichts empfinden, oder (wenn ein anderer Geist zugegen wäre) sie würden erfüllt von Verachtung, Ekel, Haß. »Blätter aus dem Elbenland, pfui!« – »Lembas – Staub und Asche, das können wir nicht essen.«

Natürlich, der *H. R.* gehört mir nicht. Er ist einmal hervorgebracht und muß nun in der Welt seinen vorgezeichneten Weg machen, obwohl ich naturgemäß wie ein Vater an seinem Kind ein tiefes Interesse an seinen Schicksalen nehme. Es ist mir ein Trost zu wissen, daß er gute

538

Freunde hat, die ihn gegen die Tücke seiner Feinde verteidigen werden. (Aber nicht alle Dummköpfe stehen auf der Gegenseite.) Mit den besten Wünschen an eine seiner besten Freundinnen verbleibe ich
Ihr ergebener
J. R. R. Tolkien

329 Aus einem Brief an Peter Szabó Szentmihályi (Entwurf)
[Oktober 1971]

Ich habe keine Zeit, bibliographisches Material zu den Kritiken, Besprechungen oder Übersetzungen zu liefern.

Folgende Punkte möchte ich jedoch kurz klarstellen. 1) Eine meiner stärksten Überzeugungen ist die, daß Nachforschungen über die Biographie eines Autors (oder allerlei sonstige Einblicke in seine »Persönlichkeit«, wie sie die Neugierigen etwa zusammensuchen können) eine völlig vergebliche und falsche Annäherung an seine Werke darstellen – und zwar ganz besonders bei einem Werk der *Erzählkunst,* dessen vom Autor angestrebter Zweck es war, daß es als solches *genossen,* mit einem literarischen *Vergnügen* gelesen werden könne. So daß jeder Leser, den der Autor (zu seiner großen Befriedigung) hat »vergnügen« (erregen, fesseln, rühren) können, wenn er nun anderen dasselbe Vergnügen wünscht, bestrebt sein sollte, sie mit seinen eigenen Worten und nur mit dem Buch selbst als Quelle dazu zu bringen, daß sie es um des literarischen Vergnügens willen lesen. Wenn sie es nun gelesen haben, werden manche Leser (nehme ich an) es zu »kritisieren« oder gar zu analysieren wünschen, und wenn das nun mal ihre Mentalität ist, steht es ihnen natürlich frei, so etwas zu tun – solange sie es *zuerst* einmal aufmerksam durchgelesen haben. Nicht, daß diese Geisteshaltung meine Sympathie hätte: wie klar aus Bd. I, p. 272 [dt. 315], zu ersehen sein sollte: Gandalf: »Derjenige, der etwas zerbricht, um herauszufinden, was es ist, hat den Pfad der Weisheit verlassen.«

2) Ich habe sehr wenig Interesse am Fortgang der Literaturgeschichte und überhaupt keines an der Geschichte oder gegenwärtigen Situation des englischen »Romans«. Mein Buch ist *kein* »Roman«, sondern eine »heroische Romanze«, eine ältere und ganz andere Art Literatur.

3) Lebenden oder toten Schriftstellern »Etikette« anzuheften, ist unter allen Umständen ein unvernünftiges Treiben: eine kindische Belustigung für kleine Geister, und höchst »abtötend«, weil es im besten Falle überbetont, was einer ausgewählten Gruppe von Schriftstellern gemein-

sam ist, und die Aufmerksamkeit von dem, was an jedem von ihnen *individuell* (und nicht klassifizierbar) ist, ablenkt, was doch dasjenige ist, was ihnen Leben verleiht (wenn sie welches haben). Aber ich kann nicht verstehen, warum ich als »Anhänger moralischer Belehrung« etikettiert werden sollte. Durch wen? Das ist jedenfalls das genaue Gegenteil meines Verfahrens im *Herrn der Ringe*. Ich predige nicht und belehre nicht.

330 Aus einem Brief an William Cater   1. November 1971

[Im Lauf dieses Monats machte Cater einen Besuch bei Tolkien, um ihn für die *Sunday Times* zu interviewen. Das Interview erschien am 2. Januar 1972, als Teil einer Huldigung zu Tolkiens achtzigstem Geburtstag.]

Dies tut mir s. leid: Ihr Brief vom 19. Oktober ist noch unbeantwortet, obwohl es einer der freundlichsten und ermutigendsten Briefe war, die ich je erhalten habe. Ich muß Sie bitten mir zu glauben, daß *Briefe* (von beliebiger Länge) für einen isolierten Menschen wie Brot für einen Gefangenen sind, der in einem Turm vor Hunger schmachtet.

331 An William Cater

29. November 1971   [Miramar Hotel, Bournemouth]
Mein lieber Cater,

ich bin traurig, Ihnen schreiben zu müssen, daß meine Frau heute morgen gestorben ist. Mut und Entschiedenheit (wie Sie es zutreffend nennen) hatten sie, wie es schien, bis an die Schwelle der Genesung gebracht, aber plötzlich trat ein Rückfall ein, gegen den sie fast drei Tage lang vergebens ankämpfte. Sie starb zuletzt in Frieden.

Der Verlust drückt mich nieder, und mein Herz will sich nicht aufrichten, aber meine Familie sammelt sich um mich und viele Freunde. Anzeigen werden in der *Times* und im *Telegraph* erscheinen. Ich bin froh, daß Sie sie am Donnerstag (dem 18., glaube ich) noch ungetrübt gesehen haben, bevor sie Freitagnacht (19.) krank wurde. Ich werde Ihren Brief vom 26. in Ehren halten, besonders wegen der letzten Zeilen.

                              Ihr sehr ergebener
                              J. R. R. Tolkien

[Das Merton College, an dem Tolkien von 1945 bis 1959 zum Lehrkörper gehört
hatte, bot ihm nun, wo er sein Haus in Poole aufgab, eine Unterkunft an.]

24. Januar 1972   West Hanney[1]
Liebster Mick,
.... Ich denke, die Neuigkeiten werden Dich trösten und Dir gefallen.
In einem Akt von hoher Großzügigkeit – trotz großer interner Schwierig-
keiten – hat Merton mir nun eine ganz vortreffliche Wohnung zur
Verfügung gestellt, in die wahrscheinlich der größte Teil meiner noch
erhaltenen »Bibliothek« hineinpassen wird. Aber daran hängen noch
völlig unerwartete »Angebinde«! 1) Die Miete wird »nur nominell« sein –
was bedeutet, wie man es auffassen würde: irgendwie extrem niedrig im
Vergleich zum jetzigen Marktwert; 2) alle oder alle erforderlichen Möbel
werden vom College *kostenlos* zur Verfügung gestellt – und ein großer
Wilton-Teppich ist mir schon zugeteilt worden, der den ganzen Fußbo-
den eines Wohnzimmers mit fast der gleichen Fläche wie unser großes
Wohnzimmer in der Lakeside Road 19 bedeckt (es ist ein bißchen kürzer
und ein bißchen breiter). 3) Weil die M[erton] Str. 21 rechtlich zum
College gehört, gibt es die häuslichen Dienste *kostenlos*: in Gestalt eines im
Haus wohnenden Hausmeisters und seiner Frau als Haushälterin: 4) Ich
habe das ganze Jahr hindurch, wenn anwesend, Anrecht auf kostenloses
Mittag- und Abendessen: beides für sehr hohe Ansprüche. Das bedeutet –
angenommen, daß ich 9 Wochen abwesend sein werde – einen faktischen
Gewinn von 750 bis 900 Pfund im Jahr, die somit nicht in die Klauen des
Fiskus fallen. 5) Das College stellt gebührenfrei zwei Telephone zur
Verfügung, a) für Orts- und Nahgespräche, die umsonst sind, und b) für
Ferngespräche, die eine private Nummer bekommen und von mir zu
bezahlen sind. Das wird den Vorteil haben, daß geschäftliche und private
Anrufe an Verwandte und Freunde nicht über die überlastete Pförtner-
loge gehen; allerdings hat es den einen Haken, daß die Nummer im
Telephonbuch erscheinen muß. Aber ich hatte schon in Poole gefunden,
daß die (ganz erheblichen) Nachteile einer Nummer, die nicht im
Telefonbuch steht, den Schutz, den sie bietet, eigentlich überwiegen.
Wenn es lästig wird, lasse ich einen Telephonanrufbeantworter instal-
lieren, der bei Bedarf angeschaltet werden kann. 6) Keine Gemeinde-
abgaben, Gas- und Stromrechnungen in reduziertem Umfang; 7) Benutzung von 2 schönen Aufenthaltsräumen (in 100 Yards Entfernung) mit
Schreibpapier, Zeitungen und Vormittagskaffee, alles kostenlos. Es klingt

zu schön, um wahr zu sein – und natürlich hängt alles von meiner Gesundheit ab: denn mir wurde, wie es gut und richtig ist, erklärt, daß nur meine augenscheinlich gute Gesundheit und Beweglichkeit für mein Alter diese Lösung möglich macht. Ich selbst fühle mich in dieser Hinsicht gar nicht so sicher seit meiner Krankheit im Oktober (bei der ich in etwa einer Woche über sechs Kilo verlor), die erst nach Weihnachten wirklich überwunden war. Aber das Gefühl der Unsicherheit kommt womöglich (und hoffentlich) hauptsächlich von der Verstümmelung durch den Verlust, den wir erlitten haben. Ich fühle mich nicht recht »wirklich« oder ganz, und in gewissem Sinne gibt es niemanden mehr, mit dem ich reden könnte. (Dir geht es natürlich auch so, besonders in dem, was Briefe angeht.) Seit ich volljährig bin und unsere dreijährige Trennung zu Ende war, hatten wir alle Freuden und Leiden geteilt und alle Meinungen (in Übereinstimmung oder auch nicht), so daß ich mich immer noch bei dem Gedanken ertappe, »das muß ich E. erzählen« – und dann fühle ich mich plötzlich wie ein Gestrandeter auf einer kahlen Insel unter einem gleichgültigen Himmel nach dem Untergang eines großen Schiffs. Ich weiß noch, wie ich einmal Marjorie Incledon[2] dies Gefühl zu beschreiben versuchte, als ich noch keine dreizehn war, nach dem Tod meiner Mutter (9. Nov. 1904), und vergebens die Hand gegen den Himmel schwenkte und sagte, »er ist so leer und kalt«. Und ebenso weiß ich noch, wie ich nach dem Tod von P. Francis, meinem »zweiten Vater« (mit 77, 1934)*, zu C. S. Lewis sagte: »Ich fühle mich wie ein alleingelassener Überlebender in einer neuen, fremden Welt, nachdem die wirkliche Welt verschwunden ist.« Aber diese Trauerfälle, so bitter sie waren (besonders der erste), trafen mich natürlich in der Jugend, als Leben und Werk noch in Entfaltung begriffen waren. 1904 machten wir (H[ilary] & ich) die plötzliche und wundersame Erfahrung, wie P. Francis sich mit Liebe und Humor unserer annahm – und nur 5 Jahre später (soviel wie 20 später durchlebte Jahre) traf ich die Lúthien Tinúviel meiner persönlichen »Romanze«, mit ihrem langen, dunklen Haar, dem schönen Gesicht, den Sternenaugen und der herrlichen Stimme. Und 1934 war sie noch bei mir, mitsamt ihren schönen Kindern. Aber nun ist sie vor Beren hingegangen und läßt ihn in der Tat einhändig zurück, aber er hat keine Macht, den unerbittlichen Mandos zu rühren, und es gibt kein *Dor Gyrth i chuinar*, das Land der Toten, die leben, in diesem gefallenen Königreich Arda, wo die Diener Morgoths angebetet werden . . . . .

---

* Er war tatsächlich fast im gleichen Alter, in dem mein wirklicher Vater gewesen wäre: beide waren 1857 geboren, Francis Ende Januar, mein Vater Mitte Februar.

333 An Rayner Unwin

16. März 1972   Merton College
Lieber R.,
alles, was Sie für mich tun, erfüllt mich mit Dankbarkeit.

Seit Dienstag bin ich nun DRIN, aber noch nicht eingerichtet. Das Wetter (das ein verfrühtes Stück von unserem normalen »Hochzeitstagwetter« zu sein scheint) trägt viel zu meinem Wohlbefinden bei. Die große Uferwiese im Fellow's Garden sieht aus wie der Vordergrund eines präraphaelitischen Gemäldes: leuchtendes Grün, gesprenkelt wie die Milchstraße mit blauen Anemonen, purpurn/weißen/gelben Krokussen und, als letzte Überraschung, umherflatternden Zitronenfaltern, Pfauenaugen und Fuchsschmetterlingen.

Ich hoffe, in weniger als einer Woche werde ich meine Wohnung in Ordnung gebracht haben, abgesehen von der letzten Arbeit, dem Rückruf meiner Bibliothek aus dem Lager. Ich habe eine blasse Hoffnung, daß Sie und Ihre Frau sich vielleicht an einem schönen Tag die Zeit nehmen werden, mich zu besuchen.

Entschuldigen Sie das Gekrakel.

Immer Ihr
J. R. R. T.

334 An Rayner Unwin

[Tolkien empfing im Buckingham Palace am 28. März 1972 den Orden »Commander of the Order of the British Empire« (C. B. E.). Rayner Unwin gab zu seinen Ehren ein Essen im Garrick Club, und Allen & Unwin hatte ihn dazu im Brown's Hotel in London untergebracht.]

30. März 1972   Merton College
Mein lieber Rayner,
für Ihre Freundlichkeit und Großzügigkeit kann ich Ihnen gar nicht genug danken, für mein Teil wie auch im Namen von John und Priscilla, für alles, was Sie für uns getan haben, um den 27. und 28. März sowohl denkwürdig wie erfreulich zu machen.

An dem Fest hatte ich ungemein viel Vergnügen, nicht zuletzt deshalb, weil es allen Leuten auch so zu gefallen schien, als ich mich umschaute. Ich schlief ruhig (in dem großen Komfort im Brown's), hörte aber kurz Wind und Regen, als ich um 6 Uhr morgens einmal aufwachte; doch als ich mich dann freute, unter Dach zu sein, war ich nicht überrascht, zu dem Anlaß strahlenden Sonnenschein zu bekommen.

Dank dem Können und der Freundlichkeit Ihres Fahrers verliefen beide Fahrten reibungslos. Im Palast waren die Zeremonien, besonders für die »Empfänger«, von manchen Verdrießlichkeiten begleitet (mit ein paar komischen Tupfern). Aber die kurze Begegnung mit der Königin & die paar Worte, die wir miteinander redeten, haben mich tief bewegt. Ganz anders als alles, was ich erwartet hatte. Aber mehr will ich darüber jetzt nicht sagen. Vielleicht bekomme ich noch Gelegenheit, Sie zu sehen, solange die Erinnerung frisch ist? . . . .

Immer Ihr
Ronald Tolkien

Wäre es für Sie möglich, mich beim Vornamen anzureden? Ich bin nun als Mitglied der Gemeinschaft hier anerkannt – die seit langem den Gebrauch des Vornamens ohne Rücksicht auf Amt und Alter zu ihren Gepflogenheiten zählt –, und weil Sie nun schon ein s. alter und sehr guter Freund sind, wäre ich sehr gern auch ein »familiaris«.   R.

335 Aus einem Brief an Michael Salmon 18. Mai 1972

Danke für Ihren überaus freundlichen Brief und für Ihr allgemeines Interesse an meinem Werk. Ich bin jedoch ein alter Mann, der sich anstrengen muß, etwas von seinem Werk fertigzubekommen. Jede Extra-Arbeit, wenn auch noch so klein, verringert die Aussicht, daß ich das *Silmarillion* je veröffentlichen kann. Darum hoffe ich, Sie werden verstehen, warum ich es für unmöglich halte, Zeit auf die Kommentierung meiner selbst oder meiner Werke zu verwenden.

336 Aus einem Brief an Sir Patrick Browne 23. Mai 1972

Zu Lebzeiten schon eine Kultfigur zu sein, ist leider keineswegs angenehm. Ich finde aber nicht, daß es einen aufplustern muß; ich jedenfalls fühle mich dabei sehr klein und unzulänglich. Aber auch die Nase eines sehr bescheidenen Idols (jünger als Chu-Bu und nicht viel älter als Sheemish)[1] bleibt nicht ganz ungekitzelt vom süßen Duft des Weihrauchs!

337 Aus einem Brief an »Mr. Wrigley«   25. Mai 1972

Ich fürchte, Sie könnten recht haben, daß die Suche nach den Quellen des *Herrn der Ringe* ein oder zwei Generationen lang die Akademiker beschäftigen wird. Ich wollte, dem müßte nicht so sein. Nach meiner Ansicht ist die besondere Verwendung eines Motivs, ob nun erfunden, bewußt entlehnt oder unbewußt erinnert, in einer bestimmten Situation dasjenige, was am interessantesten zu bedenken ist.

338 Aus einem Brief an Fr. Douglas Carter   6. [?] Juni 1972

[Beantwortung der Frage: Haben die Ents die Entfrauen je wiedergefunden?]

Zu den *Entfrauen*: Ich weiß es nicht. Ich habe nichts geschrieben, was über die ersten paar Jahre des Vierten Zeitalters hinausführt. (Abgesehen von einer angefangenen Geschichte, die vom Ende der Herrschaft der Eldaron handeln sollte, etwa 100 Jahre nach Aragorns Tod. Da merkte ich natürlich, daß es von der friedlichen Herrschaft dieses Königs kaum erzählenswerte Geschichten gab; und seine Kriege wären nach der Niederwerfung Saurons nicht mehr sonderlich interessant; daß aber mit einiger Sicherheit um diese Zeit eine Unruhe auftreten würde, weil das Gute (wie es scheint) unvermeidlich die Menschen langweilt: unter den Jugendlichen würde es Geheimbünde geben, die dunkle Kulte und »Ork-Kulte« praktizierten.) Aber ich denke, in Bd. II, pp. 80–81 [dt. 89][1] wird deutlich, daß es für die Ents in der »Geschichte« keine Wiedervereinigung geben wird – daß aber die Ents und ihre Frauen, weil sie vernünftige Geschöpfe sind, ein »irdisches Paradies« bis zum Ende der Welt finden würden: und darüber hinaus konnte die Weisheit der Elben oder der Ents nicht sehen. Allerdings teilten sie vielleicht Aragorns Hoffnung, daß sie »nicht für immer an die Kreise der Welt gebunden [seien] und daß dahinter mehr liegt als nur Erinnerungen.« . . . .

Beim Umgang mit dem Griechischen fühle ich mich wie ein Renegat, der lange Jahre freiwillig unter den »Barbaren« gewohnt hat, obwohl ich einst manches davon wußte. Doch ist mir Latein lieber. Es geht mir wie Theodor Haecker[2] – oder wie einem bedeutenden Philologen (Bazell), der einmal mein Schüler war, jetzt ein Experte in so »barbarischen« Sprachen wie Türkisch, der mir über eine erst in letzter Zeit entdeckte Sprache einmal schrieb: »Sie ist von einer Art, die Sie und ich als normal empfinden, in einer zentral menschlichen Art und Weise – sie ähnelt sogar dem Lateinischen.«

339 An die Redaktion des *Daily Telegraph*

[In einem Leitartikel des *Daily Telegraph* vom 29. Juni 1972 mit dem Titel »Forestry and Us« stand folgendes: »Schafweiden, wo man früher meilenweit herumstreunen konnte, werden in eine Art Tolkiensche Einöde verwandelt, wo kein Vogel singt...« Tolkiens Brief wurde mit einer kleinen Änderung im einleitenden Satz in der Ausgabe vom 4. Juli veröffentlicht.]

30. Juni 1972   Merton College, Oxford
Sehr geehrter Herr,

unter Hinweis auf den Daily Telegraph vom 29. Juni, Seite 18, meine ich, daß es unfair ist, meinen Namen als adjektivischen Zusatz zu »Einöde« zu gebrauchen, besonders in einem Zusammenhang, wo von Bäumen die Rede ist. In allen meinen Werken ergreife ich für die Bäume gegen alle ihre Feinde Partei. Lothlórien ist ein schönes Land, weil die Bäume dort geliebt wurden; anderswo werden Wälder dargestellt, die zum Bewußtsein ihrer selbst erwachen. Der alte Wald war zweibeinigen Geschöpfen wegen der Erinnerung an viele Verwundungen feindlich. Der Wald von Fangorn war alt und schön, aber zur Zeit der Erzählung voller Feindseligkeit, weil bedroht von einem maschinenfreundlichen Feind. Mirkwood [»Düsterwald«] war unter die Herrschaft einer Macht gefallen, die alles Lebendige haßte, aber seine Schönheit wurde wiederhergestellt, und bevor die Geschichte endete, wurde er wieder der große Grünwald.

Es wäre unfair, das Forstamt mit Sauron zu vergleichen, weil es, wie Sie bemerkt haben, der Reue fähig ist; aber nichts, was es an Dummheiten begangen hat, ist vergleichbar mit der Vernichtung, der Folter und den Morden, die von Privatpersonen und untergeordneten Ämtern an den Bäumen verübt werden. Der grimmige Ton der elektrischen Säge verstummt überhaupt nicht mehr, wo immer noch Bäume wachsen.

Hochachtungsvoll Ihr
J. R. R. Tolkien

Endlich habe ich mich um Mummys Grab gekümmert..... Die Inschrift, die mir gefallen würde, ist:

EDITH MARY TOLKIEN

1889–1971

Lúthien

: kurz und karg, bis auf *Lúthien*, das für mich mehr sagt als viele Worte: denn sie war meine Lúthien (und wußte es).[*]

13. Juli. Sag mir, ohne Rücksicht, was Du von diesem Zusatz hältst. Ich habe dies unter dem Druck von starker Bewegung & Bedauern angefangen – und jedenfalls leide ich von Zeit zu Zeit (zunehmend) unter einem überwältigenden Gefühl von Trauer. Ich brauche Rat. Und ich hoffe doch, keines von meinen Kindern wird den Gebrauch dieses Namens als eine sentimentale Schrulle empfinden. Jedenfalls ist es etwas anderes als die Nennung von Kosenamen in Todesanzeigen. Ich habe Edith nie mit *Lúthien* angeredet – aber sie war die Quelle der Geschichte, aus der dann mit der Zeit das wichtigste Stück des *Silmarillion* wurde. Es entstand zuerst auf einer kleinen Waldlichtung voller Schierling bei Roos in Yorkshire (wo ich für kurze Zeit 1917 einen Außenposten der Humber Garnison befehligte und sie eine Zeitlang bei mir wohnen konnte). Damals war ihr Haar rabenschwarz, ihre Haut rein, ihre Augen heller, als Du sie gesehen hast, und singen konnte sie – und *tanzen*! Aber die Geschichte ist schiefgegangen, & nun bin ich allein übrig, und *ich* kann den unerbittlichen Mandos nicht erweichen.

Mehr möchte ich jetzt nicht sagen. Aber ich würde gern in nicht zu ferner Zeit einmal lange mit *Dir* reden. Denn wenn ich, wie wahrscheinlich ist, nie eine ordentliche Biographie schreiben werde – das geht gegen meine Natur, die sich zu Dingen äußert, die am tiefsten in Erzählungen und Mythen empfunden werden –, dann sollte einer, der meinem Herzen nahesteht, etwas von den Dingen wissen, die kein Dokument festhält: von den schrecklichen Leiden unserer Kindheit, aus denen wir einander gerettet haben, aber deren Wunden, die sich später oft als verkrüppelnd erwiesen, wir nicht heilen konnten; von den Leiden, die wir erduldeten, nachdem unsere Liebe begonnen hatte – was alles (mit unseren persönlichen Schwächen, die noch hinzukamen) vielleicht helfen kann, die Verfehlungen und dunklen Punkte, die zeitweise unser

---

[*] Sie kannte die früheste (im Krankenhaus geschriebene) Form der Sage und auch das Gedicht, das schließlich als Aragorns Lied im H. R. abgedruckt wurde.

Leben befleckt haben, verzeihlich oder verständlich zu machen – und zu erklären, wie all dies uns im Tiefsten nie berührt und die Erinnerungen an unsere Jugendliebe nie getrübt hat. Denn immer wieder (besonders wenn wir allein waren) begegneten wir uns auf der Waldlichtung und gingen viele Male Hand in Hand, um vor unserer letzten Trennung dem Schatten des nahenden Todes zu entkommen.

15. Juli. Den gestrigen Tag verbrachte ich in Hemel Hempstead. Ich wurde mit einem Wagen abgeholt & begab mich in die großen neuen (grauen und weißen) Bürogebäude und Lagerhallen von Allen & Unwin. Diesen stattete ich eine Art offizielle Visite ab, wie eine königliche Hoheit, und war einigermaßen verblüfft, als ich feststellte, daß diese ganze Organisation mit ihren vielen Abteilungen (von der Buchhaltung bis zum Versand) sich in der *Hauptsache* mit meinen Werken beschäftigte. Ich bekam einen großen Empfang (& s. g. Lunch) und interviewte sie alle, vom Vorstandszimmer an abwärts. »Die Buchhaltung« sagte mir, daß die Absätze des *Hobbit* nun raketengleich in bisher unerreichte Höhen hinaufschießen. Auch war gerade eine große Einzelbestellung für den *H. R.* eingegangen. Als ich nicht ganz soviel freudige Überraschung zeigte, wie man erwartete, klärte man mich behutsam darüber auf, daß eine Einzelbestellung über 100 Exemplare früher schon eine erfreuliche Sache war (und es bei anderen Büchern immer noch ist), aber diese auf den *H. R.* belief sich auf 6000.

341 Aus einem Brief an Marjorie Incledon   17. September 1972

Ich empfinde (nun sehr stark), wie wahr es ist, was Du über den Wunsch, ja, die Notwendigkeit sagst, dem »Gemeinschaftsleben« dann und wann zu entfliehen. Das College hat mich mit äußerster Großmut und Freundlichkeit behandelt: Sie haben mir eine schöne Wohnung mit 2 großen Zimmern & Bad in einem ihrer Häuser in der Merton Street zur Verfügung gestellt, wo ein Hausmeister (und seine Frau) sich um meine häuslichen Bedürfnisse kümmern. Sie haben mich zum im Haus wohnenden Emeritus Fellow ernannt, mit allen Rechten eines Fellow (wie kostenloses Mittag- und Abendessen an der gemeinsamen Tafel), aber ohne Pflichten. Soweit es sie angeht, bin ich eine pure »Verzierung«. Die Fellows und Mitglieder im Gemeinschaftsraum sind nun 3mal soviele, und ihre Maßstäbe sind seit meiner Zeit als aktiver Fellow (1945–59) ganz erheblich gestiegen: sie decken jetzt fast alle Gebiete der Natur- und Geisteswissenschaften ab und sind fast alle (in verschiedenem Maße) sehr umgängliche Gesellen, allerdings meist schwer arbeitend und vielbeschäftigt. Trotzdem – ich fühle mich oft sehr einsam und sehne mich nach einem Wechsel! Nach Trimesterschluß (d. h. wenn die Studenten abreisen) bin ich ganz allein in dem großen Haus, nur mit dem Hausmeister & seiner Frau tief unten im Souterrain, und weil ich (besonders seit meiner Rückkehr nach Oxford) jemand bin, den man kennt, und von vielen Störenfrieden und manchen nichtsnutzigen Personen belästigt werde, lebe ich hinter verschlossenen Türen.

Ab und zu habe ich mich auch davonmachen können. Und natürlich kann ich von Rechts wegen kommen und gehen, wie es mir beliebt. Aber ich habe doch auch ein paar Höflichkeitspflichten als Fellow (und eine Dankesschuld für die Rettung aus meiner verzweifelten Lage im Jan. & Feb.): und eine der wichtigsten Gelegenheiten dabei ist die Versammlung aller Fellows am Mittwoch vor dem Trimesterschluß im Oktober (dieses Jahr der *11.* Oktober, vor dem 15.). Ich hatte dem Rektor meine Anwesenheit am 11. Okt. schon zugesagt, bevor ich Deinen Brief bekam. Bitte verzeih mir, wenn ich anscheinend die Ungewißheit zu lange habe anhalten lassen! Ich habe großes Glück*, bin aber in Wahrheit doch noch nicht ganz heimisch geworden: ich bin noch immer in einiger Verwirrung.

342 Aus einem Brief an Mrs. Meriel Thurston   9. November 1972

Ich fühle mich sehr geehrt durch Ihren Brief und bin gern einverstanden, daß Sie den Namen Rivendell [»Bruchtal«] als Herden-Präfix verwenden, wobei ich allerdings in meiner Unwissenheit nicht glaube, daß das Tal von Rivendell selbst für die Rinderzucht geeignet gewesen wäre.

Es würde mich interessieren zu hören, welche Namen Sie schließlich für Ihre Bullen (als Individualnamen) wählen; und wenn Sie wollen, würde ich gern selbst passende Namen auswählen oder erfinden. Das elbische Wort für »Bulle« steht in keinem veröffentlichten Werk; es war MUNDO.

---

* Dank Christopher – als ich mich vergebens umschaute, wo ich leben könnte, schrieb er »auf eigene Faust« an den Rektor des Merton College, daß sein Vater vergebens nach einem Zuhause suche & ob das College da nicht helfen könne? Darum bekam ich zu meiner Verblüffung einen Brief von dem Rektor, der besagte, er habe eine Sondersitzung des Aufsichtsgremiums einberufen und es habe einstimmig beschlossen, mich als Fellow einzuladen, der im College wohnen könne.

343 Aus einem Brief an Sterling Lanier   21. November 1972

Es freut mich zu hören, daß Ihnen ein Preis verliehen wurde, überrascht mich aber nicht, daß er sich als nutzlos erwies. Ich erlebte mal eine ähnliche Enttäuschung, als ein Trinkbecher (von einem Fan) bei mir ankam, der, wie sich herausstellte, aus Stahl war und die schrecklichen Worte eingraviert hatte, die man auf dem Ring sieht. Natürlich habe ich nie daraus getrunken, sondern benutze ihn als Aschenbecher.

344 Aus einem Brief an Edmund Meskys   23. November 1972

[Über die Frage der Zahlwörter im *Herrn der Ringe*.]

Zu den Zahlwörtern: Die Verwendung des Duodezimalsystems, besonders solcher Hauptzahlen wie 12 und 144, hat nichts über die Zahl der Finger zu besagen. Die Engländer verwenden auch das Zwölfersystem und haben besondere Wörter für seine Zahlen, nämlich *dozen* und *gross*. Die Babylonier verwendeten das Duodezimalsystem. Dies kommt von der elementaren mathematischen Entdeckung, sobald man über das Abzählen an den Fingern und Zehen einmal hinaus ist, daß 12 eine sehr viel bequemere Grundzahl ist als 10. Ich hatte in der Tat Zahlzeichen entworfen, die zum Feanorischen Alphabet paßten und sowohl auf die dezimale wie auf die duodezimale Nomenklatur abgestimmt werden konnten, habe sie aber nie verwendet und daher nicht mehr genau in Erinnerung. Ich fürchte, die Mappe mit den Zahlensystemen ist nicht greifbar und möglicherweise in einem Tresor verwahrt. Ich weiß noch, daß die Zahlen nach einem Positionssystem wie dem arabischen geschrieben wurden, auf der linken Seite mit der kleinsten Zahl beginnend und bis zur höchsten auf der rechten Seite steigend.

345 An Mrs. Meriel Thurston

[Zu den Umständen dieses Briefes vgl. Nr. 342.]

30. November 1972   Merton College, Oxford
Liebe Mrs. Thurston,
    danke für Ihren Brief. Ich persönlich bin eher dagegen, Tieren edle Namen zu geben, die eigentlich nur für Menschen gedacht sind; und in

jedem Fall scheinen Elrond und Glorfindel hier ganz ungeeignete Figuren zu sein, denn ihre Namen, die 1) »das Sterngewölbe« und 2) »goldenes Haar« bedeuteten, wirken unangebracht. Kürzlich spielte ich mit dem Gedanken, das Wort für Bulle, das ich Ihnen mitteilte, zu verwenden, das in der Form -*mund* eingeführt ganz geläufig klingt (wie in Edmund, Sigismund etc.) und mit Hinzufügung einiger elbischer Präfixe Namen ergeben würde wie Aramund (»königlicher Bulle«), Tarmund (»edler Bulle«), Rasmund (»gehörnter Bulle«), Turcomund (»Bullen-häuptling«) etc. Ich bin gespannt, was Sie davon halten?

Arwen war keine Elbin, sondern gehörte zu den Halbelben, die auf ihre elbischen Rechte verzichtet hatten. Die wichtigste Elbenfrau, die im *Herrn der Ringe* erwähnt wird, ist Galadriel (»glitzernde Girlande«); ihre Tochter war Celebrían (»Silberkönigin«). Es gab auch noch Nimrodel. Aber es würde mir eigentlich nicht gefallen, wenn diese Namen Färsen oder Kühen gegeben würden. Wenn Ihnen an denen nach dem Aramund-Typ gelegen ist, könnte ich auch ein paar weibliche Namen dazu erfinden. Aber, obwohl er nach klassischen und nicht nach elbischen Vorbildern gemacht ist, wäre nicht der Name von Farmer Giles' Lieblingskuh – Galathea (in *Farmer Giles of Ham*) – hier nützlich? der, nach Lage der Dinge, als »Göttin der Milch« interpretiert werden könnte.

Ihr ergebener
J. R. R. Tolkien

346 Aus einem Brief an Lyle Leach   13. Dezember 1972

[Antwort an einen Leser, der Tolkien um Hilfe bei einer akademischen Arbeit über seine Werke gebeten hatte.]

Siehe *Herr der Ringe*, Bd. I, p. 272, [dt. 315]: »Wer etwas zerbricht, um herauszufinden, was es ist, hat den Pfad der Weisheit verlassen« – Gandalf. Ich hätte keine Lust, bei diesem destruktiven Verfahren Hilfe zu leisten, selbst wenn mir nicht schiene, daß diese Übung eine selbständige Arbeit von Ihnen, ohne fremde Hilfe, sein sollte . . . . . Es heißt auch (I, p. 93 [dt. 111]), »misch dich nicht in die Angelegenheiten von Zauberern ein, denn sie sind schwierig und rasch erzürnt«. Tut mir leid, wenn Ihnen dieser Brief gereizt vorkommt. Aber Analysen dieser Art mag ich nicht.

[Antwort auf die folgenden Fragen: 1) Bedeutet »sprich, Freund, und tritt ein« (die Inschrift über dem Tor von Moria) soviel wie »sprich als Freund«, d. h. in freundlichem Ton? 2) Keiner der Könige von Gondor und Arnor hat einen Namen, der auf einen Vokal endet wie die meisten Quenya-Namen. Sollen sie dadurch in einem Sindarin-Kontext weniger fremdartig wirken, während die Nachkommen Castamirs, die vermutlich die späteren Könige als halbblütig betrachteten, mit »aggressiven Quenya-Namen« ihre Reinblütigkeit betonten? 3) Nur Menschen, nicht Elben, scheinen in Mittelerde überhaupt Quenya für die Namensbildung zu benutzen. Elendil und sein Schwert Narsil sind Quenya; Gilgalad und sein Speer Aiglos sind Sindarin, obwohl er der König der Hochelben war. Hat dies etwas mit dem Fehlen künstlichen Gepränges unter den Elben zu tun? 4) Verweist *tyelpe* (der Name des Buchstabens *ty*) auf *celeb*, Silber? 5) Könnte Aragorn »Baumkönig« bedeuten (mit Lenierung von **gorn* zu *orn* in *Celeborn* etc.) und Arathorn möglicherweise »Zwei-Bäume-König«, mit Bezug auf die Zwei Bäume?]

17. Dezember 1972   Merton College, Oxford
Lieber Richard,

verzeihen Sie, daß ich Ihren interessanten Brief (vom 14. Aug.) nicht schon viel früher beantwortet habe . . . . . Wie Sie sicher wissen, bin ich ein alter Mann und bei der Arbeit langsamer als früher; aber immer noch bin ich mit vielerlei Angelegenheiten beladen, die mich bei meinen Versuchen, wenigstens noch ein paar von meinen anderen Legenden zu veröffentlichen, immer wieder unterbrechen. Auch bin ich während der letzten 3 Monate oft nicht wohlauf gewesen.

Alle Ihre Fragen sind interessant, aber leider würde eine befriedigende Antwort in vielen Fällen ein Eingehen auf sprachliche und legendäre Belange erfordern, das für die Behandlung in einem Brief viel zu lang werden würde.

1. *pedo mellon*. Ich weiß nicht, warum Sie mit G[andalf]s Interpretation, I, p. 321/2 [dt. 373], *sage* »*Freund*«, d. h. sprich das Wort »Freund« aus, nicht zufrieden sind. Weil G. dabei etwas begriffsstutzig aussieht? Aber er gibt zu, daß er das war, und erklärt auch warum – hinreichend, wenn man sich klarmacht, was für eine Last von Verantwortung, Eile und Furcht er zu tragen hatte.

---

* D. h. ein dichtgeschlossener Trupp feindlicher Soldaten.

2. *Q[uenya]-Namen von Königen etc.* Q. war unter den Gebildeten in Gondor zumindest so bekannt wie Latein heute noch in W.-Europa. Sein Gebrauch war eine Auszeichnung, und es gab keinen Grund, die Q.-Namen dem Sindarin zu adaptieren. Und keiner von den Q.-Namen in den Listen (III, 315–8–9 [dt. 359 f.]) ist adaptiert: alle sind in der *Form* dem Quenya völlig gemäß. Q. gestattete oder bevorzugte sogar die »Dentale« *n, l, r, s, t* als auslautende Konsonanten; andere Endkonsonanten treten in den Q.-Listen nicht auf. *Angamaite,* »Eisenhändiger«, und *Sangahyando,* »Haufen*-Spalter«, waren gutes Q., aber nicht mehr als andere Namen auch, und eine Notwendigkeit, die königliche Abkunft zu betonen, bestand nicht, denn die war klar. »Aggressiv« waren sie jedoch möglicherweise insofern, als sie persönliche Kriegsnamen (oder Spitznamen) waren, während die (wenigen) anderen kriegerischen Q.-Namen wie *Rómendacil* »politische« Namen, von einem König zur Feier von Siegen über einen öffentlichen Feind angenommen waren.

3. *Hochelbisch* und *Sindarin.* Die Mischung mag uns kurios erscheinen, stimmte aber völlig überein mit der Geschichte des Ersten und Zweiten Zeitalters, auf die in III, Anh. A, 313–7, kurz eingegangen wird. Auch in III, 363. Zur Zeit des H. R. (siehe III, 106) war Quenya schon seit vielen Jahrhunderten (sogar etwa 6000 Jahre) eine »tote« Sprache (d. h. eine nicht in der Kindheit ererbte, sondern gelernte). Die »Hochelben« oder ausgewanderten Noldor hatten aus Gründen, die in der Sage von ihrer Rebellion und Auswanderung aus Valinor erklärt werden, sogleich das Sindarin übernommen und sogar ihre Q.-Namen ins S. übersetzt oder adaptiert. *Galadriel,* obwohl in der Form schön & edel, ist kein Q.-Name, ebensowenig wie *Gil-galad,* das das S.-Wort *galad* enthält; und *Celeborn* ist eine Übers. des urspr. Namens *Telporno;* obwohl er mit dem König Elu Thingol verwandt sein soll, war er dies doch nur entfernt, denn auch er kam aus Valinor. Man wird bemerken, daß es am Ende des Dritten Zeitalters mehr Menschen als Elben gab, die Q. verstanden oder sprachen! Die Bevölkerung von Minas Tirith und seinen Lehensgebieten muß trotz ihres Schwundes viel größer gewesen sein als die von *Lindon, Rivendell* und *Lórien.** In Gondor war die allgemein gebräuchliche Sprache das »Westron«, eine etwa so gemischte Spr. wie das mod. Englisch, aber im Grundbestand von der Heimatspr. der Númenórer hergeleitet; Sindarin aber war eine erlernte Sprache für den höflichen Umgang und wurde von denen mit reinerer númenórischer Abstammung gebraucht,

---

* Die Waldelben in Thranduils Reich sprachen nicht S., sondern eine verwandte Sprache oder Mundart.

bes. in *Minas Tirith*, wenn man Höflichkeit erweisen wollte (so in dem Ruf *Ernil i Pheriannath*, III, 41, vgl. 231, und Master *Perian*, 160). *Narsil* ist ein aus zwei Grundstämmen ohne Abwandlungen oder Beifügungen zusammengesetzter Name: √NAR, »Feuer«, & √THIL, »weißes Licht«. Damit symbolisiert es die größten Himmelslichter als Feinde der Dunkelheit, die Sonne *(Anar)* und den Mond, (in Q.) Isil.* *Andúril* bedeutet Flamme des Westens (der Region, nicht des Sonnenuntergangs).

4. Sie sehen natürlich richtig, daß die Wörter für »Silber« auf ein urspr.: **kyelepē*: Q. *tyelpe* (mit regulärer Synkope des zweiten *e*) hinweisen: S. *celeb* und Telerin *telepi* (im T. war die Synkope des zweiten Vokals in einer Folge von zwei kurzen Vokalen gleicher Qualität nicht regulär, kam aber in längeren Wörtern wie *Telperion* vor). Obwohl es im Q. bei *tyelpe* blieb, wurde *telpe* (mit Q.-Synkope) zur gebräuchlichsten Form unter den Elben von Valinor, weil die Teleri in ihren Gebieten nördlich von denen der Noldor große Silberlager fanden & die bedeutendsten Silberschmiede unter den Eldar wurden.

5. *Aragorn* etc. Darin kann kein »Baum«-Wort enthalten sein (siehe Fußnote).** »Baumkönig« wäre ihm nicht besonders angemessen und wurde auch schon von einem Vorfahren verwendet. Die Namen in der Linie von Arthedain sind in mehrfacher Hinsicht eigenartig; und mehrere davon sind, obwohl S. in der Form, nicht leicht zu interpretieren. Aber es würde mehr historische und sprachliche Aufzeichnungen des S. erfordern, als vorhanden sind (d. h. als ich Zeit hatte und nötig fand, zu erfinden), um sie zu erklären. Das System, wonach alle Namen von *Malvegil* an dreisilbig sind und nur ein »signifikantes« Element*** haben

---

* Der Unterschied zwischen dieser Form und S. *Ithil* beruht auf einem Wechsel von *p* >*s* im Q. der Elben im Exil. Aber es gab einen Stamm √SIL wie in *Silmarilli*. Vgl. auch *síla lúmenna omentielvo.*

** Anmerkung: 2 alte Wörter im Elbischen für »Baum«: 1) **galadā* < √GAL, »wachsen«, und 2) *ornē* von der s[ehr] h[äufig] gebrauchten √OR/RO, »sich erheben, hoch werden« (vgl. *ortani*, »erhoben«). 1) > Q. *alda*, S. *galadh*. 2) > Q. *orne*, S. *orn*. 1) ist im Ursprung nicht mit dem Namen *Galadriel* verbunden, tritt aber auf in *Calas Galadhon, Galadhrim*. Bevor ich erkannte, daß viele Leser sich wie Sie für sprachliche Einzelheiten interessieren würden, dachte ich, daß die Leute das *dh* sperrig finden würden, und schrieb darum *d* (für *ð* & *dh*) in Namen. Aber *galadhon, -dhrim* steht nun im Text.

*** Wenn tatsächlich alle so waren; manche waren vielleicht nur Prägungen im gleichen allgemeinen Stil oder Abwandlungen alter Namen im familiären Gebrauch. Wie in unserem Robert > Robin, Dobbin, Hob, Bob etc.

554

(mit *ara*, wo das letzte Element einsilbig war, aber *ar* in anderen Fällen), ist eine Eigenheit dieser Namenslinie. Das *ara-* ist vermutl. aus Fällen entstanden, wo *aran*, »König«, sein *n* phonetisch eingebüßt hatte (wie in *Arathorn*), so daß *ara-* dann auch in anderen Fällen gebraucht wurde.

Ich habe mir nicht die Mühe macht, die S.-Lenierungen* in den ohnehin schon überladenen Anhängen zu erklären, denn ich befürchtete, sie würden überblättert oder als unverständlich und ermüdend empfunden werden, und zwar von so gut wie allen Lesern, denn das ist die normale Haltung der Engländer zum Walisischen. (Die Lenierungen oder »Mutierungen« des S. wurden absichtlich so angelegt, daß sie denen des W[alisischen] nach lautlichem Ursprung und grammatischer Funktion ähnlich wurden; sie sind aber weder im lautl. Urspr. noch in der gr. Funktion *dieselben*.) So weist *ost-giliath*, »Festung der Sterne«, in dem das zweite Substantiv als ein unflektierter Genitiv dient, keine Mutierung auf. Vgl. *ennyn Durin*. Im S. ist dieses Fehlen der Mutierung erhalten a) in Komposita und b) wenn ein Substantiv eigentlich nahezu ein Adjektiv ist, wie in *Gil-galad*, Stern (von) Leuchten. Im S. wurde ein anlautendes *g* in Zusammensetzungen beibehalten, wenn eine Berührung *n + g* eintrat. So *born*, »heiß, rot« + *gil* zu *borñgil; morn*, »schwarz« + *dor* zu *morñdor*; worauf die Drei-Konsonanten-Gruppe dann zu *rg, rd* vereinfacht wurde. t > þ(th) ist die nasale Mutierung und tritt so nach dem Plural-Artikel auf in: *thîw, i Pheriannath. palan-tîriel* sollte phonetisch werden > *-thîriel*, Partizip Perfekt, »in die Ferne geblickt habend«; aber grammatisch wurde vor den eigentlichen Verbformen die weiche Mutierung normalerweise erst im späteren S. gebraucht, um die Verwechslung mit anderen Verbalstämmen zu vermeiden, und aus demselben Grund wurde oft auch die weiche Mut. von *m > ṽ > v* gebraucht. *Palantír* ist Q.<*palantïră* mit dem Verlängerungsstamm von TIR, beobachten, anschauen etc. *tïro* ist S., aber ein Druckfehler für *tïro*, dem Imperativ (für alle Personen) im S. (Eine ganze Menge Anmerkungen zu den elbischen S.-Versen habe ich zu Donald Swanns Vertonung in *The Road Goes Ever On* gemacht; darunter auch eine Anmerkung über *ath*.)

ath: Obwohl dies eine S.-Form von Q. *atta*, »2« sein könnte, ist es tatsächlich damit nicht verwandt und auch kein Zeichen für einen Dual. Es war ein Kollektiv- oder Gruppensuffix, und die so gebildeten Substan-

---

* Daß Sie das Wort *leniert* gebrauchen, verrät schon, daß Sie diese kennen, also brauche ich dazu nichts mehr zu sagen; anzumerken ist nur noch, daß sie, obgleich *lautlichen* Ursprungs, doch *grammatisch* verwendet werden und daher in Fällen, wo dies durch die Herkunft lautlich nicht gerechtfertigt ist, auftreten oder ausbleiben können.

tive waren ursprünglich Singulare. Aber später wurden sie als Pl. behandelt, besonders in bezug auf Personen.* Die S.-Duals von Substantiven und Pronomen wurden schon früh obsolet, außer in geschriebenen Werken. Ein Beispiel ist *Orgalaðad*, »Tag der Zwei Bäume«, aber weil diese S.-Substantive alle von den Q.-Namen der 6 Wochentage abgeleitet waren, die aus Valinor mitgebracht waren, könnte dies ein Versuch gewesen sein, den Q.-Dual, wie z. B. in *ciriat*, 2 Schiffe, zu imitieren.** In jedem Fall ging das *-d* später verloren, und darum finden wir *argonath****, »die Gruppe der (zwei) edlen Steine«, statt **argonad*. *Orbelain* ist sicherlich ein Fall von »phonologischer« Übersetzung (wozu die Noldor wohl fähig waren), weil *Valanya* (adj.) von dem älteren **Balaniā* herkommen muß, das > S. **Belain* werden würde, aber keine solche Form existierte im S.

Das Hinzutreten eines Suffixes *ath* in *Arathorn* ist nicht möglich. Der Name enthält eine verkürzte Form von *þorono* (thorono), »Adler«, wie in *Thoron-dor, Thorongil*: Q. *þorno/sorno*. Kein Mensch oder Elb hätte Zwei-Baum-König genannt werden können, mit Bez. auf die Zwei Bäume von Valinor. Sie waren Schöpfung & Besitz der Valar, aber beide waren bei der Verdunkelung von Valinor zugrunde gegangen.

Ich fürchte, es ist unfair gegen sprachlich interessierte Leser, daß ich ihnen nicht mehr Material biete. Ich täte es gern. Aber wenn ich auch noch einiges hinreichend Geordnete dazu hinterlassen werde, habe ich doch mit 81 nun keine Zeit mehr – nicht, wenn ich noch einige »Sagen« mehr herausbringen will.

Jedenfalls, seit dem 14. Aug. ist schon eine Weile vergangen! Und ich habe an all dem nur in Abständen schreiben können. Aber ich hoffe, es kommt als eine Art Weihnachtsgeschenk bei Ihnen an – obwohl es leider vielleicht nicht ganz (oder überhaupt nicht) das ist, was Sie sich wünschten.

Mit den besten Wünschen zum Julfest.

J. R. R. Tolkien

---

* Z. B. *Periannath*, das Hobbitvolk, im Unterschied zu *periain*, Hobbits, eine unbestimmte Anzahl »Halblinge«.

** Ursprünglich waren die Q.-Duals rein numerativ (Element *ata*) und Paare (Element *ū* wie in *Aldūya*); aber sie waren normalerweise im späteren Q. nur in bezug auf natürliche Paare gebräuchlich, und die Wahl zwischen *t* und *u* wurde nach Maßgabe des Wohlklangs getroffen (z. B. wurde *ū* nach *d/t* im Stamm bevorzugt).

*** von *arn(a)gon -ath*.

Ein Beispiel dafür, wie schwer es ist, Bücher korrekt zu halten – meines und das Register sind voller Fehler –: Sie schreiben sich *Jefferey*, aber die Schreibung in der [Universitäts-]Adressenliste ist *Jeffrey*. Ich werde fast immer als *Tolkein* angeschrieben (nicht von Ihnen): ich weiß nicht, warum, denn ich spreche es immer *-keen* aus.

Ich fürchte, dies ist weitgehend unleserlich und, obgleich langatmig und kompliziert, doch in vieler Hinsicht erklärungsbedürftig. Und nicht alle Wörter und Namen können »erklärt«, d. h. nach Regeln aus älteren Formen mit bekannter Bedeutung abgeleitet werden. In den lebenden Sprachen (einschließlich elbischen!) konnten neue Wörter ohne genau angebbare Herkunft erfunden oder aus vorhandenen Elementen in Komposita gebildet werden, die sich nicht nach älteren phonetischen Gepflogenheiten richteten. Und in solchen Fällen pflegt dann der »Wohlklang« (oder was einer Sprache oder einem Volk zu einer bestimmten Zeit »wohlklingend« vorkam) eine Rolle zu spielen. Außerdem darf man nicht vergessen, daß der *Autor* eine sehr große Anzahl Namen über einen langen Zeitraum hin erfunden hat, und obwohl er den »Stil« der jeweils angenommenen Sprache hinlänglich kannte, stand ihm in einer frühen Phase dieser Arbeit ihre Lautgeschichte noch nicht so klar vor Augen wie jetzt!

Zum Beispiel haben wir *Arnor* und *Gondor*, die er beibehalten hat, um *Ardor* zu vermeiden. Aber erst jetzt kann es (obgleich vernünftig) nach der Erfindung als aus einer Vermischung von Q. *arnanóre/arnanor* mit S. *arn(a)dor > ardor* erklärt werden. In jedem Fall sollte der Name »königliches Land« bedeuten, nämlich das Reich *Elendils*, das vor dem südlichen Reich den Vorrang hatte.

348 Aus einem Brief an Mrs. Catharine Findlay 6. März 1973

Galadriel ist wie alle Namen elbischer Personen im *Herrn der Ringe* von mir selbst erfunden. Er ist in der Sindarin-Form (siehe Anhänge E und F) und bedeutet »Jungfrau gekrönt mit schimmerndem Haar«. Es ist ein Zweitname, der ihr in ihrer Jugend in ferner Vergangenheit gegeben wurde, weil sie langes Haar hatte, das wie Gold schimmerte, aber auch mit Silber durchschossen war. Sie hatte damals amazonische Neigungen und band ihr Haar zu einer Krone auf, wenn sie an athletischen Veranstaltungen teilnahm.

349 Aus einem Brief an Mrs. E. R. Ehrardt   8. März 1973

Ich verstehe nicht, warum Sie meinen Namen mit TOLK in Verbindung bringen wollen, einem Dolmetscher oder Sprecher. Dies ist ein Wort slavischen Ursprungs, das ins Litauische (TULKAS) übernommen wurde, ins Finnische (TULKKI) und in die skand. Spr., schließlich durch N[ord]-Deutschland (sprachlich niederdeutsch) und zuletzt ins Holländische (TOLK). Ins Englische wurde es nie übernommen.

350 An C. L. Wiseman

[Christopher Wiseman, Tolkiens Freund aus seiner Schulzeit und den Tagen des »T. C. B. S.« (vgl. Nr. 5), wohnte nun in Milton-on-Sea bei Bournemouth.]

24. Mai 1973   Merton College, Oxford
Mein lieber Chris:
   Ich habe (natürlich) schon viele Male, seit Du mich aus meinem Nest in Bournemouth geholt und mich nach Milford gebracht hast, an Dich schreiben wollen; und jetzt bin ich bestürzt, wie schnell die Zeit vergangen ist ..... Der unmittelbare Grund, warum ich jetzt schreibe, ist der folgende: beim Sortieren einiger Stapel Briefe und Kennzeichnen mancher, die ich aufheben will, stieß ich auf einen (im *Mai 1972* erhaltenen) Brief von wem? Von niemand anderem als C. V. L. Lycett, und aus Los Angeles!.... Sein Brief.... [ist] voller Erinnerungen an die K[ing] E[dward's] S[chool] ..... Hier ist ein Auszug: »Als Junge konntest Du Dir wohl nicht vorstellen, wie ich zu euch aufblickte und die erlesene Coterie* der J. R. R. T., C. L. Wiseman, G. B. Smith, R. Q. Gilson, V. Trought und Payton für ihren Scharfsinn bewunderte und beneidete. Ich hielt mich am Rande, um die Perlen aufzulesen. Ihr hattet wahrscheinlich von diesem Schüler-Kult keine Ahnung.« ....
   Also, da habe ich mich nun bei Merton eingerichtet; bin immer noch ganz munter und rege, obwohl ich seit meiner Geburtstagsfeier am 3. Jan. eine längere Periode mit angegriffener Gesundheit durchgemacht habe (nicht infolge der Feier, nur im zeitlichen Anschluß!). Nachdem ich ausgiebig geröntgt worden bin (mit insgesamt s. g. Ergebnissen), muß ich mir nun den Genuß *aller* Weine versagen und bin auf eine etwas

---

* Das wollten wir gewiß nie sein.

eingeschränkte Diät gesetzt; darf aber rauchen & nach Wunsch die alkoholischen Produkte der Gerste konsumieren.

Wenn Du Dir die Mühe machtest, den Handschuh aufzunehmen und zu antworten, würde ich mich freuen.

Mit herzlichen Grüßen & guten Wünschen für Deine Frau. Dein getreuer Freund.

Dein

JRRT. TCBS.

351 An Christopher Tolkien

[Poststempel: 29. Mai 1973]   [Merton College]

Mein liebster Chris,

ich war sehr froh, als ich Deinen Brief vom 17. Mai bekam (18. nachmittags). Denn ich dachte mir, daß etwas Ungelegenes passiert sein mußte, was über irgendeine Dummheit der französischen Post hinausging. Dein Entsetzen bei der Ankunft kann ich von Herzen mitfühlen – habe ich doch mehrmals in früheren Tagen Ähnliches durchgemacht, besonders in der Zeit von Johns Geburt 1917 bis einschließl. 1925, die mir jetzt im Rückblick als eine lange nomadische Serie von Ankünften in Häusern oder Unterkünften erscheint, die sich als fürchterlich erwiesen – oder noch schlimmer: in manchen Fällen fand ich überhaupt keine! . . . . Du bist etwa zur gleichen Zeit abgereist, als Prisca nach Kreta fuhr. Dies scheint die gelungenste Tour gewesen zu sein, die sie bisher gemacht hat. Als sie wiederkam, sah sie wirklich gut aus und fühlte sich wohl und voll Entzücken, aber das mußt Du aus erster Hand hören. Zum ersten Mal seit '68 spürte ich wirklich, wie es mich lockte, »die Welt zu sehen«, oder wenigstens dieses Stück davon. Aber leider muß ich mich jetzt wohl mit den Erzählungen der Reisenden begnügen.

Natürlich ist hier seit Ostern einiges los gewesen – aber hauptsächlich Dinge, über die zu berichten mehr Zeit erfordern würde, als sie wert sind: vor allem wäre es ein Bericht über unaufhörlichen Druck: gesellschaftlich, literarisch, akademisch & finanziell . . . . . Ich bin aus der Überfüllung des Sommertrimesters vom 16. bis einschließl. 22. Mai nach Bournemouth geflüchtet, und als ich wiederkam, ging es mir viel besser. Ich habe gut und einfach gegessen, hatte ein Zimmer mit eigenem Balkon und habe viel von meinen lieben Freunden, den Tolhursts, gesehen; und gutes Wetter (das es in Oxford *nicht* gab) hatte ich auch . . . . . Wie lange bleibst Du noch in Bargemon? Hoffentlich geht alles gut oder besser, solange Du da bist. Ich habe Euch *alle* beständig im Sinn, und dieser Ort hier kommt mir ohne Dich ziemlich leer vor. Alles Gute für meine lieben Chris & Baillie & + A[dam] & + R[achel]. Daddy.

Seit Deiner Abreise (ich glaube, in allen Fällen erst seitdem) sind Warnie[1], Tom Dunning[2], R. B. McCallum und Rosfrith M.[3] gestorben. (Warnie hatte einen sehr herzlichen Nachruf in der Times).

352 Aus einem Brief an Ungfrú Aðalsteinsdottir 5. Juni 1973

Ich freue mich sehr über die Nachricht, daß eine isländische Übersetzung des *Hobbit* in Vorbereitung ist. Lange hatte ich gehofft, daß etwas von meinem Werk ins Isländische übersetzt würde, eine Sprache, die ihm, wie ich denke, gemäßer ist als jede andere, die ich hinlänglich kenne.

353 Aus einem Brief an Lord Halsbury 4. August 1973

Sie türmen die Wetterspitze auf den Erebor, wie Bilbo hätte sagen können, mit Ihren weiteren Großzügigkeiten. Der Whisky wird willkommen sein, egal wann er eintrifft: er ist im College gut aufgehoben, ob ich nun gerade da oder kurz weg bin. Wenn Sie in Ruhestand gehen, werde ich Sie gewiß um Ihre Hilfe bitten. Ohne Sie, so fühle ich es allmählich, werde ich nie etwas vom *Silmarillion* fertig bekommen. Als Sie am 26. Juli hier waren, wurde mir wieder lebhaft bewußt, was für einen stärkenden Einfluß Sie auf mich haben: wie ein wärmendes Feuer, das einem alten Mann in sein Zimmer gebracht wird, wo er sitzt und friert und den Mut nicht aufbringt, die Reise anzutreten, nach der sein Herz verlangt. Denn zu all den Beschwerden und Hindernissen, die ich zu ertragen hatte, seit *Der Herr der Ringe* herausgekommen ist, habe ich obendrein auch noch das Selbstvertrauen eingebüßt. Darf ich hoffen, daß Sie unter all den Belastungen und der schweren Arbeit, die Ihrem Ruhestand vorausgehen müssen, doch schon in nicht gar so langer Zeit noch einmal kommen und mich erwärmen könnten? Besonders wünsche ich mir, Sie wieder Verse lesen zu hören, vor allem Ihre eigenen: die Sie für mich lebendig zu machen verstehen. Auch werde ich Ihnen schon bald ein paar Kopien von Sachen schicken, die ich geschrieben habe, um in Gedanken und Vorstellungen über solche Dinge Klarheit zu gewinnen wie die Beziehungen zwischen den langlebigen Elben und den kurzlebigen Menschen – mit denen Sie sich aber keine Mühe machen müssen, nicht einmal die, sie zurückzuschicken.

Ich hatte vor, mich gleich mit Galadriel und der Frage der Niederkunft bei den Elben zu befassen – zwei Themen, über die ich viel nachgedacht habe. Aber ich darf die Absendung dieses Dankesbriefs an Sie nicht noch länger hinauszögern . . . . .

Galadriel war »unbefleckt«: sie hatte keine bösen Taten begangen. Sie war eine Feindin Feanors. Sie erreichte Mittelerde nicht zusammen mit den anderen Noldor, sondern selbständig. Ihre Gründe, warum sie nach Mittelerde gehen wollte, waren legitim, und die Reise wäre ihr erlaubt worden, wäre nicht unglücklicherweise vor ihrem Aufbruch die Revolte Feanors ausgebrochen, worauf sie von Manwes verzweifelten Maßnahmen und der Verbannung aller Ausgewanderten mitbetroffen wurde.

354 An Priscilla Tolkien

[Geschrieben im Hause von Dr. Denis Tolhurst, vier Tage, bevor Tolkien im Alter von einundachtzig Jahren starb.]

Mittw., den 29. Aug. 1973   in der Little Forest Road 22, Bournemouth
Liebste Prisca,
     gestern um 3 Uhr 15 bin ich in B'th. angekommen, nach einer guten Fahrt, weil der meiste Verkehr nach Norden und nicht zur See ging, & einem Curry-Lunch zusammen mit Causier[1], Mrs. C. und David. Es war s. s. heiß hier & voll. Die C.'s fuhren dann los, um eine »Unterkunft« für 2 Nächte zu suchen, und nahmen notgedrungen mein ganzes Gepäck auf ihr, wie es schien, aussichtsloses Abenteuer mit. Sie setzten mich an der East Overcliff beim Miramar[2] ab, das mich nostalgisch anzog; aber dann ging ich in die Stadt & machte ein paar Einkäufe und ließ mir die Haare schneiden. Dann ging ich um 4 Uhr 45 zurück zum Miramar – und dann begann alles schiefzugehen. Man sagte mir, Causier habe um 4 Uhr nach mir gefragt, was mich befürchten ließ, er sei in Schwierigkeiten. Außerdem merkte ich, daß ich meine Bankkarte und etwas Geld verloren hatte. Die »Rezeption« war überrascht, aber freundlich und tröstete mich mit einem guten Tee. Weil sie außerdem annahmen, daß ich nicht nur Tee wollte, sagten sie mir, sie hätten gar nichts für mich tun können, aber eine Abbestellung würde es ihnen ermöglichen, mich ab Dienstag, dem

4. Sept. aufzunehmen – aber ich sagte, ich würde noch sehen. Ich nahm ein Taxi zur L. F. R. 22 (das sich prompt verfuhr) und kam erst spät dort an. Das Haus war voll & geschäftig – nur der Dr. war fort bis zum Abend. (Leichtsinniges Volk!) Dann wartete ich voll Sorge auf Causier. Es war fast 7, als er (mit Mrs. C. und D) auftauchte – ich vermute, er hatte sich auch verfahren – und sagte, er habe nur 15 Min. gebraucht, um s. gute Zimmer für 2 Nächte zu finden! Inzwischen hatte Martin Tolhurst (früher am New College), nun zu einem ungemein großen, reizenden und tüchtigen Mann herangewachsen, per Telephon meine Bankkarte etc. im *Red Lion* in Salisbury ausfindig gemacht. Also war alles in Ordnung, einstweilen. Aber ich habe das Angebot des Miramar angenommen und werde bis zum 11. Sept. nicht nach Oxford zurückkehren. Aus mancherlei Gründen, von denen der wichtigste ist, daß ich Carr reichlich Zeit lassen will, meine Zimmer sauberzumachen, die, ebenso wie ich, in letzter Zeit stark vernachlässigt wurden; ich möchte s. gern manche Leute hier besuchen, auch Chris Wiseman in Milford, und ich bin alt genug, vertraute Umgebungen bei weitem vorzuziehen.

Alles Liebe für Dich.
Daddy.

Hier ist es zur Zeit schwül, stickig und regnerisch – aber die Voraussagen sind günstiger.

Anmerkungen

1 **1.** Ein Shakespeare und L. L. H. Thompson vom Exeter College. **2.** Pater Francis Morgan (1857–1934) vom Birminghamer Oratorium, der katholische Geistliche, der nach dem Tod von Tolkiens Mutter (1904) sein Vormund wurde. **3.** L. R. Farnell, Rektor des Exeter College von 1913–28. **4.** Kenneth Sisam (1887–1971), der 1914 bei Professor A. S. Napier Forschungsassistent war. Er war Tolkiens Tutor, siehe Nr. 318. **5.** Thomas Wade Earp, damals Student am Exeter College; wurde später bekannt durch Schriften über moderne Maler. Siehe Nr. 83, wo Tolkien ihn als »T. W. Earp, das Urbild des *twerp*« erwähnt; da Partridges *Dictionary of Slang* für das erste Auftreten von *twerp* circa 1910 angibt, hat möglicherweise Earps Name mit den Initialen das Wort entstehen lassen. Earp war einer der Herausgeber der *Oxford Poetry 1915*, wo eines der ersten veröffentlichten Gedichte Tolkiens, »Goblin Feet«, abgedruckt wurde. **6.** Tolkiens Umarbeitung einer Geschichte aus dem *Kalevala*, »The Story of Kullervo«, wurde nie beendet, erwies sich aber als der Keim zu der Erzählung von Túrin Turambar im *Silmarillion*. Siehe dazu Tolkiens Darstellung in Nr. 163. **7.** Tolkien unterschrieb seine Briefe an Edith Bratt gewöhnlich mit »Ronald« oder »R.«, manchmal aber auch mit seinem ersten Vornamen John.

2 **1.** Tolkien schrieb im September 1914 ein Gedicht mit dem Titel »The Voyage of Earendel the Evening Star«. Die erste Strophe wird zitiert in *Biographie*, S. 87.

4 **1.** Anscheinend ein Hinweis auf eine frühe Form der Elbensprache Quenya, die von Tolkien zuerst wohl in seiner Studentenzeit erfunden wurde. Eine in dieser Sprache geschriebene Strophe, datiert mit »November 1915, März 1916« als Beispiel in *Biographie*, S. 93.

7 **1.** Henry Bradley (1845–1923) leitete das *Oxford Dictionary*, als Tolkien in der Redaktion mitarbeitete.

10 **1.** Tolkien war zu dieser Zeit Inhaber einer Leverhulme Research Fellowship. **2.** Eine Schwarzweiß-Illustration in den ersten britischen und amerikanischen Ausgaben des *Hobbit* zu Kapitel 8, die in den späteren Auflagen nicht mehr verwendet wurde. Sie ist neben der Anmerkung zu Nr. 37 in *Pictures* wiedergegeben. **3.** Neben den Karten hatte Tolkien anfangs nur die beiden zuvor in diesem Brief erwähnten Zeichnungen angeboten, die beide schwarzweiß waren. Die sechs weiteren, die nun eingereicht wurden, waren vermutlich der größte Teil der restlichen einfarbigen Zeichnungen, die in der ersten Ausgabe verwendet wurden.

13 **1.** Dies war das Bild mit dem Titel »Beleg finds Gwindor in Taur-nu-Fuin«, wiedergegeben als Nr. 37 in *Pictures*, mit einer Anmerkung zu seiner Geschichte.

14 **1.** C. S. Lewis, Fellow des Magdalen College und Freund Tolkiens seit 1926. **2.** Russell Meiggs, Fellow des Keble und später des Balliol College, der zu dieser Zeit das *Oxford Magazine* herausgab, in dem Tolkiens Gedichte »The Dragon's Visit« und »Iumonna Gold Galdre Bewunden (The Hoard)« im Februar und März 1937 veröffentlicht wurden. **3.** Eines dieser Bilder war »Beleg finds Gwindor in Taur-nu-Fuin«, vgl. Anm. 1 zu Nr. 13 oben. Tolkien erwähnt es später in diesem Brief als »das Mirkwood-Bild«, das ein anderes Abenteuer illustriere, nämlich eine Episode aus dem *Silmarillion*. Die anderen Bilder waren vermutlich »Glórund sets forth to seek Túrin« und »Mount Everwhite«, zu dieser Zeit die einzig vorhandenen aussagekräftigen und schon fertigen Bilder in bezug auf Mittelerde; reproduziert als Nr. 38 und 31 in *Pictures*. Wie Tolkien erklärte, waren die drei *Silmarillion*-Illustrationen nicht zum Abdruck im *Hobbit* bestimmt und wurden nur als Proben seiner Arbeit eingeschickt.

15 **1.** Der Verlag schrieb im Klappentext auf dem Umschlag des *Hobbit*: »Professor Tolkien – anders als seine Verleger – muß erst noch davon überzeugt werden, daß irgend jemand seine höchst ergötzliche Geschichte von der Reise eines Hobbits wird lesen wollen.« **2.** George Gordon, zuvor Professor für englische Literatur in Leeds (vgl. Nr. 46), dann Inhaber desselben Lehrstuhls in Oxford. 1937 war er Präsident des Magdalen College. **3.** R. W. Chambers (1874–1942), Professor für Englisch an der Universität London.

Kommentar zum Umschlag-Text: 1. Elaine Griffiths vom St. Anne's College in Oxford, die während der 30er Jahre als Forschungsassistentin mit Tolkien zusammenarbeitete. Zu ihrem Anteil an der Veröffentlichung siehe Nr. 294. **2.** »Bilbo verschlug es einfach den Atem, das ist das mindeste, was man sagen konnte. Nachdem die Menschen ihre Sprache geändert hatten, die sie in jenen Tagen voller Wunder von den Elben gelernt, gibt es keine Worte mehr, die seine Verblüffung beschreiben könnten.« (*Hobbit*, Kapitel 12; dt. Ausg. dtv, 1974, S. 217 f.) **3.** Owen Barfield, Freund von C. S. Lewis und Autor von *Poetic Diction* (1928), einer Darstellung der Entwicklung der Sprache aus ihren frühesten Wurzeln in der Mythologie. **4.** Sir Walter Raleigh, 1904–22 Professor für englische Literatur in Oxford. **5.** Ein *viva voce* ist der mündliche Teil der Oxforder Universitätsexamen.

16 **1.** Tolkiens achtjährige Tochter Priscilla und John Binney, ein Freund der Familie.

17 **1.** C. S. Lewis besprach den *Hobbit* in der *Times* vom 8. Oktober 1937 und im *Times Literary Supplement* vom 2. Oktober 1937. Beide Besprechungen waren anonym. **2.** *Gnome* war ein Ausdruck, den Tolkien um diese Zeit für die Noldorin-Elben gebrauchte; siehe Nr. 239. **3.** Lateinisch, »so wird es zu den

Sternen gehobbitet«, in Anspielung auf *Aeneis* IX, 641, »sic itur ad astra«.
4. R. M. Dawkins, der zu Tolkiens informellem Isländisch-Leseklub, den *Coalbiters*, gehörte (siehe Inklings, p. 27). **5.** Parkers Buchhandlung in der Broad Street in Oxford.

19 **1.** »The Adventures of Tom Bombadil«, zuerst veröffentlicht im *Oxford Magazine*, 1934. **2.** D. h. in der Neuauflage des *Hobbit*. **3.** Am 1. Januar 1938 hielt Tolkien einen Vortrag über »Drachen«, als Teil einer Vortragsreihe für Kinder im University Museum in Oxford. **4.** Unwin hatte Tolkien mitgeteilt, daß er ins Ausland fahre. **5.** Tolkien hielt am 14. Januar 1938 in der BBC einen Vortrag über angelsächsische Versdichtung. Die Dauer betrug 13 Minuten, und der Vortrag gehörte zu der Folge »Studies in National Inspiration and Characteristic Forms«.

20 **1.** Zum ersten Entwurf des Anfangskapitels des *Herrn der Ringe* siehe *Biographie*, S. 212 ff. **2.** Arthur Ransome, dessen Bücher von Tolkiens Kindern sehr bewundert wurden, schrieb Tolkien, bezeichnete sich als »bescheidenen Verehrer der Hobbits« und monierte Gandalfs Ausdruck »excitable little man« für Bilbo. Er nannte andere, ähnliche Fälle, wo »man« oder »men« für die Zwerge und Orks gebraucht wurden.

22 **1.** Christopher Tolkien mußte wegen Herzrhythmus-Störungen das Bett hüten, ein Leiden, das ihn für mehrere Jahre völlig zum Invaliden machte.

23 **1.** Die langen Ferien sind in Oxford die Sommerferien. Tolkiens Forschungsstipendium endete im September 1938.

24 **1.** Das verrät, daß der Held im ersten Entwurf von *Out of the Silent Planet* Unwin hieß; im veröffentlichten Buch heißt er Ransom. **2.** Einen anderen Bericht hierzu siehe in Nr. 294. **3.** Tolkiens unfertige Zeitreise-Geschichte, »The Lost Road«, wurde Allen & Unwin im November 1937 vorgelegt und vom Verlag mit der Bemerkung zurückgeschickt, es sei nicht wahrscheinlich, daß sie, auch wenn fertiggestellt, ein kommerzieller Erfolg werde. Zur Beschreibung der Geschichte siehe Nr. 257 und *Biographie*, S. 195 ff.

26 **1.** Möglicherweise Nr. 24, der als Anlage zu diesem Brief abgeschickt worden sein könnte. **2.** *Land Under England* von Joseph O'Neill (1935). **3.** Ein Ausdruck aus dem Gutachten des Lektors. **4.** *Voyage to Arcturus* von David Lindsay (1920).

28 **1.** Neben seinen Pflichten in Oxford trat Tolkien oft als externer Prüfer an anderen Universitäten auf und beurteilte höhere Examensarbeiten, weil er den Nebenverdienst brauchte. **2.** Es ist nicht ganz klar, welche Werke Tolkien meinte. Möglicherweise die beiden mittelenglischen Bücher *Ancrene Wisse* und *Pearl*, von denen er das erste für die Early English Text Society herausgab, während er mit E. V. Gordon am zweiten arbeitete – obwohl tatsächlich keines der beiden Projekte dem Abschluß nahe war. Die Arbeit im Altenglischen war

wahrscheinlich die Revision von Clark Halls *Beowulf*-Übersetzung, von der er die Korrekturen las und zu der er noch eine Einleitung beisteuern sollte; siehe Nr. 37. Die Arbeit im Altnordischen, von der er spricht, war vermutlich eine Edition der *Víga-Glúms-Saga*, herausgegeben von G. Turville-Petre (Oxford University Press, 1940); dies war eine der Oxford English Monographs, deren Herausgeber Tolkien war, zusammen mit C. S. Lewis und D. Nichol Smith. **3.** Fox war Dean of Divinity am Magdalen College und ein frühes Mitglied der Inklings.

31 **1.** Eine Gesellschaft am Worcester College, Oxford.

33 **1.** Zu dieser Fortsetzung siehe Nr. 36 und *Biographie*, S. 190 f. **2.** »The King of the Green Dozen« ist die Geschichte von dem König von Iwerddon, dessen Haar grün gefärbt ist, ebenso wie das Haar der zwölf Söhne seines Nachkommen. Die Geschichte, die in Wales spielt, parodiert den »hohen« Stil in der Erzählkunst. Tolkien brachte sie nie zum Abschluß.

34 **1.** E. V. Gordon, Tolkiens Mitarbeiter an der Ausgabe von *Sir Gawain and the Green Knight*.

35 **1.** Im Januar 1939 wurde Tolkien gefragt, ob er im Fall eines nationalen Notstandes (d. h. Krieg) bereit wäre, in der kryptographischen Abteilung des Foreign Office zu arbeiten. Er erklärte sich bereit und besuchte anscheinend einen viertägigen Ausbildungskurs im Foreign Office, der am 27. März begann. Aber im Oktober 1939 bekam er Nachricht, daß seine Mitwirkung einstweilen nicht erforderlich sein werde, und später hat er nie als Kryptograph gearbeitet.

37 **1.** Tolkien hatte sich bei der Gartenarbeit verletzt. **2.** John Tolkien studierte in Rom, um katholischer Priester zu werden. **3.** H. S. Bennett (1889–1972) vom Emmanuel College, Cambridge, Mediävist und Literaturhistoriker.

38 **1.** Die Northmoor Road 20 war im Winter 1939–40 durch gebrochene Wasserrohre beschädigt. **2.** D. h. die revidierte Ausgabe von Clark Halls *Beowulf* enthielt (in diesem Stadium) noch keinerlei Einleitung, abgesehen von einem »argument« (Zusammenfassung der Handlung) und einer zehnzeiligen Information über die Handschrift. **3.** Der Teil von Tolkiens Einleitung mit der Überschrift »On Metre«.

42 **1.** R. E. Havard (praktischer Arzt). **2.** C. S. Lewis und sein Bruder, Major W. H. Lewis. **3.** (Sir) Basil Blackwell, Buchhändler und Verleger. **4.** H. D. V. (»Hugo«) Dyson, ein Freund von Lewis und Tolkien, zu dieser Zeit Lektor an der Universität Reading. **5.** Am 10. Januar 1941 unterzeichnete Deutschland ein neues Abkommen mit Rußland, als Zeichen für das angeblich zu der Zeit bestehende Einvernehmen. **6.** Die Tageszeitung der Britischen Kommunistischen Partei.

43 **1.** Tolkiens Vormund, Pater Francis Morgan, mißbilligte seine geheime Lieb-schaft mit Edith Bratt. **2.** Tolkien hatte mit Begeisterung während seiner Schul-zeit das Gotische entdeckt; siehe Nr. 272. **3.** Die Classical Honour Moderations, eine Zwischenprüfung, die Tolkien mit einem zweiten Rang bestand. **4.** Das genaue Datum von Tolkiens Überfahrt mit seinem Bataillon über den Kanal war der 6. Juni 1916. Das Gedicht, von dem er spricht, ist datiert »Étaples, Pas de Calais, June 1916« und trägt den Titel »The Lonely Isle« und den Untertitel »For England«, obwohl es auch auf die Mythologie des *Silmarillion* bezogen ist. Es wurde veröffentlicht in *Leeds University Verse 1914–1924* (Leeds, Swan Press, 1924). **5.** Tolkien hatte von seinen Eltern ein kleines Einkommen aus südafrika-nischen Bergwerks-Aktien geerbt.

44 **1.** Tolkiens Mutter starb an Diabetes; Tolkien glaubte, daß ihre Krankheit durch die Intoleranz seiner Verwandten gegen ihren Übertritt zum Katholizismus verschlimmert worden sei. **2.** Tolkiens Mutter hatte für einen Sommerferienauf-enthalt Zimmer im Haus eines Briefträgers und seiner Frau gemietet.

45 **1.** Das Abschlußexamen der Studenten in Oxford. **2.** Während des Krieges organisierte Tolkien einen Lehrplan für Seekadetten, die in Oxford Englisch studierten. **3.** A. H. Maxwell war während des Krieges Tabak-Kontrolleur für die britische Regierung.

46 **1.** Während des Jahres 1926 hielt Tolkien weiterhin Vorlesungen in Leeds, obwohl er schon den Lehrstuhl für Angelsächsisch in Oxford innehatte. **2.** Las-celles Abercrombie wurde 1922, nach Gordons Rückkehr nach Oxford, Profes-sor für englische Literatur in Leeds. **3.** Gordon war von 1907 bis 1913 Fellow des Magdalen College in Oxford. **4.** F. W. Moorman, Professor für englische Spra-che in Leeds, starb im Sommer 1919; nach seinem Tod wurde sein Posten auf den Status einer Dozentenstelle herabgestuft. **5.** Das Gehalt scheint 500 Pfund pro Jahr betragen zu haben. **6.** Wahrscheinlich nicht richtig; in Gordons (veröffent-lichten) Briefen in bezug auf die Ernennung wird Kenneth Sisam nicht erwähnt. Dafür schreibt er am 26. Juni 1920 an R. W. Chapman: »Vielleicht werde ich Tolkien von Ihnen übernehmen; aber nur in der Hoffnung, daß er dann Ruhe hat, Text zu machen.« (Tolkien arbeitete damals in der Wörterbuch-Abteilung der Oxford University Press.) **7.** Siehe Anm. 4 zu Nr. 15 (Kommentar zum Umschlag-Text).

47 **1.** Im Jahr 1942 begann Tolkien seinen Dienst als Luftschutzwart. **2.** In der ersten Fassung des *Herrn der Ringe* waren die Kapitel fortlaufend numeriert. XXXI war »Treibgut und Beute«, das dann Buch III, Kapitel 9 wurde.

48 **1.** Vermutlich eine Vorlesung über den Artus-Stoff. **2.** Dieses Initial steht für »Tollers«, Lewis' gebräuchlicher Name für Tolkien.

49 **1.** Der Text von *Christian Behaviour* wurde später in Lewis' Buch *Mere Christianity* übernommen. **2.** Über das Wort *permanent* ist *lifelong* geschrieben. Diese und die folgenden Änderungen sind mit Bleistift ausgeführt; der Text des Briefes ist mit Tinte geschrieben. **3.** Verändert zu *total human health.* **4.** »including« verändert zu »with«. **5.** *all* mit Bleistift unterstrichen. **6.** *permanent* wieder zu *lifelong* verändert. **7.** »Social Morality« war der Titel eines früheren Kapitels in dem Buch. **8.** *elaborate* ersetzt durch *defend.* **9.** Lewis meinte, wenn ein Publikum nicht bei einer Striptease-Darbietung, sondern bei der langsamen Enthüllung eines verdeckten Tellers Schinken zuschaue, dann werde man doch annehmen, daß mit der Eßlust etwas nicht zum besten stünde. **10.** Reno in Nevada, berühmt für schnelle Scheidungen. **11.** Lateinisch, »einer Meinung mit der Kirche sein«.

50 **1.** Ein mit den Luftschutzwarten für das Gebiet Nord-Oxford besetztes Amt.

52 **1.** Lateinisch, »ich will nicht zum Bischof gemacht werden«. **2.** Zwei Zeilen aus Tolkiens unveröffentlichtem Gedicht »Mythopoeia«, geschrieben für C. S. Lewis.

53 **1.** Charles Williams, der nun in Oxford wohnte. **2.** Die Konferenz von Teheran im November 1943 zwischen den englischen, amerikanischen und russischen Führern. **3.** D. h. Winston Spencer Churchill. **4.** »Collie« Knox, Schriftsteller und populärer Journalist. **5.** Der Strich steht im Original des Briefes; kein Name wird genannt.

54 **1.** Angelsächsisch, »[Des] Vaters Rat für seinen Sohn«.

55 **1.** Angelsächsisch, »[Der] Vater [zu] seinem dritten Sohn«. **2.** Dozent für Alt-Isländisch in Oxford. **3.** Die in Nr. 50 erwähnte Stelle beim Luftschutz. **4.** Dozent für Judaistik in Oxford. **5.** D. h. vom Fischhändler. **6.** Ein Pub in der Broad Street. **7.** Lateinisch, »der Vater an seinen jüngstgeborenen (aber nicht in jeder anderen Hinsicht geringsten) Sohn«. **8.** »[der] Vater seinem Sohn, dem jüngsten, [aber] keineswegs unliebsten«. **9.** Ein polnischer Offizier, der Tolkien einige Wochen vorher konsultiert hatte.

56 **1.** Tolkien hatte die ersten drei Lebensjahre in Südafrika verbracht, wo sein Vater Bankangestellter in Bloemfontein war. Vgl. auch Nr. 163.

58 **1.** Eine Methode der Übermittlung von Briefen an Heeresbedienstete in Übersee. Der Text wurde von den Postbehörden fotografiert und dann in Form einer kleinen Bromidplatte dem Adressaten zugestellt, der sie mit einem Vergrößerungsglas lesen konnte.

60 **1.** Niederländisch, »Vom Zensor geöffnet«. **2.** D. h. »Mummy und Priscilla«. **3.** C. S. Lewis' Bruder Warren H. Lewis. **4.** Lord David Cecil, Fellow des New College, gelegentlicher Besucher bei den Versammlungen der Inklings. **5.** Sarah

Connaughton, eine Freundin der Familie. **6.** David Nichol Smith war 1929–46 Professor für englische Literatur in Oxford. **7.** Elaine Griffiths, vgl. Anm. 1 zu Nr. 15 (Kommentar zum Umschlag-Text). **8.** D. h. Fahnen von den Prüfungsarbeiten der University of Wales.

61 **1.** Christopher fuhr nach Südafrika auf der *S. S. Cameronia.* Die Umstände an Bord waren so unangenehm, daß er und seine Kameraden dem Schiff den Beinamen *Altmark* gaben, nach dem deutschen Gefängnis-Schiff dieses Namens. **2.** Das Heaton Park Camp in Manchester, wo Christopher Tolkien stationiert gewesen war. **3.** *Beowulf,* 1395/6: »Für diesen Tag habe Geduld in allem Leid, wie ich es dir wohl zutraue.« **4.** *Beowulf,* 1386–8: »Jedem von uns naht beizeiten das Ende seines Lebens in dieser Welt; laß den, der es vermag, Ruhm erlangen vor seinem Tod.« (Dies und das Vorige nach Tolkiens Übersetzung des Gedichts.) **5.** Frank Pakenham, später Lord Longford, war Tutor in Politik am Christ Church College von 1934–46. **6.** Mary Salu, eine graduierte Schülerin Tolkiens, die später eine Übersetzung der *Ancrene Riwle* mit einem Vorwort von Tolkien veröffentlichte. **7.** Lateinisch, »bewahre den ruhigen Sinn, halte die Zunge im Zaum«.

63 **1.** D. h. die Sirene (bei Flieger-Alarm). **2.** Das Mitre Hotel in der Turl Street. **3.** Tolkien gehörte zu den Testamentsvollstreckern für Joseph Wright, der 1930 gestorben war. **4.** »Mit-Christen«. **5.** Angelsächsisch, »Gott allein weiß«. **6.** Mabel Tolkien war auf »Heimaturlaub« in England, als ihr Mann starb, und konnte nicht zu der Beerdigung nach Bloemfontein zurückkehren.

64 **1.** Siehe die deutsche Fassung, *Der Herr der Ringe,* II, S. 291 f. **2.** Ein früher Titel für das *Silmarillion* war »The History of the Gnomes« – d. h. der Noldorin-Elben; vgl. Nr. 239.

66 **1.** Ein Priester am Birminghamer Oratorium. **2.** Alexander Buchan (1829–1907), ein Meteorologe, der die jährliche Wiederholung mancher Kaltwetterperioden voraussagte und nach dem die Kältephase vom 9.–14. Mai als »Buchan's winter« bezeichnet wird.

67 **1.** Leonard Rice-Oxley, Fellow des Keble College. **2.** R. B. McCallum, Fellow des Pembroke College, war zu dieser Zeit Tutor von Michael Tolkien, der nach Oxford zurückgekehrt war, um Geschichte zu studieren.

69 **1.** Pater Douglas Carter, Gemeindepfarrer der katholischen St. Gregor-Kirche in Oxford. **2.** »Who Goes Home« bekam später den Titel *The Great Divorce.* **3.** D. h. wie Tolkiens Erzählung »Leaf by Niggle«, zuerst erschienen in der *Dublin Review,* Januar 1945.

71 **1.** Angelsächsisch, »auf Erden und im Himmel«. **2.** *Gaudy Night* von Dorothy Sayers (1935).

72 **1.** H. L. Drake, Walter Ramsden und L. E. Salt, Fellows des Pembroke College, wo Tolkien eine Professoren-Fellowship innehatte. **2.** D. h. Hugo Dyson. **3.** Prüfungsarbeiten für die in Oxford Englisch studierenden Seekadetten. **4.** Besitzer einer Fahrrad-Reparatur-Werkstatt. **5.** Lateinisch, »ah! Triumph!« **6.** Ein Anbau zum Lincoln College in der Turl Street. **7.** »Censor« (d. h. Leiter) der St. Catherine's Society, Oxford. **8.** H. G. Hanbury, Fellow des Lincoln College und Dozent für Jura.

73 **1.** E. R. Eddison [sic!], Autor von *The Worm Ouroboros*. Dies war sein zweiter Besuch bei den Inklings (siehe *Inklings*, p. 190). **2.** W. H. Lewis hatte den Rang eines Hauptmanns im Royal Army Service Corps, bis er bei Ausbruch des Zweiten Weltkriegs zum Major befördert wurde. **3.** *The Mezentian Gate*, das bis zu Eddisons Tod im Jahre 1945 unfertig blieb, allerdings von seinem Bruder C. R. Eddison ediert und 1958 veröffentlicht wurde.

74 **1.** Nach einigen Wochen in Transvaal wurde Christopher Tolkien auf die Flieger-Schule in Kroonstad verlegt. **2.** Michael Tolkien war für den weiteren Heeresdienst untauglich erklärt worden, »infolge schweren Schocks für das Nervensystem aufgrund längeren Ausgesetztseins unter Feindeinwirkung«. **3.** Eine Ausgabe des *Hobbit* kam 1942 bei Foyles in London heraus; siehe Nr. 47.

75 **1.** Tolkien besaß eine Hammond-Schreibmaschine mit auswechselbaren Typen, von denen die eine sehr klein war. **2.** Amerikanische Soldaten, die sich in großer Anzahl im Oxforder Gebiet befanden. **3.** Die Übersetzung von W. H. Kirby, erschienen 1907 in der Everyman-Reihe.

76 **1.** Während der Ferien mit seiner Familie in Lamorna Cove in Cornwall hatte Tolkien 1932 zur Belustigung seiner Kinder einen lokalen »Typ« mit dem Spitznamen »Gaffer Gamgee« belegt. Siehe Nr. 257. **2.** Im Oxford Playhouse.

77 **1.** Es waren Nachrichten vom Vordringen der Alliierten in der Normandie gekommen; unterdessen hatte von Papen, der deutsche Botschafter in der Türkei, seinen Urlaub abgebrochen und war nach Ankara zurückgekehrt, im Anschluß an Meldungen, denen zufolge die türkische Regierung die diplomatischen Beziehungen abbrechen wollte. **2.** Lateinisch, »Karthago muß zerstört werden« (Plutarch, *Leben Catos*).

79 **1.** Spitzname für den Pub Eagle & Child.

81 **1.** Ein anderer Brief an Christopher Tolkien mit Datum vom 22. September 1943 spricht von Lewis' »neuer Übersetzung der Aeneis in gereimten Alexandrinern«. Sie wurde nicht veröffentlicht. **2.** Tolkien hatte Blackwell seine Übersetzung der *Pearl* versprochen, der sie veröffentlichen wollte und den Text schon hatte setzen lassen. Aber Tolkien blieb die Einleitung zu dem Buch schuldig, und das Vorhaben wurde schließlich aufgegeben.

83 **1.** C. S. Lewis hieß bei seinen Freunden »Jack«; »Warnie« war der Spitzname seines Bruders Warren. **2.** »Trotter« war der erste Name für Strider [»Streicher«] im *Herrn der Ringe*. **3.** Sir William Walton (geb. 1902). **4.** Kollege Tolkiens in der Englisch-Fakultät der Universität Leeds, Verfasser vieler Gedichtbände. **5.** Pater Martin D'Arcy, S. J., Prinzipal von Campion Hall, Oxford, von 1932–45. **6.** Altisländisch »Weltverfinsterung«.

89 **1.** Auch als »Vierzig-Stunden-Gebet« bezeichnet. Das Allerheiligste wird auf einer Erhöhung in einer Monstranz ausgestellt, und die Gläubigen beten davor vierzig Stunden lang wechselweise; diese Zeitspanne wurde wahrscheinlich nach der Zeit bestimmt, die Christi Leib im Grab ruhte. **2.** Griechisch, ἀνάγκη, »Notwendigkeit, Zwang«. **3.** Elizabeth Jennings, später eine bekannte Lyrikerin; ihre Familie war mit den Tolkiens befreundet.

91 **1.** Dieses »letzte Kapitel« wurde geschrieben in der Form eines Epilogs zum *Herrn der Ringe*, aber Tolkien zog schließlich vor, es nicht mit abzudrucken.

92 **1.** Lewis' nächster veröffentlichter Roman nach *That Hideous Strength* und *The Great Divorce* war *The Lion, the Witch and the Wardrobe*. Tolkien spricht aber hier fast mit Sicherheit von irgendeinem anderen Buch von Lewis, das nie fertig wurde. Tolkiens »vag projektierter dritter« Roman könnte »The Notion Club Papers« gewesen sein: siehe *Biographie*, S. 197. **2.** Lewis erzählte Chad Walsh, der ihn im Sommer 1948 besuchte, daß dieses Buch »Language and Human Nature« heißen und im nächsten Jahr bei der Student Christian Movement Press erscheinen sollte; aber das geschah nie. 1950 schrieb Lewis an einen Freund: »Mein Buch mit Tolkien – jedes Buch in Zusammenarbeit mit diesem großen, aber bummeligen und unmethodischen Menschen – ist, wie ich befürchte, auf einen Erscheinungstermin ad calendas graecas zu datieren« (*Letters of C. S. Lewis*, p. 222).

94 **1.** Die Northmoor Road 22, wo Tolkien von 1926 bis 1930 wohnte. **2.** D. h. Anthony Eden bei einer Rede im Unterhaus.

96 **1.** Professor für englische Sprache und Literatur in Oxford. **2.** D. h. die Merton-Professur für englische Sprache und Literatur und die für englische Literatur. **3.** Anspielung auf ein berühmtes Plakat, das die »stärkende« Seeluft des Badeorts Skegness anpries, mit einem munteren Fischersmann ganz in Ölzeug. **4.** Dies war vermutlich der Aufsatz »Myth became Fact«, zuerst erschienen in *World Dominion*, Sept./Okt. 1944, dann aufgenommen in Lewis' Buch *Undeceptions* (amerikanischer Titel: *God in the Dock*). **5.** Griechisch, »wäre ich doch«; zitiert, wie die folgenden Worte, aus Rupert Brookes »The Old Vicarage, Grantchester«. **6.** Lateinisch »einzeln«.

98 **1.** Vetter zweiten Grades von Rayner Unwin; sein richtiger Name war Harold. **2.** Christopher Tolkien war niemals offiziell ein Schüler seines Vaters, erhielt aber formlos etwas Unterricht von ihm während seines Studienjahres (1942–43), bevor er zur Luftwaffe ging. **3.** Unmöglich zu sagen, woran Tolkien hier dachte. Vielleicht spielte er auf die Geschichte (in embryonalem Zustand) an, von der am Ende von Nr. 69 die Rede ist. **4.** Diese Fußnote hat im Original des Briefes kein Hinweiszeichen zu einem bestimmten Teil des Textes. Der Bezug hier ist daher nach Mutmaßung angegeben. **5.** Die Tolkien/d'Ardenne-Ausgabe des west-mittelenglischen MS *Katerine*, die nie fertig wurde. **6.** Tolkiens Ausgabe des MS. *Ancrene Wisse*, erst 1962 fertiggestellt. **7.** British Daylight Saving Time (Sommerzeit).

103 **1.** Tolkien wollte ein Haus des Colleges mieten, weil sich die Northmoor Road 20 für die jetzigen Bedürfnisse seiner Familie als zu groß erwies. **2.** Hugo Dyson wurde zur gleichen Zeit wie Tolkien ins Merton College als Fellow aufgenommen.

105 **1.** »The Lay of Aotrou and Itroun«. **2.** »The Notion Club Papers«: siehe *Biographie*, S. 197.

107 **1.** Über die Identität dieser Person ist nichts bekannt. **2.** Tolkien hatte vereinbart, dieses Haus vom Merton College zu mieten.

108 **1.** C. H. Wilkinson war der Englisch-Tutor am Worcester College.

109 **1.** Siehe Anm. 1 zu Nr. 128. **2.** Die ersten drei auf dieser Liste waren vermutlich Owen Barfield, R. E. Havard und W. H. Lewis; die anderen sind nicht mit Sicherheit zu identifizieren. Die Künstlerin allerdings könnte Tolkiens Kusine Marjorie Incledon gewesen sein, eine Malerin. **3.** Ein früherer Name für Fredegar oder Fatty [Dick] Bolger. **4.** »Polizisten kommen nie so weit, und die Kartenzeichner haben dieses Land noch nicht erreicht. Sogar vom König hat man in der Gegend hier noch nicht viel gehört . . .« (*Hobbit*, 2. Kapitel). Diese Passage wurde bei einer späteren Überarbeitung stark verändert. **5.** Auf diesen Seiten wird der Nekromant erwähnt. **6.** Die Unwins fuhren in die Schweiz.

111 **1.** S. R. T. O. d'Ardenne.

112 *Transskription* (die kursiv gesetzten Buchstaben-Paare sind in der Runenschrift durch ein einziges Zeichen wiedergegeben):
      *TH*RE MANOR ROAD
      SUNDAY NOV[E]MBER
      *THE THIRTIE*TH

DEAR MRS FARRER: OF COURSE I WILL SIGN YO
UR COPY OF *THE* HOBBIT. I AM HONOURED BY *THE*
RECWEST. IT IS *GOOD* NEWS *THAT THE* BOOK IS OBTAIN
ABLE AGAIN. *THE* NEXT BOOK WILL CO[N]TAIN MORE D
ETAILED INFORMATION ABOUT RUNES AND O*THE*R
ALFABETS IN RESPO[N]SE TO MANY ENCWIRIES. IN
THE M*EA*NTIME WHILE *THE* GR*EA*T WORK IS BEI*NG* FINIS[H]
ED I WONDER IF YOU WOULD LIKE A PROPER
KEY TO THE SPECIAL DWARVIS[H] ADAPTATION
OF *THE* E*NG*LIS[H] RUNIC ALFABET ONLY PART OF
WHICH A*PP*EARS IN *THE* HO*BB*IT INCLUDI*NG THE* COVER.
WE E*NI*OYED LAST MONDAY EUENI*NG* VERY MU
CH AND HOPE FOR A RETURN MATCH SOON.
YOURS SINCERELY
J. R. R. TOLKIEN

113 **1.** *Sir Gawain,* Zeile 2363, »the most faultless knight«. **2.** Anscheinend hatte
Hugo Dyson verbreitet, Tolkien habe sich gegen Lewis' »laute« Art bei den
Inklings gewehrt. **3.** Bird and Baby, d. h. der Pub zum Eagle and Child.

114 **1.** Hugh Brogan hatte diese Schule besucht.

115 **1.** Ein elbischer Weiser auf Tol Eressea, von dem der Seefahrer Ælfwine die
Sagen erfuhr, die das *Silmarillion* ausmachen; vgl. *Biographie,* S. 110, 194.

118 *Transskription* (in der Runenschrift sind die kursiv gesetzten Buchstabenpaare
durch ein einziges Zeichen wiedergegeben; der Buchstabe Z bezeichnet das
stimmhafte S):

DE*AR* HU*G*H THIS [I]Z JUST TO WI*S*H Y*OU* A HA*PP*Y
*CH*RISTMAS IN DWARF RUNEZ

dear hugh: this iz just to wish you a very happy christmas
in two styles of elvish script: i am sending some explanations,
and hope you wont find them too complicated.

Die dritte Inschrift hat denselben Wortlaut wie die zweite, wobei zwischen
»and« und »hope« noch das Wort »I« eingefügt ist.

124 **1.** Tolkien überschätzte die Länge beider Werke, zusammen um mehrere
hunderttausend Wörter. **2.** D. h. die geplante Fortsetzung des *Farmer Giles of
Ham.*

126 **1.** Ein anderes Haus des Merton College, nicht weit von der Manor Road 3, das
sich für die Ansprüche der Tolkiens als zu klein erwiesen hatte.

127 **1.** Unwins zweiter Brief war eine Eingangsbestätigung zu Tolkiens Nachricht vom 2. April. **2.** Tolkiens Wut auf Allen & Unwin erkennt man in den sehr viel heftigeren Worten des Entwurfs zu diesem Brief, der in der *Biographie* auf S. 240 zitiert wird, in der Passage, die mit den Worten beginnt, »d. h. Sie sind vielleicht bereit, den *Herrn* zu nehmen ...«

128 **1.** In der ersten Fassung des 5. Kapitels des *Hobbit* hat Gollum wirklich die Absicht, Bilbo den Ring zu geben, wenn der Hobbit das Rätselspiel gewinnt, und entschuldigt sich beschämt, als er merkt, daß er ihm fehlt: »Ich weiß nicht, wie viele Mal er Bilbo um Verzeihung bat. Immer wieder sagte er: ›Dassz tut unssz leid; wir wollten nicht mogeln, wir wollten dassz essz unsszern einsszigen Schatzzz bekommt, wenn essz gewinnt.‹ Er bot sogar an, Bilbo zum Trost ein paar schöne frische Fische zu fangen.« Bilbo, der den Ring in der Tasche hat, überredet Gollum, ihn aus den unterirdischen Gängen herauszuführen, und die beiden trennen sich in gutem Einvernehmen.

130 **1.** Die Anmerkung, die in die zweite Auflage des *Hobbit* aufgenommen wurde, erklärte die Änderung des Textes im Kapitel 5: »Dort wird die wahre Geschichte vom Ausgang des Rätselspiels, so wie Bilbo sie schließlich (auf Drängen) Gandalf verriet, nun gemäß dem Roten Buch mitgeteilt, anstelle der Version, die Bilbo zuerst seinen Freunden erzählte und dann sogar in sein Tagebuch eintrug. Daß ein so überaus ehrlicher Hobbit hierin von der Wahrheit abgewichen war, war ein Vorzeichen von großer Bedeutsamkeit. Es betrifft jedoch nicht die vorliegende Geschichte, und wer mit der Hobbitkunde zum ersten Mal in dieser Ausgabe Bekanntschaft macht, braucht sich nicht darum zu kümmern. Die Erklärung liegt in der Geschichte des Ringes, wie sie in den Chroniken des Roten Buches der Westmark aufgezeichnet ist, und muß bis zu deren Veröffentlichung auf sie warten.«

131 **1.** Siehe die einleitende Anm. zu Nr. 19. **2.** Noumenon, Neutrum des Partizips Präsens von νοεω (noein), auffassen, wahrnehmen; von Kant als Gegensatz zum »Phänomen« eingeführt, mit der Bedeutung eines Gegenstands rein intellektueller Anschauung, ohne alle Attribute der sinnlichen Erscheinung. **3.** Dem Text dieses Briefes liegt ein Typoskript zugrunde, das auf Milton Waldmans Wunsch von einer professionellen Schreibkraft angefertigt wurde (es enthält einige Fehlschreibungen von Namen, die Tolkien korrigiert hat); an dieser Stelle scheint die Stenotypistin einige Worte in Tolkiens MS. ausgelassen zu haben. **4.** Tar-Calion (der Quenya-Name Ar-Pharazôns) war ursprünglich der dreizehnte Herrscher von Númenor; in späteren Veränderungen der Geschichte von Númenor wurde er zum fünfundzwanzigsten (gewöhnlich als der vierundzwanzigste gezählt, siehe aber *Nachrichten aus Mittelerde*, S. 303 f., Anm. 11). **5.** Wie aus früheren Briefen in diesem Buch hervorgeht, wurde der *Herr der Ringe* tatsächlich im Dezember 1937 begonnen.

132 **1.** C. L. Wrenn war Tolkiens Nachfolger als Professor für Angelsächsisch in Oxford.

133 **1.** Rayner Unwins Brief vom 29. November besagte, daß er hoffe, »Gelegenheit zu bekommen, das *Silmarillion* zu sehen. Ob Sie's glauben oder nicht, ich bin noch immer ganz sicher, daß Sie mit diesem Buch und *The Lords of the Ring* [sic!] etwas sehr Wichtiges zu veröffentlichen haben!« **2.** Maurice Bowra, Leiter des Wadham College und zu dieser Zeit Vizekanzler der Universität Oxford. **3.** In einem Brief über die mündliche Übermittlung von »Errantry« bemerkte Tolkien: »ein sonderbarer Zug war die Bewahrung des Wortes *sigaldry*, das ich aus einem Text des dreizehnten Jahrhunderts hatte«. (An Donald Swann, 14. Oktober 1966.) **4.** Siehe *Inklings*, p. 57. **5.** Sir John Burnett-Stuart befehligte das 1. Bataillon der Schützenbrigade im Zweiten Weltkrieg. **6.** D. h. »Autorisierte Version« und »Revidierte Version«. **7.** Russell Meiggs, der in den 30er Jahren das *Oxford Magazine* herausgab, weiß nicht mit Sicherheit, welches Mitglied der Familie Nowell Smith zu seinen Vorgängern gehörte. **8.** Auf den ersten Blick könnte es scheinen, als habe Tolkien noch ein Gedicht in diesem Versmaß geschrieben, »Earendil was a mariner«, das in Buch II, Kapitel 1 des *Herrn der Ringe* steht. Aber dies ist wohl eher eine weiterentwickelte Fassung von »Errantry« als ein Gedicht für sich.

134 **1.** Michael Tolkien unterrichtete an der Oratory School in Berkshire und hatte in der Nähe ein Häuschen. **2.** Das Büro von Allen & Unwin, nahe beim Britischen Museum. **3.** Näheres über diese Tonband-Aufnahmen, von denen manche 1975 auf Grammophon-Platten veröffentlicht wurden, siehe in *Biographie*, S. 244.

135 **1.** Tolkiens Beitrag zu den *Essays & Studies* war »The Homecoming of Beorhtnoth Beorhtelm's Son«, das 1953 in dieser Zeitschrift erschien. **2.** Der Vortrag in Glasgow am 15. April 1953 behandelte *Sir Gawain and the Green Knight*, insbesondere Gawains Versuchung zum Ehebruch mit der Dame und seine Beichte in der Kapelle an Bercilaks Hof, bevor er zu dem Treffen mit dem Grünen Ritter hinausgeht. **3.** Der erste britische Atombombenversuch fand statt auf den Monte Bello-Inseln, bei Australien, am 3. Oktober 1952.

136 **1.** Ein Inhaltsverzeichnis zum *Herrn der Ringe*, von Tolkiens Hand geschrieben, das im Manuskript des Buches (in der Marquette University, Milwaukee) enthalten ist, hat eine andere Titelfolge: Vol. 1 *The First Journey* und *The Journey of the Nine Companions*; Vol. II *The Treason of Isengard* und *The Journey of the Ringbearers*; Vol. III *The War of the Ring* und *The End of the Third Age*.

137 **1.** Eine Anmerkung zum Band I der ersten Ausgabe versprach, daß Band II »einige abgekürzte Ahnentafeln .... ein Register der Namen und fremden Wörter mit manchen Erklärungen.... [und] eine kurze Darstellung.... der Sprachen, Alphabete und Kalender« enthalten würde. Das Namens-Register erschien dann aber in der ersten Ausgabe von Band III noch nicht. **2.** Die

Inschrift am Westtor der Minen von Moria. **3.** Tolkien hatte beabsichtigt, Faksimiles von beschädigten Seiten aus dem »Buch von Mazarbul« mit aufzunehmen, mußte aber wegen der Druckkosten (die Faksimiles waren mehrfarbig) darauf verzichten. Sie sind als Nr. 23 in *Pictures* abgebildet. **4.** Das Thema seiner W. P. Ker-Vorlesung; siehe Anm. 2 zu Nr. 135 oben. **5.** Tolkien meint hier seinen langen Brief an Milton Waldman (Nr. 131).

140 **1.** In einem späteren Brief an Rayner Unwin (Nr. 143) sagt Tolkien eindeutiger, daß die Zwei Türme Orthanc und der Turm von Cirith Ungol seien. Andererseits sind die zwei Türme seiner ersten Zeichnung für den Umschlag des 2. Bandes (siehe Nr. 151) zweifellos Orthanc und Minas Morgul. Orthanc ist dort als ein schwarzer, dreizackiger Turm zu sehen (wie in *Pictures*, Nr. 27), mit dem Zeichen der weißen Hand an der Seite, Minas Morgul als ein weißer Turm, mit einem schmalen, abnehmenden Mond darüber, mit Bezug auf seinen ursprünglichen Namen Minas Ithil, der Turm des aufgehenden Mondes (*The Fellowship of the Ring*, p. 257; dt. Bd. II, S. 285 f.). Zwischen den beiden Türmen fliegt ein Nazgûl.

143 **1.** Die Anhänge zu Band III.

144 **1.** »*Uglúk u bagronk sha pushdug Saruman-glob búbhosh skai.*« **2.** » ... alle Gärten der Entfrauen sind verwüstet: die Menschen nennen sie jetzt die Braunen Lande«. **3.** » .... mein Großvater und mein Onkel Andi nach ihm .... hatten viele Jahre eine Seilerbahn drüben in Reepfeld.« **4.** »Wenn man sich das überlegt, wir sind ja immer noch in derselben Geschichte! Sie geht noch weiter. Hören denn die großen Geschichten niemals auf?« **5.** Naomi Mitchisons Haus in Schottland.

145 **1.** Bannister, ein Mitglied des Lehrkörpers am Merton College, lief als erster Mensch die Meile unter vier Minuten: ein Rekord, den er in Oxford am 6. Mai 1954 erzielte.

148 **1.** Allen & Unwin wollte Tolkiens Übersetzung des *Sir Gawain and the Green Knight* veröffentlichen. Sie war in einer dramatisierten Fassung im Dezember 1953 im Dritten Programm der BBC gesendet worden, mit einer Wiederholung im September 1954 (von der Tolkien hier spricht).

149 **1.** Peter Green, der Biograph von Kenneth Grahame, schrieb im *Daily Telegraph* am 27. August 1954: »Ich nehme an, es soll ernst genommen werden, und mir will einfach kein wirklich zureichender Grund einfallen, warum man das tun sollte ..... Und doch hat dies formlose Werk eine unleugbare Faszination: besonders für einen Rezensenten mit einer Erkältung im Kopf.« **2.** Edwin Muir schrieb im *Observer* am 22. August 1954: »Dieses bemerkenswerte Buch hat beim Erscheinen schon einen Nachteil. Nur ein großes Meisterwerk könnte das Bombardement mit Lobsprüchen überleben, die aus dem Klappentext darauf geworfen werden ..... *The Fellowship of the Ring* ist ein außergewöhnliches

Buch..... Aber für mein Teil konnte ich nicht umhin, eine gewisse Enttäuschung zu spüren. Vielleicht lag es teilweise an dem Stil, der dem Thema nicht gewachsen ist..... Aber vielleicht lag es noch mehr an dem Mangel an menschlicher Differenzierung und Tiefe, die das Thema erforderte.« **3.** J. W. Lambert schrieb in der *Sunday Times* vom 8. August 1954: »Kauzige Schwarte mit Botschaft? Nein, es rauscht dahin mit einer erzählerischen und malerischen Kraft, die es über jenes Niveau hinaushebt. Ein Buch für kluge Kinder? Na, ja und nein.« **4.** A. E. Cherryman in *Truth* am 6. August 1954: »Es ist ein erstaunliches Werk..... Er hat nicht nur zur Literatur der Welt etwas hinzugetan, sondern auch zu ihrer Geschichte.« **5.** Howard Spring in *Country Life* am 26. August 1954: »Dies ist ein Kunstwerk..... Voll Erfindungsgeist, Mutwillen und Phantasie..... Es ist eine tiefgründige Parabel vom ewigen Kampf des Menschen gegen das Böse.« **6.** H. l'A. Fawcett im *Manchester Guardian* vom 20. August 1954: »Mr. Tolkien ist einer von jenen geborenen Geschichtenerzählern, die die Leser zu Kindern machen, die mit großen Augen nach immer mehr verlangen.« **7.** Die Besprechung in der *Oxford Times*, mit C. H. H. unterzeichnet, erschien am 13. August 1954 und bezeichnete das Buch als »außergewöhnlich und oft schön«.

150 **1.** Siehe Anm. 1 zu Nr. 137 oben.

151 **1.** Tolkien machte für *The Fellowship of the Ring* zwei fertige Zeichnungen, die beide erhalten sind. In der, von der hier die Rede ist, sind der Herrscherring, umgeben von den feurigen Buchstaben einer Inschrift, und der Rote Ring (Narya) darüber genauso dargestellt wie in der anderen Zeichnung, die verwendet wurde und die man in vergrößerter Form immer noch auf den Umschlägen der bei Allen & Unwin erschienenen dreibändigen festen und kartonierten Ausgaben sieht; aber in der hier erwähnten Zeichnung sah man unten links und rechts den Weißen Ring (Nenya) und den Blauen Ring (Vilya), mit den Edelsteinen zu dem Herrscherring in der Mitte hingewendet.

153 **1.** Man sollte die »drei Fälle« erwarten; vgl. *Der Herr der Ringe*, III, 314 [dt. III, 354]: »Es gab drei Verbindungen zwischen den Eldar und den Edain: Lúthien und Beren; Idril und Tuor; Arwen und Aragorn. Durch die letzte wurden die lange getrennten Zweige der Halbelben wieder vereint und ihre Linie wiederhergestellt.« **2.** »Weißt du meinen Namen noch nicht? Das ist die einzige Antwort. Sage mir, wer bist du, allein, du selbst und namenlos?« **3.** D. h. in dem Gedicht »The Adventures of Tom Bombadil«, das zuerst 1934 in dieser Zeitschrift erschienen war. **4.** »Wir blicken nach Númenor, das war, und darüber hinaus nach Elbenheim, das ist, und nach dem, was jenseits von Elbenheim ist und immer sein wird. Habt ihr keine solche Sitte bei den Mahlzeiten?«

154 **1.** Naomi Mitchison besprach die *Fellowship of the Ring* im *New Statesman* vom 18. September 1954: Sie nannte das Buch »außergewöhnlich, schrecklich und schön«. **2.** Wurde in Naomi Mitchisons Besprechung erwähnt.

155 **1.** Griechisch γοητεία (γόης, Hexer); die englische Form *Goety* wird im *Oxford English Dictionary* definiert als Hexerei oder Magie vermittels Beschwörung und Einsatz böser Geister, Nekromantie. **2.** An den Rand neben den letzten Absatz hat Tolkien geschrieben: »Aber die Númenórer gebrauchten ›Zaubersprüche‹ bei der Verfertigung von Schwertern?«

156 **1.** Peter Hastings; siehe Nr. 153. **2.** Griechisch »Bote«. **3.** Siehe Anm. 4 zu Nr. 131.

157 **1.** Das Trinity College, an dem Katherine Farrers Mann, Austin Farrer, Kaplan war, hatte Tolkiens Söhne während ihres Studiums zu ermäßigten Gebühren aufgenommen. **2.** Vielleicht C. S. Lewis' Besprechung der *Fellowship of the Ring* aus *Time & Tide* vom 14. August 1954. **3.** D. h. »New York Sunday Times«. Auden rezensierte die *Fellowship*... in der *New York Times Book Review* vom Sonntag, dem 31. Oktober 1954, und in *Encounter*, November 1954. **4.** Edwin Muir, in seiner Rezension der *Two Towers* im Observer vom 21. November 1954, schrieb über die Ents: »Symbolisch sind sie recht überzeugend, und doch sind sie auch noch voller Charakter, erstaunlich und seltsam wie ein Wald von Bäumen, die in den Krieg ziehen.«

163 **1.** Auden hatte den Ausdruck »Trilogie« in seinem Brief gebraucht; zu Tolkiens Abneigung gegen dieses Wort in bezug auf den *Herrn der Ringe* siehe Nr. 149 und 165. **2.** Aus dem angelsächsischen Gedicht *The Wanderer*, 87: »*eald enta geweorc idlu stodon*« – »die alten Werke der Riesen [d. h. alte, von einer früheren Rasse errichtete Bauwerke] standen verlassen.« **3.** Der Rezensent Maurice Richardson hatte geschrieben: »Ich kann kaum noch an mich halten, um nicht zu schreien . . . . ›Erwachsene aller Altersklassen, vereinigt euch gegen die infantilistische Invasion!‹ . . . . Mr. Auden hat sich schon immer von der pubertären Welt der Saga und der Schulstuben gefangennehmen lassen. In *The Orators* gibt es Stellen, die Tolkiens Hobbitereien nicht unähnlich sind« (18. Dezember 1954). **4.** Tolkiens zweiter Sohn Michael. **5.** Tatsächlich wurde »The Fall of Gondolin« dem Essay-Klub des Exeter College nicht 1918, sondern 1920 vorgelesen, wie man aus dem Klub-Protokoll ersehen kann: » . . . am Mittwoch, dem 10. März, um 20 Uhr 15, ging der Präsident zu öffentlichen Angelegenheiten über und forderte Mr. J. R. R. Tolkien auf, seinen ›Fall von Gondolin‹ vorzulesen. Als Erschließung eines neuen mythologischen Hintergrundes war Mr. Tolkiens Vortrag überaus erhellend und gab ihn als entschiedenen Anhänger der Tradition zu erkennen, in einer Behandlungsweise wie bei so typischen Romantikern wie William Morris, George Macdonald, de la Motte Fouqué etc. . . . . . Der Kampf der widerstreitenden Kräfte von Gut und Böse, die repräsentiert werden von den Gongothlim [sic! für Gondothlim, der Name für die Bewohner von Gondolin in der ersten Fassung des »Fall of Gondolin«; siehe *Nachrichten aus Mittelerde*, S. 5] und den Gefolgsleuten Melcos [sic! für Melko, ein früher Name Melkors] wurde sehr bildhaft und eindrucksvoll erzählt.« Unter den Zuhörern waren Nevill Coghill und Hugo Dyson. **6.** Lateinisch »der die Mächtigen von

ihrem Sitz stieß und die Niedrigen erhöhte«; aus dem *Magnificat*. **7.** Eine möglicherweise irreführende Aussage. Während er den *Herrn der Ringe* schrieb, bemühte sich Tolkien, einen großen Teil des *Silmarillion* zu revidieren und umzuarbeiten. Andererseits war das *Silmarillion* schon vor 1936 vorhanden, und man kann nicht sagen, daß es erst von diesem Jahr an bis 1953 entstanden wäre. **8.** »Er wird eher den Weg nach Hause finden in dunkler Nacht als die Katzen der Königin Berúthiel.« (Aragorn über Gandalf, *Herr der Ringe*, Buch II; dt. I. Band, S. 377) Siehe *Nachrichten aus Mittelerde*, 3, 521 f. **9.** Eine Episode aus Tolkiens Kindheit in Bloemfontein, vgl. *Biographie*, S. 24.

165 **1.** Der Mädchenname seiner Mutter war Suffield. **2.** Vgl. *Biographie*, S. 193. **3.** E. R. Eddison.

168 **1.** D. h. *Enedwaith*. Zur Geschichte dieser Gegend siehe *Nachrichten aus Mittelerde*, S. 349–52.

171 **1.** Zweite Person Singular von »I wot« (altertümlich: »ich weiß«), mit einer möglichen »doppelten Verneinung«.

172 **1.** Tolkiens Vorlesung über »English and Welsh«, mit der die Reihe der O'Donnell Lectures eingeleitet wurde, gehalten in Oxford am 21. Oktober 1955; veröffentlicht in *Angles and Britons: O'Donnell Lectures*, University of Wales Press, 1963.

174 **1.** Siehe Anm. 8 zu Nr. 163.

177 **1.** Diese Professur war mit dem Ende der Amtszeit von C. Day Lewis in Oxford vakant geworden, und es wurde zur Nominierung von Kandidaten für die Nachfolge aufgefordert. W. H. Auden wurde schließlich gewählt.

180 **1.** Internationale Sprachen, die während des 19. und 20. Jahrhunderts erfunden wurden. **2.** Siehe Nr. 211, auch *Nachrichten aus Mittelerde*, S. 506–8, 511–3. **3.** Siehe Anm. 4 zu Nr. 163.

181 **1.** Siehe aber Anm. 5 zu Nr. 131. **2.** Bezieht sich auf den Vorschlag einer »Entlastungsstraße« durch Christ Church Meadow.

188 **1.** Die schwedische Übersetzung von 1947, unter dem Titel *Hompen*.

190 **1.** D. h. *cane*, »Ente«, + *étang*, »Teich«.

191 **1.** »Wer also meint, er stehe, der sehe zu, daß er nicht falle. Es hat euch nur menschliche Anfechtung getroffen, Gott aber ist getreu; er wird euch nicht anfechten lassen über eure Kräfte, sondern bei der Anfechtung auch den Ausgang schaffen, daß ihr bestehen könnt.«

192 1. »»Ein Jammer? . . . . Mitleid und Erbarmen hielten seine [Bilbos] Hand zurück: nicht ohne Not wollte er töten. Und dafür ist er reich belohnt worden, Frodo. Du kannst gewiß sein, wenn ihm das Böse so wenig anhaben konnte und er sich ihm schließlich zu entziehen vermochte, dann nur, weil er den Ring auf diese Weise in Besitz nahm. Voll Mitleid.‹« **2.** »›Im Hintergrund war noch etwas anderes am Werk, das über die Absicht des Ringschöpfers hinausging. Ich kann es nicht deutlicher ausdrücken, als wenn ich sage, daß Bilbo dazu *ausersehen* war, den Ring zu finden, aber *nicht* von dem, der den Ring gemacht hatte.‹« (Gandalf zu Frodo.)

193 1. »Sie [Morwen] gebar ihm drei Kinder in Gondor, von denen Théoden, das zweite, sein einziger Sohn war.«

199 1. Eddison las tatsächlich aus dem *Mezentian Gate*; siehe Nr. 73. **2.** »Ob man seine erfundenen Welten nun mag oder nicht (ich selbst mag die des *Worm Ouroboros*, die der *Mistress of Mistresses* dagegen überhaupt nicht), aber zwischen dem Thema und der Gliederung der Geschichte gibt es keinen Widerstreit.«

200 1. Hier besteht vielleicht ein Widerspruch zu den *Nachrichten aus Mittelerde*, S. 339: »die Möglichkeit besteht, daß Sauron tatsächlich einer der Auleschen Maiar war und ›zu Anbeginn Ardas‹ von Melkor verdorben wurde.« Über Olórins »Zugehörigkeit« zu Manwe siehe *Nachrichten aus Mittelerde*, S. 511.

203 1. Der Text dieses Briefes ist einem Artikel in *Mallorn* 10, p. 19, entnommen, mit stillschweigender Berichtigung der für Tolkien uncharakteristischen Kolloquialismen (»that's«, »there's« etc.) zu seinen gewöhnlichen Ausdrücken.

204 1. Der Almqvist & Wiksell Förlag AB, Stockholm, einer von Tolkiens schwedischen Verlagen. **2.** Der schwedische Übersetzer des *Herrn der Ringe*. **3.** Der niederländische Übersetzer. **4.** *Björnavad:* »Bärenfurt«. *Gamleby:* »altes Dorf«. *Månbergen:* »Mondberge«. *Ljusa slätterna:* »lichte Ebene«. Tatsächlich scheint *Månbergen* nicht verwendet worden zu sein, aber der Fluß Lune und der Golf von Lune wurden mit *Månfloden, Mångolfen* übersetzt.

205 1. Christopher Tolkien sagte in seinem Vortrag: »In Attilas Heeren zogen Menschen aus vielen germanischen Völkern mit . . . . . Sogar sein Name scheint gotisch zu sein, ein Diminutiv von *atta*, dem gotischen Wort für ›Vater‹.« **2.** »Ein Stern leuchtet über der Stunde unserer Begegnung« (*Der Herr der Ringe*, Buch I, Kapitel 3; dt. I, S. 107). Die Lesart *omentielmo* ist in dem Brief die gleiche wie in der ersten Ausgabe des Buches, aber Tolkien veränderte sie später zu *omentielvo*. Die Elbensprache Quenya macht in der Flexion einen Unterschied für den Dual, also nach der Zahl der mitgemeinten Personen; die Unfähigkeit, dies zu begreifen, bemerkte Tolkien, sei »ein Fehler der meisten Sterblichen«. So auch in diesem Falle. Tolkien machte eine Anmerkung, daß »Thains Buch von Minas Tirith«, eine der mutmaßlichen Quellen des *Herrn der Ringe*, die Lesart *omentielvo*,

Frodos ursprüngliches (verlorengegangenes) Manuskript aber wahrscheinlich *omentielmo* gehabt habe; und *omentielvo* sei die in diesem Kontext richtige Form.

206 **1.** Der Verlag der niederländischen Ausgabe des *Herrn der Ringe*. **2.** Professor Piet Harting von der Universität Amsterdam, ein langjähriger Freund Tolkiens. **3.** Vgl. auch *Biographie*, S. 257.

207 **1.** Forrest J. Ackerman, der Agent der Filmgesellschaft; siehe Nr. 202.

210 **1.** »Gandalf war von kürzerer Statur als die beiden anderen; aber sein langes weißes Haar, sein wallender Silberbart und seine breiten Schultern ließen ihn wie einen weisen König aus einer alten Sage erscheinen. Unter dichten, schneeweißen Brauen waren seine dunklen Augen wie Kohlen, die plötzlich Feuer sprühen konnten.« **2.** D. h. im Gasthaus in Bree. **3.** »Die Dunkelheit wich zu früh, vor dem Zeitpunkt, den sein Herr festgesetzt hatte.« **4.** Wo der Nazgûl-Fürst von Éowyn erschlagen wird. **5.** »*Lembas* besaß einen Nährwert, ohne den sie sich schon längst zum Sterben hingelegt hätten . . . . . Es stärkte den Willen und gab die Kraft, durchzuhalten und Muskeln und Glieder über das Maß sterblicher Wesen hinaus zu beherrschen.« **6.** »Doch hier und dort fielen helle Sonnenstrahlen in schimmernden Bündeln durch die östlichen Fenster hoch unter dem breiten Dachgesims.« »Das Sonnenlicht von den östlichen Fenstern war ausgelöscht; die ganze Halle wurde plötzlich dunkel wie die Nacht.«

211 **1.** Diese Lesart wurde in die späteren Auflagen übernommen. **2.** Im Anhang A zum *Herrn der Ringe* (III, 315; dt. 356) war der Vorgänger Ar-Adûnakhôrs als König von Númenor Tar-Calmacil; daß hier Tar-Atanamir genannt wird, scheint ein Versehen zu sein. Siehe auch *Nachrichten aus Mittelerde*, S. 296 ff. **3.** An anderer Stelle nannte Tolkien die beiden anderen Zauberer *Ithryn Luin*, die Blauen Zauberer; siehe *Nachrichten aus Mittelerde*, S. 505–7. **4.** Im Register zum *Silmarillion* werden Namen *Elrond, Elros* und *Elwing* mit »Sternendach«, »Sternenschaum« und »Sternengischt« übersetzt. Diese Interpretationen der Namen sind später als die in diesem Brief. **5.** Dieser Absatz ist aus einem anderen Text, einem Entwurf zu diesem Brief, entnommen. Der abgeschickte Brief ist zu diesem Punkt kürzer. **6.** » . . . die Gegenden, in denen damals Hobbits lebten, waren zweifellos dieselben, in denen sie sich noch immer aufhalten: der Nordwesten der Alten Welt, östlich des Meeres.«

212 **1.** Im *Silmarillion* (S. 53) ist von den »sechs Gefährtinnen« nicht die Rede.

214 **1.** Mr. Nunn hatte Tolkien in seinem Brief als einen »musterhaften Gelehrten« bezeichnet. **2.** Siehe Anhang F zum *Herrn der Ringe* (III, 413; dt. 458 f.). **3.** Abgeleitet von angelsächsisch *byrd*, »Geburt«. **4.** In der Ahnentafel der *Baggins von Hobbiton* (*Herr der Ringe*, III, 380; dt. 430) werden zwei Pontos genannt, der erste davon ein Vorfahr von Peregrin Took und Meriadoc Brandybuck. **5.** *Lalia the*

Great wird im *Herrn der Ringe* nicht erwähnt, aber ihr Gatte *Fortinbras II* erscheint in der Ahnentafel der *Took of Great Smials* (III, 381; dt. 431).

220 **1.** Federated Superannuation Scheme for Universities – eine Pensionskasse. **2.** Als Prüfer an der National University of Ireland.

224 **1.** Lateinisch »daher werde ich schweigen«.

228 **1.** Åke Ohlmarks, der schwedische Übersetzer des *Herrn der Ringe*; er hatte seiner Übersetzung einen biographischen Artikel über Tolkien beigefügt.

229 **1.** Schwedisch »Meisterschaft«.

230 **1.** »... weil ich bin, was ich bin, und dem unvermischten Geschlecht des Westens entstamme...« [d. h. dem von Númenor] (III, 249; dt. 281). **2.** »Laurelindórean lindelorendor malinornélion ornemalin.« **3.** »Taurelilómea-Tumbaletaurea Lómeanor.« **4.** Aus Glorfindels Begrüßung Aragorns: »Ai na vedui Dúnadan! Mae govannen!« (I, 222; dt. 257). **5.** »A vanimar, vanimálion nostari!« (III, 259; dt. 293). **6.** Die folgenden Zeilen werden von Tolkien in dem Brief übersetzt: Zeile 2: »Cuio i Pheriain anann! Aglar'ni Pheriannath!« Zeile 4: »Daur a Berhael, Conin en Annûn! Eglerio!« Zeile 6: »Eglerio!« Zeile 7: »A laita te, laita te! Andave laituvalmet!« Zeile 9: »Cormacolindor, a laita tárienna!«

232 **1.** D. h. in den Erzählungen von »Saki« (H. H. Munro). **2.** Eine von Joyce Reeves unter dem Namen Joyce Gard veröffentlichte Erzählung mit dem Titel *Woorroo* (Gollancz, 1961). Sie hatte Tolkien ein Exemplar geschickt.

234 **1.** »with silver tipped at plenilune/his spear was hewn of ebony« (*The Adventures of Tom Bombadil*, p. 27). »At plenilune in his argent moon/in his heart he longed for Fire« (ebd., p. 36). **2.** Jane Neave hatte Tolkien geschrieben: »Vom Pied Piper [von R. Browning] bekommt man *nie* genug! An jedem Tag bei jedem Besuch wird er verlangt, wenn die Kinder hier sind. Aber Deines wäre ja noch viel willkommener.« **3.** Wahrscheinlich ein Gedicht, das nicht in *The Adventures of Tom Bombadil* aufgenommen wurde; die meisten Verse in diesem Buch wurden schon einige Jahre vor seiner Veröffentlichung geschrieben.

235 **1.** »Illustrationen, so gut sie für sich genommen sein mögen, leisten dem Märchen keinen guten Dienst. Die radikale Verschiedenheit jeder Kunst, die eine *sichtbare* Darstellung gibt (also auch des Theaters), von echter Literatur liegt darin, daß sie uns eine einzige sichtbare Form aufzwingt. Die Literatur wirkt von einem Geist zum andern und ist daher befruchtender.« (*Über Märchen*, Anmerkung E.)

236 **1.** Der Abschnitt im Anhang F, beginnend mit: »It is to mark this that I have ventured to use the form *dwarves*...« [in der dt. Ausgabe weggelassen]. **2.** Die

Druckerei, bei der die Puffin-Ausgabe hergestellt wurde. **3.** Die Druckerei, wo die erste und zweite Auflage der dreibändigen gebundenen Ausgabe hergestellt wurde. **4.** Der Gründer und Vorsitzende der Penguin Books, von denen Puffin eine Abteilung ist.

237 **1.** »›Your mother if she saw you,/she'd never know her son, unless 'twas by a whisker.‹« (*The Adventures of Tom Bombadil*, p. 19). Vgl.: »Der Äsir gab Hreidmar den Schatz, stopfte das Otterfell damit voll und stellte es auf die Füße. Dann mußte der Äsir das Gold darum aufhäufen, bis es bedeckt war. Als das geschehen war, stieg Hreidmar hinauf und sah noch ein einzelnes Schnauzhaar vorstehen und befahl ihm, das auch zu bedecken.« (*Völsungasaga*, Kapitel 14). **2.** »Queer tales from Bree, and talk at smithy, mill, and cheaping« (*The Adventures of Tom Bombadil*, p. 21). Vgl.: »From mulne ant from chepinge, from smiðϑe ant from ancre hus me tidinge bringeϑ.« (»Von Mühle und Markt, Schmiede und Ankerhaus hört man die Neuigkeit.«) (*Ancrene Wisse*, hg. von J. R. R. Tolkien, Early English Text Society, 1962, p. 48.)

238 **1.** Amerikanischer Kritiker, der Tolkien und Unwin im Sommer 1962 besuchte. **2.** Tatsächlich war die Sendung am 7. August 1936. Sie wurde angeregt von Guy Pocock, der das MS. von Tolkiens Übersetzung gesehen hatte, als er bei dem Verlagshaus Dent arbeitete, dem sie angeboten worden war. Pocock wurde später Mitarbeiter der BBC. **3.** Das Gedicht heißt »The Nameless Land«, erschienen in G. S. Tancred (Hg.), *Realities, an anthology of verse* (Leeds, at the Swan Press; London, Gay & Hancock, 1972), p. 24. Es ist in *Pearl*-Strophen geschrieben und beginnt:
There lingering lights do golden lie
On grass more green than in gardens here …

239 **1.** Von zwei Wörtern ist die Rede: (1) griechisch *gnōmē*, »Denken, Verstand« (im Plural »Maximen, Sprüche«, davon abgeleitet englisch *gnome*, Maxime, Aphorismus); und (2) *gnomus*, Gnom, das von Paracelsus als Synonym für *pygmaeus* gebraucht wurde. Paracelsus »sagt, daß die so bezeichneten Wesen die Erde als Lebenselement haben …. durch die sie sich ungehindert bewegen wie Fische durchs Wasser oder Vögel und Landtiere durch die Luft« (*Oxford English Dictionary*, Stichwort *Gnome*[2]). Das O. E. D. meint, das Wort, ob nun von Paracelsus erfunden oder nicht, habe »Erdbewohner« bedeuten sollen und stehe in keinerlei Verbindung zu dem griechischen Wort.

240 **1.** » …. und dann erschien über dem Schilf …. ein alter schäbiger Hut mit einem hohen Hutkopf, und eine lange blaue Feder steckte im Band.« **2.** » …. machte er kein Geheimnis daraus, daß er seine Kenntnisse über die letzte Zeit weitgehend dem Bauern Maggot verdankte, den er offensichtlich viel höher einschätzte, als ihnen in den Sinn gekommen wäre.« **3.** Sir Thomas Browne, *Vulgar Errors*, III, Kapitel 10: »That a Kingfisher, hanged by the bill, showeth where the wind lay.« **4.** Siehe Anm. 1 zu Nr. 237. **5.** Siehe Anm. 2 zu Nr. 237.

241 **1.** Auf S. 3 von »English and Welsh« schreibt Tolkien: »[Eine] Geschichte, die ich zuerst auf den Seiten von Andrew Boord [sic!] las, des Leibarztes von Heinrich VIII. . . . . . erzählt, wie die Sprache des Himmels geändert wurde. Sankt Peter, der angewiesen war, dem Getöse und Geschnatter abzuhelfen, das die Ruhe in den himmlischen Häusern störte, ging hinaus vor die Tore und rief *caws bobi*, und dann schlug er die Tore wieder zu, ehe die Waliser, die hinausgeströmt waren, merkten, daß dies eine Falle ohne Käse war.« **2.** »Mein College . . . . war schockiert, als der einzige Preis, den ich je gewonnen habe, der Skeat-Preis für Englisch am Exeter College, für Walisisch ausgegeben wurde.« (»English and Welsh«, p. 38.) **3.** S. 163 in *The Monsters And The Critics*. **4.** Lady Agnew, eine Nachbarin Tolkiens in der Northmoor Road. **5.** Aber im Vorwort zu *Tree and Leaf* (1964) schrieb Tolkien: »Sie war plötzlich . . . . beschnitten und verstümmelt worden . . . . . Jetzt ist sie abgehauen . . . .«

242 **1.** Das Buch wurde im *Times Literary Supplement* am 23. November 1962 (p. 892) und im *Listener* am 22. November 1962 (p. 831) besprochen. Die letztere Besprechung war sehr enthusiastisch und sprach von Tolkiens »außergewöhnlicher technischer Fertigkeit . . . . etwas, das dem Genie nahekommt.«

244 **1.** »Faramir . . . . hielt einen weißen Stab hoch; aber Aragorn nahm den Stab und gab ihn ihm zurück und sagte: ›Das Amt ist nicht beendet, und es soll deines und deiner Erben sein, solange mein Haus besteht.‹«

246 **1.** »Und da war Frodo, bleich und erschöpft und dennoch wieder er selbst; und in seinen Augen war jetzt Friede, weder Anspannung des Willens noch Wahnsinn oder irgendeine Angst . . . . . ›die Aufgabe ist erfüllt, und nun ist alles vorbei‹ [sagte Frodo].« **2.** Die Absätze 3 und 4 der ersten Seite des Kapitels »Viele Abschiede« (Buch VI, Kapitel 6) und diese Passage: » . . . . wir können nicht schneller hinkommen, wenn wir Bilbo sehen wollen. Ich gehe zuerst nach Bruchtal, was immer geschieht.« **3.** Elronds Abschiedsgruß für Frodo am Ende von Buch VI, Kapitel 6. **4.** »Er war außer sich vor Zorn . . . . . Es wäre gerecht, dieses verräterische, mörderische Geschöpf zu erschlagen . . . . . Doch tief in seinem Herzen war etwas, das ihn zurückhielt: er konnte dieses Wesen nicht erschlagen, das da im Staub lag, verlassen, vernichtet, durch und durch unglücklich.« **5.** »Wilde Hirngespinste tauchten in seinen Gedanken auf; und er sah Samweis den Großen, den Helden des Zeitalters, der mit flammendem Schwert durch die verfinsterten Lande zog, und Heere, die auf sein Gebot hin zusammenströmten, als er losmarschierte, um Barad-dûr zu vernichten.«

247 **1.** Dieser Bericht, »The Quest of Erebor«, ist in den *Nachrichten aus Mittelerde* abgedruckt.

248 **1.** Die Paginierung ist die der *Essays Presented to Charles Williams*, und die zitierte Passage lautet [in *Die Ungeheuer und ihre Kritiker*, S. 187]: »Den Forscher kann leicht das Gefühl überkommen, daß er mit all seiner Mühe vom Baum der

Erzählungen nur einige wenige Blätter aufliest, noch dazu oft zerrissene oder vermoderte, unter all den vielen, die im Wald der Zeiten den Boden bedecken.« **2.** » .... der Christ .... [darf nun vielleicht mit Recht vermuten,] daß er selbst durch seine Phantasie daran mitwirken könne, die Schöpfung um vielerlei Laubwerk zu bereichern.« [*Die Ungeheuer...*, S. 201.]

249 **1.** Sir James Murray (1837–1915) begründete das *Oxford English Dictionary*.

250 **1.** Möglicherweise in bezug auf Pius' X. Empfehlung der täglichen Kommunion und der Kinder-Kommunion. **2.** Das zweite vatikanische Konzil (1962–66). **3.** Tolkiens Vormund, Pater Francis Morgan. **4.** Tolkiens Haus von 1926 bis 1930. **5.** Lateinisch »gesegnet sei, der da kommt im Namen des Herrn« (aus der Kommunions-Liturgie). **6.** Der praktische Arzt, der Tolkien in Bournemouth besuchte, um ihn zu behandeln (und später selbst dort hinzog). **7.** Tolkiens Enkel, der Sohn von Michael, studierte damals an der St. Andrews-Universität Englisch. **8.** Siehe Anm. 5 zu Nr. 19 mit Einzelheiten zu dieser Sendung. **9.** James Callaghan, zu dieser Zeit Schatzkanzler im Schattenkabinett der Labour-Opposition. 1964 kam Labour an die Macht. **10.** D. h. vor 1931, was bedeuten würde, daß der *Hobbit* in diesem Jahr geschrieben wurde. (Siehe aber *Biographie*, S. 203 f.)

251 **1.** James Dundas-Grant, einer der Inklings. **2.** Lewis' Stiefsohn. **3.** Professor für Englisch an der Keele University, ein früherer Schüler von Lewis.

252 **1.** Die Worte »We were separated.... long after the event« sind im Entwurf durchgestrichen. **2.** Siehe Anm. 3 zu Nr. 24.

253 **1.** Siehe Tolkiens Zeichnung »The Tree of Amalion«, Nr. 41 in *Pictures*.

254 **1.** R. W. (»Dickie«) Reynolds; vgl. *Biographie*, S. 61. **2.** Wiseman wurde Leiter des Queen's College in Taunton. **3.** Direktor der King Edward's School.

257 **1.** »Light as Leaf on Lindentree«, *The Gryphon*, new series VI, Nr. 6 (Juni 1925), p. 217. **2.** Zur Geschichte dieses Gedichts siehe *Inklings*, p. 29/30. **3.** Siehe die Vorbemerkung zu Nr. 9. **4.** In Cornwall, an der Küste nicht weit von Penzance. Dies war in den Sommerferien von 1932. **5.** Tolkien wohnte in der Duchess Road von 1908 bis 1910. **6.** *Brummagem* ist der einheimische (und sehr alte) Name für Birmingham.

261 **1.** Bailey schrieb: »Von der ersten Unterrichtsstunde an hielt mich Lewis beharrlich für Geoff Dutton, einen Australier, der ein vorzüglicher Student war, und Dutton für mich.«

267 **1.** Lateinisch »in dieser Stadt (ist) das Licht feierlich.«

268 **1.** »In ihm ist eines der mächtigen Rösser der alten Zeit wiedergekehrt« [dt. II, 143] »Das waren die Mearas ..... Die Menschen sagten von ihnen, daß Béma (den die Eldar Orome nennen) ihren Stammvater aus dem Westen über das Meer gebracht haben müsse.«

269 **1.** »Der Schatten, der sie gezüchtet hat, kann nur nachäffen, er kann nichts erschaffen: nicht wirklich eigene neue Dinge machen. Ich glaube nicht, daß er den Orks das Leben geschenkt hat, er hat sie nur verdorben und entstellt.«

270 **1.** Der Sitz des Verlags Houghton Mifflin.

274 **1.** »Sie wateten durch den Bach und eilten auf dem anderen Ufer über eine baumlose, binsenbestandene Ebene. Dahinter kamen sie wieder zu einem Baumgürtel: hohe Eichen zum größten Teil, und hier und dort eine Ulme oder Esche.«

275 **1.** Sir Cyril Norwood (1875–1956), Präsident des St. John's College in Oxford und Verfasser des Norwood Report über das Bildungswesen.

276 **1.** Tatsächlich hatten mindestens noch drei Personen außer C. S. Lewis die Mythologie gelesen: Christopher Tolkien, Rayner Unwin und Lord Halsbury.

278 **1.** Tolkiens Bemerkung ist allerdings enigmatisch, denn in *Light on C. S. Lewis* (Bles, 1965) macht Owen Barfield eine ganze Reihe von Aussagen über Lewis' Persönlichkeit. Möglicherweise meinte Tolkien hier Barfields Verwunderung über »die große Veränderung, die zwischen den Jahren 1930 und 1940 in [Lewis] vorging – eine Veränderung, die ungefähr mit seiner Bekehrung zusammen fiel ... von der es aber nicht schien – und auch im Rückblick nicht scheint –, als sei sie damit unvermeidlich oder auch nur natürlich verbunden gewesen« (p. ix). Barfield schreibt weiter: »*Gab* es nicht etwas, zumindest in seiner so eindrucksvollen, ja glänzenden literarischen Persönlichkeit, das irgendwo – und ohne jede Spur von Unehrlichkeit – *voulu* war? .... ein Anflug von Pastiche, das nicht nur ad hoc war?« (p. xi). Andernfalls könnte Tolkien aber auch Barfields Bemerkung (p. xvi) gemeint haben, wonach Lewis auf einmalige Weise »eine fast erhabene intellektuelle und ›phantastische‹ Reife, befestigt durch moralische Energie, auf der einen Seite mit .... einer gewissen psychischen oder spirituellen Unreife andererseits« verbunden habe.

281 **1.** Diese Zeichnung ist als Nr. 19 in *Pictures* wiedergegeben. **2.** »Ihr glaubt doch nicht etwa, es sei reiner Zufall gewesen, daß Ihr all die Abenteuer bestanden habt und all den Gefahren entkommen seid und daß all das einzig zu Eurem eigenen Nutzen geschehen ist?« (Gandalf zu Bilbo.)

293 **1.** Anscheinend gab Tolkien doch nach, denn Fosters Interview mit ihm erschien im *Scotsman* am 25. März 1967.

294 **1.** W. H. Auden; siehe Nr. 284. **2.** Siehe die Vorbemerkung zu Nr. 9. **3.** Tolkiens Freundin Elaine Griffiths zufolge war das MS. tatsächlich von Tolkien an Susan Dagnall ausgeliehen worden, die von Miss Griffiths davon gehört hatte. **4.** Zu Tolkiens Briefwechsel mit Jane Neave, seiner hier erwähnten Tante, siehe Nr. 231, 234, 238 und 241. **5.** Siehe Nr. 202. **6.** Von John Christopher, zuerst erschienen 1956. **7.** Siehe dazu auch Nr. 24.

295 **1.** Es ist nicht bekannt, welchen Brief Tolkien meint. **2.** Auden hatte Tolkien ein Typoskript der Übersetzung geschickt, die er zusammen mit Paul B. Taylor von der *Völuspá* oder dem »Lied der Seherin« gemacht hatte. Sie wurde schließlich in einer Sammlung ihrer Edda-Übersetzungen veröffentlicht, die den Titel trug *The Elder Edda: A Selection* (Faber & Faber, 1969); dieses Buch wurde Tolkien gewidmet. **3.** Ein langes unveröffentlichtes Gedicht mit dem Titel »Volsunga-kviða En Nyja«, vermutlich Ende der 20er oder Anfang der 30er Jahre geschrieben. Tolkien bezeichnete es in einem Brief an Auden vom 29. Januar 1968 als »in der Fornyrðislag-8-Zeilen Strophe in Englisch geschrieben: ein Versuch, den Edda-Stoff um Sigurd und Gunnar zu verarbeiten.« *Fornyrðislag* ist das altnordische Strophenmaß, das in seiner Zeilenfolge der altenglischen Dichtung sehr ähnlich ist und in dem die meisten erzählenden Gedichte der Edda gehalten sind.

297 **1.** Dieser Kommentar wurde nach Tolkiens Tod veröffentlicht in Jared Lobdell (Hg.), *A Tolkien Compass* (La Salle, Illinois, Open Court, 1975), p. 153–201.

300 **1.** Spitzname für C. S. Lewis. **2.** F. E. Brightman (1856–1932), Fellow des Magdalen College.

303 **1.** In einem Häuschen gegenüber dieser Mühle hatte Tolkien als kleiner Junge mit seiner Mutter und seinem jüngeren Bruder gewohnt, in einem Dorf bei Birmingham.

306 **1.** Lateinisch »das war ein Omen!« **2.** Officers' Training Corps. **3.** »Doch bist du erwählt worden, und daher mußt du alles zusammennehmen, was du an Kraft und Mut und Verstand hast.« »Es ist nicht unsere Aufgabe, alle Zeiträume der Welt zu lenken, sondern das zu tun, wozu wir fähig sind, um in den Jahren Hilfe zu leisten, in die wir hineingeboren sind.« **4.** Bischof J. A. T. Robinson, Verfasser von *Honest to God* (1963). **5.** Tolkiens jüngerer Bruder (1894–1976). **6.** Der Vortrag, gehalten am 5. Juni 1959, wurde später veröffentlicht in *J. R. R. Tolkien, Scholar and Storyteller*, hg. von M. B. Salu & R. T. Farrell (Cornell University Press, 1979).

307 **1.** »Das Alter hat mich beschlichen … Ich bin älter, als ich war, sowohl an Wintern als auch an Wissen.«

309 **1.** J. B. Tolkien (1807–96) war in Wirklichkeit 89, als er starb. **2.** Siehe aber Nr. 334, einer von den vielen Briefen, die er mit »Ronald« unterschrieb (niemals

mit »John«, außer in Briefen an seine Frau in ihrer Verlobungszeit); in diesem Brief fordert er Rayner Unwin auf, ihn so anzureden.

311 **1.** Mrs. Parke, die den Tolkiens mehrere Stunden die Woche als Fahrerin und Hausgehilfin diente.

312 **1.** *Wild Flowers of the Cape Peninsula* von Mary Maytham Kidd (Oxford University Press, 1950).

315 **1.** Tolkien hatte den größeren Teil seines literarischen Einkommens seinen Söhnen und seiner Tochter übereignet; wenn er danach noch sieben Jahren lebte, bliebe das Geschenk frei von den beim Tode fälligen Erbschaftssteuern.

316 **1.** Dieser Brief ist in der Wörterbuch-Redaktion nie eingegangen und wurde vermutlich nicht abgeschickt. **2.** Diese Definition wurde eingeleitet mit den Worten: »In den Erzählungen von J. R. R. Tolkien (1892–1973)« und in den Supplement-Band des *Dictionary* von 1976 aufgenommen. **3.** Siehe Nr. 25.

318 **1.** Siehe Anm. 3 zu Nr. 1; auch Nr. 308. **2.** Siehe Anm. 4 zu Nr. 1.

319 **1.** Siehe Nr. 25. **2.** Green informierte Tolkien, daß der Autor E. H. Knatchbull Hugessen war und das Buch *Stories For My Children* (1869).

323 **1.** Das Nummernschild des Morris, den die Tolkiens in den 30er Jahren besaßen, begann mit den Buchstaben JO.

328 **1.** Fellow des Balliol College.

332 **1.** Tolkien hielt sich bei seinem Sohn Christopher und dessen Familie in dem Dorf bei Oxford auf, wo sie damals wohnten. **2.** Tolkiens Kusine ersten Grades.

336 **1.** Idole in einer Geschichte von Lord Dunsany; vgl. Nr. 294.

338 **1.** Das Lied von Ent und Entfrau in dem Kapitel »Baumbart«. **2.** Deutscher Philosoph (1879–1945), verfaßte eine Schrift über Kierkegaard.

351 **1.** W. H. Lewis. **2.** T. P. Dunning, C. M., vom University College, Dublin; Alt-Anglist. **3.** Rosfrith Murray, die Tochter von Sir James Murray. Siehe Nr. 249.

354 **1.** Der Chauffeur des Mietwagens, mit dem Tolkien nach Bournemouth gefahren war. **2.** Das Hotel in Bournemouth, wo Tolkien mit seiner Frau oft gewohnt hatte.

Allgemeines Register

591

Register

der Personen, Orte, Dinge, Sprachen usw. aus dem *Hobbit,* dem *Herrn der Ringe* und dem *Silmarillion*

Déagol 380 ff., 497
Denethor 261, 317, 321, 402, 423, 449
Dior 255, 369, 437
Dol Guldur 380
Drachen 235, 282 f., 291
Durin 235, 377, 452 f.
Düsterwald s. Mirkwood

Ea 370, 373 ff.
Earendil 198 f., 203, 205 f., 250, 255, 291, 364, 369, 437, 451 f., 471, 496 f., 502 ff., 503
Earendur 503
Edain 503
Edwin 453
elanor 142, 299, 327, 523
Elben 194 f., 197 f., 200–212, 214, 232 f., 248, 250 ff., 254 ff., 260 ff., 264, 269 ff., 310 ff., 317 f., 330, 333, 341, 344, 351, 359, 364 ff., 369 f., 372 ff., 402, 411, 416, 424, 430, 451 f., 480, 499, 503 f., 535, 546, 551 ff., 561
Elbenheim s. Eldamar
Elbensprachen s. Eldarin
Elbereth (Varda) 256, 272, 363 ff., 370, 378
eldaisch 246
Eldalië 173
Eldamar (Elbenheim) 239, 262, 269, 368
Eldar 231, 233 f., 246, 262, 320, 469, 471, 535, 554
Eldarin 15, 173, 190 f., 232, 236, 470
Elendil 208, 235, 262, 272, 342, 367, 436, 453, 503, 552, 557
Elladan 256, 364, 369
Elrohir 256, 364, 369

Elrond 140, 164, 198, 202 f., 205, 209, 211 ff., 231, 238 f., 251, 255 f., 262, 311, 317 f., 324, 364, 369, 411, 430, 434, 436 f., 452, 551
Elros 205 f., 369, 437, 452
Elwing 199, 255, 369, 437
Endor s. Mittelerde
Ents 140, 213, 236 f., 275, 279, 294 f., 305, 361 ff., 436 f., 444, 545
Eorl 285, 494
Eorlingas 497 f., 500
Eowyn 214, 422 f.
Erech 501
Eregion 202, 251, 469
Eressea 200, 205, 208, 246, 261 f., 504, 535
Eru s. Ilúvatar

Fangorn 285, 546
Faramir 108, 124, 139, 256, 266, 268, 281, 306, 317, 355, 422 f.
Feanor 197, 199 f., 369, 503, 560
Feanorische Schrift 176
Forochel 262
Frodo Baggins (Beutlin) 97, 104, 108, 110 ff., 136, 140, 142, 148, 246, 252 f., 260, 262, 266, 272, 285 f., 295, 304 f., 307 ff., 317, 325, 331 ff., 336, 340, 357 f., 364, 385, 387, 403, 416, 420, 425–433, 463, 503 f., 535
Gaffer Gamgee (der Ohm) 112, 238, 430, 454
Galadriel 140, 194, 227, 238 f., 255, 262, 268, 311, 360, 365, 378, 403, 411, 428, 434, 436 f., 469, 498, 503 f., 530, 552 ff., 558, 561

599

Valar 194, 203, 207, 233 f., 246,
256, 261, 268 f., 271, 274,
310 ff., 321, 370, 372 ff., 376,
402, 428, 451, 453, 462, 469,
480, 503 f., 530, 535, 557
Valinor (auch Valimar) 196 f.,
199 ff., 207 f., 246, 261, 365,
436, 535, 553 ff.
Varda s. Elbereth

Wargs 497, 510
Weathertop (Wetterspitze) 358,
432, 460
Weidenmann (Old Man
Willow) 301
Weißer Baum 273, 286
Weißer Rat 164
Westernis s. Númenor

Westron 207, 231 f., 334, 553
Wetterspitze s. Weathertop
William 253
Wormtongue
(Schlangenzunge) 266

Yavanna 373, 437

Zahlwörter 550
Zauberer 238, 252, 254, 264,
266 f., 273 f., 312, 327, 344,
356, 364, 370, 372, 376, 551
Zwei Bäume 197, 552, 556
Zwerge 32, 35, 45, 201 f., 210,
212, 232, 251, 259, 262, 273,
327, 330, 344, 377, 402, 411,
436 f., 452 f., 499

Verlagsgemeinschaft Ernst Klett Verlag –
J. G. Cotta'sche Buchhandlung
Die Originalausgabe erschien im Verlag
Allen & Unwin, London, unter dem Titel
»The Letters of J. R. R. Tolkien«
© 1981 George Allen & Unwin Ltd.
© für die deutsche Ausgabe Ernst Klett
Verlag für Wissen und Bildung GmbH,
Stuttgart 1991
Fotomechanische Wiedergabe nur mit
Genehmigung des Verlages
Printed in Germany
Schutzumschlag: Klett-Cotta-Design
Gesetzt aus der 9 Punkt Bembo von
Steffen Hahn FotoSatzEtc., Kornwestheim
Gedruckt auf säurefreiem und holzfreiem Werkdruckpapier
von Offizin Andersen Nexö, Leipzig

Die Deutsche Bibliothek – CIP-Einheitsaufnahme

Tolkien, John R. R.:
Briefe / J. R. R. Tolkien. Hrsg. von Humphrey Carpenter
unter Mitw. von Christopher Tolkien.
Aus dem Engl. von Wolfgang Krege.
– Stuttgart: Klett-Cotta, 1991
(Hobbit-Presse)
ISBN 3-608-95028-1
NE: Tolkien, John R. R.: [Sammlung <dt.>]

Das Hauptwerk J. R. R. Tolkiens ist
bei Klett-Cotta lieferbar:

Der Herr der Ringe
Band 1: Die Gefährten
ISBN 3-608-95536-4
Band 2: Die zwei Türme
ISBN 3-608-95537-2
Band 3: Die Rückkehr des Königs
ISBN 3-608-95538-0
Jeweils Pappband mit Schutz-
umschlag, illustrierter Vorspann

Einbändige revidierte Ausgabe
18 Farbtafeln von Anke Doberauer
Leinen im Schuber
ISBN 3-608-95855-X

Wohlfeile kartonierte Ausgabe
Drei Bände im Schuber
ISBN 3-608-95211-X

Der Herr der Ringe – Anhänge
kartoniert im Schuber
ISBN 3-608-95149-0

Das Silmarillion
Pappband mit Schutzumschlag
ISBN 3-608-95131-8

Nachrichten aus Mittelerde
hrsg. von Christopher Tolkien
Linson mit Schutzumschlag
ISBN 3-608-95160-1

**Das Buch der verschollenen
Geschichten**
hrsg. von Christopher Tolkien
Teil 1: ISBN 3-608-95306-X
Teil 2: ISBN 3-608-95307-8

Die Ungeheuer und ihre Kritiker
Gesammelte Aufsätze
hrsg. von Christopher Tolkien
Pappband mit Schutzumschlag
ISBN 3-608-95257-8

Die Abenteuer des Tom Bombadil
engl. broschiert
ISBN 3-608-95009-5

Die Briefe vom Weihnachtsmann
hrsg. von Christopher Tolkien
Pappband, zahlreiche farbige Abb.
ISBN 3-608-95330-2

Fabelhafte Geschichten
engl. broschiert
ISBN 3-608-95034-6

Herr Glück
Pappband, 50 farbige Abb.
ISBN 3-608-95221-7

Gute Drachen sind rar
Pappband mit Schutzumschlag
ISBN 3-608-95278-0

**Karen Wynn Fonstad:
Historischer Atlas von Mittelerde**
Pappband, zahlreiche farbige Karten
ISBN 3-608-95023-0

**Barbara Strachey:
Frodos Reisen**
kart. mit 51 farbigen Karten
ISBN 3-608-95006-0

**Humphrey J. Carpenter:
J. R. R. Tolkien –
Eine Biographie**
Leinen, 24 Abbildungen
ISBN 3-12-901460-8

Klett-Cotta